U0601664

金融学译丛

基于Excel的金融学原理

（第二版）

西蒙·本尼卡（Simon Benninga）　著

金永红　陆星忠　郭建邦　康倩　译

PRINCIPLES OF FINANCE WITH EXCEL

(SECOND EDITION)

中国人民大学出版社
·北京·

出版说明

　　作为世界经济的重要组成部分，金融在经济发展中扮演着越来越重要的角色。为了帮助中国金融界相关人士更好、更快地了解西方金融学的最新动态，寻求建立并完善中国金融体系的新思路，促进具有中国特色的现代金融体系的建立，中国人民大学出版社精心策划了这套"金融学译丛"，该套译丛旨在把国外金融体系相对完善的国家最权威、最具代表性的金融学著作，被实践证明最有效的金融理论和实用操作方法介绍给中国的广大读者。

　　该套丛书主要包括以下三个方面：

　　（1）理论方法。重在介绍金融学的基础知识和基本理论，帮助读者更好地认识和了解金融业，奠定从事深层次学习、研究等的基础。

　　（2）实务案例。突出金融理论在实践中的应用，重在通过实务案例以及案例讲解等，帮助广大读者将金融学理论的学习与金融学方法的应用结合起来，更加全面地掌握现代金融知识，学会在实际决策中应用具体理论，培养宏观政策分析和进行实务操作的能力。

　　（3）学术前沿。重在反映金融学科的最新发展方向，便于广大金融领域的研究人员在系统掌握金融学基础理论的同时，了解金融学科的学术前沿问题和发展现状，帮助中国金融学界更好地了解世界金融的发展趋势和发展前景。

　　我们衷心地希望这套译丛的推出能够如我们所愿，为中国的金融体系建设和改革贡献出一份力量。

中国人民大学出版社

2004 年 8 月

目　录

基于 Excel 的金融学原理（第二版）

第三部分　证券估值

第四部分　资本结构和股利政策

第六部分　Excel 背景

····· 第一部分 ▬▬▬

资本预算与估值

《基于 Excel 的金融学原理》（*Principles of Finance with Excel*）第 1 章作为前言讨论了本书的写作目的：金融是关于什么的？金融决策的制定有什么风险关系？为什么 Excel 可以作为一本金融书的计算工具？

本书的第 2 章至第 7 章包含了大多数金融入门课程的核心内容。这些章节全部是独立的。它们告诉我们：

- 货币的时间价值——净现值（NPV）、内部收益率（IRR）
- 内部收益率定价——现实生活中的例子
- 资本预算
- 如何确定贴现率
- 采用加权平均资本成本
- 理财规划模型与评价

详细说明与概要

第 2 章介绍了货币时间价值的基本要素。我们介绍了现值、终值、净现值和内部收益率的概念。Excel 可以使这些计算更简单，同时第 5 章也阐明了这些概念和如何使用 Excel 的相关功能。

第 3 章题目为"成本是多少？内部收益率和货币的时间价值"，这一章强调贴现和现值在作出有效的金融决策中的应用。主要从消费者数学、偿还信用卡、抵押贷款和汽车租赁中举例。沿着这一思路，我们也讨论了多重内部收益率和连续复利——所有内容都是用简单的例子来阐述。

"资本预算"是关于是否投资一特定项目的金融术语。第 4 章包括基本的资本预算计算。这一章涉及经典的问题包括：用内部收益率还是用净现值来作决策，在不同期限的项目之间选择，年中与年终贴现，沉没成本和再投资率。

第 5 章讨论了更多资本预算中的进一步的问题。这一章讨论了利用内部收益率作为决策标准的几个问题。同时教会我们如何在不同寿命的项目之间做选择，如何对不是发生在年末的现金流贴现（我们称之为年中贴现）。第 5 章告诉我们如何将税收和通货膨胀考虑进资本预算过程中。

贴现率的选择是货币时间价值计算中的决定性因素。第 6 章讨论了如何计算出对于风险和税收来说都是恰当的贴现率。这一章将告诉我们如何利用加权平均贴现率来计算项目的价值。

第 7 章告诉我们如何建造财务计划模型和如何利用这一模型来评估公司价值。这是使第 2 章到第 6 章的多数内容看起来成为整体的总论：金融规划模型结合了会计和金融的概念，对公司和其股份进行估值。这一非常有效的工具是大多数商业计划和评估的核心。

第 1 章

金融介绍

1.1　什么是金融？

金融是有关金融决策制定的研究。个人和公司每天都在制定金融决策，这样做能使他们更加睿智。本书讨论如何制定这些决策，涵盖了明智的金融决策的原理和实施以及如何通过 Excel 表现你的决策。

学会用 Excel 进行金融处理有两个好处：首先它教会你一门重要的学术和实用课程（金融），同时它还教会你如何使用最重要的工具（在大多数时候是唯一的工具），即使用 Excel 进行金融分析。

个人金融决策制定

生活中人们通常会制定金融决策。下面是一些我们将在本书中讨论的有关决策的例子。

● 未来要实现某个特定目标，目前你需要储蓄多少？例如，你现在开始一项大学教育储蓄计划，那么为了支付教育费用，你每个月需要储蓄多少呢？

● 你正在考虑购买一所房子，并通过出租获取收入。你如何评估这一决策？

● 你通过工作积攒了一些钱，并想要进行投资。如何选择你的投资组合？不管是大的还是小的投资者都需要决定是否要投资于股票、债券或者其他资产，如房地产、艺术品或者黄金。他们还需要决定投资比例，即在投资组合中选择投资于股票的比重（以及每种股票的投资比重），投资于债券、房地产等的比重为多少？

● 你如何为一次购买、一项工程或其他一些事项融资？这里有一些例子：你将要买一辆新车。你是应该向银行借钱还是选择接受汽车经销商的无息贷款？如果你想购买房产，你是否要进行按揭贷款？如果选择按揭，那么按揭的比例是多少？

● 什么是金融危机？如何度量金融危机？金融危机可以通过统计工具进行度量。本书将向你介绍需要的工具以及如何应用这些工具。如果你可以熟练地运用这些工具，你将能更好地对两项资产或两项投资的风险进行比较。风险比较是作出最优金融决策的关键。

● 股票、债券和其他金融资产的面值是什么？本书将介绍如何计算股票和债券的价值。本书还将讨论金融市场在将有效金融信息纳入价格过程中扮演的角色。如果金融市场在这方面运行良好，你可能不需要自己决定金融资产的价值：可以让金融市场告诉你金融资产的价值应该是多少。

● 你如何评估期权？期权是一种赋予你在未来购买股票的权利的有价证券。如果你在一家公司工作，你的雇主可能在某个时候给你一些公司股票的期权来替代正常工资。如果你正试图管理投资组合的风险，你的投资顾问可能会试着向你出售一些期权。在本书中，你将学到什么是期权，如何使用期权控制风险以及如何评估期权。

由上述例子可以看出，学习金融可以帮助你作出更好的金融决定，使你在生活中的许多领域受益。

商业环境中的金融决策

你只要打开电视、登录互联网或者阅读报纸就可以听到企业作出的金融决策。其中一些金融决策是重大且引人注目的，像卡夫（Kraft）出价 167 亿美元收购吉百利（Cadbury）；一些金融决策涉及的金额较小但对公司来说却是十分重要的，如 Courier 公司花 1,200 万美元购买了一台新的印刷机（见图 1.1）。

一些引人注目的业务决策如兼并和收购通常都会成为新闻，而所有的公司不论大小都会制定那些普通但对金融健康至关重要的运营方面的业务决策。下面是企业制定的一些典型的决策：

● 一家公司想要用一套新的改良的机器取代目前的生产线。新机器的成本较高但生产效率也更优。该公司是否应该购买新的机器或者继续使用旧的生产线？

● 一家企业想要购买一种特定的机器。它应该购买便宜但相应使用寿命较短的机器还是应该购买昂贵但使用寿命较长的机器呢？

● 当一家公司想要开发和生产一种新的产品时，它如何将市场对该产品的预期与开发和生产过程中的资金需求进行整合？开发和生产过程中最大的成本将产生在通过产品销售实现收入之前，这家公司如何处理这一情况？

● 公司的金融人员如何规划一项新的或现有的业务？金融规划模型可以为金融决策的制定提供一个系统化的方法。也许你想在松树大街的角落开一家洗衣店；也许你想开始从事房地产；或者你想为一项高新理念融资。在每一种情况下，无论从金融机构、银行、风险投资基金还是你的叔叔 Joe 那里获得融资，你的融资能力都取决于你为新的业务构建金融模型的能力。这一金融模型可以显示你对业务如何发展、需要购买多少设备以及如何融资销售的想法。最重要的一点是，金融模型可以预测该业务的未来盈利水平。

卡夫想要用 167 亿美元吃下吉百利

2009 年 9 月 7 日下午 1：00 Tom Taulli 发布

归类于：好时公司（HSY），卡夫食品（KFT）

在过去的一年中，几乎没有并购发生。话又说回来，在极度的经济衰退和信贷紧缩环境下，你还期望什么呢？

然而，很快就有迹象显示情况有所改善，只要关注一下卡夫食品（NYSE：KFT）和吉百利（NYSE：CBY）。这两家全球巨头参与了食品业并购战。

卡夫，是第二大食品公司，向吉百利提出了 167 亿美元的并购报价，该报价被吉百利拒绝了。但是这不会对卡夫产生威慑力。卡夫不会放弃其追求。

Courier 购买第二台高生产力印刷机

《美国商业》，2004 年 10 月 29 日

北部首屈一指的企业，Courier 公司（纳斯达克：CRRC）是美国领先的书籍制作商和出版商之一。今天，该公司宣布了一项协议，协议内容为公司将在两年内购买其第二台 MAN Roland Lithoman 四色印刷机。这种新的印刷机，约占 1,200 万美元的资本投资，将被安装在一台类似的印刷机旁边，该印刷机在今年早些时候已在 Courier 的肯德尔维尔投入使用，Courier 印第安纳州工厂显著提高了为教育和贸易市场制作高质量四色书籍的能力。

"一年前，许多书商对产能投入进行对冲，而 Courier 通过向客户提供来自 MAN Roland 的全国最先进的印刷技术积极扩大投资，"Courier 的董事长兼首席执行官詹姆斯·康韦（James F. Conway）如是说，"该项投资是我们对市场、客户以及我们员工能力有信心而投的一票。自去年春天该印刷机开始投入使用半年后，我们的信心有了回报。由于四色书籍的需求强劲，且重点客户的承诺日益增长，这一新印刷机的利用率接近 100%。因此，我们已经订购了第二台具有相同功能的印刷机，且将给予装订业务额外的投资以进一步提高我们的服务。我们期望这一新的印刷机可以在 2005 年底安装完成并投入使用。"

图 1.1　两个金融决策

注：金融为评价卡夫对吉百利的报价和决定 Courier 是否值得购买一台新的印刷机提供了工具。

● 所有企业都需要决定如何为它们的活动融资。这对于跨国企业集团、便利店以及你跟你表妹 Sarah 即将创办的出租车公司都是适用的。在所有的情况下，人们都需要决定是向其他人借钱还是用股东的资金（权益，金融术语）为公司筹措资金。

财富最大化和风险

本书主要介绍如何作出明智的金融决策。有时，一个明智的金融决策也是一个最优的金融决策。最优金融决策要优于其他决策，包括什么都不做。经济学家将最优金融决策称为财富最大化。并不是任何情况下的资金管理都可以得出财富最大化决策；有时我们只能从一些可行方案中选一个最终决策。

作出明智的或财富最大化决策通常需要两个元素。

● 定义决策的参数：金融决策通常可以从数量角度定义。金融决策的结果几乎总是取决于决策参数，输入参数定义了金融决策的结果。

下面是一个例子：你生日时得到了 100 美元，你决定存到下一年的暑假。你有两个选择：你可以把这些钱放在支票账户上或者你可以存入储蓄账户。该决策的两个参数是你存放这 100 美元的账户和账户的利息——支票账户的利息为 1%，而储蓄账户的利息为 4%。

金融给出的结果是从现在起一年，如果你将这 100 美元存入支票账户，你将获得 101 美元；如果你存入储蓄账户将获得 104 美元。当然，这一决策不需要思考，你总是更倾向于用你的钱赚取 4% 的收益而不是 1%。①

本书将帮你区分金融决策的参数和金融决策的结果。

● 识别金融决策的风险：制定金融决策框架需要考虑与之相关的风险。

我们回到之前讨论的你打算为暑假储蓄 100 美元的例子。除了上述两个备选方案（存入支票账户获得 1% 的利息和储蓄账户获得 4% 的利息），你的叔叔 Joe 建议你购买一些他的热狗摊位的股份。Joe 之前的热狗摊位的投资者曾获得高达 40% 的投资收益。

如果你将钱投入叔叔 Joe 的热狗摊，你可能会在年底得到 140 美元，而非 104 美元，但是如果热狗摊失败，你将失去这 100 美元，最终一无所有。叔叔 Joe 的热狗摊的风险要远高于银行账户，尽管有一些投资者获得了高达 40% 的收益，但也有一些人血本无归。要对投资于热狗摊和进行储蓄这两类投资进行比较，需要考虑两者的风险。本书将会告诉你如何分析金融决策的固有风险。

1.2　Microsoft Excel：为什么选择本书而不是其他书？

现在市面上有几十种介绍金融的书籍，其中许多都是不错的。那么为什么选择本书呢？用一个词来回答，那就是 Excel。金融是研究金融决策制度的学科，因此，其本质上需要大量的计算。本书中的计算以及说明均采用 Excel 这个首屈一指的商业计算工具。Excel 可以让你灵活地改变某个例子的元素，并立即得到一个新的答案。在本书中，我们将广泛运用这种灵活性的工具。

金融是一门非常实用的学科。大多数人学习金融不仅仅是为了增加对估值过程的理解，也是为了得到一些现实问题的答案。你会发现，本书中大量的计算不只让你得到重要问题的数值答案（尽管这也证明了本书以 Excel 为中心），也将加深你对所涉及的概念的理解。

与使用计算器相比，使用 Excel 使我们能讨论更多现实生活中的例子。通过仔细完成每章的例子和习题，你的金融和 Excel 知识都将得到加强。②

大多数大学生在修完涵盖本书中所使用的 Excel 的初级计算课程后，会选择修习金融课程。如果你想要复习 Excel，那么本书的前六章涵盖了 Excel 的基本概念。此外，整本书中，你将可以找到 Excel 函数及其在金融问题中的应用的解释。当某些问题较难理解时，你将发现一些名为"Excel 注释"的文本框，对一些较难的概念进行解释。下面是一个 Excel 注释文本框的例子。

---

① 当然，还有一些其他的事项：支票账户余额始终可用，而储蓄账户余额需要在到期后才能获得利息。在第 14 章将对这些流动性问题进行讨论。

② 如果你是大专或大学的金融专业的学生，那么 Excel 和金融的结合还将增加你的就业机会。今天，Excel 几乎是企业使用的唯一金融工具。

Excel 注释

Excel 函数 Sum 通常可以用来简化计算。下表是一个计算损益的例子。

	A	B	C
1	使用 Sum 函数来计算损益		
2	损益		
3	销售收入	1,000	
4	销售成本	−500	
5	折旧	−100	
6	利息	−35	
7	税前利润	365	<——=SUM（B3:B6）
8	税率（40%）	−146	<——=−40%＊B7
9	税后利润	219	<——SUM（B7:B8）

单元格 B7 和 B9 使用 Sum 函数对多个单元格求和。单元格 B7 使用 Sum 函数替代了公式＝B3＋B4＋B5＋B6。你可以看到，使用 Sum 函数更加简洁。

Excel 版本：Excel 2007 与 Excel 2003 和 Excel 2010

本书中的所有例子都用 Excel 2007 来进行说明，但这些电子表格与 Excel 早期版本和即将发布的 Excel 2010 完全兼容。本章第 5 节将会对兼容性问题进行更全面的讨论。

本书的 Excel 先决条件是什么？

要看懂这本书，你不需要是一个 Excel 专家。金融所需要的几乎所有 Excel 概念在文中都有解释。尽管这本书教给你金融中需要的 Excel 概念，但本书并不是一本完整的 Excel 教材。在你开始第 2 章之前，你需要知道如何在 Excel 中进行如下操作（在第 24 章中都有涉及）。

- 打开和保存 Excel 文件。
- 设置数字格式：你可以使数字以不同的形式出现。在下面的例子中，数字 2,313.88 以三种不同的形式出现。你需要知道如何进行这种格式设置。在这种情况下，我们通过 Excel 主界面的格式选项卡（Format）的下拉列表选择适当的格式。
- 绝对值和相对值在复制公式时的用法：在 Excel 中，你可以使用相对或绝对复制。正如第 24 章所解释的，相对复制更改引用的单元格的地址，而绝对复制不改变。[①]
- 建立基本的 Excel 图表用来描述数据。你需要了解如何标记坐标轴，添加图表标题，定义坐标轴格式等。

---

① 如果你认为这句话很难理解，参见 24.3 节。

1.3 八大金融原理

本节我们将介绍八大公认的金融原理。在现阶段，你可能无法完全理解它们或认为它们无法让你信服，但是我们在这里介绍它们的目的是让你对金融有一个总体上的认识。在本书的其他章节中我们将详细地进行介绍。

原理 1：购买可以增值的资产；避免购买不能增值的资产

在最简单的层面上，制定最优金融决策需要做到购买能够增值的资产，避免购买那些不能增值的资产。例如，你需要决定是否继续使用旧的低效的打印机，或者购买一台昂贵的但工作效率高、不会经常出故障并使用较少油墨和能耗的新打印机。这两个方案——继续使用旧的或买一台新的打印机中包含的金融决策指的是哪一个方案能够给你的业务带来更多的商业价值。要判定资产（如股票、债券、机器和公司）的价值，你需要确保将苹果与苹果、橘子与橘子进行比较。这听起来像一个简单的原则，但它出奇地难以实现！

原理 2：现金是关键

资产的价值取决于其在使用寿命期间产生的现金流。资产的现金流是资产在给定时间内产生的税后现金。

尽管现在就让你全面了解现金流和利润之间的差异可能为时过早，但我们可以先给出一个小例子。假设你的比萨店在周二晚上卖出 500 美元的比萨，且假设同一天你购买了 300 美元的原材料。在那天结束时看一下收款台，你预期能找到 200 美元，但你惊讶地发现，你找到了 300 美元。对这一情况的解释是：卖出比萨的 500 美元中，你只收到了 400 美元，另外的 100 美元卖给了校园联谊会，他们在每月月底跟你结账；而你购买原材料所需要的 300 美元中，你只需要支付 100 美元，另外的 200 美元账单只需要在 10 天内支付即可。

现金流与会计利润和销售额不同。比萨店当天的会计利润是 200 美元，但是它的现金流是 300 美元（400 美元的销售额减去 100 美元的材料成本）。这两者之间的差异是由现金流入和流出之间的时间差异引起的。（当然，从现在起 10 天后，比萨店为支付 200 美元原材料款项将会产生 200 美元的负现金流。）

在金融中，现金流是最重要的。大多数企业的金融数据来自会计师——尽管在过去几年中他们的声誉不是很好——但他们在反映企业真实经营活动方面发挥了重要的作用。在制定金融决策时，我们需要将会计数据转化为现金等价物。大多数金融都首先涉及将会计信息转化为现金流。[①]

原理 3：金融决策的时间维度很重要

许多金融决策需要比较不同时点的现金流。举个例子，你今天为购买新的打印机支付了现金（现金流出），但在未来你可以节约资金（现金流入）。金融需要正确处理现金流的时间维度。

原理 4：了解如何计算金融备选方案的成本

金融备选方案往往扑朔迷离：购买一台打印机更贵还是租用更贵？当你的信用卡按日收取利息时，该利息比按月计息的银行贷款利息高还是低？在制定金融决策时，你需要了解如何计算两个或更多竞争性方案的成本。本书将教你如何去计算。

原理 5：金融成本最小化

许多金融决策都需要选择最合适的方案。要购买打印机，你应该从经销商还是银行那里获取贷款？你应该购买一辆新车还是租一辆？

---

① 不熟悉金融？参见本书网站 http://www.simonbenninga.com，了解基本金融原理。

在许多情况下，选择合适的金融方案是与投资决策分离的：你决定购买打印机（这是投资决策），现在你需要选择是通过银行贷款融资还是接受经销商的"零利率融资"（这是金融决策）。

原理 6：考虑风险

如果不考虑风险，许多金融方案不能直接进行比较。你是否应该把钱从银行取出来投入股市？一方面，人们投资股市获得的平均收益高于银行存款的收益。另一方面，银行存款是安全的，而股市投资的风险则要高得多（更具风险性）。

在金融中，"风险"是一个神奇的字眼。本书将告诉你如何量化风险，从而可以对金融方案进行比较。

原理 7：市场是有效的，能较好地反馈信息

金融市场信息泛滥。在制定金融决策时，我们如何能知道或获得所需的信息以制定明智的、信息充分的决策。坏消息是我们可能无法将所有可用信息纳入决策过程。好消息是我们可能并不需要这样做。许多市场参与者努力运用他们的信息，这样做将导致市场消除无风险盈利机会。在许多情况下，金融市场运作良好，我们不可能影响其信息收集能力。总之，金融市场对 XYZ 这一股票的估值已正确地反映了关于该股票的所有信息，这一情况是很可能出现的。市场有效性可以简化你在制定金融决策时对资产及其价格的分析方式。

原理 8：多样化很重要

不要把所有鸡蛋放在一个篮子里。这一老生常谈的金融理念指的是使你所持有的资产多样化；不要仅仅持有几种股票或债券，而应该选择一个投资组合。本书将告诉你如何分析资产投资组合以及如何明智地选择投资组合中的个别资产。

1.4　Excel 注释——建立良好的金融模型

我们将在本章的这一小节告诉你一些金融建模的知识。一些简单的规则将有助于建立更好、更整齐的 Excel 模型。

建模规则 1：把所有重要的变量（时髦的说法是"价值驱动"）放在电子表格的顶部。如下面"为大学教育而储蓄"这一电子表格中，价值驱动——利率、年存款额和大学每年的学费——出现在电子表格的左上角顶部。

建模规则 2：在公式中不要使用数字。使用公式替代数字意味着当你改变了一个参数值，表格的其他单元格也将适当变化。举个例子，下表的单元格 C20 包含了公式＝C7＋NPV（B2，C8:C18）。我们也可以写成＝C7＋NPV（8％，C8:C18）。但后一种表达方式意

	A	B	C	D	E
1	**SAVING FOR COLLEGE**				
2	Interest rate	8%			
3	Annual deposit	12,000.00			Critical parameters (some times called "value drivers") are in the upper left corner. The actual cost of saving for a college education is discussed in Chapter 2.
4	Annual cost of college	35,000			
5					
6	Birthday	In bank on birthday, before deposit/withdrawal	Deposit or withdrawal at beginning of year	End of year before interest	End of year with interest
7	10	0.00	12,000.00	12,000.00	12,960.00
8	11	12,960.00	12,000.00	24,960.00	26,956.80
9	12	26,956.80	12,000.00	38,956.80	42,073.34
10	13	42,073.34	12,000.00	54,073.34	58,399.21
11	14	58,399.21	12,000.00	70,399.21	76,031.15
12	15	76,031.15	12,000.00	88,031.15	95,073.64
13	16	95,073.64	12,000.00	107,073.64	115,639.53
14	17	115,639.53	12,000.00	127,639.53	137,850.69
15	18	137,850.69	-35,000.00	102,850.69	111,078.75
16	19	111,078.75	-35,000.00	76,078.75	82,165.05
17	20	82,165.05	-35,000.00	47,165.05	50,938.25
18	21	50,938.25	-35,000.00	15,938.25	
19					
20		NPV of all payments	6,835.64	<-- =C7+NPV(B2,C8:C18)	

味着改变单元格 B2 的值整个模型不会随之改变。

建模规则 3：避免使用空白列以解决数据"溢出效应"。下面我们举一个具有潜在问题的例子来说明。

	A	B	C
1	利率		6%

因为"利率"一词溢出至 B 列，该表格的作者决定把 6％放在 C 列。这样做可能会造成混淆。比较好的方法是将 A 列拉宽，将 6％放在 B 列。

	A	B
1	利率	6%

增加列宽很简单，将光标移到 A 列和 B 列之间。双击鼠标左键将得到最合适列宽。你也可以按住鼠标左键并向右拖动来增加列宽。

建模规则 4：设置 Excel 默认表格为一张。Excel 默认打开有三张电子表格的文档，但是 99％的时间你只需要一张表格。因此将默认表格设置为一张，如果你需要更多表格，你可以随时添加。在 Excel 2007 中，选择 Office 按钮→Excel 选项→常用。

建模规则 5：关闭"自动跳转"功能。Excel 的默认设置是当你单击 Enter 键，光标自动跳转到下一个单元格。但是在金融建模中，我们需要看一下我们写的公式以确保它们具有意义。因此，关闭此功能。选择 Office 按钮→Excel 选项→高级。

1.5 关于 Excel 版本的注释

本书使用 Excel 2007，但是 Excel 2007 与 Excel 2003 及即将问世的 Excel 2010 兼容。所有表格都用 Excel 2007 的 "xlsm" 格式保存。如果你的计算机不能打开该格式，说明你可能正在使用旧版本的 Excel，那你就需要下载免费的转换软件。下面的文本框说明了如何做到这一点。

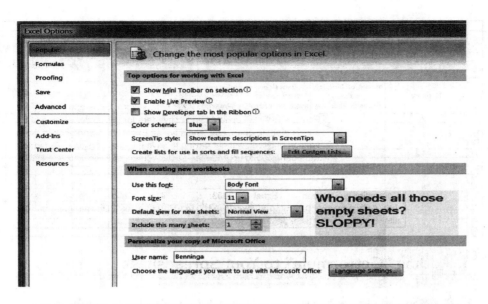

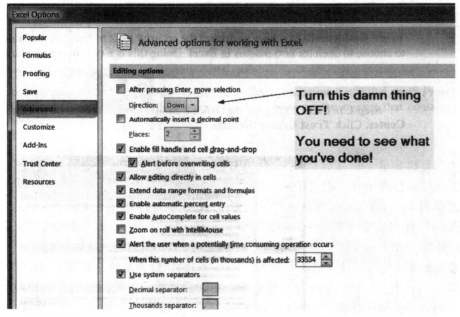

● 使用较早 Excel 版本的用户可以下载 Microsoft Office 2007 Word、Excel 和 PowerPoint 文件的兼容包来安装和转换早期版本的 Excel。这样做使用户可以在早期 Excel 版本中打开、编辑和保存 Excel 2007 版本的工作簿，而不需要首先保存为那个旧版本的文件格式或不需要将早期版本的 Excel 升级为 Excel 2007。

与 Excel 2003 兼容：上一段话来自 http：//office. microsoft. com/en－au/ex-cel/HA100141071033. aspx。下载兼容包使你可以在 Excel 2003 中打开 Excel 2007 的文件

1.6 将"Getformula"添加到电子表格

本书中所有电子表格都包含了一个简短的宏，称为 Getformula（自定义函数），可用来跟踪单元格内容。Getformula 在工作中极其有益，它可以解释我们在表格中的操作。宏是动态的：当你移动了一些东西（例如，添加行或列）而改变了表格，Getformula 会自动更新公式。

设置 Excel 安全级别

要使用 Getformula，首先需要将 Excel 安全级别设置为中等。这样的设置使你可以选择在 Excel 中打开宏。该设置需要两个步骤。

第一步：在 Excel 中，点击"Office 按钮"，然后选中"Excel 选项→信任中心"。单击"信任中心设置"。

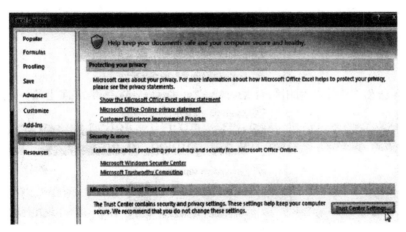

第二步：选择"宏设置"选项卡，单击"禁用所有宏，并发出通知"。这是 Excel 询问你是否要打开宏的一种间接说法。

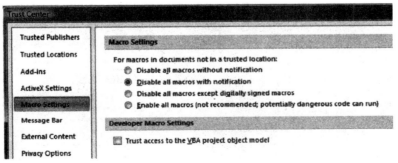

这些步骤只需要进行一次。现在，当你打开本书的表格时，你会被询问是否需要打开宏。

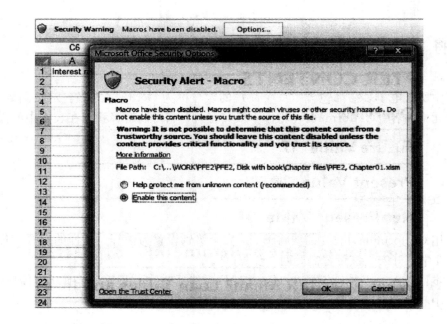

总　结

　　将金融概念和 Excel 应用相结合是一个"杀手锏"！本书是市面上唯一包含这个组合的金融书籍。

　　阅读愉快！

第 2 章

货币的时间价值

概述

    这一章讲述了金融领域中的许多基本概念：终值、现值、净现值和内部收益率。这些概念告诉你如果把你的钱存入银行会上涨多少（终值），一笔承诺的将来付款在今天价值多少（现值），一项投资价值多少（净现值），还有你将从投资中获得多大比率的回报（内部收益率）。

    金融资产和金融计划总是有一个时间维度。这里有一些简单的例子：

- 你把 100 美元存入银行的一个存款账户，3 年后你将有多少钱？
- 你把 100 美元存入银行的一个存款账户并且计划随后 10 年每年增加 100 美元，20 年后这个账户会有多少钱？
- XYZ 公司刚刚以 860 美元的价格将一张债券卖给了你的妈妈，随后 5 年之内，这张债券将付给她每年 20 美元，6 年后支付给她 1,020 美元，这张债券的价格是否公平？
- 你的阿姨 Sara 正在考虑进行一项投资。这项投资花费 1,000 美元，然后在接下来的 36 个月内将每月偿还 50 美元，她应该进行这项投资还是把钱存入银行从而赚取 5% 的利息？

    这一章节讨论了上述问题和其他一些相似的问题，所有这些问题都属于货币的时间价值这一主题，你将学习到复利如何使投资收益增长（终值），在将来才能收到的钱如何转换成手中的现金（现值）。另外你将学习到如何计算一项投资的复合收益率（内部收益率）。终值、现值、净现值和内部收益率等概念是以下几章将要讲的大量金融分析的基础。

一如既往，我们利用 Excel 这个最好的金融分析工具。

讨论的金融概念

- 终值
- 现值
- 净现值
- 内部收益率
- 养老金、储蓄计划和其他累积问题

使用的 Excel 函数

- Excel 函数：PV、NPV、IRR、PMT、NPER
- 单变量求解（Goal seek）

2.1 终值

终值是现在一定量的资金在未来某一时点的价值。终值包括了这笔资金的利息。

终值（FV）是指一笔资金的将来价值，这笔资金存入银行账户中，随着时间的推移留在账户中产生利息。假设你今天存 100 美元到你的银行账户中，然后银行在每一年年末支付 6％的利息。如果存一年，你将在一年后有 106 美元：100 美元的原始存款余额＋6 美元的利息。这 106 美元是 100 美元的初始存款以 6％的年利率计息在一年后的终值。

现在假设你把钱存在账户中又过了一年：在这年年末，你将会有：

$106	第一年末的存款账户余额
＋	
6％ * $106＝$6.36	此余额再存一年后的利息
＝$112.36	两年后的账户总值

这 112.36 美元是初始资金 100 美元在 6％的年利率下两年后的终值。

另一种解答方法是 $112.36＝$100 *（1＋6％）^{2}：

$$\underline{\$100} * \underline{1.06} * \underline{1.06} = \$100 *（1＋6％）^2 = \$112.36$$

注意到终值计算用到了复利的概念：第一年的利息（6 美元）本身在第二年产生了利

息。总之，

现在将 X 美元存入一个年利率为 $r\%$ 的账户中 n 年后的终值为 $FV = X * (1+r)^n$。

注释

在本书中，我们通常将数学符号与 Excel 中的符号统一。因为在 Excel 中乘法用星号 "＊" 表示，所以我们有时写作 $6\% * \$106 = \$6.36$，尽管这不是必需的。同样地，我们有时将 $(1.10)^3$ 写作 $1.10 \wedge 3$。

终值计算在 Excel 中很容易完成。

	A	B	C
1		在Excel中计算终值	
2	初始存款	100	
3	利率	6%	
4	年数，n	2	
5			
6	n年后账户余额	112.36	<-- =B2*(1+B3)^B4

注意到用 $\wedge$ 表示指数：在 Excel 把 $(1+6\%)^2$ 写作 $(1+B3) \wedge B4$，其中单元格 B3 表示利率，单元格 B4 表示年数。

我们可以运用 Excel 制作一张关于终值随着年份而增长的表格，然后利用 Excel 的绘图功能来画出增长趋势。

	A	B	C	D	E	F	G
1	100美元存款终值						
2	初始存款	100					
3	利率	6%					
4	年数，n	2					
5							
6	n年后账户余额	112.36	<-- =B2*(1+B3)^B4				
7							
8		年份	终值				
9		0	100.00	<-- =$B$2*(1+$B$3)^A9			
10		1	106.00	<-- =$B$2*(1+$B$3)^A10			
11		2	112.36	<-- =$B$2*(1+$B$3)^A11			
12		3	119.10	<-- =$B$2*(1+$B$3)^A12			
13		4	126.25	<-- =$B$2*(1+$B$3)^A13			
14		5	133.82				
15		6	141.85				
16		7	150.36				
17		8	159.38				
18		9	168.95				
19		10	179.08				
20		11	189.83				
21		12	201.22				
22		13	213.29				
23		14	226.09				
24		15	239.66				
25		16	254.04				
26		17	269.28				
27		18	285.43				
28		19	302.56				
29		20	320.71				

100美元的终值（利率为6%）

Excel 注释

注意表格中单元格 B9:B29 引用时有 $ 标记（例如：＝$B$2*(1＋$B$3)^A9）。在第 24 章有关于 Excel 绝对引用的解释。

在下面的数据表中，我们利用一张表格和图形说明了 100 美元在三种不同利率情况下的终值：0%、6% 和 12%。如表所示，终值对利率是非常敏感的！注意到当利率是 0% 时，终值是不增长的。

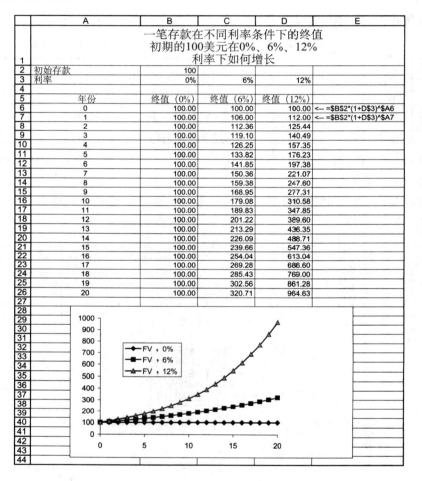

	A	B	C	D	E
1			一笔存款在不同利率条件下的终值 初期的100美元在0%、6%、12% 利率下如何增长		
2	初始存款	100			
3	利率	0%	6%	12%	
4					
5	年份	终值（0%）	终值（6%）	终值（12%）	
6	0	100.00	100.00	100.00	<-- =$B$2*(1+D$3)^$A6
7	1	100.00	106.00	112.00	<-- =$B$2*(1+D$3)^$A7
8	2	100.00	112.36	125.44	
9	3	100.00	119.10	140.49	
10	4	100.00	126.25	157.35	
11	5	100.00	133.82	176.23	
12	6	100.00	141.85	197.38	
13	7	100.00	150.36	221.07	
14	8	100.00	159.38	247.60	
15	9	100.00	168.95	277.31	
16	10	100.00	179.08	310.58	
17	11	100.00	189.83	347.85	
18	12	100.00	201.22	389.60	
19	13	100.00	213.29	436.35	
20	14	100.00	226.09	488.71	
21	15	100.00	239.66	547.36	
22	16	100.00	254.04	613.04	
23	17	100.00	269.28	686.60	
24	18	100.00	285.43	769.00	
25	19	100.00	302.56	861.28	
26	20	100.00	320.71	964.63	

术语：多久是一年？什么时候起算？

尽管这种问题看起来很浅显，但其实并非如此。在金融课程和文章中这一问题在语意上的表述较为混乱。

在这本书中我们将用到如下同义词：

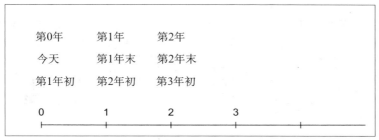

	第0年	第1年	第2年
	今天	第1年末	第2年末
	第1年初	第2年初	第3年初

重申一下,"第 0 年"、"今天"和"第 1 年初"指的是相同的时间。比如,"第 2 年初的 100 美元"与"第 1 年末的 100 美元"是相同的。如果对某些概念不理解,可以画一张图;更重要的是,多用 Excel 表格。

累计存款计划和终值

在先前的例子中,你将 100 美元存入银行。假设你计划以后每年都存 100 美元,连续存 10 年,第一次存款在第 0 年(今天),随后的存款依次在第 1,2,…,9 年年末。所有这些存款在第 10 年末的终值告诉你在这个账户中你累积了多少钱。如果你为将来存钱(不管是为了在大学结束时买一辆车还是为你的退休金攒钱),显然,这项计算既重要又有趣。

所以在第 10 年末你将累积多少钱?我们随后将讨论 Excel 计算这种问题的功能;现在我们在 Excel 中建立这一问题并通过计算每一年年末的余额来解决。

	A	B	C	D	E	F
1			年度存款终值			
2	利率	6%				
3	=E5					=(C6+B6)*$B$2
4	年份	年初账户余额	年初存款	一年的利息	年末账户总额	
5	1	0.00	100.00	6.00	106.00	<-- =B5+C5+D5
6	2	106.00	100.00	12.36	218.36	<-- =B6+C6+D6
7	3	218.36	100.00	19.10	337.46	
8	4	337.46	100.00	26.25	463.71	
9	5	463.71	100.00	33.82	597.53	
10	6	597.53	100.00	41.85	739.38	
11	7	739.38	100.00	50.36	889.75	
12	8	889.75	100.00	59.38	1,049.13	
13	9	1,049.13	100.00	68.95	1,218.08	
14	10	1,218.08	100.00	79.08	1,397.16	
15						
16		利用Excel的FV函数计算的终值	$1,397.16	<-- =FV(B2,A14,-100,,1)		

为了讲得更清楚,我们分析一特定年度:在第 1 年末(单元格 E5),你的账户中有 106 美元。这也是第 2 年初的账户余额。如果你现在存入另外的 100 美元,然后在整个第 2 年中都有 206 美元保持在账户中,它将会产生 12.36 美元的利息。在第 2 年末,你将会有 $218.36=(106+100)*1.06。

	A	B	C	D	E
6	2	106.00	100.00	12.36	218.36

最后，看一下 13 行和 14 行：在第 9 年末（单元格 E13）你的账户中有 1,218.08 美元；这也是第 10 年初的账户余额（单元格 B14）。然后你又存入 100 美元，账户中总共有 1,318.08 美元，一年的利息是 79.08 美元，在第 10 年末总共有 1,397.16 美元。

	A	B	C	D	E
13	9	1,049.13	100.00	68.95	1,218.08
14	10	1,218.08	100.00	79.08	1,397.16

Excel FV 函数

前一部分的表格用一种循序渐进的办法阐述了一个典型存款计划的账户金额是如何增长的。为简化这一系列的计算，Excel 中有 FV 函数可以计算一系列固定付款的终值。这一函数在单元格 C16 中有说明。

	B	C	D	E
16	利用Excel的 FV函数计算的终值	$1,397.16	<-- =FV(B2,A14,-100,,1)	

FV 函数和输入要求会以对话框的形式出现，这也是 Excel 功能函数的重要特色。随后的 Excel 注释阐明了如何在单元格 C16 中形成用于计算的对话框。如果你已经知道了如何使用对话框，这有一个例子。

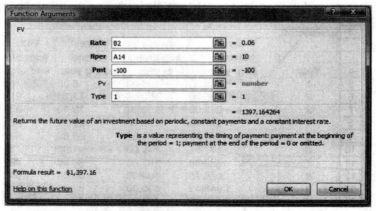

FV 函数要求输入利率（Rate）、周期数量（Nper）、每年支付（Pmt），你也可以设定类型（Type，1 表示和我们的例子一样付款发生在年初，0 表示付款发生在年末）。

> **Excel 注释**
>
> **函数与对话框**
> 先前例子中的单元格 C16 包含了函数 FV（B2，A14，−100,，1）。在本注释中我们阐述 FV 函数对话框的用法。
> 注释的后一部分讨论了为什么 100 美元的支付要以负数的形式输入到函数中，这是 FV 函数和其他 Excel 金融函数的一个特性。

函数功能向导

假设你准备在单元格 C16 中使用终值函数。将光标点到单元格 C16，移动鼠标到工具栏的 ![fx] 图标。

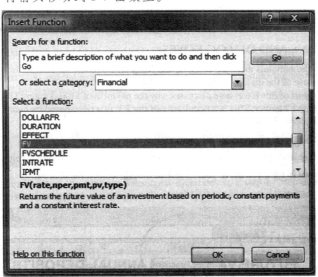

本章后的习题 2 和习题 3 将说明这两种情况。

点击 ![fx] 图标，出现下面的对话框。我们选择金融函数这一类别，在对话框的下一部分中滚动鼠标，将箭头移动到 FV 函数上。

点击"确定"（OK），出现 FV 函数对话框，如下图所示。

Excel 函数对话框有两种类型的参数。

● 加粗的变量是必须要填的——在 FV 对话框中必填项是利率（Rate），周期数量（Nper），每年支付（Pmt，后面介绍为什么我们填的是负数）。

● 没有加粗的变量是可选项。比如，类型（Type）表示支付发生的时间，我们只有两个选项——1 表示付款发生在期初，0 表示付款发生在期末。在上例中，我们的类型选项显示为 1，这表明终值计算是以付款发生在期初为条件的。假如我们省略这一变量或者选择 0，Excel 会按照付款发生在期末来计算终值。在下面的例子"期初与期末对比"中会有说明。

可以注意到在我们点击"确定"按钮之前，对话框已经告诉了我们在 6% 年利率的情况下，每年存入 100 美元，连续存 10 年的终值是 1,397.16 美元。

另一种简化的方法

如果你已经知道了你所要使用的函数的名称，你只需要在单元格中写出然后点击工具栏的 **fx** 图标即可。如下所示，你只需写

　　　＝FV（

然后点击 **fx** 图标——注意到我们写了一个等于号、函数的名称和一半括号。

下页的 Excel 表是本例的表格。

注意单元格 C16 下面的文本框，如本例，某些版本的 Excel 会显示你所输入的函数的格式。

更进一步的方法

你也可以不使用对话框！如果你已经知道函数的格式，只需要输入确定的变量。在 2.1 节的例子中，你只需在单元格输入＝FV（B2，A14，－100，，1），按"回车"键就会出现结果。

为什么 Pmt 变量是一个负数？

在 FV 函数对话框中，Pmt 一项输入的值为－100。FV 函数和其他某些 Excel 函数有个特点：正数的存款金额往往形成一个负数的结果。我们不会深入探讨这种奇怪的逻辑，遇到这种情况，我们会在输入的存款金额前加负号。

	年每年年初存款的终值			
利率	6%			
=E5				=$B$2*(C6+B6)
年	Account balance, beg. year	Deposit at beginning of year	Interest earned during year	Total in account at end of year
1	0.00	100.00	6.00	106.00 <- =B5+C5+D5
2	106.00	100.00	12.36	218.36 <- =B6+C6+D6
3	218.36	100.00	19.10	337.46
4	337.46	100.00	26.25	463.71
5	463.71	100.00	33.82	597.53
6	597.53	100.00	41.85	739.38
7	739.38	100.00	50.36	889.75
8	889.75	100.00	59.38	1,049.13
9	1,049.13	100.00	68.95	1,218.08
10	1,218.08	100.00	79.08	1,397.16
	Future value using Excel's FV function	=FV(		
		FV(rate, nper, pmt, [pv], [type])		

期初与期末对比

在先前的例子中，在每年的年初存入 100 美元的存款。使用时间术语，你的存款是发生在时间点 0，1，2，3，…，9。如下示意图展示了每笔存款在第 10 年末的终值。

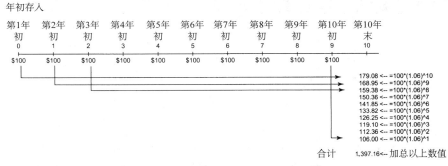

假如你这 10 次 100 美元的存款发生在每一年的年末，这对第 10 年末账户中的总额会有什么影响？下图说明了这些存款的时间安排和累积效果。

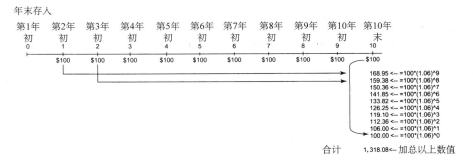

发生在每一年末的存款最终累积额少于前一例子中存款发生在年初的情况。当你在每年的年末存款时，每笔存款相当于比年初的晚存一年，因此少产生一年的利息。在表格中，如下所示：

	A	B	C	D	E	F
1			每年末存款的终值			
2	利率		6%			
3					=$B$2*B6	
4	=E5 / 年份	年初账户余额	年末存款	一年的利息	年末账户余额	
5	1	0.00	100.00	0.00	100.00	<-- =B5+C5+D5
6	2	100.00	100.00	6.00	206.00	<-- =B6+C6+D6
7	3	206.00	100.00	12.36	318.36	
8	4	318.36	100.00	19.10	437.46	
9	5	437.46	100.00	26.25	563.71	
10	6	563.71	100.00	33.82	697.53	
11	7	697.53	100.00	41.85	839.38	
12	8	839.38	100.00	50.36	989.75	
13	9	989.75	100.00	59.38	1,149.13	
14	10	1,149.13	100.00	68.95	1,318.08	
15						
16		终值	$1,318.08	<-- =FV(B2,A14,-100)		

单元格 C16 说明了如何用 FV 函数来解决这一问题。下面是单元格 C16 的 FV 函数对话框。

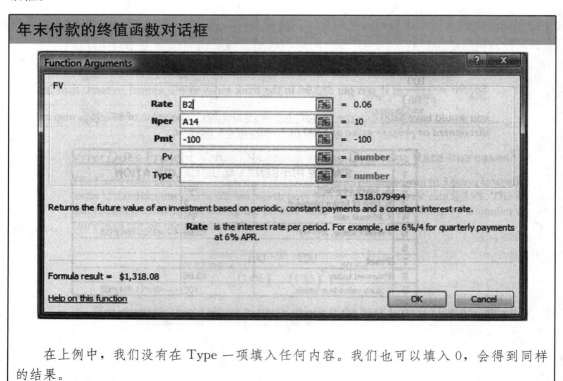

年末付款的终值函数对话框

Function Arguments

FV

Rate   B2   = 0.06
Nper   A14   = 10
Pmt   -100 = -100
Pv   [ ]   = number
Type   [ ]   = number
              = 1318.079494

Returns the future value of an investment based on periodic, constant payments and a constant interest rate.

Rate   is the interest rate per period. For example, use 6%/4 for quarterly payments at 6% APR.

Formula result = $1,318.08

Help on this function   OK   Cancel

在上例中，我们没有在 Type 一项填入任何内容。我们也可以填入 0，会得到同样的结果。

一些金融术语和 Excel FV 函数

年金是指发生在一定时期内定期等额收付的系列款项。年金的例子很广泛：

父母给你的零花钱（在你的四年大学生活中，每个月给你 1,000 美元）是 48 次支付的按月年金。

退休金办法通常会在一位退休人员有生之年每年给予固定支付。这稍微有点复杂，因为付款的次数是不确定的。

有些种类的贷款偿还是固定的、周期性的（通常按月，有时按年）分期付款。比如房屋贷款和学生贷款。

支付发生在每期期末的年金通常叫做固定年金。如你在本章所见，固定年金的价值计算公式＝FV（B2，A14，－100）。支付发生在每期期初的年金通常叫做即付年金，Excel 函数为＝FV（B2，A14，－100，，1）。

2.2 现值

现值是指将来的一笔或多笔支付在今天的价值。

这有一个简单的例子：假如你预期在三年后会从你叔叔 Simon 那里收到 100 美元，他的话和银行一样有信誉。假设银行的存款利率为 6%。这笔预期的支付在今天价值多少？答案是 $\$83.96=\dfrac{100}{(1.06)^3}$；如果你在 6% 的年利率情况下将 83.96 美元存入银行，然后三年后你将有 100 美元（参照第 9 行和第 10 行）。这 83.96 美元也叫作 6% 年利率下 3 年后 100 美元的贴现或现值。

	A	B	C
1	价值计算举例		
2	X, 未来支付	100	
3	n, 未来支付的时间	3	
4	r, 利率	6%	
5	现值, $X/(1+r)^n$	83.96	<-- =B2/(1+B4)^B3
6			
7	证明		
8	现在支付	83.96	
9	n 年后的终值	100	<-- =B8*(1+B4)^B3

概括如下：

n 年后将要收到的 X 美元在利率为 $r\%$ 条件下的现值为 $\dfrac{X}{(1+r)^n}$。

利率 r 通常也被称为贴现率。我们可以使用 Excel 制作一个现值随贴现率递减的表格。如你所见，高利率导致了较低的现值。

为什么现值随贴现率升高而递减？

前一 Excel 表格说明你的叔叔 Simon 承诺的 3 年后付给你的 100 美元在年利率为 6%

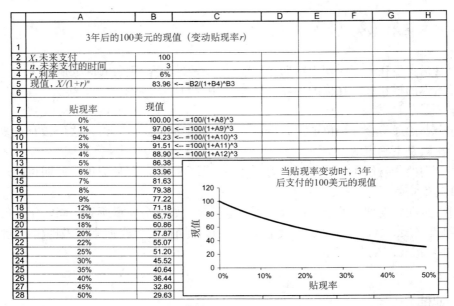

	A	B	C	D	E	F	G	H
1	3年后的100美元的现值（变动贴现率 r）							
2	X,未来支付	100						
3	n,未来支付的时间	3						
4	r,利率	6%						
5	现值，$X/(1+r)^n$	83.96	<-- =B2/(1+B4)^B3					
6								
7	贴现率	现值						
8	0%	100.00	<-- =100/(1+A8)^3					
9	1%	97.06	<-- =100/(1+A9)^3					
10	2%	94.23	<-- =100/(1+A10)^3					
11	3%	91.51	<-- =100/(1+A11)^3					
12	4%	88.90	<-- =100/(1+A12)^3					
13	5%	86.38						
14	6%	83.96						
15	7%	81.63						
16	8%	79.38						
17	9%	77.22						
18	12%	71.18						
19	15%	65.75						
20	18%	60.86						
21	20%	57.87						
22	22%	55.07						
23	25%	51.20						
24	30%	45.52						
25	35%	40.64						
26	40%	36.44						
27	45%	32.80						
28	50%	29.63						

当贴现率变动时，3年后支付的100美元的现值

的情况下今天的价值是 83.96 美元，但是如果贴现率为 35%，那么仅价值 40.64 美元。直观的原因是，当作为分母的利率为 6% 时，其值比当作为分母的利率为 35% 时的值小。

$$83.96 = \frac{100}{(1.06)^3} > \frac{100}{(1.35)^3} = 40.64$$

涉及终值的原因：如果银行存款利率为 6%，为了 3 年后你有 100 美元，你需在今天存入 83.96 美元，如果银行的利率为 35%，那么今天只需存入 40.64 美元 $40.64 * (1.35)^3 = \$100$。

这一小段讨论说明现值是终值的相反计算。

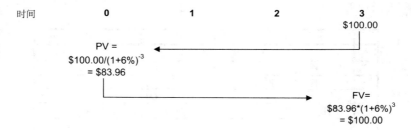

年金的现值

之前讲过年金是指发生在一定时期内定期等额收付的系列款项。年金的现值告诉你年金的所有将来款项在今天的价值。

一项在第 1，2，3，…，N 年末收到，每次为 X 美元的年金，在利率为 r% 的条件下的现值为 $\frac{X}{(1+r)} + \frac{X}{(1+r)^2} + \frac{X}{(1+r)^3} + \cdots + \frac{X}{(1+r)^N}$。

这有一个例子：假如有人承诺在接下来的 5 年每年末给你 100 美元。假设银行利率为 6%，这一承诺今天的价值是 421.24 美元。

	A	B	C	D
1	年金的现值：每年支付100美元，共计5年			
2	每年支付	100		
3	r，利率	6%		
4				
5	年份	年末支付	支付的现值	
6	1	100	94.34	<-- =B6/(1+$B$3)^A6
7	2	100	89.00	<-- =B7/(1+$B$3)^A7
8	3	100	83.96	
9	4	100	79.21	
10	5	100	74.73	
11				
12	所有支付的现值			
13	现值加总		421.24	<-- =SUM(C6:C10)
14	利用Excel的PV函数		421.24	<-- =PV(B3,5,-B2)
15	利用Excel的NPV函数		421.24	<-- =NPV(B3,B6:B10)

前一例子显示有三种方法可以获得现值为 421.24 美元：

- 你可以计算各笔贴现值的总和，见单元格 C13。
- 可以使用 Excel 的 PV 函数，可以计算年金的现值（单元格 C14）。
- 你可以使用 Excel 的 NPV 函数（单元格 C15）。这一函数可以计算任何系列定期支付（无论是年金中的等额支付，还是不等额支付）。

我们分别介绍 PV 函数和 NPV 函数。

永续年金的现值

永续年金是无限期支付的年金。在这一章后面的附录 2.1 中我们将作说明。

在第 1，2，3，…年末每次收到 X 美元的永续年金，当利率为 $r\%$ 时，

$$\frac{X}{(1+r)}+\frac{X}{(1+r)^2}+\frac{X}{(1+r)^3}+\cdots=\frac{X}{r}$$

比如你将在第 1，2，3，…年末每次收到 100 美元，假设利率为 $r=5\%$。如下表所示，这一永续年金的现值是 2,000 美元。

	A	B	C
1	年金的现值		
2	年末支付	100	
3	利率	5%	
4	永续年金的现值	2,000	<-- =B2/B3

Excel PV 函数

PV 函数用于计算一项年金（一系列等额收付款项）的现值。与之前讨论的 FV 函数有许多相似的地方，和 FV 函数一样，它也是正数的金额得出一个负数的结果（这也是我们把 Pmt 写作 -100 的原因）。在 FV 函数中，Type 表示支付发生在期初还是期末。因为系统默认是在期末，所以可以输入 0 或者是不输入。（如果支付发生在期初，你需要在 Type 项输入 1。）

PV 函数的对话框

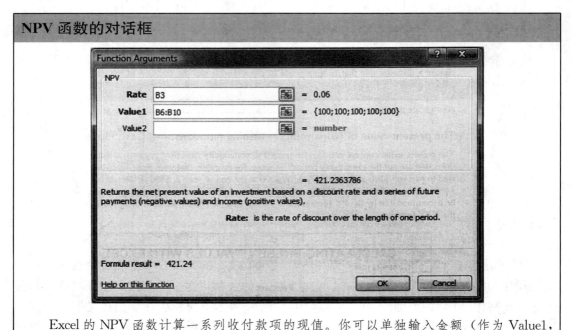

对话框中计算结果（Formula result）显示答案为 421.24 美元。

Excel NPV 函数

NPV 函数用于计算一系列支付的现值。这些收付款项不需要相等，尽管在现在的例子中是相等的。NPV 函数可以处理不相等款项的能力使它成为 Excel 最有用的函数之一。在本书中我们将多次用到此函数。在本例中，因为每年的付款是相等的，所以不管我们用 PV 函数还是 NPV 函数得到的结果都是 421.24 美元。

NPV 函数的对话框

Excel 的 NPV 函数计算一系列收付款项的现值。你可以单独输入金额（作为 Value1，Value2，…），或者如本例所示，你可以在 Value1 处输入一定范围内的收付款项。

重要符号注释

金融专业人员使用 NPV 表示净现值，这个概念我们将在下一部分解释。Excel 的 NPV 函数实际上是计算一系列支付的现值。几乎所有的金融专业人员和书籍都将 Excel NPV 函数计算的结果叫作 PV。因此，Excel 使用 NPV 时与金融界的标准用法有所区别，这将在 2.3 节解释。

确定贴现率

我们定义 n 年后收到的 X 美元的现值为 $\dfrac{X}{(1+r)^n}$。该表达式分母中的利率 r 被称为贴现率。为什么 Simon 叔叔承诺的钱要用 6% 作为贴现率？选择贴现率的基本原理是使其对于被贴现的现金流的风险和持续期来说都是恰当的。Simon 叔叔关于连续五年每年支付 100 美元的承诺是假定他与当地银行具有同等的信誉，当地银行的存款利率为 6%，所以 6% 的贴现率是恰当的。

非年金现金流（不恒定）的现值

现值的概念可以同样应用于非年金现金流，意味着每期的金额不是相等的。假设你的阿姨 Terry 承诺在第 1 年末付给你 100 美元，第 2 年末付给你 200 美元，第 3 年末付给你 300 美元，第 4 年末付给你 400 美元，第 5 年末付给你 500 美元。这不是一项年金，所以不适用于 PV 函数。但是，我们可以用 NPV 函数计算此项承诺的现值。

	A	B	C	D
1	用Excel计算现值			
2	r, 利率	6%		
3				
4	年份	年末支付	现值	
5	1	100	94.34	<-- =B5/(1+$B$2)^A5
6	2	200	178.00	<-- =B6/(1+$B$2)^A6
7	3	300	251.89	
8	4	400	316.84	
9	5	500	373.63	
10				
11	所有支付的现值			
12	现值加总		1,214.69	<-- =SUM(C5:C9)
13	利用Excel的NPV函数		1,214.69	<-- =NPV($B$2,B5:B9)

这一例子显示 Terry 阿姨承诺的在五年之内的一系列支付的现值为 1,214.69 美元。

$$\frac{\$100}{1.06}+\frac{\$200}{(1.06)^2}+\frac{\$300}{(1.06)^3}+\frac{\$400}{(1.06)^4}+\frac{\$500}{(1.06)^5}=\$1,214.69$$

Excel 注释

Excel 的 NPV 函数允许你在对话框中直接输入多达 29 项支付，下面是上例的对话框。

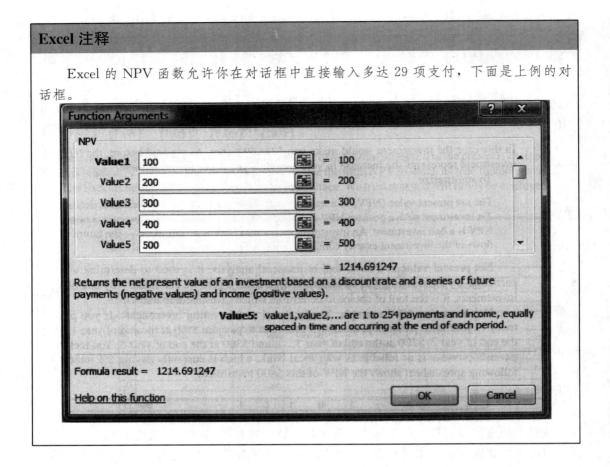

2.3 净现值

一系列将来现金流的净现值是指它们的现值减去初始的必要投资额。净现值＝将来现金流的现值—初始投资额。一项投资的净现值表示如果你进行这项投资你所获得的财富增长。

这有一个基于前面表格的例子。你会选择在今天支付 1,500 美元以获得单元格 B5:B9 的将来现金流吗？当然不——因为它们只价值 1,214.69 美元，所以为什么要支付 1,500 美元？这项投资的 NPV 会是：

$$\text{NPV} = \underbrace{-\$1,500}_{\text{投资成本}} + \underbrace{\frac{\$100}{1.06} + \frac{\$200}{(1.06)^2} + \frac{\$300}{(1.06)^3} + \frac{\$400}{(1.06)^4} - \frac{\$500}{(1.06)^5}}_{\substack{\text{投资的未来} \\ \text{现金流以6\%} \\ \text{贴现的现值}}}$$

$$= -\$1,500 + \qquad\qquad \$1,214.69 \qquad\qquad = \underbrace{-\$285.31}_{\text{净现值}}$$

如果你为这项投资支付 1,500 美元，你多付了 285.31 美元，你就会损失同等数额。

这不是一个好主意!

另一种情况,如果你需要支付 1,000 美元就能获得将来现金流,那么你应该立刻进行投资,因为你支付的钱比这项投资的价值少 214.69 美元:

$$\text{NPV} = -\$1,000 + \$1,214.69 = \$214.69$$

<small>投资成本　　　投资的未来　　　　净现值
现金流以6%
贴现的现值</small>

这种情况下,这项投资会使你盈利 214.69 美元。如我们之前所说,一项投资的净现值表示你进行这项投资所获得的财富增长。

总体来说,

> 一系列现金流的净现值可以用来制定投资决策:净现值为正的投资是一项值得的投资;净现值为负的投资是一项不好的投资;一项净现值等于 0 的投资是"公平游戏"——这项投资的将来现金流恰好抵消你的初始投资。

净现值是金融分析的基本工具。它常常被用来决定一项投资是否执行;如果我们只能投资多个项目中的其中一项,常用净现值来决定投资哪项。

这有另一个净现值的例子:你发现了一项有趣的投资——如果你付 800 美元给当地当铺,老板承诺在第 1 年末付给你 100 美元,第 2 年末付给你 150 美元,第 3 年末付给你 200 美元,…,第 5 年末付给你 300 美元。你感觉当铺老板和银行一样有信誉,银行最近的利率为 5%。如下表格说明了这 800 美元投资的净现值。

	A	B	C	D
1	用Excel计算净现值			
2	r,利率	5%		
3				
4	年份	支付	现值	
5	0	-800	-800.00	
6	1	100	95.24	<-- =B6/(1+$B$2)^A6
7	2	150	136.05	<-- =B7/(1+$B$2)^A7
8	3	200	172.77	
9	4	250	205.68	
10	5	300	235.06	
11				
12	NPV			
13	将现值加总		44.79	<-- =SUM(C5:C10)
14	利用Excel的NPV函数		44.79	<-- =B5+NPV($B$2,B6:B10)

表格中说明了这项投资的价值——这些支付的净现值(包括初始支付−800 元)是 44.79 美元。

$$\text{NPV} = -800 + \frac{100}{(1.05)} + \frac{150}{(1.05)^2} + \frac{200}{(1.05)^3} + \frac{250}{(1.05)^4} + \frac{300}{(1.05)^5} = 44.97$$

<small>未来支付的现值:
用Excel的NPV函数计算=844.79</small>

在贴现率为 5% 的条件下,你应该进行这项投资,因为净现值为正值,是 44.79 美元。

EXCEL 注释

如前面所说，Excel 的 NPV 函数与金融中标准净现值的用法并不一致。在金融中，净现值表示未来支付的现值（在前一例子中，现值是 $\frac{100}{(1.05)}+\frac{150}{(1.05)^2}+\frac{200}{(1.05)^3}+\frac{250}{(1.05)^4}+\frac{300}{(1.05)^5}=844.79$）。金融专业人员用净现值来表示未来现金流的现值减去初始投资成本，在前一例子中是 $844.79 － $800 ＝ $44.79。在本书中，我们用 NPV 来指它真正的金融含义，在随后 NPV 会多次出现，相信大家不难理解。

NPV 随贴现率变化

让我们再次用前面当铺的例子，然后用 Excel 表格来展示贴现率和 NPV 之间的关系。如下所示，贴现率越高，NPV 越低。

注意到我们高亮显示了一个特别的利率：当贴现率为 6.6965％时，这项投资的净现值为 0。这个 6.6965％的利率被称为内部收益率（IRR）。如果贴现率低于 IRR，NPV 为正值，如果贴现率高于 IRR，NPV 为负值，在 2.4 节我们将讨论更多的细节。

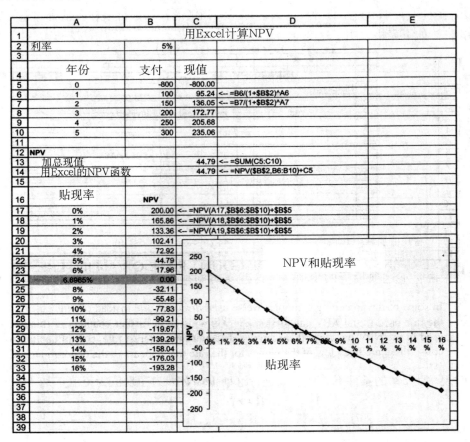

	A	B	C	D	E
1			用Excel计算NPV		
2	利率	5%			
3					
4	年份	支付	现值		
5	0	-800	-800.00		
6	1	100	95.24	<-- =B6/(1+$B$2)^A6	
7	2	150	136.05	<-- =B7/(1+$B$2)^A7	
8	3	200	172.77		
9	4	250	205.68		
10	5	300	235.06		
11					
12	NPV				
13	加总现值		44.79	<-- =SUM(C5:C10)	
14	用Excel的NPV函数		44.79	<-- =NPV($B$2,B6:B10)+C5	
15					
16	贴现率	NPV			
17	0%	200.00	<-- =NPV(A17,$B$6:$B$10)+$B$5		
18	1%	165.86	<-- =NPV(A18,$B$6:$B$10)+$B$5		
19	2%	133.36	<-- =NPV(A19,$B$6:$B$10)+$B$5		
20	3%	102.41			
21	4%	72.92			
22	5%	44.79			
23	6%	17.96			
24	6.6965%	0.00			
25	8%	-32.11			
26	9%	-55.48			
27	10%	-77.83			
28	11%	-99.21			
29	12%	-119.67			
30	13%	-139.26			
31	14%	-158.04			
32	15%	-176.03			
33	16%	-193.28			
34					
35					
36					
37					
38					
39					

用 NPV 在投资中做选择

到目前为止的例子中，我们都是用 NPV 来决定是否进行一项投资。但是 NPV 值也可以用来在多项投资之间做选择。请看下表，你有 800 美元去投资，可以有两种选择，A 和 B。这张表中的贴现率为 15％，投资 A 的净现值是 219.06 美元，投资 B 的净现值为 373.75 美元。如果投资不是互斥的话，你可以两项都选择，因为它们的净现值都为正。但是你只能选择其中一项，所以你应该选择拥有更高 NPV 值的投资 B。投资 A 会使你的财富增长 219.06 美元，而投资 B 会使你的财富增长 373.75 美元。

	A	B	C	D
1		用NPV在两项投资中做选择		
2	贴现率		15%	
3				
4		年份	投资A	投资B
5		0	-800	-800
6		1	250	600
7		2	500	200
8		3	200	100
9		4	250	500
10		5	300	300
11				
12	NPV		219.06	373.75	<-- =NPV(B2,C6:C10)+C5

术语——到底该叫贴现率还是利率

在前面的一些例子中，我们在 NPV 的计算中用贴现率来取代利率。在以下章节中，NPV 中用到的利率会有多种同义词：贴现率，利率，资本成本，机会成本——这些都将会出现在 NPV 的分母当中。

$$\frac{t\ \text{年的现金流}}{(1+r)^t}$$

贴现率
利率
资本成本
机会成本

总结一下，使用 NPV 在两项互斥的投资中做选择时，如果这两项投资的 NPV 值都为正，我们选择有较高 NPV 值的那项投资。

2.4　内部收益率

内部收益率（IRR）是各年现金流量净现值为零时的贴现率。

在我们深入讲解（下一节）为什么要知道 IRR 之前，我们先讲解如何计算。让我们回到上一节的例子：如果你今天支付 800 美元给当地的当铺，老板答应你一年后付给你 100 美元，两年后付给你 150 美元，三年后给你 200 美元，四年后给你 250 美元，5 年后付给你 300 美元，以贴现率 r 进行贴现，各年现金流的净现值可以写成如下公式：

$$NPV = -800 + \frac{100}{(1+r)} + \frac{150}{(1+r)^2} + \frac{200}{(1+r)^3} + \frac{250}{(1+r)^4} + \frac{300}{(1+r)^5}$$

在下面的单元格 B16:B32，我们计算了在不同贴现率下的净现值，你可以看到，在 $r=6\%$ 与 $r=7\%$ 之间，净现值已经开始为负。

	A	B	C	D
1		用Excel计算IRR		
2	r，利率	6.6965%		
3				
4	年份	支付		
5	0	-800		
6	1	100		
7	2	150		
8	3	200		
9	4	250		
10	5	300		
11				
12	NPV	0.00	<-- =NPV(B2,B6:B10)+B5	
13	IRR	6.6965%	<-- =IRR(B5:B10)	
14				
15	贴现率	NPV		
16	0%	200.00	<-- =NPV(A16,$B$6:$B$10)+$B$5	
17	1%	165.86	<-- =NPV(A17,$B$6:$B$10)+$B$5	
18	2%	133.36	<-- =NPV(A18,$B$6:$B$10)+$B$5	
19	3%	102.41		
20	4%	72.92		
21	5%	44.79		
22	6%	17.96		
23	7%	-7.65		
24	8%	-32.11		
25	9%	-55.48		
26	10%	-77.83		
27	11%	-99.21		
28	12%	-119.67		
29	13%	-139.26		
30	14%	-158.04		
31	15%	-176.03		
32	16%	-193.28		
33				
34				
35				

NPV 和贴现率 (图表，纵轴 NPV，横轴 贴现率)

在单元格 B13 中，我们用 Excel 的 IRR 功能函数计算出 NPV 为零时的确切贴现率，结果是 6.6965%。在这一利率下，现金流的净现值为零（单元格 B12）。我们可以使用 IRR 功能函数的如下对话框。

IRR 函数对话框

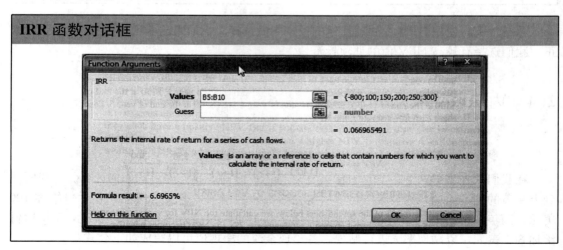

IRR 意味着什么?

假如银行的利率为 6.6965%，你打算进行储蓄，从而在未来获得如上例所示的现金流：

- 一年后得到 100 美元，你需要将现值 $\frac{100}{1.06965}=93.72$ 美元存入银行。

- 两年后得到 150 美元，你需要将现值 $\frac{150}{(1.06965)^2}=131.76$ 美元存入银行。

- ……（如下图）

你的存款总额为 800 美元，即为这项投资的成本，这就是我们所说的：内部收益率是一项投资的复合利率。

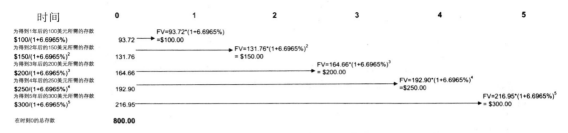

用 IRR 来进行投资决策

IRR 经常被用来进行投资决策。假如你的姑姑 Sara 的经纪人提供了如下投资：现在支付 1,000 美元，一个声誉好的金融公司会在未来四年的每年末支付给她 300 美元。银行同期的存款利率为 5%。她是否应该把钱从银行取出进行这项投资？为了回答这个问题，我们计算出这项投资的内部收益率，将其与银行的同期利率进行比较：

	A	B	C
1	用IRR做投资决策		
2	年份	现金流	
3	0	-1,000	
4	1	300	
5	2	300	
6	3	300	
7	4	300	
8			
9	IRR	7.71%	<-- =IRR(B3:B7)

这项投资的内部收益率为 7.71%，比 5% 大，Sara 进行这项投资比将钱存入银行会赚更多的钱，因此，应该进行这项投资。

总结一下，

用 IRR 来进行投资决策，如果一项投资的内部收益率大于其替代报酬率，则是一项好的投资；如果一项投资的内部收益率小于其替代报酬率，则是一项坏的投资。

用 IRR 在两项投资之间选择

我们可以用内部收益率在两项投资之间做选择。如果你可以选择两项投资之一，投资 A 和 B 都需要 1,000 美元，但是它们有不同的现金流，如果你用 IRR 来做选择，需要选择 IRR 值比较高的投资，这里有一个例子。

	A	B	C	D
1	用IRR在两项投资之间选择			
2	年份	投资A 的现金流	投资B 的现金流	
3	0	-1,000.00	-1,000.00	
4	1	450.00	550.00	
5	2	425.00	300.00	
6	3	350.00	475.00	
7	4	450.00	200.00	
8				
9	IRR	24.74%	22.26%	<-- =IRR(C3:C7)

我们应该选择投资 A，因为 A 有更高的内部收益率。

总结，

用内部收益率在两项可比较的投资之间选择时，我们选择拥有更高内部收益率的投资。前提假设：（1）两项投资的内部收益率都高于替代报酬率；（2）投资的风险相当。

用 **NPV** 和 **IRR** 来做投资决策

在这一章，我们介绍了两种工具，NPV 和 IRR，用来做投资决策。我们同时也讨论了两种类型的投资决策。总结如下：

	是否进行一项投资决策	"投资排序" 比较互斥的两项投资
NPV 准则	NPV>0 的投资应该被执行	如果 NPV（A）>NPV（B），应选择 A
IRR 准则	IRR>r 的投资应该被执行，r 是恰当的贴现率	如果 IRR（A）>IRR（B），应该首先选择 A

在第 4 章我们将进一步讨论这两种规则和两种决策问题。

2.5 内部收益率的意义，贷款表和投资摊销

在前一节，我们简单说明了为什么内部收益率是你投资一项资产的复合收益率。这句

话暗藏了一系列的金融应用：当专业的金融人员讨论一项投资的收益率或者一项贷款的实际利率时，他们通常指的是 IRR。在这一节我们探讨 IRR 的一些含义，几乎整个第 3 章都是关于这个主题的。

一个简单的例子

假如你今天支付 200 美元购买一项资产，如果这项投资会在一年后返还给你 300 美元，则这项资产的内部收益率为 50%。这让我们想起内部收益率是使净现值为零的利率。因为这项投资 $NPV = -200 + \dfrac{300}{1+r}$，这意味着当 $1+r = \dfrac{300}{200} = 1.5$ 时，NPV 为 0。解这个方程得出 $r = 50\%$。

从另一个角度考虑这项投资和它 50% 的内部收益率：

● 在时刻 0 你为这项投资支付 200 美元。

● 在时刻 1，300 美元的现金流偿还初始投资 200 美元后，剩下的 100 美元代表初始投资额 200 美元 50% 的回报。这就是内部收益率。

> 内部收益率是一项投资的收益率；是在资产的整个生命期，偿还了资产的初始投资额后，作为投资利息的利率。

一个更加复杂的例子

我们现在给出一个更加复杂的例子，说明相同的问题。这次你花费 200 美元购买一项资产。这项资产的现金流是第 1 年末 130.91 美元和第 2 年末 130.91 美元。以下是这项投资的内部收益率分析。

	A	B	C	D	E	F
1	IRR作为一项投资的收益率					
2	IRR	20.00%	<-- =IRR({-200,130.91,130.91})			
3	年份	年初投资	年末收入	收入中的利息部分	收入中的偿还本金部分	
4	1	200.00	130.91	40.00	90.91	
5	2	109.09	130.91	21.82	109.09	
6	3	0.00				
7						
8	=B4-E4			=$B$2*B4	=C4-D4	
9						
10		=B5-E5		=$B$2*B5	=C5-D5	
11						

● 这项投资的内部收益率是 20.00%。注意我们是如何计算的——我们在单元格 B2 输入 =IRR（{-200，130.91，130.91}）。（如果你想用这种方法在 Excel 中计算 IRR，你需要将现金流输入花括号中。）

● 利用 20% 的内部收益率，第 1 年的收入中有 40 美元（=20% * $200）是利息，剩下的 90.91 美元偿还本金。另一种考虑这 40 美元利息的方法是，为了购买这项资产，你付出了 200 美元，当第 1 年末偿还 130.91 美元时，40 美元（＝20％ ＊ ＄200）是利息，即别人用你的钱而付给你的补偿，剩下的 90.91 美元是偿还你借出的款项。

● 在第 2 年初贷款本金剩下的金额是 109.09 美元，在第 2 年末收到的 130.91 美元中，21.82 美元（＝20％ ＊ 109.09）是利息，剩下的（109.09 美元）是偿还的本金。

● 在第 3 年初（这项投资完成支付的后一年）的贷款本金为零。

如本节的第一个例子所示，内部收益率是投资的收益率，被定义为在资产的整个生命期，偿还资产的初始投资额后作为对投资所支付的利息的利率。

本章其余部分将讨论——终值、净现值和内部收益率的运用

在余下的部分我们将应用这一节学到的内容来解决一些普通的问题：

2.6～2.8 节，为未来储蓄。

2.9 节，每年等额还款的贷款偿还计划。

2.10 节，还清一项贷款需要多久？

2.6 年度偿还额相等的贷款的计算——Excel 的 PMT 函数

你刚从学校毕业，有 10 年的时间来偿还你 100,000 美元的助学贷款。这项贷款的年利率为 10％并且偿还额每年相等。你需要偿还多少钱？

假如我们用 X 表示年度偿还额。正确的 X 是使所有的还款的现值等于贷款的本金：

$$100,000 = \frac{X}{1.10} + \frac{X}{(1.10)^2} + \frac{X}{(1.10)^3} + \cdots + \frac{X}{(1.10)^{10}}$$

稍微改写一下等式，我们可以得到：

$$X = \frac{100,000}{\underbrace{\frac{1}{1.10} + \frac{1}{(1.10)^2} + \frac{1}{(1.10)^3} + \cdots + \frac{1}{(1.10)^{10}}}}$$

这个公式可以
用Excel的PV函数计算

在 Excel 表格中：

	A	B	C
1		贷款支付	
2	贷款本金	100,000	
3	贷款利率	10%	
4	还清贷款的年限	10	
5	年度支付	16,274.54	<-- =B2/PV(B3,B4,-1)
6		16,274.54	<-- =PMT(B3,B4,-B2)

在单元格 B6 中我们使用 Excel 的 PMT 函数，可以正确地计算出这项贷款的偿还额（如下对话框所示）。

正如 Excel 的其他金融函数，PMT 在 Pv 一项输入负值形成正的结果。

贷款摊销表

"摊销"指的是随着时间的流逝付出一些代价。一张贷款摊销表告诉我们每期的偿还额如何在本金和利息之间分配。下面是上例的贷款摊销表（第 9～18 行）。

当我们将所有的付款放入一张贷款表中（如下表格的第 9～18 行），你可以看到每年末的付款是如何在年初未偿还贷款所产生的利息和本金之间分配的。如果你要向国税局报告，那么利息一列（D 列）在税收中是可扣除的，但是本金偿还一列（E 列）则不可以。

	A	B	C	D	E	F
1			贷款支付			
2	贷款本金	100,000				
3	贷款利息	10%				
4	支付贷款的年数	10				
5	年度支付	16,274.54	<-- =B2/PV(B3,B4,-1)			
6		16,274.54	<-- =PMT(B3,B4,-B2)			
7						=$B$3*B9
8	年份	年初 本金	年末 支付	支付中的 利息部分	支付中的 本金部分	
9	1	100,000.00	16,274.54	10,000.00	6,274.54	<-- =C9-D9
10	2	93,725.46	16,274.54	9,372.55	6,901.99	
11	3	86,823.47	16,274.54	8,682.35	7,592.19	
12	4	79,231.27	16,274.54	7,923.13	8,351.41	
13	5	70,879.86	16,274.54	7,087.99	9,186.55	
14	6	61,693.31	16,274.54	6,169.33	10,105.21	
15	7	51,588.10	16,274.54	5,158.81	11,115.73	
16	8	40,472.37	16,274.54	4,047.24	12,227.30	
17	9	28,245.07	16,274.54	2,824.51	13,450.03	
18	10	14,795.04	16,274.54	1,479.50	14,795.04	
19						
20	=B9-E9			第10年初的本金等于该年末要支付		
21				的本金。注意：该笔贷款要在10年		
22				间还清。		
23						

2.7 PMT 函数可以解决终值问题

PMT 函数可以用来计算为了在未来达到一定数额的基金每年要存入的金额为多少。如下表所示，如果你在每年的年初存入 5,087.87 美元，连续存 10 年，在利率为 12% 的条件下，10 年后会累计达到 100,000 美元。

在单元格 B20，我们用一步就可以完成这项计算。

	A	B	C	D	E
1		用PMT函数计算如何达到 一个给定的终值			
2	利率	12%			
3	年数	10			
4	年度存款	5,087.872			
5	要求的终值	100,000			
6					
7	年份	年初账户 余额	年初存款	年末账户 总额	
8	1	0.00	5,087.87	5,698.42	<-- =(B8+C8)*(1+$B$2)
9	2	5,698.42	5,087.87	12,080.64	<-- =(B9+C9)*(1+$B$2)
10	3	12,080.64	5,087.87	19,228.74	
11	4	19,228.74	5,087.87	27,234.60	
12	5	27,234.60	5,087.87	36,201.17	
13	6	36,201.17	5,087.87	46,243.73	
14	7	46,243.73	5,087.87	57,491.39	
15	8	57,491.39	5,087.87	70,088.78	
16	9	70,088.78	5,087.87	84,197.85	
17	10	84,197.85	5,087.87	100,000.00	
18					
19	用PMT函数一步求解				
20	年度支付	5,087.872	<-- =PMT(B2,B3,,-B5,1)		

单元格 B20 的对话框如下。

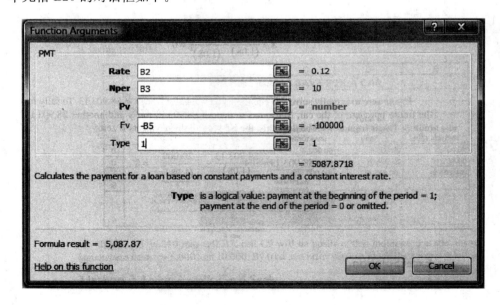

2.8 为未来储蓄——帮 Mario 买一辆车

Mario 看中了一辆价值 20,000 美元的汽车。他想在两年内购买，他准备在银行开立一个账户，今天存入 X 美元，然后在一年后存入 X 美元。账户余额会得到 8% 的利息。那么 X 应该是多少才能在两年后得到 20,000 美元？在这一节我们将解决这个问题。

用一个账户为未来消费存款，所有现金流的净现值均为零。用金融术语来讲，如果所有现金流的净现值均为零，那么未来消费计划资金到位。

为看清这一过程，用一张图来解释。

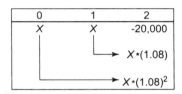

两年后 Mario 将积累了 $X*(1.08)+X*(1.08)^2$，应该等于 20,000 美元，因此：

$$\underbrace{X*(1.08)+X*(1.08)^2}_{\text{存款在两年后的终值}}=\underbrace{20,000}_{\text{理想的资金额}}$$

现在方程两边同时减去 20,000 美元，然后除以 $(1.08)^2$。

$$\underbrace{X+\frac{X}{(1.08)}-\frac{20,000}{(1.08)^2}}_{\text{所有现金流的净现值}}=0$$

解方程，得到 $X=8,903.13$ 美元。为了能够买到这辆 20,000 美元的汽车，Mario 需要在今天存入 8,903.13 美元，一年后再存入 8,903.13 美元。如果他这样做，所有支付的净现值均为零：

$$\underbrace{\underbrace{8,903.13}_{\substack{\text{今天的存款}\\\text{的现值}}}+\underbrace{\frac{8,903.13}{(1.08)}}_{\substack{\text{1年后存款}\\\text{的现值}}}-\underbrace{\frac{20,000}{(1.08)^2}}_{\substack{\text{两年后汽车}\\\text{费用的现值}}}}_{\substack{\text{两项存款和汽车费用的}\\\text{净现值}}}=0$$

Excel 解决方案

当然，用 Excel 可以很容易得到这个结果。

如果 Mario 在第 0 年和第 1 年各存入 8,903.13 美元，第 2 年初账户刚好会有 20,000 美元（单元格 B7）。所有支付的净现值均为 0（单元格 C9）。

在下一节我们将使用三种方法解决 Mario 的存款问题。

	A	B	C	D	E
1	帮Mario为购买汽车而储蓄				
2	存款, *X*	8,903.13			
3	利率	8.00%			
4	年份	存款前 银行账户	存/取款	年初账户 余额	年末账户余额 （加利息）
5	0	0.00	8,903.13	8,903.13	9,615.38
6	1	9,615.38	8,903.13	18,518 52	20,000.00
7	2	20,000.00	(20,000.00)	0.00	0.00
8					
9	所有存款 和支付的 NPV		$0.00	<-- =C5+NPV(B3,C6:C7)	

2.9　用三种方法解决 Mario 的存款问题

我们可以用三种方法的其中一种来解决 Mario 的存款问题：试错法，单变量求解（Goal Seek），PMT 功能函数。每一种方法都将在这一节介绍。

方法一：试错法

你可以不断尝试，调整单元格 B2 的值，直到单元格 C9 等于 0。比如，如果你在 B2 中输入 5,000，你会得到单元格 C9 的值为负，这暗示 Mario 存的钱不够。

	A	B	C	D	E
1	帮Mario为购买汽车而储蓄				
2	存款, *X*	5,000.00			
3	利率	8.00%			
4	年份	存款前 银行账户	存/取款	年初账户 余额	年末账户余额 （加利息）
5	0	0.00	5,000.00	5,000.00	5,400.00
6	1	5,400.00	5,000.00	10,400.00	11,232.00
7	2	11,232.00	(20,000.00)	(8,768.00)	(9,469.44)
8					
9	所有存款 和支付的 NPV		($7,517.15)	<-- =C5+NPV(B3,C6:C7)	

如果你在单元格 B2 中输入 10,000，单元格 C9 中的值为正。这预示着正确的答案在 5,000 和 10,000 之间。通过试错法你可以得到正确的解。

方法二：单变量求解

单变量求解是 Excel 的一项功能，通过调整一个单元格的值使另一个单元格得到特定的解（第 29 章有单变量求解的详细介绍）。为解决 Mario 的问题，我们可以使用单变量求解使单元格 C9 的值为 0。在 Excel 2007 中的菜单选择是："数据→工具→假设分析→单变量求解"（Data | Data Tools | What-If Analysis | Goal Seek）。

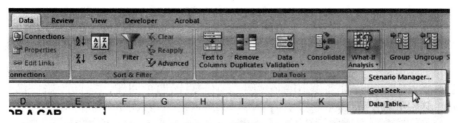

Having chosen **Goal Seek**, we fill in the dialog box as shown below.

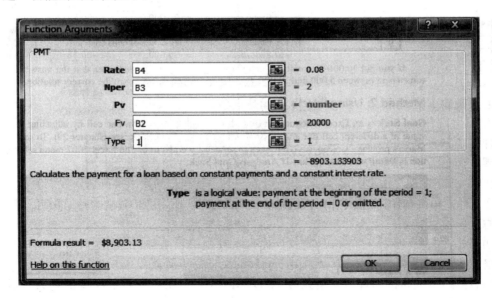

当我们点击"确定"，单变量求解会得出正确结果 8,903.13。

方法三：使用 Excel 的 PMT 函数

Excel 的 PMT 函数可以直接解决 Mario 的问题，如下表所示。

	A	B	C
1		用Excel的PMT函数解决Mario购买汽车的存款问题	
2	目标金额	20,000.00	<-- 汽车的价格
3	达到目标的时间	2	<-- Mario想在哪年购买汽车
4	利率	8.00%	
5	存款，X	8,903.13	<-- =PMT(B4,B3,,-B2,1)

这一功能的对话框如下。

2.10 为未来储蓄——更复杂的问题

在这一节我们介绍比 2.8 节 Mario 购车复杂一点的两个问题。我们开始讨论一位年轻女孩的父母是否为他们的孩子接受教育存了足够的钱。问题如下：

● 在 Linda10 岁生日那天，她的父母决定在一个账户中为女儿存入 4,000 美元，他们准备在女儿 11 岁，12 岁，……，一直到 17 岁，每年生日都存入 4,000 美元。

● 所有账户余额会得到 8% 的利息。

● 在 Linda18 岁、19 岁、20 岁和 21 岁生日当天，他们会取出 20,000 美元来支付她的学费。

这 4,000 美元能否足够支付 Linda 预期的学费？我们可以使用 Excel 简单地解决这一问题。

	A	B	C	D	E
1		为大学教育而储蓄			
2	利率	8%			
3	年度存款	4,000.00			
4	年度大学教育费用	20,000			
5					
6	生日	存取款前，生日当天的银行账户余额	年初的存款或取款	总额	包括利息的年末余额
7	10	0.00	4,000.00	4,000.00	4,320.00
8	11	4,320.00	4,000.00	8,320.00	8,985.60
9	12	8,985.60	4,000.00	12,985.60	14,024.45
10	13	14,024.45	4,000.00	18,024.45	19,466.40
11	14	19,466.40	4,000.00	23,466.40	25,343.72
12	15	25,343.72	4,000.00	29,343.72	31,691.21
13	16	31,691.21	4,000.00	35,691.21	38,546.51
14	17	38,546.51	4,000.00	42,546.51	45,950.23
15	18	45,950.23	-20,000.00	25,950.23	28,026.25
16	19	28,026.25	-20,000.00	8,026.25	8,668.35
17	20	8,668.35	-20,000.00	-11,331.65	-12,238.18
18	21	-12,238.18	-20,000.00	-32,238.18	-34,817.24
19					
20		所有支付的NPV	-13,826.4037	<-- =NPV(B2,C8:C18)+C7	

通过观察 E 列的账户余额，4,000 美元是不够的——Linda 和她的父母会在其 19 岁和 20 岁生日之间花光他们的储蓄。在她大学快结束时，他们将会有 34,817.24 美元的负债。另一种方法是看单元格 C20 中的 NPV 值：一个合理的存取款计划是所有的现金流的净现值为零。而单元格 C20 的净现值为负——Linda 的计划是资金不足的。

那么 Linda 的父母每年应该存多少钱呢？有三种方法可以解决这一问题，我们将在后面介绍。这三种方法和上节中解决 Mario 的问题所使用的方法一致，我们再次完整地介绍一遍。

方法一：试错法

如果是在表格中输入了正确的公式，你可以改变单元格 B3 的值直到单元格 E18 或者单元格 C20 的值为 0。这样最终会得到 Linda 的父母每年应该存入 6,227.78 美元。

注意到所有支付的净现值（单元格 C20）均为 0，当所有支付的净现值均为 0 时，未来的支付是资金充足的。

	A	B	C	D	E
1		为大学教育而储蓄			
2	利率	8%			
3	年度存款	6,227.78			
4	年度大学教育费用	20,000			
5					
6	生日	存取款前，生日当天的银行账户余额	年初的存款或取款	总额	包括利息的年末余额
7	10	0.00	6,227.78	6,227.78	6,726.00
8	11	6,726.00	6,227.78	12,953.77	13,990.08
9	12	13,990.08	6,227.78	20,217.85	21,835.28
10	13	21,835.28	6,227.78	28,063.06	30,308.10
11	14	30,308.10	6,227.78	36,535.88	39,458.75
12	15	39,458.75	6,227.78	45,686.52	49,341.45
13	16	49,341.45	6,227.78	55,569.22	60,014.76
14	17	60,014.76	6,227.78	66,242.54	71,541.94
15	18	71,541.94	-20,000.00	51,541.94	55,665.29
16	19	55,665.29	-20,000.00	35,665.29	38,518.52
17	20	38,518.52	-20,000.00	18,518.52	20,000.00
18	21	20,000.00	-20,000.00	0.00	0.00
19					
20		所有支付的NPV		0.0000	<-- =NPV(B2,C8:C18)+C7

方法二：单变量求解

我们可以使用单变量求解使单元格 E18 的值为 0。通过选择"数据→假设分析→单变量求解"，我们在对话框中填入相应内容。

	A	B	C	D	E	F	G	H
1		为大学教育而储蓄						
2	利率	8%						
3	年度存款	4,000.00						
4	年度大学教育费用	20,000						
5								
6	生日	存取款前，生日当天的银行账户余额	年初的存款或取款	总额	包括利息的年末余额			
7	10	0.00	4,000.00	4,000.00				
8	11	4,320.00	4,000.00	8,320.00				
9	12	8,985.60	4,000.00	12,985.60				
10	13	14,024.45	4,000.00	18,024.45				
11	14	19,466.40	4,000.00	23,466.40				
12	15	25,343.72	4,000.00	29,343.72				
13	16	31,691.21	4,000.00	35,691.21				
14	17	38,546.51	4,000.00	42,546.51	45,950.23			
15	18	45,950.23	-20,000.00	25,950.23	28,026.25			
16	19	28,026.25	-20,000.00	8,026.25	8,668.35			
17	20	8,668.35	-20,000.00	-11,331.65	-12,238.18			
18	21	-12,238.18	-20,000.00	-32,238.18	-34,817.24			
19								
20		所有支付的NPV		-13,826.4037	<-- =NPV(B2,C8:C18)+C7			

对话框内容：
Set cell: $C$20
To value: 0
By changing cell: $B$3

当我们点击"确定"，会得到和之前一样的结果：6,227.78 美元。

方法三：使用 Excel 的 PV 和 PMT 函数

我们可以使用 Excel 的 PV 和 PMT 函数直接解决这一问题，如下表所示。

解释：单元格 B9 是 Linda 的大学学费在 18 岁生日当天的现值。PMT 函数计算每年的存款额使存款的终值等于 71,541.94 美元（按 8% 的利率复利，期限为 8 年）。

我们可以使 PV 函数和 PMT 函数一体化，结果会更简单。

	A	B	C
1		为大学教育而储蓄 使用PV和PMT函数	
2	利率	8%	
3	现在Linda的年龄	10	
4	开始接受大学教育的年龄	18	
5	接受大学教育的年数	4	
6			
7	每年的大学教育成本	20,000	
8			
9	在18岁时的大学教育费用的PV	71,541.94	<-- = PV(B2,B5,-B7,,1)
10	年度支付	6,227.78	<-- = PMT(B2,B4-B3,,-B9,1)

	A	B	C
1		为大学教育而储蓄 PV函数内置于PMT函数	
2	利率	8%	
3	现在Linda的年龄	10	
4	开始接受大学教育的年龄	18	
5	接受大学教育的年数	4	
6			
7	每年的大学教育成本	20,000	
8			
9	年度支付	6,227.78	<-- =PMT(B2,B4-B3,,PV(B2,B5,B7,,1),1)

退休金计划

Linda 父母的储蓄计划与个人的退休储蓄计划的问题很相似。假如 Joe 今年 20 岁，他想现在开始储蓄以便等到 65 岁退休时可以每年取款 100,000 美元，并连续 20 年，调整前一张表格，我们得到如下结果。

在表格第 12~27 行，你可以看到复利的力量：如果 Joe 在 20 岁时为他的退休储蓄，每年 2,540.23 美元的存款将会为他 65 岁退休后提供每年 100,000 美元，并且持续 20 年，如果他在 35 岁开始存款，那么每年需要 8,666.90 美元。

2.11 还清一项贷款需要多久？

你得到银行的一项贷款 1,000 美元，利率为 10%。你每年最多可以还款 250 美元。那你还清这项贷款需要多久？Excel 有一项功能可以解决这个问题，我们将介绍一部分。但首先我们要理解这个问题。在下面我们可以看到和 2.5 节相似的一张贷款表。

从第 12 行可以看到，在第 6 年，第一次出现返还的本金大于年初本金的情况。因此，第 5 年至第 6 年之间的某个时刻，你还清了贷款。

Excel 的 NPER 函数，见单元格 B22，提供了这个问题的准确答案。

	A	B	C
1			为退休而储蓄
2	Joe现在的年龄	20	
3	Joe最后存款的年龄	64	
4	存款次数	45	<-- =B3-B2+1
5	取款次数	20	
6	从65岁开始的年度取款	100,000	
7	利率	8%	
8			
9	年度存款	2,540.23	<-- =(B6/(1+B7)^(B4-1))*PV(B7,B5,-1)/PV(B7,B4,-1,,1)
10			
11	Joe现在的年龄	年度存款总额	
12	20	2,540.23	<-- =($B$6/(1+$B$7)^($B$3-A12))*PV($B$7,$B$5,-1)/PV($B$7,$B$3-A12+1,-1,,1)
13	22	2,978.96	<-- =($B$6/(1+$B$7)^($B$3-A13))*PV($B$7,$B$5,-1)/PV($B$7,$B$3-A13+1,-1,,1)
14	24	3,496.73	<-- =($B$6/(1+$B$7)^($B$3-A14))*PV($B$7,$B$5,-1)/PV($B$7,$B$3-A14+1,-1,,1)
15	26	4,109.02	
16	28	4,834.85	
17	30	5,697.73	
18	32	6,727.03	
19	34	7,959.85	
20	35	8,666.90	
21	38	11,239.91	
22	40	13,430.03	
23	42	16,123.53	
24	44	19,471.60	
25	46	23,688.86	
26	48	29,090.61	
27	50	36,159.79	
28			
29			

Joe在65岁以后的20年每年获得100,000美元所要求的年度存款

计划开始时Joe的年龄

	A	B	C	D	E
1		多长时间支付完这笔贷款?			
2	贷款总额	1,000			
3	利率	10%			
4	年度支付	250			
5					
6	年份	年初本金	年末支付	利率	本金回报
7	1	1,000.00	250.00	100.00	150.00
8	2	850.00	250.00	85.00	165.00
9	3	685.00	250.00	68.50	181.50
10	4	503.50	250.00	50.35	199.65
11	5	303.85	250.00	30.39	219.62
12	6	84.24	250.00	8.42	241.58
13					
14					
15					
16		第6年是年末本金回报大于年初本金的第一年			
17		——注意,有时候在第6年中你要支付贷款。			
18					
19					

NRER 函数对话框

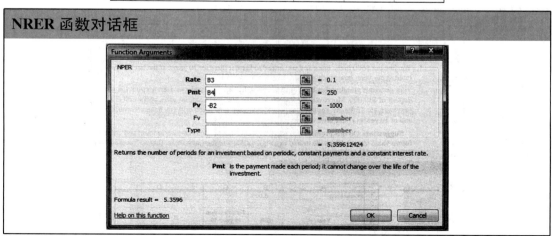

Function Arguments

NPER

Rate B3 = 0.1
Pmt B4 = 250
Pv -B2 = -1000
Fv = number
Type = number

= 5.359612424

Returns the number of periods for an investment based on periodic, constant payments and a constant interest rate.

Pmt is the payment made each period; it cannot change over the life of the investment.

Formula result = 5.3596

Help on this function

OK   Cancel

和前面讨论的 PMT、PV 和 FV 函数一样，NPER 函数也要求你将欠款一项填负数才能得到一个正的结果。

总　　结

在这一章中我们介绍了所有关于货币时间价值的基本概念：
- 终值（FV）：你现在的存款在将来某一时刻积累的数额。
- 现值（PV）：将来预期的现金流在今天的价值。
- 净现值（NPV）：将来一系列现金流在今天的价值，减去为得到这些现金流所付出的成本。
- 我们用了比较多的文字来解释金融概念中的净现值和 Excel 中的 NPV 函数之间的区别。Excel 中的 NPV 函数计算将来现金流的现值，而金融概念中的 NPV 计算的是将来现金流的现值减去初始投资额。
- 内部收益率（IRR）：一系列现金流的复利利率，包括付出的成本。
- NPER：还清贷款的期数。

我们同时也介绍了 Excel 函数（FV、PV、NPV、IRR 和 NPER）的相应计算和各自的独特性。最后，我们展示了如何利用公式来完成这些计算。

习　　题

1. 你在银行存入 600 美元，打算存 10 年，如果银行的利率为 15％，10 年后账户中会有多少钱？

2. 你慷慨的祖母告诉你她刚刚为你开立了一个 10,000 美元的存款账户。另外，她准备分别在今年末、明年末等等再存 9 笔同等数额的钱。如果利率为 8％，在第 10 年末（存入最后一笔钱的一年后）账户会有多少钱？

建议：用两种方法解决这个问题，如下表所示：（a）计算每笔存款在第 10 年末的终值（如单元格 C4:C13），然后进行加总；（b）使用 Excel 的 FV 函数，注意到这里存款发生在年初。（你需要在类型选项输入"1"，如 2.1 节所讲。）

	A	B	C	D
1	利率	8.00%		
2				
3	年份	赠款	在第10年的终值	
4	0	10,000	21,589.25	<--=B4*(1+$B$1)^(10-A4)
5	1	10,000		
6	2	10,000		
7	3	10,000		
8	4	10,000		
9	5	10,000		
10	6	10,000		
11	7	10,000		
12	8	10,000		
13	9	10,000		
14				
15	总额（求和C4:C13）			
16	使用FV函数			

3. 你的叔叔承诺在接下来的四年每年末给你 10,000 美元（不像你祖母那般慷慨）。如果相关的利率为 7%，这个承诺今天价值多少？（如果你准备用 PV 函数解决这个问题，注意类型选项 Type 应该填 0 或者省略。）

4. 连续四次支付的现值是多少？分别发生在第 1、2、3、4 年末，每次 1,000 美元，假如利率为 14%。

建议：用两种方法解决这个问题，如下表第 9 行和第 10 行所示。

	A	B	C	D
1	利率	14%		
2				
3	年份	支付	**PV**	
4	1	1,000	877.19	<-- =B4/(1+$B$1)^A4
5	2	1,000		
6	3	1,000		
7	4	1,000		
8				
9	C4:C7的总和			
10	使用NPV函数			

5. SEG 公司宣布一项投资计划：如果你现在支付给公司 1,000 美元，你将在接下来的 15 年每年末得到 150 美元，这项投资的内部收益率为多少？

建议：用两种方法解决这个问题——一个是用 Excel 的 IRR 函数，另一种方法是使用 Excel 的 RATE 函数（如下表所示）。

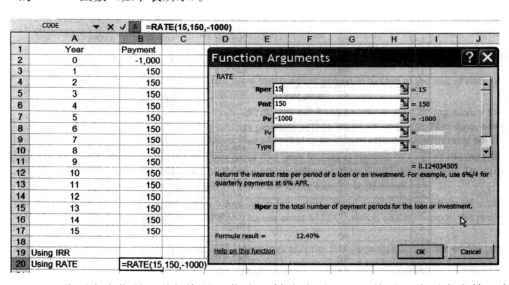

6. MEH 公司在出售另一种投资品：你今天付给公司 1,000 美元，公司会在第 1 年末付给你 100 美元，第 2 年末付给你 200 美元，…，第 10 年末付给你 1,000 美元。

a. 计算这项投资的内部收益率。

b. 作一张此项投资的摊销表。

7. 你打算购买 ADA 公司发行的 1,000 美元的债券。该债券将在随后 5 年每年末付给你 120 美元的利息。在第 6 年末，付给你 1,120 美元（1,000 美元的面值加利息）。如果相关利率为 7%，该债券将来支付的现值为多少？

8. Anuradha Dixit 刚刚 55 岁，他打算 10 年后退休，他的退休基金现在有 500,000 美元。基于他的家庭长寿的经验，他估计退休后他可以再活 20 年；在这 20 年期间他希望每年可以从退休金中取 100,000 美元。如果年利率为 5%，他需要在随后 10 年中每年存多少钱？假如第一笔存款发生在今天，然后接下来会有另外的 9 笔存款，另外，65 岁以后每年的取款都发生在年初。

用下列表格（数值并不正确）和单变量求解来解题。

	A	B	C	D	E	F
1		为未来而储蓄				
2	每年要求支付的养老金	100,000				
3	年度支付	10,000				
4	利率	5%				
5						
6	你的年龄	年初的账户损益	年初的存款或者取款	年度内获得的利息	年末账户总额	
7	55	500,000	10,000	25,500	535,500	<-- =D7+C7+B7
8	56	535,500	10,000	27,275	572,775	<-- =D8+C8+B8
9	57	572,775	10,000	29,139	611,914	
10	58	611,914	10,000	31,096	653,009	
11	59	653,009	10,000	33,150	696,160	
12	60	696,160	10,000	35,308	741,468	
13	61	741,468	10,000	37,573	789,041	
14	62	789,041	10,000	39,952	838,993	
15	63	838,993	10,000	42,450	891,443	
16	64	891,443	10,000	45,072	946,515	
17	65	946,515	(100,000)	42,326	888,841	
18	66	888,841	(100,000)	39,442	828,283	
19	67	828,283	(100,000)	36,414	764,697	
20	68	764,697	(100,000)	33,235	697,932	
21	69	697,932	(100,000)	29,897	627,829	
22	70	627,829	(100,000)	26,391	554,220	
23	71	554,220	(100,000)	22,711	476,931	
24	72	476,931	(100,000)	18,847	395,778	
25	73	395,778	(100,000)	14,789	310,566	
26	74	310,566	(100,000)	10,528	221,095	
27	75	221,095	(100,000)	6,055	127,150	
28	76	127,150	(100,000)	1,357	28,507	
29	77	28,507	(100,000)	(3,575)	(75,068)	
30	78	(75,068)	(100,000)	(8,753)	(183,821)	
31	79	(183,821)	(100,000)	(14,191)	(298,012)	
32	80	(298,012)	(100,000)	(19,901)	(417,913)	
33	81	(417,913)	(100,000)	(25,896)	(543,808)	
34	82	(543,808)	(100,000)	(32,190)	(675,999)	
35	83	(675,999)	(100,000)	(38,800)	(814,799)	
36	84	(814,799)	(100,000)	(45,740)	(960,539)	

9. 使用 PV 和 PMT 函数，还有下列模板解决上一问题。

	A	B	C
1	为未来而储蓄		
2	现在要储蓄的养老金	500,000	
3	每年要求支付的养老金	100,000	
4	到退休的年数	10	
5	退休后的支付年数	20	
6	利率	5%	
7			
8	所有未来退休支付的现值		
9	到退休为止的年度支付		

10. 如果你今天存入 25,000 美元，银行答应在 10 年后的年末付给你 50,000 美元，利率是多少？

11. 假如利率为 5%，下列选项哪个更有价值？

a. 今天的 5,000 美元。

b. 5 年后的 100,000 美元。

c. 4 年后的 9,000 美元。

d. 每年 300 美元的永续年金，第一次发生在今年末。

12. 你从新老板那里收到 15,000 美元的签约奖金，打算进行 2 年的投资。你的银行提供两种选择，都需要投资满 2 年的承诺。第一种选择每年会得到 8% 的利息。第二种选择在第一年会得到 6% 的利息，第二年会得到 10% 的利息。每年复利，你会选择哪种？

13. 你的年薪为 100,000 美元。有两种遣散费方案可供你选择。第一种是现在付给你 6 个月的工资，第二种选择是付给你和你的后代每年 6,000 美元，一直到永远（第一次付款发生在今年末）。如果你需要的收益率是 11%，你会选择哪种方式？

14. 今天是你 40 岁的生日。你期望在 65 岁退休，并且保险精算表表示你会活到 100 岁。你想要退休后迁居到夏威夷岛。你估计搬家需要 200,000 美元（在你 65 岁生日那天），随后每年生活费用为 25,000 美元，你期望的存款年利率为 7%。

a. 到你退休那天你需要存够多少钱？

b. 你已经存了 50,000 美元，随后 25 年你需要每年末存多少钱，才足以负担得起你的退休消费计划？

c. 如果目前你没有储蓄，并不打算在随后的 5 年内储蓄（也就是说，你第一次存款是在 45 岁生日那天），那你需要每年存多少钱才能负担得起退休计划？

15. 你刚刚在一个新基金中投资了 10,000 美元，该基金会在随后 10 年的每年末付给你 1,500 美元，这一投资的利息是多少？（建议：用两种方法解决这个问题：使用 Excel 的 IRR 函数和 Rate 函数。）

16. John 刚满 13 岁。他的生日愿望是从现在开始存钱，在 18 岁生日那天购买一辆汽车。这辆车今天的成本是 15,000 美元，他预期价格增长率为每年 2%。

John 听说一当地银行存款账户的年利率为 5%。他计划出资 6 次、每次 1,000 美元到存款账户（第一次存款发生在今天）；他在 18 岁生日那天将用账户中的钱作为购车的首付，其余部分从汽车经销商那里融资。

他希望经销商能提供如下条款的融资：7 次等额的每年支付（第一次付款发生在取得汽车的一年后）；年利率为 7%。

a. John 需要从经销商那里融资多少钱？

b. 他每年需要付给经销商多少钱？

（提示：这道题类似于 2.8 节讨论的大学储蓄问题。）

17. Mary 刚从西北大学毕业并且打算从今天开始 4 年后参加一个 MBA 项目。MBA 的学费是每年 20,000 美元，总共两年，每年初支付。另外，Mary 打算从今天开始 15 年后退休，然后随后的 20 年每年会取得 60,000 美元的退休金，第一次发生在从今天开始的 15 年后。Mary 的存借款利率都是 7%，每年复利。为了资助她的支出计划，Mary 会在第 1~3 年和第 6~14 年末开始存钱。

计算 Mary 为了支付她的支出计划（学费和退休金）每年的存款额。（提示：用单变量求解可能会有帮助。）

注意：为防止理解错误，下面是现金流量表：

	A	B	C	D	E	F
1			**Mary**			
2	年份	在取款前的年初账户	年初取款	年初净损益	年末储蓄	年末账户
3	0	0			$X	
4	1				$X	
5	2				$X	
6	3				$X	
7	4		$(20,000.00)			
8	5		$(20,000.00)			
9	6				$X	
10	7				$X	
11	8				$X	
12	9				$X	
13	10				$X	
14	11				$X	
15	12				$X	
16	13				$X	
17	14				$X	
18	15		$(60,000.00)			
19	16		$(60,000.00)			
20	17		$(60,000.00)			
21	18		$(60,000.00)			
22	19		$(60,000.00)			
23	20		$(60,000.00)			
24	21		$(60,000.00)			
25	22		$(60,000.00)			
26	23		$(60,000.00)			
27	24		$(60,000.00)			
28	25		$(60,000.00)			
29	26		$(60,000.00)			
30	27		$(60,000.00)			
31	28		$(60,000.00)			
32	29		$(60,000.00)			
33	30		$(60,000.00)			
34	31		$(60,000.00)			
35	32		$(60,000.00)			
36	33		$(60,000.00)			
37	34		$(60,000.00)			0

18. 你是某公司的首席金融官。你的公司有 40 名雇员，每个人每年的工资是 40,000 美元。雇员薪水的增长率是每年 4%。从下一年开始，随后每隔 1 年，会有 8 名员工退休然而没有新员工入职。你的公司有一个退休计划：退休员工可以每年获得等于他退休当年的平均薪水的退休金，退休后的平均生命预期是 20 年，每年末支付退休金，投资收益为每年 10%，退休金负债的总价值是多少？

19. 你今年 30 岁，打算为获得 MBA 学位进修。你现在每年的薪水是 50,000 美元并且预期每年增长 3%。获得学位后一般每年的工资是 60,000 美元，增长率是每年 4%。

你考虑的 MBA 项目是全职，总共两年，每年花费 20,000 美元，每学年的年末支付。你想在 65 岁生日那天退休。相关的利率是 8%。你辞掉工作学习 MBA 是否值得（忽略所得税）？MBA 项目的内部收益率是多少？

20. 你今天刚满 55 岁，打算开始为你的退休存款。其他参数如下：

● 你打算在今天开始存款，然后在随后 9 年的每年初存款（就是在你 55 岁，56 岁，……,64 岁生日当天）。

● 从你 65 岁生日直到 84 岁生日，你期望每年取出 50,000 美元（之后无计划）。

● 利率为 12%。

a. 为资助你的支出计划，开始你需要每年存多少钱？

b. 如果你在 45 岁开始存钱，结果是多少？

c. （稍微复杂一些）为你的储蓄额建立公式以便你可以计算各种开始存款的年龄。做一个你存款的年龄与存款额之间的敏感度分析。

21. 2.8 节讨论了一个 Linda 父母的问题，他们为 Linda 的教育开始储蓄。该问题的建立初期就暗中假设他们允许从银行其他存款账户取钱并且收取和存款同等的利息。这是不太可能的！

在这一问题中要求你按下列表格处理：假设银行为 Linda 的父母账户正的账户余额提供的利率为 8%，为负的余额提供的利率为 10%。

如果 Linda 的父母只能在 Linda 上大学之前每年存款 4,000 美元，他们在 Linda 22 岁时欠银行多少钱（Linda 毕业后第一年）？

	A	B	C	D	E
1	为大学教育而储蓄				
2	利率				
3	对于正的账户余额	8%			
4	对于负的账户余额	10%			
5	年度存款	4,000.00			
6	年度大学教育成本	20,000			
7					
8	生日	存取款前，生日当天的银行账户余额	年初的存款或者取款	总额	包括利息的年末余额
9	10		4,000.00		
10	11		4,000.00		
11	12		4,000.00		
12	13		4,000.00		
13	14		4,000.00		
14	15		4,000.00		
15	16		4,000.00		
16	17		4,000.00		
17	18		-20,000.00		
18	19		-20,000.00		
19	20		-20,000.00		
20	21		-20,000.00		
21	22				

Excel 注释：实现此功能需要使用 Excel 的 If 函数（如果你不清楚此功能，参照第 26 章）。

22. 一项 10,000 美元的基金被设置为无限期地在每年末支付 250 美元。这项基金的内部收益率是多少？（没有 Excel 函数能直接解决这一问题，需要逻辑思考。）

23. 在下表中我们计算五次每次 100 美元的存款的终值。第一次存款发生在 0 时刻。如 2.1 节所讲，这一计算可以使用 Excel 的函数＝FV(利率，期数，一金额,,1)。

a. 你也可以这样计算＝FV(利率，期数，一金额)*(1＋利率)。

b. 你能解释下为什么 FV(r, 5, −100,, 1) ＝FV(r, 5, −100)*(1＋r) 吗？

	A	B	C	D	E	F
1			终值			
2	利率	6%				
3						
4	年份	年初账户余额	年初存款	年度内获得的利息	年末的账户总额	
5	1	0.00	100.00	6.00	106.00	<-- =B5+C5+D5
6	2	106.00	100.00	12.36	218.36	<-- =B6+C6+D6
7	3	218.36	100.00	19.10	337.46	
8	4	337.46	100.00	26.25	463.71	
9	5	463.71	100.00	33.82	597.53	

24. Abner 和 Maude 都是 80 岁。他们打算以 500,000 美元的价格卖掉他们的房子，然后搬到老年公寓。公寓每年需要 50,000 美元，在每年初全额付款。

a. 如果他们每年从房屋收入中取得 6％ 的收益，并且会生活 10 年，他们会给后代留下多少遗产？

b. 他们在房屋收入全部用光前最多可以生活多久？

25. 如果利率为 7％，结果会是多少？5％呢？

26. Michael 正在考虑他的消费习惯，看看如何能省钱。他意识到订长期咖啡而不是在当地咖啡店单杯买可以每天节省 2 美元，因为他每个工作日都要买一杯咖啡，这样每周可以节省 10 美元，每年就是 520 美元。

a. 如果 Michael 现在是 25 岁并且在 65 岁退休，他订咖啡总共会节省多少钱？假设年利率为 4％，节省的 520 美元发生在每年末。

b. Michael 对于问题 a 的结果很震惊，他意识到他有很多浪费的习惯，他列了一张清单来计算他在 65 岁总共可以节省多少钱。Michael 节省的钱总共有多少？

	A	B	C	D
1	Michael通过改变他的消费习惯储蓄货币			
2	年利率		4%	
3	项目	每周储蓄	每年储蓄	在65岁时的终值
4				
5	短期订的或者长期订的咖啡	$10.00	$520.00	
6	熟食午餐或者纸袋午餐	$25.00	$1,300.00	
7	过量的酒精	$10.00	$520.00	
8	雪茄	$11.00	$572.00	
9	糖果	$5.00	$260.00	
10	过量的垃圾食品	$10.00	$520.00	
11	移动电话（聊天或者必需的通话）	$6.00	$312.00	
12	浪费食物	$7.00	$364.00	
13	餐厅快餐食品或者在家吃饭	$30.00	$1,560.00	
14	浪费能量：供暖、AC、电灯	$12.00	$624.00	
15	电影或者书	$10.00	$520.00	
16	昂贵的有线电视	$13.00	$676.00	
17	过度旅行所浪费的汽油等	$8.00	$416.00	
18	花费太多时间在超市	$10.00	$520.00	
19	Michael到65岁时储蓄的货币			

附录 2.1 代数现值公式

本章的大多数计算可以用高中代数的知识解答。假如你想要计算 n 项的几何级数求和 $a+aq+aq^2+aq^3+\cdots+aq^{n-1}$，几何级数的术语：

a 第一期

q 两期之间的比率（前一期乘上此数得到下一期）

n 期数

用 S 表示级数的和：$S=a+aq+aq^2+aq^3+\cdots+aq^{n-1}$。在高中你学到了求 S 的技巧：

1. 用 q 乘以 S：

$$qS=aq+aq^2+aq^3+\cdots+aq^{n-1}+aq^n$$

2. 从 S 中减去 qS：

$$S=a+aq+aq^2+aq^3+\cdots+aq^{n-1}$$
$$-qS=-(aq+aq^2+aq^3+\cdots+aq^{n-1}+aq^n)$$

$$(1-q)S=a-aq^n \Rightarrow S=\frac{a(1-q^n)}{1-q}$$

在此附录的余下部分我们会多次运用此公式。

等额付款的终值

这一主题在 2.1 节介绍过。这里的问题是计算每年 100 美元的存款 10 年后的价值，首次存款发生在今天：

$$S=100*(1.06)^{10}+100*(1.06)^9+\cdots+100*(1.06)=???$$

这一几何级数：

$a=$ 第 1 期金额 $=100*(1.06)^{10}$

$q=$ 比率 $=\dfrac{1}{1.06}$

$n=$ 期数 $=10$

公式为 $S=\dfrac{a(1-q^n)}{1-q}=\dfrac{100*(1.06)^{10}\left[1-\left(\dfrac{1}{1.06}\right)^{10}\right]}{1-\dfrac{1}{1.06}}=1,397.16$，我们在 Excel 中完

成计算：

	A	B	C
1		终值公式	
2	第一项，a	179.0848	<-- =100*1.06^10
3	比率，q	0.943396	<-- =1/1.06
4	项数，n	10	
5			
6	总和	1,397.16	<-- =B2*(1-B3^B4)/(1-B3)
7	Excel的PV函数	1,397.16	<-- =FV(6%,B4,-100,,1)

用符号取代数值，我们得到：

n 次支付，首次支付发生在今天，利率为 r，在 n 年末的终值为

$$FV = \frac{\text{支付} * (1+r)^n \left[1 - \left(\frac{1}{1+r} \right)^n \right]}{1 - \frac{1}{1+r}} = \underbrace{FV(r, n, -1, , 1)}_{\text{Excel函数}}$$

年金的现值

我们同样可以利用此公式计算出年金的现值。假如，我们想要计算出每年 150 美元、连续 5 年的年金现值：

$$\frac{150}{(1.06)} + \frac{150}{(1.06)^2} + \frac{150}{(1.06)^3} + \frac{150}{(1.06)^4} + \frac{150}{(1.06)^5}$$

对此年金：

$a = $ 第 1 期金额 $= \dfrac{150}{1.06}$；

$q = $ 比率 $= \dfrac{1}{1.06}$；

$n = $ 期数 $= 5$。

这样年金的现值公式为：

$$S = \frac{a(1-q^n)}{1-q} = \frac{\frac{150}{1.06} \left[1 - \left(\frac{1}{1.06} \right)^5 \right]}{1 - \frac{1}{1.06}} = 631.85 = \underbrace{PV(6\%, 5, -150)}_{\text{Excel函数}}$$

我们用表格表示：

	A	B	C
1		终值公式	
2	第1期金额，a	141.5094	<-- =150/1.06
3	比率，q	0.9434	<-- =1/1.06
4	期数，n	5	
5			
6	总和	631.85	<-- =B2*(1-B3^B4)/(1-B3)
7	Excel的PV函数	631.85	<-- =PV(6%,5,-150)

公式整理

教科书经常改变公式以使它看起来更好，这有一个你可能在其他书中看到过的例子。

$$S = \frac{a(1-q^n)}{1-q} = \frac{\text{每年支付}}{(1+r)} \frac{\left[1 - \left(\frac{1}{1+r} \right)^n \right]}{1 - \frac{1}{1+r}} = \frac{\text{每年支付}}{r} \left[1 - \left(\frac{1}{1+r} \right)^n \right]$$

这个公式并没有什么不同——这只是我们刚才公式的一个简化。如果输入 Excel 中你会得到同样的结果（在我们看来，这样的简化没有意义）。

一系列增长支付的现值

假如我们试图在如下序列中应用公式：

$$\frac{150}{(1.06)}+\frac{150*(1.10)}{(1.06)^2}+\frac{150*(1.10)^2}{(1.06)^3}+\frac{150*(1.10)^3}{(1.06)^4}+\frac{150*(1.10)^4}{(1.06)^5}$$

这有 5 次支付，第 1 次是 150 美元；这一支付以每年 10％的增长率增长。我们可以应用上述公式，其中，

$a=$ 第 1 期金额 $=\dfrac{150}{1.06}$；

$q=$ 比率 $=\dfrac{1.10}{1.06}$；

$n=$ 期数 $=5$。

在下表中，你可以看到公式和 Excel 的 NPV 函数给出了同样的结果。

	A	B	C
1		固定增长的现金流	
2	第1期金额，a	141.5094	<-- =150/1.06
3	比率，q	1.0377	<-- =1.1/1.06
4	期数，n	5	
5			
6	总和	763.00	<-- =B2*(1-B3^B4)/(1-B3)
7			
8	年份	支付	
9	1	150.00	
10	2	165.00	<-- =B9*1.1
11	3	181.50	<-- =B10*1.1
12	4	199.65	
13	5	219.62	
14			
15	现值	763.00	<-- =NPV(6%,B9:B13)

注意到单元格 C6 的公式比 Excel 的 NPV 函数简洁得多。NPV 要求你列出所有的支付，而单元格 C6 的公式只要求很少的几行（想想如果是求一系列非常长的增长支付的现值——简化的公式更有效率）。

固定增长年金的现值

年金是一系列的每年支付；固定增长年金是每年的支付以固定增长率增长的年金。有如下的例子。

$$\frac{20}{(1.10)}+\frac{20*(1.05)}{(1.10)^2}+\frac{20*(1.05)^2}{(1.10)^3}+\frac{20*(1.05)^3}{(1.10)^4}+\frac{20*(1.05)^4}{(1.10)^5}+\cdots$$

可以这样运用我们的公式：

$a=$ 第 1 期金额 $=\dfrac{20}{1.10}$；

$q=$ 比率 $=\dfrac{1.05}{1.10}$；

$n=$ 期数 $=\infty$。

公式为：

$$S=\frac{a\ (1-q^n)}{1-q}=\frac{\dfrac{20}{1.10}\left[1-\left(\dfrac{1.05}{1.10}\right)^n\right]}{1-\dfrac{1.05}{1.10}}$$

当 $n\to\infty$ 时，$\left(\dfrac{1.05}{1.10}\right)^n\to0$，所以，

$$S=\frac{a\ (1-q^n)}{1-q}=\frac{\dfrac{20}{1.10}\left[1-\left(\dfrac{1.05}{1.10}\right)^n\right]}{1-\dfrac{1.05}{1.10}}=\frac{\dfrac{20}{1.10}}{1-\dfrac{1.05}{1.10}}=\frac{20}{0.10-0.05}=400$$

警告：你需要注意！这一公式仅当增长率 5％小于贴现率 10％时才有效。不断增长的年金的现值仅当增长率 g 小于贴现率 r 时才存在。

这是一个通用公式：

$$\begin{array}{l}固定增长年\\金的现值\end{array}=\frac{CF}{(1+r)}+\frac{CF*(1+g)}{(1+r)^2}+\frac{CF*(1+g)^2}{(1+r)^3}+\cdots=\frac{\dfrac{CF}{(1+r)}\left[1-\left(\dfrac{1+g}{1+r}\right)^\infty\right]}{1-\dfrac{1+g}{1+r}}$$

$$=\begin{cases}\dfrac{CF}{r-g} & 当\ |g|<|r|\\ 未定义 & 其他\end{cases}$$

小结

固定增长年金的现值——第 1 期现金为 CF，以增长率 g 增长的一系列现金流——利率为 r 的贴现值为 $\dfrac{CF}{r-g}$，只要 $g<r$。

我们在第 6 章用股利贴现模型为股票估值时会用到这一公式（戈登股利模型）。

第 3 章

成本是多少？内部收益率和货币的时间价值

概述

在第 2 章我们介绍了金融分析的基本工具——现值（PV）、净现值（NPV）和内部收益率（IRR）。在第 3～7 章我们使用这些工具解决两类基本问题：

价值是多少？面对一项资产——可能是股票、债券、房地产投资、一台计算机或者一辆汽车——我们想要知道怎样为这项资产估价。回答这类问题的金融工具大多数离不开现值和净现值。基本原理是这项资产的价值是未来现金流的现值。比较现值和资产的价格我们可以知道是否应该购买。第 2 章介绍了 PV 和 NPV 的概念，我们会在第 4 章来应用它们。

成本是多少？听起来像是不重要的问题——毕竟，通常你知道所要评估的股票、债券、房地产或者汽车的价格。但是融资方案（financing alternatives）的许多有趣的问题依赖于每种方式的利息成本。比如，你应该付现金还是贷款（因此会在一段时间内产生一系列支付）来购买一辆汽车？你应该租用你需要的笔记本电脑还是直接购买？这些都是关于成本的问题——你应该选择成本最小的方式。

用于第二种问题的工具——成本计算——大多数来源于内部收益率。这一概念（第 2章已有介绍）用来计算未来现金流的复合收益率。在本章，我们将介绍如果收益率运用恰当可以用来计算融资成本。这一章的主要内容是实际年利率（effective annual interest rate，EAIR），基于年度内部收益率的概念，你可以用来比较融资方案。

本章讨论的大部分内容都与 EAIR 有关系，还会介绍它与 IRR 的关系。我们将会说明 EAIR 能比名义年利率（annualized percentage rate，APR）更好地用于融资成本的评估，年利率是许多放款人，比如银行和信用卡公司，通常用来给融资成本报价的工具。我们将介绍如何在信用卡借贷、抵押贷款和汽车租赁中运用这些内容。本书附带的案例中也有使用这部分内容来解决学生贷款的问题的。

讨论的金融概念

- 实际年利率（EAIR）
- 内部收益率（IRR）
- 名义年利率（APR）
- 贷款表（loan tables）
- 抵押点数（mortgage points）
- 租赁还是购买

使用的 Excel 函数

- IRR
- PMT、IPMT 和 PPMT
- Rate
- NPV
- PV
- Exp
- Ln
- Sum
- 单变量求解

3.1 不要相信报价利率——三个例子

为了给本章后续一些比较复杂的例子做铺垫，我们先介绍三个比较简单的例子。每个例子都能说明为什么报价利率不能代表实际成本。

我们用本节的这三个例子来讲解 EAIR 的概念。

实际年利率（EAIR）是一特定信贷安排或者证券所产生现金流的年化内部收益率。

例一 从银行借款

在金融中，"成本"通常指的是利率："我从西汉普顿银行贷款是因为这里比较便宜——西汉普顿银行收费 8%，而东汉普顿银行收费 9%。"这句话我们都能理解，8% 的利息比 9% 的利息少。

但是现在考虑下列方案。你想要借 100 美元，1 年后偿还，你研究了以上两家银行：

- 西汉普顿银行的借款利率为 8%，如果你借款 100 美元，那么 1 年后要归还 108 美元。

- 东汉普顿银行可以借任意多的钱给你，利率为 6%。但是，东汉普顿银行有 4% 的贷款初始收费。这就意味着每借 100 美元，你只能得到 96 美元，但是你要付 100 美元的利息。

很明显，西汉普顿银行的借款成本是 8%。但是它比东汉普顿银行的贷款便宜还是贵呢？你可以作如下思考：为了从东汉普顿银行借到 100 美元，你需要借 104.17 美元。它们扣除了 4% 的收费后，你刚好获得 100 美元，刚好是你需要的（96% * 104.17＝100）。在 1 年后，你欠东汉普顿银行 $104.17＋6\% * 104.17 = \$110.42$。所以它们所收的实际年利率是 $EAIR = \frac{110.42}{100} - 1 = 10.42\%$。

	A	B	C	D
1	廉价贷款：西汉普顿还是东汉普顿?			
2		西汉普顿	东汉普顿	
3	名义利率	8%	6%	
4	初始费用	0%	4%	
5	为了现在得到100美元而借的总额	100.00	104.17	<-- =100/(1-C4)
6				
7	日期	现金流	现金流	
8	日期1，得到贷款	100.00	100.00	
9	日期2，偿还贷款	-108.00	-110.42	<-- =-C5*(1+C3)
10	实际年利率，EAIR	8.00%	10.42%	<-- =IRR(C8:C9)

这就使问题变得简单了——西汉普顿银行 8% 的贷款（EAIR＝8%）比东汉普顿 6% 的贷款（EAIR＝10.42%）便宜。

注意到本例中，EAIR 刚好是 IRR，调整为从东汉普顿银行取得贷款的成本。实际利率也是利率，但是经过了某些调整。

例一经验：当计算融资方案的成本时，要包括费用，即使借款人（例如我们案例中的东汉普顿银行）回避这个问题。

例二：月度和年度利息

你准备购买一台 1,000 美元的笔记本。你现在没有钱，于是准备贷款 1,000 美元，你有两种融资渠道：

- 银行以 15% 的年利率借给你钱。即今天给你 1,000 美元，但是 1 年后你要偿还 1,150 美元。

- 高利贷公司也可以提供给你 1,000 美元，它们说："名义年利率为 14.4%，但是按月复利"，并解释说，每月收取 1.2% 的利息（$\frac{14.4\%}{12} = 1.2\%$）。这意味着高利贷公司每个月会在月末加上未偿贷款余额的 1.2% 作为利息：

	A	B	C	D	E	F	G	H
1				高利贷如何收费：14.4%的年利率=1.2%的月利率				
2								
3	每月末的贷款损益							
4	第0月	第1月	第2月	第3月	第4月	第5月	第6月	
5	$1,000.00							
6		$1,012.00	<-- =A5*(1+1.2%)					
7			$1,024.14	<-- =B6*(1+1.2%)				
8				$1,036.43	<-- =C7*(1+1.2%)			
9					$1,048.87	<-- =D8*(1+1.2%)		
10						$1,061.46	<-- =E9*(1+1.2%)	
11							$1,074.19	<-- =F10*(1+1.2%)
12								
13	第7月	第8月	第9月	第10月	第11月	第12月		
14	$1,087.09	<-- =G11*(1+1.2%)						
15		$1,100.13	<-- =A14*(1+1.2%)					
16			$1,113.33	<-- =B15*(1+1.2%)				
17				$1,126.69	<-- =C16*(1+1.2%)			
18					$1,140.21	<-- =D17*(1+1.2%)		
19						$1,153.89	<-- =E18*(1+1.2%)	

在 1 年后，你会欠高利贷公司 1,153.89 美元。

$$\$1,153.89 = \$1,500 * \left(1 + \underbrace{\frac{14.4\%}{12}}\right)^{12}$$

高利贷公司的贷款是按月复利的，这意味着要将14.4%的年利率转化为1.2%的月利率

因为这比你欠银行的 1,150 美元多，所以你应该选择银行贷款。

每笔贷款的实际年利率是贷款所收的年度化的利率。银行每年收你 15%，但是高利贷公司每年收你 15.39%。

	A	B	C	D
1		银行还是高利贷?		
2		银行	高利贷	
3	名义利率	15.0%	14.4%	
4	当前借款	1,000.00	1,000.00	
5	1 年后的还款额	-1,150.00	-1,153.89	<-- =-C4*(1+C3/12)^12
6	实际年利率，EAIR	15.00%	15.39%	<-- =-C5/C4-1
7				
8	计算EAIR的第二种方法			
9	月度利率		1.20%	<-- =C3/12
10	EAIR：年化月利率		15.39%	<-- =(1+C9)^12-1

单元格 C9 和 C10 表示的是另一种计算高利贷公司实际年利率为 15.39% 的方法。单元格 C9 计算出高利贷公司每个月的利率为 1.20%，单元格 C10 年度化了这一利率，从而有两种方法来计算实际年利率：$\left(1+\frac{14.4\%}{12}\right)^{12}-1=15.39\%$。

$$EAIR = 15.39\% = \begin{cases} \dfrac{年末还款额}{年初贷款额} - 1 = \dfrac{\$1,153.89}{\$1,000.00} - 1 & \leftarrow 单元格\ C6 \\[2mm] \left(1+\dfrac{14.4\%}{12}\right)^{12} - 1 & \leftarrow 单元格\ C10 \end{cases}$$

例二经验：名义年利率（APR）不能总是正确地反映借款成本。为了计算真实的成本，应该计算实际年利率（EAIR）。

例三：无利息贷款

你正准备买一辆二手汽车。你心仪的那款标价为 2,000 美元，你有两种融资选择：

- 老板承诺如果你付现金，会得到 15% 的折扣。在这种情况下，你在今天只需付 1,700 美元。因为你现在没有现金，所以你打算跟你的叔叔 Frank 借钱，但他要收你 10% 的利息。

- 老板可以给你无息贷款：你今天不需要花费一分钱，但是你需要在年底支付全额车款。

这样，你有两种选择：老板的无息贷款和 Frank 叔叔 10% 利率的贷款，哪种更便宜？

我们会告诉你其实老板给你贷款的实际年利率是 17.65%：他的无息贷款实际上是借 1,700 美元给你但是年底要你偿还 2,000 美元：

	A	B	C	D	E
1	为二手汽车融资				
2	年份	支付现金	销售商的"零"利率融资	差量现金流	
3	0	-1,700	0	1,700	<-- =C3-B3
4	1		-2,000	-2,000	<-- =C4-B4
5					
6	销售商规定的实际年利率			17.65%	<-- =IRR(D3:D4)

Frank 叔叔提供贷款的 EAIR 是 10%：他将借给你 1,700 美元，你只需偿还 1,870 美元。所以你最好从他那里借款。

例三经验：无息贷款通常并非无息的！要想知道"无息"贷款的成本，只需计算特定现金流的 EAIR。

3.2 计算抵押贷款的成本

现在我们已经做好了准备，下面将开始进行一些更加复杂的示例。我们先从抵押贷款开始。房屋差不多是个人拥有的最大的资产。住房融资抵押贷款几乎是本书的每位读者在生活中都要面对的事情。计算抵押贷款的成本是有用的练习。在本章中抵押贷款是我们计算金融资产成本的案例之一。

一项简单的抵押贷款

我们先从一个简单的例子开始。你的银行答应提供给你一项 100,000 美元的抵押贷款，要在 10 年内还清，年利率为 8%。为了简化问题，我们假设还款是按年度的。银行计算的每年还款额为 14,902.95 美元，使用 Excel 的 PMT 函数。

PMT 函数用于计算还清一项贷款的年金支付（等额定期付款）：

$$100,000 = \sum_{t=1}^{10} \frac{14,902.95}{(1.08)^t}$$

$$= \frac{14,902.95}{(1.08)} + \frac{14,902.95}{(1.08)^2} + \frac{14,902.95}{(1.08)^3} + \cdots + \frac{14,902.95}{(1.08)^{10}}$$

PMT 函数对话框

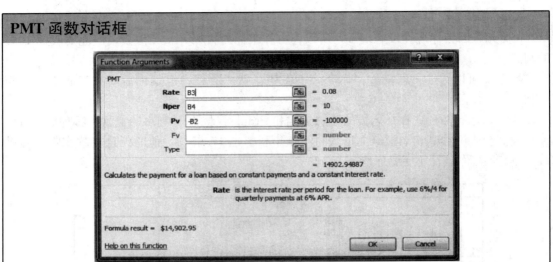

Excel 的 PMT 函数的对话框：Rate 是贷款的利率，Nper 是偿还的期数，Pv 是贷款的本金。如第 2 章所说，如果贷款的本金填入一个正值，那么 Excel 会将每期的支付显示为负值；为了避免这种情况，我们将 Pv 写作负数。

我们可以在一张 Excel 表格中总结以上问题：

	A	B	C
1	一项简单的抵押贷款		
2	抵押本金	100,000	
3	利率	8%	
4	抵押期限（年数）	10	
5	年度支付	$14,902.95	<-- =PMT(B3,B4,-B2)
6			
7	年份	抵押现金流	
8	0	100,000.00	
9	1	-14,902.95	<-- =-$B$5
10	2	-14,902.95	
11	3	-14,902.95	
12	4	-14,902.95	
13	5	-14,902.95	
14	6	-14,902.95	
15	7	-14,902.95	
16	8	-14,902.95	
17	9	-14,902.95	
18	10	-14,902.95	
19			
20	实际年利率（EAIR）	8.00%	<-- =IRR(B8:B18)

这项抵押贷款的实际年利率就是现金流的内部收益率。因为还款额是年度的，所以单元格 B20 的 IRR 值也是年化的。

银行收取"抵押点"

如前例，你向银行申请 100,000 美元的抵押贷款。其同意放款，并向你解释在以后 10 年中每年需要还款 14,902.92 美元。但是，当你前往银行，你得知银行要从贷款中扣减"1.5 点"。这意味着你只能得到 98,500 美元（100,000 美元减去 100,000 美元乘以 1.5％）。你的还款额仍然建立在 100,000 美元的基础上。你马上意识到这项贷款比之前所谈的要贵。问题是贵了多少？通过计算实际年利率，我们可以回答这个问题。下面的计算告诉我们实际上你每年要支付 8.34％ 的利息。

	A	B	C
1	一种带点数的抵押贷款		
2	抵押本金	100,000	
3	点数	1.50%	
4	名义利率	8.00%	
5	抵押期限（年数）	10	
6	年度支付	$14,902.95	<-- =PMT(B4,B5,-B2)
7			
8	年份	抵押现金流	
9	0	98,500.00	<-- =B2*(1-B3)
10	1	-14,902.95	<-- =-$B$6
11	2	-14,902.95	
12	3	-14,902.95	
13	4	-14,902.95	
14	5	-14,902.95	
15	6	-14,902.95	
16	7	-14,902.95	
17	8	-14,902.95	
18	9	-14,902.95	
19	10	-14,902.95	
20			
21	实际年利率（EAIR）	8.34%	<-- =IRR(B9:B19)

注意到 8.34％ 的实际年利率是建立在实际贷款额 98,500 美元和你每期的实际还款额 14,902.95 美元基础上的内部收益率。下面是计算过程：

$$98,500 = \sum_{t=1}^{10} \frac{14,902.95}{(1.0834)^t}$$

$$= \frac{14,902.95}{(1.0834)} + \frac{14,902.95}{(1.0834)^2} + \frac{14,902.95}{(1.0834)^3} + \cdots + \frac{14,902.95}{(1.0834)^{10}}$$

在每年末，你需要向税务部门报告你偿还的贷款利息数额，因为利息关系到税收，正确计算很重要。为了计算利息，你需要一张贷款表，在利息和本金之间分配每年的还款额（见 2.5 节），有时也称之为"摊销表"（"摊销"指用一系列定期付款来偿还）。

本表的 D 列给出了为税收目的计算的利息费用。如果你要在纳税申报表中报告利息费用，这些付款是可以申报的。注意每年 14,902.95 美元的付款中利息部分逐年递减，同时本金部分（不能用于税收抵减）逐年增加。

	A	B	C	D	E	F
21	实际年利率	8.34%	<-- =IRR(B9:B19)			
22						
23	抵押贷款摊销表					
24	年份	年初抵押本金	年末支付 [B25-E25]	支付中的利息部分（税收成本！）[$B$21*B25]	支付中的本金偿还（用于非税收目的的成本）	
25	1	98,500.00	$14,902.95	$8,211.41	6,691.54	<-- =C25-D25
26	2	91,808.46	$14,902.95	$7,653.58	7,249.37	
27	3	84,559.09	$14,902.95	$7,049.23	7,853.71	
28	4	76,705.38	$14,902.95	$6,394.51	8,508.44	
29	5	68,196.94	$14,902.95	$5,685.21	9,217.74	
30	6	58,979.20	$14,902.95	$4,916.78	9,986.17	
31	7	48,993.03	$14,902.95	$4,084.28	10,818.66	
32	8	38,174.37	$14,902.95	$3,182.39	11,720.56	
33	9	26,453.81	$14,902.95	$2,205.31	12,697.64	
34	10	13,756.17	$14,902.95	$1,146.78	13,756.17	

用 IPMT 和 PPMT 计算个人支付

以上表格直观地给出了每期还款如何在本金和利息之间分配。利息和偿还的本金可以直接用 Excel 的 IPMT 和 PPMT 函数来计算，这将在下面介绍。

	A	B	C	D	E	F	G
1			使用IPMT和PPMT函数计算抵押支付				
2	贷款本金	100,000					
3	点数	1.50%					
4	名义利率	8.00%			来自前面电子表格的利率只显示两位小数。		
5	期限（年数）	10			实际利率是8.336459884%。		
6	实际年利率	8.34%	<-- ='收取点数的抵押贷款'!B21				
7	年度支付	$14,902.95	<-- =PMT(B6,B5,-B2*(1-B3))				
8							
9	抵押摊销表						
10	年份	年初抵押本金	年末支付	支付中的利息部分	支付中的本金偿还部分		
11	1	100,000.00	$14,902.95	$8,336.46	6,793.44		
12	2	93,206.56	$14,902.95	$7,770.13	7,359.77		
13	3	85,846.79	$14,902.95	$7,156.58	7,973.31		
14	4	77,873.48	$14,902.95	$6,491.89	8,638.01		
15	5	69,235.47	$14,902.95	$5,771.79	9,358.11		
16	6	59,877.36	$14,902.95	$4,991.65	10,138.24		
17	7	49,739.12	$14,902.95	$4,146.48	10,983.42		
18	8	38,755.70	$14,902.95	$3,230.85	11,899.04		
19	9	26,856.66	$14,902.95	$2,238.89	12,891.00		
20	10	13,965.66	$14,902.95	$1,164.24	13,965.66		
21							
22		=IPMT($B$6,A11,$B$5,-$B$2)					
23							
24				=PPMT($B$6,A11,$B$5,-$B$2)				

下页图是单元格 D9 中 IPMT 函数的对话框（PPMT 函数类似）。注意到 Per 指定为利息计算的特定时期。

3.3　每月还款的抵押贷款

我们沿用 3.2 节的例子。这次我们介绍每月还款的情况。假如你获得 10,000 美元的

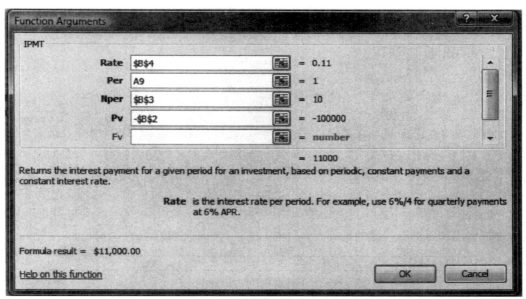

贷款，年利率为 8%，每月还款，并且你需要在 1 年（12 个月）内还清贷款。许多银行解释 8% 的年利息和"每月还款"意味着此贷款每个月的利息为 $\frac{8\%}{12} = 0.667\%$。通常被称为"每月复利"，尽管这一术语的运用不统一。为了计算每月的还款额，我们用 Excel 的 PMT 函数。

	A	B	C
1		每月支付的抵押贷款	
2	贷款本金	100,000	
3	贷款期限（年数）	1	
4	名义利率	8%	
5			
6	月份	现金流	
7	0	100,000.00	
8	1	-8,698.84	<-- =PMT($B$4/12,$B$3*12,$B$2)
9	2	-8,698.84	
10	3	-8,698.84	
11	4	-8,698.84	
12	5	-8,698.84	
13	6	-8,698.84	
14	7	-8,698.84	
15	8	-8,698.84	
16	9	-8,698.84	
17	10	-8,698.84	
18	11	-8,698.84	
19	12	-8,698.84	
20			
21	每月的IRR	0.667%	<-- =IRR(B7:B19)
22	实际年利率，EAIR	8.30%	<-- =(1+B21)^12-1

本例中贷款的实际年利率通过 Excel 的 IRR 函数计算得出（单元格 B21）。在我们的

案中，IRR 函数给出月度的利率为 0.667%（我们已经知道，因为 $\frac{8\%}{12}=0.667\%$）。按年计算给出实际年利率 $EAIR=8.30\%=\left(1+\frac{8\%}{12}\right)^{12}-1$（单元格 B22）。

抵押贷款：一个更加复杂的例子

如我们在 3.1 节所见，在美国许多贷款有"发放费用"或者"抵押点"（后者经常被称为"点数"）。所有这些费用减少了银行给你的初始金额，但是银行在算利息时又不扣除这些本金。（听起来很难理解，是吗？）

我们来看一个例子，考虑上述 8% 的年利率下 12 个月的贷款，按月还款，但是有 0.5% 的发行费用和 1 个点。这意味着你只能拿到 98,500 美元（100,000 美元扣除 500 美元的发行费用和 1,000 美元的抵押点），但是你每个月的还款额仍为 8,698.84 美元。

	A	B	C
1		带有点数和初始费用的 抵押贷款例子	
2	贷款本金	100,000.00	
3	贷款期限（年数）	1	
4	名义利率	8%	
5	点数	1	
6	初始费用	0.5%	
7			
8	月份	现金流	
9	0	98,500.00	<-- =B2*(1-B5/100-B6)
10	1	-8,698.84	<-- =PMT($B$4/12,$B$3*12,$B$2)
11	2	-8,698.84	
12	3	-8,698.84	
13	4	-8,698.84	
14	5	-8,698.84	
15	6	-8,698.84	
16	7	-8,698.84	
17	8	-8,698.84	
18	9	-8,698.84	
19	10	-8,698.84	
20	11	-8,698.84	
21	12	-8,698.84	
22			
23	每月的IRR	0.9044%	<-- =IRR(B9:B21)
24	EAIR	11.41%	<-- =(1+B23)^12-1
25			
26	使用Excel的利率函数 的月度IRR	0.9044%	<-- =RATE(12,8698.84,-98500)

每个月的 IRR（单元格 B23）是将每个月的还款额贴现到期初等于初始收到的 98,500 美元的利率：

$$\$98,500 = \frac{\$8,698.94}{(1+0.9044\%)} + \frac{\$8,698.94}{(1+0.9044\%)^2} + \frac{\$8,698.94}{(1+0.9044\%)^3} + \cdots$$
$$+ \frac{\$8,698.94}{(1+0.9044\%)^{12}}$$

EAIR＝11.41％＝（1＋0.9044％）^{12}－1 是年化的贷款成本。

如你在单元格 B26 所见，Excel 的 Rate 函数可以计算出与单元格 B23 同样的结果。

Excel 注释：使用 Rate 函数计算月度 IRR

Rate 函数用于计算一系列等额付款的 IRR（金融术语称为"平的"或者"等额"），贴现值用 PV 表示。注意到 Rate 函数中每期还款（用 Pmt 表示）的符号与现值 PV 的符号必须不同，这是 Excel 功能的一个特色，就像第 2 章介绍的 PMT 和 PV 函数。

长期抵押贷款

假如前例的抵押贷款是 30 年期（意味着有 360＝30 * 12 次还款）。每次的还款额将是 733.76 美元，实际年利率会是 8.4721％。

	A	B	C
1	带有点数和初始费用的30年期 抵押贷款		
2	贷款本金	100,000.00	
3	贷款期限（年数）	30	
4	名义利率	8%	
5	点数	1	
6	初始费用	0.5%	
7			
8	贷款的初始总量，费用净值	98,500.00	<-- =B2*(1-B5/100-B6)
9	每月偿还	733.76	<-- =PMT(B4/12,B3*12,-B2)
10			
11	计算EAIR		
12	月利率	0.6800%	<-- =RATE(B3*12,B9,-B8)
13	实际年利率（EAIR）	8.4721%	<-- =(1+B12)^12-1

我们已经使用 PMT 函数来计算还款额，用 Rate 函数来计算月利率。EAIR 用通常方法计算——通过将每月支付折合为复利（单元格 B13）。

注意到随着还款期变长，初始发行费用对实际年利率的影响降低：

- 前例讨论过的 1 年期贷款、1.5％的初始费用使实际年利率从 8％增长到 11.41％。
- 30 年期贷款，同样的初始费用使 EAIR 从 8％增长到 8.4721％。
- 发行费用对第二种贷款的影响降低，其原因是它分布在了一个较长的时期。

3.4 租赁还是购买?

在这一节我们运用现值和内部收益率的概念来对比租赁和购买一项资产的相对优势。如你将要看到的,在租赁或者购买之间所做的选择基于哪种融资方式的成本更低。

专业术语:租赁(lease)是一项租赁协议;在我们的例子中,租赁的通常是设备(我们讨论笔记本租赁和汽车租赁),但是对不动产的分析大体是相同的。租入资产的一方我们通常称为承租人,资产拥有者通常称为出租人。

一个简单的租赁的例子

你需要一台笔记本,但是你无法决定到底是购买还是租赁。笔记本价值 4,000 美元。出租方是在你家附近的电脑出租公司,可以以每年 1,500 美元的价格租赁给你。出租条件是你必须支付四次 1,500 美元:第一次付款是在租赁开始(0 时刻),剩下的付款分别在第1、2 和 3 年末。基于过去的经验,你知道你将使用新笔记本 3 年。另一个事实是:你可以以 15% 的利率向银行借款。

下面是租赁和购买的现金流量表。

	A	B	C	D
1			基本租赁或者购买	
2	资产成本	4,000.00		
3	年度租赁支付	1,500.00		
4	银行利率	15%		
5				
6	年份	购买 现金流	租赁 现金流	
7	0	4,000.00	1,500.00	
8	1		1,500.00	
9	2		1,500.00	
10	3		1,500.00	
11				
12	成本的PV	4,000.00	4,924.84	<-- =C7+NPV($B$4,C8:C10)
13	租赁还是购买?	购买		<-- =IF(B12<C12,"购买","租赁")

为判断租赁是否合算,我们以银行 15% 的借款利率分别对租赁和购买的现金流贴现。我们将现金流出记为正值,所以第 12 行是成本的现值。请看单元格 C12,租赁的成本现值是 4,924.84 美元,比购买的成本 4,000 美元要高。这样,你会更倾向于购买,因为成本低。

还有另一种方法来完成同样的计算。我们计算差量现金流的内部收益率——从每年的现金流中减去租赁的现金流。

租赁笔记本相当于在第 0 年付 1,500 美元给电脑租赁公司,然后从租赁公司取得 2,500 美元的贷款。贷款有三次每次 1,500 美元的等额还款,内部收益率为 36.31%。因为你可以以 15% 的利率向银行借款,所以你会更倾向于以 15% 的利率向银行借款购买电脑而不是以 36.31% 的利率从电脑租赁公司借 2,500 美元。

	A	B	C	D	E
1				基本租赁或者购买的 差量现金流	
2	资产成本	4,000			
3	年度租赁支付	1,500			
4	银行利率	15%			
5					
6	年份	购买 现金流	租赁 现金流	差量 现金流	
7	0	4,000	1,500	2,500	<-- =B7-C7
8	1		1,500	-1,500	<-- =B8-C8
9	2		1,500	-1,500	<-- =B9-C9
10	3		1,500	-1,500	<-- =B10-C10
11					
12	差量现金流的IRR			36.31%	<-- =IRR(D7:D10)
13	租赁还是购买?			购买	<-- =IF(D12>B4,"购买","租赁")
14					
15	解释: 租赁像一笔贷款——你在第0年节约2,500美元, 而在第1~3年每年支付1,500美元。这笔"贷款"的IRR是36.31%。				

在下面的单元格中你可以看到另一种做法。如果以15%的利率从银行借款2,500美元, 你需要在随后三年内每年偿还1,094.94美元(假设银行要求等额还款)。这是同样的贷款但显然比电脑公司每期要还1,500美元的金额少。

$$2,500=\frac{1,094.94}{1.15}+\frac{1,094.94}{(1.15)^2}+\frac{1,094.94}{(1.15)^3}$$

结论就是, 如果你打算借款2,500美元来购买电脑, 你应该选择从银行而不是电脑租赁公司贷款。在下表中, 我们用Excel的PMT函数来计算还款额。

	A	B	C	D	E
17	如果你从一家银行借2,500美元会怎样?				
18	年份	通过租赁 节约的金额		从银行借 同样金额	
19	0	2,500		2,500.00	
20	1	-1,500		-1,094.94	<-- =PMT($B$4,3,$D$19)
21	2	-1,500		-1,094.94	
22	3	-1,500		-1,094.94	

关于租赁还是购买——我们的假设

我们前面讨论的租赁的例子介绍了如何进行租赁/购买分析。值得注意的是, 这个例子中有一些简化的假设:

● 没有税收: 当公司租赁设备时, 租赁费用是税前扣除; 当公司购买资产时, 资产的折旧是税前扣除。税收会使分析有些复杂化; 我们将在第5章考虑带税的租赁。

● 租赁和购买具有相同的操作: 在分析中我们没有问你是否需要一台电脑——假设你已经正面回答了这个问题, 所以我们唯一的问题是获得的方法。我们的分析同时假设任何维护和修理都由你来完成, 无论购买还是租赁。

● 没有残值: 我们假设资产(本例中的电脑)在期末残值为0。

我们简短地探讨一下最后一点。假如你认为在第3年末电脑价值800美元。这样, 如下表所示, 购买的现金流量发生了变化, 因为拥有这台电脑在第3年末会有800美元的现金流入。购买成本下降了(购买的现值现在是3,304美元), 租赁相比购买被选择的可能性更低了。另一种方法是看现金流量差的内部收益率，现在是 45.07%（单元格 B23）。

	A	B	C	D
1			带残值的租赁或者购买	
2	资产成本	4,000.00		
3	年度租赁支付	1,500.00		
4	残值，第3年	800		
5	银行利率	15%		
6				
7	年份	购买 现金流	租赁 现金流	
8	0	4,000.00	1,500.00	
9	1		1,500.00	
10	2		1,500.00	
11	3	-800.00	1,500.00	
12				
13	成本的PV	3,304.35	4,924.84	<-- =C8+NPV($B$5,C9:C11)
14	租赁还是购买？		购买	<-- =IF(B13<C13,"购买","租赁")
15				
16	计算差量现金流的IRR			
17	年份		通过租赁 节约的 金额	
18	0		2,500.00	<-- =B8-C8
19	1		-1,500.00	<-- =B9-C9
20	2		-1,500.00	
21	3		-2,300.00	
22				
23	差量现金流的IRR		45.07%	<-- =IRR(C18:C21)
24	租赁还是购买？		购买	<-- =IF(C23>B5,"购买","租赁")

3.5 汽车租赁的例子

这有一个关于租赁的更加现实（也稍微复杂）的例子：你决定拥有一辆新汽车。你可以选择购买或者租赁；如果你决定购买这辆车，你可以以 3% 的利率向银行贷款。相关的内容我们会在下表给出，但是先总结如下：

● 这辆汽车的厂商建议零售价（MSRP）是 24,550 美元，但是经过谈判你可以从经销商那里以 22,490 美元的价格购买。用汽车租赁行业术语来讲，这 22,490 美元相当于"资本化成本"。但是获得这个价格必须支付额外 415 美元的运输费用，相当于如果购买这辆车，你需要支付 22,905 美元。这个价格是你决定用购买来代替租赁的替代采购成本。

● 经销商同时提供给你如下租赁条款：

▲ 签署租赁协议时你需要支付 1,315 美元。经销商解释说这包括 415 美元的运输费、450 美元的购买费用、450 美元的保证金，保证金会在租赁结束时返还给你。

▲ 在接下来的 24 个月，你每月要支付 373.43 美元，24 个月后你可以收回 450 美元的保证金。

▲ 你要保证这辆汽车有 13,994 美元的残值。经销商按照厂商建议零售价的 57% 确定这个值。这意味着如果在 24 个月后这辆汽车不值 13,994 美元，承租人（你）需要补足差额。与残值相关的最后租赁付款如下：

$$租赁残值支付=\begin{cases}13,994-市场价格（如果市场价格<13,994 美元）\\ 或者 0\end{cases}$$

还可以写成最后支付为 max(13,994－市场价格，0)。max(*A*，*B*) 符号意味着你支付 *A* 与 *B* 中的较大者。方便的是，Max 也是 Excel 的一项函数。

剩余残值是你决定购买还是租赁的一个重要因素。我们会在稍后花更多时间讨论。现在，假设你认为这辆汽车在两年后价值 15,000 美元，所以你最后的支付是 0：

$$租赁残值支付=\max(13,994-市场价格,0)$$
$$=\max(13,994-15,000,0)=\max(-1,006,0)=0$$

所有的租赁成本见下表的 C 列。为评估这些成本，请看 D 列，该列展示的是购买这辆汽车的花费。只有两个数值：初始购买价款（$22,490＋运输费用$415＝$22,905）和你预计这辆汽车在租赁期满的市场价格（在本例中，你认为这辆汽车刚好价值 15,000 美元）。因为成本输入为正值，所以从经销商的现金流入为负值。

	A	B	C	D	E	F
1			汽车租赁或者购买			
2	MSRP	24,550	<-- 制造商建议的零售价格			
3	资本化的成本	22,490	<-- 谈判价格			
4	目标费用	415	<-- 由租赁者和购买者所支付			
5	获得的成本	450	<-- 只由租赁者支付			
6	保险存款	450	<-- 在租赁结束时可以作为补充费用			
7						
8	签约的支付总额	1,315	<-- =SUM(B4:B6)			
9	月度支付	373.43	<-- 交易商的租赁报价			
10						
11						
12	以MSRP的百分比表示的2年后的残值	57%				
13	2年后的租赁残值	13,994	<-- =B12*B2--租赁者保证这种价值的存在			
14	你估计的残值	15,000	<-- 你的估计			
15				=B3+B4		
16						
17			月份	支付	购买	差异	
18			0	1,315.00	22,905.00	21,590.00	<-- =D18-C18
19		=B8	1	373.43		-373.43	<-- =D19-C19
20			2	373.43		-373.43	<-- =D20-C20
21			3	373.43		-373.43	
22			4	373.43		-373.43	
23			5	373.43		-373.43	
24			6	373.43		-373.43	
25			7	373.43		-373.43	
26			8	373.43		-373.43	
27			9	373.43		-373.43	
28			10	373.43		-373.43	
29			11	373.43		-373.43	
30			12	373.43		-373.43	
31			13	373.43		-373.43	
32			14	373.43		-373.43	
33			15	373.43		-373.43	
34			16	373.43		-373.43	
35			17	373.43		-373.43	
36			18	373.43		-373.43	
37			19	373.43		-373.43	
38			20	373.43		-373.43	
39			21	373.43		-373.43	
40			22	373.43		-373.43	
41			23	373.43		-373.43	
42			24	-76.57	-15,000.00	-14,923.43	<-- =D42-C42
43							
44		=$B$9-B6+MAX(B13-B14,0)		月度IRR	0.44%	<-- =IRR(E18:E42)
45				EAIR	5.39%	<-- =(1+E44)^12-1
46						
47				租赁或者购买?		
48				替代融资方案	7%	
49				租赁或者购买?	租赁	<-- =IF(E48>E45,"租赁","购买")

最后一个数字具有一定的检验功能：如果你租赁，最后支付为：

租赁最后付款＝最后一个月租金－返还的保证金＋租赁期末残值

$$=373.43-450+\max(13{,}994-\text{市场价格},0)$$

如果你估计准确，这辆车最后的市场价值为 15,000 美元，那么你的最后支付为 －76.57 美元（意味着你将从租赁公司得到 76.57 美元）。

表中的 E 列是从购买现金流中减去租赁的现金流。最初，租赁为你节省了 21,590 美元；在第 1～23 月，租赁比购买每个月多付 373.43 美元，在最后一个月，租赁比购买多花费 14,923.43 美元。

差量现金流的月度 IRR 为 0.44%，实际年收益率为 5.39%（单元格 E44 和 E45）。

你应该购买还是租赁呢？这依据各自的融资成本。如果你可以从银行取得利率比 5.39% 低的贷款，那么你应该购买这辆车；否则，租赁会是更好的选择。在我们的案例中你向银行贷款的利率为 3%（单元格 B48），所以你应该向银行贷款买这辆车而不是租赁。

残值的角色

这辆车的残值对于租赁的成本是非常重要的。为解释这个问题，我们使用 Excel 的"数据→数据工具→假设分析→数据表"（详见第 27 章）来运行一张灵敏度表，展示 EAIR 和购买/租赁决定随着租赁结束后残值的不同的变化。

	A	B	C	D	E	F	G
52	数据表：租赁的EAIR作为租赁期末的汽车市场价值的函数						
53	租赁期末的 预期市场价值	EAIR	租赁还是 购买？				
54				<-- 数据表标题被隐藏			
55	10,000	2.6%	租赁				
56	10,500	2.6%	租赁				
57	11,000	2.6%	租赁				
58	11,500	2.6%	租赁				
59	12,000	2.6%	租赁				
60	12,500	2.6%	租赁				
61	13,000	2.6%	租赁				
62	13,500	2.6%	租赁				
63	14,000	2.6%	租赁				
64	14,500	4.0%	租赁				
65	15,000	5.4%	租赁				
66	15,500	6.7%	租赁				
67	16,000	8.1%	购买				
68	16,500	9.4%	购买				
69	17,000	10.7%	购买				
70	17,500	11.9%	购买				
71	18,000	13.2%	购买				
72							

租赁的EAIR作为租赁期末的汽车市场价值的函数

如数据表所示，如果你认为在租赁结束后准确的市场价值比 13,994 美元要低，那么租赁是一个更好的选择。租赁是建立在期末你以 13,994 美元转售给经销商的基础上；如果你认为车的市场残值很高，那么你回售给经销商就会有损失，这样你最好买下车然后到时自己卖掉。保本的市场价格——在这一价格下无论你是租赁还是以 3% 的利率从银行融资是无差异的——是某个位于 14,000～14,500 美元之间的价格；在这一条件下，租赁的实际年利率为 3%，与替代融资的成本相同。

从银行贷款融资购买一辆汽车：便宜还是昂贵？

在前面的分析中，我们总结得出两年期租赁成本（单元格 E45）的实际年利率为 5.39％。所以理所当然的是如果你能从银行得到比它便宜的贷款，你应该从银行贷款来购买这辆车。但是，假如银行提供给你 3％的贷款（按月复利，所以月利率为 3％/12 ＝ 0.25％），我们借同等的金额（即汽车报价 22,905 美元减去 1,315 美元）。下表说明此银行贷款的还款额比租赁的还款额要大很多。

	H	I	J
2	由银行贷款融资		
3	汽车成本	22,905	<-- =B3+B4
4	现金折扣	1,315	
5	融资总额	21,590	<-- =I3-I4
6			
7	银行利率	3%	
8	每月的贷款支付	927.96	<-- =-PMT(I7/12,24,I5)
9	每月的租赁支付	373.43	
10			
11	注：单元格H8中的PMT函数计算了21,590美元的		
12	贷款（单元格H5）以月利率0.25%（单元格H7/		
13	单元格H12）支付24个月的每月支付。		

现在迷惑的地方出现了：从银行以 3％的利率借款的每月还款额 926.96 美元比租赁的 373.43 美元高很多。但是在第一次的分析中，我们总结出 3％的贷款应该比实际年利率为 5.39％的租赁要优。为解决这一明显的矛盾，让我们回忆一下两者——租赁和贷款——的差异是租赁考虑了剩余价值：剩余价值——本质上是你和承租人对出租人所做的担保——既减少了你每个月的租赁还款额又增加了你在汽车残值上的份额。与银行贷款相比，租赁给你较低的还款额的同时要你承担汽车剩余价值保证的风险，天下没有免费的午餐。

为了说明贷款确实便宜，假如你从另外一个银行得到贷款，为在两年后残值为 15,000 美元的汽车融资。

$$残值的现值 = \frac{\$15,000}{\left(1+\frac{3\%}{12}\right)^{24}} = \$14,127.53$$

我们现在可以将购买价格 22,905 美元分成两部分：

$$\$22,905 = \underbrace{\$14,127.53}_{\frac{\$15,000}{\left(1+\frac{3\%}{12}\right)^{24}}} + \$8,777.47$$

总成本 8,777.47 美元才是这两年使用汽车的成本。在这个金额下，你需要有 1,315 美元的首付，从而剩余的 7,462.47 美元需要融资。从租赁公司融资同等数额需要每月还款 373.43 美元，而从银行融资仅需还款 320.75 美元。

银行贷款更便宜，我们将在图 3.1 中总结我们逻辑处理的过程。

	A	B	C
1	汽车租赁或者购买 将银行贷款和租赁支付进行比较		
2	MSRP	24,550.00	<-- 制造商建议的零售价格
3	资本化的成本	22,490.00	<-- 谈判价格
4	目标费用	415.00	<-- 由租赁者和购买者所支付
5	获得的成本	450.00	<-- 只由租赁者支付
6	保险存款	450.00	<-- 在租赁期末可以作为补充费用
7			
8	签约时的支付总额	1,315.00	<-- =SUM(B4:B6)
9	月度支付	373.43	<-- 交易商的租赁报价
10			
11	以MSRP的百分比表示的2年后的残值	57%	
12	3年后的租赁残值	13,993.50	<-- =B11*B2--租赁者保证这种价值的存在
13	你估计的残值	15,000.00	<-- 你的估计
14			
15	用银行贷款来融资		
16	银行利率	3%	
17	月度利率	0.25%	<-- =B16/12
18			
19	汽车的成本	22,905.00	<-- =B3+B4
20	资金折扣	1,315.00	
21	融资总额	21,590.00	<-- =B19-B20
22			
23	2年后为残值融资的贷款本金	14,127.53	<-- =B13/(1+B17)^24
24	为汽车租赁融资2年的贷款本金	7,462.47	<-- =B19-B20-B23
25			
26	为汽车租赁融资2年的月度贷款支付	320.75	<-- =PMT(B17,24,-B24)
27	月度租赁支付	373.43	

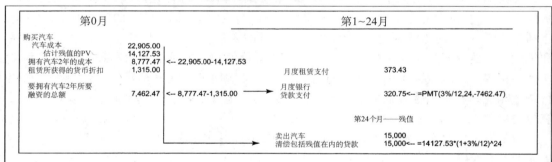

解释：汽车的成本是 22,905 美元。你估计在两年后的残值为 15,000 美元，它的现值为 14,127.53 美元。使用汽车两年的成本是 8,777.47 美元。如果你租赁这辆汽车需要首付 1,315 美元。

假设你从银行为剩余的 7,462.47 美元融资。这笔贷款需要你每个月还款 320.75 美元，相比较，你需要每个月付给汽车租赁公司 373.43 美元，因此，从银行为汽车融资是比较便宜的。

图 3.1　对比汽车租赁与汽车贷款

3.6　超过一年一次的复利和实际年利率

假如你是按月支付利息，但是你想要计算年利率。这里有一个例子：XYZ 银行按

18％的名义年利率对你的信用卡余额收费，并且每月复利。假如银行的做法是每个月在月初对你的信用卡余额按 1.5％的利率收取利息。为了确定这种收费的实际意义，你应该问自己："如果我有 100 美元的未偿贷款，在 12 个月后我欠银行多少钱"？我们在 Excel 表格中表示。

	A	B	C	D
1	信用卡账户的月度复利			
2	"年"利率	18%		
3	月利率	1.5%	<-- =B2/12	
4				
5	月份	月初账户余额	月利息	月末账户余额
6	1	100.00	1.50	101.50
7	2	101.50	1.52	103.02
8	3	103.02	1.55	104.57
9	4	104.57	1.57	106.14
10	5	106.14	1.59	107.73
11	6	107.73	1.62	109.34
12	7	109.34	1.64	110.98
13	8	110.98	1.66	112.65
14	9	112.65	1.69	114.34
15	10	114.34	1.72	116.05
16	11	116.05	1.74	117.79
17	12	117.79	1.77	119.56
18				
19	实际年利率 （EAIR）	19.56%	<-- =D17/B6-1	
20		19.56%	<-- =(1+B3)^12-1	

在 12 个月后你欠银行 119.56 美元——初始的 100 美元加上 19.56 美元的利息。单元格 B19 和 B20 给出了用两种方式计算的实际年利率：

在单元格 B19 中，我们将期末余额 119.56 美元分离出期初的 100 美元来计算利率：

$$EAIR = \frac{年末账户余额}{初始账户余额} - 1$$

$$= \frac{119.56}{100} - 1 = 19.56\%$$

在单元格 B20 中，我们用月利率然后进行复利：

$$EAIR = (1 + 月利率)^{12} - 1$$
$$= (1.015)^{12} - 1 = 19.56\%$$

当年利率 r 每年复利 n 次时，$EAIR = (1 + r/n)^n - 1$。

APR 和 EAIR

国会通过了一项法案，放款者要求以名义年利率（APR）对贷款收取利息。遗憾的是，此法案并没有指定 APR 如何计算，放款人对这一术语的使用并不统一。尽管专业词汇"APR"是用来帮助客户理解借款的真实成本，但在实际操作中，APR 既没有明确定义也不能代表真实的借款成本。有时 APR 就是实际年利率（EAIR），但是在一些情况下——比如这部分的信用卡案例——APR 不能代表 EAIR。结果是很多复杂的措辞产生混乱。

EAIR 和每年的计息次数

在前例中，信用卡公司的名义年利率为 18%，转化为每个月的利率是 1.5%。如我们所见，实际的年利率为 19.56%。

在图 3.2 中我们计算计息次数对实际年利率的影响。

实际年利率和复利期数（名义年利率为18%）		
每年的复利期数	实际年利率计算公式	EAIR
1	$(1+8\%)-1$	18.00%
2 （以半年为单位计算复利）	$\left(1+\dfrac{18\%}{2}\right)^2-1$	18.81%
4 （以季度为单位计算复利）	$\left(1+\dfrac{18\%}{4}\right)^4-1$	19.252%
12 （以月为单位计算复利）	$\left(1+\dfrac{18\%}{12}\right)^{12}-1$	19.562%
24 （以半月为单位计算复利）	$\left(1+\dfrac{18\%}{24}\right)^{24}-1$	19.641%
52 （以周为单位计算复利）	$\left(1+\dfrac{18\%}{52}\right)^{52}-1$	19.685%
365 （以天为单位计算复利）	$\left(1+\dfrac{18\%}{365}\right)^{365}-1$	19.716%

图 3.2　名义年利率为 18% 的贷款随每年计息次数变化的实际年利率

EAIR 随计息次数增加而增大。EAIR 为：

$$\text{EAIR}=\left(1+\frac{名义年利率}{每年复利次数}\right)^{每年复利次数}-1$$

当我们在 Excel 表格中这样做时，我们发现 EAIR 随计息次数的增加而增大。当计息次数足够大时，RAIR 达到极限 19.722%（下页表中单元格 C20）。

关于 EAIR 计算，要注意两点：

- 随着每年计息次数 n 增加，$\text{EAIR}=\left(1+\dfrac{r}{n}\right)^n-1$ 变大。

- 随着计息次数增加，EAIR 增长放慢。计息次数为 36 次（EAIR＝19.668%）和计息次数为 365 次（EAIR＝19.716%）时，两者对应的 EAIR 之间的差异很小。

3.7　连续复利的计算（深入课题）

在单元格 C20 中，我们计算出当计息次数无限大时 EAIR 的极限值。这一极值称为连续复利（continuous compounding）。对一年计息 n 次来说，$\text{EAIR}=\left(1+\dfrac{r}{n}\right)^n-1$。当 n 变

	A	B	C	D	E
1			EAIR和复利次数		
2	"年"利率	18%			
3					
4	每年复利次数	每期利率	EAIR		
5	1	18.00%	18.000%	<-- =(1+B5)^A5-1	
6	2	9.00%	18.810%	<-- =(1+B6)^A6-1	
7	3	6.00%	19.102%	<-- =(1+B7)^A7-1	
8	4	4.50%	19.252%		
9	6	3.00%	19.405%		
10	12	1.50%	19.562%		
11	24	0.75%	19.641%		
12	36	0.50%	19.668%		
13	52	0.35%	19.685%		
14	100	0.18%	19.702%		
15	150	0.12%	19.709%		
16	200	0.09%	19.712%		
17	250	0.07%	19.714%		
18	300	0.06%	19.715%		
19	365	0.05%	19.716%		
20	无限		19.722%	<-- =EXP(B2)-1	
21					

EAIR作为年复利次数的函数

得很大时，EAIR 接近 e^r-1。$e=2.71828182845904$ 是自然对数的底，在 Excel 中功能函数是 Exp()。用金融术语来讲，e^{rT} 称为年利率 r 经过 T 年后的连续复利终值（continuously compounded future value）。在下表中你可以看到离散复利终值（discretely compounded future value）和连续复利终值的区别。

	A	B	C
1		连续复利	
2	"年"率	18%	
3	每年的复利次数	250	
4	年数，T	3	
5	实际年利率，EAIR		
6		19.71%	
7	t年后的不连续复利终值=$(1+EAIR)^T$	1.7157	<-- =(1+B2/B3)^(B3*B4)
8	连续复利终值=e^{rT}	1.7160	<-- =EXP(B2*B4)

当计息次数变得很大时，它们之间的差异会变得很小。

连续复利贴现因子

在第 2 章我们知道现值和终值密切相关：

类似的关系也适用于连续复利：

下表总结了这些关系：

	A	B	C
1	离散复利和连续复利		
2	利率	10%	
3	初始总额，X	100	
4	终止期限，T	3	
5	离散复利终值，$X^*(1+r)^T$	133.100	<-- =B3*(1+B2)^B4
6	连续复利终值，X^*e^{rT}	134.986	<-- =B3*EXP(B2*B4)
7			
8	利率	10%	
9	初始总额，Y	100	
10	终止期限，T	3	
11	离散复利终值，$Y/(1+r)^T$	75.131	<-- =B9/(1+B8)^B10
12	连续复利终值，Y^*e^{-rT}	74.082	<-- =B9*EXP(-B10*B8)

一个真实的信用卡的例子

连续复利的概念可能因看起来太理论化而并不实用。下面的例子将要告诉你它实际上是多么有用。广告中的哥伦比亚信用卡以名义年利率 27.99％ 对未偿贷款收取罚息。广告明确告诉我们实际上是对未偿贷款按照每天 0.07668％ 收取利息。这是由 27.99％ 除以每年天数得出的：$0.07668\% = 27.99\%/365$。

如果你有 100 美元的未偿贷款并且持续一年，你将会在年末欠 $100 * (1.0007668)^{365}$。如下表所示，相当于实际年利率为 32.286％（单元格 B5）。

如你在单元格 B6 所见，实际上同样的利率可以通过连续复利计算。从计算的角度看，用连续复利相对简单。

	A	B	C
1	哥伦比亚州VISA卡		
2		27.99%	
3	每日利率	0.07668%	<-- =B2/365
4			
5	实际年利率（EAIR）	32.286%	<-- =(1+B3)^365-1
6	连续复利	32.300%	<-- =EXP(B2)-1

本书中的连续复利

　　我们很少在本书中使用连续复利，除了在期权的章节（第 20～23 章）。其他情况我们多数使用离散复利，尽管我们偶尔会在脚注中说明与离散复利计算对应的连续复利。

计算连续收益率

　　在前一节，我们计算了离散复利和连续复利。在这一节，我们介绍离散收益率和连续收益率。假如一项投资在时期 0 价值 X，时期 T 价值增长到 Y。然后这项投资的离散复合年收益率为 $r = \left(\dfrac{Y}{X}\right)^{1/T} - 1$。连续收益率为 $r = \left(\dfrac{1}{T}\right)\ln\left(\dfrac{Y}{X}\right)$。在下面的例子中，100 美元的投资经过 4 年增长到 200 美元，表格计算出了离散收益率和连续收益率：

	A	B	C
1	计算离散收益率和连续收益率		
2	在时期0的投资	100	
3	在时期T的价值	200	
4	T(年)	4	
5			
6	离散复利的年度收益率	18.92%	<-- =(B3/B2)^(1/B4)-1
7	连续复利的年度收益率	17.33%	<-- =(1/B4)*LN(B3/B2)
8			
9	为什么这是正确的：将初始投资按照复利计算，得到终值		
10	离散复利	200	<-- =B2*(1+B6)^B4
11	连续复利	200	<-- =B2*EXP(B7*B4)

离散年收益率为 18.92%（单元格 B6）；这在单元格 B10 中得到证实，公式为 $200 = 100 * (1+18.92\%)^4$。换句话说，经过 4 年，离散年收益率 18.92% 条件下 100 美元的终值为 200 美元。

连续年收益率为 17.32%（单元格 B7）；这在单元格 B11 中得到证实，公式为 $200 = 100 * \exp(17.32\% * 4)$。换句话说，经过 4 年，连续年收益率为 17.32% 条件下 100 美元的终值为 200 美元。

注意到你在离散年收益率 18.92% 和连续年收益率 17.32% 两者之间选择是无差异的。经过相同的时间，初始投资在两种收益率下的增长额相同。

总　结

在本章中，我们将货币的时间价值（PV、NPV 和 IRR）应用于许多相关的问题：

● 计算实际年利率（EAIR）：这是暗含于特定资产中的复合年利率；另一种考虑方法是它相当于年化的内部收益率。我们给出了大量的例子——租赁、抵押贷款、信用卡——所有这些例子说明评估融资成本的唯一方法是计算 EAIR。

● 非年度复利的影响：许多利率是基于月或者天算出的。实际年利率要求我们先年度化这些利率再比较它们。当计息次数变得非常大时（像信用卡的例子），$EAIR = e^r$，$e = 2.71828182845905$（在 Excel 中公式为 =Exp()），r 是相应的利率。

习　题

1. 你正在考虑购买一台新音响。经销商是立体世界，它提供给你两种支付方式。你可以现在付 10,000 美元，或者你可以选择另一种方式："现在购买，一年后付款"，在这种方式下你需要在 1 年后付 11,100 美元，计算这种方式的实际年利率。

2. 你可以有两种方式为你的新洗碗机付款：你可以在今天支付 400 美元，或者你可以在随后 6 个月每个月支付 70 美元，首次支付在今天。第二种方式的实际年利率是多少？

3. 你的妻子决定买一个真空吸尘器作为你的生日礼物（她常常投你所好）。她致电你最好的朋友——真空吸尘器商铺的老板，他提供了两种支付方式：现在支付 100 美元或者 12 次支付每个月支付 10 美元，从今天开始。分期付款月度的内部收益率和实际年利率是多少？

4. 当地的银行提供给你 100,000 美元的贷款。没有点费，没有发行费，没有额外的成本（意味着你会得到全额的 100,000 美元）。该贷款要求 10 年还清，每年付款，银行的年利率为 12%。

   a. 计算每个月的还款额。

   b. 这一贷款的实际年利率是多少？

5. 当地的银行提供给你 20 年、100,000 美元的贷款。银行收取 1.5 个点，发行费用是 750 美元；点费与发行费用都是从贷款原值中扣除。贷款是按年偿还，银行的利率是 10% 并且基于贷款总额（就是 100,000 美元）。

   a. 计算每年的还款额。

   b. 计算实际年利率。

   c. 做一张分期偿还表，可以为税务目的展示每年的利息总量。

6. 你当地的银行提供给你 10 年、100,000 美元的贷款，每个月还款。银行收取 1.5 的点费和 750 美元的发行费用；点费和发行费用都是从贷款总额中扣除。每个月的还款额是基于 12% 的年利率和 100,000 美元的贷款总额。

   a. 计算贷款的每月还款额，做一张分期偿还表，计算实际年利率。

   b. 如果贷款期限变为 6 年，实际年利率会改变吗？

   c. 计算贷款每年偿还的利息总额。可以借用你的分期偿还表或者使用 Excel 的 Cumipmt 函数。

7. 你刚刚以 250,000 美元的价格购买了一幢著名建筑的第一层。你准备将其出租给便利店。你的银行提供给你以下条款的贷款：

   贷款总额为 250,000 美元。

   贷款在未来 36 个月内等额偿还，第一个月的还款是在现在。

   贷款的年利率为 8%，每月复利（意味着 8%/12＝0.67% 每个月）。

   你需要付给银行初始费用 1,500 美元和一个点。

   a. 每个月要还给银行多少钱？

   b. 贷款的实际年利率是多少？

   c. 做一张分期偿还表，可以为税务目的展示每年的利息总额。

8. 当地的银行提供给你 5 年、100,000 美元的贷款。银行收取 1.5 个点和 750 美元的发行费用。如果利率为 12%，每个月复利（意味着每个月 1%）：

   a. 计算每个月的还款额。

   b. 计算实际年利率。

   c. 做一张分期偿还表，可以为税务目的展示每年的利息额和利息总额。

9. 你正在考虑购买一项资产，成本是 15,000 美元，寿命是 3 年。另一种方式是，你可以以每年 4,000 美元的价格租赁（4 次支付，第一次是在签租赁合同的当天）。如果你可以以 10% 的利率从银行贷款，你会租赁还是购买？

10. 你考虑购买一项资产，成本是 2,000 美元，寿命是 3 年。另一种方式是，你可以以每年 600 美元的价格租赁（4 次支付，第一次是在今天）。如果你可以以 15% 的利率从银行贷款。

a. 你会租赁还是购买？

b. 你可能会付出的最大的租赁付款是多少？

11. 你正在考虑以下列现金流租赁或购买一项资产。

a. 计算租赁和购买的现值，哪种更好？

b. 你会付出的最大的租赁成本是多少？

	A	B	C	D
1	有残值情况下的租赁或者购买			
2	资产成本	20,000		
3	年度租赁支付	5,500		
4	残值，第3年	3,000	<--第3年末的资产价值	
5	银行利率	15%		
6				
7	年份	购买现金流	租赁现金流	
8	0	20,000	5,500	
9	1		5,500	
10	2		5,500	
11	3	-3,000	5,500	

12. 你准备买一台新笔记本，在商场的价格是 2,000 美元，但是你的邻居可以以每个月 70 美元的价格租赁给你 24 个月，第一次付款是在今天。假设两年后你能够以 500 美元的价格卖掉笔记本，市场利率为 20%，你会租赁还是购买？

13. 你正在考率租赁还是购买一辆汽车。下表是每种方式的融资细节，租赁期是 24 个月，你会选择哪种方式？

	A	B	C	D	E	F
1	汽车租赁或者购买					
2	MSRP	50,000.00	<--制造商建议的零售价格			
3	资本化的成本	45,000.00	<--谈判价格			
4	目标费用	415.00	<--由租赁者和购买者所支付			
5	获得的成本	450.00	<--只由租赁者支付			
6	保险存款	450.00	<--在租赁期末可以作为补充费用			
7						
8	签约时的支付总额	1,315.00				
9	月度支付	600.00	<--交易商的租赁报价			
10						
11	以MSRP的百分比表示的2年后的残值	60%				
12	3年后的租赁残值	30,000.00	<-- =B11*B2			
13	你估计的残值	35,000.00	<-- 你的估计			
14						
15	银行贷款成本（年度）	7.00%				

14. 你正在考虑购买一辆昂贵的新汽车。你协商的 48 个月租赁细节如下。

a. 如果可选择的融资成本是 6%，你会购买还是租赁？

b. 如果银行借款利率为 6%，你每个月的还款额是多少？

c. 如果估计残值（单元格 B15）变大，租赁和购买哪种方式更好？请解释。

d. 购买和租赁无差异时残值是多少？

	A	B	C
1	汽车租赁或者购买：48个月租赁		
2	MSRP	50,000	<-- 制造商建议的零售价格
3	资本化的成本	45,000	<-- 谈判价格
4	目标费用	415	<-- 由租赁者和购买者所支付
5	获得的成本	450	<-- 只由租赁者支付
6	保险存款	450	<-- 在租赁期末可以作为补充费用
7			
8	签约时的支付总额	1,315	
9	月度支付	400	<-- 交易商的租赁报价
10			
11			
12	以MSRP的百分比表示的2年后的残值	60%	
13	4年后的租赁残值	30,000	
14	你估计的残值	35,000	<-- 你的估计

15. 你正在考虑购买一辆新上市的高档汽车。价格为 99,000 美元。经销商提供了两种方式供你选择：

你可以付 90,000 美元的现金，享受 9,000 美元的折扣。

你可以付 99,000 美元，在这种情况下，你首付 39,000 美元，剩下的 60,000 美元可以享受 36 个月的无息分期付款。

另外，当地银行可以提供年利率为 10% 的购车贷款，每月复利（就是说月利率为 10%/12）。

决定选择哪种方式：银行贷款、经销商的无息贷款，还是现金支付？

16. 提供给你以下几种信用卡：

信用卡 1 每年收费 19%，每个月复利。

信用卡 2 每年收费 19%，每周复利。

信用卡 3 每年收费 18.9%，每天复利。

以实际年利率将信用卡排序。

17. 你的计划储蓄为将 1,000 美元存 5 年。你可以选择以下几种方式，每种方式 5 年后你会有多少钱？

a. B 银行名义利率为 12%，每年复利。

b. W 银行名义利率为 11%，每年复利两次。

c. P 银行名义利率 10%，每月复利。

d. Q 银行名义利率为 11.5%，连续复利。

18. 假设利率为 5%，半年复利一次，下面哪个选项更有价值？

a. 今天的 5,000 美元。

b. 5 年后的 10,000 美元。

c. 4 年后的 9,000 美元。

d. 一年后开始的永恒的每年 450 美元。

19. 你计划将 10,000 美元存入银行两年，下面每种情况下两年后你有多少钱？

a. 名义利率为 12%，每月复利。

b. 名义利率为 12.5%，每年复利。

c. 名义利率为 11.5%，每天复利。

d. 第 1 年名义利率为 10%，第 2 年名义利率为 15%，连续复利。

20. Michael 遇到了点麻烦：他失业了，仅能靠每个月 1,200 美元的失业金生活。他有 19,000 美元的信用卡债务，这对每个月微不足道的津贴来说是个威胁。他延缓还款一个月收取余额 1.5% 的利息。他唯一的资产是他的房子，并且有 67,000 美元的抵押贷款。

Michael 接到一个金融公司的电话，公司愿意为 Michael 的贷款提供资金。公司对 Michael 解释道，由于房产升值，Michael 的房子可以以 90,000 美元的价格重新抵押。这一金额可以帮助 Michael 偿还信用卡，甚至可以为他剩下一些钱。

下面是一些额外的事实：

新贷款要 25 年还清，年利率为 9.23%。在此期间每个月要等额还款，月利率为 9.23%/12＝0.76917%。贷款的费用是 8,000 美元。

偿还 67,000 美元的贷款不包含其他费用。

回答下列问题：

a. 新贷款需要 Michael 每个月还多少钱？

b. 偿还了信用卡债务以后，Michael 还剩下多少钱？

c. 新贷款的实际年利率是多少？

21. 作者的信用卡公司有一个通知如下：

预支现金的名义年利率：

你预支现金的名义年利率为美国优惠利率加 14.99%，但是不低于 19.99%。自 2004 年 8 月 1 日起，预支现金的名义年利率为 19.99%，折算成每天的利率为 0.0548%。明天的利率是适用的利率除以 365。

从 2004 年 8 月 1 日起，信用卡公司对预支现金收取的实际年利率是多少？

22. W 投资公司有两种共同基金：稳健型基金投资于企业债券，活跃型基金投资于"高风险，高回报"公司。两种基金 2001—2005 年的五年期的收益如下。

	A	B	C	D
1	稳健型基金还是活跃型基金？			
2	年份	稳健型基金收益率	活跃型基金收益率	
3	2001	9.20%	11.50%	
4	2002	5.20%	−14.50%	
5	2003	4.30%	−23.40%	
6	2004	3.30%	42.40%	
7	2005	7.00%	13.60%	
8				
9	平均收益率	5.80%	5.92%	<－－＝AVERAGE(C3:C7)

a. 假如你在 2001 年初各投资 100 美元，2005 年末你会有多少钱？

b. 两种基金五年的实际年利率是多少？

c. 从这个例子中你能总结出什么？

23. （接上题，进一步）

a. 计算两种基金在 2001—2005 年期间的年度连续收益（习题 22）。每种基金的平均连续收益是多少?

b. 假如你在 2001 年初各投资 100 美元到两种基金。证明你习题 22a 的结果可以写成 $100 * e^{5*r}$。注意这使计算简单了很多。

24. 某公司提供以下汽车租赁方案:

租赁期: 48 个月。

没有初始支付, 期末付款 8,995 美元。

每天支付 9.95 美元, 每月一次。

汽车成本: 18,800 美元。

a. 假如每个月 30 天, 计算租赁的实际年利率。

b. 计算实际年利率为 7% 的条件下的期末付款。

25. 10 年前 Reem 拿出 150,000 美元的抵押贷款来买新房。贷款 20 年, 每年还款, 利率为 10%。现在, 他的银行提供 8% 利率的类似贷款; 但是, 当他去银行询问可否将贷款重新调整成 10 年、8% 的贷款时, 银行要为重新融资收取 15,000 美元的额外费用, 他是否应该调整贷款?

我们提供一些提示:

任何时刻的贷款本金是将来支付的现值, 进一步提示: 使用 Excel 的 PV 函数。

Excel 的 Rate 函数可以计算固定支付贷款的内部收益率。

解决这个问题的一个更加便利的模板如下:

	A	B	C
1	抵押贷款的退出费用		
2	初始抵押贷款		
3	本金	150,000.00	
4	期限(年)	20	
5	利率	10.00%	
6	年度支付		<--
7	剩余期限	10	
8	剩余的抵押贷款本金		<--
9	退出费用	15,000.00	
10			
11	新抵押贷款		
12	本金		<--
13	期限(年)	10	
14	利率	8.00%	
15	年度支付		<--
16	实际年利率(EAIR)		<--

第 4 章

资本预算的介绍

概述

资本预算是一个金融术语，是判断是否进行项目投资的过程。资本预算中使用两种标准：净现值和内部收益率。这两种标准的概念都在第 1 章介绍过了，本章中我们将讨论它们在资本预算中的运用。请看以下一些相关问题：

- 你是否应进行某一个具体的项目？我们称这个为"是与否"的决定，接下来我们将展示净现值与内部收益率各是如何来回答这个问题的。

- 项目排序：如果你有几个可选择的投资，而你只能选择其中的一个，你会选择哪一个？

- 你应当用内部收益率还是净现值？有时内部收益率法和净现值法会对上面两个问题给出不同的答案。我们讨论为什么会出现这样的情况，应当采用哪种标准进行资本预算（如果有异议）。

- 沉没成本。我们如何考虑过去发生的成本？

- 损失的机会成本。

- 残值和终值。

- 估值决策中考虑税收因素。这个问题在 6.7 节会简要解释，而我们将在第 7～9 章中详细解说。

讨论的金融概念

- 内部收益率
- 净现值
- 使用净现值和内部收益率的项目排名
- 终值
- 税收和现金流量计算
- 损失的机会成本
- 沉没成本

使用的 Excel 函数

- NPV
- IRR
- 数据表（Data table）

4.1 投资评价中的净现值法

前面章节中我们介绍了净现值和内部收益率的基本概念以及它们在资本预算中的运用。本章节将开始总结这些法则——本节总结净现值法，下一节总结内部收益率法。

下面是对投资净现值决定标准的一个总结：

净现值法决定一个具体的项目是否有价值：假设我们正在考虑的一个项目其现金流为 CF_0，CF_1，CF_2，$\cdots$，CF_N。假设它的贴现率为 r，那么它的净现值就是：

$$NPV = CF_0 + \frac{CF_1}{(1+r)} + \frac{CF_2}{(1+r)^2} + \cdots + \frac{CF_N}{(1+r)^N} = CF_0 + \sum_{t=1}^{N} \frac{CF_t}{(1+r)^t}$$

法则：当一个项目的净现值 >0，那么它是有价值的。

净现值法在两个互斥的项目中做选择：假设你正在项目 A 和项目 B 中抉择，这两个项目都是可以达到相同的目标的。举例：你的公司需要一台新的机器设备，在机器 A 或 B 中选择。你将买 A 或 B（或者两者都不买，但你肯定不会都买）。用金融术语来说，这两个项目是"互斥"的。

假设项目 A 有现金流 CF_0^A，CF_1^A，CF_2^A，$\cdots$，CF_N^A，项目 B 有现金流 CF_0^B，CF_1^B，CF_2^B，$\cdots$，CF_N^B。

法则：如果 $NPV(A) = CF_0^A + \sum_{t=1}^{N} \frac{CF_t^A}{(1+r)^t} > CF_0^B + \sum_{t=1}^{N} \frac{CF_t^B}{(1+r)^t} = NPV(B)$，项目 A 是优于项目 B 的。

以上所举的两个例子的原理是项目现金流的现值，$PV = \sum_{t=1}^{N} \frac{CF_t}{(1+r)^t}$，即为项目现在的经济价值。这样说来，如果我们选择适合项目的贴现率，现值等于我们在市场上出售该项目时的价格。净现值就是项目所带来的价值增量，因此净现值大于 0 时，此项目就增加了我们的财富。

$$\text{NPV} = \underbrace{CF_0}_{\substack{\text{项目实施所要求的} \\ \text{初始现金流} \\ \text{通常是负值}}} + \underbrace{\sum_{t=1}^{N} \frac{CF_t}{(1+r)^t}}_{\text{未来现金流的市场价值}}$$

最初的例子

假设你正在决定是否从事两个项目中的一个。项目 A 涉及购买昂贵的机器从而也以较低的成本生产出更好的产品。项目 A 的机器花费 1,000 美元，而你期望此项目在未来的五年里每年将创造 500 美元的现金流。项目 B 的机器比较便宜，花费 800 美元，但在未来的五年里每年将创造 420 美元的现金流。我们假设当前的贴现率为 12%。

下面的表格提供了项目 A 与项目 B 的净现值标准。

	A	B	C	D
1		两个项目		
2	贴现率	12%		
3				
4	年份	项目A	项目B	
5	0	-1000	-800	
6	1	500	420	
7	2	500	420	
8	3	500	420	
9	4	500	420	
10	5	500	420	
11				
12	NPV	802.39	714.01	<-- =C5+NPV($B$2,C6:C10)

两个项目都是有价值的，因为每个项目的净现值都为正。如果我们不得不选择其中一个，那么项目 A 是优于项目 B 的，因为它的净现值比较高。

Excel 中的 NPV 函数与金融概念中的 NPV 的对比

再次说明一下第 2 章的 Excel 注释：表格里的净现值公式是计算未来现金流的现值；这并不符合净现值的金融概念，净值现的金融概念包含最初的现金流。为了在 Excel 中计算金融概念中的净现值，我们必须加上最初的现金流。因为在单元格 B12 里，净现值＝NPV（＄B＄2，B6：B10）＋B5，在单元格 C12 里，净现值＝NPV（＄B＄2，C6：C10）＋C5。

4.2 投资评价中的内部收益率法

在资本预算中，净现值法的另一替代方法即是内部收益率法。回顾第 2 章内容可知，内部收益率是当净现值等于 0 时的贴现率。它是你从一系列现金流中得到的复合报酬率。

下面是在资本预算中使用内部收益率的两个决定法则：

决定一项具体投资是否有价值的内部收益率法则：假设一个项目的现金流为 CF_0，CF_1，CF_2，…，CF_N。

内部收益率是这样一个利率：

$$CF_0 + \frac{CF_1}{(1+IRR)} + \frac{CF_2}{(1+IRR)^2} + \cdots + \frac{CF_N}{(1+IRR)^N} = CF_0 + \sum_{t=1}^{N} \frac{CF_t}{(1+IRR)^t} = 0$$

法则：如果一个项目的预期贴现率是 r，那么当 $IRR > r$ 时，你应当接受此项目；当 $IRR < r$ 时，你应当拒绝此项目。

内部收益率法则里的逻辑是：内部收益率是你从项目中获得的复合报酬率。因为 r 是项目的必要报酬率，那么如果 $IRR > r$，你将得到比所要求的还要多。

内部收益率法在两个相斥项目中的决定：假设你正尝试在两个相斥的项目 A 和 B 中做选择（两个项目都能达到相同的目标，而你最多只能选择其中一个项目）。

假设项目 A 有现金流 CF_0^A，CF_1^A，CF_2^A，…，CF_N^A，而项目 B 有现金流 CF_0^B，CF_1^B，CF_2^B，…，CF_N^B。

法则：如果项目 A 的内部收益率大于项目 B，那么项目 A 是优于项目 B 的。

逻辑是清晰的：由于内部收益率是一个项目的复合报酬率，如果我们使用内部收益率法则在两个项目中进行选择，那么我们当然偏爱于复合报酬率比较高的。

在项目 A 和 B 中运用内部收益率法则，表格如下：

	A	B	C	D
1		两个项目		
2	贴现率	12%		
3				
4	年份	项目A	项目B	
5	0	-1000	-800	
6	1	500	420	
7	2	500	420	
8	3	500	420	
9	4	500	420	
10	5	500	420	
11				
12	IRR	41.04%	44.03%	<-- =IRR(C5:C10)

项目 A 和项目 B 是有价值的，因为两个项目的内部收益率都大于我们相关的贴现率 12％。如果要运用内部收益率法在两个项目中进行选择，那么项目 B 是优于项目 A 的，因为它的内部收益率比较高。

4.3 使用净现值法还是内部收益率法？

	"是与否"：是否接受一个单独的项目	"项目排序"：比较两个互斥的项目
净现值标准	如果它的净现值大于 0，那么应当接受此项目	如果 NPV(A)＞NPV(B)，那么项目 A 优于项目 B
内部收益率标准	r 是预期的贴现率，如果它的内部收益率大于 r，那么应当接受此项目	如果 IRR(A)＞IRR(B)，那么项目 A 优于项目 B

净现值法则和内部收益率法则两者都是合乎逻辑的。在很多投资决定的案例中，是否接受一个项目或是在两个互斥的项目中进行选择，用净现值法和内部收益率法将得到相同的答案。然而有一些案例（比如上面说明的项目 A 和项目 B），净现值法和内部收益率法会得出不同的答案。在净现值法分析中，项目 A 获胜，因为它的净现值高于项目 B 的净现值。在同一项目的内部收益率分析中，由于项目 B 具有比较高的内部收益率而获选。在这些案例中，我们总是用净现值法在两个项目中进行决定。这其中的逻辑是：如果人们追求自身的财富最大化，那么他们应当使用净现值法，因为净现值法用于衡量进行一个项目所得到的增量财富。

4.4 "是与否"标准：什么情况下内部收益率法与净现值法能得到相同的结果？

考虑下面的项目：初始现金流为－1,000 美元，代表现在这个项目的成本，而余下的第 1～6 年的现金流是预测的未来现金流。贴现率为 15％。

	A	B	C
1	简单资本预算举例		
2	贴现率	15%	
3			
4	年份	现金流	
5	0	-1,000	
6	1	100	
7	2	200	
8	3	300	
9	4	400	
10	5	500	
11	6	600	
12			
13	未来现金流的PV	1,172.13	<-- =NPV(B2,B6:B11)
14	NPV	172.13	<-- =B5+NPV(B2,B6:B11)
15	IRR	19.71%	<-- =IRR(B5:B11)

项目的净现值是 172.13 美元，意味着项目未来现金流的现值（1,172.13 美元）比项目的成本 1,000 美元大。那么这个项目是有价值的。

如果我们将项目的 NPV 值做图，可以看到内部收益率——即净现值曲线与 x 轴的交点非常接近于 20%，你可以看一下上表中的单元格 B15，确切的内部收益率是 19.71%。

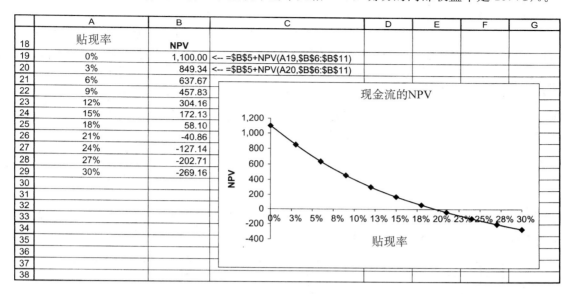

	A	B	C	D	E	F	G
18	贴现率	**NPV**					
19	0%	1,100.00	<-- =$B$5+NPV(A19,$B$6:$B$11)				
20	3%	849.34	<-- =$B$5+NPV(A20,$B$6:$B$11)				
21	6%	637.67					
22	9%	457.83					
23	12%	304.16					
24	15%	172.13					
25	18%	58.10					
26	21%	-40.86					
27	24%	-127.14					
28	27%	-202.71					
29	30%	-269.16					
30							
31							
32							
33							
34							
35							
36							
37							
38							

接受还是拒绝？我们应当接受这个项目吗？

很明显，上面的项目是有价值的：

● 它的 NPV＞0，因此通过净现值标准可知此项目应当被接受。

● 它的内部收益率 19.71% 是大于项目的贴现率 15% 的，因此通过内部收益率标准可知此项目应当被接受。

普遍原则

我们从这个例子中可以发现一个普遍原则：

对于常规的项目，项目最初是一个负的现金流，接下来是非负的现金流（$CF_0 <$ 0，$CF_1 \geq 0$，$CF_2 \geq 0$，…，$CF_N \geq 0$），那么净现值和内部收益率标准得出相同的"是与否"决定：如果净现值标准提示着"是"的决定，那么内部收益率标准也是同样的（反之亦然）。

4.5 净现值法与内部收益率法一定能得到相同的项目排序吗？

在前面部分里我们看到了对于普遍的项目，净现值法和内部收益率法对于是否投资一个项目的答案是相同的。在这部分，我们将看到净现值与内部收益率并不一定能得到相同的项目排序，即使这两个项目是普遍的。

假设有两个项目而我们只能选择投资其中的一个。这两个项目是互斥的：它们都能得到相同的结果，因此我们只能选择其中的一个。在本节我们将讨论净现值和内部收益率在项目排序中的使用。在开始之前我们先总结一下：

● 用净现值法和内部收益率法来对项目进行排序可能得到相互矛盾的答案。使用净现值标准可能引导我们偏爱一个项目然而使用内部收益率法可能引导我们选择另一个项目。

● 在净现值和内部收益率之间存在一个冲突，伴随比较大的净现值的项目是较优的。也就是说，净现值法是运用于资本预算的正确标准。这不是抨击内部收益率法，内部收益率通常也是有用的。然而，净现值法是优于内部收益率法的，因为它意味着项目产生的财富增量。

一个例子

下面我们给出项目 A 和项目 B 的现金流。两个项目最初都有相同的 500 美元成本，但是有不同的现金流。相关的贴现率是 15%。

	A	B	C	D
1	用NPV和IRR对项目排序			
2	贴现率	15%		
3				
4	年份	项目A	项目B	
5	0	-500	-500	
6	1	100	250	
7	2	100	250	
8	3	150	200	
9	4	200	100	
10	5	400	50	
11				
12	NPV	74.42	119.96	<-- =C5+NPV(B2,C6:C10)
13	IRR	19.77%	27.38%	<-- =IRR(C5:C10)

运用内部收益率比较两个项目：如果我们运用内部收益率法在项目间进行选择，那么项目 B 是优于项目 A 的，因为项目 B 的内部收益率大于项目 A。

运用净现值比较两个项目：此处的选择更复杂了。当贴现率为 15% 时（如上所示），项目 B 的净现值是高于项目 A 的。这个例子中，内部收益率和净现值都是赞成应当选择项目 B。现在我们假设贴现率为 8%，在这例子中净现值和内部收益率的排序结果就冲突了。

	A	B	C	D
1	用NPV和IRR对项目排序			
2	贴现率	8%		
3				
4	年份	项目A	项目B	
5	0	-500	-500	
6	1	100	250	
7	2	100	250	
8	3	150	200	
9	4	200	100	
10	5	400	50	
11				
12	NPV	216.64	212.11	<-- =C5+NPV(B2,C6:C10)
13	IRR	19.77%	27.38%	<-- =IRR(C5:C10)

在这个例子中我们不得不解决基于净现值法（项目 A 较优）和基于内部收益率法（项目 B 较优）在排序中的冲突。由此我们开始对这部分进行介绍，问题的解决办法是，你应该基于净现值法来进行选择。稍后我们将研究其中的原因，现在我们先来讨论一个技术问题。

为什么净现值和内部收益率会得到不同的排序？

下面我们建立一个关于每个项目的净现值的贴现率函数的表格和图表。

	A	B	C	D	E	F	G
1		用NPV和IRR对项目排序					
2	贴现率	15%					
3							
4	年份	项目A	项目B				
5	0	-500	-500				
6	1	100	250				
7	2	100	250				
8	3	150	200				
9	4	200	100				
10	5	400	50				
11							
12	NPV	74.42	119.96	<-- =C5+NPV(B2,C6:C10)			
13	IRR	19.77%	27.38%	<-- =IRR(C5:C10)			
14							
15		净现值和贴现率					
16		项目A 的NPV	项目B 的NPV				
17	0%	450.00	350.00	<-- =$C$5+NPV(A17,$C$6:$C$10)			
18	2%	382.57	311.53	<-- =$C$5+NPV(A18,$C$6:$C$10)			
19	4%	321.69	275.90				
20	6%	266.60	242.84				
21	8%	216.64	212.11				
22	10%	171.22	183.49				
23	12%	129.85	156.79				
24	14%	92.08	131.84				
25	16%	57.53	108.47				
26	18%	25.86	86.57				
27	20%	-3.22	66.00				
28	22%	-29.96	46.66				
29	24%	-54.61	28.45				
30	26%	-77.36	11.28				
31	28%	-98.39	-4.93				
32	30%	-117.87	-20.25				
33							
34							
35							

从图表中你可以看到排序冲突发生的原因：

● 项目 B 的内部收益率（27.38%）高于项目 A 的内部收益率（19.77%）。（记住内部收益率是净现值曲线与 x 轴的交点。）

● 当贴现率比较低时，项目 A 的净现值比项目 B 高，但当贴现率比较高时，项目 B 的净现值比较高。有一个相交点（在下面的部分你将看到这个点是 8.51%）标志着赞成与不赞成。

	贴现率<8.51%	贴现率=8.51%	贴现率>8.51%
NPV 标准	项目 A 较优： NPV(A)>NPV(B)	两个项目无差别： NPV(A)=NPV(B)	项目 B 较优： NPV(B)>NPV(A)
IRR 标准	项目 B 一直优于项目 A，因为 IRR(B)>IRR(A)		

计算相交点

相交点——上面我们得出的是 8.51%——是两个项目相同的净现值对应的贴现率。用公式来显示不同现金流的内部收益率相交点。我们假设某个利率 r，使 $NPV(A) = NPV(B)$：

$$NPV(A) = CF_0^A + \frac{CF_1^A}{(1+r)} + \frac{CF_2^A}{(1+r)^2} + \cdots + \frac{CF_N^A}{(1+r)^N}$$

$$= CF_0^B + \frac{CF_1^B}{(1+r)} + \frac{CF_2^B}{(1+r)^2} + \cdots + \frac{CF_N^B}{(1+r)^N} = NPV(B)$$

整理可知，r 一定是现金流之差的内部收益率：

$$CF_0^A - CF_0^B + \frac{CF_1^A - CF_1^B}{(1+r)} + \frac{CF_2^A - CF_2^B}{(1+r)^2} + \cdots + \frac{CF_N^A - CF_N^B}{(1+r)^N} = 0$$

我们用电子表格计算这个相交点。首先我们建立不同的现金流（你可以看到在下面的 D 列中）：

	A	B	C	D	E
36	计算相交点				
37	年份	项目A	项目B	差量现金流：CF(A)−CF(B)	
38	0	-500	-500	0	<-- =B38-C38
39	1	100	250	-150	<-- =B39-C39
40	2	100	250	-150	
41	3	150	200	-50	
42	4	200	100	100	
43	5	400	50	350	
44					
45			IRR	8.51%	<-- =IRR(D38:D43)

使用什么？净现值还是内部收益率？

让我们回到最初的例子，假设贴现率为 8%。

	A	B	C	D
1	用NPV和IRR对项目排序			
2	贴现率	8%		
3				
4	年份	项目A	项目B	
5	0	-500	-500	
6	1	100	250	
7	2	100	250	
8	3	150	200	
9	4	200	100	
10	5	400	50	
11				
12	NPV	216.64	212.11	<-- =C5+NPV(B2,C6:C10)
13	IRR	19.77%	27.38%	<-- =IRR(C5:C10)

在这个例子中我们知道净现值（引导我们选择项目 A）和内部收益率（引导我们选择项目 B）之间存在不一致。哪一个是正确的呢？

问题的答案是我们应当——对于该例子中 8% 的贴现率——选择使用净现值法（即选择项目 A）。这只是在 4.3 节讨论的运用净现值法总是较优的一个普遍原则的例子，因为净现值是你所获得的增量财富，而内部收益率是回报的复合利率。经济中的假设是消费者追求财富最大化而不是他们的收益率最大化。

本章将如何进行？

直到本章的此处，我们已经讨论了净现值法和内部收益率法在项目选择中的普遍原则。下面讨论一些具体事例：

- 忽略沉没成本和使用边际现金流（4.6 节）
- 将税收和税盾纳入资本预算（4.7 节）
- 合并残值和终值（4.11 节）

4.6 资本预算的原则：忽略沉没成本，只考虑边际现金流

这是资本预算和项目评估的一个重要原则：忽略你无法控制的现金流，只关注边际现金流——结果是你仍然可以作出金融决策。忽略沉没成本，用金融术语来说就是已经发生的而且不受未来资本预算决策所影响的成本。

这里举个例子：你最近买了块地，并且在上面建了一座房子。你打算立即卖掉房子，但这个房子建得太糟了而无法出售。房子和土地花费了你 10 万美元，但是在当前的状况下房子无法卖。当地一个友好的承包商可以提供必要的修缮，但这些将花费 2 万美元；你的房地产经纪人评估这房子即使经过修缮售价也不会超过 9 万美元，你该怎么办？

- "我的父亲总是说：'别想补偿损失，结果反而损失更多。'"如果你同意这个观点，那么你什么也不用做。这种态度比较典型，反映在下面的 B 列中，预示着如果你进行修缮你将损失 25％的金钱。

- "我的母亲是一个金融教授，她说：'不要为打翻的牛奶哭泣。只关注边际现金流。'"此结果是非常好的，在下面的 C 列中你可以看到如果进行修缮，你付出的 2 万美元将得到 350％的回报。

	A	B	C	D
1		忽略沉没成本		
2	房子成本	100,000		
3	修理成本	20,000		
4				
5	年份	现金流错误！	现金流正确！	
6	0	-120,000	-20,000	
7	1	90,000	90,000	
8	IRR	-25%	350%	<-- =IRR(C6:C7)

当然你的父亲是错的，你的母亲是对的（这种情况经常发生）：即使你出现某个重大的失误（首先你不应该建那座房子），这时你应当忽略 10 万美元的沉没成本，并且进行必要的修缮。

4.7 资本预算的原则：别忘了税收影响——Sally 和 Dave 的公寓投资

这一节分我们讨论 Sally 和 Dave 所面临的资本预算问题。两个商学院的毕业生正在考虑买一座公寓将它出租以取得收入。

我们用 Sally 和 Dave 还有他们的公寓来解释税收在资本预算过程中的地位。众所周知税收是重要的。在资本预算过程中，现金流其实是税后现金流，这点将在第 6 章和第 7 章中充分探讨，我们定义此为自由现金流。现在让我们用 Sally 和 Dave 的公寓投资来集中说明一些简单的原则。

Sally 和 Dave 刚从商学院毕业，留有少许可用的现金，正考虑买一座漂亮的公寓作为出租财产。公寓将花费 10 万美元（此例中至少花费 10 万美元），他们计划用所有现金买它，下面是一些附加因素：

● Sally 和 Dave 设想他们可以出租公寓，每年获得 2.4 万美元的租金。他们每年得付 1,500 美元的房产税，预计其他额外的费用每年需要 1,000 美元。

● 来自公寓的所得每年都应该进行纳税申报。最近他们得知税率是 30%，认为这个税率在可预见的未来仍保持不变。

● 会计师向他们解释公寓在未来 10 年每年的折旧为 1 万美元。这意味着如果他们买了公寓并将它出租，他们每年需要纳税 3,450 美元，从而获得 8,050 美元的净收入。

	A	B	C
1	Sally和Dave的公寓		
2	公寓成本	100,000	
3	Sally和Dave的税率	30%	
4			
5	年度应报告的收入计算		
6	租金	24,000	
7	费用		
8	财产税	-1,500	
9	杂项费用	-1,000	
10	折旧	-10,000	
11	应报告收入	11,500	<-- =SUM(B6:B10)
12	税收（税率=30%）	-3,450	<-- =-B3*B11
13	净收入	8,050	<-- =B11+B12

什么是折旧？

计算他们的税收，Sally 和 Dave 从他们的收入中减去费用，税收是在纳税前收入（＝收入－费用－折旧－利息）的基础上计算的。当 Sally 和 Dave 从公寓中获得租金时，这个租金是他们的财产的收入。当 Sally 和 Dave 不得不为他们公寓支付维修水龙头的钱时，这为一项费用。

公寓的成本既不是收入也不是费用。它属于资本投资，即支出的资金用于购买将使用很多年的资产。税收法律规定每年可以从收入中减去部分资本投资（用会计术语即"费用"）。这降低了资产所有者支付的税收并且考虑了资产使用年限是有限的这一事实。

有很多折旧方法可选。最简单的就是直线折旧法。此方法中资产每年的折旧额等于最初成本的一定百分比。比如，在 Sally 和 Dave 的例子中，我们设定资产折旧年限长达 10 年。直线折旧法的折旧额 $= \dfrac{最初资产成本}{折旧年限} = \dfrac{\$100{,}000}{10} =$ 每年 1 万美元。

在一些案例中折旧额的计算需要从资产成本中减去终值：如果你认为资产最后价值是 2 万美元（即终值），那么用直线折旧法的折旧额就是 8,000 美元：直线折旧法折旧额 $= \dfrac{最初价值 - 终值}{折旧年限} = \dfrac{10 万美元 - 2 万美元}{10} =$ 每年 8,000 美元。

加速折旧法

虽然前面的折旧费用都跟资产的使用年限相关，但在很多案例中其实是不相关的。美国税收法律规定，比如，一项资产的折旧年限被划分为 5 年（卡车、汽车和一些电脑配件是在本系列中），它将在 6 年中折旧，折旧率分别是 20%、32%、19.2%、11.52%、11.52%、5.76%，注意到加速折旧法的折旧额——第 1~3 年的折旧额超过 60%，而在后面的几年则比较少，因此财产所有者对资产年限的前面几年计算更多的折旧额。

计算现金流的两种方法

在前面的表格中我们可以看到 Sally 和 Dave 的净收入是 8,050 美元。在本部分你将看到公寓所带来的现金流比这个数多得多。必须处理折旧：因为折旧是用于税收目的的一项费用，但不是一种现金费用，这与来自公寓出租的现金流是不一样的。因此，即使从公寓获得的净收入是 8,050 美元，但每年的现金流是 18,050 美元——你不得不把折旧额加到净收入中，从而得出资产所产生的现金流。

	A	B	C
16	现金流，方法1：加回折旧额		
17	净收入	8,050	<-- =B13
18	加回折旧额	10,000	<-- =-B10
19	现金流	18,050	<-- =B18+B17

在上面的计算中，我们将折旧额加入到净收入中得出现金流。

一项资产的现金流（一项资产在特定时期里所产生的现金数量）是通过资产的净收入（通常是叫税后利益或者有时就叫收入）和加回像折旧这类的非现金支出来计算的。

税盾

有另一种计算现金流的方法，它涉及了税盾的讨论。税盾指出于税收目的而报告的费用所形成的税收节约。通常来说税盾就是降低一项费用的现金成本——在上面的例子中，因为 Sally 和 Dave 的 1,500 美元房产税是一项税收目的支出，因此房产税的税后成本是：

$$(1-30\%)*\$1,500=\$1,500-\underbrace{30\%*1,500}=\$1,050$$

这450美元是税盾

450 美元的税盾（＝30％＊1,500）降低了房产税的成本。

折旧是产生税盾的非现金支出中的一个特殊项。公寓 1 万美元的折旧产生了 3,000 美元的现金。因为折旧降低了 Sally 和 Dave 应申报的收入，每 1 美元的折旧节约了 0.3 美元（30 美分）的税收，这些是不用真正支付的费用（0.3 美元是基于 Sally 和 Dave 30％的税率）。那么 1 万美元的折旧就等于 3,000 美元的现金，这个 3,000 美元的税盾对 Sally 和 Dave 而言就是一项现金流。

下面的表格中我们分两个阶段计算现金流：

● 首先我们忽略折旧（单元格 B29），计算 Sally 和 Dave 的净收入。如果折旧额不是税收目的的一项支出，那么 Sally 和 Dave 的净收入将是 15,050 美元。

● 然后我们加上 3,000 美元的折旧税盾，结果（单元格 B32）为公寓的现金流。

	A	B	C	D
21	现金流，方法2： 计算未折旧的税后收入，然后 加回折旧的税盾			
22	租金	24,000		如果折旧不是作为避税目的的一项费用，则这些就是净收入。
23	费用			
24	财产税	-1,500		
25	杂项费用	-1,000		
26	折旧额	0		
27	应报告收入	21,500	<-- =SUM(B22:B26)	
28	税收（税率=30%）	-6,450	<-- =-B3*B27	
29	未折旧的净收入	15,050	<-- =B27+B28	
30				
31	折旧的税盾	3,000	<-- =B3*10000	折旧的效果是增加 3,000 美元的税盾。
32	现金流	18,050	<-- =B31+B29	
33				

Sally 和 Dave 的公寓投资是有收益的吗？——初步计算

现在 Sally 和 Dave 可以进行公寓投资的净现值和内部收益率的初步计算。假设贴现率为 12％而且公寓只有 10 年的年限，那么公寓投资的净现值是 1,987 美元而它的内部收益率是 12.48％。

	A	B	C
1	Sally和Dave的出租公寓——预估值		
2	贴现率	12%	
3			
4	年份	现金流	
5	0	-100,000	
6	1	18,050	
7	2	18,050	
8	3	18,050	
9	4	18,050	
10	5	18,050	
11	6	18,050	
12	7	18,050	
13	8	18,050	
14	9	18,050	
15	10	18,050	
16			
17	净现值，NPV	1,987	<-- =B5+NPV(B2,B6:B15)
18	内部收益率，IRR	12.48%	<-- =IRR(B5:B15)

Sally 和 Dave 的公寓投资是有收益的吗？——将终值纳入计算

表格里显示出我们遗漏了一个重要的因素：10 年之后公寓的价值。用金融术语来说，资产最终的价值叫做资产的残值或终值。在上面的表格中我们假设公寓的残值为 0，但这个假设是不切实际的。

为了更好地计算他们的投资，Sally 和 Dave 将预计公寓的终值。假设公寓 10 年之后可以卖 8 万美元。关于公寓出售的应纳税所得是公寓的售价与出售时账面价值（初值减去 Sally 和 Dave 购买后的所有折旧）之差。因为 Sally 和 Dave 的公寓在这 10 年中每年折旧 1 万美元，10 年后它的账面价值是 0。

在下面的单元格 E10 中你可以看到公寓的售价为 8 万美元，将产生 56,000 美元的现金流：

	A	B	C	D	E	F
1	Sally和Dave的出租公寓——盈利性和终值					
2	公寓成本	100,000				
3	Sally和Dave的税率	30%				
4						
5	年度应报告的收入计算			终值		
6	租金	24,000		10年后估计的再销售价值	80,000	
7	费用			账面价值	0	
8	正常税收	-1,500		应税所得	80,000	<-- =E6-E7
9	杂项费用	-1,000		税收	24,000	<-- =B3*E8
10	折旧额	-10,000		由终值得到的净税后现金流	56,000	<-- =E8-E9
11	应报告收入	11,500	<-- =SUM(B6:B10)			
12	税收（税率=30%）	-3,450	<-- =B3*B11			
13	净收入	8,050	<-- =B11+B12			
14						
15	现金流，方法1：加回折旧额					
16	净收入	8,050	<-- =B13			
17	加回折旧额	10,000	<-- =-B10			
18	现金流	18,050	<-- =B17+B16			

计算 Sally 和 Dave 公寓投资的收益率，我们把数字放在一起：

假设 12% 贴现率是准确的利率，那么公寓投资是有价值的：它的净现值是正的且它的内部收益率大于贴现率。

	A	B	C	D
20	贴现率	12%		
21				
22	年份	现金流		
23	0	-100,000		
24	1	18,050	<-- =B18,来自租金的年度现金流	
25	2	18,050		
26	3	18,050		
27	4	18,050		
28	5	18,050		
29	6	18,050		
30	7	18,050		
31	8	18,050		
32	9	18,050		
33	10	74,050	<-- =B32+E10	
34				
35	公寓投资的NPV	20,017	<-- =B23+NPV(B20,B24:B33)	
36	投资的IRR	15.98%	<-- =IRR(B23:B33)	

一项资产的账面价值是它最初的购买价值减去累计折旧。一项资产的终值是你"停止计算资产现金流"时的市场价值。终值的定义听起来似乎很奇怪，但我们经常会对长期持有的资产进行现值计算（像 Sally 和 Dave 的公寓，或者像我们在第 6 章和第 7 章中将要讨论的公司价值），我们只记下有限的现金流量。

Sally 和 Dave 不愿预测公寓超过 10 年的租金和费用。他们担心时间过长会影响预测的准确性。因此他们写下 10 年的现金流。终值即为对公寓 10 年末的价值的最合理猜测。他们的想法是："让我们检验一下如果我们拥有它 10 年后出售的收益性。"

这就是我们说的"终值就是当我们停止记录资产现金流时的价值"。

税收：如果 Sally 和 Dave 在他们的终值猜测中是正确的，那么他们将不得不计算税收。税法规定出售一项资产，它的税收是建立在多于账面价值的部分来计算的。因此，在 Sally 和 Dave 的例子中：

$$终值 - 超过账面价值的税收 = 终值 - 税率 * (终值 - 账面价值)$$
$$= 80,000 - 30\% (80,000 - 0) = 56,000$$

灵敏度分析

灵敏度分析可以显示公寓投资的内部收益率作为年租金和终值的函数如何变化。我们设计了一个灵敏度表格（使用 Excel 的数据表，见第 27 章）。下面的表格显示了关于年租金和终值的投资内部收益率函数。

	A	B	C	D	E	F	G	H
38	数据表——公寓IRR作为年租金和终值的函数							
39			租金					
40		15.98%	18,000	20,000	22,000	24,000	26,000	28,000
41	终值→	50,000	9.72%	11.45%	13.15%	14.82%	16.47%	18.10%
42		60,000	10.26%	11.93%	13.59%	15.22%	16.84%	18.44%
43		70,000	10.77%	12.40%	14.01%	15.61%	17.19%	18.76%
44	=B36	80,000	11.25%	12.84%	14.42%	15.98%	17.54%	19.08%
45		90,000	11.71%	13.27%	14.81%	16.34%	17.87%	19.38%
46		100,000	12.15%	13.67%	15.19%	16.69%	18.19%	19.68%
47		110,000	12.58%	14.06%	15.55%	17.02%	18.50%	19.96%
48		120,000	12.98%	14.44%	15.90%	17.35%	18.80%	20.24%
49		130,000	13.37%	14.80%	16.23%	17.66%	19.09%	20.51%
50		140,000	13.75%	15.15%	16.56%	17.96%	19.37%	20.78%
51		150,000	14.11%	15.49%	16.87%	18.26%	19.65%	21.03%
52		160,000	14.46%	15.82%	17.18%	18.55%	19.91%	21.28%
53								
54		上面的数据表计算了包含租金（从18,000美元到28,000美元）和终值（从50,000美元到160,000美元）的公寓投资的IRR						
55		数据表是很有用的，尽管计算比较复杂						
56		更多信息请参见第27章						

计算并不让人惊奇：给出固定的租金，当终值越高时内部收益率也就越高；给出固定的终值，那么租金越高内部收益率也就越高。

建立数据表（Data table）

下面说明数据表是如何建立的：
- 我们建一个表格，将终值列在左列而将租金列在顶排。
- 表格左上角（单元格 B40）给出了内部收益率的计算结果（计算在单元格 B36 进行）。

此时的表格如下：

	A	B	C	D	E	F	G	H
38	数据表——公寓IRR作为年租金和终值的函数							
39			租金					
40		15.98%	18,000	20,000	22,000	24,000	26,000	28,000
41	终值 -->	50,000						
42		60,000						
43		70,000						
44	=B36	80,000						
45		90,000						
46		100,000						
47		110,000						
48		120,000						
49		130,000						
50		140,000						
51		150,000						
52		160,000						

用鼠标选中整个表格，我们选择"数据→假设分析→数据表"命令填充单元格。

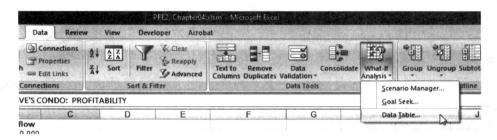

We can now fill in the cell references from the original example.

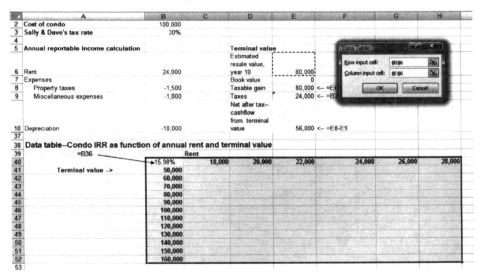

对话框提示重复单元格 B36 的计算，改变单元格 B6 中的租金数值并且改变单元格 E6 中的终值，接下来请按"确定"键即可。

小案例

仍然是本章 Sally 和 Dave 公寓的案例——这次假设他们以按揭方式买入公寓。

4.8 资本预算和残值

在 Sally 和 Dave 公寓的例子中我们关注非现金支出对现金流的影响：会计与税收专家通过从收入中减掉某些费用来计算所得，即使这些费用是非现金支出。为了计算现金流，我们把这些非现金支出加回到会计所得中。这些非现金支出会产生税盾——它们通过节约税收创造现金。

在这一节的例子中我们思考一个资本预算的例子，即一家公司在资产完全折旧之前出售它的资产。资产的账面价值在终值那一日创造了税盾，让我们看一下税盾对资本预算决定的影响。

举个例子。你的公司正考虑买一台新的机器，下面是一些介绍：

- 这台机器花费 800 美元。
- 接下来的 8 年（机器寿命），这台机器将创造每年 1,000 美元的年销售额。
- 销售成本（COGS）每年 400 美元及其他费用如：销售、管理及行政费用（SG&A）每年 300 美元。
- 直线折旧法，折旧年限 8 年（即每年 100 美元）。
- 第 8 年末，机器的残值（或是终值）为 0。
- 公司所得税税率为 40%。
- 公司对此类项目的贴现率为 15%。

公司应该买这台机器吗？下面在表格中分析：

首先我们计算收益与损失（P&L）（单元格 B12 到 B18），然后我们将这个收益与损失转入现金流的计算（单元格 B21 到 B23）。每年的现金流为 220 美元。单元格 F7 至 F15 显示了现金流，而单元格 F17 是此项目的净现值。这个净现值是正的，理所当然应该买这台机器。

	A	B	C	D	E	F	G
1			购买新机器——NPV分析				
2	机器的成本	800					
3	年度预期销售额	1,000					
4	年度COGS	400					
5	年度SG&A	300			NPV分析		
6	年度折旧	100			年份	现金流	
7					0	-800	<-- =-B2
8	税率	40%			1	220	<-- =$B$23
9	贴现率	15%			2	220	
10					3	220	
11	年度利润和损失（P&L）				4	220	
12	销售	1,000			5	220	
13	负COGS	-400			6	220	
14	负SG&A	-300			7	220	
15	负折旧	-100			8	220	
16	税前盈利	200	<-- =SUM(B12:B15)				
17	减去税收	-80	<-- =-B8*B16		NPV	187	<-- =F7+NPV(B9,F8:F15)
18	税后盈利	120	<-- =B16+B17				
19							
20	计算年度现金流						
21	税后盈利	120					
22	加回折旧	100					
23	现金流	220					

残值——主题上的差异

假设公司可以在第 8 年末将这台机器以 300 美元出售。为计算残值所产生的现金流，我们必须区分账面价值和市场价值。

账面价值	会计概念：机器的账面价值等于最初的购买成本减去累计折旧（从购买日开始计算的折旧总和）。在我们所举的例子中，机器的账面价值在最初为 800 美元，在第 1 年为 700 美元，…，第 8 年末为 0。
市场价值	市场价值为机器出售时的价格。在我们所举的例子中，这台机器在第 8 年末的市场价值为 300 美元。
应税所得	机器在出售时的应税所得是市场价值与账面价值之差。在我们所举的例子中应税所得是正的（300 美元），但它也可能是负的（见本章末的一个例子）。

下面是包括残值的净现值计算。

注意来自残值现金流的计算结果（单元格 B30）和第 8 年现金流的变化（单元格 F15）。

	A	B	C	D	E	F	G
1	购买新机器——具有残值的NPV分析						
2	机器的成本	800					
3	年度预期销售额	1,000					
4	年度COGS	400					
5	年度SG&A	300			NPV分析		
6	年度折旧	100			年份	现金流	
7					0	-800	<-- =-B2
8	税率	40%			1	220	<-- =$B$23
9	贴现率	15%			2	220	
10					3	220	
11	年度利润和损失（P&L）				4	220	
12	销售	1,000			5	220	
13	负COGS	-400			6	220	
14	负SG&A	-300			7	220	
15	负折旧	-100			8	400	<-- =$B$23+B30
16	税前盈利	200	<-- =SUM(B12:B15)				
17	减去税收	-80	<-- =-B8*B16		NPV	246	<-- =F7+NPV(B9,F8:F15)
18	税后盈利	120	<-- =B16+B17				
19							
20	计算年度现金流						
21	税后盈利	120					
22	加回折旧	100					
23	现金流	220					
24							
25	从残值计算现金流						
26	第8年机器的市场价值	300					
27	第8年账面价值	0					
28	应税所得	300	<-- =B26-B27				
29	为所得支付的税收	120	<-- =B8*B28				
30	来自残值的现金流	180	<-- =B26-B29				

另一个例子

假设我们稍微改变一下那个例子：

- 年销售额，销售、管理及行政费用（SG&A），销售成本（COGS）和折旧额仍然跟最初那个例子中规定的一样。机器将是在直线折旧法的基础上使用 8 年。
- 然而，我们将在第 7 年末将该机器以可预算的残值 400 美元出售。在第 7 年末的账面价值是 100 美元。

现在看下面的计算。

	A	B	C	D	E	F	G
1	购买新机器——具有残值的NPV分析						
2	机器的成本	800					
3	年度预期销售额	1,000					
4	年度COGS	400					
5	年度SG&A	300			NPV分析		
6	年度折旧	100			年份	现金流	
7					0	-800	<-- =-B2
8	税率	40%			1	220	<-- =$B$23
9	贴现率	15%			2	220	
10					3	220	
11	年度利润和损失（P&L）				4	220	
12	销售	1,000			5	220	
13	负COGS	-400			6	220	
14	负SG&A	-300			7	530	<-- =$B$23+B30
15	负折旧	-100					
16	税前盈利	200	<-- =SUM(B12:B15)		NPV	232	<-- =F7+NPV(B9,F8:F15)
17	减去税收	-80	<-- =-B8*B16				
18	税后盈利	120	<-- =B16+B17				
19							
20	计算年度现金流						
21	税后盈利	120					
22	加回折旧	100					
23	现金流	220					
24							
25	从残值计算现金流						
26	第8年机器的市场价值	450					
27	第8年账面价值	100					
28	应税所得	350	<-- =B26-B27				
29	为所得支付的税收	140	<-- =B8*B28				
30	来自残值的现金流	310	<-- =B26-B29				

注意最初例子中的细微改变：
- 来自残值的现金流是

$$残值 - 税率 * \underbrace{（残值-账面价值）}_{机器出售时的应税所得}$$

在我们所举的例子中为 310 美元（单元格 B30）。
- 另外一种计算残值现金流的写法为：

$$\underbrace{残值 * （1-税率）}_{假设残值全部应税时出售后的税后值} + \underbrace{税率 * 账面价值}_{出售时账面价值的税盾}$$

从这个例子中你可以看到即使我们出售这台机器时出现亏损，此时税收所扮演的角色。例如，假设这台机器在第 7 年末以低于账面价值的 50 美元出售：应税所得为负数（单元格 B28，术语叫"账面损失"）产生了一个税盾——即单元格 B29 显示的-20 美元的负税收。这个税盾加到市场价值中产生了 70 美元的残值现金流（单元格 B30）。这样说来即使亏损出售一项资产也可能产生一个正的现金流。

	A	B	C	D	E	F	G
1			购买新机器——具有残值的NPV分析				
2	机器的成本	800					
3	年度预期销售额	1,000					
4	年度COGS	400					
5	年度SG&A	300			NPV分析		
6	年度折旧	100			年份	现金流	
7					0	-800	<-- =-B2
8	税率	40%			1	220	<-- =$B$23
9	贴现率	15%			2	220	
10					3	220	
11	年度利润和损失（P&L）				4	220	
12	销售	1,000			5	220	
13	负COGS	-400			6	220	
14	负SG&A	-300			7	290	<-- =$B$23+B30
15	负折旧	-100					
16	税前盈利	200	<-- =SUM(B12:B15)		NPV	142	<-- =F7+NPV(B9,F8:F15)
17	减去税收	-80	<-- =-B8*B16				
18	税后盈利	120	<-- =B16+B17				
19							
20	计算年度现金流						
21	税后盈利	120					
22	加回折旧	100					
23	现金流	220					
24							
25	从残值计算现金流						
26	第8年机器的市场价值	50					
27	第8年账面价值	100					
28	应税所得	-50	<-- =B26-B27				
29	为所得支付的税收	-20	<-- =B8*B28				
30	来自残值的现金流	70	<-- =B26-B29				

4.9　资本预算的原则：别忘了放弃的机会成本

这是资本预算的另一个重要的原则。举例：下面提供的项目是以 300 美元购买一个零部件加工机器来制造新的产品。现金流通过金融分析计算得出。

看起来似乎是一个不错的项目！但制造过程中使用了一些已经存在的但未充分利用的设备。这些设备的价值应当计算吗？

	A	B	C
1		不要忘记机会成本	
2	贴现率	12%	
3			
4	年份	现金流	
5	0	-300	
6	1	185	
7	2	249	
8	3	155	
9	4	135	
10	5	420	
11			
12	NPV	498.12	<-- =NPV(B2,B6:B10)+B5
13	IRR	62.67%	<-- =IRR(B5:B10)

问题的答案是不得不明确此设备是否有另外一种用途。比如，假设你没买零部件加工机器，你以 200 美元将已有的未利用设备出售。这时，此项目的最初花费相当于 500 美元（300 美元的部件加工机器，200 美元的已有设备），得到一个比较低的净现值。

	A	B	C
16	贴现率	12%	
17			
18	年份	现金流	
19	0	-500	$300直接成本+$200现有 <-- 机器的价值
20	1	185	
21	2	249	
22	3	155	
23	4	135	
24	5	420	
25			
26	NPV	298.12	
27	IRR	31.97%	

尽管逻辑是清晰的，但仍有未明确的问题：该已有设备是否占用了某建筑的空间？该空间的成本应当纳入计算吗？这都取决于所占资源是否有另一个用途？是在现在还是在未来？

4.10 自己复印还是外包？举例说明放弃的机会成本

你的公司正决定是否将它的复印外包还是继续自己复印。现在的复印机已经不能使用了，要么卖掉要么彻底修理。下面是关于这两种途径的一些细节问题：

- 公司税率为 40%。
- 如果自己复印的话需要投资 17,000 美元修理现在的复印机。这 17,000 美元会立即被会计师计入费用项，因此它的税后成本为（1−40%）*17,000＝10,200 美元。此项投资后，复印机在接下来的 5 年是可以正常使用的。每年的复印成本估算为税前 25,000 美元；税后为（1−40%）*25,000＝15,000 美元。
- 复印机的价值在你的账本中为 15,000 美元，但它的市场价值实际上比这少很多——现在可能只值 5,000 美元。这意味着对于税收目的来说，复印机的出售将是亏损 10,000 美元；用 40% 的税率，这项损失的税盾为 4,000 美元。这样复印机出售将产生 9,000 美元的现金流。
- 如果你决定自己复印，那么余下的账面价值将以每年 3,000 美元折旧 5 年。由于你的税率为 40%，这将产生 40%*3,000 美元＝每年 1,200 美元的税盾。
- 将复印外包每年将花费 33,000 美元——比修理后自行复印要多出 8,000 美元。当然这 33,000 美元是一项目税收目的的支出，因此与自行复印相比净节约为：

（1−税率）*外包成本＝（1−40%）*$33,000＝$19,800

- 相关贴现率为 12%。

我们将向你展示分析这项决定的两个方法。第一种方法分别计算每个方案的价值。第二种方法只关注不同的现金流。我们推荐使用第一种方法——它更简单，误差更小。

方法 1: 写下每种方案的现金流

这通常也是最简便的方法; 如果你计算正确, 这个方法考虑了所有的机会成本。下面我们写下每种方案的现金流:

	内包	外包
第 0 年	$-$(1$-$税率)*机器的修理成本 $=-$(1$-$40%) * 17,000 $=-$10,200 美元	机器售价+税率 * 超过账面价值的损失 = 5,000 + 40% * (15,000 $-$ 5,000) =9,000 美元
第 1~5 年每年的现金流	$-$(1$-$税率) * 自行复印成本+税率 * 折旧额 $=-$(1$-$40%)*25,000+40%*3,000 $=-$13,800 美元	$-$(1$-$税率) * 外包成本 $=-$(1 $-$ 40%) * 33,000 $=-$19,800 美元

把这些数据放入表格中, 用 12% 的贴现率, 可得知自行复印的方式是比较便宜的。内包现金流的净现值是$-$59,946 美元, 外包现金流的净现值是$-$62,375 美元。注意到两者的净现值皆为负数。但是内包的负值比外包的负值更小一些 (意味着比较接近正值), 因而内包方式是更优的。

	A	B	C
1	出售还是修理复印机?		
2	修理该机器后的年度成本节约 (税前)	8,000	
3	机器的账面价值	15,000	
4	机器的市场价值	5,000	
5	机器的修理成本	17,000	
6	税率	40%	
7	如果保留机器的年度折旧	3,000	
8	年度复印成本		
9	自己复印	25,000	
10	外包复印	33,000	
11	贴现率	12%	
12			
13	替代方案1: 购买机器并自己复印		
14	年份	现金流	
15		-10,200	<-- =-B5*(1-B6)
16		-13,800	<-- =-$B$9*(1-$B$6)+$B$6*$B$7
17		-13,800	
18		-13,800	
19		-13,800	
20		-13,800	
21	购买机器并自己复印的NPV	-59,946	<-- =B15+NPV(B11,B16:B20)
22			
23	替代方案2: 出售机器并外包复印		
24	年份	现金流	
25		9,000	<-- =B4+B6*(B3-B4)
26		-19,800	<-- =-(1-$B$6)*$B$10
27		-19,800	
28		-19,800	
29		-19,800	
30		-19,800	
31	出售机器并外包的NPV	-62,375	<-- =B25+NPV(B11,B26:B30)

方法 2: 将差量现金流进行贴现计算

这种方法是从第 1 种方案中减去第 2 种方案的现金流：

不同现金流的净现值是正的，这意味着第 1 种方案（内包）优于第 2 种方案（外包）：

$$NPV(内包-外包)=NPV(内包)-NPV(外包)>0$$

这意味着：

$$NPV(内包)>NPV(外包)$$

如果你仔细地观察差量现金流，你将发现它们考虑了机会成本。

	A	B	C
34	CF(1)-CF(2)		
35	年份	现金流	
36	0	-19,200	<-- =B15-B25
37	1	6,000	<-- =B16-B26
38	2	6,000	
39	3	6,000	
40	4	6,000	
41	5	6,000	
42	NPV（方案 1-方案 2）	2,429	<-- =B36+NPV(B11,B37:B41)

	不同现金流	解释
第 0 年	-19,200 美元	这是修理复印机加上出售复印机机会成本的税后成本。换句话说就是：这是第 0 年决定自行复印的成本。
第 1~5 年	6,000 美元	这是内包的税后节约：如果你用内包，你将在税前节约 8,000 美元（税后 4,800 美元）并且对正在使用的复印机进行折旧（产生 1,200 美元的税盾）。相对于内包的方式，外包方式将损失折旧税盾的机会成本。

经过对于上面表格复杂的探讨（"相对于内包的方式，外包方式存在折旧税盾的机会成本"），你会赞成将两种方案的现金流分别列出的方式是更为简单的。

4.11 加速折旧

现在你知道，一项资产的残值（有时也叫终值）是它使用期限最后的价值。下面是资本预算的例子，它说明了加速折旧在计算现金中的重要性：

● 你的公司正考虑买一台 10,000 美元的机器。

● 如果买了，这台机器在接下来的 5 年内每年将有 3,000 美元的成本节约，这些现金流将按照公司 40% 的税率进行计税。

● 这台机器将在 5 年中使用加速折旧法计算折旧。在第 6 年末机器将会出售，届时，机器的残值估计为 4,000 美元，虽然它的账面价值为 576 美元（参见下表单元格 B19）。

贴现率为 12% 时，你要决定项目的净现值为多少。下面是相关的计算。

	A	B	C	D	E	F	G
1			加速折旧下的资本预算				
2	机器成本	10,000					
3	年度材料节约，税前	3,000					
4	残值，第5年末	4,000					
5	税率	40%					
6	贴现率	12%					
7							
8	加速折旧计划（ACRS）						
9	年份	ACRS折旧百分比	实际折旧	折旧避税			
10	1	20.00%	2,000	800	<-- =$B$5*C10		
11	2	32.00%	3,200	1,280	<-- =$B$5*C11		
12	3	19.20%	1,920	768	<-- =$B$5*C12		
13	4	11.52%	1,152	461	<-- =$B$5*C13		
14	5	11.52%	1,152	461			
15	6	5.76%	576	230			
16					在第6年末的账面价值是机器的初始成本（$10,000）减去在第6年中机器的所有折旧额（$9,424）		
17	终值						
18	第6年的预计销售价格	4,000	<-- =B4				
19	第6年账面价值	576	<-- =B2-SUM(C10:C14)				
20	应税所得	3,424	<-- =B18-B19				
21	税收	1,370	<-- =B5*B20				
22	来自终值的净现金流	2,630	<-- =B18-B21		来自终值的净现金流等于第6年的销售价格减去相应的税收		
23							
24							
25	净现金流计算						
26	年份	成本	税后成本节约	折旧税盾	终值	总现金流	
27	0	-10,000				-10,000	
28	1		1,800	800		2,600	<-- =SUM(B28:E28)
29	2		1,800	1,280		3,080	
30	3		1,800	768		2,568	
31	4		1,800	461		2,261	
32	5		1,800	461		2,261	
33	6				2,630	2,630	
34							
35	NPV	657	<-- =F27+NPV(B6,F28:F33)				
36	IRR	14.36%	<-- =IRR(F27:F33)				

年度税后费用节约为 $1,800＝(1－40%) * $3,000。折旧的税盾由加速折旧计划决定（第 10～15 行）。当第 6 年末售出资产时，其账面价值为 576 美元。这使应纳税所得为 3,424 美元（单元格 B20），税收为 1,370 美元（单元格 B21）。第 6 年末出售资产的净现金流为售价 4,000 美元（单元格 B22）减去税收（单元格 B21）。资产的净现值为 657 美元（单元格 B35），IRR 为 14.36%（单元格 B36）。

总　结

在本章中我们探讨了运用净现值法和内部收益率法进行资本预算的一些基础知识。

资本预算的决定可以粗略地被分为"是与否"的决定。（"我们应当接受此项目吗？"）和项目排序决定（"下面列出的项目我们偏爱哪个？"）我们集中讨论了资本预算的两个重要内容：

● 净现值与内部收益率在资本预算决定方面的不同。在许多案例中，这两个标准对资本预算问题的答案是一致的。但是，有些案例——尤其是当我们进行项目排序时——净现值法和内部收益率法会得到不同的答案。当它们不同的时候，净现值法是更好的标准，因为净现值衡量一个项目的财富增量。

● 每个资本预算决定最终都包含了一套预期现金流，因此当你进行资本预算时，得出正确的现金流是很重要的。我们说明了沉没成本、机会成本和残值在决定现金流中的重要性。

习　题

1. 你正在考虑一个项目，下面给出了现金流：

	A	B
3	贴现率	25%
4		
5	年份	现金流
6	0	-1,000
7	1	100
8	2	200
9	3	300
10	4	400
11	5	500
12	6	600

a. 计算此项目未来现金流的现值。

b. 计算项目的净现值。

c. 计算内部收益率。

d. 你应当接受这个项目吗？

2. 你的公司正在考虑两个项目，下面给出现金流：

	A	B	C
1	贴现率	12%	
2			
3	年份	项目A	项目B
4	0	-500	-500
5	1	167	200
6	2	180	250
7	3	160	170
8	4	100	25
9	5	100	30

a. 如果预期的贴现率为 12%，请将这两个项目排序。

b. 如果你用内部收益率排序，哪个项目会更好？

c. 计算相交点的利率——两个项目的净现值相等时的贴现率。

d. 你应当用净现值还是内部收益率在这两项目中进行选择？给出简要的说明。

3. 你的叔叔经营一家服装店。因为生意日渐萧条，他正考虑用新的运动服装部门代替日益萧条的领带部门。为了检验这种转变的收益性，他聘请了一个金融分析师对新部门的现金流进行测算。经过六个月的努力工作之后，金融分析师得出了如下结果。

投资（当t=0）	
店铺重组成本	40,000
重组过程中的损失	15,000
金融分析师的费用	12,000
总计	67,000

年收益（从 t=1 开始至无穷）	
来自运动服装部门的年度收益	75,000
来自领带部门收入的损失	−20,000
来自其他部门收入的损失 *	−15,000
运动服装部门需要的更多的工人	−18,000
市政税收	−15,000
总计	7,000
* 你叔叔的一些老客户将不再光顾销售运动服装的商店。	

贴现率为 12%，没有额外的税收。因此金融分析师计算净现值如下：

$$-6,700+\frac{7,000}{0.12}=-8,667$$

你叔叔请你（你是个有前途的金融学生）检查计算。该项目正确的净现值和内部收益率是多少？

4. 你拥有一个工厂，为丹佛的学校提供桌椅。基于下面的计算，你以 1.76 美元/把的价格出售椅子，以 4.4 美元/张的价格出售桌子。

	椅子部门	桌子部门
单位数量	100,000	20,000
材料成本	80,000	35,000
劳动成本	40,000	20,000
固定成本	40,000	25,000
总成本	160,000	80,000
每单位成本	1.60	4.00
加 10% 的利润	1.76	4.40

最近你收到一个订单，是为科罗拉多的一所学校提供 10,000 把椅子和 2,000 张桌子，他们的期望价格为 1.5 美元/把椅子和 3.5 美元/张桌子。你的金融分析师建议你不要接受这个订单，因为这个价格甚至连生产成本都不够。这个金融分析师是正确的吗？

5. 一家工厂正在考虑为其中一个单位买一台新机器。这台机器花费 100,000 美元，终值为 0，保用年限为 10 年，采用直线折旧法。这台机器预期每年为公司节约 50,000 美元，但是为了操作这台机器不得不从其他单位调配一名雇员（年薪 40,000 美元）。一名新的雇员（年薪 20,000 美元）将填充那个被调出人员的岗位。购买新机器的净现值为多少？假设相关贴现率为 8%，公司税率为 35%。

6. 你正在考虑下面的投资：贴现率为 11%，公司税率为 34%。

年份	EBDT（息税前利润）
0	−10,500
1	3,000
2	3,000
3	3,000
4	2,500
5	2,500
6	2,500
7	2,500

a. 使用直线折旧法计算项目的净现值。

b. 如果使用加速折旧法，那么公司的收益将是多少？

7. 一家公司正在考虑为它的一个工厂买一台新机器。机器花费 60,000 美元，使用年限为 5 年。这台机器将节约一个工人的成本，估算每年为 22,500 美元。机器在第 5 年末的账面价值为 10,000 美元，但是公司估算那时市场价值只有 5,000 美元。计算机器的净现值，假设贴现率为 12%，公司税率为 30%。用直线折旧法。

8. ABD 公司正在考虑为它的一家工厂购买一台新的机器。机器花费 100,000 美元，使用年限为 8 年。这台机器预期每年减少 15,000 美元的生产成本。机器的终值为 20,000 美元，但公司认为它至多能卖 10,000 美元，假设贴现率为 15%，公司税率为 40%：

a. 计算净现值。

b. 计算内部收益率。

9. 你拥有一家工厂，处于热带气候地带。工厂每月生产 100,000 美元的产品，由于厂里温度过高，6~9 月的月产量降为 80,000 美元。2003 年 1 月你在工厂安装了空调系统。这个空调系统的成本为 150,000 美元，使用年限为 10 年。如果你安装了这一空调系统，夏季的产量将会与冬季的一样。然而操作空调系统每年成本为 9,000 美元（一年只有 4 个月需要操作）。同时你也将在 10 月份支付 5,000 美元的维护费。空调系统的净现值为多少？假设利率是 12%，公司税率为 35%（折旧成本在每年 12 月份计算）。

10. 冰激凌公司考虑购买一台新机器，机器的成本为 900,000 美元。

折旧与终值：这台机器折旧年限为 10 年，终值为 0。然而公司试图只使用 5 年。管理者认为在第 5 年末这台机器的售价为 100,000 美元。

这台机器每年可以生产 100 万支冰激凌。公司市场总监认为如果公司在第 1 年花 30,000 美元的广告费，在接下来的每年再各花 10,000 美元，那么将能以每支 1.3 美元的价格出售 400,000 根。每支的生产成本为 0.5 美元，而其他相关的成本为每年 40,000 美元。公司的资本成本为 14%，公司税率为 30%。

a. 如果市场总监的提议是正确的，那么项目的净现值为多少？

b. 项目获得收益的最小价格为多少？假设售价不影响销量。

c. 公司的副总建议取消广告宣传。他认为广告的取消不会降低太大的销量。如果副总的建议被采纳，那么公司要获利的最小销量为多少？

d. 使用一个二维的数据表显示出收益性对价格与销量的敏感程度。

11. 某一生产泳衣的公司考虑扩展浴衣市场。投资计划包括以下方面：

● 采购新机器：机器的成本为 150,000 美元，使用年限为 5 年，终值为 0，但公司首席经济师评估这台机器可卖 10,000 美元。

● 广告宣传：市场总监估算每年广告费用为 80,000 美元。

● 可变成本：每件浴衣为 30 美元，但劳动成本预期会上涨，因此浴衣价格每年会上涨 5%。

● 新部门的固定成本为每年 40,000 美元。

● 每件浴衣第一年卖 45 美元。公司预计接下来的几年浴衣的价格以每年 10% 上涨。

公司贴现率为 10%，税率为 36%。

a. 浴衣部门的收支平衡点是多少？

b. 绘制一张图表展示净现值随年产量的变化。

12. 一家洗车公司两年前买了一台机器，花费 60,000 美元。这台机器的使用年限为 6 年，无残值，现在的市场价值为 20,000 美元。公司正在考虑买一台新的机器。新机器成本为 100,000 美元，使用年限为 4 年。新机器的残值为 20,000 美元。新机器比旧机器效率高。因此公司相信年收入总额将会从 100 万美元增加到 103 万美元。另外，新机器预期在水电成本方面能为公司节约 10,000 美元。贴现率为 15%，公司税率为 40%。取替旧机器的净现值为多少？

13. 公司正在考虑买一台普通的复印机或彩色的复印机。普通的复印机的成本为 10,000 美元，使用年限为 5 年，每年维护费为 1,500 美元。彩色的复印机价格为 30,000 美元，使用年限也是 5 年，每年维护费为 4,500 美元。彩印机预期每年将增加 8,500 美元的收入。假设公司税率为 40%，相关利率为 11%，公司应当买哪种复印机？

14. Coka 公司是软饮料公司。公司从外部供应商处买空瓶子，每个 0.2 美元。另外，运输成本是每车 1,000 美元，可以运输 10,000 个瓶子。Coka 公司正在考虑是否自己制造瓶子。制造瓶子的机器成本为 1,000,000 美元，使用年限为 12 年。终值为 160,000 美元。维护和修理费用每三年为 150,000 美元。运行的其他成本每年为 100,000 美元。在工厂生产一个瓶子的成本为 0.17 美元。

Coka 公司的资本成本为 11%，公司税率为 40%。

a. 为了平衡瓶子自产数量，公司每年至少要出售多少瓶饮料？

b. 建议：使用数据表展示净现值与内部收益率作为瓶子数量的方程。

15. ZZZ 公司正在考虑为它的一个工厂投资一台新的机器。公司有两种可选择方案：

	机器 A	机器 B
成本	$4,000,000	$10,000,000
每台机器的年度固定成本	$300,000	$210,000
每单位的可变成本	$1.20	$0.80
年产量	400,000	550,000

每种机器的使用年限为 5 年，ZZZ 的产品售价为 6 美元。公司的资本成本为 12%，税率为 35%。

a. 如果公司每年制造 1,000,000 单位产品，该买哪一种机器？

b. 绘制图表显示每种机器关于年产量的投资收益性。

16. Easy Sight 公司制造太阳镜。公司有两台机器，每台每月制造 1,000 副眼镜。每台旧机器的账面价值为 10,000 美元，它们的使用年限为 5 年。使用直线折旧法，终值为 0。假设公司今天（2011 年 1 月）卖出一台机器，价格为 6,000 美元。新机器的价格为 20,000 美元，使用年限为 5 年。新机器将为公司节约的成本为每副 0.85 美元。

太阳镜的需求是有季节性的。在夏季五个月里（5～9 月）每月需求 2,000 副，而冬季的月份里降为每月 1,000 副。

假设保险与贮存成本是不经济的。公司应当买多少台新机器？假设贴现率为 10%，公司税率为 40%。

17. 波塞冬正在考虑开辟一条从雅典娜到罗德岛的航线。为了开辟这条航线，波塞冬不得不买两艘船，每艘花费 1,000 金币，使用年限为 10 年，波塞冬估算他在第 1 年里将赚 300 金币，然后每年以 5% 的速度增长。航线的成本预估每年是 60 金币，波塞冬的利率为 8%，而宙斯（希腊神话中的众神之王）向他征税的税率为 50%。

a. 航线是有收益的吗？

b. 由于波塞冬在奥林匹斯山的良好关系，他可获得税收减免。那么这个项目能取得收益的最大利率是多少？

18. 在奥林匹斯山的会议上，由于预算赤字，赫拉试图让宙斯保持 50% 的税率。根据赫拉的计算，如果波塞冬只买一艘船且只将票卖给一等舱乘客，那么这条航线的利润将更高。赫拉估算波塞冬每年的成本将是 40 金币。

a. 假设 10 年间收入是持续的，那么对于航线来说可获得收益的最小年均收入应为多少？

b. 宙斯是古老神话中的神，他认为"血浓于金钱"。如果波塞冬只买一艘船，那么他将同意给予波塞冬税收减免。使用数据表显示项目的盈利能力是年收入和税率的函数。

19. 公司正在考虑为竞走制造一种特殊的鞋。公司的首席经济师提出以下计算：

● 接下来的 4 年里每年研发成本为 200,000 美元。

该制鞋项目：

- 期望使用年限为 10 年。

- 机器的投资：250,000 美元（发生于 $t=4$ 年），机器使用年限为 10 年。

- 预期每年销售量：每双 150 美元，销售 5,000 双。

- 每年维修成本：300,000 美元。

- 可变成本：每双鞋子 50 美元。

公司的贴现率为 12%，公司税率为 40%，研发成本作为税抵扣可从公司收入中扣除。假设项目结束时，即 14 年之后它将被其他新技术超越因而变得毫无价值。

a. 此项目的净现值为多少？

b. 国际奥林匹克委员会为鼓励进行此项目决定提供给该公司 6 年无息贷款。贷款将分 6 年等额还清。为使该项目有收益，国际奥林匹克委员会应当提供的最小贷款额为多少？

20. 阿佛洛狄忒公司是制造香水的公司。公司准备投放一条新的生产线。市场部不得不决定是用积极营销方式还是普通营销方式。

积极营销

最初成本（使用高级模式的商业广告）：400,000 美元。

第一个月利润：20,000 美元。

利润的月增长率（2～12 月）：10%。

12 个月之后公司将投放一条新的生产线，预期当前生产线将以每月 20,000 美元的利润持续下去。

普通营销

最初成本（使用普通模式的商业广告）：150,000 美元。

第一个月利润：10,000 美元。

利润的月增长率（2～12 月）：6%。

月收益（第 13 月之后）：20,000 美元。

a. 资本成本为 7%。计算每种营销方式的净现值并决定公司应当采取哪种方式的营销。

b. 公司的经理认为由于下一年经济可能会不景气，积极营销方式的利润（第一个月利润和 2～12 月增长率）并不乐观。使用数据图表说明差别 NPV 是第一个月支出和积极营销增长率的函数。

21. 长寿公司估计它在一种新的疫苗产品方面将拥有 10 年的垄断，它试图估算出每年的销售量。

生产新疫苗的机器成本是 70,000,000 美元，寿命是 5 年，采取直线折旧法，残值为 0。每台机器每年的产量是 75,000 份疫苗。每年生产疫苗的固定成本是 120,000,000 美元，可变成本是每份疫苗 1,000 美元。公司对这种类型疫苗的贴现率是 15%，税率为 30%，市场总需求为每年 250,000 份。

用下面的模板解答下列问题：

a. 如果年销售额为 200,000，那么寿命为 10 年的该产品的 NPV 为多少？

b. 完成下面的数据表。在 16% 的贴现率下，该公司打算出售多少疫苗？

	A	B	C	D	E	F	G	H	I	J	K	L
1			长寿公司									
2	贴现率	15%										
3	税率	30%										
4	机器成本	70,000,000										
5	年度折旧	14,000,000										
6	每年每台机器生产的疫苗	75,000										
7	每台机器的可变成本	1,000										
8	年度固定成本	120,000,000										
9												
10	年度疫苗出售	200,000										
11	每份疫苗的价格	1,500										
12	年度收入	300,000,000										
13	年度生产成本	200,000,000										
14	需要的机器数量	3	<-- =ROUNDUP(B10/B6,0)									
15												
16	年份	0	1	2	3	4	5	6	7	8	9	10
17	机器购买											
18	收入											
19	疫苗成本											
20	折旧											
21	税前收益											
22	税收											
23	税收收益											
24	加回折旧											
25	现金流											
26												
27	净现值											
28	内部收益率											
29												
30												
31	日期表：NPV对售出疫苗数量和贴现率的敏感性											
32							每年售出疫苗的数量					
33			100,000	150,000	160,000	180,000	200,000	220,000	250,000			
34	WACC -->	10%										
35		12%										
36		14%										
37		16%										
38		18%										
39		20%										
40		22%										
41		24%										
42		26%										
43		28%										
44		30%										

第 5 章

资本预算问题

概述

我们在第4章中分析的资本预算决策是很简化的：NPV 和 IRR 标准通常可以说明哪项投资对于个人或公司来说是值得的。可以想象，在现实生活中，在哪里以及如何花费投资款项并不总是那么明确。

在本章中，我们进一步讨论第4章提及的资本预算问题，并分析一些可能会引起混淆的问题。

讨论的金融概念

- 将IRR 作为决策标准产生的问题
  - IRR 不能区分借入和借出
  - 多个 IRR
- 从不同寿命的项目中进行选择
- 对不在年末发生的现金流进行贴现（"年中贴现"）
- 在租赁与购买问题中纳入税收方面的考虑
- 将通货膨胀纳入资本预算中——对名义与实际现金流进行贴现

使用的 Excel 函数

- IRR、NPV
- Sum
- PMT
- If
- XNPV、XIRR

5.1　IRR 的一个问题：你不一定能区分好项目和坏项目

有时很难从 IRR 判断一个项目是好还是坏。下面是一个简单的例子：你已经决定购买一辆车，标价是 11,000 美元，经销商给你提供了两个购买选择：

- 你可以支付现金给经销商，并获得 1,000 美元的折扣，因此只需支付 10,000 美元。
- 你可以现在支付 5,000 美元，并在未来 3 年每年支付 2,000 美元。经销商将其称为"零利率汽车贷款"计划。银行提供的汽车贷款利率为 9%，所以经销商声称，他的计划要便宜得多。

哪种方案更好呢？如果对金融有一些了解，你可以设置如下 Excel 电子表格。

	A	B	C	D	E
1	购买一辆汽车				
2	汽车的目录价格	11,000.00			
3	折扣	5,000.00			
4	汽车的现金成本	10,000.00			
5					
6	年份	现金支付	信用支付	用信用计划所花费或者节约的现金	
7	0	-10,000.00	-5,000.00	5,000.00	<-- =C7-B7
8	1		-2,000.00	-2,000.00	<-- =C8-B8
9	2		-2,000.00	-2,000.00	
10	3		-2,000.00	-2,000.00	
11					
12	内部收益率			9.70%	<-- =IRR(D7:D10)
13					
14	银行利率	9%			
15	现金节约的NPV	-62.59	<-- =D7+NPV(B14,D8:D10)		

电子表格中的关键因素是 D 列，该列将信贷计划每年的现金支出与现金付款计划的支出进行比较。D 列显示，如果你选择信贷计划而不是现金支出，你在第 0 年将少支付 5,000 美元。另一方面，你在第 1、2 和 3 年将多支付 2,000 美元。该列的 IRR 为 9.7%。由于银行的贷款利率为 9%，你应该选择银行贷款而不是经销商的信贷计划。

为进一步了解这一点，请注意 D 列的现金流模式与接受银行贷款的现金流模式类似。当你接受银行贷款时，最初有一个正的现金流（这是在你收到贷款的时候），之后会产生负的现金流（贷款偿还）。当你通过经销商的信贷计划购买汽车时，现金流模型也是类似的：最初有一个正的现金流（由于仅支出 5,000 美元而不是 10,000 美元而节约的资金），之后会产生负的现金流（信贷计划每年需要额外支出的 2,000 美元）。因此，9.7％ 的 IRR 代表了经销商信贷计划的成本。由于银行贷款的成本为 9％，因此银行贷款更加便宜。

如果你没有现金付款计划需要的 10,000 美元，那么该怎么办呢？此时你应该采取银行贷款（继续阅读获得详情）。

单元格 B15 按银行利率对 D 列的现金流差进行贴现。结果显示，这一现金流有负的净现值，表明你不应该接受这一项目：这暗示你应该选择现金支付计划。

你如何支付这辆车的款项呢？

向经销商支付现金是较好的选择。如果你没有 10,000 美元的现金，你可以向银行借 5,000 美元。这一方案产生的现金流如下（假设每年支付相等的本金和利息，使用 Excel 的 PMT 函数计算）：

	A	B	C	D	E
18	从银行借钱				
19	年份	用现金 支付	银行贷款 现金流	给车主的 总现金流	
20	0	-10,000.00	5,000.00	-5,000.00	
21	1		-1,975.27	-1,975.27	<-- =PMT(9%,3,C20)
22	2		-1,975.27	-1,975.27	
23	3		-1,975.27	-1,975.27	

单元格 D20:D23 中的现金流是单元格 C7:C10 中现金流的改善，再次表明用现金购买汽车和从银行借钱要优于经销商提供的融资。

经销商的现金流

要知道 IRR 如何引起混淆，考虑经销商的现金流。他提供给你两种选择：支付现金 10,000 美元或者支付现金 5,000 美元，并在未来 3 年各支付 2,000 美元。

	A	B	C	D	E
1		IRR还是NPV——交易商的问题			
2	汽车的目录价格	11,000.00			
3	折扣	5,000.00			
4	汽车的现金成本	10,000.00			
5					
6	年份	用现金 支付	用信用卡 支付	交易商的 差量现金流	
7	0	10,000.00	5,000.00	-5,000.00	<-- =C7-B7
8	1		2,000.00	2,000.00	<-- =C8-B8
9	2		2,000.00	2,000.00	
10	3		2,000.00	2,000.00	
11					
12	内部收益率			9.70%	<-- =IRR(D7:D10)
13					
14	银行利率	9%			
15	现金节约的NPV	62.59	<-- =D7+NPV(B14,D8:D10)		

D 列显示，在这两个方案中，经销商在第 0 年有 5,000 美元的负的现金流，但是在接

下来的 3 年中每年有 2,000 美元的正的现金流。经销商的行为类似于银行提供贷款，9.7％代表了经销商在这一贷款中收取的利率；如果他可以按 9％的利率从银行获得单元格 D8 中 5,000 美元的贷款，那么这对他来说更加有利——他的贷款的 NPV 为 62.59 美元。

关键点是什么？

经销商的 IRR 和你的 IRR 是一样的。但是结果表明该支付计划对你来说是不好的，而对经销商来说是有利的：经销商现金流的 IRR 表示他借给你的贷款的利率；你的现金流的 IRR 是你得到的贷款的成本。要判断一项交易对你是否有利，可以用银行贷款利率对不同的支出进行贴现，得到 NPV；本例中的 NPV 清楚地表明这一支付计划对你来说是不利的（NPV 为负的 62.59 美元），而对于经销商来说是有利的（NPV 为正的 62.59 美元）。

5.2 多个内部收益率

当一个项目所有正的和负的现金流都一起出现时，我们称该项目有一个常规现金流模式。如果不符合这一条件，那么我们称该项目的现金流模式为非常规。下面是一些常规和非常规现金流的例子。

	A	B	C	D	E	F	G
1		常规和非常规现金流模式					
2	年份	项目 A 的现金流	项目 B 的现金流	项目 C 的现金流	项目 D 的现金流	项目 E 的现金流	项目 F 的现金流
3	0	—100	—100	100	25	—25	—250
4	1	200	—50	55	35	80	35
5	2	500	60	35	—200	—100	145
6	3	50	80	50	33	200	330
7	4	60	99	—100	55	55	55
8	5	35	100	—35	155	—250	—250
9		↑ 常规现金流模式	↑ 常规现金流模式	↑ 常规现金流模式	↑ 非常规现金流模式	↑ 非常规现金流模式	↑ 非常规现金流模式
10		负的初始现金流后为正的现金流	2 个负的初始现金流后为正的现金流	正的初始现金流后为负的现金流	2 个正的现金流，然后是负的，之后是 3 个正的现金流	初始现金流为负，然后现金流模式为正、负、正、负	开始和最后的现金流为负，其他的现金流为正

在第 3 章的 3.4 节，我们发现，对于常规现金流项目，NPV 和 IRR 标准对于资本预算"是与否"问题（关于某个特定项目是否值得的问题）给出了同样的答案。在本节，我们对非常规现金流项目的 IRR 进行讨论。这些项目通常有多个 IRR，这使得我们在使用 IRR 对非常规项目进行分析时产生了困惑。我们最终将得出结论：NPV 是一种更好的决策工具。

考虑一家经营垃圾填埋场的公司的例子。一个"垃圾填埋场"基本上就是地面上的大洞，大量的垃圾被倒入这个洞中，直到把洞填平。

下面是公司对一个新的垃圾填埋场的现金流的预测。

● 该垃圾填埋场的初始成本是 800,000 美元：包括挖洞、建立防护栏和提供适当的卡车通道的费用。

● 该垃圾场每年的净现金流入为 450,000 美元。这是公司从允许垃圾收集公司在这一垃圾填埋场倾倒垃圾中得到的回报。这些现金流入是垃圾填埋公司去除成本后得到的净值。

● 5 年后，这个垃圾填埋场将被填满。在第 6 年年底，关闭这一填埋场的费用为 1,500,000 美元。这包括遵守各种生态法规的成本，等等。

在下面的表格中，单元格 B3:B9 给出了垃圾填埋场的现金流。在 E 列和 F 列，我们建了一个表，给出了在不同的贴现率水平下，这些现金流的现值。图表显示，现金流有两个内部收益率：它们是图形与 x 轴相交的两个交点。

在单元格 B14 和 B15 中，我们利用 Excel 的 IRR 函数，确定了这两个内部收益率。我们使用了这一函数的 Guess 选项。这一选项使你能够识别近似 IRR（我们使用图形来确定这个数字）；然后，Excel 计算出接近这一近似值的实际内部收益率。在下表的单元格 B15 中，我们使用的 Guess 值为 25％。然后，Excel 的 IRR 函数显示接近这一 Guess 值的实际 IRR 为 27.74％。

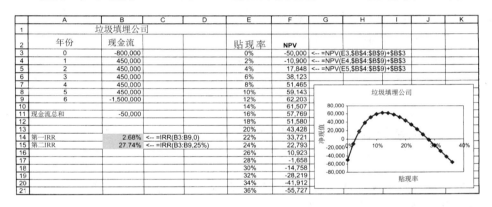

使用 Guess 值的 IRR 函数对话框

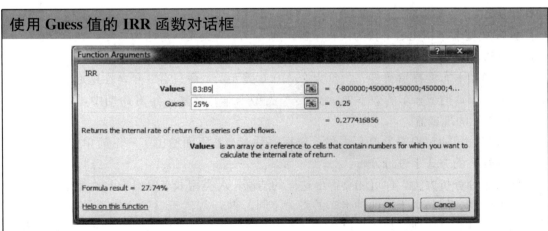

注：如果你输入一个低一点的 Guess 值（比如 0 或者 3％），Excel 将找到 IRR 值为 2.68％。如果没有输入 Guess 值，Excel 找到的 IRR 值将会接近 0。

两个 IRR，这意味着什么？

两个 IRR 会引起混淆！假设我们正试图决定是否接受垃圾填埋场项目。在第 4 章中可以看到，有两个传统的规则可用于确定接受还是拒绝一个项目：

● NPV 标准：如果 NPV 大于 0，那么项目是可以接受的。在垃圾填埋场这一例子中，根据 NPV 标准，如果贴现率大于 2.68％且小于 27.74％，那么项目是可接受的。

● IRR 标准：如果 IRR 大于合理贴现率，那么项目是可以接受的。由于本例中有两个 IRR，因此 IRR 标准不适用。在实际应用中，这意味着当某个项目有多于一个 IRR 时，你只能通过 NPV 标准来确定项目的吸引力。

有多少个 IRR？

给定现金流，潜在 IRR 个数与现金流方向变化的数量一样多。常规项目的现金流模式为初始现金流为负，此后只有正的现金流；现金流方向只改变一次（从负到正），因此只有一个可能的 IRR。之前的例子中现金流的方向变动了两次（因此有两个可能的 IRR）：从第 0 年的 -800,000 美元到第 1 年的 450,000 美元，然后从第 5 年的 450,000 美元到第 6 年的 -1,500,000 美元。[①]

5.3 从不同寿命的项目中进行选择

有时候我们的资本预算选择涉及不同寿命的项目。假设你的公司正在考虑购买两种油罐车中的一种，用来运输高科技液体材料。这些卡车非常昂贵，公司正试图在两个方案之间作出决定：

● A 类型卡车相比之下较为便宜。售价为 100,000 美元，寿命为 6 年，在这期间，每年产生 150,000 美元的净现金流。

● B 类型卡车要昂贵得多。售价为 250,000 美元，寿命只有 3 年，在这之后需要进行更换。然而，B 类型卡车的效率要远高于 A 类型卡车，在其 3 年寿命期中，每年可产生 300,000 美元的现金流。

如果贵公司的贴现率为 12％，你会选择哪种卡车？下面给出了一个简单（事实证明，具有误导性）的方式来进行分析。

使用这种分析方法，你可能会得出这样的结论：A 类型卡车要优于 B 类型卡车，因为其净现值较高。但是由于这两种卡车的寿命不同，得出 A 优于 B 这个结论是存在问题的。为了使它们具有可比性，我们假设在第 3 年末，我们将用另一辆相似的卡车来替代 B 类型

---

① 本章末的习题 2 和习题 3 涉及有 3 个 IRR 的例子。

	A	B	C	D
1		不同的寿命		
2	贴现率	12%		
3				
4	年份	A类型卡车	B类型卡车	
5	0	-100	-250	
6	1	150	300	
7	2	150	300	
8	3	150	300	
9	4	150		
10	5	150		
11	6	150		
12				
13	NPV	516.71	470.55	<-- =C5+NPV($B$2,C6:C11)

卡车。这样处理之后，第 3 年的现金流变为：

$$\underbrace{300}_{\substack{\text{第3年卡车}\\\text{带来的现金流}}} - \underbrace{250}_{\substack{\text{购买新}\\\text{卡车的价格}}} = 50$$

一旦我们在第 3 年替换掉 B 类型卡车，那么第 4、5 和 6 年的现金流将是 300 美元。我们将这些信息填入电子表格中。

	A	B	C	D
1		不同的寿命 计算等值年度现金流（EAC）		
2	贴现率	12%		
3				
4	年份	现金流（A）	现金流（B）	
5	0	-100	-250	
6	1	150	300	
7	2	150	300	
8	3	150	50	<-- =300-250
9	4	150	300	
10	5	150	300	
11	6	150	300	
12				
13	NPV	516.71	805.48	<-- =C5+NPV($B$2,C6:C11)

从单元格 B13 和 C13 中可以看出，这两种方案的 NPV（现在可比）表明 B 类型卡车要优于 A 类型卡车。

还有另一种方式可以得出相同的结论。看下面的计算：

$$\text{NPV}(A) = -100 + \frac{150}{(1.12)} + \frac{150}{(1.12)^2} + \frac{150}{(1.12)^3} + \frac{150}{(1.12)^4} + \frac{150}{(1.12)^5} + \frac{150}{(1.12)^6}$$

$$= 516.71 = \sum_{t=1}^{6} \frac{125.68}{(1.12)^t}$$

$$\text{NPV}(B) = -250 + \frac{300}{(1.12)} + \frac{300}{(1.12)^2} + \frac{300}{(1.12)^3} = 470.55 = \sum_{t=1}^{3} \frac{195.91}{(1.12)^t}$$

这些计算显示，A 类型卡车相当于在其 6 年的寿命期中，每年得到 125.68 美元的现金流，而 B 类型卡车相当于在其 3 年的寿命期中，每年得到 195.91 美元的现金流。我们称这些现金流为等值年度现金流（equivalent annuity cash flow，EAC）。由于你购买 B 类型卡车每年都可以得到 195.9 美元，而购买 A 类型卡车每年都可以得到 125.68 美元，很明显，B 类型卡车是更好的选择。等值年度现金流很容易计算。它的定义为恒定的未来现金流，这些未来现金流的现值等于项目净现值：

$$\text{NPV} = \text{CF}_0 + \sum_{t=1}^{N} \frac{\text{CF}_t}{(1+r)^t} = \sum_{t=1}^{N} \frac{\text{EAC}}{(1+r)^t}$$

式中，N 为项目寿命期。

我们重新整理了一下这个等式，并使用 Excel 的 PMT 函数来计算 EAC。

$$\text{EAC} = \frac{\text{NPV} = \text{CF}_0 + \sum_{t=1}^{N} \dfrac{\text{CF}_t}{(1+r)^t}}{\sum_{t=1}^{N} \dfrac{1}{(1+r)^t}} = -\text{PMT}(r, N, \text{NPV})$$

Excel 函数

在下面的表格中，我们应用了这一等式。

	A	B	C	D
1		不同的寿命 计算等值年度现金流		
2	贴现率	12%		
3				
4	年份	现金流（A）	现金流（B）	
5	0	-100	-250	
6	1	150	300	
7	2	150	300	
8	3	150	300	
9	4	150		
10	5	150		
11	6	150		
12				
13	NPV	516.71	470.55	<-- =C5+NPV($B$2,C6:C11)
14	EAC——等值年度现金流	125.68	195.91	<-- =-PMT(B2,3,C13)
15				
16	=-PMT(B2,6,B13)			

一个关于不同寿命的不寻常的例子：选择灯泡

上述例子中的 EAC 似乎有些学术和抽象，但事实并非如此。在本节中，我们提供了一个现实生活中的例子，这个例子只能通过 EAC 解决。

你拥有一个酒店，你正在考虑换掉酒店的灯泡。目前，你使用 100 瓦的白炽灯，每个售价 1 美元，平均寿命为 1,000 小时。你想用节能灯替换掉它们。这些灯泡要昂贵得多，每个售价 5 美元。但是它们发出相同强度的光，而功率仅为 15 瓦，寿命为 10,000 小时（见图 5.1）。下面将介绍其他的事实：

- 1 千瓦电量的费用为 0.10 美元。
- 灯泡每月要照明 250 小时。
- 利率为 8%。在下面的计算中，我们将其转化为月利率：$0.634\% = (1+8\%)^{1/12} - 1$。

你是否应该更换灯泡？

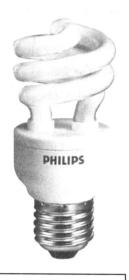

标准白炽灯——购买便宜，使用昂贵，寿命短	节能灯——购买昂贵，使用便宜，寿命长

图 5.1 白炽灯与节能灯

使用 EAC，这个问题迎刃而解。

	A	B	C
1	灯泡 在便宜的白炽灯和 昂贵的节能灯之间选择		
2	年度贴现率	8%	
3	月度贴现率	0.643%	<-- =(1+B2)^(1/12)-1
4	每千瓦的电力成本 （1千瓦=1,000瓦）	0.10	
5			
6	白炽灯		
7	瓦数	100	
8	成本	$1.00	
9	每月使用的小时数	250	
10	灯泡寿命（小时数）	1,000	
11	以月计算的寿命	4	
12	月度成本	2.50	<-- =B9*$B$4*B7/1000
13	使用寿命的NPV	10.84	<-- =B8+PV(B3,B11,-B12)
14	便宜的白炽灯以月度计算的等值年度现金流（EAC）	2.75	<-- =-PMT(B3,B11,B13)
15			
16	等值节能灯		
17	瓦数	15	
18	成本	$5.00	
19	每月使用的小时数	250	
20	灯泡寿命（小时数）	10,000	
21	以月计算的寿命	40	
22	月度成本	0.38	<-- =B19*$B$4*B17/1000
23	使用寿命的NPV	18.19	<-- =B18+PV(B3,B21,-B22)
24	昂贵的节能灯以月度计算的等值年度现金流（EAC）	0.52	<-- =-PMT(B3,B21,B23)

这个电子表格需要一些额外的解释：

● 每个白炽灯购买时需要 1 美元，每月使用费用为 2.5 美元。由单元格 B13 可以看出，购买以及在其 4 个月的寿命期间使用一个白炽灯的净现值为：

$$1.00+\frac{2.50}{1+0.643\%}+\frac{2.50}{(1+0.643\%)^2}+\frac{2.50}{(1+0.0643\%)^3}+\frac{2.50}{(1+0.643\%)^4}=10.84$$

● 每个节能灯购买时需要 5 美元，每月使用费用为 0.38 美元。由单元格 B23 可以看出，购买以及在其 40 个月的寿命期间使用一个节能灯的净现值为：

$$5.00+\frac{0.38}{1+0.643\%}+\frac{0.38}{(1+0.643\%)^2}+\cdots+\frac{0.38}{(1+0.643\%)^{40}}=18.19$$

● 为了找出每种灯泡的月度 EAC，我们通过合适的现值因子，将灯泡的售价和使用费用的净现值分开：

$$白炽灯的\ EAC=\frac{10.84}{\sum_{t=1}^{4}\frac{1}{(1.00684)^t}}=2.75/月$$

$$节能灯的\ EAC=\frac{18.19}{\sum_{t=1}^{40}\frac{1}{(1.00684)^t}}=0.52/月$$

● 你可以看到，白炽灯的月等值年度现金流 EAC 为 2.75 美元，而节能灯的月 EAC 为 0.52 美元。EAC 告诉你，换成节能灯更加便宜。

5.4 当税收重要时，选择租赁还是购买

在 3.4 节，我们讨论了租赁问题，但是当时我们假设没有税收。对于个人来说，这往往是成立的——当你考虑租借或购买一台计算机时，税收方面的考虑是次要的，因为你通常不能在应纳税所得中扣减你的电脑租赁款项或购买电脑的任何费用。

另一方面，对于企业来说，税收是非常重要的。企业可以将折旧作为成本从税前利润中扣除（我们在第 4 章中说明了，这意味着折旧会产生税盾）。此外，通过负债融资的企业可以在税前利润中扣除利息成本。因此，当税率为 T 时，公司支付的利率为 $r\%$，税后成本为 $(1-T)*r\%$。

在下面的例子中，我们在租赁与购买决策中引入了税收方面的考虑。我们采用与第 3 章一样的例子，但是额外提供了公司税率和折旧政策方面的信息。

一个例子

贵公司需要一台计算机。下面是相关信息：

● 公司的税率为 40%，可以按 15% 的利率从银行借款。

● 你可以按 4,000 美元的价格购买计算机，且在 3 年内按直线法折旧。这意味着年折旧额为 $4,000/3= $1,333。由于公司按 40% 的税率征税，这一折旧将为你每年节省 40% * $1,333 = $533 的税款。这一税盾是由折旧扣除带来的现金流入，在决定租赁还是购买时应该加以考虑。

● 你可以按每年 1,500 美元的价格租用电脑，在 4 年中每年需要预付款项。这意味着

如果你租借电脑，你今天需要支出 1,500 美元，在第 1、2 和 3 年末各支付 1,500 美元。从税收角度考虑，租赁支出是成本，因此其税后成本为（1－40％）*1,500＝＄900。

下面的表格描述了这些现金流。

	A	B	C	D	E	F
1		租赁还是购买? 成本是负数，现金流入是正数				
2	资产成本	4,000.00				
3	购买资产情况下的年度折旧	1,333.33	<-- =B2/3			
4	年度租赁支付	1,500.00				
5	银行利率	15%				
6	税率	40%				
7						
8	年份	0	1	2	3	
9	购买现金流					
10	机器成本	-4,000				
11	折旧税盾		533	533	533	<-- =$B$3*$B$6
12	总计	-4,000	533	533	533	<-- =E11+E10
13						
14	税收的租赁支付	-900	-900	-900	-900	<-- =-$B$4*(1-$B$6)
15						
16	租赁节约	3,100	-1,433	-1,433	-1,433	<-- =-E12+E14
17						
18	租赁节约的IRR	18.33%	<-- =IRR(B16:E16)			
19	替代方案成本（税后银行利息）	9.00%	<-- =B5*(1-$B$6)			
20						
21	租赁还是购买?	购买	<-- =IF(B18>B19,"购买","租赁")			

第 12 行描述了与购买相关的税后现金流，第 14 行描述了与租赁相关的税后现金流。租赁损失了选择购买可以得到的折旧这一税盾，此外，需要支付租金，租金为每年 900 美元。第 16 行显示，考虑到上述两点，租赁相当于一份 3,100 美元的贷款，该贷款需要在第 1~3 年每年税后还款额为 1,433 美元。该"贷款"的 IRR 为 18.33％（单元格 B18）。

你应该选择租赁还是购买呢？如果银行愿意按 15％的利率借给你钱，且利息费用允许税前扣除，那么银行贷款的税后成本为（1－40％）*15％＝9％。这意味着银行融资比租赁公司便宜。结论（单元格 B21）：购买电脑。

另外一个方法也可以得出购买比租赁好的结论，那就是考虑通过 3 年期 3,100 美元的银行贷款来为机器进行融资。

	A	B	C	D	E	F
24		替代方案：从银行借3,100美元并购买计算机				
25	年份	0	1	2	3	
26	年初贷款		3,100.00	2,207.27	1,180.63	<-- =D26-D30
27	年末支付		1,357.73	1,357.73	1,357.73	<-- =PMT(B5,3,-$C$26)
28	该支付中					
29	利息		465.00	331.09	177.10	<-- =$B$5*E26
30	本金偿付		892.73	1,026.64	1,180.63	<-- =E27-E29
31	年末保留本金		2,207.27	1,180.63	0.00	<-- =E26-E30
32						
33	税后利息		279.00	198.65	106.26	<-- =(1-$B$6)*E29
34	净税后贷款现金成本		1,171.73	1,225.29	1,286.89	<-- =E33+E30
35						
36	机器+贷款					
37	机器成本	-4,000.00				<-- =B10
38	折旧税盾		533.33	533.33	533.33	<-- =E12
39	税后贷款现金流	3,100.00	-1,171.73	-1,225.29	-1,286.89	<-- =-E34
40	总计：购买机器+获得贷款	-900.00	-638.40	-691.96	-753.56	<-- =SUM(E37:E39)
41						
42	将此和税后租赁支付进行比较	-900.00	-900.00	-900.00	-900.00	<-- =E14

第 26~31 行是第 2 章所讨论的标准贷款表。由于利息作为费用可在税前扣除，因此税后利息成本为（1－40％）*利息；在第 33 行我们计算了这个成本。对于公司来说，税后

净贷款成本（第 34 行）为税后利息（第 33 行）和每年偿还本金（第 30 行）的总和。

在第 37～40 行，我们计算了通过贷款融资购买机器的税后现金流。将该现金流与税后租赁支出（第 42 行只是复制了第 14 行）进行比较——你可以发现通过贷款购买机器每年的支出均少于或等于税后租赁支出，这也说明了为什么贷款优于租赁。

我们愿意支付的最大租赁款项为多少？

上述分析表明每年 1,500 美元的租赁款太多了。那么我们愿意支付多少呢？要计算这一点，我们使用单变量求解来找出当租赁现金流的 IRR（单元格 B18）为 9％时，租赁款项的值。在 Excel 2007 中，点击"数据→假设分析→单变量求解"（Data ｜ What-If Analysis ｜ Goal Seek）可以进入相应界面。

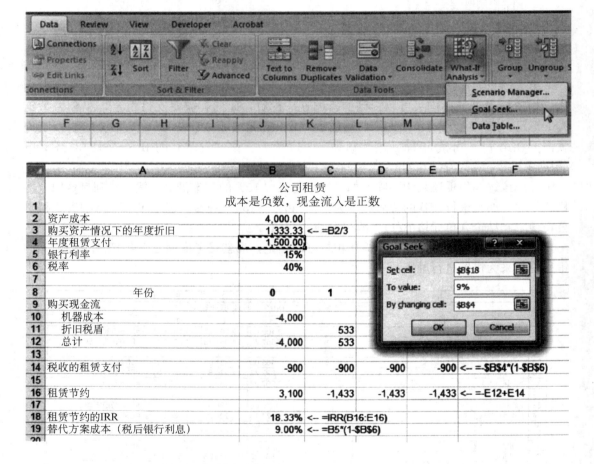

点击"单变量求解"将出现下述对话框，我们已在对话框里填入了相应条目。结论为 1,250.72 美元是承租人愿意支付的最大租赁款。

	A	B	C	D	E	F
1		公司租赁 成本是负数，现金流入是正数				
2	资产成本	4,000.00				
3	购买资产情况下的年度折旧	1,333.33	<-- =B2/3			
4	年度租赁支付	1,250.72				
5	银行利率	15%				
6	税率	40%				
7						
8	年份	0	1	2	3	
9	购买现金流					
10	机器成本	4,000				
11	折旧税盾		-533	-533	-533	<-- =-$B$3*$B$6
12	总计	4,000	-533	-533	-533	<-- =E11+E10
13						
14	税收的租赁支付	-750	-750	-750	-750	<-- =-$B$4*(1-$B$6)
15						
16	租赁节约	3,250	-1,284	-1,284	-1,284	<-- =E12+E14
17						
18	IRR	9.00%	<-- =IRR(B16:E16)			
19	替代方案成本	9.00%	<-- =B5*(1-$B$6)			

5.5 资本预算原则：考虑年中贴现

我们也可以称本节为"考虑现金流的时点"，但是"年中贴现"更加贴切。为了进一步说明，我们举了两个例子。第一个例子是，一家公司打算花 10 万美元来得到未来 5 年每年 3,000 美元的现金流。如果贴现率为 15%，那么该项目的净现值为 56.47 美元。

	A	B	C
1		NPV，现金流在 年末发生	
2	初始成本	10,000.00	
3	年度现金流	3,000.00	
4	贴现率	15%	
5			
6	年份	现金流	
7	0	-10,000.00	
8	1	3,000.00	
9	2	3,000.00	
10	3	3,000.00	
11	4	3,000.00	
12	5	3,000.00	
13			
14	年末现金流的NPV	56.47	<-- =B7+NPV(B4,B8:B12)

56.47 美元的净现值假设每年的现金流均发生在年底。

$$NPV = -10{,}000 + \frac{3{,}000}{(1.15)} + \frac{3{,}000}{(1.15)^2} + \frac{3{,}000}{(1.15)^3} + \frac{3{,}000}{(1.15)^4} + \frac{3{,}000}{(1.15)^5} = 56.47$$

在许多资本预算情况中，年末现金流假设是不现实的。试想，一家公司购买一台机器并通过销售产品得到现金流——在这种情况下，现金流的产生是贯穿全年而不是仅在年底产生。由于早点得到现金总是更好的，因此，项目的净现值将高于 56.47

美元。

　　为了感受这一点是否重要，假设每年 3,000 美元的现金流实际上是在每季度末收到 750 美元。然后，如下表所示，净现值将显著增加。

	A	B	C
1	NPV，现金流发生在每个季度		
2	初始成本	10,000.00	
3	年度现金流	3,000.00	
4	贴现率	15%	
5	季度贴现率	3.56%	<-- =(1+B4)^(1/4)-1
6			
7	季度	季度现金流	
8	0	-10,000.00	
9	1	750.00	
10	2	750.00	
11	3	750.00	
12	4	750.00	
13	5	750.00	
14	6	750.00	
15	7	750.00	
16	8	750.00	
17	9	750.00	
18	10	750.00	
19	11	750.00	
20	12	750.00	
21	13	750.00	
22	14	750.00	
23	15	750.00	
24	16	750.00	
25	17	750.00	
26	18	750.00	
27	19	750.00	
28	20	750.00	
29			
30	NPV，季度现金流	605.68	<-- =B8+NPV(B5,B9:B28)

　　请注意，在计算季度现金流的净现值（单元格 B29）时，我们使用的季度贴现率相当于 15% 的年贴现率（3.56%，单元格 B4）。这一季度贴现率的计算方法是：

$$（1＋季度贴现率）＝（1＋年度贴现率）^{1/4}$$

　　到目前为止，本节的讨论是明确且没有争议的：在贴现时，你应该考虑现金流发生的时间。问题是，在许多资本预算问题中，我们对年度现金流进行预测，即使现金流发生在全年。[①] 在许多情况下，很难预测一年中现金流产生的精确时间，即使我们的例子显示这个时间是非常重要的。

年中贴现——一个漂亮的折中

　　一方面，现金流发生的时间很重要，但另一方面，很难改变年终现金流预测，而对每个现金流发生的时间进行精确界定。一个漂亮的折中方式是预测年度现金流数额，但假设

---

　　①　这与公司的会计周期有很大关系，会计周期是按年的。（这里我们再次指责会计师！）

它们出现在年中。下面在 Excel 中表示这一情况：

	A	B	C	D
1			年中贴现	
2	初始成本	10,000.00		
3	年度现金流	3,000.00		
4	贴现率	15%		
5				
6	年份	现金流	贴现值	
7	0	-10,000.00	-10,000.00	<-- =B7
8	1	3,000.00	2,797.51	<-- =B8/(1+$B$4)^(A8-0.5)
9	2	3,000.00	2,432.62	<-- =B9/(1+$B$4)^(A9-0.5)
10	3	3,000.00	2,115.32	
11	4	3,000.00	1,839.41	
12	5	3,000.00	1,599.49	
13				
14	NPV，年中		784.36	<-- =SUM(C7:C12)
15			784.36	<-- =B7+NPV(B4,B8:B12)*(1+B4)^0.5

- 在单元格 B8:B12 中，每个现金流都按 $(1+r)^{年数-0.5}$ 贴现。这相当于对以下 NPV 的计算：

$$NPV=-10,000+\frac{3,000}{(1.15)^{0.5}}+\frac{3,000}{(1.15)^{1.5}}+\frac{3,000}{(1.15)^{2.5}}+\frac{3000}{(1.15)^{3.5}}+\frac{3,000}{(1.15)^{4.5}}=\underline{784.36}$$

单元格 C43

- 在单元格 B15 中，我们给出了一个简单的 Excel 公式来得到相同的结果：只需要用 Excel 的 NPV 公式并乘以 $(1+r)^{0.5}$。

使用 XNPV 函数

我们可以通过使用 Excel 的 XNPV 函数来执行年中 NPV 计算。[①] 要使用 XNPV，你需要给出现金流收到的日期。下表说明了如何用该函数解决我们的问题。

	A	B	C
1		用Excel的XNPV 函数计算年中NPV	
2	年度贴现率	15%	
3			
4	日期	现金流	
5	2002-01-01	-10,000	
6	2002-07-01	3,000	
7	2003-07-01	3,000	
8	2004-07-01	3,000	
9	2005-07-01	3,000	
10	2006-07-01	3,000	
11			
12	NPV	788.43	<-- =XNPV(B2,B5:B10,A5:A10)

---

① 如果该函数没有出现在你的 Excel 函数列表中，选中 Excel 菜单上的"工具→加载项"，勾选"分析工具库"。

使用 XNPV 函数

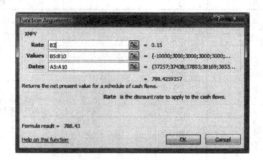

　　如上面的对话框所示，XNPV 函数要求你输入年贴现率、需要贴现的值以及这些值发生的日期。然后该函数得出该系列第一个日期的净现值（在我们的例子中，为 2002-01-01）。XNPV 函数与 NPV 函数在一个非常重要的方面有所不同：在第 2 章我们强调，Excel 的 NPV 函数用来计算未来现金流的现值；要计算实际净现值，你需要单独添加初始现金流。XNPV 函数将所有的现金流作为输入（包括初始现金流），并将实际净现值作为输出。

　　XNPV 函数（以及下面将讨论的 XIRR 函数）都是标准 Excel 工具包的一部分，但它们必须作为加载项分别安装。下面是你要做的。

步骤 1：点击 Office 按钮，选择"Excel 选项"

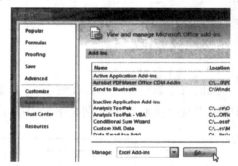

步骤 2：选中"加载项"（Add-Ins），找到管理下的合适条目，单击转到

步骤 3：单击"分析工具库"（Analysis ToolPak）

计算年中 IRR

如果你想要计算现金流的 IRR，考虑到这些现金流发生在年中，那该怎么办呢？做到这一点最简单的方式是使用 XIRR 函数，如下表所示：

	A	B	C
1	用Excel的XIRR函数 计算年中现金流的IRR		
2	日期	现金流	
3	2002-01-01	-10,000	
4	2002-07-01	3,000	
5	2003-07-01	3,000	
6	2004-07-01	3,000	
7	2005-07-01	3,000	
8	2006-07-01	3,000	
9			
10	IRR	19.06%	<-- =XIRR(B3:B8,A3:A8)

Excel 注释：XIRR 函数

XIRR 函数要求你输入一系列现金流发生的时间。该函数如下面的对话框所示。

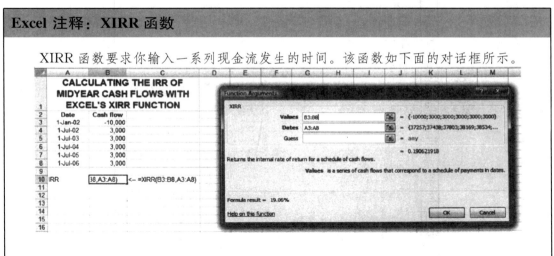

对于有多个内部收益率的现金流来说，XIRR 函数允许你使用 Guess（正如前面讨论的 Excel IRR 函数）。

对 Sally 和 Dave 的公寓使用年中现金流

在本节中，我们一直强调，在确定一个项目的 NPV 时，现金流发生的时间具有非常重要的作用。我们还建议——不用试图确定每个现金流的确切时间——假设现金流发生在中间时段。

这个简单的想法的执行可能是复杂的。以 Sally 和 Dave 的公寓为例，该例子在第 4 章已经讨论过了。回顾一下，Sally 和 Dave 从公寓出租中每年得到的 18,050 美元现金流的计算如下：

● 每年 24,000 美元的租金收入是需要纳税的，每年的房产税（1,500 美元）和维护费（1,000 美元）作为费用可从应纳税所得额中扣除。由于 Sally 和 Dave 的所得税税率为 30％，这些项目将产生（1－30％）*（$ 24,000－$ 1,000－$ 1,500）= $ 15,050 的年税后收入。

● 公寓每年 10,000 美元的折旧可产生 30％ * $ 10,000 = $ 3,000 的税盾。将这一税盾加上 15,050 美元得出 Sally 和 Dave 在第 1～10 年的年现金流为 18,050 美元。

● Sally 和 Dave 打算在 10 年后卖掉公寓，得到 100,000 美元。在那个时候，公寓已提足折旧，所以他们从公寓销售中收到的所有钱都将成为收入。因此，公寓的税后终值为（1－30％）* $ 100,000 = $ 70,000。将这一数值加到公寓第 10 年的现金流中，得到第 10 年总的现金流为 88,050 美元。

我们最初的计算得到，Sally 和 Dave 投资的 IRR 为 16.69％（下表中的单元格 B37）。

	A	B	C
1	Sally和Dave的公寓 来自4.7节的例子		
2	公寓成本	100,000	
3	Sally和Dave的税率	30%	
4			
5	年度应报告的收入计算		
6	租金	24,000	
7	费用		
8	财产税	-1,500	
9	杂项费用	-1,000	
10	折旧	-10,000	
11	应报告收入	11,500	<-- =SUM(B6:B10)
12	税收（税率=30%）	-3,450	<-- =-B3*B11
13	净收入	8,050	<-- =B11+B12
14			
15	年度现金流	18,050	<-- =B13-B10
16			
17	终值		
18	第10年估计的再销售价值	100,000	
19	账面价值	0	
20	应税收入	100,000	<-- =B18-B19
21	税收	30,000	<-- =0.3*B20
22	来自终值的净税后现金流	70,000	<-- =B20-B21
23			
24	年份	现金流	
25	0	-100,000	
26	1	18,050	<-- =$B$15
27	2	18,050	
28	3	18,050	
29	4	18,050	
30	5	18,050	
31	6	18,050	
32	7	18,050	
33	8	18,050	
34	9	18,050	
35	10	88,050	<-- =$B$15+B22
36			
37	IRR	16.69%	

结合现金流产生的时间

现在假设我们试图将现金流产生的时间引入我们对公寓的 IRR 的分析中。我们提出如下假设：

● 24,000 美元的年租金发生在年中。这是对承租人按月支付租金的一个近似总结。

- 1,000 美元的杂项开支也发生在年中。
- 房产税和所得税发生在每年年底。
- 物业转售（产生 70,000 美元的现金流）发生在第 10 年的年末。

这些假设导致现金流发生变化。按年中现金流计算得出，这些现金流的 IRR（9.59％）是半年 IRR（记住，现在我们的现金流是半年的）。年 IRR 为 $(1+9.59\%)^2-1=20.10\%$，这明显比我们之前假设所有现金流发生在年末而计算得到的 16.69％ 的 IRR 要高。正的现金流发生得越早，得到的 IRR 越高，这一点并不奇怪。

两个"现实"注释

注释 1：Sally 和 Dave 公寓的例子表明得到现金流产生的日期是很重要的，但也表明这样可能会很麻烦。作为折中，可能我们应该回到年中 IRR。在下面的电子表格中，我们使用了 XIRR 函数来计算 IRR，假设公寓所有的现金流均发生在年中。

	A	B	C
1	Sally和Dave的公寓——年中现金流		
2	公寓成本	100,000	
3	Sally和Dave的税率	30%	
4			
5	年度应报告的收入计算		
6	租金	24,000	
7	费用		
8	财产税	-1,500	
9	杂项费用	-1,000	
10	折旧	-10,000	
11	应报告收入	11,500	<-- =SUM(B6:B10)
12	税收（税率=30%）	-3,450	<-- =-B3*B11
13	净收入	8,050	<-- =B11+B12
14			
15	年度现金流	18,050	<-- =B13-B10
16			
17	终值		
18	第10年估计的再销售价值	100,000	
19	账面价值	0	
20	应税收入	100,000	<-- =B18-B19
21	税收	30,000	<-- =0.3*B20
22	来自终值的净税后现金流	70,000	<-- =B20-B21
23			
24	日期	现金流	
25	2002-01-01	-100,000	
26	2002-07-01	18,050	<-- =$B$15
27	2003-07-01	18,050	
28	2004-07-01	18,050	
29	2005-07-01	18,050	
30	2006-07-01	18,050	
31	2007-07-01	18,050	
32	2008-07-01	18,050	
33	2009-07-01	18,050	
34	2010-07-01	18,050	
35	2011-07-01	88,050	<-- =$B$15+B22
36			
37	IRR	18.69%	<-- =XIRR(B25:B35,A25:A35)

注释 2：在本书中，我们经常忽略年中贴现——不是因为我们不相信它很重要，而是

因为连同其他无数资本预算问题，要对它进行解释是很麻烦的。在这种情况下，我们给你的忠告是："如我们所说的那样做，而不要如我们所做的那样做。"

5.6 通货膨胀：实际和名义利率以及现金流

价格上升，随着时间的推移，货币失去了价值。其他还有什么是新的？本节讨论了通货膨胀这一术语。当你学习完本节，你应该了解实际和名义利率以及实际和名义现金流的区别。我们将以几个"现实世界"的例子来说明这些概念，所以希望你对通货膨胀的影响有更好的认知。在 5.7 节，我们将在一些资本预算问题中引入本节的概念。

首先，说明一些事实。下表列出了 1980—2009 年 1 美元的购买力。B 列中所有数字都以 2009 年美元购买力表示。如该表所示，在 1980 年可以用 1 美元购买到的商品在 2009 年需要花费 2.62 美元。经通货膨胀调整后，1990 年的 1 美元在 2009 年将值 1.65 美元。

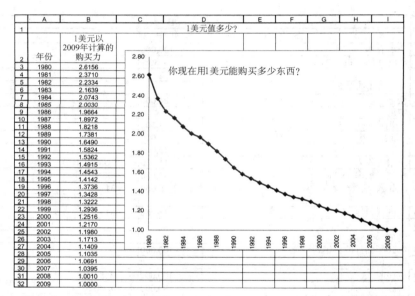

还有另一种方式可以理解这一现象。下表列出了美国 1980—2009 年的消费者价格指数（CPI）。[1] 该指数已标准化，所以 1982—1984 年的平均 CPI 为 100。在 1984 年花费 100 美元的一篮子商品在 1980 年将花费 79.31 美元，在 1981 年将花费 87.49 美元，等等。同样的一篮子这样的商品在 2009 年将花费 207.43 美元。

K	L	M
计算		
以1980年价格计算的1984年的100美元	79.31	<-- =100*B3/B7
以1981年价格计算的1984年的100美元	87.49	<-- =100*B4/B7
以2009年价格计算的1984年的100美元	207.43	<-- =100*B32/B7

---

① 消费者价格指数衡量一篮子标准商品的市场价格。要得到更多的信息，可以查阅劳工统计局的网站，http://www.bls.gov/cpi/，或者明尼阿波利斯联邦储备银行的网站，http://minneapolisfed.org/research/data/us/calc/index.cfm。

在下表的 C 列，我们根据这些数字，通过 Excel 来计算年通货膨胀率：

$$第\ t\ 年的通货膨胀率 = \frac{\text{CPI}_t}{\text{CPI}_{t-1}} - 1$$

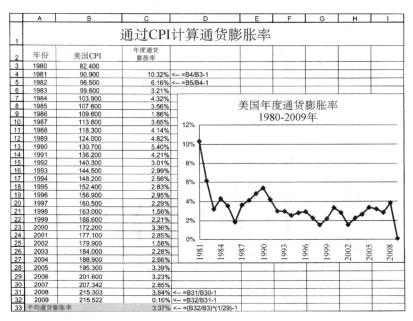

	A	B	C	D	E	F	G	H	I
1			通过CPI计算通货膨胀率						
2	年份	美国CPI	年度通货膨胀率						
3	1980	82.400							
4	1981	90.900	10.32%	<-- =B4/B3-1					
5	1982	96.500	6.16%	<-- =B5/B4-1					
6	1983	99.600	3.21%						
7	1984	103.900	4.32%						
8	1985	107.600	3.56%						
9	1986	109.600	1.86%						
10	1987	113.600	3.65%						
11	1988	118.300	4.14%						
12	1989	124.000	4.82%						
13	1990	130.700	5.40%						
14	1991	136.200	4.21%						
15	1992	140.300	3.01%						
16	1993	144.500	2.99%						
17	1994	148.200	2.56%						
18	1995	152.400	2.83%						
19	1996	156.900	2.95%						
20	1997	160.500	2.29%						
21	1998	163.000	1.56%						
22	1999	166.600	2.21%						
23	2000	172.200	3.36%						
24	2001	177.100	2.85%						
25	2002	179.900	1.58%						
26	2003	184.000	2.28%						
27	2004	188.900	2.66%						
28	2005	195.300	3.39%						
29	2006	201.600	3.23%						
30	2007	207.342	2.85%						
31	2008	215.303	3.84%	<-- =B31/B30-1					
32	2009	215.522	0.10%	<-- =B32/B31-1					
33	平均通货膨胀率		3.37%	<-- =(B32/B3)^(1/29)-1					

从表中可以看出，在 20 世纪 80 年代初的通货膨胀率显著高于 20 世纪 90 年代。然而，即使在通货膨胀率相对较低的 20 世纪 90 年代的 10 年间，美国的通货膨胀率一般也在 2%～4% 之间。通过对所调查期间的分析，平均通货膨胀率（单元格 C33）为 3.37%。

每年 3.37% 的通货膨胀率可能看起来不是很高，但它是会累加的。例如，假设在 10 年间，我们每年的通货膨胀率为 3%。如下面的 Excel 所示，这意味着在这期间累计通货膨胀率将为 $(1+3\%)^{10} - 1 = 34.39\%$。思考这个问题的另一种方式是，在每 10 年间，1 美元损失掉 26% 的价值——在第 10 年末的美元仅值第 1 年初美元价值的 $1/(1+3\%)^{10} = 0.7441$。

	A	B	C
1	年度通货膨胀率和累计通货膨胀率		
2	年度通货膨胀率	3%	
3	10年累计通货膨胀率	34.39%	<-- =(1+B2)^10-1
4	10年末的美元用10年前的美元价值表示	0.7441	<-- =1/(1+B2)^10

我们可以将这一点纳入下面表格中。

	A	B	C	D
1		1美元值多少?		
2	年度通货膨胀率	以10年前美元计算的10年末美元	10年间的累计通货膨胀率	
3	0%	1.00	0.00%	
4	1%	0.91	10.46%	
5	2%	0.82	21.90%	
6	3%	0.74	34.39%	
7	4%	0.68	48.02%	
8	5%	0.61	62.89%	=1/(1+B14)^10
9	6%	0.56	79.08%	
10	7%	0.51	96.72%	
11	8%	0.46	115.89%	
12	9%	0.42	136.74%	
13	10%	0.39	159.37%	<-- =(1+A13)^10-1
14				

名义和实际利率

通货膨胀不仅仅影响商品价格,它还影响利率。金融学家区分了名义利率和实际利率。名义利率是贷款或银行存款中使用的利率,而实际利率是将贷款或银行存款从购买力角度进行衡量(即通货膨胀调整后)的利率。在本节中,我们对这些概念进行探索和界定。

假设你借给你的朋友 Martha 100 美元,并协议约定她在明年偿还。你应该要求多少利息呢? Martha 建议 4% 的利率,但试想,你预期当年的通货膨胀率为 5%——这意味着:今年价值 100 美元的商品在第 2 年偿还借款时将价值 $100*(1.05)=\$105$。如果 Martha 偿还 $100*(1.04)=\$104$,她甚至没有偿还给你贷款的购买力。在这种情况下:

$$第 2 年偿还的金额按今年的购买力算 = \frac{偿还金额}{1+通货膨胀率} = \frac{100*(1+利率)}{1+通货膨胀率}$$

$$= \frac{104}{1.05} = 99.048$$

按金融业的行话,4% 的利率被称为名义利率;"名义"表示支付的利息没有考虑通货膨胀的影响。这是 Martha 将偿还给你 104 美元而不考虑当年物价上涨的另一种说法。报价利率(无论是抵押贷款、信用卡还是政府债券)通常都是名义利率("今天借给我 100,明年我将偿还本金并支付 10% 的利息")。

实际利率是从货币的购买力角度定义的利率。在我们的例子中,可以看到你借给 Martha 100 美元但是得到(从购买力角度)99.048 美元。因此,Martha 支付的实际利率为 −0.952%:

$$\text{一年期贷款的实际利率} = \frac{\text{偿还的购买力}}{\text{借出的购买力}} - 1 = \frac{99.048}{100} = -0.952\%$$

从上面的公式中可以看出:

$$\text{实际利率} = \frac{1 + \text{名义利率}}{1 + \text{通货膨胀率}} - 1 = \frac{1 + 4\%}{1 + 5\%} - 1 = -0.952\%$$

一个等效但更加简单的定义实际利率的方法是:

$$1 + \text{名义利率} = (1 + \text{实际利率}) * (1 + \text{通货膨胀率})$$

这个方程通常被称为费雪方程式(Fisher equation),以美国著名经济学家欧文·费雪(Irving Fisher,1867—1947)的名字命名。

术语回顾

通货膨胀:我们几乎总是将"通货膨胀"与货币的购买力(以及物价水平的上升)联系起来。在历史上也出现过一些通货紧缩时期——由物价水平下降引起货币购买力的上升。[①]

名义利率或名义现金流:没有对通货膨胀影响进行调整的利率或现金流。例如:你今天借入 100 美元,并同意在年末偿还 120 美元。名义利率为 20%,120 美元的还款(这将是明年的美元,不论明年的通货膨胀水平如何)以名义美元支付。

实际利率或实际现金流:经通货膨胀调整后的利率或现金流。为了计算实际现金流,需要确定基准年,并以基准年为单位计算现金流。这样计算得到的现金流为实际现金流(以恒定美元计算的现金流),由此得到的利率为实际利率。

名义和实际现金流

在上一节中,我们给出了实际利率和名义利率之间的关系。名义利率是报价利率,未经通货膨胀调整,而实际利率是根据货币购买力变动调整后的利率。

在本节中,我们给出实际现金流和名义现金流之间的关系。我们从一个一年期的例子开始:你在第 0 年作出一项 100 美元的投资,在第 1 年末收回 120 美元;在这期间,消费者价格指数(CPI)从 131 上升至 138。

	A	B	C	D
1	实际现金流和名义现金流			
2		第0年	第1年	
3	名义现金流	-100	120	
4	消费者价格指数	131	138	
5				
6	通货膨胀率		5.34%	<-- =C4/B4-1
7				
8	以第0年美元计算的实际现金流	-100	113.913	<-- =C3*B4/C4
9				
10	名义收益率		20.00%	<-- =C3/-B3-1
11	实际收益率		13.91%	<-- =C8/-B8-1

[①] 在 20 世纪 90 年代,日本出现过长时间的价格下跌。见下文。

第 1 年的实际现金流（在本例中定义为按第 0 年的美元计价的第 1 年的现金流）的计算如下：

$$第1年的实际现金流 = \frac{第1年的现金流}{1+这一期间的通货膨胀率}$$

$$= \frac{第1年的现金流}{CPI_{期末}/CPI_{期初}} = \frac{120}{138/131} = 113.913$$

计算该项投资的实际收益率：

$$1+实际投资收益率 = \frac{第1年的实际现金流}{第0年的实际现金流} - 1 = \frac{113.913}{100} - 1 = 13.91\%$$

同样地，我们可以使用名义收益率扣除掉通货膨胀率来计算实际收益率：

$$1+实际收益率 = \frac{1+名义收益率}{1+通货膨胀率} - 1 = \frac{\dfrac{期末名义现金流}{期初名义现金流}}{\dfrac{CPI_{期末}}{CPI_{期初}}} - 1$$

$$= \frac{\dfrac{120}{100}}{\dfrac{138}{131}} - 1 = \frac{1+20\%}{1+5.34\%} = 1+13.91\%$$

投资分析：你实际赚到多少？

假设在 1995 年末你投资了 1,000 美元在证券上，该项投资在 1996 年，1997 年，…，2004 年每年末支付给你 150 美元。在 2005 年末，你以 1,150 美元的价格售出了证券。回头看，你意识到 CPI 从 1995 年的 133 涨到 2004 年的 195。你的实际收益为多少？要计算这一点，我们使用累计通货膨胀率，将该项投资的每个名义现金流转换成实际现金流。

你可以看到，由于通货膨胀，你 15% 的名义收益率降为 10.93% 的实际收益率（根据货币购买力变动调整得到的收益率）。

	A	B	C	D	E	F	G
1				你实际赚到多少?			
2	年份	名义现金流	CPI	累计通货膨胀率		实际现金流	以1995年美元计算的现金流
3	1995	-1,000	133			-1,000.00	
4	1996	150	138	3.76%	<-- =C4/$C$3-1	144.57	<-- =B4/(1+D4)
5	1997	150	142	6.77%	<-- =C5/$C$3-1	140.49	<-- =B5/(1+D5)
6	1998	150	145	9.02%	<-- =C6/$C$3-1	137.59	
7	1999	150	148	11.28%		134.80	
8	2000	150	153	15.04%		130.39	
9	2001	150	166	24.81%		120.18	
10	2002	150	172	29.32%		115.99	
11	2003	150	180	35.34%		110.83	
12	2004	150	191	43.61%		104.45	
13	2005	1,150	195	46.62%	<-- =C13/$C$3-1	784.36	
14							
15	名义IRR	15.00%	<-- =IRR(B3:B13)		实际IRR	10.93%	<-- =IRR(F3:F14)

物价总是在上涨吗?

看起来好像是,但下面的例子(日本从 1990 年到 2007 年)显示物价也可以出现下跌。

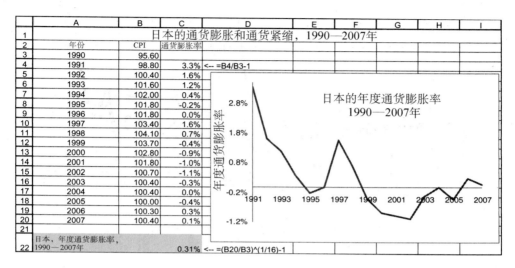

	A	B	C	D	E	F	G	H	I
1	日本的通货膨胀和通货紧缩,1990—2007年								
2	年份	CPI	通货膨胀率						
3	1990	95.60							
4	1991	98.80	3.3%	<-- =B4/B3-1					
5	1992	100.40	1.6%						
6	1993	101.60	1.2%						
7	1994	102.00	0.4%						
8	1995	101.80	-0.2%						
9	1996	101.80	0.0%						
10	1997	103.40	1.6%						
11	1998	104.10	0.7%						
12	1999	103.70	-0.4%						
13	2000	102.80	-0.9%						
14	2001	101.80	-1.0%						
15	2002	100.70	-1.1%						
16	2003	100.40	-0.3%						
17	2004	100.40	0.0%						
18	2005	100.00	-0.4%						
19	2006	100.30	0.3%						
20	2007	100.40	0.1%						
21									
22	日本,年度通货膨胀率,1990—2007年		0.31%	<-- =(B20/B3)^(1/16)-1					

油价是便宜还是贵?

在 1947—2009 年的 62 年间,美国石油名义价格从 1947 年的每桶 1.93 美元上涨到 2009 年的每桶 73.19 美元。年均增长率为 6.10%:$(73.19/1.93)^{(1/61)}-1=6.14\%$。每年的实际价格上涨就要低得多了:从购买力角度来看,按 2009 年的美元价值,1947 年每桶石油 1.93 美元相当于每桶 15.36 美元。在此期间实际价格增幅为每年 2.59%。这比每年 3.46% 的整体生活成本增幅要低。

	A	B	C	D	E
1	美国油价的名义增长和实际增长,1947—2009年				
2	名义价格增长				
3	1947年每桶价格	1.93			
4	2009年每桶价格	73.18			
5	年度增长	6.14%	<-- =(B4/B3)^(1/61)-1		
6					
7	实际价格增长				
8	以2009年价格计算的1947年每桶价格	15.36	1947 年的CPI	15.51	
9	以2009年价格计算的2009年每桶价格	73.18	2009 年的CPI	123.43	
10	年度增长				
11	油价	2.59%	一般生活成本	3.46%	<-- =(D9/D8)^(1/61)-1

当然,对两个时点进行比较不足以说明所有问题。图 5.2 给出了这一期间的实际和名义石油价格。

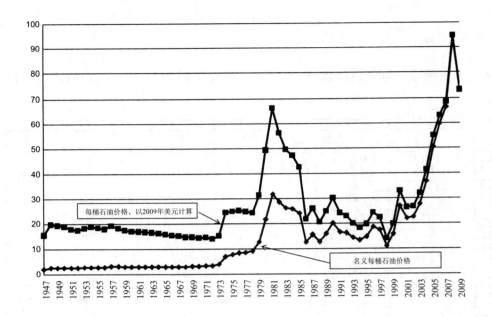

图 5.2　实际和名义石油价格（1947—2009 年）

5.7　理解 TIPS

美国财政部发行的证券称为财政部通货膨胀保护证券（TIPS）。[1] 这些证券承诺提供给初始投资一个实际利率，该利率根据消费者价格指数的上升进行调整。下面给出了一个例子说明该证券如何运作：

- 你今天将 1,000 美元投资于 1 年期财政部通货膨胀保护证券，实际利率为 4%。消费者价格指数今天为 120。

- 在 1 年后财政部将偿还给你 $\$1,000 * \dfrac{\text{CPI}_{1\text{年后}}}{\text{CPI}_{\text{今天}}} * (1+4\%)$。

你的 TIPS 投资是完全通货膨胀保护的。为了说明这一点，将 TIPS 偿还金额分为两部分：

$$\$1,000 * \underbrace{\frac{\text{CPI}_{1\text{年后}}}{\text{CPI}_{\text{今天}}}}_{\substack{\text{保持}1,000\text{美元}\\\text{在今天的购买力}}} * \underbrace{(1+4\%)}_{\substack{\text{经通货膨胀调整的}\\\text{初始投资的收益}+\\\text{经通货膨胀}\\\text{调整的利率}}}$$

为了分析 TIPS，假设你认为 1 年后 CPI 将从今天的 120 上升到 126。如下面的电子表格所示：你预期可以得到 1,092.00 美元。

在第 11～16 行，我们提供了另外一个分析方法来说明 1 年期 TIPS 的偿还金额为 1,092.00 美元。

---

[1]　美国财政部网站对这些证券和现价进行了很好的解释：http：//www.treasurydiect.gov/instit/annceresult/tipscpi/tipscpi.htm。

	A	B	C
1	分析1年期通货膨胀保护 证券（TIPS）		
2			
3	初始投资	1,000.00	
4	TIPS实际利率	4.00%	
5	当前CPI	120	
6	预期1年后的CPI	126	
7			
8	1年后的TIPS偿还金额	1,092.00	<-- =B3*(B6/B5)*(1+B4)
9			
10	进一步分析		
11	预期通货膨胀率	5.00%	<-- =B6/B5-1
12	经通货膨胀调整的TIPS偿还的初始投资	1,050.00	<-- =B3*(1+B11)
13	经通货膨胀调整的TIPS支付的利息	42.00	<-- =B4*B12
14	1年后的TIPS总偿还额	1,092.00	<-- =B13+B12
15			
16	经通货膨胀调整的TIPS利率 （这是由TIPS支付的实际利率）	4.00%	<-- =B13/B12

- 你预期到通货膨胀率为 $\dfrac{CPI_{1年后}}{CPI_{今天}}-1=\dfrac{126}{120}-1=5\%$。

- 通常 TIPS 偿还的初始投资是经过通货膨胀调整的。在这种情况下，为 \$1,000 * (1＋预期通货膨胀率) ＝ \$1,000 * (1.05) ＝ \$1,050。

- 此外，TIPS 支付给你的是实际利率（本例中为 4％）乘以经通货膨胀调整的初始投资。如单元格 B13 所示，为 42 美元。

结果是，TIPS 维持了你投资的购买力（\$1,000 * (1.05) ＝ \$1,050），并根据经通货膨胀调整的投资额支付利息（4％ * \$1,050＝ \$42）。

理解 10 年期的 TIPS

假设你存了 1,000 美元，正在考虑购买 10 年期的 TIPS，情况与上述例子相同。你可以预期到的 10 年内的名义支付为多少？在下面的电子表格中，我们假设年通货膨胀率为 3％；这导致总的预期 TIPS 还款额为 1,989.32 美元。一些分析（第 10～16 行）将这一支付金额细分为经通货膨胀调整的投资（1,343.92 美元）和利息（645.41 美元）。

	A	B	C
1	分析10年期通货膨胀保护证券（TIPS）		
2			
3	初始投资	1,000.00	
4	TIPS实际利率	4.00%	
5	预期年度通货膨胀率	3.00%	
6			
7	10年后的TIPS偿还金额	1,989.32	<-- =B3*(1+B5)^10*(1+B4)^10
8			
9	进一步分析		
10	预期10年的累计通货膨胀率	34.39%	<-- =(1+B5)^10-1
11	经通货膨胀调整的TIPS偿还的初始投资	1,343.92	<-- =B3*(1+B10)
12	经通货膨胀调整的TIPS支付的利息	645.41	<-- =B11*((1+B4)^10-1)
13	10年后的TIPS总偿还额	1,989.32	<-- =B12+B11
14			
15	经通货膨胀调整的TIPS利率 （这是由TIPS支付的实际利率）	48.02%	<-- =B12/B11
16	经通货膨胀调整的年化TIPS利率	4.00%	<-- =(1+B15)^(1/10)-1
17			
18	预期TIPS的名义回报	7.12%	<-- =(B7/B3)^(1/10)-1
19	计算名义回报的另一种方法： (1+TIPS实际利率) * (1+通货膨胀率)-1	7.12%	<-- =(1+B4)*(1+B5)-1

在单元格 B18:B19 中，我们计算了 TIPS 的预期名义回报。正如上一节所示：

1＋名义利率＝（1＋实际利率）＊（1＋通货膨胀率）

$$=（1+4\%）*（1+3\%）=1.0712$$

比较 TIPS 和银行存款证

你有 1,000 美元的额外现金，你认为在未来 5 年不会用到它。你正在考虑两种方案：

● 你可以将钱存入银行存款证（CD）。这是你向银行购买的证券（在本例中为 1,000 美元）。银行同意每年支付 8％的利率，因此你预期在 5 年内将收到 ＄1,000 ＊ $(1+8\%)^5$ ＝ ＄1,469.33。

● 另一方面，你正在考虑购买 5 年期美国 TIPS。该证券花费 1,000 美元，并承诺每年支付 3.5％的利率，1,000 美元的初始投资根据 CPI 进行调整。

你如何作出决定？下面的电子表格给出了 5 年内 TIPS 的名义支付额。下图将这些支付与我们从 CD 中得到的 1,469.33 美元进行比较。从表中的单元格 A11:C19 中可以看出，如果预期通货膨胀率大于 4.347 8％，TIPS 的支付将高于 CD。

	A	B	C	D
1	比较5年的TIPS和5年的银行存款证			
2	初始投资	1,000.00		
3	TIPS实际利率	3.50%		
4	预期年度通货膨胀率	3.00%		
5	银行CD的名义利率	8.00%		
6				
7	5年后的TIPS还款额	1,376.85	<-- =B2*(1+B4)^5*(1+B3)^5	
8	5年后的银行CD还款额	1,469.33	<-- =B2*(1+B5)^5	
9				
10	预期年度通货膨胀率	5年后的银行CD还款额	5年后的TIPS还款额	
11	0%	1,469.33	1,187.69	<-- =$B$2*(1+$B$3)^5*(1+A11)^5
12	1%	1,469.33	1,248.27	
13	2%	1,469.33	1,311.30	
14	3%	1,469.33	1,376.85	
15	4.3478%	1,469.33	1,469.33	<-- 平衡点通货膨胀率
16	5%	1,469.33	1,515.82	
17	6%	1,469.33	1,589.39	
18	7%	1,469.33	1,665.79	
19	8%	1,469.33	1,745.10	

名义收益率确定性与实际收益率确定性

上表中关于 CD 与 TIPS 的比较显示 TIPS 的名义收益率取决于通货膨胀率，而 CD 的名义收益率是固定的。在某些方面，这可能导致 CD 看起来优于 TIPS。但是别急！在下面的电子表格中，我们计算了 CD 和 TIPS 的实际收益率。这次表格倒过来了，TIPS 的收益率总是 3.5%，而 CD 的实际收益率要取决于通货膨胀率。

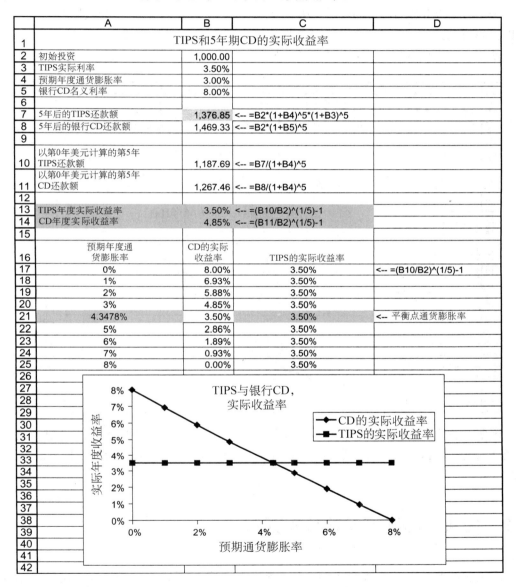

	A	B	C	D
1		TIPS和5年期CD的实际收益率		
2	初始投资	1,000.00		
3	TIPS实际利率	3.50%		
4	预期年度通货膨胀率	3.00%		
5	银行CD名义利率	8.00%		
6				
7	5年后的TIPS还款额	1,376.85	<-- =B2*(1+B4)^5*(1+B3)^5	
8	5年后的银行CD还款额	1,469.33	<-- =B2*(1+B5)^5	
9				
10	以第0年美元计算的第5年TIPS还款额	1,187.69	<-- =B7/(1+B4)^5	
11	以第0年美元计算的第5年CD还款额	1,267.46	<-- =B8/(1+B4)^5	
12				
13	TIPS年度实际收益率	3.50%	<-- =(B10/B2)^(1/5)-1	
14	CD年度实际收益率	4.85%	<-- =(B11/B2)^(1/5)-1	
15				
16	预期年度通货膨胀率	CD的实际收益率	TIPS的实际收益率	
17	0%	8.00%	3.50%	<-- =(B10/B2)^(1/5)-1
18	1%	6.93%	3.50%	
19	2%	5.88%	3.50%	
20	3%	4.85%	3.50%	
21	4.3478%	3.50%	3.50%	<-- 平衡点通货膨胀率
22	5%	2.86%	3.50%	
23	6%	1.89%	3.50%	
24	7%	0.93%	3.50%	
25	8%	0.00%	3.50%	

TIPS 还是 CD？答案是什么？

正如所有好的金融问题，答案取决于你的假设。如果你相信通货膨胀率将会高于每年

4.3478%，那么 TIPS 更好；否则，你应该选择 CD。

5.8　使用 TIPS 预测通货膨胀

我们可以使用 TIPS 和国债中的利率数据来得到市场对未来通货膨胀的预期。这里有一个例子：在 2009 年 8 月 21 日，一份市场上出售的 5 年期国债的名义收益率为 2.58%。同一天，一份 5 年期 TIPS 的收益率为 1.22%。由于 TIPS 的收益率为实际收益率，我们可以推测市场预期在 5 年时间内通货膨胀率为每年 1.36%（＝2.58%－1.22%）。

使用所有可用数据，下表给出了市场在同一天对通货膨胀率的预期。

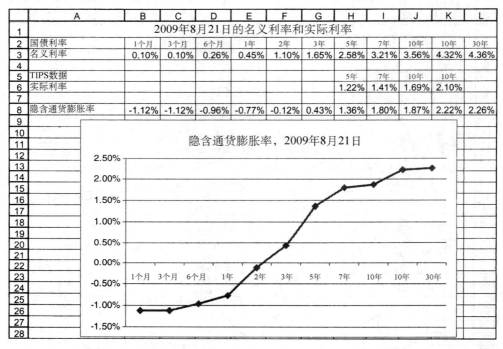

	A	B	C	D	E	F	G	H	I	J	K	L
1				2009年8月21日的名义利率和实际利率								
2	国债利率	1个月	3个月	6个月	1年	2年	3年	5年	7年	10年	10年	30年
3	名义利率	0.10%	0.10%	0.26%	0.45%	1.10%	1.65%	2.58%	3.21%	3.56%	4.32%	4.36%
4												
5	TIPS数据							5年	7年	10年	10年	
6	实际利率							1.22%	1.41%	1.69%	2.10%	
7												
8	隐含通货膨胀率	-1.12%	-1.12%	-0.96%	-0.77%	-0.12%	0.43%	1.36%	1.80%	1.87%	2.22%	2.26%

这些数据预期 2 年内通货膨胀率为负，之后为正。这些数据所在的时期，世界正在经历金融危机，负的通货膨胀率意味着市场预期这一危机将在接下来的几年中持续。

5.9　经通货膨胀调整的资本预算

你正在考虑投资一种新的零部件加工机器。这种机器现在耗资 9,500 美元；单元格 B9:B14 给出了生产的零部件在第 1~6 年的销售预期。这种零部件现在售价为每个 15 美元（单元格 B3），由于通货膨胀，未来该零部件的价格预期将上涨 4%（单元格 B2）。你的名义贴现率为 12%（单元格 B4）。

	A	B	C	D	E	F	G
1			零部件加工机器的资本预算—— 零部件价格增长率不同于通货膨胀率				
2	通货膨胀率	4.00%					
3	今天的零部件价格	15.00					
4	零部件价格的年增长率	8.00%					
5	名义贴现率	12.00%					
6	等值实际贴现率	7.69%	<-- =(1+B5)/(1+B2)-1				
7							
8	年份	出售的零部件 数量	预期名义 零部件价格	预期名义 现金流		以第0年 美元计算 的预期实 际现金流	
9	0			-9,500.00		-9,500.00	
10	1	100	16.20	1,620.00	<-- =C10*B10	1,557.69	<-- =D10/(1+$B$2)^A10
11	2	125	17.50	2,187.00	<-- =C11*B11	2,022.00	<-- =D11/(1+$B$2)^A11
12	3	150	18.90	2,834.35		2,519.73	
13	4	160	20.41	3,265.17		2,791.08	
14	5	170	22.04	3,746.79		3,079.59	
15	6	200	23.80	4,760.62		3,762.39	
16							
17	NPV计算			=$B$3*(1+$B$4)^A10			
18	名义现金流以名义贴现 率贴现	2,320.31	<-- =NPV(B5,D10:D15)+D9				
19	实际现金流以实际贴现 率贴现	2,320.31	<-- =NPV(B6,F10:F15)+F9				
20							
21	IRR计算						
22	名义IRR	18.87%	<-- =IRR(D9:D15)				
23	实际IRR	14.30%	<-- =IRR(F9:F15)				
24	(1+名义IRR)/(1+通货膨胀率)-1	14.30%	<-- =(1+B22)/(1+B2)-1				

- 假设名义贴现率为 12%，单元格 B5 给出了相应的实际贴现率。这个贴现率可由下述公式计算得到：

$$实际贴现率 = \frac{1+名义贴现率}{1+通货膨胀率} - 1 = \frac{1+12\%}{1+4\%} - 1 = 7.69\%$$

- 表格的 C 列给出了第 1～6 年每年零部件的预期售价。我们通过下述公式计算得出这个价格

$$时间\ t\ 的名义价格 = 当前价格 \times (1+通货膨胀率)^t$$

- D 列给出了名义现金流。[①] 将这些现金流按 12% 贴现，得到净现值为 778.93 美元，如单元格 B17 所示。由于净现值为正，你应该投资这种新的机器。

- 假设零部件价格上涨幅度与一般价格上涨幅度相同，我们可以在 F 列中计算出实际现金流。

$$实际现金流，第\ t\ 年 = （零部件销售量）* 部件当前价格$$

F 列实际上使用了不同的公式来得到相同的结果：

$$实际现金流，第\ t\ 年 = \frac{售出零部件的名义价值}{(1+通货膨胀率)^t}$$

- 单元格 B18 计算的这些实际现金流的净现值与单元格 B17 计算得到的 778.93 美元相等。

按名义贴现率对名义现金流进行贴现与按实际贴现率对实际现金流进行贴现得到相同的按第 0 年货币价值计算的净现值。

---

① 我们假设，一旦你购买了这个机器，那么生产零部件的过程中将不会产生任何费用。（另外，你也可以假设零部件的价格已扣除了生产成本。）

计算实际和名义 IRR

我们可以按下述方法计算生产零部件的机器的实际和名义 IRR：

- 计算名义现金流的 IRR（单元格 B22），得到名义 IRR 为 14.47%。由于名义 IRR 高于 12% 的名义贴现率，因此该生产零部件的机器是一项很好的投资。

- 计算实际现金流的 IRR（单元格 B23），得出实际 IRR 为 10.06%。实际 IRR 给出的投资决策与名义 IRR 给出的投资决策一样：因为实际 IRR 高于 7.69% 的实际贴现率，因此该机器是一项很好的投资。请注意，我们在单元格 B5 中计算出的实际贴现率使用了下面的公式：

$$实际贴现率 = \frac{1+名义贴现率}{1+预期通货膨胀率} = \frac{1+12\%}{1+4\%} = 7.69\%$$

计算实际 IRR 的两种方法

实际 IRR 可以通过下述任何一种方法计算：
- 计算预计实际现金流的 IRR（实际 IRR 的直接算法）。
- 计算名义现金流的 IRR，除以（1+通货膨胀率），并减去 1。

为了证实这两者是相等的，注意名义 NPV 是通过下面的方法计算得到的：

$$名义 NPV = CF_0 + \frac{CF_1（实际）*（1+通货膨胀率）}{(1+实际利率)*（1+通货膨胀率）}$$

$$+ \frac{CF_2（实际）*（1+通货膨胀率）^2}{[(1+实际利率)*（1+通货膨胀率）]^2}$$

$$+ \frac{CF_3（实际）*（1+通货膨胀率）^3}{[(1+实际利率)*（1+通货膨胀率）]^3}$$

$$+ \cdots$$

通过这个公式，（1+通货膨胀率）被抵消掉了，因此

$$名义 NPV = \frac{CF_0 + CF_1（实际）}{(1+实际利率)} + \frac{CF_2（实际）}{(1+实际利率)^2} + \frac{CF_3（实际）}{(1+实际利率)^3} + \cdots$$

$$= 实际 NPV$$

- 实际 IRR 也可以用这个公式计算得到：

$$实际 IRR = \frac{1+名义 IRR}{1+通货膨胀率} - 1$$

$$= \frac{1+14.47\%}{1+4\%} - 1 = 10.06\%$$

零部件的通货膨胀率与一般通货膨胀率不同

在前面的问题中，预期零部件的售价增长与通货膨胀率相同。假设这是不正确的——在下面的电子表格中，我们假设通货膨胀率（理解为 CPI 的增长）将是每年 4%，而零部件的价格将以每年 8% 的速度上涨。（预期零部件的需求将出现大幅上涨，导致价格大

幅上升。）

对这种情况的分析如下。尽管从原则上讲这与问题5的分析没什么不一样，但结果当然是不一样的——零部件生产将成为更加有利可图的业务。

	A	B	C	D	E	F	G
1	零部件加工机器的资本预算—— 零部件价格增长率不同于通货膨胀率						
2	通货膨胀率	4.00%					
3	今天的零部件价格	15.00					
4	零部件价格的年增长率	8.00%					
5	名义贴现率	12.00%					
6	等值实际贴现率	7.69%	<-- =(1+B5)/(1+B2)-1				
7							
8	年份	出售的零部件 数量	预期名义 零部件价格	预期名义 现金流		以第0年 美元计算 的预期实 际现金流	
9	0			-9,500.00		-9,500.00	
10	1	100	16.20	1,620.00	<-- =C10*B10	1,557.69	<-- =D10/(1+$B$2)^A10
11	2	125	17.50	2,187.00	<-- =C11*B11	2,022.00	<-- =D11/(1+$B$2)^A11
12	3	150	18.90	2,834.35		2,519.73	
13	4	160	20.41	3,265.17		2,791.08	
14	5	170	22.04	3,746.79		3,079.59	
15	6	200	23.80	4,760.62		3,762.39	
16							
17	NPV计算			=$B$3*(1+$B$4)^A10			
18	名义现金流以名义贴现 率贴现	2,320.31	<-- =NPV(B5,D10:D15)+D9				
19	实际现金流以实际贴现 率贴现	2,320.31	<-- =NPV(B6,F10:F15)+F9				
20							
21	IRR计算						
22	名义IRR	18.87%	<-- =IRR(D9:D15)				
23	实际IRR	14.30%	<-- =IRR(F9:F15)				
24	(1+名义IRR)/(1+通货膨胀率)-1	14.30%	<-- =(1+B22)/(1+B2)-1				

将这个表格与我们在之前的例子中的计算进行比较：由于零部件的价格增长快于通货膨胀，每年的名义现金流和实际现金流都要大得多。因此，项目更加有利可图，不管是以实际或名义净现值还以实际或名义内部收益率进行衡量。

总　结

本章用 NPV 和 IRR 分析处理了各种问题。一些问题的处理使用了 IRR：IRR 并不总是能给出明确的答案（有时存在多个内部收益率，复杂现金流的内部收益率可能会很难区分你是借出还是借入）。我们也研究了从具有替代关系的短期和长期资产之间进行选择的问题，此外，我们再一次回顾了第 2 章介绍的租赁/购买问题；这次我们在问题中引入了税收，并讨论了企业应如何从租赁和购买资产间进行选择。

最后，我们讨论了如何将通货膨胀纳入我们对资本预算的分析中。

习　题

1. 你正在考虑在阿拉斯加北部建一家酒店。你的计划是兴建酒店，然后出售。你已经得到了阿拉斯加旅游局提供的 50 万美元的规划赠款，并且你预计如果要完成酒店的建造，下一年你需要 170 万美元的投资。一旦建成，你认为可以在第 2 年以 140 万美元的价格卖掉酒店，因此，你的现金流量模式如下：

	A	B
1	阿拉斯加酒店项目	
2	年份	现金流
3	0	500,000
4	1	-1,700,000
5	2	1,400,000

a. 区分项目的两个 IRR。

b. 如果贴现率为 28%，你是否应该接受这个项目？

2. 这是一个现金流出现三次符号变化的例子。

a. 绘制 NPV，贴现率变动范围为 0～100%。使用这个图来近似确定单个内部收益率。

b. 使用 Excel 的 IRR 函数和其 Guess 选项来精确确定三个 IRR。

c. 你是否可以编造一个关于项目为什么会出现这样复杂现金流的故事？

	A	B
1	具有三个IRR的现金流	
2	年份	现金流
3	0	-350,000
4	1	2,500,000
5	2	-3,000,000
6	3	500,000
7	4	500,000
8	5	500,000
9	6	500,000
10	7	-14,000,000
11	8	3,500,000
12	9	3,500,000
13	10	3,500,000
14	11	3,500,000
15	12	3,500,000
16	13	3,500,000
17	14	3,500,000
18	15	-11,000,000

3. 你正在考虑承接一个有如下现金流的项目。

	A	B
2	年份	现金流
3	0	-300
4	1	5,000
5	2	-20,000
6	3	8,000
7	4	6,000
8	5	3,500

a. 当贴现率为 0 时，项目净现值为多少？

b. 当贴现率增长到无穷大时，项目净现值为多少？

c. 找出项目全部的 IRR。

4. 一家公司正在考虑承接有如下现金流的两个项目。

在什么样的贴现率下，该公司倾向于选择项目 A？在什么样的贴现率下，倾向于项目

	A	B	C
3	年份	项目A	项目B
4	0	-22,500	-50,000
5	1	8,000	15,000
6	2	8,000	15,000
7	3	8,000	15,000
8	4	8,000	15,000
9	5	8,000	15,000
10	6	8,000	15,000

B？在什么样的贴现率下，公司会选择不投资？

5. 你在 1996 年 1 月以 10 万美元的价格购买了一套房子，在 2002 年底你售出了这套房子，得到 18.5 万美元。在此期间 CPI 从 118 上升至 155。

　　a. 你的年均名义收益率是多少？

　　b. 计算你的年均实际收益率。

6. 银行向你提供了一个新的储蓄计划，该计划将为你带来 2％的实际年利率。如果年通货膨胀率为 5％，需要多长时间才能使你的名义和实际资金翻倍？

7. 你正在考虑购买一台生产高尔夫球的机器。机器的售价为 10 万美元，预期寿命为 8 年。该机器年产 55 万个球。一个高尔夫球现在的售价为 0.2 美元，预期售价每年上涨 10％。生产一个高尔夫球，所需的材料成本为 0.08 美元，预期以每年 2％的水平增长。你需要两个员工来操作机器，每个员工的年薪为 3 万美元，根据合同，从第 3 年开始，他们的工资将每年上升 7％。

　　实际贴现率为 4％，预期通货膨胀率为 5％，企业所得税率为 40％。

　　a. 使用名义值，计算项目的净现值。

　　b. 使用实际值，重复上述计算。

8. 一家软饮料公司正在考虑在其新产品线的营销中是使用电视还是电台。根据公司的估计，电视营销在最初将花费 20.5 万美元（在 $t=0$），之后每年 10 万美元。该营销将在 3 年中，每年产生 30 万美元的收入。

　　电台营销最初将花费 4.8 万美元，之后每年 2 万美元。电台营销将在 3 年中每年产生 15 万美元的收入。如果公司的贴现率为 18％，所得税税率为 30％：

　　a. 计算电视营销和电台营销的净现值。

　　b. 使用年中贴现重复上述计算，并对结果的差异进行解释。

9. 一家工厂正在考虑购买一台新的机器。它有两个选择。

	A	B	C
1	贴现率	8%	
2	税率	30%	
3			
4		机器A	机器B
5	成本	15,000	50,000
6	年度成本	3,000	1,000
7	使用寿命	3	7

　　如果公司选好了一台机器，那么今后它将永久性地使用同一种机器。如果贴现率为 8％，企业所得税税率为 30％，该公司应该选择哪种机器？假设每台机器在使用寿命期间采用直线法折旧，残值为 0。

10. 贵公司需要替换掉其中一台机器。其中一个金融奇才已确定了该机器现金流的恰当的贴现率为 10%。贵公司有两个选择：

a. 机器 A 售价 40 万美元，在其 6 年的寿命期中每年年底产生 20 万美元的现金流。

b. 机器 B 售价 20 万美元，但只有 2 年的寿命。但是，在这两年中，它每年年底可以产生 30 万美元的现金流。

	A	B	C
3	年份	现金流 (A)	现金流 (B)
4	0	-400	-200
5	1	200	300
6	2	200	300
7	3	200	
8	4	200	
9	5	200	
10	6	200	

计算等值年度现金流，并确定哪种机器更好。

11. 你是一辆已使用了 5 年的出租车的所有者。由于健康问题，医生建议你放弃驾驶。你正在考虑两种选择：

a. 以 1.5 万美元的价格卖出出租车。由于出租车的账面价值为 0，你将需要缴纳税款。

b. 将车租给你的表妹。你的表妹现在以及未来 4 年每年初都将付你 4,000 美元。你估计 4 年后这辆出租车将可以卖 300 美元。

如果你的税率为 25%，贴现率为 5%，那么哪个选择更加有利？

12. 一家公司正在考虑为其中一家工厂购买一台机器。该机器成本为 30 万美元，预计可以为工厂每年节省 10 万美元。该机器的寿命为 4 年，公司的贴现率为 15%，企业所得税税率为 35%。

a. 根据上述情况，购买新机器是否值得？

b. 另一个同一种机器的供应商建议该公司应该租赁机器而不是购买。如果租赁费用为每年 8 万美元，在纳税时可作为费用扣除，租赁的净现值是多少？

c. 原来的供应商建议借给公司 21 万美元，在 3 年内每年偿还等额的借款，不需支付利息。这一提议的净现值为多少？

13. 在 5.2 节，我们分析了一个垃圾填埋场的项目。现在考虑一个有如下现金流的垃圾填埋场项目：

	A	B
4	年份	现金流
5	0	800,000
6	1	-450,000
7	2	-450,000
8	3	-450,000
9	4	-450,000
10	5	-450,000
11	6	1,500,000

结果表明你愿意在适度低或适度高而不是中间水平的贴现率下接受这个项目。请解释。

14. 你有一家生产灯泡的工厂。你的旧机器花了很多钱维修，你正在考虑替换掉它。你有两个选择。

	A	B	C
1	贴现率	12%	
2	公司税率	40%	
3			
4	年度产量	1,000,000	
5	灯泡价格	0.40	
6			
7		机器A	机器B
8	成本	500,000	200,000
9	每只灯泡的可变成本	0.12	0.25
10	固定成本	100,000	75,000
11	使用寿命	10	4

你按每个 0.40 美元的价格售出灯泡，贴现率为 12%，企业所得税税率为 40%。

a. 如果你的灯泡年生产量为 100 万个，你倾向于购买哪种机器？

b. 在什么样的生产量水平下，你将改变答案？

15. ABC 公司正试图决定是购买还是租赁一台新的鸡蛋搅拌器。下面是一些相关信息：

● 该新机器售价 12 万美元，并将在 5 年内按直线法折旧，残值为 0。

● ABC 公司的企业所得税税率为 30%。

● 该公司可以从一个有信誉的出租人那里以每年 29,941 美元的价格租赁机器；付款日为第 0，1，2，…，5 年（换句话说，支付 6 次）。

● ABC 公司在当地银行拥有一定的信用额度。银行现在 6 年期贷款的利率为 12%。

a. ABC 公司应该租赁还是购买机器？证明你的答案。

b. 假设租赁公司同意在租赁期结束后按 1 美元的价格将机器卖给 ABC 公司。该公司认为在那个时候售出机器可以获利 2.5 万美元。这样将增加还是减少租赁的吸引力？（给出一个定性而不是数值的答案。）

16. WWD 公司正试图确定是否要将已经有一定年份的垃圾压实器更换成一个新的、更加高效的机器。以下是相关信息：

● 新的垃圾压实器售价为 40 万美元。如果引进，公司估计它每年将为公司税前节省 6 万美元（假设现金流发生在年底）。

● 旧的垃圾压实器的账面价值为 10 万美元。它的市场价值为 5 万美元。旧机器的剩余账面价值将按每年 2 万美元的速度直线折旧，残值为 0。

● WWD 的企业所得税税率为 40%，且获利性很高。该公司所有现金流的贴现率为 15%。

● 垃圾压实器永远不会报废，它们的寿命为无限长。然而，新的机器将在 10 年内按直线法折旧，残值为 0。

● 为了鼓励将旧的垃圾压实器更换成新的机器，国家环境保护局提供更换补贴。该补贴在新机器投入使用 1 年后提供。

使得更换掉旧的垃圾压实器后盈亏平衡的最低补贴是多少？

17. 亨特兄弟公司需要为办公室购买新的打印机。它可以购买昂贵的激光打印机，也可以购买便宜得多（但寿命短）的喷墨打印机。下面是一些相关信息：

● 一台激光打印机售价 1,000 美元，一台喷墨打印机售价 250 美元。

- 一台激光打印机的预计寿命为 6 年，但是一台喷墨打印机的预期寿命只有 2 年。在使用寿命结束后，打印机的市场价值为 0。
- 激光打印机每页的成本为 0.03 美元，而喷墨打印机每页的成本为 0.10 美元。
- 购买的每台打印机预期每年打印 10,000 页。

如果亨特兄弟公司的贴现率为 12%，企业所得税税率为 0，它应该购买哪台打印机？假设全年的印刷成本发生在年末。

18. Torreo 咖啡烘焙公司正在考虑将现有的一台机器替换成一台新的、自动化程度和效率更高的机器。Torreo 4 年前以 8.75 万美元的价格购买了这台机器。该机器在 14 年的寿命期中按直线法折旧。该机器今天，2000 年 1 月 1 日，可以按 2 万美元的价格出售。

新机器售价为 9.5 万美元。新机器的寿命为 10 年，残值为 1.3 万美元。然而，按照美国税法，该机器应该按照直线法在超过 10 年的时间里折旧，残值为 0。

在 1999 年，Torreo 现有的咖啡烘焙机可以获得 5 万美元的年收入，年成本为 2.5 万美元。新机器将使这一收入增加至 6.5 万美元一年（实际价值，即按 1999 年美元的购买力）。该机器也将使实际经营成本每年增加 3,000 美元。

名义年贴现率为 14%。营业收入和资本收益的企业所得税税率均是 40%。预期全年通货膨胀率为 5%。所有现金流均是无风险的，且发生在年末。税款也在同年年底支付。Torreo 有持续盈利的经营业务，可用于弥补亏损。

Torreo 是否应该用新机器取代旧机器？

19. 一站式高尔夫公司正在考虑兴建一家工厂来制造儿童推杆。工厂的初始费用（第 0 年）为 500 万美元。在第 1 年末，工厂还需要 100 万美元的进一步的支出。工厂将建在地上，这样可以在这些年中以 50 万美元（税前）的价格出租。

公司预计这一产品只生产 3 年——在第 2、3 和 4 年。在第 4 年末，公司将关闭并出售这家工厂。预期第 2 年将生产和出售 50 万个推杆，第 3 年 40 万个，第 4 年 10 万个。每个推杆第 2 年售价为 30 美元，且这一价格在第 3 年和第 4 年每年将以 6% 的速度增加。预期第 2 年生产的每个推杆所需的原材料平均成本为 15 美元，这一成本在第 3 和第 4 年每年将以 3% 的速度增长。第 2 年生产的每个推杆所需的人工费用为 5 美元，且在接下来的 2 年中每年将按 5% 的速度增长。推杆的广告费用第 1 年为 50 万美元，第 2 年为 22 万美元，第 3 年为 5 万美元。儿童推杆的生产中不存在其他投入。

该公司采用直线法折旧，该工厂的折旧年限为 6 年。从第 1 年开始，该公司将对工厂 600 万美元的总成本进行折旧，残值为 0。预期第 4 年末该工厂的售价为 400 万美元。该公司可以以其他盈利的持续经营的项目来弥补损失。

项目的合理贴现率为 12%。假设所有的现金流均发生在年末。企业所得税税率为 34%。

a. 计算项目的增量现金流。

b. 计算项目的净现值。

20. 奶奶 Helen 正在向她的孙子 Noah 回忆往事。"当我 1937 年跟你爷爷结婚的时候"，她回忆说，"他的月薪是 300 美元。我们不得不节衣缩食。现在是 2008 年，你告诉我你出大学校门的一份工作的薪水是 4,500 美元一个月。为什么，那是你爷爷工资的 15 倍！"

为比较这两份工资，Noah 去明尼阿波利斯联邦储备网站，并找出了 1913—2008 年的消费者价格指数。谁的工资更高——经通货膨胀调整——Noah 的还是爷爷的？（参见本书光盘[1]上的 CPI 表。)

21. 使用本书光盘上的 CPI 数据，回答下列问题：

a. 1803 年，托马斯·杰斐逊总统政府以 1,500 万美元的价格从法国政府那里购买了北美 80 万平方英里的领土。路易斯安那州的购买使美国领土番倍。使用 CPI 列表将这一价格调整为 2009 年的美元价格。①

b. 每平方英里有 640 英亩。按 2009 年的美元计价，路易斯安那购买中每英亩价格为多少？

一些观点：2009 年在互联网上随机搜索显示路易斯安那购买中土地的价格如下：

- 755 英亩在阿沃耶尔县，路易斯安那州：1,661,000 美元。
- 106 英亩在独立县，阿肯色州：119,900 美元。
- 5 英亩在派克县，密西西比州：50,000 美元。
- 51 英亩在艾塔斯卡县，明尼苏达州：1,000,000 美元。

22. a. 在 2004 年 1 月 1 日，Fluffy 金融公司向其中一个客户提供了 100 万美元的贷款。贷款利率为 12%，按月支付（意味着每月 1%），2005 年 1 月 1 日全额偿还贷款。由于该客户预期到 7 月和 8 月会出现严重的现金流问题，Fluffy 同意放弃这几个月的利息。使用 XIRR 函数来计算 Fluffy 金融公司从该贷款中赚取的年收益率。

b. Fluffy 的另一个客户要求同样的贷款，但是要求免去 5 月和 6 月的利息。如果 Fluffy 只能向一个客户提供这样的贷款，它应该选择哪个客户？

23. 计算下面每个项目的全部 IRR。

	A	B	C	D	E	F	G
1		常规和非常规现金流模式					
2	年份	项目 A 的现金流	项目 B 的现金流	项目 C 的现金流	项目 D 的现金流	项目 E 的现金流	项目 F 的现金流
3	0	−100	−100	100	25	−25	−250
4	1	200	−50	55	35	80	35
5	2	500	60	35	−200	−100	145
6	3	50	80	50	33	200	330
7	4	60	99	−100	55	55	55
8	5	35	100	−35	155	−250	−250
9		↑ 常规现金流模式	↑ 常规现金流模式	↑ 常规现金流模式	↑ 非常规现金流模式	↑ 非常规现金流模式	↑ 非常规现金流模式
10		负的初始现金流后为正的现金流	2 个负的初始现金流后为正的现金流	4 个正的初始现金流后为负的现金流	2 个正的现金流，然后为负的，之后 3 个正的现金流	现金流的方向改变了几次	开始和最后为负的现金流，其他为正的现金流

24. 本书随带的光盘里有日本 1990—2007 年的 CPI 和通货膨胀数据。计算出日本这段时期的年通货膨胀率，并与美国的年通货膨胀率进行比较。

* 中文翻译版没有该光盘。原书光盘中的资料请从以下网址下载：www.crup.com.cn。——出版者注

① 要了解详细的历史和地图，请点击 http://gatewayno.com/history/LaPurchase.html 查看。

第 6 章

选择贴现率

概述

当你运用净现值（NPV）或内部收益率（IRR）来做投资决策时，你需要选择一个贴现率 r。只是提醒你一下：

● 就 NPV 而论，贴现率 r 被用于对投资的未来现金流进行贴现。如果现金流按 r 贴现时，NPV 为正，那么该投资是很好的选择，反之，NPV 为负的投资应该被拒绝。

● 就 IRR 而论，贴现率 r 是投资选择的比较标准。如果贴现率 r 小于投资的 IRR，那么该投资是很好的选择；如果 $r>$IRR，那么我们应该拒绝该投资。[①]

你可以看到，贴现率的选择是十分重要的！本章讨论了如何选择贴现率。我们强调的主要原则如下：

● 你选择的贴现率应该考虑到讨论的现金流的风险。讨论的现金流的风险越高，NPV 和 IRR 计算中使用的贴现率就应该越高。

● 在许多情况下，"资金成本"是贴现率很好的选择。资金成本是项目资金提供者要求的收益率。

● 在大量涉及企业投资的案例中，合理的贴现率为加权平均资本成本（WACC）。WACC 是公司的平均资金成本。本章的大部分都用于定义 WACC 和向你展示如何用它来对公司进行估值。

图 6.1 总结了 NPV 和 IRR 在制定投资决策中的应用。尽管第 2～5 章已进行了广泛的讨论，但还有两个有关 NPV/IRR 的问题我们还没有给出回答：

---

① 回顾第 5 章，IRR 并不总是合适的判断工具（例如，多个 IRR 的情况）。在这些情况下，我们应该选择使用 NPV。

● 在 NPV 和 IRR 计算中，现金流贴现的意义是什么呢？假设我们正在考虑一项现在需要 100 美元的投资，该投资承诺在一年后可得到 120 美元。这一未来现金流的承诺实际意味着什么呢？

　　● 一个可能性是 120 美元是无风险的：在这种情况下，毫无疑问，从现在起 1 年后，这 120 美元可以得到支付。这 120 美元的未来现金流是确定的。政府债券和银行账户是投资于无风险现金流的两个例子。

　　● 另外一个可能性是这 120 美元是预期或期望现金流，但不是无风险的。在这种情况下，这 120 美元是有风险的或不确定的。例如，现在起 1 年后的现金流是由抛硬币决定的：如果是硬币的正面，那么现金流将是 140 美元，如果是硬币的背面，那么现金流将是 100 美元。平均未来现金流为 120 美元，但实际现金流有一些不确定性。

● 我们如何选择投资的合理贴现率 r？在第 2～5 章的 NPV 和 IRR 的计算中，r 是我们要求的投资收益率（见图 6.1）。一旦你意识到你所引用的现金流数据背后隐含了不确定性，你会同意 r 应该是经风险调整的：投资者厌恶风险；因此，现金流的不确定性越大，投资者要求的收益率 r 也越高。回到之前讨论的投资案例中：

　　● 如果这 120 美元是无风险现金流，那么合理的贴现率 r 应该是无风险利率。政府债券或银行账户利率是无风险利率很好的例子。

　　● 如果 120 美元是有风险的现金流，那么投资者要求的收益率会更高。这意味着合理贴现率 r 是经风险调整贴现率（RADR）。

使用NPV和IRR来进行投资决策		
	"是或否"： 选择是否接受一个独立的项目	"项目排序"： 比较两个相互排斥的项目
NPV准则	如果项目的NPV>0则可以接受。	如果NPV（A）>NPV(B)则项目A优于项目B。
IRR准则	如果项目的IRR>r,则可以接受，这里r是相应的贴现率。	如果IRR（A）>IRR(B)则项目A优于项目B。

图 6.1　总结 NPV 和 IRR 在制定投资决策中的应用

图 6.2 给出了 NPV 的"分子"和"分母"。

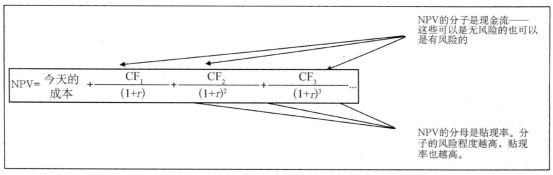

图 6.2　NPV 的"分子"和"分母"

说明：分子中的现金流是预期投资现金流；分母中的贴现率根据分子中的现金流的风险程度进行调整。本章讨论了贴现率的确定。

风险：在本书的后面部分（第8～13章），我们将给出有关风险的更加正式的定义，并说明如何衡量风险。现在，我们将依靠你对风险的直观了解。你明白投资于政府债券的风险要低于投资于股票的风险。你也明白房地产投资的风险要高于将钱放在储蓄账户上（但也许比赌马的风险要低）。

现金流风险的主要特点是未来的变化性：一些现金流几乎是确定的。如果银行承诺给你6％的利息，你可以确定现在的100美元在一年后将增长为106美元。其他类型的现金流要不确定得多。过去的经验显示将1,000美元投资于股票，平均收益率为12％，但是你也知道在某些年份收益率可能会低到−20％，在其他年份收益率可能高达35％。一般来讲，投资回报的波动性越高，风险也越高。

术语

金融文献中充斥着贴现率的同义词。下面是一些你可能会遇到的词；它们有时被用来表示一系列现金流的合理的贴现率：
- 贴现率
- 资本成本
- 机会成本
- 利率
- 经风险调整的贴现率（RADR）

讨论的金融概念

- 资金成本
- 资本成本
- 权益成本，r_E
- 债务成本，r_D
- 自由现金流（FCF）
- 戈登股利模型
- 年中贴现

使用的 Excel 函数

- NPV
- IRR
- PMT

6.1　将资金成本作为贴现率

资金成本是筹集投资所需资金需要的成本。资金成本通常是用做贴现率的良好选择。

将资金成本用作贴现率背后的想法是我们确定了使用资金的成本，并将这一成本用来对未来投资现金流进行贴现。我们以一个例子来说明如何正确使用资金成本作为贴现率。

例 1：将资金从储蓄账户取出用来购买银行存款证

你的银行储蓄账户里有 1 万美元的存款，每年收益率为 4%，且你在未来几年内没有动用这笔钱的打算。银行向你提供了另外一个投资方案：一份两年期的存款证，收益率为 5%。该存款证类似于银行发行的债券：你现在向银行支付 1 万美元，持有该存款证 1 年后你将获得 500 美元的利息（$500 = 5\% * \$10,000$），两年内得到 1.05 万美元。

该存款证看起来似乎是一个很好的投资——在现在收益率为 5%，而不是 4%。从另外一个角度来看，这项投资将花费你 4% 的利率（你的储蓄账户上损失的利率）来赚取存款证上 5% 的利率。将 4% 作为合理贴现率，存款证的净现值为 188.61 美元。

	A	B	C
1		银行CD	
2	储蓄账户利率	4.00%	
3	CD利率	5.00%	
4			
5	年份	CD现金流	
6	0	-10,000.00	
7	1	500.00	
8	2	10,500.00	
9			
10	NPV	188.61	<-- =B6+NPV(B2,B7:B8)

这意味着 188.61 美元是你将资金从储蓄账户取出投入存款证后获得的额外财富。

警告：市场不是傻子，所以你需要问一下为什么银行对存款证要给予 5% 的利率而储蓄账户仅为 4%。将你的资金从储蓄账户取出投入存款证的风险是什么？

● **锁定风险**：存款证上的钱是锁定的，两年内不能动用，而储蓄账户上的钱随时可用。

● **利率风险**：如果利率上升，银行可能会提高储蓄账户的利率（其他银行会提高它们的存款利率，竞争迫使你的银行提高利率）。另一方面，存款证是你与银行之间的一份 2 年的合约，在此期间，利率不会发生变动。（当然，还有另一方面的利率风险：如果利率下降，那么储蓄账户的利率也将下降，但存款证的利息支付不会出现变化。）

● **违约风险**：有可能银行无法维持对存款证所作出的承诺。大多数美国银行定期存单都有美国政府担保，因此事实上这不是一个因素。

这个例子的主要意思是如果你认为银行储蓄账户和存款证的风险没有什么本质的区别，那么你应该用 4% 的储蓄利率来对存款证投资进行贴现。该资金成本是一个适当的贴现率。

例 2：当资金成本不是很好的贴现率时？

在之前的例子中，银行储蓄账户的风险与存款证的风险没有本质的区别。这使得储蓄账户的利率是对购买存款证进行估值的很好的贴现率。当融资的风险与投资风险有本质的差异时，资金成本不是很好的贴现率选择。假设你正在考虑购买一年期 Evelyn Wyer 唇膏专营权。该专营权允许你一年内在大学里出售著名的 Evelyn Wyer 唇膏（Evelyn Wyer 唇膏有各种颜色，但是在大学生中最受欢迎的是土黄色）。专营权费用为 1,000 美元，期限一年。在当年年底，你预期可以从专营中获益 1,500 美元。

如果你实施了该投资，你需要从储蓄账户中取出 1,000 美元，储蓄利率为 4%。那么 4% 是 Evelyn Wyer 唇膏的资金成本。

如果你将 4% 作为贴现率，那么唇膏专营是很好的投资。它的 NPV 为 442 美元，IRR 为 50%。

	A	B	C
1		Evelyn Wyer 唇膏专营	
2	年份	专营权的现金流	
2	0	−1,000	
3	1	1,500	
5			
6	贴现率	4%	
7	NPV	442	<—=B3+B4/(1+B6)
8	IRR	50%	<—=IRR＝（B3:B4）

然而，要确定 4% 的资金成本是不是合理的贴现率，你需要考虑唇膏专营和银行储蓄账户的相关风险。

● 如果你确定你可以从唇膏专营中收益 1,500 美元，那么 4%（资金成本）就是合理的贴现率。

● 另一方面，如果这 1,500 美元是不确定的、是有风险的，那么 4% 作为贴现率就太低了。在这种情况下，你需要确定 50% 的 IRR 是否足以补偿你在该项投资中承受的风险。[①]

例 3：如果税收是一个因素，使用税后资金成本

贵公司需要一台新的电脑。你的可选方案是花 4,000 美元购买电脑或租赁电脑。一家租赁公司向你提供了一个租赁方案，你现在支付 1,500 美元，并在第 1～3 年中每年末支付 1,500 美元。替代方案是向银行借钱，利率为 15%。贵公司所得税税率为 40%；如果购买电脑，它可以按 3 年折旧，每年的折旧税盾为（$4,000/3）* 40%＝$533.33。如果公司租赁电脑而不是购买，每年 1,500 美元的租赁款项可以从应纳税所得额中扣除。每年的税后租赁款项为（1−40%）* $1,500＝$900。

下面是我们在第 5 章中针对该问题提出的解决方案。

---

① 在本书的这个部分，我们只使用了对风险的直观感受。在第 8～13 章，我们对风险作出了更加正式的定义，并说明贴现率与风险如何产生关联。

	A	B	C	D	E	F	G
1				在有税收情况下的租赁或者购买			
2	资产成本	4,000.00					
3	年度租赁支付	1,500.00					
4	银行利率	15%					
5	税后银行利率	9%	<-- =B4*(1-B6)	如果你购买计算机，这里为折旧税盾			
6	税率	40%					
7							
8	年份	购买的现金流		租赁的现金流		差量现金流：租赁减去购买	
9	0	-4,000.00		-900.00	<-- =$B$3*(1-$B$6)	3,100.00	<-- =D9-B9
10	1	533.33	<-- =$B$2/3*$B$6	-900.00		-1,433.33	
11	2	533.33		-900.00		-1,433.33	
12	3	533.33		-900.00		-1,433.33	
13	NPV	-2,649.98		-3,178.17	<-- =D9+NPV(B5,D10:D12)	18.33%	<-- =IRR(F9:F12)
14							
15	解释：租赁像在第0年有3,100美元资金流入，在第1年、第2年和第3年各偿还税后1,433.33美元的贷款。这些现金流的IRR为18.33%。这样，租赁比从银行借款更昂贵，因为银行借款的税后成本为9.00%。						

租赁而不是购买资产在第0年为你节省了3,100美元，但在第1~3年需要额外花费1,433.33美元。差量现金流的IRR（F列）为18.33%。

选择贴现率：在这个例子中，我们仍然可以使用替代方案的资金成本作为贴现率。然而，我们需要考虑到银行贷款的利息可在税前作为费用扣除这一事实。假设租赁和购买的现金流的风险与银行贷款的风险类似，合理的贴现率应该是税后银行贴现率：（1-40%）＊15%＝9%。

现在的情况是我们应该购买资产而不是租赁，因为租赁减去购买的现金流的IRR要高于银行贷款的税后成本。另一个看待这个问题的方式是将3,100美元银行贷款的现金流和购买资产节省的现金流进行比较。从下表可以看出，银行贷款在第1~3年的支出明显要小于租赁减去购买的现金流。

	A	B	C	D
17	如果你从银行借款3,100美元会怎样?			
18	年份	通过租赁可以节约的税后货币	从银行得到同样的金额	
19	0	3,100.00	3,100.00	
20	1	-1,433.33	-1,224.67	<-- =PMT(B5,3,C19)
21	2	-1,433.33	-1,224.67	
22	3	-1,433.33	-1,224.67	
23				
24	IRR	18.33%	9.00%	<-- =IRR(C19:C22)

将资金成本作为贴现率——总结

租赁的例子说明了使用资金成本作为找出贴现率的一个方法：因为你的替代融资方案是银行贷款（而不是租赁），我们使用银行贷款成本作为贴现率。

你在应用这一方法时需要很小心：只有当所投资项目的现金流与资金来源具有相同的风险时，资金成本才能作为合理的贴现率。

● 如果你使用银行贷款来为一组基本确定的现金流融资，那么银行贷款利率可以作为贴现率。你知道你将要偿还贷款，你相信得到融资的现金流的发生是确定的。这是本节讨论的情况。

● 对于公司来说，银行贷款的利息可以作为费用在税前扣除；在这种情况下，应该将税后资金成本作为贴现率。

● 如果你使用银行贷款来为赛马进行融资，那么该现金流的风险将远高于贷款的风险（你几乎可以确定会偿还贷款，但是你赛马的现金流就不确定得多了）。

6.2 将加权平均资本成本作为公司的资金成本

在上一节，我们说明了为什么资金成本——为某一项目筹集资金的成本——往往是很好的贴现率选择。当与项目风险相当时，资金成本是项目贴现率很好的选择。

公司的资金成本通常被称为公司的加权平均资本成本（WACC）。公司主要通过两种方式筹集资金，向股东筹集资金或借款。WACC 由上述两种方式的平均资金成本所决定。

● 公司向股东筹集资金可以通过在股票市场上出售额外股份或者将收入用于投资新项目而不是向股东支付股利。公司向股东筹集资金的资金成本被称为权益成本。权益成本用 r_E 表示，是公司股东要求的必要收益率。在 6.3 节，我们将告诉你如何计算 r_E。

● 公司还可以通过借款或出售债券来筹集资金。借款的资金成本，用 r_D 表示，被称为负债成本或债务成本，是贷款人、银行或公司债券购买者要求的利率。公司借款利息可在税前作为费用扣除；用 T_C 表示企业所得税税率，税后借款成本为 $(1-T_C)*r_D$。

WACC 是公司权益和债务的平均资金成本。另一种表达方式是：WACC 是股东和债权人期望从公司收取的企业所得税税后平均收益率。[1] WACC 的定义为：

$$\text{WACC}=r_E*\underbrace{\frac{E}{E+D}}_{\text{权益占公司融资的比重}}+r_D(1-T_C)*\underbrace{\frac{D}{E+D}}_{\text{债务占公司融资的比重}}$$

其中，

r_E ＝公司的权益成本，即公司股东的必要报酬率；

r_D ＝公司的债务成本，即公司债权人的必要报酬率；

E ＝公司权益的市值；

D ＝公司债务的市值；

T_C ＝公司的税率。

下面用一个简单的例子来说明：美国运输公司有 300 万股流通股，当前每股市场价格为 10 美元。该公司认为股东要求的年投资收益率为 20％，20％就是公司的权益成本 r_E。[2] 该公司还以 8％的利率从银行借款 1,000 万美元，这是公司的债务成本 r_D。美国运输公司的税率 $T_C=40\%$。[3] 我们使用下面的公式来计算美国运输公司的 WACC：

$$\text{WACC}=r_E*\frac{E}{E+D}+r_D(1-T_C)*\frac{D}{E+D}$$

$$=20\%*\frac{30}{30+10}+8\%*(1-40\%)*\frac{10}{30+10}=16.2\%$$

---

① 在金融中，期望收益、必要报酬率、资本成本（权益成本或债务成本）以及所需收益率都是同义词。它们都表示投资者通过各种投资或证券得到（或要求）的市场调整利率。

② 美国运输公司如何得出股东希望 20％的收益率这样一个结论？这是计算 WACC 过程中的问题，在本章中我们将会花大量的篇幅来对这个问题作出回答。所以请保持耐心！

③ 我们使用 T_C 来表示企业所得税税率。

其中，

$r_E = 20\%$；

$r_D = 8\%$；

$E = 3,000,000$ 股股票，每股价格 10 美元 $= 30,000,00$ 美元；

$D = 10,000,000$ 美元；

$T_C = 40\%$。

下面是通过电子表格进行的计算。

	A	B	C
1	美国运输公司——WACC		
2	股份数量		
3	每股市场价格		
4			
5	权益的市场价值		
6	债务的市场价值		
7			
8	权益成本		
9	债务成本		
10	公司税率		
11			
12	WACC，加权平均资本成本：		

美国运输公司 WACC 的计算显示 WACC 取决于 5 个变量。

● r_E，权益成本。r_E 是股东的必要报酬率。在计算 WACC 的 5 个参数中，r_E 是最难算的。6.3 节给出了一个计算 r_E 的模型。

● E，公司权益的市值。我们通常用 E 来表示公司股数乘以每股市价。

● r_D，债务成本。r_D 是公司借款的成本。在大多数时候，r_D 取公司的边际利率——公司可以从银行借到更多资金或卖出债券的利率。另外，我们有时将 r_D 作为公司当前债务的平均借贷利率。6.5 节将给出一个实际公司的例子来说明 r_D 的计算。

● D，公司债务的市值。在大多数情况下，我们将 D 作为公司全部债务的价值。下面的 6.5 节将用一个例子来说明 D 的计算。

● T_C，公司税率。大多数情况下，我们通过计算公司的平均税率来计算 T_C，见 6.5 节的例子。

WACC

加权平均资本成本是公司向股东和债权人支付的平均报酬率。WACC 是公司项目的资金成本，被广泛用作公司投资现金流的合理风险调整贴现率。下面的三个例子中有两个例子说明了 WACC 在投资估值中的应用。第 3 个例子说明了 WACC 不是公司投资的合理贴现率的情况。

● White Water 漂流公司正在考虑购买一个新的木筏。这种木筏比公司当前使用的木筏要贵得多，因为这种木筏是自动封闭的——应用了一项新技术，木筏上的孔是自动的和永久固定的。在漂流季，White Water 现有的木筏要花大量的时间来穿刺固定，该公司预计这种新的自我封闭木筏将通过增进效率和降低成本来提高其盈利能力。作为这条河上第一家使用这种自动封闭木筏的漂流公司，White Water 希望能够从其他漂流公司那里吸引来业务——客户通常都讨厌他们的旅行被"平板筏"（相当于"没气了的轮胎"的木筏）打断，当他们听到 White Water 的新木筏时，相比于竞争对手，他们会更加喜欢 White Water 公司。

White Water 的金融分析师已经得出了新木筏的预期现金流。要完成净现值分析，公司还需要确定一个适当的贴现率。这里说明了 WACC 是怎么来的：由于新木筏的现金流的风险与 White Water 漂流公司现有的现金流类似，因此，WACC 是一个适当的贴现率。

● Gorgeous Fountain Water 公司（GF）出售来自 Gorgeous Fountain 天然泉的瓶装水。该公司正在考虑购买 Dazzling Cascade Water 公司（DC）。DC 的经营区域在 GF 旁边，且 GF 的金融分析人员已对其运营、销售和预期现金流进行了彻底的分析。

要对 DC 进行估值，GF 需要确定 DC 预期现金流的合理贴现率。现在说明加权平均资本成本怎么来的。GF 的 WACC 是投资者要求的收益率，考虑债务利息可在税前作为费用扣除。假设 DC 的现金流的风险与 GF 的现金流的风险类似，那么 WACC 就是 GF 现金流的合理的贴现率。用 GF 的 WACC 对 DC 的现金流进行贴现，从而得出对 DC 的竞标价格。

● 我们最后给出一个 WACC 不适合做贴现率的例子。Delicious Licorice（DL）是一家糖果公司，$WACC_{DL} = 22\%$。为了实现多元化，DL 正在考虑购买 Cheap Talk（CT），一家区域性手机运营商。DL 的金融人员已对该潜在购买的现金流进行了仔细的分析。他们意识到 DL 的 WACC 不是分析购买 CT 的合理的贴现率——DL 的加权平均资本成本中包含的风险与 CT 的现金流的风险完全不同。要将 WACC 作为贴现率，它必须要能够体现所评估的现金流的风险。

对一些重要的术语进行说明

在本书中，我们谈到"公司"时，一般指的是有股东和债权人的企业和公司。[①] 典型的公司是法人，即与其股东和债务持有人相分离的法律实体。公司的收入按企业所得税税率纳税。

股东持有公司的股票。当公司盈利时，管理层可能会决定向股东支付股息，这些股息是不确定的。股东也可以出售股票，这样做可以带来收益（称为"资本收益"），也可能会遭受损失。你可以看到，公司股东的现金流是不确定的。公司股东承担有限责任；如果公司不能产生现金流，他们没有向债权人偿还的责任。

权益成本：用 r_E 表示，是股东预期从公司得到的未来现金流的贴现率。不用说，权益成本取决于股东现金流的风险。股东预期现金流的风险越高，权益成本 r_E 也越高。

公司的债务持有人是其贷款人。公司承诺给予债务持有人固定回报（利息）。尽管大部分贷款都是固定利率的，定期根据市场利率重置，但与通货膨胀率挂钩的利率也很常见。

债务持有人可能是向公司贷款的银行，也可能是购买公司债券的个人和养老基金。公司向债务持有人支付的利息可作为费用在税前扣除。公司债务的利息支付和公司的所得税税率决定了税后债务成本，用 $r_D(1-T)$ 表示。

---

① 股东的同义语：股东、权益持有人；债务持有人的同义语：贷款人、债券持有人。

6.3 戈登股利模型：对预期股利进行贴现得到公司的权益成本，r_E

在本节中，我们提出了一个计算公司权益成本 r_E 的公式。我们称该公式为戈登股利模型，纪念在 1959 年首次提出该模型的迈伦·戈登（Myron Gordon）。[1] 本节又分为两个部分：

- 在第一部分，基于预期未来股利，我们得出计算公司股票价值的模型。
- 在第二部分，我们使用第一部分得到的股票估值模型来得出权益成本 r_E。

以预期未来股利的现值对公司股票进行估值

首先，我们计算支付增长型股利股票的公允市场价格。下面的例子体现了我们模型的大部分逻辑：现在是 2000 年 3 月 2 日，你正在考虑购买 XYZ 公司的股票，以下是有关该公司及其股票的一些信息：

- XYZ 支付稳定的股利；在过去，它按年支付股利，且这些股利以每年 7％ 的速度增长。
- 该公司每股只支付 10 美元的股利。股利于 3 月 1 日（该公司传统股利发放日）支付。

你想通过对未来预期股利贴现来对 XYZ 的股票进行估值。在预测 XYZ 公司的未来股利时，你假设股利将以每年 7％ 的速度增长。那么预期未来每股股利为：

今天的股利 $= Div_0 = \$10.00$
明年的股利 $= Div_1 = Div_0(1+g) = \$10 * (1+7\%) = \$10.70$
$Div_2 = Div_1(1+g) = Div_0(1+g)^2 = \$10 * (1+7\%)^2 = \$11.45$
$Div_3 = Div_2(1+g) = Div_0(1+g)^3 = \$10 * (1+7\%)^3 = \$12.25$
$\cdots \qquad \cdots$
$Div_1 = Div_0(1+g)^t$

这 3 个点（…）表示你认为股利流很长（当我们写下实际模型时，我们假设股利流是永久性的）。

假设你认为股利流的合理贴现率是 XYZ 的权益成本 $r_E = 15\%$。使用 r_E 来对预期未来股利贴现，得到当前 XYZ 公司股票的公允价值（用 P_0 表示）。

对 XYZ 公司股票进行估值：

$$今天股票的公允价值，P_0 = \frac{Div_1}{(1+r_E)} + \frac{Div_2}{(1+r_E)^2} + \frac{Div_3}{(1+r_E)^3} + \cdots$$

$$= \frac{Div_0(1+g)}{(1+r_E)} + \frac{Div_0(1+g)^2}{(1+r_E)^2} + \frac{Div_0(1+g)^3}{(1+r_E)^3} + \cdots$$

$$= \frac{Div_0(1+g)}{r_E - g}$$

上述公式的最后一行使用了第 2 章提出的不断增长的年金现值公式：现金流 $Div_0(1+g)$，$Div_0(1+g)^2$，$Div_0(1+g)^3$，…按贴现率 r_E 贴现得到的现值为：

---

[1] 该模型有时也简称为戈登模型；或称为股利贴现模型。

$$P_0 = \sum_{t=1}^{\infty} \frac{Div_0(1+g)^t}{(1+r_E)^t} = \frac{Div_0(1+g)}{r_E - g}, \text{当} \mid g \mid < \mid r_E \mid \text{①}$$

应用估值模型对 XYZ 的股票进行估值得到：

$$\text{今天股票的公允价值}, P_0 = \frac{10(1.07)}{(1.15)} + \frac{10(1.07)^2}{(1.15)^2} + \frac{10(1.07)^3}{(1.15)^3} + \cdots$$

$$= \frac{\overbrace{10(1.07)}^{Div_0(1+g)}}{\underbrace{0.15 - 0.07}_{r_E - g}} = 133.75$$

下面的电子表格应用了戈登股利模型。

	A	B	C
1	对 XYZ 的股票进行估值		
2	当前股利，D_0	10	
3	股利增长率，g	7%	
4	权益成本，r_E	15%	
5	股票价值	133.75	<——B2 * (1+B3)/(B4—B3)

使用戈登股利模型计算权益成本 r_E

在上一部分，基于当前每股股利 Div_0、预期股利增长率 g、权益成本 r_E，我们得到了每股价值 P_0。在本节，我们对公式进行变换：通过当前股票价值 P_0、当前每股股利 Div_0 以及预期股利增长率 g 得到权益成本 r_E。

根据上一部分的戈登股利模型，股票价值由 $P_0 = Div_0(1+g)/(r_E - g)$ 得到。变换这个公式，得到权益成本 r_E 为：

$$r_E = \frac{Div_0(1+g)}{P_0} + g$$

这就是戈登股利模型权益成本公式。在戈登股利模型中，权益成本 r_E——用于对现金流贴现的贴现率——是两个部分的和：

● $Div_0(1+g)/P_0$ 是股票的预期股息收益率。假设你今天购买了股票，花费 P_0。然后你预期下一期可得到股利 $Div_0(1+g)$，其中 g 是预期未来股利增长率。那么 Div_0（$1+g$）/ P_0 就是预期下一期的股利收益率。

● g 是股票未来支付的所有股利的增长率。

戈登股利模型权益成本公式的应用——一个简单的例子

考虑一家当前股价 $P_0 = \$25.00$ 的公司，该公司刚刚支付了每股股利 $Div_0 = \$3.00$。该公司的股东认为股利将以每年 $g = 8\%$ 的速度增长。在这种情况下，戈登股利模型得到

---

① 条件 $\mid g \mid < \mid r_E \mid$ 表示 g 的绝对值小于 r_E 的绝对值。如果公司的股利增长率为正，那么这相当于假设 $0 < g < r_E$。

权益成本为 $r_E = 20.96\%$。

	A	B	C
1	使用戈登股利模型计算权益成本 r_E		
2	当前股利，Div_0	3.00	
3	当前股价，P_0	25.00	
4	预期股利增长率，g	8%	
5	戈登股利模型的权益成本，r_E	20.96%	<－－=B2*（1+B4）/B3+B4

请注意戈登股利模型的权益成本 r_E 对参数值非常敏感。例如，如果在上述例子中股利增长率为 5%，那么 $r_E = 17.60\%$。

	A	B	C
1	使用戈登股利模型计算权益成本 r_E		
2	当前股利，Div_0	3.00	
3	当前股价，P_0	25.00	
4	预期股利增长率，g	5%	
5	戈登股利模型的权益成本，r_E	17.6%	<－－=B2*（1+B4）/B3+B4

6.4 戈登权益成本公式的应用——Courier 公司

Courier 公司（股票代码为 CRRC）是一家书籍制造商，经历了销售额和利润的快速增长。Courier 公司的会计年度在 9 月 30 日结束。我们使用戈登股利模型来计算 Courier 公司 2002 年 9 月底的权益成本。

下表给出了相关数据和运算。

	A	B	C
1	Courier公司（CRRC） 使用戈登模型计算权益成本		
2	年末（结束于9月30日）	每股股利	
3	1998	0.2533	
4	1999	0.2667	
5	2000	0.3200	
6	2001	0.3700	
7	2002	0.4000	
8			
9	g, 平均股利增长率	12.10%	<-- =(B7/B3)^(1/4)-1
10	Div_0, 当前每股股利	0.40	<-- =B7
11	$Div_0*(1+g)$, 2003年预期的股利	0.45	<-- =B10*(1+B9)
12	P_0, 股票价格，2002年9月30日	37.99	
13			
14	r_E, 戈登股利模型的权益成本	13.28%	<-- =B11/B12+B9

要使用戈登模型计算单元格 B14 中的权益成本，我们需要下列假设：

● 股票价格 P_0 为已知。在本题中，P_0 为计算日（2002 年 9 月 30 日）的股票价格。在那天 $P_0 = \$37.99$。

● 当前每股股利 Div_0 为已知。所谓"当前每股股利"我们指的是公司最近支付的股利，在本例中指的是 Courier 2002 年的每股股利 $Div_0 = \$0.40$。

● 平均股利增长率，g，可以得到。我们从单元格 B3：B8 的股利系列中得到下面的数据。我们的假设是平均股利增长率 g 可以根据下面的假设得出：

$$Div_{1998} = 0.2533$$
$$Div_{1999} = Div_{1998}(1+g)$$
$$Div_{2000} = Div_{1998}(1+g)^2$$
$$Div_{2001} = Div_{1998}(1+g)^3$$
$$Div_{2002} = Div_{1998}(1+g)^4 = 0.4000$$

这意味着 $g = \sqrt[4]{\dfrac{Div_{2002}}{Div_{1998}}} - 1 = \sqrt[4]{\dfrac{0.4000}{0.2533}} - 1 = 12.10\%$。

鉴于这些假设，Courier 的权益成本 r_E 为：

$$r_E = \frac{Div_0(1+g)}{P_0} + g = \frac{0.40 * (1+12.1\%)}{37.99} + 12.10\% = 13.28\%$$

这就是单元格 B14 所执行的运算。

计算增长率的替代方法

上面讲述的戈登模型的运用过程中使用了几何平均增长率 $g = \sqrt[4]{\dfrac{Div_{2002}}{Div_{1998}}} - 1$ 来计算戈登模型中的 g。下面给出两种计算增长率 g 的替代方案：

替代方案 1：使用不同的时间段。在上面的例子中，我们假设未来预期股利增长率可由 1998—2002 年之间的股利来预测。然而，经过一番考虑，我们决定还需要另外一年的数据，股利由 1997—2002 年间的数据预测更好。在这种情况下，股利增长率为：

$$g = \sqrt[5]{\frac{Div_{2002}}{Div_{1997}}} - 1 = \sqrt[5]{\frac{0.40}{0.21}} - 1 = 13.75\%$$

这将会引起权益成本的变动，因为替代方案 1 得到的预期股利增长率 g 较之前得到的要高，权益成本 $r_E = \dfrac{Div_0(1+g)}{P_0} + g$ 也将更高，如下表所示。

	A	B	C
1	Courier公司（CRRC） 方案1：使用不同的基年		
2	年末（结束于9月30日）	每股股利	
3	1997	0.2100	
4	1998	0.2533	
5	1999	0.2667	
6	2000	0.3200	
7	2001	0.3700	
8	2002	0.4000	
9			
10	g, 平均股利增长率	13.75%	<-- =(B8/B3)^(1/5)-1
11	Div_0, 当前每股股利	0.40	<-- =B8
12	$Div_0 * (1+g)$, 2001年预期的股利	0.46	<-- =B11*(1+B10)
13	P_0, 股票价格，2000年9月30日	37.99	
14			
15	r_E, 戈登股利模型的权益成本	14.95%	<-- =B12/B13+B10

替代方案 2：完全无视历史股利数据。你可能认为 Courier 过去的股利数据并不能预期其未来的股利支付。在这种情况下，你可能会想要用一个完全不同的数字作为预期股利增长率 g。在下面的例子中，你决定 Courier 的未来股利增长率为 15%。这样操作将得到权益成本为 16.21%。

	A	B	C
1	Courier公司（CRRC） 方案2：计算未来股利增长率		
2	g,平均股利增长率	15.00%	
3	Div_0,当前每股股利	0.40	
4	$Div_0*(1+g)$,2001年预期的股利	0.46	<-- =B3*(1+B2)
5	P_0,股票价格，2000年9月30日	37.99	
6			
7	r_E,戈登股利模型的权益成本	16.21%	<-- =B4/B5+B2

计算权益成本 r_E 最后的替代方案：使用总权益支出而不是每股数据

在 1998—2002 年，Courier 通过公开市场回购向股东购买本公司的股票。在很多方面，回购都类似于股利——股利与回购都表现为公司对股东的支付。下面的 Excel 表格计算了 1998—2002 年间每年的股利总额加上股票回购，并使用这一"总权益支出"来计算戈登股利模型权益成本 r_E。

C 列的数据是 Courier 支付的股利总额（股利总额＝每股股利 * 股数）；D 列是通过回购向股东支付的现金。E 列给出了全部权益支付：股利总额＋回购。F 列中我们计算了总权益派息的年同比增长率。你可以看到，这些数据的变化非常大，尤其是与相对来讲较为平缓的股利增长率进行比较（B 列和 C 列）。在单元格 B14 中，我们决定使用过去两年的现金总支出平均增长率作为我们预测的未来增长率 g。这样我们得到权益成本 r_E 为 12.45%（单元格 B16）。

	A	B	C	D	E	F	G
1	Courier公司（CRRC） 计算总权益支出						
2	年末 （结束于9月30日）	每股股利	总股利	股份回购	总权益支出： 股利+回购	总权益支出的年增长率	
3	1998	0.2533	1,205,000	0	1,205,000		
4	1999	0.2667	1,354,000	455,000	1,809,000	50.12%	<-- =E4/E3-1
5	2000	0.3200	1,572,000	114,000	1,686,000	-6.80%	<-- =E5/E4-1
6	2001	0.3700	1,824,000	0	1,824,000	8.19%	<-- =E6/E5-1
7	2002	0.4000	2,086,000	0	2,086,000	14.36%	<-- =E7/E6-1
8							
9	股票价格，2002年9月30日	37.99					
10	股份数量，2002年9月30日	5,215,000					
11	权益的市场价值，2002年9月30日	198,117,850	<-- =B10*B9				
12							
13	2002年总股利	2,086,000	<-- =E7				
14	预期股利增长率	11.27%	<-- =AVERAGE(F6:F7)				
15							
16	戈登模型的权益成本，r_E	12.45%	<-- =B13*(1+B14)/B11+B14				

使用总权益支出，通过戈登股利模型来计算权益成本：

$$(总权益支出 = 全部股利 + 股票回购)(1+g)$$

$$r_E = \frac{(总权益支出 = 全部股利 + 股票回购)(1+g) \quad \overset{\text{预期的总权益支出增长率}}{\uparrow}}{当前总权益价值} + g$$

$$= \frac{2,086,000 * (1+27\%)}{198,117,850} + 11.27\% = 12.45\%$$

尽管采用总权益支出来计算权益成本还存在一些争议，但我们认为这是正确的方法。在下面 Courier 公司的例子中，我们假设 Courier 的权益成本为 12.45%。

企业为什么回购股票？

近年来，作为一种回报股东的方式，股份回购的使用已超过股利支付。公司回购股票来替代额外的分红，主要有以下几个原因：

● 回购可用来吸收额外的现金，并保持股利增长可预期。大多数支付股利的公司认为股东希望看到一个稳定的股利增长模式。因此，只要它们有额外的现金，它们将被用于回购股票，而不是用于向股东支付增长性股利。

● 回购有助于降低股东因收到现金而支付的税款。当公司支付股利时，所有股东收到的款项将按个人所得税税率支付税款。股票回购是自愿的（你不一定要将股票卖给公司）。如果你同意股票回购，在大多数情况下你得到的款项将按资本收益税税率纳税（比普通所得税税率低）。

● 股票回购对于出售股票的股东和不同意回购的股东均有利。为什么？当公司的一些股份被回购，继续持有公司股份的股东在未来收益和股利支付中将获得更多的份额。因此，各方均受益。

6.5 计算 Courier 的 WACC

到目前为止，我们已经算出 Courier 的权益成本 $r_E = 12.45\%$。该成本为公司股东在考虑到对现金股利增长的预期和股票回报的基础上所要求的。现在我们要计算 Courier 公司的加权平均资本成本 $\text{WACC} = r_E \frac{E}{E+D} + r_D(1-T_C)\frac{D}{E+D}$。但是，在这之前，我们需要计算以下变量的值。

● E：Courier 的权益市值。从之前的表中可以看到，在 2002 年 9 月 30 日，Courier 拥有的 5,215,000 股股票，每股市值为 37.99 美元。因此，$E = 5,215,000 * 37.99 = \$198,117,850$。

● D：Courier 的负债价值。在 2002 年 9 月 30 日，Courier 的负债为 752,000 美元。该信息来自公司年报（见图 6.3）。Courier 的负债包括长期负债的流动部分和长期负债本身。[①] 从图中可以看出，与上一年即 2001 年 16,577,000 美元的负债量相比，2002 年 Courier 的负债有显著的下降。

---

① 要计算加权平均资本成本需要知道公司的市值。然而，市值很难计算；相比之下，采用负债的账面价值是较为标准的做法。

	2002 年 9 月 28 日	2001 年 9 月 29 日
负债及股东权益		
流动负债:		
一年内到期的非流动负债	$78,000	$76,000
应付账款（记为 A）	6,708,000	11,933,000
应付职工薪酬	7,642,000	6,652,000
应交税费	6,965,000	6,092,000
其他流动负债	6,362,000	6,789,000
流动负债合计	27,755,000	31,542,000
长期负债（记为 A 和 D）	674,000	16,501,000
递延所得税负债（记为 C）	4,658,000	2,801,000
其他负债	2,652,000	2,446,000
负债合计	35,739,000	53,290,000

图 6.3　从资产负债表截取的 Courier 的负债信息

说明：其中金融债务已进行了标记。该公司在金融年度内偿还了大量的债务。

● r_D：Courier 的债务成本。理论上，r_D 应该是边际债务成本——公司额外债务的借款利率。然而，该利率通常很难获得。一个可行的替代方法是使用公司当前的借款利率的相关信息。从图 6.3 中可以看出公司的债务报告包括了哪些内容，从 Courier 的利润表（见图 6.4），可以了解其利息支付的信息。我们使用平均借款利率 5.54%（该利率适用于大多数债务）作为公司的债务成本 r_D。

	A	B	C	D
1	Courier公司（CRRC）利息支付的分析			
2	会计年度结束于9月30日	**2002**	**2001**	
3	总债务	752,000	16,577,000	
4	支付的利息	480,000		
5				
6	平均利率r_D	5.54%	<-- =B4/AVERAGE(B3:C3)	

年末	2002年9月28日	2001年9月29日	2000年9月30日
净销售额（记为A）	$202,184,000	$211,943,000	$192,226,000
销售成本	137,991,000	150,572,000	144,132,000
毛利	64,193,000	61,371,000	48,094,000
销售和管理费用	39,602,000	39,258,000	31,406,000
商誉摊销（记为A）	-	1,410,000	596,000
利息费用	480,000	1,899,000	325,000
其他收入（记为J）	-	(1,230,000)	(119,000)
税前收入	24.111.000	20.034.000	15,886,000
收入税项（记为C）	7,936,000	6,817,000	5,249,000
净收入	$ 16,175,000	$ 13,217,000	$ 10,637,000

图 6.4　Courier 的利润表

说明：该图显示 2002 年支付了 480,000 美元的利息。计算 2002 年的平均未偿还债务利息（见图 6.3），得到 $r_D = \dfrac{480,000}{(752,000 + 16,577,000)/2} = 5.54\%$。将公司的税前收入除以 2002 年的所得税 7,936,000 美元，我们得到税率为 $T_C = \dfrac{7,936,000}{24,111,000} = 32.91\%$。

- T_C，Courier 的税率。我们可以从所得税拨备中计算出 Courier 的税率。Courier 2002 年的所得税拨备率为 $T_C = \frac{7,936,000}{24,111,000} = 32.91\%$。我们将其作为该公司的税率 T_C。

	A	B	C	D
1	Courier公司（CRRC）利息支付的分析			
2	年末（结束于9月30日）	**2002**	**2001**	**2000**
3	税前收入	24,111,000	20,034,000	15,886,000
4	收入税项	7,936,000	6,817,000	5,249,000
5				
6	平均税率	32.91%	34.03%	33.04%

那么 Courier 的加权平均资本成本是多少呢？

下表计算了 Courier 的加权平均资本成本。

	A	B	C
1	Courier公司（CRRC）计算WACC，2002年9月		
2	权益成本，r_E	12.45%	<-- 通过总权益支出得出
3	债务成本，r_D	5.54%	<-- 来自Courier公司财务报表
4			
5	2002年9月的权益价值，E	198,117,850	<-- 股票数乘以当前股票价格
6	2002年9月的债务价值，D	752,000	<-- 来自Courier公司财务报表
7	总计：权益+债务，$E+D$	198,869,850	<-- =SUM(B5:B6)
8			
9	权益百分比，$E/(E+D)$	99.62%	<-- =B5/B7
10	债务百分比，$D/(E+D)$	0.38%	<-- =B6/B7
11			
12	税率，T_C	32.91%	<-- 来自Courier公司财务报表
13			
14	WACC	12.41%	<-- =B2*B9+B3*(1-B12)*B10

在下一节，我们将用 12.41% 的 WACC 来计算 Courier 公司的价值。

6.6 WACC 的两种用途

加权平均资本成本是公司股东和债权人所要求的加权平均收益率。我们假设该收益率反映了股东和债权人的未来现金流的平均风险。这是合理的，因为我们从预期未来对股东的支付中得到权益成本 r_E、从公司贷款人要求的利率中得到负债成本 r_D。因此，加权平均资本成本反映了股东和债权人现金流的加权平均风险。

当现金流的风险与股东和债权人获得的现金流的风险类似时，那么 WACC 就是合理经风险调整的贴现率。在两种情况下，该说法往往是正确的。

- 在资本预算情况下。当一家公司正在考虑投资一个项目，该项目的风险与公司整体风险类似，那么 WACC 就是该项目现金流的合理贴现率。在 6.2 节 White Water 漂流公司的例子中我们已经对 WACC 的这一用法进行了说明。

- 对公司整体进行估值。在下文中我们将会对自由现金流进行定义。Courier 公司的价值是其未来预期自由现金流的贴现值，而 WACC 就是贴现率。6.2 节的 GF 公司的例子初步讨论了 WACC 的这一用法。本节中，我们将用 Courier 作为例子，对 WACC 的这两个用法加以说明。

使用加权平均资本成本作为项目的贴现率

Courier 公司的加权平均资本成本为 12.41%——这是股东和债权人要求的加权平均收益率。我们回忆一下，Courier 公司是做书籍印刷业务的。假设该公司正在考虑投资于一个新的项目，该项目的风险与现有业务的风险一样。该项目可能很简单，就是购买一台新的印刷机来印刷更多的书籍或者建一个新的仓库来容纳书籍，但该项目也可能要复杂得多——如收购其他印刷公司。

在所有这些情况下，加权平均资本成本都是贴现率的自然起点。我们说的"起点"指的是在对项目现金流进行贴现时，Courier 公司需要假设最初的贴现率为 12.41%，然后对贴现率进行调整以适应感知到的风险。

比方说，该公司考虑购买一台机器，从而可以印刷更多的书籍。下表给出了该机器的现金流、净现值和内部收益率。如果该机器的现金流的风险与 Courier 公司整体现金流的风险相类似，那么 WACC 就是合理的贴现率。下面的分析显示该公司不应进行该项投资——因为该投资的净现值为负（−11,777 美元），且内部收益率（7.80%）较 12.41% 的 WACC 低。

	A	B	C
1	Courier公司（CRRC）将WACC用作贴现率		
2	WACC	12.41%	
3			
4	年份	现金流	
5	0	-100,000	
6	1	15,000	
7	2	22,000	
8	3	33,000	
9	4	44,000	
10	5	12,000	
11			
12	NPV	-11,777	<-- =B5+NPV(B2,B6:B10)
13	IRR	7.80%	<-- =IRR(B5:B10)
14			
15	极端例子：与Courier公司债务一样的现金流风险		
16	债务成本	5.54%	
17	Courier公司税率	32.91%	
18	债务的税后成本	3.72%	<-- =(1-B17)*B16

当然，需要有调整的空间，因为我们所做的一些假设可能并不如我们所认为的那般准确。例如，假设该机器的现金流的风险被认为要远低于 Courier 公司整体现金流的风险。在极端情况下，我们可能会认为该机器的现金流的风险与 Courier 公司的债务风险类似。由于该公司税后债务成本为 5.54% × (1−32.91%) = 3.72%，那么 3.72% 可能就是该项目的合理贴现率，且公司可以接受该项目（因为 7.8% 的内部收益率要比 3.72% 高）。

用 WACC 对 Courier 公司进行估值，并预测自由现金流

在上一小节中，我们用 WACC 来对公司的典型项目进行估值。WACC 的第二个主要

用途是对公司进行估值。在第 7 章，我们将对该用途进行完整的解释，并详细解释自由现金流（FCF）的概念。在本章中，自由现金流指的是由公司业务活动产生的，而不是融资活动。自由现金流的"自由"指的是它可以用来向公司的股东和债权人支付股利、股票回购（对股东的支付）和利息（对债权人的支付）。

要正确界定 FCF，需要熟悉会计知识。下面是对 FCF 的定义。

定义自由现金流	
税后利润	这是衡量企业盈利性的基本指标，但它是一个会计指标，包括了资金流动（如利息）以及非现金支出（如折旧）。税后利润没有说明公司的营运资本变化和新的固定资产的购买，而这两项对于公司现金流具有重要影响。FCF 对营运资本变化和新的固定资产的购买单独进行考虑。
＋折旧	这种非现金支出加回税后利润。
下面两项的和为净营运资本的变化，通常用 ΔNWC 表示	
一与公司运营相关的流动性资产增加	当公司销售额增长时，就需要更多的存货投资、应收账款等。这些流动资产的增加不能在税前扣除（因此在税后利润中被忽略），但是会造成公司的现金流出。为了计算 FCF，流动资产的增加不包括现金和有价证券的变动。
＋与公司运营相关的流动性负债增加	销售的增加往往会导致与销售相关的融资科目的增加（如应付账款或应付税款）。这些流动负债的增加——与销售相关——将为公司带来现金。FCF 包含了与运营相关的所有流动负债项；不包括短期借款、一年内到期的长期债务和应付股利等科目。
一资本支出（CAPEX）	固定资产的增加（公司的长期生产性资产）需要使用现金，从而降低了公司的自由现金流。
＋税后利息支付（净值）	FCF 度量公司业务活动产生的现金。FCF 不应包含任何与公司融资有关的科目。特别是，我们要消除税后利息支付带来的影响。我们通过下述措施实现这一点： ● 加回债务的税后利息成本（税后是因为利息支付扣税） ● 减去通过现金和有价证券支付的税后利息
FCF ＝上述几项的和	

2002 年，Courier 公司的自由现金流为 22,519,493 美元。下表中的 B9 单元格指出了这一数字如何从公司的合并现金流量表中得到。

	A	B	C
1		Courier 公司 2002 年自由现金流的计算	
2	税后利润	16,175,000	＜－－＝E11
3	加回折旧	10,687,000	＜－－＝B16
4	营运资金变动		
5	减去增加的流动资产	4,515 000	＜－－＝SUM（B17：B19）
6	加上增加的流动负债	−2,411,000	＜－－＝B22＋B21＋B23
7	减去资本支出	6,739,000	＜－－＝B27＋B28
8	加回税后利息	292,493	＜－－＝（1−B50）＊B44
9	自由现金流	22,519,493	＜－－＝SUM（B2：B8）
10			

11			
12	**合并现金流量表**	**2002**	
13	**经营活动**		
14	净收入	16,175,000	
15	根据经营活动产生的现金来调整净收入		
16	折旧与摊销	10,687,000	
17	应收账款变动	2,914,000	
18	存货变动	728,000	
19	应交税费变动	873,000	
20			
21	应付账款变动	−5,225,000	
22	递延所得税	1,531,000	
23	其他流动负债变动	1,283,000	
24	经营活动产生的现金流量	28,966,000	
25			
26	**投资活动**		
27	资本支出	−4,918,000	
28	投资所支付的现金	−1,821,000	
29	投资活动产生的现金流量	−6,739,000	
30			
31	**筹资活动**		
32	长期债务偿还	−76,000	
33	偿还债务净额	−15,750,000	
34	现金股利	−2,058,000	
35	股票回购	0	
36	发行普通股	1,114,000	
37	筹资活动产生的现金流量	−16,770,000	
38			
39	现金及现金等价物增加（减少）	5,457,000	
40	期初现金及现金等价物余额	173,000	
41	期末现金及现金等价物余额	5,630,000	
42			
43	补充信息		
44	利息支付	436,000	
45			
46	税前收入	24,111,000	
47	所得税拨备	7,936,000	
48	净收入	16,175,000	
49			
50	税率＝B47/B46	32.91%	

使用 FCF 和 WACC 对 Courier 进行估值

在金融原理中，公司负债和权益的价值为其自由现金流以加权平均资本成本贴现的值。

> 企业价值＝自由现金流用加权平均资本成本贴现的现值

企业的价值反映了未来经营活动产生的现金流的现值。假设你对 Courier 公司进行详细的分析，认为其未来自由现金流增幅为每年 4%。由于 Courier 公司的 WACC 为 12.41%，其企业价值为：

$$\text{Courier 的企业价值} = PV \text{（自由现金流按加权平均资本成本贴现）}$$

$$= \sum_{t=1}^{\infty} \frac{FCF_t}{(1+WACC)^t} = \sum_{t=1}^{\infty} \frac{FCF_{2002} \times (1 + FCF \text{增长率})^t}{(1+WACC)^t}$$

$$= \sum_{t=1}^{\infty} \frac{22,519,493 \times (1+4\%)^t}{(1+12.41\%)^t}$$

$$= \frac{22,519,493 \times (1+4\%)}{12.41\% - 4\%} = 278,376,871$$

请注意本估值模型——与 6.3 节的戈登股利模型类似——利用了第 2 章建立的不断增长年金公式！

$$\sum_{t=1}^{\infty} \frac{FCF_{2002} \times (1+FCF\text{增长率})^t}{(1+WACC)^t} = \frac{FCF_{2002} \times (1+FCF\text{增长率})}{WACC - FCF\text{增长率}}$$

要从企业估值中得到公司权益的价值，我们需要进行两个额外的调整：

● 我们加入 Courier 在 2002 年持有的 5,630,000 美元的现金和有价证券余额。企业价值衡量的是 Courier 未来自由现金流的现值。公司当前持有的现金和有价证券余额不是未来自由现金流的组成部分，但它们是属于公司的，因此必须加入。在下表的单元格 B8 中，可以看到把现金和有价证券加入后得到估计的资产价值为 284,006,871 美元。

● 我们减去公司 2002 年 752,000 美元的负债。在单元格 B10 中，可以看到减去负债后，得到估计的资产价值为 283,254,871 美元。

下表是进行上述调整后的估值。

	A	B	C
1	为Courier公司估值		
2	2002年的FCF	22,519,493	
3	预期FCF增长率	4%	
4		12.41%	
5			
6	企业价值	278,376,871	<-- =B2*(1+B3)/(B4-B3)
7	初始现金流和有价证券	5,630,000	来自2002年资产负债表<--
8	资产价值	284,006,871	<-- =B6+B7
9	债务价值	752,000	
10	权益价值	283,254,871	<-- =B8-B9
11			
12	股份数量	5,215,000	
13	每股价值	54.32	<-- =B10/B12

我们对 Courier 的每股估价为 54.32 美元：由于权益总额为 5,215,000 股，因此每股价值为 $\dfrac{\$283,254,871}{5,125,000} = \$54.32$。这一数据与当前 Courier 公司 37.99 美元的每股股价相比，具有优势，因此应建议买入 Courier 的股票（股市分析师的说法）。

采用年中贴现对 Courier 估值

在第 5 章中我们介绍过这个论题。这个观点指的是，由于大部分现金流的产生是贯穿全年的，因此恰当的贴现方式应该是假设它们在年中产生。在计算 Courier 公司价值时，我们不是按这一公式计算，

$$企业价值 = \frac{FCF_{2002}(1+FCF\ 增长率)}{(1+WACC)} + \frac{FCF_{2002}(1+FCF\ 增长率)^2}{(1+WACC)^2} + \cdots$$

$$= \frac{FCF_{2002}(1+FCF\ 增长率)}{WACC-FCF\ 增长率}$$

而应该按照

$$企业价值_{年中贴现} = \frac{FCF_{2002}(1+FCF\ 增长率)}{(1+WACC)^{0.5}} + \frac{FCF_{2002}(1+FCF\ 增长率)}{(1+WACC)^{1.5}} +$$

$$= \frac{FCF_{2002}(1+FCF\ 增长率)}{WACC-FCF\ 增长率} * (1+WACC)^{0.5}$$

这一公式计算。

正如在第 5 章中解释的，年中贴现将引起现金流估值的增加，因为现金流产生得越早，价值越高。如果我们使用年中贴现法，那么 Courier 的每股估值将从 54.32 美元上升到 56.45 美元。

	A	B	C
1		为Courier公司估值 使用年中贴现	
2	2000年的FCF	22,519,493	
3	预期FCF增长率	4%	
4	WACC	12.41%	
5			
6	企业价值	295,149,271	<-- =(1+B4)^0.5*B2*(1+B3)/(B4-B3)
7	初始现金流和有价证券	5,630,000	<-- 来自2002年资产负债表
8	资产价值	300,779,271	<-- =B6+B7
9	债务价值	752,000	
10	权益价值	294,397,271	<-- =B6-B9
11			
12	股份数量	5,215,000	
13	每股价值	56.45	<-- =B10/B12

进一步说明：做一些敏感性分析

如果没有对主要参数做敏感性分析，那么估值过程是不完整的。例如，如果 Courier 的加权平均资本成本是 15％ 而不是 12.41％，那么每股估值将会出现什么变化？如果 Courier 的自由现金流增长率是 5％ 而不是我们之前使用的 4％，那么每股估值又会出现什

么变化？使用 Excel 的数据表（Data table，见第 27 章），这很容易得到。

	A	B	C
1		为Courier公司估值 敏感性分析 继续使用年中贴现	
2	2000年的FCF	22,519,493	
3	预期FCF增长率	5%	<-- 5%而不是4%
4	WACC	15.00%	<-- 15%而不是12.41%
5			
6	企业价值	253,569,392	<-- =(1+B4)^0.5*B2*(1+B3)/(B4-B3)
7	初始现金流和有价证券	5,630,000	<-- 来自2002年资产负债表
8	资产价值	259,199,392	<-- =B6+B7
9	债务价值	752,000	
10	权益价值	252,817,392	<-- =B6-B9
11			
12	股份数量	5,215,000	
13	每股价值	48.48	<-- =B10/B12

	A	B	C	D	E	F	G	H
1		为Courier公司估值——敏感性分析						
2	2000年的FCF	22,519,493						
3	预期FCF增长率	5%						
4	WACC	15.00%						
5								
6	企业价值	253,569,392	<-- =(1+B4)^0.5*B2*(1+B3)/(B4-B3)					
7	初始现金流和有价证券	5,630,000						
8	资产价值	259,199,392	<-- =B6+B7					
9	债务价值	752,000						
10	权益价值	252,817,392	<-- =B6-B9					
11								
12	股份数量	5,215,000						
13	每股价值	48.48	<-- =B10/B12					
14	当前股份价值	37.99						
15								
16	=IF(B4>B3,B13,"nmf")		数据表：在不同WACC和FCF增长率假设下的 Courier公司股份价值					
17			FCF增长率					
18		48.48	0%	2%	4%	6%	8%	10%
19		6%	73.95	113.23	231.04	nmf	nmf	nmf
20	WACC -->	8%	55.95	76.15	116.53	237.70	nmf	nmf
21		10%	45.15	57.60	78.36	119.87	244.42	nmf
22		12%	37.94	46.47	59.27	80.59	123.24	251.20
23		14%	32.79	39.05	47.81	60.95	82.85	126.65
24		16%	28.92	33.74	40.16	49.15	62.64	85.12
25		18%	25.92	29.76	34.70	41.29	50.52	64.35
26		20%	23.51	26.66	30.60	35.67	42.43	51.89
27		22%	21.54	24.18	27.41	31.45	36.65	43.58
28		24%	19.89	22.15	24.86	28.17	32.31	37.64
29								
30			注：只有在WACC（单元格B4）>增长率（单元格B3）时，单元格B6中的估值公式才是正确的。因此，我们在单元格B18中输入一个公式，用来显示当B3>B4时，数据表输出"无效数值"（nmf）。					
31								
32			注：背景突出的单元格是Courier公司估值超过当前股份价值37.99美元的WACC和FCF增长率的组合。我们使用Excel的条件格式功能来给这些单元格涂色。					

通过运用第 27 章中解释的 Excel 数据表功能，我们可以进行广泛的分析。上表的单元格 C19：H28 根据各种 WACC 和 FCF 增长率的组合对 Courier 进行估值。标记出的单元格的每股估值（根据 WACC 和 FCF 增长率组合得到）超过目前市场价值 37.99 美元。

总　结

本章我们计算出了公司的 WACC。WACC 是公司自有现金流的经风险调整的贴现率。它经常被用于对那些风险与公司现有业务风险类似的项目进行估值，同时它也被用来获取公司价值，这些用途均已在本章中加以说明。

WACC 被定义为：

$$\text{WACC} = r_E \frac{E}{E+D} + r_D(1-T_C)\frac{D}{E+D}$$

在下表中，我们对如何得到这个公式的各个变量进行了总结：

权益成本 r_E	我们已经使用了戈登模型来确定权益成本： $$r_E = \frac{Div_0(1+g)}{P_0} + g$$ 其中，Div_0 ＝股利总额＋本年度的股票回购； g＝预期股利增长率＋回购； P_0＝当前权益价值。
债务成本 r_D	原则上，r_D 应该是公司的边际借款利率，但是该利率往往难以确定。在分析 Courier 时，我们使用了一个数字来代替公司的借款成本。替代方法是使用公司上年的平均借款成本： r_D＝本期支付的利息/本年和上年的平均负债。
权益市值 E	当前股数 * 当前每股市价
债务市值 D	公司负债的市值很难计算。我们几乎总是用债务的账面价值来替代这个数字。在 Courier 公司的例子中，我们展示了如何从公司的资产负债表中确定负债账面价值。
公司税率 T_C	T_C 应该是公司的边际税率。在实践中，我们通常使用下述两种方式的其中一种： a) 公司的平均税率，用以下方式进行度量： 平均税率＝利润表中的所得税/税前利润＝33.04％ b) 公司的法定税率。Courier 的联邦法定税率为 34％。州政府的税率为收入的 2.98％。因此，这一种估计方式得到其税率为 36.98％。

最后的提醒

资本成本的计算对于估值来说是至关重要的。因为资本成本的计算涉及了一系列的理论和判断，它们相当容易引起争议。前文 WACC 的计算中几乎每个数字都可以由几种方式确定。在许多情况下，在给定合理假设的前提下，专业人士对 WACC 和 FCF 增长率进行大量的敏感性分析来建立一个价格范围，即合理的估值范围。

上面的 WACC 计算中，你想作出的最重要的修改可能包括权益成本 r_E。戈登模型的一个重要的竞争模型是资本资产定价模型（CAPM）。在第 13 章中，我们将介绍如何用这一模型来计算权益成本。

习　题

1. 根据下面的信息，计算公司的加权平均资本成本：

债务的市值	$200,000
权益的市值	$300,000
债务成本，r_D	7.5%
权益成本，r_E	13%
税率，T_C	40%

2. 根据下面的信息，计算公司的权益成本 r_E：

债务的市值	$2,500,000
权益的市值	$1,000,000
债务成本，r_D	5%
税率，T_C	25%
加权平均资本成本	10%

3. Aboudy 公司当前的股票价格为每股 22.00 美元。该公司刚刚支付了每股 0.55 美元的股利，股东预期股利将以每年 6% 的速度增长。使用戈登模型来计算公司的权益成本 r_E。

4. 你希望估计 Softy 公司（你最喜欢的内衣公司）的股价。你知道明天公司将支付每股 1.5 元的年度股利，并预期公司股利将以每年 4% 的速度增长。作为一个经验丰富的投资者，你认为投资公司的期望收益率为 12%。那么该公司的股价应该是多少？

5. XYZ 公司刚支付了每股 5 美元的股利。你预期该股利将以每年 8% 的速度增长。

a. 如果你认为 XYZ 公司股利的正确贴现率为 25%，那么你愿意支付多少钱来购买该公司股票？

b. 将股票价格作为 XYZ 公司股利增长率的函数，在 Excel 中描绘函数图形（令增长率为 0，2%，4%，…，20%）。

6. 你刚刚以每股 28 美元的价格购买了 ABC 公司的股票。该公司刚刚支付了每股 2 美元的股利，你预计股利将以每年 12% 的速度增长。你认为 ABC 公司的隐含权益成本为多少？

7. Gradcom 公司下一年度的预期股利支付为每股 1.20 美元。分析家预计，股利将以每年 4% 的速度增长。

a. 如果当前股价为 30 美元，根据戈登模型，权益成本 r_E 为多少？

b. 将权益成本作为公司股利增长率的函数，在 Excel 中描绘函数图形（令增长率为

0，2％，4％，…，20％）。

8. 你正在考虑购买 ABC 公司的股票，该公司刚刚支付了每股 3 美元的年度股利。公司没有回购任何股份。你预计在未来 5 年中，公司股利将以每年 20％的速度增长。经过这段时间后，你认为年度股利增幅将放缓至每年 5％。如果你购买 ABC 公司股票的权益成本为 10％，那么为购买该公司股票你准备支付多高的价格？

9. 假设 Gradcom 公司（见习题 7）改变了股利增长预期。第一年的股利预期仍旧是 1.2 美元，但是接下来两年的增幅预期分别为 6％和 4％。在此之后，年股利增长率预计为 3％。如果 Gradcom 公司的权益成本为 10％，那么其股价应该是多少？

10. 考虑下表所示 Cinema 公司的数据。

	A	B	C	D	E	F
1			Cinema公司			
2	年份	每股股利	总股利	股份回购数量	来自股份回购的支付	总计
3	1995	0.25	???	0	0	???
4	1996	0.25	???	115,000	140,000	???
5	1997	0.3	???	0	0	???
6	1998	0.31	???	200,000	260,000	???
7	1999	0.35	???	120,000	180,000	???
8	2000	0.37	???	0	0	???
9	2001	0.39	???	0	0	???
10	2002	0.42	???	120,000	220,000	???
11						
12	股票价格，2002年末	1.83				
13	股份数量，1995年1月	4,300,000				

a. 完成上表中显示为 ??? 的单元格（假设股利支付先于股票回购）。

b. 运用戈登股利模型中的总权益支出模型，找出 Cinema 公司的权益成本 r_E。

c. 如果仅考虑股利支付而不考虑股票回购，那么 Cinema 公司的权益成本将是多少？

11. 现在是 2005 年 1 月 1 日，你很有兴趣找出贵公司的权益成本 r_E。在进行快速的搜索后，你得到如下数据：

● 公司现有 1,600,000 股流通股，目前股价为 3 美元。

● 公司 2004 年的盈利为 2,000,000 美元。公司刚刚支付了 30 万美元的股利，并打算在未来将股利维持为收益的 15％。

● 2004 年，公司将 60 万美元用于股票回购。公司打算将股票回购增长率维持在与股利增长率相同的水平上。

● 预计年盈利增长率为 2％。

运用戈登总权益支出模型，计算公司权益成本 r_E。

12. 假设一家公司按 70％的权益和 30％的债务组合进行融资。债务利率为 8％，普通股期望收益率为 17％，公司税率为 40％，那么公司加权平均资本成本为多少？

13. 你的老板要求你找出公司的加权平均资本成本。在进行了快速的研究后，你得到了如下数据：

● 公司股票为 1,600,000 股，目前按每股 2 美元出售。

● 公司负债为 2,500,000 美元，去年利息支出为 300,000 美元。

- 企业所得税税率为 40%。

- 投资者要求的权益收益率为 13%。

14. 你对计算 Lions 公司的资本成本很感兴趣，并知道行业平均 WACC 为 11%。你知道该公司权益价格为 11 美元，总股数为 5,50,000 股。公司债务成本为 9%，债务数额为 4,000,000 美元，且公司税率为 40%。求该公司的资本成本。

15. 计算 ABC 公司的加权平均资本成本。该公司股价为 8 美元，负债权益比率为 1。ABC 公司的债务成本为 9%，资本成本为 12%，公司税率为 40%。求加权平均资本成本。

16. 用下述有关 ZZZ 公司的数据来计算 WACC：

- 公司股数为 2,000,000 股，目前以每股 2.5 美元出售。

- 公司负债的市值为 3,000,000 美元。该公司去年支付的利息为 25 万美元。

- 公司去年支付股利总额为 60 万美元，预期股利增长率为 3%。此外，该公司回购了 150,000 股公司股份。

- 企业所得税税率为 30%。

17. 你知道如下关于 Zion 公司的信息：

- 公司股数为 2,500,000 股。

- 该公司的债务是公司市值的 90%。该公司去年支付的利息为 50 万美元。

- 公司去年支付股利总额为 80 万美元，占税前利润的 25%，且预期明年将增加 50,000 美元。

- 公司支付的所得税为 95 万美元。

- 投资者要求的资本成本为 13%。

问该公司的 WACC 为多少？

18. 你有如下关于你姐姐的公司的数据：

- 该公司市值为 600 万美元。

- 该公司债务为公司市值的 75%。该公司去年支付的利息为 45 万美元。

- 公司去年支付股利总额为 60 万美元，占税前利润的 20%，且预期明年将增加 4.5 万美元。

- 公司支付所得税额为 120 万美元。

该公司的 WACC 为多少？

19. a. 你正在考虑公司的一个新项目。该项目需要 50 万美元的投资，且在未来 10 年内将产生 7 万美元的现金流。你认为这些现金流是完全无风险的。你知道公司的 WACC 为 14%，无风险利率为 6%。你是否应该接受这一项目？

b. 如果该项目的风险与公司其他项目的整体风险类似，那么你是否应该接受这一项目？

20. a. Sauce 是一家著名的比萨工厂，要求你帮忙评估一下自由现金流。你估计该工厂的自由现金流为 450 万美元，WACC 为 12.5%，年预期增长率为 5%。如果你知道 Sauce 公司的负债为 1,900 万美元，流通股数为 650 万股，那么其股票价格为多少？

b. 采用年中贴现方式重新计算。

21. 你掌握了如下有关 Twin 公司的信息：

长期负债余额	$300,000
当前到期债务收益率（r_D）	8%
普通股数量	10,000
每股价格	$50
每股账面价值	$25
股票期望收益率（r_E）	15%

a. 计算 Twin 公司的 WACC（假设公司不支付税款）。

b. 如果由于利润下降，Twin 公司的股价跌至 25 美元，那么 r_E 和 WACC 将如何变化？假设经营风险不变。

第 7 章

运用金融规划模型进行估值

概述

本章介绍了如何建立电子表格模型来预测公司未来业绩。这些模型被称为金融规划模型或预测模型。回顾公司的会计报表——利润表、资产负债表和合并现金流量表,可以了解公司在过去发生了什么事。另一方面,金融规划模型预测公司未来财务报表将是什么样的。在金融术语中,看起来像会计报表但事实上具有前瞻性的报表被称为预测报表。

金融规划模型具有多种用途:

● 预测公司未来的融资需求:建立金融规划模型可以帮助你预测公司未来是否需要融资。它也可以帮助建立公司融资需求与未来业绩之间的联系。例如,销售增长率的增加是产生现金还是消耗现金?答案并不总是明确的:更多的销售将产生更多的利润(因此产生更多的现金)。然而,销售增长率的上升可能还需要更多资金投入(机器、土地等),同时还可能需要更多的净营运资金。金融规划模型可以帮助我们理清这两种对立的趋势。

● 构建业务计划:当你做商业计划书(然后带给投资者以获取融资,或带给银行以解释为什么你需要贷款,并说明你将来可以偿还)时,你往往需要建立公司的预测模型。该模型可用来说明关于融资和公司未来运营的商业环境的假设。

● 对公司进行估值:金融规划模型可用于预测未来自由现金流、股利和公司利润。本章将介绍如何使用未来现金流的预测模型对公司进行估值。我们采用的估值方式为现金流贴现(DCF)估值,该估值方式受到金融行业的普遍青睐。如果一个金融规划模型用于现金流贴现估值，它也可以被用来做许多敏感性分析，以帮助确定估值是否合理。

讨论的金融概念

- 现值和净现值
- 自由现金流
- 戈登模型
- 终值
- 年中估值

使用的 Excel 函数

- NPV
- Sum
- If
- 相对复制和绝对复制
- 循环引用
- 数据表

7.1　为建立金融规划模型而需要的初始财务报表

金融规划模型预测公司未来的财务报表信息。要建立这样一个模型，我们从公司目前的财务报表开始。为了说明金融规划模型构建的过程，下一节我们将给出 Whimsical Toenails 公司 5 年的财务报表，该公司是一家趾甲彩绘连锁公司。Whimsical 公司的管理层和银行想要预测公司未来的业绩，我们将通过构建金融规划模型来帮助他们。

我们的出发点是 Whimsical Toenails 公司 2004 年底的利润表和资产负债表。

2004 年 12 月 31 日 Whimsicai Toenails 的利润表

销售额	10,000,000
销售成本	−5,000,000
折旧	−1,000,000
债务利息支付	−320,000
现金利息收入	64,000
税前利润	3,744,000
所得税（税率为 40%）	−1,497,600
税后利润	2,246,400
股利	−898,560
未分配利润	1,347,840

2004 年 12 月 31 日 Whimsicai Toenails 的资产负债表

资产		负债及股东权益	
现金	800,000	流动负债	800,000
流动资产	1,500,000	债务	3,200,000
固定资产			
固定资产原值	10,700,000	股东权益	
累计折旧	−3,000,000	股本（实收资本）	4,500,000
固定资产净值	7,700,000	累计未分配利润	1,500,000
资产总计	10,000,000	负债及股东权益总计	10,000,000

会计及金融规划模型概念对此

下一节，我们将构建 Whimsical Toenails 的金融规划模型。然而，在这之前，我们需要指出，会计和金融规划模型中使用的一些概念具有差异。虽然本章所使用的大部分术语都遵循会计分类，但为了适应金融规划模型，我们需要进行一些调整。例如，在会计中用"流动资产"表示经营性流动资产（如存货和应收账款——客户未支付的账款）和短期金融资产（如现金和有价证券），而金融规划模型中的"流动资产"仅表示短期经营性资产。为了强调这一点，有时会使用"经营性流动资产"这一术语。类似地，在金融框架中，"流动负债"包括经营性项目（如应付账款——公司未支付的账款）和金融项目（如短期债务和长期债务中的流动部分）。金融规划模型中使用的"流动负债"仅表示经营性项目。为了强调这一点，我们有时使用"经营性流动负债"这一术语。

接下来的两节将对会计学和金融规划模型中使用的流动资产和流动负债这两个概念之间的差异进行更加详细的讨论。

流动资产——哪些包括在金融规划模型中，哪些没有？

在金融规划模型中，"流动资产"仅包括与公司经营有关的项目。下面是包括在金融规划模型中的流动资产科目下的一些典型项目。

● 应收账款：指的是客户需要支付给公司的账款，并通过公司的经营产生。由于应收账款由公司的销售产生，它们包括在金融规划模型的经营性流动资产项目下。

● 存货：存货既包括用于生产的原材料，也包括未出售的产成品。存货是金融规划模型中的经营性流动资产的一部分。

● 待摊费用：待摊费用是公司在费用实际发生前支付的相关服务成本。其中一个例子是公司为今后一个时期支付的租金：如果公司提前支付租金（例如：不是按月支付，而是提前 6 个月支付），那么在会计中将该租金支付记为待摊费用，这是流动资产的一部分。在金融规划模型中，我们假设待摊费用是经营性流动资产的一部分。

现金和有价证券是会计中流动资产的重要组成部分，并没有包括在金融规划模的流动资产中。

● 现金：资产负债表中的"现金"科目指的是存放在公司银行账户上的资金。有时，该会计科目也被称为"现金及现金等价物"，第二项现金等价物表示诸如存单以及很容易转化为现金的货币市场资金。公司需要现金以保证日常运作，在这一程度上，"现金"是经营性流动资产。然而，在大多数情况下，资产负债表上的现金科目指的是公司以流动性形式保存的非经营性资产。

- 有价证券：资产负债表上的这一科目指的是其他金融资产——如公司购买股票和债券。有价证券不是公司经营所需要的，因此不是经营性流动资产。

一旦你了解了公司的业务，那么现金作为运营资产和现金作为保值资产之间的区别是显而易见的。出租车司机需要在手头持有一定的现金向客户找零，超市出于同样的原因也需要保留一些现金。在这些情况下，至少有一部分现金属于经营性流动资产（尽管对于出租车或超市来说，大部分的现金很可能是非经营性流动金融资产）。另一方面，在 2003 年 3 月，微软公布其持有 43 亿美元的现金和 419 亿美元的有价证券。这 462 亿美元自然不可能全部是日常运作所需。它们不是经营性流动资产，而是金融资产。在金融规划模型中，流动性金融资产，如现金和有价证券不是为了公司经营而持有的，因此不包括在流动资产中。

流动负债

在金融规划模型中，"流动负债"仅包括与公司经营相关的科目。下面介绍包括在金融规划模型中的流动负债科目下的典型项目。

- 应交税费：当公司纳税与会计期间不相符，所欠税款将作为流动负债进入资产负债表。例如，截止到会计年度 2005 年 12 月 31 日，XYZ 公司欠 2 000 美元的税款，但公司在 2006 年 1 月 15 日前不会支付该项税款。XYZ 公司 2005 年的财务报表将在利润表中记录这 2 000 美元的税款；公司的资产负债表将在流动负债科目下记录 2 000 美元的应交税费。应交税费与公司经营相关，因此包括在金融规划模型所定义的流动负债科目下。

包括在会计学的流动负债科目中但没有包括在金融规划模型所定义的流动负债科目中的最典型项目是金融项目。下面是两个例子：

- 短期债务：指在一年内到期的公司借款。银行透支（企业支票账户的信用额度）是短期债务的一个很好的例子。会计师将该科目划入流动负债，但是金融规划模型将其划入债务科目中。
- 长期债务中的流动部分：指公司债务中需要在本会计年度支付的部分。会计师将该科目划为流动负债；金融规划模型将长期债务中的流动部分划入债务科目。

7.2 构建金融规划模型

现在，我们定义好了术语，可以构建 Whimsical Toenails 的金融规划模型了。一个典型的金融规划模型有三个主要的组成部分：

- 模型参数。也称为价值驱动因素，金融规划模型的参数包括模型的主要假设。例如，我们可能假设销售增长率参数为每年 10%。或者我们可能假设流动资产为销售额的 15%——意味着销售额增加 1 000 美元，需要 150 美元额外的流动资产。通常情况下，财务报表模型是销售驱动的；这意味着许多最重要的财务报表价值驱动被认为是公司销售额的函数。
- 融资政策假设。我们将提出关于公司未来如何融资的假设。债务和新发行权益之间的结构是什么样的？公司产生的剩余现金是用于偿还债务，作为股利分派给股东还是保存在公司的现金账户？这些假设是公司未来财务报表的重要决定因素。

● 预测财务报表。一旦我们确定了财务模型的参数，我们将为建模公司制定预测财务报表——利润表、资产负债表和自由现金流量表。

当我们使用模型的参数和融资假设来预测公司的未来财务报表时，我们可以使用该模型。通过更改模型的假设，我们可以使用金融规划模型建立公司未来运营的不同场景。在7.6～7.8节，我们将运用金融规划模型来预测公司的未来自由现金流，从而对公司进行估值。我们可能还需要使用该模型来评估公司的偿债能力（在本章的习题中，其中一题就说明了该用途）。

模型的参数——价值驱动

销售增长率参数往往是金融规划模型最重要的参数。在我们的例子中，Whimsical Toenails 当前（第 0 年）的销售水平是1,000万美元。根据金融规划模型的 5 年规划，该公司预计其销售额将以每年 10% 的速度增长。

其他模型参数来自下面的相关报表。[①]

● 流动资产：我们假设 Whimsical 年终资产负债表上的流动资产是公司年度销售额的 15%。

● 流动负债：我们假设 Whimsical 年终资产负债表上的流动负债是公司年度销售额的 8%。

● 固定资产净值：假定年终固定资产净值为年度销售额的 77%。

● 折旧：每年的折旧费是当年固定资产平均账面价值的 10%。

● 销售成本：假设为销售额的 50%。

● 债务利率：10%。

● 现金利息收入：Whimsical 赚取的利息收入为平均现金余额的 8%。

● 税率：公司税前利润的 40%。

● 股利支付：我们假设 Whimsical 将税后利润的 40% 作为股利支付给股东。

模型的财务政策假设

金融规划模型的第二个组成部分是模型的融资政策假设。在最初的金融规划模型中，我们提出如下假设：

● 债务：根据资产负债表，Whimsical 当前债务为 320 万美元。该公司与银行协议约定，在未来 4 年，公司每年偿还 80 万美元。一旦债务完全偿还，公司打算保持零债务状态。

● 股票：根据 5 年规划模型，公司管理层不打算发行新股或回购股票。因此，在公司的资产负债表中，权益将维持在第 0 年 450 万美元的水平。

● 现金：在模型中，现金项目是 plug。该定义的现金项目是使资产负债表的左边总是等于资产负债表的右边。

现金＝负债和股东权益总计－流动资产－固定资产净值

plug 是资产负债表项目，用于确保未来预计资产总额与未来预计负债和股东权益总额相等。所有金融规划模型都有一个 plug，这个 plug 往往是现金（在本案例中）、债券或股票。

要了解 plug 如何在模型中发挥作用，考虑预计未来资产负债表。

---

① 在实践中，模型参数往往来自对公司历史财务报表的分析。

Whimsical 的资产负债表模型假设

资产	负债及股东权益
现金［plug］	流动负债［销售额的 8％］
流动资产［销售额的 15％］	债务［每年偿还 80 万美元直到 0］
固定资产	股东权益（实收资本）［固定］
固定资产原值－累计折旧［平均资产的 10％］	累计未分配利润［前一年的累计未分配利润＋本年利润表的未分配利润］
固定资产净值［销售额的 77％］	
资产总计	**负债及股东权益总计**

plug 假设有两层含义：

（1）plug 的机械含义：通过定义现金等于负债及股东权益总计减去流动资产和固定资产净值，我们确保了未来预计资产和负债永远是相等的。这一点很重要，因为资产负债表的两边必须永远相等。如前所述，现金不是 plug 金融模型的唯一选项；我们可以使用权益或债务（在本章末的习题中有一些这样的例子）进行替代。然而，不管 plug 是什么，其"机械"功能是一样的——确保金融模型的资产负债表两边相等。

（2）plug 的金融含义：Whimsical 没有出售额外的股票，且偿债时间锁定。通过将 plug 定为现金，我们也在制定企业如何融资的报表。在 Whimsical 的例子中，这指的是所有资金增量（如需要）都来自现金；这也意味着如果公司有额外的现金，它将进入这个账户。

预测 2005 年的资产负债表和利润表

在给出了 Whimsical 的财务报表和我们提出的假设后，我们现在就可以构建预测模型和 2005 年的预测财务报表。

Excel 注释：相对引用与绝对引用

Excel 公式中的美元符号表示当公式被复制时，单元格中引用的模型参数将不会发生改变。在 Excel 中的专业术语为绝对引用，不同于相对引用时的变量没有标记美元符号。绝对引用和相对引用的区别对于金融规划模型来说是很关键的，如果在模型中你没有正确使用美元符号，当你预测两年或更多年时，公式复制将会出现错误。

下表中两个加强调标记的单元格可以说明这一重要区别：

● 单元格 B15：2005 年的销售额等于前一年的销售额＋销售增长额。由于我们要将这一定义复制到接下来的单元格中，单元格 B15 的公式应该＝B15＊（1＋＄B＄2）。"＄B＄2"是销售增长率参数，在我们复制单元格内容时将保持不变。

● 单元格 B16：2005 年的销售成本为 2005 年销售额的 50％。50％这一参数在单元格 B6 中，当我们将单元格 B16 的公式复制到下面的单元格中时，该参数需要保持不变。因此，我们将单元格 B16 中的公式写为＝C15＊＄B＄6。

在第 24 章将对绝对引用和相对引用进行介绍。

	A	B	C	D
1		Whimsical Toenails 设定2005年的金融规划模型		
2	销售增长率	10%		
3	流动资产/销售额	15%		
4	当前债务/销售额	8%		
5	净固定资产/销售额	77%		
6	出售的商品成本/销售额	50%		
7	折旧率	10%		
8	债务利率	10.00%		
9	现金余额获得的利息	8.00%		
10	税率	40%		
11	股利支付率	40%		
12				
13	年份	**2004**	**2005**	
14	利润表			
15	销售额	10,000,000	11,000,000	<-- =B15*(1+$B$2)
16	销售成本	(5,000,000)	(5,500,000)	<-- =-C15*$B$6
17	折旧	(1,000,000)	(1,166,842)	<-- =-$B$7*(C30+B30)/2
18	债务利息支付	(320,000)	(280,000)	<-- =-$B$8*(B36+C36)/2
19	现金和有价证券所获得的利息	64,000	57,595	<-- =$B$9*(B27+C27)/2
20	税前利润	3,744,000	4,110,753	<-- =SUM(C15:C19)
21	税收	(1,497,600)	(1,644,301)	<-- =-C20*$B$10
22	税后利润	2,246,400	2,466,452	<-- =C21+C20
23	股利	(898,560)	(986,581)	<-- =-$B$11*C22
24	留存收益	1,347,840	1,479,871	<-- =C23+C22
25				
26	资产负债表			
27	现金	800,000	639,871	<-- =C39-C28-C32
28	流动资产	1,500,000	1,650,000	<-- =C15*$B$3
29	固定资产			
30	成本	10,700,000	12,636,842	<-- =C32-C31
31	折旧	(3,000,000)	(4,166,842)	<-- =B31-$B$7*(C30+B30)/2
32	净固定资产	7,700,000	8,470,000	<-- =C15*$B$5
33	总资产	10,000,000	10,759,871	<-- =C32+C28+C27
34				
35	流动负债	800,000	880,000	<-- =C15*$B$4
36	债务	3,200,000	2,400,000	<-- =B36-800000
37	股票	4,500,000	4,500,000	<-- =B37
38	留存收益	1,500,000	2,979,871	<-- =B38+C24
39	负债和股东权益总计	10,000,000	10,759,871	<-- =SUM(C35:C38)

利润表等式

下面将介绍金融规划模型中的关系，其中模型参数用黑体表示。这些关系最终将成为我们的 Excel 模型中的公式。

- 销售额(t) = 销售额($t-1$) * (1+ **销售增长率**)

- 销售成本 = 销售额 * **销售成本/销售额**

我们假设 Whimsical 与销售相关的费用仅为销售成本。许多公司还设置了一个名为销售、管理及行政费用（SG&A）的科目。本章的习题 2 说明了如何将 SG&A 引入模型中。

- 债务的利息支付= **债务利率** * 年平均债务余额。我们用该公式来估算 Whimsical 的债务利息支付。例如，如果公司在 2004 年底的债务为 320 万美元，2005 年底的债务为 240 万美元，金融规划模型估计其 2005 年的利息支付为

$$10\% * \frac{3,200,000+2,400,000}{2} = 10\% * \underbrace{2,800,000} = 280,000$$

第1年Whimsical的平均债务余额

● 现金利息收入＝**现金利率** * 年均现金余额。这与债务利息支付的逻辑一样。Whimsical 年均现金余额赚取的利率为 8%。如果 2004 年底的现金余额为 80 万美元，2005 年底的现金余额为 63.9871 万美元，那么公司的现金余额赚取的利息收入为 57,595 美元。

$$8\% \times \frac{800,000 + 639,871}{2} = 8\% \times \underbrace{719,935}_{\text{第1年Whimsical的}\atop\text{平均现金余额}} = 57,595$$

● 折旧＝**折旧率** * 年均固定资产原值。该公式假设所有新的固定资产都在年内购买。我们还假设不存在固定资产处置。金融模型可以帮助你了解折旧的计算：2004 年 Whimsical 的固定资产原值为 1,070 万美元，预计 2005 年固定资产原值为 1,263.6842 万美元。由于公司的折旧率为 10%，2005 年的利润表中的折旧为：

$$10\% \times \frac{10,700,000 + 12,636,842}{2} = 10\% \times \underbrace{11,668,411}_{\text{第1年的平均}\atop\text{固定资产原值}} = 1,166,842$$

● 税前利润＝销售额－销售成本－债务利息支付＋现金利息收入和有价证券－折旧。
● 所得税＝**税率** * 税前利润。
● 税后利润＝税前利润－所得税。
● 股利＝**股利支付率** * 税后利润。

Whimsical 的股利政策为将利润的固定比例作为股利。在本章的习题中，我们还引入了一些其他的股利政策。

● 未分配利润＝税后利润－股利。

资产负债表等式

● 现金＝总负债－流动资产－固定资产净值。
由上面的等式可以看出，这一定义意味着现金是资产负债表的 plug。
● 流动资产＝（**流动资产/销售额**）*销售额。
● 固定资产净值＝（**固定资产净值/销售额**）*销售额。
● 累计折旧＝上一年度的累计折旧＋折旧率 * 年均固定资产原值。
● 固定资产原值＝固定资产净值＋累计折旧。

请注意，该模型不对固定资产种类进行区分，如厂房、房产和设备（PP&E）以及其他固定资产，如土地。

● 流动负债＝（**流动负债/销售额**）*销售额。[①]
● 假定债务每年减少 80 万美元。这意味着在金融模型中，在第 4 年底，Whimsical 将可以偿还完所有债务。在本章末的一道习题中，将债务作为了资产负债表的 plug。

---

① 一些模型倾向于将流动负债作为公司销售成本（COGS）的一个百分比。这一想法是基于由于流动负债包括了公司应付账款（应付账款又包含了公司存货的未付账单以及类似账单），流动负债在很大程度上取决于公司的销售成本。尽管很容易将该设想引入我们的模型，它引入后并没有太大区别；如果 COGS 是销售额的一个百分比，流动负债也是销售额的一个百分比，那么流动负债也是 COGS 的一个百分比。

- 假定权益不变，即假定公司不会发行新股或回购现有股票。
- 累计未分配利润＝上一年度累计未分配利润＋本年度增加的未分配利润。

Excel 注释——解决循环引用

Excel 中的财务报表模型通常包括互相依存的单元格。例如，在我们的模型中，现金所赚取的利息收入取决于公司利润，但是利润又取决于现金所赚取的利息收入。我们模型中的另一个相互依存的例子涉及固定资产账户：固定资产原值是固定资产净值加上累计折旧，但是累计折旧是固定资产原值的函数。

由于这些不可避免的互相依存关系的存在，模型要得到结果，需要取决于 Excel 解决循环引用的能力。要确保电子表格进行重新计算，需要将表格设置为允许迭代计算（如何做到这一点，请阅读此文本框）。如果你打开的电子表格需要进行迭代计算，但表格本身没有进行迭代设置，你将会看到如下所示的 Excel 错误提示。

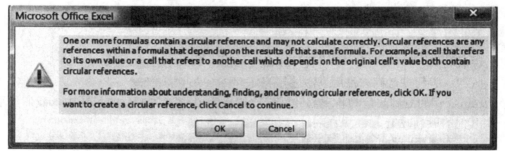

点击"取消"可以关闭这一对话框。然后单击 Office 按钮，选择 Excel 选项→公式，选中启用迭代计算。

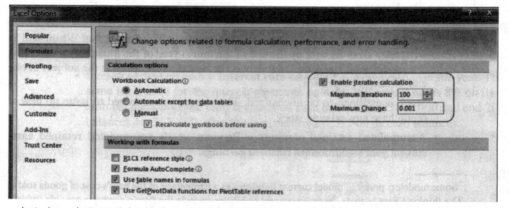

请注意，我们还选择自动重算按钮，这样做的目的是保证每次在一个新的变量进入时，电子表格将执行重算功能。如果你的电子表格很大，或者你的电脑使用时间较长了，自动重算可能会很慢。在这种情况下，较为明智的做法是选择手动重算按钮，此时按下 F9 键或者［Shift］＋F9 键才会开始重新计算。（F9 键重新计算整个表格，而［Shift］＋F9 只重新计算当前表格。）

7.3 将模型扩展至两年及更多年

现在模型已经建好，你可以通过复制将其进行扩展：

	A	B	C	D	E	F	G
1		Whimsicai Toenails——金融模型					
2	销售增长率	10%					
3	流动资产/销售额	15%					
4	当前债务/销售额	8%					
5	净固定资产/销售额	77%					
6	销售成本/销售额	50%					
7	折旧率	10%					
8	债务利率	10.00%					
9	来自现金余额的利息	8.00%					
10	税率	40%					
11	股利支付率	40%					
12							
13	年份	2004	2005	2006	2007	2008	2009
14	利润表						
15	销售额	10,000,000	11,000,000	12,100,000	13,310,000	14,641,000	16,105,100
16	出售的商品的成本	-5,000,000	-5,500,000	-6,050,000	-6,655,000	-7,320,500	-8,052,550
17	折旧	-1,000,000	-1,166,842	-1,374,773	-1,613,102	-1,885,879	-2,197,668
18	债务利息支付	-320,000	-280,000	-200,000	-120,000	-40,000	0
19	现金和有价证券所获得的利息	64,000	57,595	47,355	42,349	42,755	80,609
20	税前利润	3,744,000	4,110,753	4,522,582	4,964,248	5,437,376	5,935,491
21	税收	-1,497,600	-1,644,301	-1,809,033	-1,985,699	-2,174,950	-2,374,196
22	税后利润	2,246,400	2,466,452	2,713,549	2,978,549	3,262,426	3,561,295
23	股利	-898,560	-986,581	-1,085,420	-1,191,419	-1,304,970	-1,424,518
24	留存收益	1,347,840	1,479,871	1,628,130	1,787,129	1,957,455	2,136,777
25							
26	资产负债表						
27	现金	800,000	639,871	544,001	514,730	554,145	1,461,078
28	流动资产	1,500,000	1,650,000	1,815,000	1,996,500	2,196,150	2,415,765
29	固定资产						
30	成本	10,700,000	12,636,842	14,858,615	17,403,417	20,314,166	23,639,190
31	折旧	-3,000,000	-4,166,842	-5,541,615	-7,154,717	-9,040,596	-11,238,263
32	净固定资产	7,700,000	8,470,000	9,317,000	10,248,700	11,273,570	12,400,927
33	总资产	10,000,000	10,759,871	11,676,001	12,759,930	14,023,865	16,277,770
34							
35	流动负债	800,000	880,000	968,000	1,064,800	1,171,280	1,288,408
36	债务	3,200,000	2,400,000	1,600,000	800,000	0	0
37	股票	4,500,000	4,500,000	4,500,000	4,500,000	4,500,000	4,500,000
38	留存收益	1,500,000	2,979,871	4,608,001	6,395,130	8,352,585	10,489,362
39	负债和股东权益总计	10,000,000	10,759,871	11,676,001	12,759,930	14,023,865	16,277,770

Excel 中最常见的错误是在财务模型的两列间转化时，一列没有对模型参数进行美元符号标记。我们在前文的 Excel 注释中已经讨论了这一关键点。如果你犯了这个错误，那么那些空白的单元格的数值将为 0。[①]

了解模型——进行一些敏感性分析

我们建立的金融模型显示公司的税后利润将从 2004 年的 224.64 万美元上升至 2009 年的 356.1295 万美元。现金余额从 80 万美元增加到 146.1078 万美元，公司总资产增加至 1,627.777 万美元，等等。

如果我们改变模型中的一些价值驱动，会发生什么？例如，如果销售增长率是 8% 而不是目前模型中的 10%，销售成本是销售额的 55% 而不是目前模型中的 50%，那么利润会发生什么变动？在 Excel 模型中，我们只需要在单元格 B2 和 B6 对参数进行相应调整。我们的直觉是这些变动将使公司的金融业绩恶化，在下表中也证明了这一点。

---

① 如果本段对你来说有点难以理解，那么可以对模型进行如下错误调整：在单元格 C28 中写公式＝C15＊B3（而不是正确的公式＝C15＊＄B＄3）。然后将 C28 复制到 D28：G28。现在你就会明白对单元格引用进行美元标记的重要性了！

	A	B	C	D	E	F	G
1		Whimsical Toenails——金融模型					
2	销售增长率	8%	<-- 由10%变化而来				
3	流动资产/销售额	15%					
4	当前债务/销售额	8%					
5	净固定资产/销售额	77%					
6	销售成本/销售额	55%	<-- 由50%变化而来				
7	折旧率	10%					
8	债务利率	10.00%					
9	来自现金余额的利息	8.00%					
10	税率	40%					
11	股利支付率	40%					
12							
13	年份	2004	2005	2006	2007	2008	2009
14	利润表						
15	销售额	10,000,000	10,800,000	11,664,000	12,597,120	13,604,890	14,693,281
16	出售的商品的成本	(5,500,000)	(5,940,000)	(6,415,200)	(6,928,416)	(7,482,689)	(8,081,304)
17	折旧	(1,000,000)	(1,158,737)	(1,348,145)	(1,562,886)	(1,806,057)	(2,081,118)
18	债务利息支付	(320,000)	(280,000)	(200,000)	(120,000)	(40,000)	
19	现金和有价证券所获得的利息	64,000	55,181	39,185	26,432	16,813	42,050
20	税前利润	3,244,000	3,476,444	3,739,840	4,012,250	4,292,956	4,572,909
21	税收	(1,297,600)	(1,390,578)	(1,495,936)	(1,604,900)	(1,717,182)	(1,829,163)
22	税后利润	1,946,400	2,085,866	2,243,904	2,407,350	2,575,774	2,743,745
23	股利	(778,560)	(834,347)	(897,562)	(962,940)	(1,030,309)	(1,097,498)
24	留存收益	1,167,840	1,251,520	1,346,342	1,444,410	1,545,464	1,646,247
25							
26	资产负债表						
27	现金	800,000	579,520	400,102	260,691	159,629	891,628
28	流动资产	1,500,000	1,620,000	1,749,600	1,889,568	2,040,733	2,203,992
29	固定资产						
30	成本	10,700,000	12,474,737	14,488,162	16,769,550	19,351,589	22,270,768
31	折旧	(3,000,000)	(4,158,737)	(5,506,882)	(7,069,767)	(8,875,824)	(10,956,942)
32	净固定资产	7,700,000	8,316,000	8,981,280	9,699,782	10,475,765	11,313,826
33	总资产	10,000,000	10,515,520	11,130,982	11,850,042	12,676,128	14,409,446
34							
35	流动负债	800,000	864,000	933,120	1,007,770	1,088,391	1,175,462
36	债务	3,200,000	2,400,000	1,600,000	800,000	0	0
37	股票	4,500,000	4,500,000	4,500,000	4,500,000	4,500,000	4,500,000
38	留存收益	1,500,000	2,751,520	4,097,862	5,542,272	7,087,736	8,733,984
39	负债和股东权益总计	10,000,000	10,515,520	11,130,982	11,850,042	12,676,128	14,409,446

如果你将上表的模型与我们之前的模型进行比较,你将发现该公司的销售增长率放缓了(从10％降到8％),且销售变得更加昂贵(销售成本变为销售额的55％而不是之前的50％)。结果是税后利润(第22行)较之前低。现金余额(第27行)也较之前的模型低。

7.4　自由现金流:度量公司运营产生的现金

在这一节中,我们用模型来衡量公司的自由现金流。在第 6 章,我们已讨论过 FCF 的概念。理解 FCF 的一个很好的方式是:如果没有任何债务,公司将产生的现金数额。这等同于如果股东为公司提供全部运营资金,公司将产生的现金。简而言之,FCF 衡量公司运营产生的现金。

自由现金流是我们对公司进行估值的基础。在第 6 章我们已经给出了一个这样的例子(我们使用 Courier 公司的未来预计自由现金流来对公司进行估值)。在 7.6 节中,我们再次回到这一话题,展示金融规划模型的预计现金流如何对公司进行估值。

在本节中,我们仅仅使用金融规划模型来预测公司未来现金流。在这之前,让我们回顾一下所需要使用的定义和术语。

自由现金流的定义如下表所示。

定义自由现金流

税后利润	这是衡量企业盈利性的基本指标,但它是一个会计指标,包括了资金流动(如利息)以及非现金支出如折旧。税后利润没有说明公司的营运资本变化和新的固定资产的购买,而这两项是公司重要的现金流支出。
＋折旧	这种非现金支出被加回税后利润。

	A	B	当公司销售额增长时，就需要更多的存货投资、应收账款等。这些流动资产的增加不能在税前作为费用扣除（因此在税后利润中被忽略），但是会造成公司的现金流出。注意我们使用的"流动资产"这一概念与标准会计用法有些微差异，见 7.1 节的讨论。

一流动资产增加	当公司销售额增长时，就需要更多的存货投资、应收账款等。这些流动资产的增加不能在税前作为费用扣除（因此在税后利润中被忽略），但是会造成公司的现金流出。注意我们使用的"流动资产"这一概念与标准会计用法有些微差异，见 7.1 节的讨论。
＋流动负债增加	销售的增加往往会导致与销售相关科目的增加（如应付账款或应付税款）。这些流动负债的增加——当与销售相关时——将为公司带来现金。由于它与销售直接相关，我们将这种现金引入自由现金流的计算。注意我们使用的"流动负债"这一概念与标准会计用法有些微差异，见 7.1 节的讨论。
一固定资产原值增加（也称为资本支出，即 CAPEX）	固定资产的增加（公司的长期生产性资产）需要使用现金，从而降低了公司的自由现金流。
＋税后利息支付（净值）	FCF 度量公司业务活动产生的现金。要消除税后利息支付带来的影响，我们通过下述措施来实现： ● 加回债务的税后利息成本（税后是因为利息支付可在税前扣除） ● 减去通过现金支付的税后利息
FCF ＝上述几项的和	FCF 衡量公司运营产生的现金。

下面是 Whimsical 的 FCF 的计算。请注意，我们又回到了最初的模型（销售增长率＝10％，销售成本＝销售额的 50％）。

	A	B	C	D	E	F	G
42	自由现金流计算						
43	年份	2004	2005	2006	2007	2008	2009
44	税后利润		2,466,452	2,713,549	2,978,549	3,262,426	3,561,295
45	加回折旧		1,166,842	1,374,773	1,613,102	1,885,879	2,197,668
46	减去流动资产的增长		-150,000	-165,000	-181,500	-199,650	-219,615
47	加回当前债务的增长		80,000	88,000	96,800	106,480	117,128
48	减去以成本计算的固定资产增长		-1,936,842	-2,221,773	-2,544,802	-2,910,749	-3,325,025
49	加回债务的税后利息		168,000	120,000	72,000	24,000	0
50	减去现金的税后利息		-34,557	-28,413	-25,410	-25,653	-48,365
51	自由现金流		1,759,895	1,881,136	2,008,739	2,142,733	2,283,085

第 51 行的自由现金流明显较第 44 行的税后利润低。主要原因在于大额资本支出（第48 行）超出了折旧的现金效应（第 45 行）。

FCF 的计算对模型假设非常敏感。假设 Whimsical 的销售增长率为 8％（替换 10％），且销售成本为销售额的 55％（替换 50％）。你可能会怀疑，模型假设的这些负面变动将使Whimsical 的未来预期自由现金流大幅下降，你的怀疑是正确的。

	A	B	C	D	E	F	G
1		Whimsical Toenail——金融模型					
2	销售增长率	8%	<-- 由10%变动而来				
3	流动资产/销售额	15%					
4	当前债务/销售额	8%					
5	净固定资产/销售额	77%					
6	销售成本/销售额	55%	<-- 由50%变动而来				
7	折旧率	10%					
8	债务利率	10.00%					
9	来自现金余额的利息	8.00%					
10	税率	40%					
11	股利支付率	40%					
41							
42	自由现金流计算						
43	年份	2004	2005	2006	2007	2008	2009
44	税后利润		2,085,866	2,243,904	2,407,350	2,575,774	2,743,745
45	加回折旧		1,158,737	1,348,145	1,562,886	1,806,057	2,081,118
46	减去流动资产的增长		(120,000)	(129,600)	(139,968)	(151,165)	(163,259)
47	加回当前债务的增长		64,000	69,120	74,650	80,622	87,071
48	减去以成本计算的固定资产增长		(1,774,737)	(2,013,425)	(2,281,388)	(2,582,040)	(2,919,179)
49	加回债务的税后利息		168,000	120,000	72,000	24,000	0
50	减去现金的税后利息		(33,108)	(23,511)	(15,859)	(10,088)	(25,230)
51	自由现金流		1,548,758	1,614,633	1,679,670	1,743,160	1,804,266

Excel 注释：隐藏行

在上面的例子中，为了在屏幕上获得更多的空间，我们隐藏了第 12～40 行。在 Excel 中如何隐藏行？

● 标记你要隐藏的行

● 点击鼠标右键，选择"隐藏"。

屏幕将会显示为：

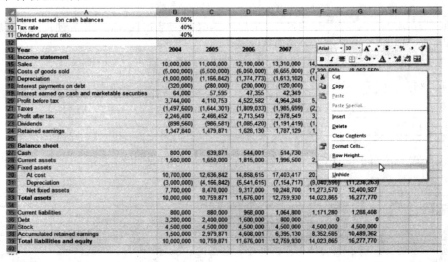

标记行，选择"取消隐藏"进行反向操作。

还可以通过另一个稍微复杂点的方式来得到相同的结果，对行进行组合。要做到这一点，首先，如先前一般对行进行标记；然后选择"数据→分级显示→组合"。

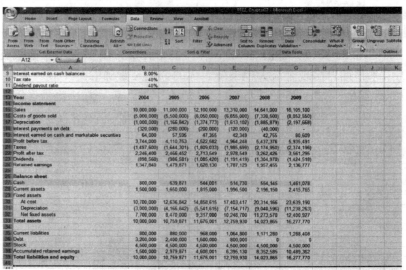

结果是表格的左边会有标记，允许你选择隐藏或取消隐藏行：点击 ─ 隐藏行组合。点击 + 打开行组合。你也可以使用工具栏上的取消组合和组合工具。

7.5 核对现金余额——合并现金流量表

自由现金流的计算与作为会计报表一部分的合并现金流量表不同。FCF 的计算告诉你公司运营产生了多少现金。另一方面，现金流量表的目的在于对资产负债表中的现金账户进行解释，从经营活动、投资活动和筹资活动角度分析现金流量。下表是我们的模型中使用的合并现金流量表：

	A	B	C	D	E	F	G
1	Whimsical Toenails ——调平现金流量表 注意：利润表和自由现金流量表都被隐藏了						
2	销售增长率	10%					
3	流动资产/销售额	15%					
4	当前债务/销售额	8%					
5	净固定资产/销售额	77%					
6	出售的商品成本/销售额	50%					
7	折旧率	10%					
8	债务利率	10.00%					
9	来自现金余额的利息	8.00%					
10	税率	40%					
11	股利支付率	40%					
25							
26	资产负债表						
27	现金	800,000	639,871	544,001	514,730	554,145	1,461,078
28	流动资产	1,500,000	1,650,000	1,815,000	1,996,500	2,196,150	2,415,765
29	固定资产						
30	成本	10,700,000	12,636,842	14,858,615	17,403,417	20,314,166	23,639,190
31	折旧	(3,000,000)	(4,166,842)	(5,541,615)	(7,154,717)	(9,040,596)	(11,238,263)
32	净固定资产	7,700,000	8,470,000	9,317,000	10,248,700	11,273,570	12,400,927
33	总资产	10,000,000	10,759,871	11,676,001	12,759,930	14,023,865	16,277,770
34							
35	流动负债	800,000	880,000	968,000	1,064,800	1,171,280	1,288,408
36	债务	3,200,000	2,400,000	1,600,000	800,000	0	0
37	股票	4,500,000	4,500,000	4,500,000	4,500,000	4,500,000	4,500,000
38	留存收益	1,500,000	2,979,871	4,608,001	6,395,130	8,352,585	10,489,362
39	负债和股东权益总计	10,000,000	10,759,871	11,676,001	12,759,930	14,023,865	16,277,770
40							
41							
54	合并现金流量表——调平现金流量表						
55	来自经营活动的现金流						
56	税后收益		2,466,452	2,713,549	2,978,549	3,262,426	3,561,295
57	加回折旧		1,166,842	1,374,773	1,613,102	1,885,879	2,197,668
58	净营运资本变化的调整						
59	减去流动资产的增加		(150,000)	(165,000)	(181,500)	(199,650)	(219,615)
60	加回流动负债的增加		80,000	88,000	96,800	106,480	117,128
61	来自经营活动的净现金		3,563,294	4,011,322	4,506,950	5,055,135	5,656,475
62							
63	来自投资活动的现金流						
64	固定资产的获得——资本支出		(1,936,842)	(2,221,773)	(2,544,802)	(2,910,749)	(3,325,025)
65	投资证券的购买		0	0	0	0	0
66	出售投资证券的获利		0	0	0	0	0
67	投资活动的净现金		(1,936,842)	(2,221,773)	(2,544,802)	(2,910,749)	(3,325,025)
68							
69	来自融资活动的现金流						
70	来自借款活动的净收益		-800,000	-800,000	-800,000	-800,000	0
71	来自股票发行、回购的净收益		0	0	0	0	0
72	支付的股利		(986,581)	(1,085,420)	(1,191,419)	(1,304,970)	(1,424,518)
73	融资活动的净现金		(1,786,581)	(1,885,420)	(1,991,419)	(2,104,970)	(1,424,518)
74		=C73+C67+C61					
75	现金和现金等价物的净增长		-160,129	-95,870	-29,271	39,415	906,933
76	上年末的现金余额	=B27	800,000	639,871	544,001	514,730	554,145
77	本年末的现金余额		639,871	544,001	514,730	554,145	1,461,078
78							
79		=C75+C76，该数应该等于单元格C27。					
80							

第 77 行中显示的合并现金流量表中的现金账户期末余额与第 27 行显示的资产负债表中（将现金作为 plug）的现金余额匹配。第 77 行与第 27 行一致说明我们的模型正确界定了各账户间的关系。为了说明这一点，请看单元格 C75、C76 和 C77。

- 单元格 C76 说明在第 0 年底，该公司的现金余额为 80 万美元。
- 单元格 C75 说明公司在当年进行的所有活动，如销售、销售成本、利息支付、通过债务和权益得到新的融资，造成净现金减少 160,129 美元。
- 单元格 C77 是前面两个单元格的和：如果公司年初有 80 万美元现金，且其业务活动共产生了－160,129 美元的现金，那么最终现金余额为 639,871 美元。结果正是如此——这也是单元格 C77 所列示的现金余额。我们的模型包含了公司所有的活动。

哪一个更有用——合并现金流量表还是自由现金流？

哪一个更有用——是第 75 行列示的合并现金流量表中的现金流增量还是我们从 7.4 节得到的自由现金流？尽管这两者都有各自的目的，但毫无疑问，就金融目的而言，FCF 是更加有用并且更为广泛使用的数字。FCF 衡量公司业务活动产生的现金。它与公司业务活动——制造一些东西并出售——的有效性相关。然而，第 75 行的现金增量也很重要：首先，它使我们可以通过与资产负债表中的现金账户进行比较，检查计算的正确性。第二，它告诉我们为什么资产负债表中的现金会发生变动。

7.6 使用 DCF 模型对 Whimsical Toenails 进行估值

金融专业人士往往交替使用公司价值（value of a company）或企业价值（value of a firm）这两个术语。然而，即使是金融专业人士也可能混淆这些术语的含义。在金融中，"公司价值"这一定义通常用于如下情况：

公司价值的金融定义是：公司价值是公司权益的市值加上公司债务的市值。

本章使用的公司价值的定义，并不是公司价值的唯一定义。通常人们讨论公司价值时，他们真正指的是权益价值。用权益价值来描述公司股票的价值更合适，用公司价值来表示公司的权益加上债务的市场价值也更加恰当。在本节中，我们将告诉你如何计算一家公司股票的价值。

有时候公司价值被用来表示公司的会计价值，也称为账面价值，该价值基于公司的资产负债表。由于会计报表基于历史价值，金融人士一般不喜欢这一定义。在本节结束时，我们将说明为什么我们不喜欢这种估值方式。

本节介绍了三种计算公司价值的方法。

- 最简单的方式使用公司股票在股市的价格来对公司权益（股票）进行估值，并加上公司债务的价值。
- 第二种方法是基于贴现现金流的 DCF 方法。这是金融专业人士提及的方法；本节主要对这一方法进行说明。在 DCF 估值中，公司价值等于公司未来自由现金流的现值加上现有流动资产的价值。贴现率是我们在第 6 章中讨论过的公司的加权平均资本成本。
- 第三种估值方法是使用公司资产的账面价值。

权益价值估值法：用当前股价对 Whimsical Toenails 进行估值

对 Whimsical 进行估值的最简单的方式是使用其权益价值。Whimsical 有 100 万股的股份，2004 年 12 月 31 日以每股 10 美元的价格进行交易。因此，该公司的权益市值为 1,000 万美元。此外，该公司的资产负债表显示其短期债务为 320 万美元；我们用债务在资产负债表上的价值（也称为账面价值）近似表示债务的市值。[1]

使用股票现价，Whimsical 公司的价值为 1,320 万美元。

	A	B	C
1	Whimsical Toenails 用股票价格来估值		
2	股份数量	1,000,000	
3	当前股票价格	10.00	
4	权益的市场价值	10,000,000	<-- =B2*B3
5			
6	债务	3,200,000	
7			
8	公司价值：权益的市场价值+债务	13,200,000	<-- =B4+B6

DCF 估值法：通过将公司未来自由现金流贴现对 Whimsical Toenails 进行估值

前面使用的股价估值法的优点是它非常简单：公司价值等于公司权益市值加上债务的账面价值。用当前每股 10 美元的股价对公司进行估值对于考虑购买少量股份的人来说是完全可以接受的，但是当 Whimsical 出售达到控权益的股数时，这种估值方式的意义就不是很大了。在这种情况下，买家很可能会考虑以下事项：

● 如果买方想要在公开市场上大量购买 Whimsical 公司的股票，他可能需要提供高于当前每股市价的价格。当他购买的股票数量越来越多，股价就会上升；此外，有人正试图接管 Whimsical 的消息一经公布，在很多情况下，将迫使股价上涨。

● 对公司的控权益有很多好处，但股票的市场价格不包含在内。股票的市场价格反映了公司未来支付给公司没有控制权的小股东的股利价值。一般而言，占控股地位的权益价值要高于股票本身的市值，因为控股股东可以决定公司做什么。他也可以从公司运营中获得可观的私人收益。[2]

要解决这些问题，我们使用贴现现金流（DCF）估值法来对权益进行估值。DCF 估值法是一种标准金融方法，它将公司价值定义为未来自由现金流的现值，贴现率为加权平均资本成本，加上公司初始现金和有价证券。7.9 节得探讨这一估值方式背后的理论，但现阶段我们先跳过所有理论，只给出公式：

$$DCF\ 公司价值 = 公司债务的市值 + 公司权益的市值$$

$$= PV \left(\begin{array}{c} 所有未来自由现金流 \\ 以加权平均资本成本贴现 \end{array} \right) + 今天的现金及有价证券$$

通常被称为公司的企业价值

---

[1] 这是常见的做法。大多数公司债务不在金融市场上交易，因此不容易获得公司债务的市场价值。大多数金融专业人士使用公司债务的账面价值近似代表债务的市场价值。

[2] 经济学家使用私人收益这一概念来表示各种与公司所有权相关的金融和非金融收益。公司配给总裁的车和司机就是所有权的私人收益，也包括拥有所有权的感受——可能是一种心理收益，不管怎么样，也是有价值的。

从公式中可以看出，公司未来自由现金流的现值通常被称为公司的企业价值，使用 Whimsical 的金融规划模型，我们得出：当 WACC 为 14% 时，Whimsical 的股票价值为 20.11 美元。

	A	B	C	D	E	F	G
1		Whimsical Toenails——DCF估值					
2	年份	**2005**	**2006**	**2007**	**2008**	**2009**	
3	估计的自由现金流	1,759,895	1,881,136	2,008,739	2,142,733	2,283,085	
4	终值					30,250,880	<-- =F3*(1+B8)/(B7-B8)
5	总计	1,759,895	1,881,136	2,008,739	2,142,733	32,533,966	
6							
7	加权平均资本成本，WACC	14.00%					
8	长期FCF增长率	6.00%					
9							
10	企业价值，未来FCF的现值+终值	22,512,874	<-- =NPV(B7,B5:F5)				
11	加上流动资金&有价证券	800,000					
12	企业价值	23,312,874	<-- =B11+B10				
13							
14	减去债务	-3,200,000					
15	估计的权益价值	20,112,874	<-- =B12+B14				
16							
17	股份数量	1,000,000					
18	每股估计价值	20.11	<-- =B15/B17				

有必要对该估值方法的一些事项进行解释：

● 我们使用 7.4 节的金融规划模型来预测 5 年的未来自由现金流，并且预测出公司在第 5 年末的终值。DCF 方法要求我们估计所有未来自由现金流的现值：PV（所有未来自由现金流按加权平均资本成本贴现）。然而，我们并不是估计所有未来自由现金流，而是估计 5 年的自由现金流，然后估计终值，Whimsical 在 5 年后的价值为：

$$企业价值 = PV（所有未来自由现金流按加权平均资产成本贴现）$$

$$= \frac{FCF_{2005}}{(1+WACC)} + \frac{FCF_{2006}}{(1+WACC)^2} + \cdots + \frac{FCF_{2009}}{(1+WACC)^5}$$

$$+ \frac{终值}{(1+WACC)^5}$$

终值的估计方法为：假设 2009 年 228.3085 万美元的 FCF 将在 2010 年，2011 年，…以 6% 的长期 FCF 增长率增长（单元格 B8）。这意味着终值为：

$$2009 年末终值 = \frac{FCF_{2010}}{(1+WACC)} + \frac{FCF_{2011}}{(1+WACC)^2} + \frac{FCF_{2012}}{(1+WACC)^3} + \cdots$$

$$= \frac{FCF_{2009}*（1+长期增长率）}{(1+WACC)} + \frac{FCF_{2009}*（1+长期增长率）^2}{(1+WACC)^2}$$

$$+ \frac{FCF_{2009}*（1+长期增长率）^3}{(1+WACC)^3} + \cdots$$

$$= \frac{FCF_{2009}*（1+长期增长率）}{WACC-长期增长率}$$

$$= \frac{\$2,283,085*（1.06）}{14\%-6\%} = \$30,250,880$$

终值公式背后的理论将在 7.9 节解释。

● 如果加权平均资本成本是 14%，那么企业价值——自由现金流和终值的现值——是 2,011.2874 万美元（前面的表格中的单元格 B10）。[1]

● 加上当前的现金余额和有价证券，减去公司债务价值，得到权益估值为 2,011.2874 万

---

[1] 见第 6 章和第 13 章中提出的两种 WACC 计算法。

美元（单元格 B15）。由于流通股为 100 万股，因此每股价值为 20.11 美元（单元格 B18）。

因此，DCF 估值结果为：Whimsical 的每股价值为 20.11 美元，比当前 10 美元股价的两倍还要高。

公司账面价值估值法——我们不建议使用

还有另一种有时用来对公司进行估值的方法——会计上对公司价值的定义，使用资产负债表数据来得到公司价值。Whimsical 公司 2004 年底的资产负债表如下所示。

	A	B	C	D	E	F
1				Whimsical Toenails，资产负债表 2004年12月31日		
2	资产			负债与股东权益		
3	现金与有价证券	800,000		流动负债	800,000	
4	流动资产	1,500,000		债务	3,200,000	
5	以成本计算的固定资产	10,700,000				
6	累计折旧	-3,000,000		普通股	4,500,000	
7	净固定资产	7,700,000		留存收益	1,500,000	
8	总资产	10,000,000	<-- =B3+B4++B7	负债与股东权益总计	10,000,000	<-- =SUM(E3:E7)

根据会计上对公司价值的定义，公司价值为：

$$公司价值的会计定义＝负债＋股东权益$$
$$＝ \underbrace{3,200,000}_{负债} ＋ \underbrace{4,500,000}_{普通股} ＋ \underbrace{1,500,000}_{累计未分配利润}$$

（权益的账面价值）

$$＝ 9,200,000$$

会计上对于公司价值的定义以账面价值为基础，公司负债和权益价值在资产负债表上列示。回顾一下第 3 章中对会计的定义，会计数据基于历史价值，是一种向后看的方式。而金融上对公司价值的定义具有前瞻性（对未来预期现金流进行贴现）。一般情况下，会计定义给出了一个不恰当的公司价值。[①] 在 Whimsical 公司的例子中，前瞻性的 DCF 估值法得到公司价值为 2,331.287 4 万美元，而向后看的会计定义法得到公司价值为 920 万美元。

7.7 使用 DCF 估值法——总结

用 DCF 对公司进行估值基于对未来预期自由现金流进行贴现，贴现率为加权平均资本成本。本节我们对实施这一估值法的步骤进行了总结。

第一步：估计 WACC

WACC 是 FCF 的贴现率。我们在第 6 章探讨了 WACC，并给出了一个例子说明如何

---

① 这并不意味贬低会计（会计是很重要的）或会计师（大部分会计师认同用账面价值近似替代市值是不恰当的）。

估计 WACC。[1] 在本章，我们不对 WACC 的估计进行详细说明；计算 WACC 需要许多假设，在很多情况下，计算中涉及的变量本身会出现争议。本例中，我们假设 WACC 为 14%。在 7.8 节，我们进行了一些敏感性分析（使用在第 4 章和第 27 章中提及的 Excel 数据表）来说明 WACC 的变动将对估值结果产生什么样的影响。

第二步：合理预测 FCF 值

金融规划模型中对 FCF 的预测是基于模型参数不会出现太大变动这一假设。许多金融分析师会定义一个"合理的"期间，意味着在这一期间的基本假设不会显得太傻。大家都认识到，公司的环境是动态的，模型参数会随着时间发生变动，通过敏感性分析可以说明（见 7.8 节）。在我们的估值模型中，假设我们可以合理预测未来 5 年的现金流。

第三步：预测长期 FCF 增长率和终值

采用 DCF 估值法原则上要求我们预测未来无限期的 FCF 值，但是在标准金融规划模型中，我们只预测了有限数量的 FCF。这个问题的解决方式是在第 5 年末定义公司的终值。我们使用的定义方式如图下所示。

DCF 估值法原理

$$\text{DCF 估值法原理} = \text{PV}\left(\begin{array}{c}\text{所有未来自由现金流以}\\ \text{WACC 贴现}\end{array}\right) + \text{现金和有价证券}$$

$$= \frac{FCF_1}{(1+WACC)} + \frac{FCF_2}{(1+WACC)^2} + \frac{FCF_3}{(1+WACC)^3} + \cdots + \text{现金和有价证券}$$

$$= \frac{FCF_1}{(1+WACC)} + \frac{FCF_2}{(1+WACC)^2} + \frac{FCF_3}{(1+WACC)^3} + \frac{FCF_4}{(1+WACC)^4}$$

$$+ \frac{FCF_5}{(1+WACC)^5} \quad \leftarrow 1：\text{我们以金融规划模型来预测这些自由现金流}$$

$$+ \frac{FCF_6}{(1+WACC)^6} + \frac{FCF_7}{(1+WACC)^7} + \cdots \quad \leftarrow 2：\text{我们用终值来代替这些数字}$$

$$\frac{1}{(1+WACC)^5} \underbrace{\frac{FCF_5 * (1 + \text{长期自由现金流增长率})}{\text{长期自由现金流增长率}}}_{\text{这是终值}}$$

$$+ \text{现在的现金和有价证券} \quad \leftarrow 3：\text{评估的最后一项}$$

你可以看到，本估值方式分为三个部分：
- 第一部分是前 5 年的自由现金流的现值。我们运用金融规划模型逐个预测这些现金流。
- 我们并没有预测第 6，7，8，… 等无穷年份的现金流现值，而是用终值的现值对它们进行总结。在第二部分中终值表示为：

---

[1] 接下来在第 13 章中将给出另外一个方法来估计 WACC。

$$\frac{1}{(1+WACC)^5} \underbrace{\frac{FCF_5 * （1+FCF 的长期增长率）}{WACC- FCF 的长期增长率}}_{这是 "终值"}$$

终值是我们预测公司在预测期结束时的价值。在 7.9 节，我们将解释如何得出终值的表达式。

● 第三部分给出了现金和有价证券的价值。

终值公式要求我们估计长期 FCF 增长率。在 Whimsical 的金融规划模型中，这一长期增长率与公司未来 5 年的预期销售增长率不同。在 7.2 节中，我们根据 Whimsical 的 5 年规划模型预测销售增长率为 10%。我们选取该公司长期 FCF 增长率的标准是：公司的现金流永远不可能以超过公司经济增长的速度增长。Whimsical 6% 的长期增长率代表了该公司的预计可持续 FCF 增长率。

使用该模型，我们预计 Whimsical 第 5 年的 FCF 为 228.3085 万美元。使用 14% 的 WACC 和 6% 的长期 FCF 增长率，得出该公司的终值为 3,025.0880 万美元。

$$终值 = \frac{FCF_5 * （1+FCF 的长期增长率）}{WACC- FCF 的长期增长率}$$
$$= \frac{\$2,283,085 * （1+6\%）}{14\%-6\%} = \$30,250,880$$

第四步：确定公司价值

这个时候，估值公式所需的所有元素都已经得到了：
● WACC：FCF 和终值的贴现率。
● 根据金融规划模型得到的 FCF 5 年的预测值。
● 公司的终值。
● 公司初始（第 0 年）现金和有价证券余额。

现在，我们可以对公司进行估值。

	A	B	C	D	E	F	G
1		Whimsical Toenails——DCF估值					
2	年份	2005	2006	2007	2008	2009	
3	预期自由现金流	1,759,895	1,881,136	2,008,739	2,142,733	2,283,085	
4	终值					30,250,880	<-- =F3*(1+B8)/(B7-B8)
5	总计	1,759,895	1,881,136	2,008,739	2,142,733	32,533,966	
6							
7	WACC，加权平均资本成本	14.00%					
8	长期自由现金流增长率	6.00%					
9							
10	企业价值、未来自由现金流现值+终值	22,512,874	<-- =NPV(B7,B5:F5)				
11	加当前现金和有价证券	800,000					
12	公司价值	23,312,874	<-- =B11+B10				
13							
14	减去负债	-3,200,000					
15	预计权益价值	20,112,874	<-- =B12+B14				
16							
17	股份数量	1,000,000					
18	预计每股价值	20.11	<-- =B15/B17				

该公司的价值为 2,331.2874 万美元（单元格 B10）。在单元格 B15 和 B18 中我们增加了两个步骤。

第五步：通过从公司价值中减去当前公司债务价值，得到权益价值

公司的价值为公司负债＋权益。我们通常仅对公司权益价值感兴趣——估计公司股票

的市值。

$$公司价值＝负债＋权益＝\$23,312,874$$

这意味着，

$$权益＝公司价值－负债＝\$23,312,874-\$3,200,000=\$20,112,874$$

股票分析师经常通过估计公司权益价值来得到公司股票的每股估值。然后他们将这一估计每股价值与当前股票市价进行比较，来为买入或卖出股票提供参考。由于 Whimsical 的流通股股数为 100 万股，每股估计市值为 $\dfrac{\$20,112,874}{1,000,000}=\$20.11$。

股票估计价值比当前每股 10 美元的市场价格高。如果 DCF 估值法被用于提供股票买卖参考，我们预期分析师将对 Whimsical 公司股票提出"买进"建议。

第六步：增加年中估值

在第 5 章，我们讨论了现金流的年中估值。当时的观点是如果现金流发生在整个年度，而不是年末，我们应该采取标准现值公式并乘以 $(1+WACC)^{0.5}$。对于 Whimsical 来说，年中贴现是有道理的，因为公司的销售发生在全年，而不仅仅是年末。在下面的表格中，你可以发现，年中贴现如何对公司价值和预测股价产生影响：单元格 B10 显示现金流和终值的现值增加至 2,400 万美元。在单元格 B18 中，你可以看到，与没有进行年中贴现而得到的 20.11 美元的每股价值相比，现在每股价值增加至 21.64 美元。

	A	B	C	D	E	F	G
1		Whimsical Toenails——DCF估值 利用年中贴现（单元格B10）					
2	年份	2005	2006	2007	2008	2009	
3	预期自由现金流	1,759,895	1,881,136	2,008,739	2,142,733	2,283,085	
4	终值					30,250,880	<-- =F3*(1+B8)/(B7-B8)
5	总计	1,759,895	1,881,136	2,008,739	2,142,733	32,533,966	
6							
7	WACC，加权平均资本成本	14.00%					
8	长期自由现金流增长率	6.00%					
9							
10	企业价值，未来自由现金流现值+终值	24,037,172	<-- =NPV(B7,B5:F5)*(1+B7)^0.5				
11	加当前现金和有价证券	800,000					
12	公司价值	24,837,172	<-- =B11+B10				
13							
14	减去负债	-3,200,000					
15	预计权益价值	21,637,172	<-- =B12+B14				
16							
17	股份数量	1,000,000					
18	预计每股价值	21.64	<-- =B15/B17				

第七步：不要相信任何事！进行敏感性分析

估值要基于大量数据的假设！执行敏感性分析可以帮助我们评估改变主要变量的值会对公司价值产生什么样的影响。我们执行敏感性分析所选择的"武器"是 Excel 数据表（见第27章）。在下一节中，我们将展示用 DCF 对 Whimsical 进行估值的敏感性分析。

7.8 敏感性分析

给定全面的金融规划模型，很显然，我们可以执行许多敏感性分析。接下来，我们将给出两张数据表。第一张表分析销售额增长假设（模型中的单元格 B2）对权益估值的影响。在最初的模型中，我们估计未来 5 年的年均销售增长率为 10%。在第 81～90 行，我们使用 Excel 的数据表功能来探讨不同销售增长率对 Whimsical 权益估值的影响。

	A	B	C	D	E	F	G	H	I
1			Whimsical Toenails——财务模型						
2	销售增长率	10%							
3	流动资产/销售额	15%							
4	流动负债/销售额	8%							
5	固定资产净值/销售额	77%							
6	销售成本/销售额	50%							
7	折旧率	10%							
8	负债利率	10.00%							
9	现金余额利息收益率	8.00%							
10	税率	40%							
11	派息比率	40%							
12									
13	年份	2004	2005	2006	2007	2008	2009		
14	利润表								
15	销售额	10,000,000	11,000,000	12,100,000	13,310,000	14,641,000	16,105,100		
16	销售成本	-5,000,000	-5,500,000	-6,050,000	-6,655,000	-7,320,500	-8,052,550		
17	折旧	-1,000,000	-1,166,842	-1,374,773	-1,613,102	-1,885,879	-2,197,668		
18	负债利息	-320,000	-280,000	-200,000	-120,000	-40,000	0		
19	现金和有价证券利息收入	64,000	57,595	47,355	42,349	42,755	80,609		
20	税前利润	3,744,000	4,110,753	4,522,582	4,964,248	5,437,376	5,935,491		
21	税收	-1,497,600	-1,644,301	-1,809,033	-1,985,699	-2,174,950	-2,374,196		
22	税后利润	2,246,400	2,466,452	2,713,549	2,978,549	3,262,426	3,561,295		
23	股利	-898,560	-986,581	-1,085,420	-1,191,419	-1,304,970	-1,424,518		
24	留存收益	1,347,840	1,479,871	1,628,130	1,787,129	1,957,455	2,136,777		
25									
26	资产负债表								
27	现金	800,000	639,871	544,001	514,730	554,145	1,461,078		
28	流动资产	1,500,000	1,650,000	1,815,000	1,996,500	2,196,150	2,415,765		
29	固定资产								
30	成本	10,700,000	12,636,842	14,858,615	17,403,417	20,314,166	23,639,190		
31	折旧	-3,000,000	-4,166,842	-5,541,615	-7,154,717	-9,040,596	-11,238,263		
32	固定资产净值	7,700,000	8,470,000	9,317,000	10,248,700	11,273,570	12,400,927		
33	资产总计	10,000,000	10,759,871	11,676,001	12,759,930	14,023,865	16,277,770		
34									
35	流动负债	800,000	880,000	968,000	1,064,800	1,171,280	1,288,408		
36	负债	3,200,000	2,400,000	1,600,000	800,000	0	0		
37	股本	4,500,000	4,500,000	4,500,000	4,500,000	4,500,000	4,500,000		
38	累计留存收益	1,500,000	2,979,871	4,608,001	6,395,130	8,352,585	10,489,362		
39	负债和股东权益	10,000,000	10,759,871	11,676,000	12,759,930	14,023,865	16,277,770		
40									
41									
42	自由现金流的计算								
43	年份	2004	2005	2006	2007	2008	2009		
44	税后利润		2,466,452	2,713,549	2,978,549	3,262,426	3,561,295		
45	+折旧		1,166,842	1,374,773	1,613,102	1,885,879	2,197,668		
46	-流动资产的增加		-150,000	-165,000	-181,500	-199,650	-219,615		
47	+流动负债的增加		80,000	88,000	96,800	106,480	117,128		
48	-固定资产原值的增加		-1,936,842	-2,221,773	-2,544,802	-2,910,749	-3,325,025		
49	+负债的税后利息		168,000	120,000	72,000	24,000	0		
50	-现金的税后利息		-34,557	-28,413	-25,410	-25,653	-48,365		
51	自由现金流		1,759,895	1,881,136	2,008,739	2,142,733	2,283,085		
52									
53									
54	给公司估值								
55	WACC，加权平均资本成本	14%							
56	自由现金流的长期增长率，g	6%							
57									
58	第5年的自由现金流	2,283,085							
59	终值	30,250,880	<-- =B58*(1+B56)/(B55-B56)						
60									
61	年份	2004	2005	2006	2007	2008	2009		
62	自由现金流		1,759,895	1,881,136	2,008,739	2,142,733	2,283,085		
63	终值						30,250,880	<-- =B59	
64	总计		1,759,895	1,881,136	2,008,739	2,142,733	32,533,966		
65									
66	第64行的现值	22,512,874	<-- =NPV(B55,C64:G64)						
67	加上初始（第0年）现金和有价证券	800,000	<-- =B27						
68	公司价值	23,312,874	<-- =B67+B66						
69	公司价值	-3,200,000	<-- =-B36						
70	权益价值	20,112,874	<-- =B68+B69						
71	每股股份价值	20.11	<-- =B70/1000000						
72									
73	利用年中贴现的公司估值								
74	按照年中贴现调整第64行的现值	24,037,172	<-- =NPV(B55,C64:G64)*(1+B55)^0.5						
75	加上初始（第0年）现金和有价证券	800,000	<-- =B27						
76	公司价值	24,837,172	<-- =B75+B74						
77	减去当日公司负债的价值	-3,200,000	<-- =B36						
78	权益价值	21,637,172	<-- =B76+B77						
79	每股股份价值	21.64	<-- =B78/1000000						
80									
81	数据表：销售增长对股份价值的影响：销售增长率		销售增长率	21.64	<-- =B79				
82			0%	20.25					
83			2%	20.70					
84			3%	20.89					
85			6%	21.36					
86			8%	21.55					
87			10%	21.64					
88			12%	21.60					
89			15%	21.30					
90			20%	19.98					
91									

销售增长率和每股价值

销售增长假设产生了一个奇怪的结果：在到达某个点以前，销售增长率的增加将带动权益估值的增加。但当销售增长率达到很大时，将引起权益估值的降低。[1]

第二个敏感性分析用来检验加权平均资本成本和长期增长率（单元格 B55 和 B56）对每股估值的影响。我们注意到这两个参数以两种方式影响估值：

- 单元格 G63 中终值的计算为：$\dfrac{FCF_5 * （1＋FCF 长期增长率）}{WACC－FCF 长期增长率}$。

该运算同时受到长期增长率和 WACC 参数的影响。

- 单元格 B66 中现值的计算受到 WACC 的影响。

为了验证这两个参数对每股估值的影响，我们建了一个二维数据表。

	A	B	C	D	E	F	G
95	=IF(B55>B56,B78,"nmf")						
96			WACC				
97		21,637,172	10%	14%	20%	22%	24%
98		0%	20,381,232	13,905,234	9,073,530	8,053,685	7,205,794
99	长期自由现金流增率	2%	24,469,956	15,623,442	9,743,593	8,571,101	7,613,120
100		4%	31,284,495	18,028,934	10,581,171	9,203,499	8,101,912
101		6%	44,913,574	21,637,172	11,658,057	9,993,996	8,699,323
102		8%	85,800,810	27,650,902	13,093,905	11,010,349	9,446,088
103		10%	nmf	39,678,362	15,104,092	12,365,487	10,406,214
104		12%	nmf	75,760,741	18,119,373	14,262,680	11,686,382
105		14%	nmf	nmf	23,144,842	17,108,469	13,478,617
106		16%	nmf	nmf	33,195,778	21,851,451	16,166,970
107							
108		注释：数据表将在第27章讨论					

敏感性分析的结果一点也不让你惊讶：

从纵向看，Whimsical 预期的长期增长率越高，权益价值也越高。再次说明，这一结果是在预料之中的，因为预示着 5 年之后可以得到更高的 FCF。下面的文本框中说明了，我们的终值模型只有在长期增长率低于 WACC 时才有效。当这一假设不成立（意思是：长期增长率＞WACC），Excel 将会显示"nmf"（没有任何有意义的数字）。这样设定的技术解释将会在下文说明。

Excel/金融注释

请注意我们在前面数据表的单元格 B97 中使用的 If 函数。终值公式为：

$$终值 = \frac{FCF_5 * （1＋FCF 长期增长率）}{（WACC－FCF 长期增长率）}$$

正如第 2 章所示，这个公式只有在 WACC＞FCF 长期增长率时才成立。由于数据表中一些增长率和 WACC 的组合不满足这一条件，我们用 If 函数来加以区别。如单元格 B97 所使用的，这一公式为：

If （B55＞B56，　　　　B78　　　　，　　　" nmf"　　　）

若WACC＞长期自由现金流增长率，则得到如单元格B78的价值

若WACC≤长期自由现金流增长率，则为没有意义的数字

---

[1] 原因可能是过高的销售增长率需要大量新的固定资产。这将导致 FCF 的降低，当 FCF 下降到一定程度时，将会引起股票价值的下降。

7.9 提高篇：DCF 模型背后的理论

本节我们将对上一节介绍的估值模型的一些理论观点进行解释。这些理论不全是简单的，你可能会想跳过这一节。[①]

为什么公司价值与未来 FCFs 的现值有关？

我们的基本估值公式是：

公司价值＝负债＋股东权益

$$=初始现金和有价证券+\frac{FCF_1}{(1+WACC)^1}+\frac{FCF_2}{(1+WACC)^2}+\frac{FCF_3}{(1+WACC)^3}+\cdots$$

公司的企业价值被定义为公司的运营价值。在金融理论中，企业价值是公司未来预期现金流量的现值。在本节中，我们对这些概念进行解释。

估值过程

估值的方法之一是使用会计规范公式，但注意要使用市场价值。我们重写了资产负债表，将流动负债从负债和股东权益一边移到资产一边。

将资产负债表用作企业估值模型			
初始资产负债表			
资产		**负债**	
现金和有价证券		流动营运负债	
流动营运资产		债务	
固定资产净值		股东权益	
商誉			
资产总计		**负债及股东权益总计**	
用作企业估值的"资产负债表"			
资产		**负债**	
现金和有价证券			
流动营运资产		债务	
一流动营运负债			=PV(自由现金流以加权平均资本成本贴现)
＝净营运资金			
固定资产净值		股东权益	
商誉			
公司价值		**公司价值**	

[①] 为什么作者会在本书中加入这一节？我们的经验是，最终几乎所有的金融专业人士都会呼吁进行估值。在每次估值中，有时一些人会问你一些技术和理论问题。现在回到本节。

要对一家公司进行估值，我们设定：

$$公司价值＝初始现金余额＋\sum_t \frac{FCF_t}{(1+WACC)^t}$$

$$＝初始现金余额＋企业价值$$

如果我们要对公司权益估值，我们要减去债务价值：

$$权益价值＝公司价值－债务$$

$$＝初始现金余额＋\sum_t \frac{FCF_t}{(1+WACC)^t}－债务$$

$$＝\sum_t \frac{FCF_t}{(1+WACC)^t}－（债务－初始现金余额）$$

注意这意味着我们可以以稍微不同的形式来填写资产负债表。

用作企业估值的"资产负债表"
微小的变化（现金从债务中减去）

资产		负债	
流动营运资产		债务－现金和有价证券	
－流动营运负债		＝债务净值	=PV(自由现金流以加权平均资本成本贴现)
＝净营运资金			
固定资产净值		股东权益	
商誉			
企业价值		**企业价值**	

请注意两种用于企业估值的资产负债表变化得到同样的股东权益

我们可以使用预测 FCF 和资金成本来确定公司的企业价值。假设我们已经确定了公司的加权平均资本成本（WACC）是 20%。[①] 那么公司的企业价值是公司预测 FCFs 的贴现值加上终值。

$$企业价值＝\frac{FCF_1}{(1+WACC)^1}+\frac{FCF_2}{(1+WACC)^2}+\cdots+\frac{FCF_5}{(1+WACC)^5}$$

$$+\frac{第5年的终值}{(1+WACC)^5}$$

在这个公式中，第 5 年的终值是自第 6 年开始的所有 FCF 的现值的近似值。[②]

终　值

为了确定终值，我们使用了第 6 章提到的戈登模型。我们假设在 5 年的预测期后，现金流将以 6% 的长期 FCF 增长率增长。这样，终值为：

---

① 在第 6 章，我们介绍了 WACC，以及如何用戈登模型来计算。在第 13 章，我们将介绍一种计算 WACC 的替代方式——使用安全市场线。本章只够我们简单地假定 WACC 的值。

② 事实上，我们没有估计这些现金流。我们通过 5 年 FCF 来得出终值。

$$第\,5\,年末的终值 = \sum_{t=1}^{\infty} \frac{\text{FCF}_{t+5}}{(1+\text{WACC})^t} = \sum_{t=1}^{\infty} \frac{\text{FCF}_5 * (1+\text{FCF 长期增长率})^t}{(1+\text{WACC})^t}$$

$$= \frac{\text{FCF}_5 * (1+\text{FCF 长期增长率})}{\text{WACC} - \text{FCF 长期增长率}}$$

最后的等式以类似第 6 章讨论的股利估值模型（戈登模型）的方式得到。

总　　结

在本章中，我们使用 Excel 来构建金融规划模型。这些模型，也称为预测模型或金融规划模型，在金融中有很多用途。金融规划模型是许多业务计划的核心，公司使用金融计划书来说服银行提供贷款，说服投资者购买其股票。金融规划模型被用于对公司进行估值（第 8 章）和构建方案，说明公司在不同的运营情况和假设下开展业务的结果。

构建金融模型是一个强大的智力活动：它需要你结合会计报表、公司的运营参数和公司的融资信息来得到一个综合模型。

要进行 DCF 估值，你需要了解业务的各个方面：

● 业务如何运作——这影响金融规划模型中的金融参数。公司的流动资产和流动负债的构成（意思是业务运作所需的净运营资本）和业务运作所需的固定资产（建筑物、设备和土地）——所有这些因素都会对公司的估值产生影响。

● 如何计算资本成本。WACC 是公司未来 FCF 的贴现率。在本章中，我们没有讨论 WACC 的计算（第 6 章和第 13 章给出了 WACC 计算的不同方法）。

● 如何用 Excel 执行相关计算。

习　　题

注：本书随带的光盘中包含了一个名为 PFE2，Chapter07template.xlsm 的文件。除了习题 1，这个模板可以作为回答几乎所有问题的基础，尽管你可能需要做一些修改。

1. 下面的数据描述了贵公司去年的业务：

● 公司年末现金为 105,000 美元。

● 公司欠供应商 20,000 美元。

● 公司购买了 22,000 美元的证券。

● 公司年度收益为 170,000 美元。这些收益中，只有 70% 已经支付。

● 公司需要向其中一个客户赔偿损耗费 40,000 美元。这一费用尚未支付。

● 公司年末原材料库存为 7,500 美元，产品库存为 5,000 美元。

● 公司下一年需要向银行支付 12,000 美元。

● 公司的税收支付为 45,000 美元。一般的税款尚未支付，且在本年度到期。

● 公司年初租了一间商铺，租期为 3 年，在租期内每年预缴 14,000 美元。

计算该公司的流动营运资产和流动营运负债。

2. 根据下面的模板建立一个财务模型。假设 WACC 为 20%，对公司股东权益进行估值。

	A	B	C	D	E	F	G
1	财务模型模版						
2	销售增长率	10%					
3	流动资产/销售额	15%					
4	流动负债/销售额	8%					
5	固定资产净值/销售额	77%					
6	销售成本/销售额	50%					
7	折旧率	10%					
8	负债利率	10.00%					
9	现金余额利息收益率	8.00%					
10	税率	40%					
11	派息比率	40%					
12							
13	年份	0	1	2	3	4	5
14	利润表						
15	销售额	1,000					
16	销售成本	(500)					
17	折旧	(32)					
18	负债利息	6					
19	现金和有价证券利息收入	(100)					
20	税前利润	374					
21	税收	(150)					
22	税后利润	225					
23	股利	(90)					
24	留存收益	135					
25							
26	资产负债表						
27	现金	80					
28	流动资产	150					
29	固定资产						
30	成本	1,070					
31	折旧	(300)					
32	固定资产净值	770					
33	资产总计	1,000					
34							
35	流动负债	80					
36	负债	320					
37	股本	450					
38	累计留存收益	150					
39	负债和股东权益	1,000					

3. a. 习题 2 中的模型包括了销售成本但没有包括销售、管理及行政费用（SG&A）。假设公司每年该项支出为 200 美元，与销售水平无关。调整模型以适应这一新的假设。显示得到的利润表、资产负债表、现金流量表和估值。

b. 建立一个数据表来显示权益价值对 SG&A 的敏感度。设定 SG&A 的变动范围为每年 0～600 美元。

4. 假设习题 2 的模型中，第 1～5 年的固定资产原值为销售额的 100%（在原模型中，固定资产净值为销售额的函数）。对模型做相应调整。显示得到的第 1～5 年的利润表、资产负债表和自由现金流。（假设在第 0 年，固定资产账户参照 7.2 节。请注意，第 0 年的信息已经给出了——这是公司的现状，而第 1～5 年是对未来的预测——第 0 年的比例不需要与第 1～5 年的预测比例一致。）

5. 回到习题 2，假设固定资产原值的分段函数如下：

$$固定资产原值 = \begin{cases} 100\% * 销售额 & 如果 销售额 \leqslant 1,200 \\ 1,200 + 90\% * (销售额 - 1,200) & 如果 1,200 \leqslant 销售额 \leqslant 1,400 \\ 1,380 + 80\% * (销售额 - 1,400) & 如果 销售额 \geqslant 1,400 \end{cases}$$

将函数纳入模型中。

6. a. 考虑习题 2 的模型，对模型做两个调整：（i）将债务作为 plug，并将现金维持在第 0 年的水平。（ii）假设公司有 1,000 股股票，且决定在第 1 年每股支付 0.15 美元的股利。假设公司希望每股股利以每年 12％的速度增长。将这些变动纳入预测模型中。

b. 做敏感性分析，验证年股利增长率对债务/权益这一比率的影响。设定股利增长率范围为0～18％，每次增长 2％。

7. 下面的 Excel 表显示了一家公司的资产负债表和利润表。

假设如下：

● 公司预期销售增长率为每年 10％。
● 每年年底的流动资产为年销售额的 20％。
● 每年年底的流动负债为年销售额的 15％。
● 每年年底的固定资产净值为销售额的 320％。
● 年折旧为年度固定资产均值的 5％。
● 销售成本为销售额的 50％。
● 现金得到的利息收益为平均现金余额的 5％。
● 所得税税率为 40％。

利用上述数据预测第 1 年的财务报表。

	A	B
1	资产负债表和损益表	
2	年份	**0**
3	利润表	
4	销售额	50,000
5	销售成本	(25,000)
6	折旧	(20,000)
7	现金的利息收入	7,000
8	税前利润	12,000
9	税率（40%）	(4,800)
10	税后利润	7,200
11	留存收益	7,200
12		
13	资产负债表	
14	现金	140,000
15	应收账款	10,000
16	固定资产	
17	成本	400,000
18	折旧	(240,000)
19	固定资产净值	160,000
20	总资产	310,000
21		
22	流动负债	20,000
23	负债	-
24	股本	275,000
25	累计留存收益	15,000
26	负债和股东权益	310,000

8. a. 将上一题中的模型扩展至 5 年。

b. 习题 8a 中的模型包括了销售成本（COGS），但没有包括销售、管理及行政费用。假设第 0 年该项支出为 2,000 美元，且增长率为 7.5％。对习题 8a 的模型进行调整。

9. 下面的 Excel 表显示了一家公司的资产负债表和利润表。

	A	B	C	D	E
1			资产负债表和利润表		
2	资产			负债和股东权益	
3	流动资产			流动负债	
4	现金	10,000		应付账款	2,000
5	预付费用	1,500		总流动负债	2,000
6	总流动资产	11,500			
7				长期负债	
8				债务	10,000
9	固定资产				
10	成本	30,000		股东权益	
11	累计折旧	-14,000		股本	10,500
12	固定资产净值	16,000		留存收益	5,000
13					
14	总资产	27,500		总负债和股东权益	27,500
15					
16		利润表			
17	销售额	20,000			
18	销售成本	-12,000			
19	折旧	-2,000			
20	现金利息收入	300			
21	债务利息支出	-400			
22	税前利润	5,900			
23	税收（40%）	-2,360			
24	税后利润	3,540			
25	股利支付	-708			
26	留存收益	2,832			

a. 你相信这些财务报表是公司价值驱动的代表（例如，如果销售额是 20,000 美元，COGS 是 12,000 美元，COGS 为销售额的 60%）。找出和计算可以从资产负债表和利润表中得到的价值驱动。

b. 利用下述数据来预测第 1 年的财务报表：

● 销售增长率为 12%。

● 折旧是年度固定资产均值的 5%。

● 现金得到的利息收益为平均现金余额的 5%。

● 年债务偿还为 2,000 美元。

● 债务利率为 8%。

c. 绘制公司利润变动受 COGS 变动影响的图。

10. a. 将上一习题中的模型扩展至 6 年。

b. 我们处理的模型没有包含广告和市场费用（这些通常是 SG&A 的一部分）。假设这些费用在第 0 年为 800 美元，在第 1～6 年为销售额的 5%。此外，假设公司每年需为执照支付 1,500 美元的固定费用。调整习题 10a 中的模型以适应这些变动。

c. 绘制公司利润变动受执照费用变动影响的图。

11. 计算习题 8a 和 10a 模型的 FCF。

12. 计算习题 8a 和 10a 模型的合并现金流量表。

13. 下表包含了 Donna 公司的资产负债表、利润表和价值驱动的数据。

Donna 公司每年偿还 6,000 美元的债务，支付和收到的利息分别取决于债务和现金余额均值，折旧取决于固定资产均值。

利用上述数据，构建 Donna 公司未来 5 年的资产负债表、利润表和 FCF 估值模型。

14. 对习题 13 中 Donna 公司的假设做如下调整：

	A	B	C	D	E	F	G
1		Donna公司的资产负债表和利润表					
2	价值驱动						
3	销售增长率	15%					
4	流动资产/销售额	20%					
5	流动负债/销售额	14%					
6	固定资产净值/销售额	80%					
7	销售成本/销售额	45%					
8	折旧率	10%					
9	负债利率	8%					
10	现金余额利息收益率	5%					
11	税率	36%					
12	派息比率	30%					
13	年度债务偿还额	6,000					
14							
15	利润表						
16	年份	0	1	2	3	4	5
17	销售额	45,000					
18	销售成本	-33,000					
19	折旧	-4,000					
20	现金利息收入	80					
21	债务利息支出	-150					
22	税前利润	7,930					
23	税收（36%）	-2,855					
24	税后利润	5,075					
25	股利支付	-1,523					
26	留存收益	3,553					
27							
28	资产负债表						
29	资产						
30	现金	10,000					
31	流动资产	4,700					
32	固定资产						
33	成本	47,000					
34	累计折旧	-14,000					
35	固定资产净值	33,000					
36	总资产	47,700					
37							
38	负债和股东权益						
39	流动负债	4,000					
40	负债	30,000					
41	股东权益						
42	股本	10,000					
43	留存收益	3,700					
44	总负债和股东权益	47,700					

- 假设债务维持在现有水平，贷款只在第 5 年末偿还。
- 股利的不变增长率为 15%，不考虑公司销售额的增长。
- 如果销售额高于 70,000 美元，公司将把销售额的 5% 作为奖金奖励给员工。

将这些变动纳入预测模型和 FCF 估值中。

15. 如果你知道 Donna 公司打算未来 5 年每年增长 6% 的债务，且流动负债为 COGS 的 25%，那么习题 13 的答案会有什么变化？

16. 下表是贵公司的资产负债表。

	A	B	C	D	E
1				资产负债表	
2	资产			负债和股东权益	
3	流动资产			流动负债	
4	现金	72,000		应付账款	40,000
5	有价证券	80,000		应付税收	35,000
6	应收账款	42,000		短期负债	32,000
7	预付账款	15,000		总流动负债	107,000
8	总流动资产	209,000			
9				长期负债	
10				债务	420,000
11	固定资产				
12	成本	500,000		权益	
13	累计折旧	-25,000		股本	120,000
14	净固定资产	475,000		留存收益	37,000
15					
16	总资产	684,000		总负债和股东权益	684,000

如果股价市值为 5.50 美元，流通股股数为 90,000 股，根据股价估值模型，该公司的价值

是多少?

17. 利用账面价值, 习题 16 中公司的股票价值为多少? 你如何解释这一估值方式和每股市价估值方式的差异?

18. 雅虎对 PepsiCo 公司 (PEP) 的简介如下。根据股价估值模型, PEP 的公司价值为多少? PEP 的账面价值为多少?

19. 雅虎对波音公司 (BA) 的简介如下。根据股价估值模型, BA 的公司价值为多

少？BA 的账面价值为多少？

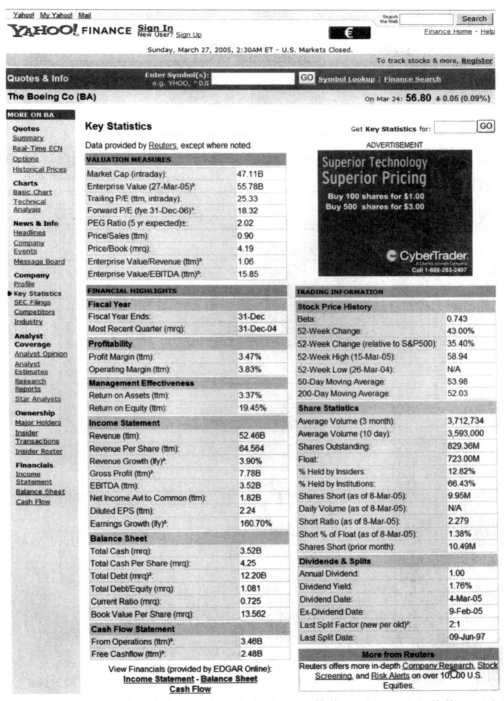

20. 回到习题 16。在董事会上，公司决定用 DCF 估值法对公司进行估值，下表描述了你可以得到的数据。

	A	B	C	D	E	F
1	现金流贴现估值					
2	年份	1	2	3	4	5
3	预期自由现金流	220,115	232,150	274,410	315,145	316,000
4	终值					750,456
5	总计	220,115	232,150	274,410	315,145	1,066,456

假设公司的 WACC 为 18%，利用资产负债表的数据，那么公司的权益价值是多少？公司每股价值是多少？

21. 重新计算习题 20，但不再使用终值，而是假定公司的 FCF 自第 6 年起将永久保持不变（永续现金流）。使用年中贴现。

22. 下表是 Yummy 公司的资产负债表和价值驱动，该公司生产一种特殊的番茄酱。

	A	B	C
1	Yummy公司，财务模型		
2	价值驱动		
3	销售增长率	12%	
4	流动资产/销售额	22%	
5	流动负债/销售额	20%	
6	固定资产净值/销售额	5%	
7	销售成本/销售额	45%	
8	折旧率	20%	
9	负债利率	8.00%	
10	现金余额利息收益率	4.00%	
11	税率	36%	
12	派息比率	25%	
13	销售额	2,000,000	
14	WACC	16%	
15	长期自由现金流增长率	4%	
16			
17	资产负债表		
18	现金	460,000	
19	流动资产	440,000	
20	固定资产		
21	成本	4,000,000	
22	累计折旧	(500,000)	
23	固定资产净值	3,500,000	
24	总资产	4,400,000	
25			
26	流动负债	400,000	
27	负债	3,000,000	
28	普通股(1,500,000股，发行价为每股0.5美元)	750,000	
29	留存收益	250,000	
30	总负债和股东权益	4,400,000	
31			

其他模型假设如下：

- FCF 估值期为 5 年。此外，终值可通过长期 FCF 增长率得到。
- 债务偿还原则为每年偿还 300,000 美元。
- 现金是模型的 plug。

构建 Yummy 的预测模型，并利用 DCF 估值法，通过年终贴现计算公司价值。

23. 利用习题 22 中 Yummy 的数据计算下述内容：

- 如果利用年终贴现，那么公司价值和股票价值为多少？
- 作图表示企业价值（年末计算）对销售增长率的敏感性。
- 作图表示企业价值（年末计算）对公司 WACC 的敏感性。

24. 下表是 Little India 公司的资产负债表和价值驱动，这是一家印度菜餐厅。

	A	B	C
1	Little India公司，财务模型		
2	价值驱动		
3	销售增长率	25%	
4	流动资产/销售额	10%	
5	流动负债/销售额	30%	
6	固定资产净值/销售额	15%	
7	销售成本/销售额	35%	
8	折旧率	5%	
9	负债利率	8.00%	
10	现金余额利息收益率	3.00%	
11	税率	40%	
12	派息比率	20%	
13	销售额	1,100,000	
14	WACC	12%	
15	长期自由现金流增长率	3%	
16			
17	资产负债表		
18	现金	370,000	
19	流动资产	110,000	
20	固定资产		
21	成本	2,000,000	
22	累计折旧	(500,000)	
23	固定资产净值	1,500,000	
24	总资产	1,980,000	
25			
26	流动负债	330,000	
27	负债	1,000,000	
28	普通股（500，000股，发行价为每股1美元）	500,000	
29	留存收益	150,000	
30	总负债和股东权益	1,980,000	
31			

其他模型假设如下：

● FCF 估值期为 5 年。此外，终值可通过长期 FCF 增长率得到。

● 债务偿还原则为每年偿还 200,000 美元。

● 现金是模型的 plug。

构建预测模型，包括利用 DCF 估值法，通过年终贴现计算公司价值和估计股票价值。

投资组合分析和资本资产定价模型

本书的第二部分主要讨论投资组合的构成如何影响资产组合的风险。大多数个体投资者持有的投资组合是由多种股票和债券构成的。这意味着投资组合的风险是这个投资组合里所有证券的组合风险，而不是投资组合里各单个资产的风险。

　　第 8 章首先引入并介绍金融风险的概念。该章研究资产风险的三个部分：持有期、安全性以及流动性。通过引证股票市场和债券市场，揭示出即使是安全的资产也是有风险的。该章还提出了衡量风险的方法。

　　探讨投资组合的风险，我们需要有一些统计学的知识。第 9 章介绍了一些投资组合分析所需要的统计学概念。尽管本书面向的大部分读者都学过统计学课程，但第 9 章假设读者没有统计学基础。当然，Excel 具有许多数理统计功能，这在做投资组合的统计时是非常有帮助的。

　　第 10 章和第 11 章结合了一些基本的经济学知识对投资组合进行统计分析，得到资本资产定价模型。该模型将投资组合收益与投资组合风险（这一概念是从资本市场线中概括得到的）结合起来。资本资产定价模型还将单个资产的风险与它们的收益结合起来，这一概念是从证券市场线中得到的。

　　第 12 章和第 13 章主要研究如何应用证券市场线。第 12 章主要研究使用证券市场线来衡量投资组合的业绩：若给定投资组合的风险，投资组合经理的业绩能有多好？第 13 章重新回顾了在第 6 章中提到过的加权平均资本成本。这一章提出了如何用证券市场线来计算权益成本以及加权平均资本成本。

第 8 章

什么是风险?

概述

在金融里，风险是一个富有魔力的词汇。无论何时金融人士不能解释某些事情时，他们总会试图保持自信，并说"这肯定是有风险的"。当听到一篇金融方面的演讲时，如果你想看上去比较有智慧的话，就要充满怀疑的神色，并且问："你考虑风险了吗?"通常，做到这些就足够有一两点可取之处了。[①]

我们的直觉通常会把金融风险和不确定性相联系。像存款账户这样的金融资产通常被认为是没有风险的，因为它将来的价值是确定的。而如股票这样的金融资产是有风险的，因为我们不知道它将来的价值。不同种类的金融资产具有不同级别的风险：直觉告诉我们，存款账户的风险要比公司股票的风险低，而刚创立的高科技企业的股票风险要比发展成熟的蓝筹企业股票的风险高。

把不确定性和风险联系在一起的直觉是站得住脚的，但也会有些令人吃惊的方面。例如，在 8.2 节中提到的国库券，这是一种由美国政府发行的债券。尽管它是完全安全的，但有时也是有风险的。如果你需要在到期前将它出售，它就会变得有风险。我们会通过一个案例介绍这种风险。我们也会研究持有股票的风险，并且在统计上将这种风险量化。在第 12～14 章中，我们采用统计描述股价风险的方法来探讨投资组合中股票的选择，这是

---

① 就金融考试，我给我的学生们以下提示：假设你不得不回答一个你完全不知道答案的问题（如"年化收益的 Zeta 函数是什么?""如何解释 XYZ 公司不同年之间年收益的差异?"），如果你对于这个问题一无所知，那你可以编一句包含"风险"一词的无意义的句子（如"年化收益的 Zeta 函数与收益的风险相关。""XYZ 公司的年收益会变化，因为公司面临的风险在变。"），这样你就能回答得上一两点了。

一种重要的理念。

我们试着尽量在本章中不涉及统计和数学，但是，对风险的衡量不可避免地会涉及一些计算。[1]

讨论的金融概念

- 事后和事前收益
- 持有期收益
- 国库券收益
- 收益的统计量——均值、方差以及标准差。

使用的 Excel 函数

- Sqrt
- Average
- Stdevp
- Varp
- Frequency
- Count
- Ln

8.1　金融资产的风险特征

一生中你会接触到许多金融资产，即使你不知道它们是金融资产。小时候，你的父母会为你在当地银行开立一个储蓄账户，或者你的祖父母为你买一些股票。现在作为学生，你为了学生贷款而烦恼。每个月你要决定是否要归还你的信用卡账单，或者再等一个月，然后还利息。一旦完成学业之后，你将会承担车贷，买房会承担房贷，购买股票和债券……

所有的金融资产有不同的期限、安全性以及流动性。如你所见，在金融资产中，这三个特征是基本常识。在本节，我们简要地回顾一下这些概念。

期限

有些资产是短期的，有些资产是长期的。存在支票账户里的钱就是一个短期金融资产的例子，因为钱可以在任何时候取出来。另一方面，许多储蓄账户要求客户在给定时期向

---

[1]　使用这本教材的学生一般会上统计学的课程。本章假定读者对一些基本的统计学概念较为熟悉，第 9 章会在金融资产部分中回顾这些统计学概念。从这一意义上来说，这两章是联在一起的。

里面存钱。表 8.1 展示的是特拉华发现银行提供的存单利率。存单是定期存款：在给定期限里，不支付违约金是不能从该账户中取钱的。无须惊讶，因为长期定期存单的利率相应也较高。

当然，你也不总是"受限于"长期的金融资产。许多长期资产可以在公开市场上出售。例如，假设你购买了一份 10 年期的政府债券，你可以在任何时候在公开市场上将其出售套现。但是，在到期之前将其出售，你将会面临市场价格不确定的风险。这一内容会在 8.2 节详细探讨。

一些资产的期限较长，但期限不确定。公司股票就是一个很好的例子。例如，假设持有麦当劳的股票，只要你持有该股票且公司存在，你就有权以股东的身份收到股利。当然，你也可以在证券市场中将其出售，但这会使你面临股价波动的风险。在 8.3 节我们会讨论如何分析持有股票的风险，第 9～13 章也会用较大篇幅讨论这一内容。

安全性

金融资产不同于你确定可以拿回的钱。在图 8.1 中提到的发现银行定期存单是由联邦存款保险公司——一个美国政府机构保证支付的，上限 10 万美元。在该上限之内，即使银行不能履行支付义务，该存单的购买者也能取回自己的钱（包括利息）。

图 8.1 将发现银行提供的利率和由通用汽车金融服务公司（GMAC）发行的债券所有可能的利率作比较。GMAC 公司债券的市场利率要比发现银行的利率高得多。但是，在安全性方面，这两种证券有着本质的差异：2009 年 5 月数据收集时，正是 GMAC 的母公司通用汽车濒临倒闭之时，GMAC 的行动带来的不确定性极大。最后，该公司破产。显然，投资于 GMAC 公司债券的安全性要比投资于发现银行的定期存单的安全性差得多。

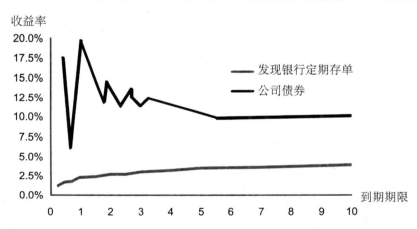

图 8.1　GMAC 公司债券要比发现银行定期存单的风险大

说明：毫无疑问，GMAC 公司债券的承诺收益要比发现银行定期存单（非常安全）的承诺收益大得多。

总之，资产的安全性越差，投资者所要求的以及预期的收益越高。因此，若发现银行的定期存单的利率为 1%～4%，那么持有麦当劳股票（没有定期存单安全，不确定性比它更大）的聪明投资者应该会要求一个高于定期存单的期望收益。

表 8.1　　　　　　　　　　特拉华发现银行提供多种不同到期日的定期存单及其利率

2009 年 4 月 28 日

期限	利率	存款年收益
3 个月	1.25%	1.25%
6 个月	1.74%	1.75%
9 个月	1.89%	1.90%
1 年	2.33%	2.35%
1.5 年	2.47%	2.50%
2 年	2.72%	2.75%
2.5 年	2.72%	2.75%
3 年	3.06%	3.10%
4 年	3.25%	3.30%
5 年	3.54%	3.60%
7 年	3.64%	3.70%
10 年	3.93%	4.00%

说明：利率和年度收益率间的区别源于这样一个事实：发现银行的报价利率是每天复利的。例如，10 年期的利率 3.93% 通过式子 $\left(1+\frac{3.93\%}{365}\right)^{365}-1$ 算出的存款年收益为 4%。计算方法已经在第 3 章讨论过。

"期望收益"这一词较为复杂：

● 如果你购买了一份发现银行的 5 年期定期存单，银行通常会承诺给你一个 3.60% 的年收益。你可以得到这样的年收益是绝对确定的（然而，几乎是绝对确定：总是会有极小可能的灾难使得发现银行和美国政府都不能履行支付义务）。发现银行的 5 年期定期存单的期望收益和实现的收益（我们所说的实际收到的收益）是一样的。用经济学家的行话来说，期望收益常被称为事前估计的收益（ante return），已实现收益常被称为事后收益（ex post return）（这些术语源于拉丁词语"在……前面"和"在……后面"）。

● 如果你购买了麦当劳的股票，那么你预期得到的年收益会超过 3.60%。但是，此处的预期只是预期的未来平均收益。换句话说，若 5 年后该股票的实际年收益小于 3.60%，你会失望但并不会感到有多么惊讶。

流动性

所谓资产的流动性就是资产得以买或卖的容易程度。普遍来说，资产的流动性越好，它越容易"被处理"，风险越低。

美国大多数的上市公司股票的流动性都很好。在 1999—2008 年这十年间，在纽约证券交易所交易麦当劳股票的平均日交易量达到 620 万股。这只是平均数，最高的日交易量几乎达到 8,700 万股，最低的也有 130 万股。若你想买或者卖一份这样的股票（或即使是几千股），也不会有任何困难。麦当劳股票的流动性非常好。

流动性有另一层含义，金融经济学家称之为价格影响。假设你决定出售祖母给你的麦当劳的1,000股股票。出售股票你不会有任何困难，但是，你出售股票会不会影响市场价格？对于麦当劳股票的回答是：不会。

不是所有股票的流动性都一样。Audiovox 在纳斯达克交易所挂牌交易，它是比麦当劳小很多的公司。Audiovox 股票的日平均交易量大约在 16.5 万股，但是，在 1999—2008

年这十年间，日平均交易量仅有3,600股。你买或者卖几千股 Audiovox 的股票的困难较小，但是，你的买卖行为会极端影响该股票的市场价。Audiovox 股票的流动性不如麦当劳的股票，因此，它的流动性风险较大。

现在做什么？

期限、安全性、流动性共同决定着金融资产的风险。在后面章节，我们会给出一些具体的例子。首先，我们看一下持有美国国库券所固有的风险。美国财政部承诺支付政府借的钱，从这个意义上来说，国库券是绝对安全的。国库券的流动性也是非常好的，因为每天在金融市场上都会有数十亿数百亿的国库券被买卖。但我们认为，国库券的期限意味着它是有风险的——如果你想在到期前将它卖出去，市场价格是不确定的。

我们接着分析麦当劳股票的内在风险。公司不会对股利或者将来的市场价格做任何承诺，从这个意义上来说，麦当劳的股票是不安全的。我们分析 1990—2000 年这十年间麦当劳股票的收益，并且会尝试着对这些收益做一些统计分析。

风险或者是不确定性？

富兰克·奈特（Frank Hyneman Knight，1885—1972）在 1921 年写了一篇叫《风险、不确定和利润》的博士学位论文。奈特用风险来解释可知概率的随机性，用不确定性来解释随机性是不可衡量的。在金融里，这两个概念的区别通常是比较模糊的。在本书中，"风险"和"不确定"可互换使用。

8.2　安全的证券也会有风险，因为它的期限较长

金融业的人使用"无风险"和"安全的"来描述那些未来价值确定的资产。银行储蓄存款是无风险资产的一个经典教科书式的例子。比如，你向联邦保险银行的储蓄账户里存入 100 美元，当前的年利率 10%，那么你确定 1 年后账户里会有 110 美元。它是无风险的，是安全的。

美国国库券是有风险的安全资产的例子。国库券是由美国政府发行的短期债券。[①] 不像银行的定期存单，国库券没有一个明确的利率。而国库券是折价销售的——它是一种票面价值为1,000美元的债券，1 年后到期，当前售价可能是 953.04 美元。在这种情形下，购买者持有到期的话会收到财政部支付的1,000美元。通过计算，$\frac{1,000}{953.04}-1=4.93\%$，其收益率是 4.93%。国库券是由美国政府发行的，因此至少有一种风险——违约风险——不会出现在这种投资工具里。因为美国政府拥有生产美元的印钞机，所以政府总是可以印一些美元来较好地履行其承诺。

---

① 债券的种类很多，详细情况可参见第 15 章。

尽管国库券不含违约风险，但是，国库券有价格风险。本章其余部分会对其进行解释。

假设你在 2008 年 1 月 1 日购买了一份为期 1 年的面值 1,000 美元的美国国库券，并打算持有至 2009 年 1 月 1 日。如前面所说的，国库券不支付利息；它是折价出售的——也就是说，低于它的面值出售。若是这种情形，假设你以 977.04 美元购买了一份国库券，因为它 1 年后到期，你的期望收益为 2.35%。

	A	B	C
1		国库券的利率	
2	购买价格	977.04	
3	到期日支付的金额	1,000.00	<-- 这是国库券的面值
4	利率	2.35%	<-- =B3/B2-1

在做详细计算之前，让我们明确一件事：如果你持有国库券从 2008 年 1 月 1 日至到期，那么你绝对可以得到一个明确的 2.35% 的收益率。支付国库券是美国政府的义务，美国政府从来没有违约过。

用金融行话来说，事前收益（有时称为预期或者期待收益）就是你认为你将得到的收益。事后收益（也称为实现的收益）就是在出售金融资产后你所得到的实际收益。对于这里涉及的国库券，如果你持有至到期的话，那么事前收益就等于事后收益。对于无风险债券总是这样的。

国库券的价格风险

出于好奇，你跟踪每个月第一天国库券的市场价。以下是你得到的结果。

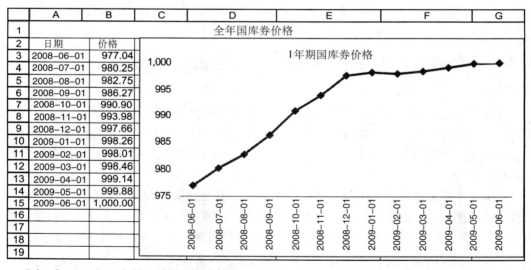

我们采用这些月度价格数据来计算一些收益。

你如果在较早些时候就出售了国库券，能获得一个什么样的事后收益率？

假设持有国库券三个月后，你在 2008 年 9 月 1 日以 986.27 美元的价格将其出售。你能赚得多少？通过一个较为简单的计算就能得到答案。月度收益率（此为事后收益率）定义为：

$$1+\text{事前月收益率}=\left(\frac{2008\text{ 年 }9\text{ 月 }1\text{ 日的价格}}{2008\text{ 年 }6\text{ 月 }1\text{ 日的初始价格}}\right)^{1/3}=\left(\frac{986.27}{977.04}\right)^{1/3}=1.0031$$

这里的 1/3 是针对 6~9 三个月月期限的。如果我们把期限延长到 12 个月，我们能得到 3.83% 的年收益。

	A	B	C
1		事后年化收益率，6~9 月	
2	2009 年 6 月 1 日购买	977.04	
3	2009 年 9 月 1 日出售	986.27	
4	月度收益率	0.31%	<－－＝ (B3/B2)^(1/3) －1
5	年化收益率	3.83%	<－－＝ (1＋B4)^12－1

如果不是 9 月 1 日，而是早一个月，即你在 8 月 1 日出售国库券，你将获得 3.56% 的年化收益。

	A	B	C
1		事后年化收益率，6~8 月	
2	2009 年 6 月 1 日购买	977.04	
3	2009 年 8 月 1 日出售	982.75	
4	月度收益率	0.29%	<－－＝ (B3/B2)^(1/2) －1
5	年化收益率	3.56%	<－－＝ (1＋B4)^12－1

我们可以从 2008 年 7 月到 2009 年 3 月中每个月份来做这样的习题。在下面的表格里，我们分别以 7 月、8 月……作为出售国库券的日期来计算事后的年化收益率。

	A	B	C	D	E	F	G	H
1			事后年化收益率，以月计					
2	日期	债券价格	月初卖出时的年化收益率					
3	2008-06	977.04						
4	2008-07	980.25	4.01%	<－ ＝(B4/$B$3)^(12/COUNT($A$4:A4))-1				
5	2008-08	982.75	3.56%	<－ ＝(B5/$B$3)^(12/COUNT($A$4:A5))-1				
6	2008-09	986.27	3.83%	<－ ＝(B6/$B$3)^(12/COUNT($A$4:A6))-1				
7	2008-10	990.90	4.32%					
8	2008-11	993.98	4.21%					
9	2008-12	997.66	4.27%					
10	2009-01	998.26	3.75%					
11	2009-02	998.01	3.24%					
12	2009-03	998.43	2.93%					
13	2009-04	999.14	2.72%					
14	2009-05	999.88	2.55%					
15	2009-06	1,000.00	2.35%					
16								

如你所看到的，如果国库券在到期前就出售，风险会比较大——这里风险定义为事后收益率的可能波动。国库券——从美国财政部会较好地履行支付义务这个意义上来说，它是绝对安全的证券——若在到期前出售，会有价格风险，并转化为风险收益。

Excel 注释

以上计算收益率时用到如下公式：

$$r_{月度} = 1 + 月度利率 = \left(\frac{国库券卖出价格}{国库券购买价格}\right)^{\frac{1}{持有月数}}$$

$$r_{年度} = 1 + 年利率 = (1 + r_{月度})^{12}$$

我们可以使用 Excel 里的计数功能（Count）来计算持有国库券的月数。例如，若我们在 2008 年 6 月初买入国库券，在 2008 年 9 月初卖出，要看持有了几个月，我们可以使用计数（＄A＄4：A6）。这会计算 A6 和 A4 间的格子数量（7 月、8 月、9 月）。如果我们能够聪明地使用美元符号，就能确保当复制公式时，仍能从 7 月开始算起。

若你在年内买入国库券，你能实现一个什么样的事前收益率？

在前面的习题中，我们计算了当你在 2008 年 6 月 1 日买入并在到期前将其出售时的事后收益率。我们可以用另一种方法来计算国库券的价格。假设你在 8 月初以 982.74 美元的价格买入国库券并试图持有 10 个月至 2009 年 6 月，即持有至到期，那么你将获得多少的事前年化收益率呢？我们可以首先计算月期望收益，然后以计算事后收益率相似的方法来年化月收益。

$$1 + 事前月收益率 = \left(\frac{1,000}{2008 年 8 月 1 日价格}\right)^{1/10} = \left(\frac{1,000}{982.75}\right)^{1/10} = 1.00174$$

$$年化期望收益率 = (1.00174)^{12} - 1 = 2.11\%$$

如果逐月来计算，我们会注意到，从 2008 年 6 月到 2009 年 6 月间的国库券的事前收益率呈下降趋势。

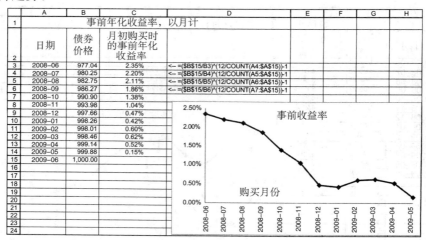

信息是什么？

以上的例子说明了无风险的美国国库券的风险，还揭示出金融资产的风险依赖于期限：金融资产在一个期限无风险，在另一个期限可能有风险。在我们的例子里，在一年里的任一时点购买国库券并且持有至到期能保证事前收益等于事后收益。另一方面，在到期前出售国库券会有风险——这种情形下，实现的收益（事后的收益）会有变化。

最后一个问题：什么会导致国库券的风险？

我们认为，如果你考虑在到期前出售国库券，那么在 2008 年 6 月到 2009 年 6 月间持有国库券会有相当风险。当然，原因是在该段期间的金融市场中会有非常糟糕的变数。为了保证银行体系宽松，美联储会向市场投入钱，这样利率会逐月下降。这导致我们持有或者买入国库券的风险会极其清楚。

8.3 股价的风险——麦当劳的股票

美国国库券是相当简单的证券：发行人十分知名，且不会违约。事前收益可以从价格计算中得到，且如果持有至到期，这种收益是可以保证的。股票是不含这些特质的，因此它从任何意义上来说都比债券风险更大。问题是如何量化风险。

这里有一个例子，图 8.2 是 1998 年 12 月 31 日—2008 年 12 月 31 日期间麦当劳股票价格的变化图。

股价上涨及下跌暗示着股价的风险。如果计算日收益，我们能看到不一样的风险。下面是我们计算持有麦当劳股票日收益的例子，该例给出了当你在 t 日以收盘价购买股票，在 $t+1$ 日以收盘价出售股票时所能获得的收益率。

$$t \text{ 日日收益} = \frac{P_{t+1}}{P_t} - 1$$

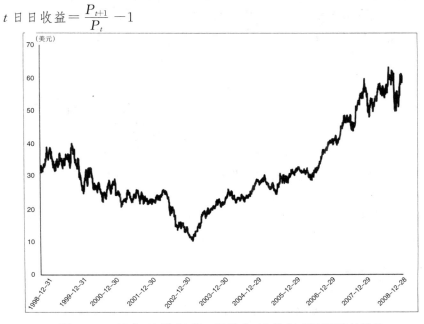

图 8.2　1998 年 12 月 31 日—2008 年 12 月 31 日麦当劳的股价

说明：在过去十年里麦当劳的股价从每股 31.69 美元上涨到每股 60.58 美元，但是波动幅度极大。股价的复合年均增长率是 6.32%（这种计算基于股利是再投资于股票的）。

如果画出 1 个月的日收益率图，该日收益图呈峰形。

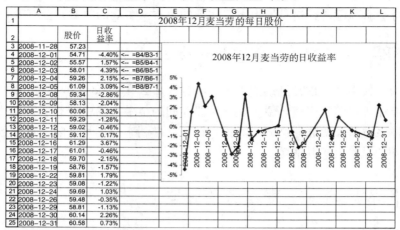

	A	B	C	D	E	F	G	H	I	J	K	L
1							2008年12月麦当劳的每日股价					
2		股价	日收益率									
3	2008-11-28	57.23										
4	2008-12-01	54.71	-4.40%	<-- =B4/B3-1								
5	2008-12-02	55.57	1.57%	<-- =B5/B4-1								
6	2008-12-03	58.01	4.39%	<-- =B6/B5-1								
7	2008-12-04	59.26	2.15%	<-- =B7/B6-1								
8	2008-12-05	61.09	3.09%	<-- =B8/B7-1								
9	2008-12-08	59.34	-2.86%									
10	2008-12-09	58.13	-2.04%									
11	2008-12-10	60.06	3.32%									
12	2008-12-11	59.29	-1.28%									
13	2008-12-12	59.02	-0.46%									
14	2008-12-15	59.12	0.17%									
15	2008-12-16	61.29	3.67%									
16	2008-12-17	61.01	-0.46%									
17	2008-12-18	59.70	-2.15%									
18	2008-12-19	58.76	-1.57%									
19	2008-12-22	59.81	1.79%									
20	2008-12-23	59.08	-1.22%									
21	2008-12-24	59.69	1.03%									
22	2008-12-26	59.48	-0.35%									
23	2008-12-29	58.81	-1.13%									
24	2008-12-30	60.14	2.26%									
25	2008-12-31	60.58	0.73%									

如果你画出所有 2,515 个数据点组成的日收益率图，就会得到一个"噪声"模式的图。

1999年1月1日——2008年12月31日间麦当劳的每日收益率，最大和最小收益率以图中的正方形表示

每个点都代表着某一天麦当劳股票的收益率。尽管整个图中都有点覆盖，但是在 x 轴上方的点要比在 x 轴下方的点稍微多一点，这表明麦当劳股票的平均收益是正的。这一时期的最高和最低日收益率由方形标记了出来：1999 年 7 月 9 日那天麦当劳的股价上涨了 9.68%，而 2002 年 9 月 17 日麦当劳的股价下跌了 12.82%。

麦当劳股票收益率的分布

之前的两张表格展示了麦当劳股票的日收益率。这两张表格清楚地揭示了股票的风险——股票的收益率每天都在变化——但是这两张表格并没有揭示股票风险的统计性质。考虑麦当劳股票风险的另一种方法是看日收益率的频率分布：在 2,516 个日收益率中，有多少个是介于 0.40%~1.09% 之间的呢？答案是 416 个，占了所有收益率数据的 16.456%。

麦当劳每日股票价格和日收益率，1998年12月31日

日期	股价	日收益率			麦当劳股票价格的一些统计数据			
1998-12-31	31.69				天数	2515	<--	=COUNT(C4:C2519)
1999-01-04	31.75	0.19%	=B4/B3-1		最小收益率	-12.82%	<--	=MIN(C4:C2519)
1999-01-05	31.61	-0.44%	=B5/B4-1		最大收益率	9.67%	<--	=MAX(C4:C2519)
1999-01-06	32.1	1.55%	=B6/B5-1		最小收益日期	2002年9月17日	<--	=INDEX(A:A,MATCH(G4,C:C,0))
1999-01-07	32.13	0.09%	=B7/B6-1		最大收益日期	1999年7月9日	<--	=INDEX(A:A,MATCH(G5,C:C,0))
1999-01-08	33.21	3.36%	=B8/B7-1		收益率为0的天数	43	<--	=COUNTIF(C:C,"=0")
1999-01-11	32.13	-3.25%						
1999-01-12	31.07	-3.30%			计算频率分析			
1999-01-13	31.77	2.25%			收益率	个数		
1999-01-14	31.38	-1.23%			-13.00%	0	<--	(=FREQUENCY(C4:C2518,F12:F43))
1999-01-15	31.98	1.91%			-12.25%	1		
1999-01-19	32.67	2.16%			-11.50%	0		
1999-01-20	32.08	-1.81%			-10.75%	0		
1999-01-21	31.64	-1.37%			-10.00%	1		
1999-01-22	31.36	-0.88%			-9.25%	0		
1999-01-25	31.3	-0.19%			-8.50%	0		
1999-01-26	32.57	4.06%			-7.75%	4		
1999-01-27	32.39	-0.55%			-7.00%	0		
1999-01-28	32.23	-0.49%			-6.25%	3		
1999-01-29	32.52	0.90%			-5.50%	6		
1999-02-01	32.75	0.71%			-4.75%	9		
1999-02-02	32.62	-0.40%			-4.00%	18		
1999-02-03	33.57	2.91%			-3.25%	32		
1999-02-04	33.32	-0.74%			-2.50%	83		
1999-02-05	33.14	-0.54%			-1.75%	150		
1999-02-08	33.37	0.69%			-1.00%	295		
1999-02-09	33.11	-0.78%			-0.25%	456		
1999-02-10	32.95	-0.48%			0.50%	533		
1999-02-11	33.83	2.67%			1.25%	429		
1999-02-12	33.55	-0.83%			2.00%	232		
1999-02-16	33.75	0.60%			2.75%	120		
1999-02-17	33.21	-1.60%			3.50%	65		
1999-02-18	34.22	3.04%			4.25%	30		
1999-02-19	35.3	3.16%			5.00%	19		
1999-02-22	35.33	0.08%			5.75%	11		
1999-02-23	35.36	0.08%			6.50%	6		
1999-02-24	35.07	-0.82%			7.25%	2		
1999-02-25	34.68	-1.11%			8.00%	3		
1999-02-26	35.07	1.12%			8.75%	3		
1999-03-01	35.71	1.82%			9.50%	3		
1999-03-02	37.08	3.84%			10.25%	1		

麦当劳股票收益的钟形曲线的频率分布是用 Excel 中的频率函数计算得来的。我们可以通过 2007 年 1 月—2009 年 1 月间 IBM 股票的月收益率的例子来熟悉一下频率函数的使用。

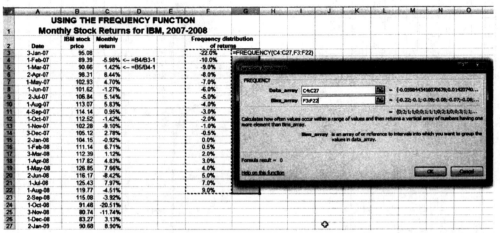

如上表所示，当你选择好范围为 C4：C27 以及 F3：F22 之后，不要点"确定"键！而是同时按 Ctrl、Shift 和 Enter 键，这样会得到下面的频率分布。

	F	G
2	收益率的频率分布	
3	−22.0%	0
4	−10.0%	2
5	−9.0%	1
6	−8.0%	1
7	−7.0%	0
8	−6.0%	0
9	−5.0%	1
10	−4.0%	1
11	−3.0%	1
12	−2.0%	0
13	−1.0%	2
14	−0.5%	1
15	0.0%	0
16	0.5%	0
17	2.0%	3
18	3.0%	1
19	4.0%	1
20	5.0%	2
21	7.0%	3
22	9.0%	4

这张表格描述的是 2007 年 1 月—2009 年 9 月间：

● IBM 股票收益率位于 −22%～−10% 区间的有两个月。

● IBM 股票收益率位于 −9%～−10% 区间的有一个月，等等。

另外，有 36 个收益率数据点（占了 1.424%）是介于 -3.80%~-3.10% 之间的。在下面的一张表格里，我们用 Excel 的频率函数（Frequency）计算收益率的整个频率分布。画出来的收益率图看上去非常像在统计学课程里学过的正态分布（钟形曲线）。

计算麦当劳股票收益的平均值和标准差

我们看一下下表中 1999—2008 年间麦当劳股票的年末价格。在 1999 年 1 月—2009 年 1 月期间，麦当劳的股东能获得 10.49% 的平均年收益。这期间年收益的标准差是 26.88%。标准差是衡量股票收益波动的一种统计方法——标准差越大，股票的风险越大。

	A	B	C	D	E	F	G	H
1			**1999 年 1 月—2009 年 1 月，年初麦当劳股票价格**					
2	日期	股价	收益率			统计量		
3	1999 - 01 - 04	31.75				最大年收益率	52.12%	<－－=MAX (C3:C13)
4	2000 - 01 - 03	32.85	3.46%	<－－=B4/B3-1		最小年收益率	-36.65%	<－－=MIN (C3:C13)
5	2001 - 01 - 02	27.95	-14.92%	<－－=B5/B4-1				
6	2002 - 01 - 02	22.29	-20.25%			平均年收益率	6.94%	<－－= (B13/B3)^(1/10) -1
7	2003 - 01 - 02	14.12	-36.65%			年收益率方差	0.0723	<－－=VARP (C4:C13)
8	2004 - 01 - 02	21.48	52.12%			年收益率标准差	26.88%	<－－=STDEVP (C4:C13)
9	2005 - 01 - 03	28.09	30.77%					
10	2006 - 01 - 03	30.19	7.48%					
11	2007 - 01 - 03	40.48	34.08%					
12	2008 - 01 - 02	55.02	35.92%					
13	2009 - 01 - 02	62.10	12.87%					
14								
15			**统计回顾**					
16		麦当劳股票收益率	收益率减去平均数，再求平方			统计说明：计算平均年收益率唯一一致的方法是采用连续复利收益率的方法。表单采用具体收益率，但给出的结果却自相矛盾。（例如，将单元格 B28 中的 10.49% 与单元格 G6 中的 6.94% 相比较。）		
17	2000 - 01 - 03	3.46%	0.49%	<－－=(B17 - $B$28)^2				
18	2001 - 01 - 02	-14.92%	6.45%	<－－=(B17 - $B$28)^2				
19	2002 - 01 - 02	-20.25%	9.45%					
20	2003 - 01 - 02	-36.65%	22.22%					
21	2004 - 01 - 02	52.12%	17.34%					
22	2005 - 01 - 03	30.77%	4.11%					

23	2006－01－03	7.48%	0.09%				
24	2007－01－03	34.08%	5.57%				
25	2008－01－02	35.92%	6.47%				
26	2009－01－02	12.87%	0.06%				
27							
28	平均值	10.49%	<－－＝AVERAGE（B17：B26）				
29	方差	0.0723	<－－＝SUM（C17：C26）/10				
30		0.0723	<－－＝VARP（B17：B26）				
31	标准差	26.88%	<－－＝SQRT（B29）				

Excel 注释：Excel 和统计回顾

我们会在第 9 章深入研究统计学。在这里，我们提醒一下下面一些术语的意思：

● 麦当劳股票的平均（也称为均值）收益率要么通过加总年收益率然后除以 10 计算得到，要么通过计算十年的复合年收益率得到。用这两种方法计算得到的值分别列在单元格 B28 和 G6。注意，单元格 B28 和 G6 里的收益率不一致——这是由于我们使用的例子中收益率是具体的收益率。在 8.4 节，我们使用连续复利收益率，这样就不会出现差异了。

● 麦当劳股票年收益率的方差通过以下三步计算得到：（1）每个收益率减去均值。（2）求第一步计算结果的平方；这些"从均值计算得来的平方差"会显示在单元格 C17 到 C26。（3）加总平方差，然后求均值。结果显示在单元格 B29 里。单元格 G8 显示的是 Excel Varp 函数给出的同样的结果。

● 因为收益率以百分数表示，所以方差的单位是"百分的平方"。这有点难以理解。收益率的标准差是方差的平方根。不正式地说，标准差可以代表个人收益率的平均百分比变动。单元格 B30 用 Excel 的 Sqrt 函数计算得到标准差，单元格 G9 用的是 Excel 里的 Stdevp 函数。

其他资产有什么样的风险？

为了让读者感受到不同资产风险的差异，这有一张表格，是与麦当劳股票同期的各不同资产的年化收益率和标准差。

平均收益率和收益率的标准差 1999—2008 年间任意的一些资产					
	平均收益率	标准差		平均收益率	标准差
雅培	4.25%	21.47%	万豪国际	2.51%	27.70%
美铝公司	−3.43%	42.03%	麦格劳-希尔	0.71%	24.05%
奥驰亚集团	8.65%	29.51%	微软	−5.79%	35.88%
美航公司	−8.04%	75.72%	纳斯达克	−5.11%	30.98%

续前表

	平均收益率	标准差		平均收益率	标准差
波音公司	4.49%	30.95%	尼科	4.06%	27.34%
思科	−4.89%	43.06%	诺德斯特龙	−1.56%	42.24%
可口可乐	0.10%	24.98%	诺斯罗普	7.80%	25.31%
戴尔	−15.50%	41.97%	宝洁	5.16%	22.31%
埃克森	10.60%	18.06%	PPG 工业公司	1.24%	23.08%
福特	−22.92%	48.67%	标普 500	−3.22%	15.28%
通用电气	−4.89%	24.22%	西夫韦	−8.13%	28.46%
好时	4.40%	23.17%	梯瓦制药	21.33%	29.81%
IBM	0.43%	30.36%	美国钢铁	6.11%	55.83%
强生	5.30%	19.39%	价值线投资基金	−5.14%	18.09%
家乐氏	3.79%	20.82%	先锋高收益	1.79%	8.59%
卡夫食品	0.74%	21.01%	先锋长期国债	5.44%	13.37%
克罗格公司	−1.42%	25.22%	先锋温莎	1.93%	16.97%
万宝盛华	4.29%	32.37%	沃尔玛	3.72%	22.89%

进一步研究其中一些阴影表示的金融资产，读者会对金融风险和收益之间的关系有个更直观的感受：

● 先锋长期国债基金是一家共同基金，它投资于美国的长期国库券。如 8.2 节所述，虽然这些债券没有违约风险，但并不代表它们就没有风险：它们的价格变动幅度较大，因此，先锋长期国债基金的持有者的收益就会不稳定。然而，直觉告诉我们，该基金应该比大多数股票的风险要小。在 1999—2008 年的十年间，先锋长期国债基金给投资者平均每年的收益率是 5.44%，其标准差是 13.37%。

● 标普 500 指数是建立在美国最大的 500 只股票基础上的宽泛指数，它经常被用来衡量美国股票市场的业绩。在 1999—2008 年的十年间，标普 500 指数的平均年收益率是 −3.22%，标准差是 15.28%。在先锋长期国债基金和标普 500 指数间，你期望有一个较好的取舍。但在本例中，与先锋长期国债基金相比，标普 500 指数的收益低，而风险更大。当然这些都是事后认识到的。我们一般认为，标普 500 指数的风险要比国债基金的风险大，而且我们进一步会预期标普 500 指数的事前收益率（即未来的期望收益率）要比先锋的事前收益率高。[1]

● 这个样本里，风险最大的是美航公司的股票，它的业绩也是最差的，平均年收益率为 −8.04%。[2]

从这个例子来看，标准差和平均年收益率之间似乎没多少联系。在第 10 章，我们将用另一种衡量资产风险的方法，它就是贝塔系数，它衡量风险更有效。

---

[1] 在前面十年确实如此：标普 500 指数的平均年收益率是 15.09%，先锋国债基金的平均年收益率是 2.43%；而它们的标准差分别是 13.18% 和 7.94%。

[2] 十年期，美航公司股票的平均年收益率和标准差分别是 9.26% 和 29.34%。

8.4 提高篇：用连续复利收益率计算年化收益率

我们在第 3 章已讨论过连续复利。如之前解释的，连续复利以 Excel 的 Ln 函数来计算。连续复利收益率不在本书讨论范围之内，它是一种更好的计算收益率的统计方法（进一步说，有两层含义：在这些统计数字后有一套理论，而且无论是以日数据、周数据还是月数据计算的年统计收益率，该理论都能得到相同的结果）。在下面的表单里，我们计算的是麦当劳的连续复利收益率的统计数字。

	A	B	C	D	E	F	G	H
1				1998年12月31日到2008年12月31日间麦当劳的日股价和收益率				
2	日期	股价	日收益率			基于连续复利的统计量		
3	1998-12-31	31.69				天数	2515	<-- =COUNT(C4:C2519)
4	1999-01-04	31.75	0.19%	<-- =LN(B4/B3)		最小日收益率	-13.72%	<-- =MIN(C4:C2519)
5	1999-01-05	31.61	-0.44%	<-- =LN(B5/B4)		最大日收益率	9.23%	<-- =MAX(C4:C2519)
6	1999-01-06	32.1	1.54%	<-- =LN(B6/B5)				
7	1999-01-07	32.13	0.09%	<-- =LN(B7/B6)		日收益率均值	0.026%	<-- =AVERAGE(C4:C2519)
8	1999-01-08	33.21	3.31%	<-- =LN(B8/B7)		日收益率方差	0.0003	<-- =VARP(C4:C2519)
9	1999-01-11	32.13	-3.31%			日收益率标准差	1.82%	<-- =SQRT(G8)
10	1999-01-12	31.07	-3.35%					
11	1999-01-13	31.77	2.23%			年收益率均值	6.49%	<-- =252*G7
12	1999-01-14	31.38	-1.24%			年收益率方差	0.0053	<-- =SQRT(252)*G8
13	1999-01-15	31.98	1.89%			年收益率标准差	7.26%	<-- =SQRT(G12)
14	1999-01-19	32.67	2.13%					
15	1999-01-20	32.08	-1.82%					
16	1999-01-21	31.64	-1.38%					

日平均连续复利收益率（如单元格 G7）是 0.026%。我们把它乘以 252 以年化该日收益率，之所以乘以 252，因为这是平均年交易天数。[①] 平均年化连续复利收益率是 6.49%（单元格 G11）。相似地，年化收益率的方差是 0.0053（单元格 G12），年化收益率的标准差是 7.26%（单元格 G13）。[②]

总　结

本章我们试图通过一系列的例子给读者关于金融风险特征的一些直观感受。风险——随着时间变化，资产收益的波动——依赖于许多因素。广义上讲，资产风险的特点含期限、安全性以及流动性。如我们所认为的，即使是美国国库券这类无违约风险的资产也有风险，因为价格会随着资产期限的变化而变化。通过麦当劳股票的例子，我们看到股票收益率的波动性可以通过一些统计概念理解——使用 Excel 的频率函数，我们认为，麦当劳股票收益图看上去十分像我们熟悉的统计学上的钟形曲线。

在金融里，风险是最重要的概念：金融资产收益率的变动是金融生活的主要现实，但是这种风险难以界定或衡量。在第 10～13 章，我们将开发一个模型来衡量风险；如此，我们就可以用模型来帮助我们决定随风险调整的贴现率。该模型的重要创新之处在于风险依赖于投资组合的内容——资产风险不仅取决于资产的收益率，而且还取决于在投资者持有的所有资产构成的投资组合里的资产收益率。

---

① 在 1999—2008 年的十年间，麦当劳股票的交易天数是 2,516 天，因此每年交易的平均天数大概是 252 天。

② 请注意，平均连续复利收益率为 6.49%，这与 235 页中单元格 G6 中计算的具体复利收益率 6.94% 不相同。原因是连续复利比具体的复利计算起来要多。如第 3 章所提到的，计算收益率有合理的替代方法。要比较两种资产的收益率，先要确保计算的基础一致。

但是，在我们构建此模型之前，读者需要回顾一下你所学的统计学知识。这是第 9 章的任务。

习　题

1. Smith 教授吹嘘她投资股票市场的能力，"上个月，我的投资组合赚了 8％。"她告诉她的朋友。"这没有什么，"Jackson 先生说，"上个月我赚了 20％，而且我没有在大学里学习 15 年。"Jackson 先生的表现比 Smith 夫人的表现好吗？

2. 公司债券的期望收益率比政府债券的期望收益率低吗？它的事后收益率是不是比政府债券的事后收益率低？

3. 假设今天是 2007 年 1 月 1 日，你正在考虑购买一份 1 年后到期的面值为 1,000 美元的美国国库券。年利率为 7％。

a. 若你现在购买国库券，你愿意支付多少钱？

b. 若年利率保持 7％不变，该债券在 2007 年 2 月 1 日值多少钱？3 月 1 日呢？4 月 1 日呢？……12 月 1 日呢？

4. Diana 购买了 ZZZ 公司发行的债券，这家公司是新大陆的一家小科技公司。该债券是零息票债券，面值 1,000 美元，两年后到期。Diana 打算持有至到期。

a. 若购买价是 756.14 美元，Diana 的年期望收益率是多少？

b. Diana 购买了债券一天后，ZZZ 公司被一家电子巨头 ABA 公司收购，这家公司违约的概率非常低。假设投资者只期望从 ABA 公司债券获取 6.5％的年收益率，那么新的 ZZZ 公司债券价格为多少？Diana 从这次收购中能获取多少收益率？

5. 2002 年 3 月 15 日，假设你购买了一份两年期的国库券，面值为 10,000 美元，息票率为 4％（每半年支付一次）。购买价是 9,750 美元，债券会分别在 2002 年 9 月 15 日、2003 年 3 月 15 日、2003 年 9 月 15 日和 2004 年 3 月 15 日（最后一期还会支付票面价值）支付 200 美元的利息。

a. 基于下表中的内容，计算所购买债券的年化内部收益率。

	A	B	C
1	日期	现金流	
2	2002-03-15	-9,750	
3	2002-09-15	200	
4	2003-03-15	200	
5	2003-09-15	200	
6	2004-03-15	10,200	
7			
8	半年IRR	2.67%	<-- =IRR(B2:B6)

b. 假设在 2002 年 9 月 15 日收到 200 美元的债券利息之后，你以 10,000 美元的价格卖掉该债券。你的事后年化收益率是多少？购买该债券的投资者的事前年化收益率是多少？

6. 在一次集邮争论中，主席谈论投资于稀有邮票的盈利。"去年我投资于稀有邮票 15 万美元。根据价目表，现在这些邮票价值 20 万美元，这意味着 33％的年收益率。相比较而言，过去 30 年股票市场的平均年收益率仅有 16％。"请从主席这段话中找出至少三个问题。

7. 经济学中的一个基本假设是，投资者是风险厌恶的。意思是说，当投资者认为资产 A 的风险比资产 B 的风险更大时，他们对资产 A 会要求一个更高的期望收益率。所谓

"公平的赌注"就是指该赌注的期望收益为零。这有一个关于公平赌注的例子：付 1 美元得以掷一次硬币，当掷硬币得到正面时就获得 2 美元，当得到的是背面时就获得零。注意，该赌注的期望收益为零。

$$\text{预期收益} = \underset{\substack{\text{得到正面}\\\text{的概率}}}{0.5} * \underset{\text{正面的收益}}{\$2} + \underset{\substack{\text{得到背面}\\\text{的概率}}}{0.5} * \underset{\text{背面的收益}}{\$0} = \$1$$

$$\text{预期收益率} = \frac{\text{预期回报}}{\text{赌注成本}} - 1 = \frac{\$1}{\$1} - 1 = 0\%$$

风险厌恶的投资者愿意接受这样的公平赌注吗？

8. 风险中性的投资者愿意接受期望收益为零的打赌。假定，一个风险中性的投资者有机会参加掷骰子的游戏。若骰子得到的是 1，回报就是 1 美元，若得到的是 2，则支付 2 美元……风险中性投资者愿意为这个游戏支付的最大价格是多少？

9. 在冷漠星球里，所有的投资者都对风险漠不关心。政府债券的预期年收益率为 5%，这是否意味着股票的平均收益率也是 5%？

10. 美国帮助其他国家的一种途径是保证它们的银行贷款。解释（从短期来分析）其他国家获得这种保证的利益。

11. 在一堂金融课上，Johnson 教授向他的学生解释高风险和高期望收益之间的关系。一个学生问："昨天我在报纸里看到，在过去十年里，美国股市的收益比 15 个非洲国家的股市收益高。这怎么解释高风险匹配高收益？"你建议 Johnson 教授如何回答他的学生（你的回答应含有事前和事后）？

12. 2005 年 1 月 1 日，美国政府发行了两个系列的债券。这两种债券完全相同，唯一不同之处是，第一种系列债券的交易量要比第二种系列债券的交易量大得多。你认为这两种系列债券的价格有什么关系？

13. DEF 是一家在纳斯达克上市交易的公司。2010 年 1 月 1 日，该公司发行了 10,000 份零息票债券。每一份债券的票面价值为 100 美元，到期时间为 2015 年 1 月 1 日。这种债券是公司的唯一负债。一家债券评级公司评估了 DEF 公司资产在 2015 年 1 月 1 日的总价值如下。

概率	2015 年 1 月 1 日 DEF 公司资产的价值
0.2	2,000,000
0.3	1,750,000
0.4	1,200,000
0.1	750,000

发行债券两年后，即 2012 年 1 月 1 日，这家债券评级机构重新对 DEF 公司评级，评估公司资产的总价值如下。

概率	2015 年 1 月 1 日 DEF 公司资产的价值
0.05	2,000,000
0.25	1,750,000
0.65	1,200,000
0.05	750,000

a. 新的评估对 DEF 公司债券的期望收益有什么影响?

b. 新的评估对 DEF 公司的股票价格有什么影响?

14. 对于以下发现,你能给出基于风险的解释吗? 在过去 40 年,"小股票"——即公司股票市值较低——比大股票收益高。

15. 一个知名的金融学教授发表了一篇论文,在该论文里,他认为,由于互联网上股票交易量高,他预期在未来几年股票收益会下降。这位教授得到这种结论的基础是什么?

16. 1999 年底,一位投资者以 456 日元 1 股的价格在日本股市购买了 10,000 份 Yakuna 公司的股票。当时,1 美元等于 128.35 日元。投资者在 2003 年初以每股 448 日元的价格出售了所有股份,当时 1 美元等于 108.33 日元。计算以美元计算和日元计算的年收益。

17. 2010 年 1 月 1 日,一位美国投资者购买了价值 100 万美元的瑞士法郎,并将其存入储蓄账户一年,瑞士法郎的年利率为 6%,而同期美国的年利率为 2%。购买时的汇率是 1 美元＝1.56 瑞士法郎。

a. 存了一年瑞士法郎之后,汇率为 1 美元＝1.45 瑞士法郎。如果投资者把他存款里的瑞士法郎换回美元,那么他的美元收益是多少?

b. 2011 年 1 月 1 日的汇率是多少时,投资者投资于瑞士法郎要比投资于美元要好?

18. 本书光盘记录了从 1994 年 7 月 1 日到 2004 年 7 月 26 日 AMD 公司股票的每日价格。

a. 计算股票的日收益,并画出来。

b. 用频率函数建立股票收益的频率分布,并画出来。

19. 本书光盘记录了 1987—2003 年的福特汽车公司年股票价格的数据。计算福特公司股票年收益的平均数和标准差。

	A	B
1	福特汽车公司年度股价	
2	日 期	收盘价
3	1987-01-02	0.5900
4	1988-01-04	0.8900
5	1989-01-03	1.3600
6	1990-01-02	1.3500
7	1991-01-02	1.1900
8	1992-01-02	1.5600
9	1993-01-04	2.6800
10	1994-01-03	4.3000
11	1995-01-03	3.4800
12	1996-01-02	4.4100
13	1997-01-02	5.2100
14	1998-01-02	8.8700
15	1999-01-04	25.9000
16	2000-01-03	22.3100
17	2001-01-02	25.1400
18	2002-01-02	14.1800
19	2003-01-02	8.7600
20	2004-01-02	14.4500

20. 本书光盘记录了 1987—2003 年家乐氏公司年股票价格的数据。计算家乐氏公司股

票年收益的平均数和标准差。

	A	B
1	家乐氏公司 年度股价	
2	日期	收盘价
3	1987-01-02	5.68
4	1988-01-04	5.48
5	1989-01-03	7.66
6	1990-01-02	8.27
7	1991-01-02	11.26
8	1992-01-02	17.91
9	1993-01-04	20.37
10	1994-01-03	18.47
11	1995-01-03	19.90
12	1996-01-02	29.03
13	1997-01-02	27.59
14	1998-01-02	38.01
15	1999-01-04	34.14
16	2000-01-03	20.93
17	2001-01-02	23.52
18	2002-01-02	28.70
19	2003-01-02	32.00
20	2004-01-02	37.35

21. 将家乐氏和福特公司股票的年收益画在同一张图里。一家公司的风险是否比另一家大？请解释。

第 9 章

投资组合的统计

概述

要理解和学习第 10~13 章，你需要知道一些统计方面的知识。如果你像许多学金融的学生一样，那么你应该学过统计课程，但可能忘了大部分。本章是一个回顾——向读者描述后续章节所要学的，即用 Excel 做所有的计算。（Excel 是一个重要的统计工具箱，有一天，所有的商学院的统计课程都会用到它。同时，你会乐于本章的学习。）

讨论的金融概念

- 如何计算股票收益以及当分配股利和拆股时怎么调整
- 资产收益的均值、方差和标准差
- 两种资产构成的投资组合的收益均值和方差
- 回归

使用的 Excel 函数

- Average
- Var 和 Varp
- Stdev 和 Stdevp
- Covar 和 Correl
- Trendlines（Excel 里的回归术语）
- Slop、Intercept 和 Rsq

9.1 资产收益的基本统计量：均值、标准差、协方差以及相关系数

本节读者会学习股票的收益及其统计量的计算：均值（也可称为平均数或期望收益）、方差以及标准差。

家乐氏公司股票及其收益

下面的表格记载了1998—2008年家乐氏公司（股票代码K）的股票数据。我们展示了家乐氏股票的每年收盘价以及当年公司支付的股利。[①] 我们还计算了年收益以及其他统计值；在表后面我们会对计算加以说明。

假定你在1998年12月末以34.13美元的价格购买了1份家乐氏公司的股票，并于一年后即1999年12月末以30.81美元的价格将其出售。期间家乐氏公司支付了每股0.96美元的股利。那么1999年，你持有家乐氏股票的收益计算如下：

$$r_{K,1999} = \frac{P_{K,1999} + Div_{K,1999} - P_{K,1998}}{P_{K,1998}} = \frac{30.81 + 0.96 - 34.13}{34.13} = -6.89\%$$

以下是一些注释：

● 我们用 $r_{K,1999}$ 表示1999年家乐氏股票收益率，用 $Div_{K,1999}$ 表示1999年家乐氏股票支付的股利。

● $r_{K,1999}$ 的分子是 $P_{K,1999} + Div_{K,1999} - P_{K,1998} = 30.81 + 0.96 - 34.13 = -2.35$。

	A	B	C	D	E
1	1998—2008年间家乐氏公司股价和股利数据				
2	日期	价格	股利	年收益率	
3	1998-12-31	34.13	0.92		
4	1999-12-31	30.81	0.96	-6.89%	<-- =(B4+C4)/B3-1
5	2000-12-29	26.25	0.99	-11.59%	
6	2001-12-31	30.10	1.01	18.51%	
7	2002-12-31	34.27	1.01	17.21%	
8	2003-12-31	38.08	1.01	14.06%	
9	2004-12-31	44.66	1.01	19.93%	
10	2005-12-30	43.22	1.06	-0.85%	
11	2006-12-29	50.06	1.14	18.46%	
12	2007-12-31	52.43	1.20	7.14%	
13	2008-12-31	42.73	1.30	-16.02%	
14					
15	平均收益率, $E(r_K)$			6.00%	<-- =AVERAGE(D4:D13)
16	收益率的方差, σ_K^2			0.0171	<-- =VARP(D4:D13)
17	收益率的标准差, σ_K			13.06%	<-- =STDEVP(D4:D13)

这是1999年持有家乐氏股票的收益（在这个例子里，收益为负：损失了2.35美元）。$r_{K,1999}$ 的分母是购买家乐氏公司股票时的初始投资价格。

● 在单元格D4中，我们写的 $r_{K,1999}$ 为1999年的收益，形式略有不同，即 (C4+B4)/B3-1：

[①] 收盘价即当天交易结束时的股票价格。

$$r_{K,1999} = \frac{P_{K,1999} + Div_{K,1999} - P_{K,1998}}{P_{K,1998}} = \frac{P_{K,1999} + Div_{K,1999}}{P_{K,1998}} - 1$$

单元格 D15、D16 以及 D17 是家乐氏股票收益的统计数据。

● 单元格 D15：在十年里，平均年收益率为 6.00％。这个数也称为平均收益率，用 Excel 函数计算为：Average(D4:D13)。我们通常用过去的收益来预测将来的收益。当我们使用这些数据时，也会把均值称为期望收益，这是指我们用家乐氏公司股票的历史平均收益来预测该股票将来的收益。在本书里，均值、平均数以及期望收益几乎是可以相互替换使用的，且我们有时使用符号 $E(r_K)$ 或者 $\bar{r}_K$ 来表示。正式的定义为：

$$\text{家乐氏股票的平均收益} = E(r_K) = \bar{r}_K = \frac{r_{K,1998} + r_{K,1999} + \cdots + r_{K,2008}}{10}$$

我们介绍所有的术语都出于方便考虑，在进一步的学习中，读者很可能看到它们的同义词。

● 单元格 D16：年收益的方差是 0.0171。方差和标准差是衡量收益变动的统计量。方差是由 Excel 函数 = Varp (D4:D13) 计算得到的。（想知道更多函数 = Var (D4:D13) 及相关信息，可参看下面的 Excel 和统计学注释。）方差通常用希腊符号 σ_K^2（读作家乐氏的 sigma 平方）；有时写成 Var (r_K)。方差的标准写法是：

$$\text{Var}(r_K) = \sigma_K^2 = \frac{(r_{K,1999} - \bar{r}_K)^2 + (r_{K,2000} - \bar{r}_K)^2 + \cdots + (r_{K,2008} - \bar{r}_K)^2}{10}$$

● 单元格 D17：年收益的标准差是方差的平方根：$\sqrt{0.0171} = 13.06\%$。Excel 有两个函数，Stdevp（总体标准差）和 Stdev（样本标准差），可以直接求收益的标准差。因为我们用 Varp（总体方差）计算方差，所以我们会用 Stdevp 计算标准差。用希腊字母 sigma 表示标准差很普遍，写成 σ_K。

连续复利收益（第一遍阅读时跳过）

如 3.9 节所讨论的，高级金融的计算通常会使用连续复利收益。采用这种计算的话，1999 年家乐氏股票的收益为：

$$r_{K,1999} = \ln(\frac{P_{K,1999} + Div_{K,1999}}{P_{K,1999}}) = \ln(\frac{30.81 + 0.96}{34.13}) = -7.14\%$$

我们在本书的期权章节（第 21～23 章）采用这种方式计算收益。

从商业来源下载的数据是经过股利和拆股调整的

作者最喜欢的两个股价信息的数据来源是雅虎和证券价格研究中心（CRSP）的数据库。前者是免费的，后者源于芝加哥大学（许多大学加入了 CRSP，这可以询问数据库经理）。[1] 当你从这两个地方下载数据时，它们会自动调整关于股利和拆股的价格数据。因此，你无须做股利调整，如家乐氏——从雅虎和 CRSP 下载的价格数据假定股利再投资于新股份。[2] 一般，你可以通过数据提供者提供的调整过的数据来计算收益。他们通常会做正确的调整。

---

[1] 对于穷学生来说，雅虎特别有用。本章的附录向你展示了如何从雅虎下载金融数据。

[2] 如果真是所有的都在下载的数据里，那为什么我们还要在本节做所有的这些工作？当然，答案是这有助于你理解数字所告诉你的事。

Excel 和统计学注释

Excel 有两个方差函数，Varp（总体方差）和 Var（样本方差）。前者衡量的是总体方差，而后者衡量的是样本方差。相似地，Excel 有两个标准差函数，Stdevp（总体标准差）和 Stdev（样本标准差）。本书中，我们只采用总体方差和总体标准差。该注释并非对这两个概念差异的解释，而只是提示。

如果你选的一只股票的收益数据为 $\{r_{股票,1}, r_{股票,2}, \cdots, r_{股票,N}\}$，那么平均收益 $\bar{r}_{股票} = \frac{1}{N}\sum_{t=1}^{N} r_{股票,t}$。两个方差函数的定义分别如下：

$$\text{VarP}(\{r_{股票,1}, r_{股票,2}, \cdots, r_{股票,N}\}) = \frac{1}{N}\sum_{j=1}^{N}(r_{股票,j} - \bar{r}_i)^2$$

$$\text{Var}(\{r_{股票,1}, r_{股票,2}, \cdots, r_{股票,N}\}) = \frac{1}{N-1}\sum_{j=1}^{N}(r_{股票,j} - \bar{r}_i)^2$$

关于这两个概念的差异有许多话要讲，我们留给其他人（如统计学老师）来解释。我只想说，在本书中所涵盖的例子里，我们会用到 Varp（总体方差）以及与之对应的 Stdevp（总体标准差）。

最后，你也许想知道为什么有两种衡量波动的方法——方差和标准差。这与这两种表述的单位相关。方差用平方表述，这使得结果为正值。但这意味着方差的单位是"百分数的平方"，这有些难以理解。标准差，即对方差开方，使方差回归到百分数。用这种方法，均值和标准差有相同的单位。

埃克森的价格和收益数据

在下面的表格中，我们计算了 1998—2008 年间的埃克森股票的收益。

	A	B	C	D
1	经股利和拆股调整后的 埃克森(XOM)公司股票价格			
2	日期	价格	收益率	
3	1998-12-31	29.12		
4	1999-12-31	32.79	12.60%	<-- =B4/B3-1
5	2000-12-29	36.15	10.25%	
6	2001-12-31	33.40	-7.61%	
7	2002-12-31	30.44	-8.86%	
8	2003-12-31	36.72	20.63%	
9	2004-12-31	47.03	28.08%	
10	2005-12-30	52.57	11.78%	
11	2006-12-29	73.11	39.07%	
12	2007-12-31	90.87	24.29%	
13	2008-12-31	78.96	-13.11%	
14				
15	平均收益率,$E(r_{XOM})$		11.71%	<-- =AVERAGE(C4:C13)
16	收益率的方差,σ^2_{XOM}		0.0267	<-- =VARP(C4:C13)
17	收益率的标准差,σ_{XOM}		16.34%	<-- =STDEVP(C4:C13)

9.2 协方差和相关系数——另外两个统计量

到这里我们已经学习了期望、方差、标准差等与个股收益相关的统计量。本节我们将研究两只股票收益之间关系的两个统计量——协方差和相关系数。我们用家乐氏（K）和埃克森（XOM）的数据。在下面的表格中，我们给出了这两只股票的收益数据并计算了协方差和相关系数（单元格 B17:B19）。

	A	B	C	D
1	家乐氏公司和埃克森公司的年收益率数据			
2	日期	家乐氏	埃克森	
3	1999-12-31	-6.89%	12.60%	
4	2000-12-29	-11.59%	10.25%	
5	2001-12-31	18.51%	-7.61%	
6	2002-12-31	17.21%	-8.86%	
7	2003-12-31	14.06%	20.63%	
8	2004-12-31	19.93%	28.08%	
9	2005-12-30	-0.85%	11.78%	
10	2006-12-29	18.46%	39.07%	
11	2007-12-31	7.14%	24.29%	
12	2008-12-31	-16.02%	-13.11%	
13				
14	平均收益率，$E(r_K), E(r_{XOM})$	6.00%	11.71%	<-- =AVERAGE(C3:C12)
15	收益率的方差，$\sigma_K^2, \sigma_{XOM}^2$	0.0171	0.0267	<-- =VARP(C3:C12)
16	收益率的标准差，σ_K, σ_{XOM}	13.06%	16.34%	<-- =STDEVP(C3:C12)
17	收益率的协方差，$Cov(r_K, r_{XOM})$	0.0074		<-- =COVAR(B3:B12,C3:C12)
18	收益率的相关系数，$\rho_{K,XOM}$	0.3482		<-- =CORREL(B3:B12,C3:C12)
19		0.3482		<-- =B17/(B16*C16)

表中两个序列的协方差是衡量这两个序列（本例中是指 K 和 XOM 的收益）共同向上变动或向下变动的幅度。标准的定义是：

$$\text{Cov}(r_K, r_{XOM}) = \sigma_{K,XOM} = \frac{1}{10}\left\{ \begin{array}{l} (r_{K,1999} - \bar{r}_K)(r_{XOM,1999} - \bar{r}_{XOM}) + (r_{K,2000} - \bar{r}_K)(r_{XOM,2000} - \bar{r}_{XOM}) \\ + \cdots + (r_{K,2008} - \bar{r}_K)(r_{XOM,2008} - \bar{r}_{XOM}) \end{array} \right\}$$

公式的内在意义是衡量每个数据和它的均值之间的偏差，并乘以这些偏差。如单元格 B17 所示，Excel 中有一个 Covar（协方差）函数，只需直接应用到 B 列和 C 列里的收益中，就能计算出协方差。[①]

另一个常用的衡量这两个系列共同向上变动或向下变动幅度的方法是相关系数。相关系数介于 -1～+1 之间，这可以使我们更精确地知道两个序列收益共同变动的幅度。大致而言，两个收益的相关系数为 -1 时，意味着完全负相关，就是指当一只股票收益增加（或减少）时，我们能准确地预测到另一只股票的收益减少（或增加）的幅度。相关系数为 +1 时，收益完全正相关变动，是指当一只股票收益增加（或减少）时，我们能准确地预测另一只股票收益增加（或减少）的幅度。相关系数介于 -1～+1 之间，意味着收益

---

① 协方差有时写成 $\sigma_{K,XOM}$。在本章末的习题中你可以通过冗长的公式来计算协方差。注意，你也可以用 Excel 的协方差函数计算得到相同的结果。

共同变动的幅度不会超过完全相关的变动幅度。

相关系数可以定义为：

$$相关系数(r_K, r_{XOM}) = \rho_{K,XOM} = \frac{\text{Cov}(r_K, r_{XOM})}{\sigma_K \sigma_{XOM}}$$

希腊字母 ρ 通常被用作相关系数的符号。在前面的表格里，我们用两种方法计算相关系数：在单元格 G16 中，我们用 Excel 的 Correl 函数计算相关系数。单元格 G17 用的是公式 $\frac{\text{Cov}(r_K, r_{XOM})}{\sigma_K \sigma_{XOM}}$（当然，结果一样）。

关于协方差和相关系数的一些事实

下面是一些关于协方差和相关系数的事实，我们提出来，并不是试图详细解释或证明。

事实 1：协方差受单位影响；相关系数不受影响。这里有一个例子：在下表中，关于年收益，我们是用数字而不是百分数体现出来（如 1999 年家乐氏公司股票的年收益率为 -6.89，而不是写成 -6.89%）。协方差（单元格 B17）现在是 74.30，是我们之前计算的 10,000 倍。但是，相关系数（单元格 B18）和之前的一样，是 0.3482。

	A	B	C	D
1	家乐氏公司和埃克森公司，收益率直接以数值表示			
2	日期	家乐氏	埃克森	
3	1999-12-31	-6.89	12.60	
4	2000-12-29	-11.59	10.25	
5	2001-12-31	18.51	-7.61	
6	2002-12-31	17.21	-8.86	
7	2003-12-31	14.06	20.63	
8	2004-12-31	19.93	28.08	
9	2005-12-30	-0.85	11.78	
10	2006-12-29	18.46	39.07	
11	2007-12-31	7.14	24.29	
12	2008-12-31	-16.02	-13.11	
13				
14	平均收益率,$E(r_K),E(r_{XOM})$	6.00	11.71	<-- =AVERAGE(C3:C12)
15	收益率的方差,$\sigma_K^2,\sigma_{XOM}^2$	170.55	266.96	<-- =VARP(C3:C12)
16	收益率的标准差,σ_K,σ_{XOM}	13.06	16.34	<-- =STDEVP(C3:C12)
17	收益率的协方差,$\text{Cov}(r_K,r_{XOM})$	74.30		<-- =COVAR(B3:B12,C3:C12)
18	收益率的相关系数,$\rho_{K,XOM}$	0.3482		<-- =CORREL(B3:B12,C3:C12)
19		0.3482		<-- =B17/(B16*C16)
20	相关系数是对称的:$\rho_{K,XOM}=\rho_{XOM,K}$	0.3482		<-- =CORREL(C3:C12,B3:B12)

事实 2：家乐氏和埃克森的相关系数等同于埃克森和家乐氏的相关系数。这同样适用于协方差：$\text{Cov}(r_K, r_{XOM}) = \text{Cov}(r_{XOM}, r_K)$。对此，统计术语是"相关系数和协方差是对称的"。在 Excel 中可以看到这一点，注意单元格 B18（=Correl(B3:B12，C3:C12)）和 B20（=Correl(C3:C12，B3:B12)）的数字是相等的。

事实 3：相关系数总是介于 $-1 \sim +1$ 之间。相关系数的绝对值越大，两个序列越是同步移动。如果相关系数的值为 -1 或 $+1$，那么这两个序列就完全线性相关，这意味着只要知晓一个序列，你就能完全预测到第二个序列的值。若相关系数在 $-1 \sim +1$ 之间，那么这两个序列变动幅度小于完全相关。

事实 4: 如果相关系数是＋1或者−1，这意味着这两个股票的收益之间存在线性关系。因为这不是很容易理解，我们用一个例子来说明：亚当斯农场和摩根香肠两家在农民证券交易所上市的公司。每股摩根香肠的股票收益等于亚当斯农场股票收益的60％再加上3％。因此，我们可以写成 $r_{摩根香肠,t}=3\%+0.6*r_{亚当斯农场,t}$。这意味着，只要给定亚当斯农场股票的收益，摩根香肠股票的收益就是完全可以预测的。因此，相关性要么是−1，要么是＋1。因为当亚当斯农场的收益增加时，摩根香肠股票的收益也增加，相关系数是＋1。[①]

下面的 Excel 电子表格确认相关系数为＋1。

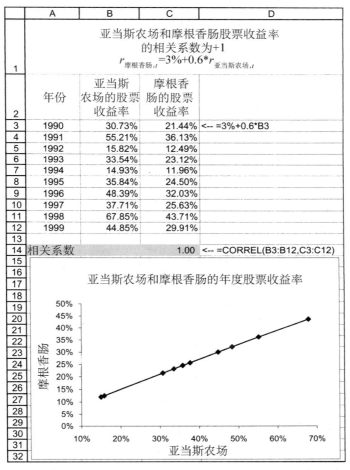

	A	B	C	D
1		亚当斯农场和摩根香肠股票收益率的相关系数为+1 $r_{摩根香肠,t}=3\%+0.6*r_{亚当斯农场,t}$		
2	年份	亚当斯农场的股票收益率	摩根香肠的股票收益率	
3	1990	30.73%	21.44%	<-- =3%+0.6*B3
4	1991	55.21%	36.13%	
5	1992	15.82%	12.49%	
6	1993	33.54%	23.12%	
7	1994	14.93%	11.96%	
8	1995	35.84%	24.50%	
9	1996	48.39%	32.03%	
10	1997	37.71%	25.63%	
11	1998	67.85%	43.71%	
12	1999	44.85%	29.91%	
13				
14	相关系数		1.00	<-- =CORREL(B3:B12,C3:C12)

亚当斯农场和摩根香肠的年度股票收益率

事实4可以用数学语言表述如下：假设股票1和股票2是完全相关的（意味着相关系数要么是＋1，要么是−1）。那么：

$$r_{股票1,t}=a+b*r_{股票2,t} \quad \begin{cases} 若相关系数=+1，则\ b>0; \\ 若相关系数=-1，则\ b<0。 \end{cases}$$

[①] 农民证券交易所有另外两只股票，它们的收益是相关的，可以用数学式表示为：$r_{鸡饲料厂,t}=50\%-0.8*r_{家禽厂,t}$。此例中，负系数（−0.8）告诉我们，这两组收益的相关系数为−1。（参看本章末的习题。）

9.3 两种资产构成的投资组合的均值和方差

投资组合含一系列股票或其他金融资产。大多数持有股票的人持有不止一种股票，他们持有多种股票组成的投资组合，他们承担的风险是他们投资组合的风险。下一章，我们会对投资组合进行经济分析。在本节，我们会告诉读者如何计算两种资产构成的资产组合的均值和方差。假设 1998—2008 年，你持有一个资产组合，其中 50% 投资于家乐氏，还有 50% 投资于埃克森。下表里 E 列的数字是投资组合的年收益。例如，在 1999 年，你的资产组合有 50% 的家乐氏，还有 50% 的埃克森，那么你的投资组合的收益为 2.85%，如下式：

$$2.85\% = \underbrace{50\%}_{\substack{\text{投资组合里}\\\text{K股票的比重}}} * \underbrace{(-6.89\%)}_{\substack{\text{1999年}\\\text{K股票的收益}}} + \underbrace{50\%}_{\substack{\text{投资组合里}\\\text{XOM股票的比重}}} * \underbrace{12.60\%}_{\substack{\text{1999年XOM}\\\text{股票的收益}}}$$

在单元格 E17:E21 中，我们计算的是投资组合收益的数据，用的方法与计算单个资产 K 和 XOM 的收益数据的方法一样。

	A	B	C	D	E	F
1	计算投资组合收益率以及相关统计量					
2	家乐氏股票的比重	0.5				
3	埃克森股票的比重	0.5	<-- =1-B2			
4						
5	日期	家乐氏股票的收益率	埃克森股票的收益率		投资组合的收益率	
6	1999-12-31	-6.89%	12.60%		2.85%	<-- =$B$2*B6+$B$3*C6
7	2000-12-29	-11.59%	10.25%		-0.67%	
8	2001-12-31	18.51%	-7.61%		5.45%	
9	2002-12-31	17.21%	-8.86%		4.17%	
10	2003-12-31	14.06%	20.63%		17.35%	
11	2004-12-31	19.93%	28.08%		24.00%	
12	2005-12-30	-0.85%	11.78%		5.46%	
13	2006-12-29	18.46%	39.07%		28.76%	
14	2007-12-31	7.14%	24.29%		15.71%	
15	2008-12-31	-16.02%	-13.11%		-14.56%	
16						
17	均值	6.00%	11.71%		8.85%	<-- =AVERAGE(E6:E15)
18	方差	1.71%	2.67%		0.0147	<-- =VARP(E6:E15)
19	标准差	13.06%	16.34%		12.10%	<-- =STDEVP(E6:E15)
20	协方差		0.0074			
21	相关系数		0.3482			
22						
23	直接计算投资组合的均值和方差					
24	投资组合的均值，$E(r_p)$	8.85%	<-- =B2*B17+B3*C17			
25	投资组合的方差，$\text{Var}(r_p)$	0.0147	<-- =B2^2*B18+B3^2*C18+2*B2*B3*C20			
26	投资组合的标准差，σ_p	12.10%	<-- =SQRT(B25)			

单元格 B24:B26 表明，这些投资组合的数据可以直接从单个资产的数据计算得到。计算投资组合的期望的简便方法为，我们首先要令投资组合中家乐氏股票的权重为 x_K，令投资组合中埃克森股票的权重为 x_{XOM}，那么投资组合的期望收益为：

$$E(r_p) = x_K E(r_K) + x_{XOM} E(r_{XOM})$$
$$= x_K E(r_K) + (1 - x_K) E(r_{XOM})$$

注意公式的第二行：如果投资组合里只有两种资产，那么另一种资产的比例就是用 1 减去第一种资产的比例：$x_{XOM} = 1 - x_K$。

投资组合方差的公式如下：

$$Var(r_p) = x_K{}^2 Var(r_K) + x_{XOM}{}^2 Var(r_{XOM})$$
$$+ 2 x_K x_{XOM} Cov(r_K, r_{XOM})$$

在下表中，我们建立了一个用公式计算的投资组合统计量的表。在该表中，我们变动家乐氏股票在投资组合中的比重，从 0 变到 100%（当然，这意味着埃克森股票的比例从 100%变动到 0）。

表中这幅图你将在第 10 章和第 11 章再次看到，x 轴是标准差 σ_p，y 轴是期望收益 $E(r_p)$。像抛物线形状的图是大多数金融里探讨的主题，但本章仅限于纯粹技术性的问题讨论，相关的金融知识在后面章节进行讨论。

9.4 使用回归

线性回归（简称回归）是把一组数据拟合成直线的一种技术。回归在金融里是用来验证数据之间的关系的。在后续章节我们会经常用到回归，因此，在这里介绍一些基本概念。我们不是要讨论统计理论背后的回归，而是告诉你们如何运行回归以及如何使用它。

我们把回归方面的讨论分为三个部分：首先，我们讨论在 Excel 中建立回归的机制；然后，探讨回归的意思；最后，谈一谈回归的一些替代方法。

在 Excel 中建立回归的机制

在本部分里，我们讨论一个简单回归的例子，并稍微解释一下回归的经济意义。在此我们重点探讨在 Excel 里构建回归的机制，并在下面解释其经济意义。

下表给出了 2007 年和 2008 年标普 500 指数（股票代码 SPX）的月度收益数据以及 IBM（股票代码 IBM）的月度数据。标普 500 指数含在美国证券交易所交易的 500 个市值最大的股票，它的业绩也是由整个美国证券市场的业绩决定。我们通过回归分析来看我们能否知道标普 500 收益和 IBM 收益的关系——即我们能否知道美国对 IBM 股票收益的影响。

下面是我们研究的数据。请注意，我们通过使用 Excel xy 轴的散点图来绘制数据（详情请参看第 25 章）。

	A	B	C	D	E	F	G
1					2007年1月—2008年12月间 标普500指数和IBM的月收益率		
2		月初股价			月收益率		
3	日期	标普500指数	IBM		标普500指数	IBM	
4	2007-01-03	1438.24	95.08				
5	2007-02-01	1406.82	89.39		-2.18%	-5.98%	<-- =C5/C4-1
6	2007-03-01	1420.86	90.66		1.00%	1.42%	<-- =C6/C5-1
7	2007-04-02	1482.37	98.31		4.33%	8.44%	
8	2007-05-01	1530.62	102.93		3.25%	4.70%	
9	2007-06-01	1503.35	101.62		-1.78%	-1.27%	
10	2007-07-02	1455.27	106.84		-3.20%	5.14%	
11	2007-08-01	1473.99	113.07		1.29%	5.83%	
12	2007-09-04	1526.75	114.14		3.58%	0.95%	
13	2007-10-01	1549.38	112.52		1.48%	-1.42%	
14	2007-11-01	1481.14	102.28		-4.40%	-9.10%	
15	2007-12-03	1468.36	105.12		-0.86%	2.78%	
16	2008-01-02	1378.55	104.15		-6.12%	-0.92%	
17	2008-02-01	1330.63	111.14		-3.48%	6.71%	
18	2008-03-03	1322.70	112.39		-0.60%	1.12%	
19	2008-04-01	1385.59	117.82		4.75%	4.83%	
20	2008-05-01	1400.38	126.85		1.07%	7.66%	
21	2008-06-02	1280.00	116.17		-8.60%	-8.42%	
22	2008-07-01	1267.38	125.43		-0.99%	7.97%	
23	2008-08-01	1282.83	119.77		1.22%	-4.51%	
24	2008-09-02	1164.74	115.08		-9.21%	-3.92%	
25	2008-10-01	968.75	91.48		-16.83%	-20.51%	
26	2008-11-03	896.24	80.74		-7.48%	-11.74%	
27	2008-12-01	903.25	83.27		0.78%	3.13%	
28	2009-01-02	825.88	90.68		-8.57%	8.90%	
29							
30	总体下跌				-42.58%	-4.63%	<-- =C28/C4-1
31	最大月收益				4.75%	8.90%	<-- =MAX(F5:F28)
32	最大月损失				-16.83%	-20.51%	<-- =MIN(F5:F28)

图中所绘的月份对美国股民来说并不开心。在这两年里，标普 500 指数大约下跌了 43%，IBM 大约下跌了 5%。

我们想画一条经过上述这些点的直线，从所画直线最接近这些点的意义上来说，我们希望这条线是最好的线。[①] 在 Excel 里有多种方法来这样做。下面是我们所做的：

● 点中图中的数据点，这样 Excel 能标出所有的数据点。如果数据点很多，Excel 可能只能标出其中的一部分。不过，不用管它，接着做下一步。在做完这一步后，你会看到类似下面的一幅图（请注意，Excel 会显示我们选择的数据点的坐标点——在此情况下，标普 500 指数的收益为 -4.40%，IBM 的收益为 -9.10%）。

---

① 关于"最好"和"最近"，有标准的统计定义，但是我们留待其他课程来给予其标准定义。

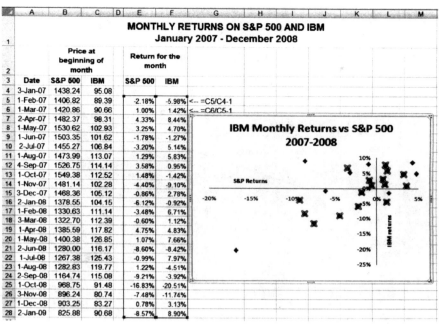

MONTHLY RETURNS ON S&P 500 AND IBM
January 2007 - December 2008

Date	Price at beginning of month		Return for the month		
	S&P 500	IBM	S&P 500	IBM	
3-Jan-07	1438.24	95.08			
1-Feb-07	1406.82	89.39	-2.18%	-5.98%	<-- =C5/C4-1
1-Mar-07	1420.86	90.66	1.00%	1.42%	<-- =C6/C5-1
2-Apr-07	1482.37	98.31	4.33%	8.44%	
1-May-07	1530.62	102.93	3.25%	4.70%	
1-Jun-07	1503.35	101.62	-1.78%	-1.27%	
2-Jul-07	1455.27	106.84	-3.20%	5.14%	
1-Aug-07	1473.99	113.07	1.29%	5.83%	
4-Sep-07	1526.75	114.14	3.58%	0.95%	
1-Oct-07	1549.38	112.52	1.48%	-1.42%	
1-Nov-07	1481.14	102.28	-4.40%	-9.10%	
3-Dec-07	1468.36	105.12	-0.86%	2.78%	
2-Jan-08	1378.55	104.15	-6.12%	-0.92%	
1-Feb-08	1330.63	111.14	-3.48%	6.71%	
3-Mar-08	1322.70	112.39	-0.60%	1.12%	
1-Apr-08	1385.59	117.82	4.75%	4.83%	
1-May-08	1400.38	126.85	1.07%	7.66%	
2-Jun-08	1280.00	116.17	-8.60%	-8.42%	
1-Jul-08	1267.38	125.43	-0.99%	7.97%	
1-Aug-08	1282.83	119.77	1.22%	-4.51%	
2-Sep-08	1164.74	115.08	-9.21%	-3.92%	
1-Oct-08	968.75	91.48	-16.83%	-20.51%	
3-Nov-08	896.24	80.74	-7.48%	-11.74%	
1-Dec-08	903.25	83.27	0.78%	3.13%	
2-Jan-09	825.88	90.68	-8.57%	8.90%	

● 对标出的点，右击鼠标，并选择"增加趋势线"（Add Trendline）。这样，会跳出如下图中的对话框，我们选中"线性回归"（Linear）的选项。请注意，在该对话框的底部，我们已选了两个选项——"图中显示方程"（Display Equation on chart）和"图中显示 R^2"（Display R-Squared valae on chart）。

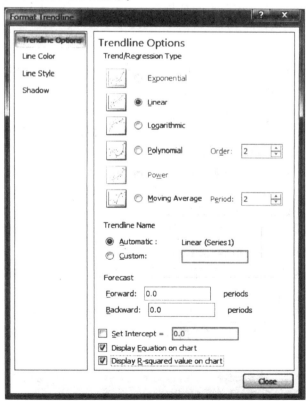

点击"关闭"会得到下图。

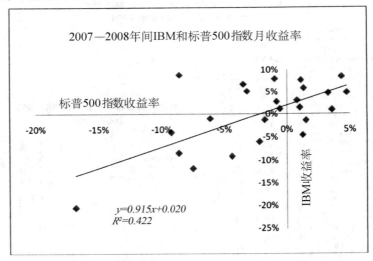

2007—2008年间IBM和标普500指数月收益率

标普500指数收益率

IBM收益率

$y=0.915x+0.020$
$R^2=0.422$

我们可以用鼠标移动含回归结果的图，里面的字体和大小也可以调整为你想要的。

回归是什么意思？

上图中的回归方程为：$y=0.915x+0.020$，$R^2=0.422$。因为我们想要知道标普500指数对 IBM 股票的影响，我们可以将以下变量的意思赋予到回归线性方程中：

● y 轴表示 IBM 的以百分数表示的月收益率，x 轴代表标普500指数的以百分数表示的月收益率。

● 回归方程的斜率为 0.915。这表示标普500指数的月收益平均每增加一个百分点，就会引起 IBM 月收益增加 0.915 个百分点。[①]当然，这也可以反过来理解：标普500指数平均每下跌1个百分点，IBM 的收益就会下跌 0.915 个百分点。

● 事实上，回归方程的斜率小于1，这意味着 IBM 对标普指数反应的敏感性程度要小于平均值：标普500指数收益变动（增加或减少）引起的 IBM 收益的变动要小于其自身的变动。我们将在第11章探讨该话题。

● 回归方程的截距是 0.02。截距意味着，当标普500指数的月收益不变时，IBM 的月收益为 2％。这是一个显著事实——这表明在这一期间，与标普500指数相比，IBM 有一个 2％的月超额收益，复利年化收益即为：$(1+2\%)^{12}-1=26.8\%$。

● 回归方程中的 R^2 指 IBM 收益变动中的 42.2％是由标普500指数收益变动引起的。另外 58％的收益变动可能是由 IBM 自身的因素引起的。你不会期望更多：如果由于特别原因，R^2 为 100％，这意味着 IBM 所有的收益都是由标普指数收益变动引起的，这毫无意义。

因此，基于标普500指数的收益，回归方程可以让你做一些有意思的预测。假设你是一个金融分析师，你认为本月标普500指数的会上涨 20％。通过回归，你预测 IBM 股票

---

① 在 2007—2008 年两年间，收益大多下降。因此，理解系数 0.915 的另一种方法就是：标普500指数平均每下降1个百分点，就会伴随着 0.915 个百分点的 IBM 收益的下降。

会上涨 $0.915 * 20\% - 0.02 = 20.28\%$。我们知道 R^2 约为 42%，即 IBM 股票的收益变动大约一半是由标普 500 指数的收益变动引起的，那么你对这一预测会有一定程度的怀疑。

在 Excel 中做回归的其他方法

正如你可能想到的，在 Excel 里，有其他方法可以计算回归方程的斜率、截距以及 R^2。Excel 里有 Slope（斜率）、Intercept（截距）和 Rsq（R^2）的函数，这些函数如下表中单元格 F30、F33 以及 F36 所示。请注意，在这些函数里，因为 IBM 的收益位于标普 500 指数收益之前，所以如例子所示，我们写为：Slope(IBM 收益率，SPX 收益率)。

2007年1月~2008年12月间标普500指数和IBM的月收益率

	月初股价		月收益率			
日期	标普500指数	IBM	标普500指数	IBM		
2007-01-03	1438.24	95.08				
2007-02-01	1406.82	89.39	-2.18%	-5.98%	<-- =C5/C4-1	
2007-03-01	1420.86	90.66	1.00%	1.42%	<-- =C6/C5-1	
2007-04-02	1482.37	98.31	4.33%	8.44%		
2007-05-02	1530.62	102.93	3.25%	4.70%		
2007-06-01	1503.35	101.62	-1.78%	-1.27%		
2007-07-02	1455.27	106.84	-3.20%	5.14%		
2007-08-01	1473.99	113.07	1.29%	5.83%		
2007-09-04	1526.75	114.14	3.58%	0.95%		
2007-10-01	1549.38	112.52	1.48%	-1.42%		
2007-11-01	1481.14	102.28	-4.40%	-9.10%		
2007-12-03	1468.36	105.12	-0.86%	2.78%		
2008-01-02	1378.55	104.15	-6.12%	-0.92%		
2008-02-02	1330.63	111.14	-3.48%	6.71%		
2008-03-03	1322.70	112.39	-0.60%	1.12%		
2008-04-01	1385.59	117.82	4.75%	4.83%		
2008-05-01	1400.38	126.85	1.07%	7.66%		
2008-06-02	1280.00	116.17	-8.60%	-8.42%		
2008-07-01	1267.38	125.43	-0.99%	7.97%		
2008-08-01	1282.83	119.77	1.22%	-4.51%		
2008-09-01	1164.74	115.08	-9.21%	-3.92%		
2008-10-01	968.75	91.48	-16.83%	-20.51%		
2008-11-03	896.24	80.74	-7.48%	-11.74%		
2008-12-01	903.25	83.27	0.78%	3.13%		
2009-01-02	825.88	90.68	-8.57%	8.90%		

图表：2007—2008年IBM和标普500指数月收益率（横轴：标普500指数收益率；纵轴：IBM收益率）

$$y = 0.915x + 0.020$$
$$R^2 = 0.422$$

		斜率	0.9149	<-- =SLOPE(F5:F28,E5:E28)
			0.9149	<-- =COVAR(F5:F28,E5:E28)/VARP(E5:E28)
		截距	0.0204	<-- =INTERCEPT(F5:F28,E5:E28)
			0.0204	<-- =AVERAGE(F5:F28)-F30*AVERAGE(E5:E28)
		可决系数	0.4225	<-- =RSQ(F5:F28,E5:E28)
			0.4225	<-- =CORREL(F5:F28,E5:E28)^2

斜率、截距以及 R^2 也可以直接用 Excel 的 Average（均值）、Covar（协方差）、Varp（总体方差）以及 Correl（相关系数）函数（如上表中单元格 F31、F34、F37）计算出来。下面看一下各回归变量的替代定义：

● 回归斜率可以用 Slope 函数（单元格 F30）计算得到，但是，如单元格 F31 所示，它也等于 $\dfrac{\text{Cov}(SPX, IBM)}{\text{Var}(SPX)}$。

● 回归截距可以用 Intercept 函数计算得到，但是，如单元格 F34 所示，它也等于均值（IBM）−斜率 * 均值（SPX）。

● 回归 R^2 可以用 Rsq 函数计算得到，但是，如单元格 F37 所示，它也等于标普 500 指数和 IBM 的相关系数的平方：$[\text{相关系数}(SPX, IBM)]^2$。

9.5 提高篇：多种资产构成的投资组合的统计量

这一节探讨一个略微难一些的问题。若第一次阅读，可以跳过。在 9.3 节我们讨论了计算两种资产构成的投资组合的期望和方差。本节我们会研究超过两种资产构成的投资组合的计算。

首先我们介绍一些符号。假设我们持有三只股票，对于每一只股票 i（$i = 1$，2，3），股票收益的期望为 $E(r_i)$，方差为 $\sigma_i^2 = \text{Var}(r_i)$。进一步假设对每一对股票为 i 和 j，收益的协方差为 $\text{Cov}(r_i, r_j)$。下面是一个例子。

	A	B	C	D	E
1			三只股票构成的投资组合的组合收益率		
2	年末	波音 BA	家乐氏 K	IBM	
3	1999-12-31	28.67%	-7.31%	17.57%	
4	2000-12-29	61.21%	-11.38%	-20.83%	
5	2001-12-31	-40.42%	18.80%	43.00%	
6	2002-12-31	-13.40%	17.28%	-35.45%	
7	2003-12-31	30.43%	14.56%	20.49%	
8	2004-12-31	24.89%	20.15%	7.19%	
9	2005-12-30	37.89%	-0.93%	-15.83%	
10	2006-12-29	28.40%	18.60%	19.77%	
11	2007-12-31	-0.11%	7.15%	12.84%	
12	2008-12-31	-50.07%	-14.14%	-20.79%	
13					
14	均值	10.75%	6.28%	2.79%	<-- =AVERAGE(D3:D12)
15	方差	0.1152	0.0166	0.0548	<-- =VARP(D3:D12)
16	标准差	33.94%	12.87%	23.41%	<-- =STDEVP(D3:D12)
17					
18	协方差		相关系数		
19	$\text{Cov}(r_{BA}, r_K)$	-0.0043	$\text{Corr}(r_{BA}, r_K)$	-0.0978	<-- =B19/(B16*C16)
20	$\text{Cov}(r_{BA}, r_{IBM})$	-0.0053	$\text{Corr}(r_{BA}, r_{IBM})$	-0.0669	<-- =B20/(B16*D16)
21	$\text{Cov}(r_K, r_{IBM})$	0.0134	$\text{Corr}(r_K, r_{IBM})$	0.4448	<-- =B21/(C16*D16)

现在我们假设投资一个资产组合，每只股票的比重如下：$x_{BA} = 20\%$，$x_K = 50\%$，$x_{IBM} = 1 - x_{BA} - x_K = 30\%$。下表中的单元格 G3：G12 告诉了我们投资组合的收益，单元格 H16：H18 计算的是投资组合的期望收益、方差和标准差。

	A	B	C	D	E	F	G	H	I
1				三只股票构成的投资组合的组合收益率					
2	年末	波音 BA	家乐氏 K	IBM			投资组合的收益率		
3	1999-12-31	28.67%	-7.31%	17.57%			7.35%		<-- =$B$14*B3+$C$14*C3+$D$14*D3
4	2000-12-29	61.21%	-11.38%	-20.83%			0.30%		<-- =$B$14*B4+$C$14*C4+$D$14*D4
5	2001-12-31	-40.42%	18.80%	43.00%			14.21%		
6	2002-12-31	-13.40%	17.28%	-35.45%			-4.68%		
7	2003-12-31	30.43%	14.56%	20.49%			19.51%		
8	2004-12-31	24.89%	20.15%	7.19%			17.21%		
9	2005-12-30	37.89%	-0.93%	-15.83%			2.37%		
10	2006-12-29	28.40%	18.60%	19.77%			20.91%		
11	2007-12-31	-0.11%	7.15%	12.84%			7.40%		
12	2008-12-31	-50.07%	-14.14%	-20.79%			-23.32%		
13									
14	投资组合中各股比重	0.20	0.50	0.30					
15									
16	均值	10.75%	6.28%	2.79%	<-- =AVERAGE(D3:D12)		均值	6.13%	<-- =AVERAGE(H3:H12)
17	方差	0.1152	0.0166	0.0548	<-- =VARP(D3:D12)		方差	0.0162	<-- =VARP(H3:H12)
18	标准差	33.94%	12.87%	23.41%	<-- =STDEVP(D3:D12)		标准差	12.73%	<-- =STDEVP(H3:H12)
19									
20	协方差						求投资组合统计量的替代方法		
21	$\text{Cov}(r_{BA}, r_K)$	-0.0043	<-- =COVAR(B3:B12,C3:C12)				均值	6.13%	<-- =$B$14*B16+$C$14*C16+$D$14*D16
22	$\text{Cov}(r_{BA}, r_{IBM})$	-0.0053	<-- =COVAR(B3:B12,D3:D12)				方差	0.0162	<-- =B14^2*B17+C14^2*C17+D14^2*D17+2*B14*C14*B21+2*B14*D14*B22+2*C14*D14*B23
23	$\text{Cov}(r_K, r_{IBM})$	0.0134	<-- =COVAR(D3:D12,C3:C12)				标准差	12.73%	<-- =SQRT(H22)

如果你观察单元格 H21：H23 时，你会注意到，有一个简单的方法可用来计算投资组合的收益，公式如下：

投资组合的平均收益（单元格 H21）$= E(r_p) = x_{BA}E(r_{BA}) + x_K E(r_K) + x_{IBM}E(r_{IBM})$

投资组合方差（单元格 H22）$= \text{Var}(r_p)$

$$= x_{BA}^2 \text{Var}(r_{BA}) + x_K^2 \text{Var}(r_K) + x_{IBM}^2 \text{Var}(r_{IBM})$$
$$+ 2x_{BA}x_K \text{Cov}(r_{BA}, r_K) + 2x_{BA}x_{IBM}\text{Cov}(r_{BA}, r_{IBM})$$
$$+ 2x_K x_{IBM}\text{Cov}(r_{BA}, r_{IBM})$$

这些公式概括了任何数量资产构成的投资组合：如果我们有一个由 N 个资产组成的投资组合，且知道期望收益、方差以及协方差，那么有：

● 投资组合的期望收益是所有资产收益的加权平均数。假定投资组合中各个资产的权重为 $\{x_1, x_2, \cdots, x_N\}$，那么投资组合的期望收益为：

$$E(r_p) = x_1 E(r_1) + x_2 E(r_2) + \cdots + x_N E(r_N)$$
$$= \sum_{i=1}^{N} x_i E(r_i)$$

● 投资组合收益的方差是以下两个表达式的加总：

▲ 每个资产方差的加总，权重是投资组合中资产比例的平方：

$$x_1^2 \text{Var}(r_1) + x_2^2 \text{Var}(r_2) + \cdots + x_N^2 \text{Var}(r_N) \text{。}$$

▲ 每个协方差两倍的加总，权重是各资产的比例：

$$2x_1 x_2 \text{Cov}(r_1, r_2) + 2x_1 x_3 \text{Cov}(r_1, r_3) + \cdots + 2x_1 x_N \text{Cov}(r_1, r_N)$$
$$+ 2x_2 x_3 \text{Cov}(r_2, r_3) + \cdots + 2x_2 x_N \text{Cov}(r_2, r_N)$$
$$+ \cdots + 2x_{N-1} x_N \text{Cov}(r_{N-1}, r_N)$$

总　结

关于股票的信息，如价格、股利以及收益，能产生一大堆数据。统计是处理大量数据的一种方法。本章已经给出了与股票相关的典型的金融计算的必要统计技术。我们已经提出了如何从股价、股利和拆股的基本数据中计算股票收益。我们也提出了如何计算期望收益（也称为平均收益）、收益的方差和标准差以及两只股票收益的协方差。

股票常运用于投资组合中。本章阐述了如何计算投资组合收益的期望和标准差。本章还介绍了回归分析，读者可以通过回归来归纳两只股票收益之间的关系。

在后续章节里，我们将使用统计技术做个股和投资组合的财务分析。

习　题

注意：本书附带的光盘里包含以下这些问题的数据。

1. 下表是高科技公司和低科技公司的历史股价。

	A	B	C
1		高科技公司股价	低科技公司股价
2	2001-12-31	75.00	40.00
3	2002-12-31	86.25	45.20
4	2003-12-31	125.32	55.60
5	2004-12-31	91.64	48.37
6	2005-12-31	100.80	32.88
7	2006-12-31	145.93	61.64
8	2007-12-31	151.21	75.82
9	2008-12-31	196.57	97.05
10	2009-12-31	226.05	109.66
11	2010-12-31	89.00	122.99

请计算：

a. 每只股票的年收益。

b. 每家公司 10 年间的期望（平均）收益。哪只股票的期望收益更高？

c. 这 10 年来，每家公司收益的方差和标准差。哪只股票的风险更大？

d. 每家公司收益的协方差和相关系数。用下面两个公式计算相关系数：Excel 里的 Correl 函数及其定义：相关系数 $(r_A, r_B) = \dfrac{\text{Cov}(r_A, r_B)}{\sigma_A \sigma_B}$。

e. 若你来选择，你会选择哪只股票？请简要解释。

2. 下面的表格是三个共同基金的价格数据。

a. 计算各期，三个基金的年收益。

b. 计算基金收益的期望、方差以及标准差。

c. 画出基金收益和日期的图。

d. 计算基金收益的相关系数。

e. 如果历史信息能完全预测未来的收益（这合理吗？），你会选择哪个基金？

3. 下表是福特公司和通用汽车公司月度股价数据。

请计算以下问题：

● 每家公司的月收益。

● 福特公司收益和通用汽车公司收益之间的协方差。

● 福特公司收益和通用汽车公司收益之间的相关系数。

	A	B	C	D
1		三家共同基金的数据		
2	日期	斯卡德尔发展基金	价值线杠杆增长基金	富达基金
3	1993-01-04	24.34	17.47	9.47
4	1994-01-03	24.20	20.32	11.39
5	1995-01-03	20.87	19.15	11.19
6	1996-01-02	30.35	24.45	15.25
7	1997-01-02	30.94	26.95	18.46
8	1998-01-02	31.28	32.08	23.44
9	1999-01-04	33.32	47.19	31.04
10	2000-01-03	36.06	49.12	35.36
11	2001-01-02	33.89	47.23	33.82
12	2002-01-02	20.01	37.31	28.46
13	2003-01-02	13.79	26.87	21.55

	A	B	C	D
1	福特公司和通用汽车股价			
2	日期	福特	通用汽车	
3	1999-11-08	24.44	66.08	
4	1999-12-01	25.79	65.09	
5	2000-01-03	24.32	72.14	
6	2000-02-01	20.35	68.54	
7	2000-03-01	22.45	74.63	
8	2000-04-03	27.00	84.37	
9	2000-05-01	23.95	64.02	
10	2000-06-01	22.08	52.63	
11	2000-07-03	24.17	51.61	
12	2000-08-01	21.95	63.97	
13	2000-09-01	23.14	59.40	
14	2000-10-02	23.98	56.77	
15	2000-11-01	20.89	45.64	
16	2000-12-01	21.52	46.96	
17	2001-01-02	26.16	49.51	
18	2001-02-01	25.30	51.77	

4. 用上题福特公司和通用汽车公司计算的收益，做福特公司收益和通用汽车公司收益的回归。试计算：

- 回归的斜率。
- 截距值。
- 回归的 R^2。

这两家公司收益的相互影响是大还是小？试阐述。

5. 下表是家乐氏公司的股价和股利数据。

	A	B	C
1	家乐氏公司股价和股利数据		
2		股价	当年股利
3	1989-12-31	64.62	
4	1990-12-31	78.00	1.44
5	1991-12-31	56.75	2.15
6	1992-12-31	62.12	1.16
7	1993-12-31	53.75	1.32
8	1994-12-31	55.00	1.40
9	1995-12-31	76.62	1.50
10	1996-12-31	69.62	1.62
11	1997-12-31	46.38	1.28
12	1998-12-31	40.62	0.90
13	1999-12-31	24.25	0.98
14	2000-12-31	26.20	1.00
15	2001-12-31	30.86	1.00
16	2002-12-31	33.40	1.00

a. 计算每年股利调整后的股票收益、期望以及标准差。

b. 股票分析师喜欢谈论股利收益率——股利除以股价。计算家乐氏公司的年股利收益率 $\left(\text{定义为：} \dfrac{1\,年内发放的股利}{年初股价}\right)$，并计算这段时间的统计量（期望和标准差）。

c. 如果你购买了家乐氏公司股票，并无意将其出售，为什么你可能对股利收益率感兴趣？

6. 下表是 IBM 的股价、股利以及拆股数据。计算该股每年股利以及拆股调整后的收益，它们的期望以及标准差。

	A	B	C	D
1	IBM股价，股利以及拆股数据			
2		收盘价	当年股利	其他信息
3	1989-12-31	98.62		
4	1990-12-31	126.75		
5	1991-12-31	90.00		
6	1992-12-31	51.50		
7	1993-12-31	56.50		
8	1994-12-31	72.12		
9	1995-12-31	108.50		
10	1996-12-31	156.88		
11	1997-12-31	98.75		1股拆为2股(1997年5月)
12	1998-12-31	183.25		
13	1999-12-31	112.25		1股拆为2股(1999年5月)
14	2000-12-31	112.00		
15	2001-12-31	107.89		
16	2002-12-31	78.20	0.30	

7. 计算 IBM 和家乐氏公司（见前两题）间的协方差和相关系数。投资于 IBM 和家乐氏公司对分散化投资是否有帮助？

8. 下表是重钢公司的股价和拆股数据。

	A	B	C
1		重钢公司	
2		收盘价	拆股
3	2001-12-31	11.24	
4	2002-12-31	11.98	
5	2003-12-31	10.23	
6	2004-12-31	11.02	1股拆为2股
7	2005-12-31	12.56	
8	2006-12-31	13.45	
9	2007-12-31	15.36	1股拆为1.5股
10	2008-12-31	16.01	
11	2009-12-31	17.23	
12	2010-12-31	15.23	

a. 计算每年拆股调整后的收益以及其他统计量（期望和标准差）。

b. 若在 1990 年初，你购买了 100 股该公司股票，并且在这 10 年里，你没有出售也没有购买额外的股票，那么，到 2000 年末你持有多少股股票？

9. 反向拆股就好比拆股，只不过方向相反。例如，在 1 分为 2 的反向拆股中，你每 2 股会收到 1 股。假如你知道 1999 年公司实行 3 分为 4 的反向拆股，那么习题 8 的答案是什么？

10. 有两家公司：年轻公司和成熟公司。年轻公司增长很快，但这家公司没有支付任何股利，保留了所有的利润。成熟公司很久以前就停止增长了，该公司产生了可观的现金流，并支付了股利。

	A	B	C	D
1		年轻公司	成熟公司	
2		股价	股价	每股股利
3	2005-12-31	32.56	78.50	0.00
4	2006-12-31	34.50	82.50	0.00
5	2007-12-31	38.98	84.50	1.00
6	2008-12-31	44.50	81.60	0.00
7	2009-12-31	40.20	79.60	1.50
8	2010-12-31	39.50	80.96	1.50
9	2011-12-31	38.45	82.65	0.00
10	2012-12-31	37.50	83.69	2.00
11	2013-12-31	43.58	82.79	2.00
12	2014-12-31	50.30	81.97	0.00

试计算：

● 年轻公司的年收益。

● 成熟公司的年收益。

● 以上两个投资哪一个更好？试简单解释。

11. 鸡饲料厂和家禽公司是两家在农民证券交易所上市交易的公司。统计人员确定，这两只股票收益的相关系数有如下等式：$r_{鸡饲料厂, t} = 50\% - 0.8 * r_{家禽公司, t}$。用下面的样本，试证明两只股票收益的相关系数为 -1。

	A	B	C
2	年份	家禽公司股票的收益率	鸡饲料厂股票的收益率
3	1990	30.73%	
4	1991	55.21%	
5	1992	15.82%	
6	1993	33.54%	
7	1994	14.93%	
8	1995	35.84%	
9	1996	48.39%	
10	1997	37.71%	
11	1998	67.85%	
12	1999	44.85%	
13			
14	相关系数		

12. 下表是两种资产的年收益。完成下表的空格并画出投资组合的收益（第 13～27 行）。

	A	B	C
1		资产1	资产2
2	1990-12-31	12.56%	7.56%
3	1991-12-31	13.50%	8.56%
4	1992-12-31	14.23%	4.56%
5	1993-12-31	15.23%	2.12%
6	1994-12-31	14.23%	1.23%
7	1995-12-31	12.23%	0.26%
8	1996-12-31	10.23%	3.25%
9	1997-12-31	5.26%	4.89%
10	1998-12-31	4.25%	5.56%
11	1999-12-31	2.23%	6.45%
12			
13	平均收益率		
14	方案		
15	协方差		
16	组合中资产1的比重	组合标准差	组合平均收益率
17	0		
18	0.1		
19	0.2		
20	0.3		
21	0.4		
22	0.5		
23	0.6		
24	0.7		
25	0.8		
26	0.9		
27	1		

13. 下表是通用电气、波音以及沃尔玛收益的数据，计算下表中带阴影的空格。

	A	B	C	D
1	月收益：波音(BA)，通用电气(GE)，沃尔玛(WMT)			
2	月末收益	**BA**	**GE**	**WMT**
3	2009-02-02	-28.69%	-32.58%	4.42%
4	2009-03-02	12.35%	17.26%	6.20%
5	2009-04-01	11.83%	22.44%	-3.33%
6	2009-05-01	12.29%	6.33%	-0.78%
7	2009-06-01	-5.36%	-13.18%	-2.64%
8	2009-07-01	0.94%	13.41%	2.93%
9	2009-08-01	15.59%	3.68%	2.51%
10	2009-09-01	8.64%	17.23%	-3.56%
11	2009-10-01	-12.48%	-14.11%	1.19%
12	2009-11-01	10.08%	11.66%	9.35%
13	2009-12-01	3.23%	-5.09%	-1.54%
14	2010-01-04	11.29%	6.10%	-0.04%
15	2010-02-01	4.83%	0.50%	1.20%
16	2010-03-01	13.93%	12.53%	3.35%
17	2010-04-01	-0.25%	3.53%	-3.59%
18	2010-05-03	-11.51%	-14.26%	-5.33%
19	2010-06-01	-2.25%	-11.95%	-5.05%
20	2010-07-01	3.00%	3.61%	2.79%
21				
22	平均收益			
23	标准差			
24	协方差			
25	Cov(*BA*,*GE*)			
26	Cov(*BA*,*WMT*)			
27	Cov(*GE*,*WMT*)			
28				
29	相关系数			
30	Corr(*BA*,*GE*)			
31	Corr(*BA*,*WMT*)			
32	Corr(*GE*,*WMT*)			
33				
34	投资组合比重			
35	*BA*	0.5		
36	*GE*	0.3		
37	*WMT*	0.2		
38				
39	组合的平均收益			
40	组合的方差			
41	组合的标准差			

14. 请登录 http：//finance.yahoo.com，下载甲骨文公司（ORCL）、微软公司（MS-FT）、戴尔公司（DELL）以及捷威公司（GTW）2007—2008 年的月度股价数据。并下载同一时期标普 500 指数（SPX）的月度数据。[①]回答下述问题：

a. 求由这四只股票按相同比重构成的投资组合的期望收益、方差以及标准差。

b. 平均而言，在这两年期间，投资于这个投资组合和投资于标普 500 指数哪个更好？

15. 用上一个问题里的数据，做这两年间投资组合收益和标普 500 指数收益间的回归。求回归方程的斜率、截距以及 R^2，并解释这些数字的意义。

16. （这个问题较难！）本书随附的光盘里有 AT&T 公司（股票代码 T）两年的未调整和调整过的月度股价数据。请计算：

a. AT&T 股票的累计调整因素。

b. 在 2002 年 11 月发生的两件有趣事情是什么？本月的累计调整因子发生了什么变化？（读者需要做一个互联网调查。）

---

① 回忆一下，当你把雅虎的数据下载到 Excel 时，这些数据已经经过拆股和股利调整了。

	A	B	C	D	E	F	G	H
1	日期	开盘价	最高价	最低价	收盘价	成交量	调整后收盘价	累计调整因子
2	2002-12				0.19 现金股利			
3	2002-12	28.54	28.88	25.11	**26.11**	4,932,428	26.11	
4	2002-11				8.48 现金股利			
5	2002-11				1:5 拆股			
6	2002-11	12.94	28.25	12.84	**28.04**	13,146,915	28.04	
7	2002-10	12.1	13.64	10.45	**13.04**	14,453,869	65.2	
8	2002-09				0.04 现金股利			
9	2002-09	11.95	13.79	11.2	**12.01**	15,095,745	60.05	
10	2002-08	10.12	12.85	8.69	**12.22**	17,147,918	61.1	
11	2002-07	10.5	10.55	8.2	**10.18**	18,639,136	50.9	
12	2002-06				0.04 现金股利			
13	2002-06	11.85	12.4	9.09	**10.7**	29,520,930	53.5	
14	2002-05	13.2	14.3	11.76	**11.97**	17,814,400	59.85	
15	2002-04	15.74	15.85	12.66	**13.12**	15,936,609	65.6	
16	2002-03				0.04 现金股利			
17	2002-03	15.8	16.48	15	**15.7**	11,042,700	78.5	
18	2002-02	17.55	17.91	14.18	**15.54**	16,401,442	77.7	
19	2002-01	18.48	19.25	16.65	**17.7**	11,919,185	88.5	
20	2001-12				0.04 现金股利			
21	2001-12	17.35	18.75	15.8	**18.14**	14,846,490	90.7	
22	2001-11	15.33	17.85	14.75	**17.49**	10,987,857	87.45	
23	2001-10	19.15	20	15.17	**15.25**	15,015,643	76.25	
24	2001-09				0.04 现金股利			
25	2001-09	19.01	19.64	16.5	**19.3**	15,798,733	96.5	
26	2001-08	20.32	20.95	18.66	**19.04**	7,457,491	95.2	
27	2001-07							
28	2001-07	21.75	23	18.1	**20.21**	16,556,647	101.05	
29	2001-06				0.04 现金股利			
30	2001-06	21.16	22.16	19.82	**22**	11,332,052	110	
31	2001-05	22.58	23.1	20.48	**21.17**	15,562,513	105.85	
32	2001-04	21.3	23.27	19.85	**22.28**	12,075,000	111.4	
33	2001-03				0.04 现金股利			
34	2001-03	22.8	24.6	20.6	**21.3**	12,662,459	106.5	
35	2001-02	23.95	24.53	20.2	**23**	12,220,989	115	
36	2001-01	17.37	25.15	17.25	**23.99**	20,407,609	119.95	
37	2000-12				0.04 现金股利			
38	2000-12	19.44	22.69	16.5	**17.25**	23,385,210	86.25	
39	2000-11	22.62	22.94	18.25	**19.62**	20,863,095	98.1	
40	2000-10	29	30	21.25	**23.19**	24,254,945	115.95	
41	2000-09				0.22 现金股利			
42	2000-09	31.62	32.94	27.25	**29**	19,280,690	145	
43	2000-08	30.94	32.94	29.62	**31.62**	17,828,760	158.1	
44	2000-07	31.81	35.19	30.5	**30.94**	19,562,070	154.7	
45	2000-06				0.22 现金股利			
46	2000-06	34.94	37.75	31.25	**31.81**	20,312,436	159.05	
47	2000-05	46.31	49	33.63	**34.94**	25,649,081	174.7	
48	2000-04	56.69	58.81	45.88	**45.88**	12,616,194	229.4	
49	2000-03				0.22 现金股利			
50	2000-03	49.38	61	47.5	**56.31**	13,692,547	281.55	
51	2000-02	52.75	53	44.31	**49.38**	10,648,485	246.9	
52	2000-01	50.81	56	47.5	**52.75**	11,964,045	263.75	
53	1999-12				0.22 现金股利			
54	1999-12	55.88	58.69	49.88	**50.81**	9,812,559	254.05	
55	1999-11	47.13	61	44.94	**55.88**	13,277,338	279.4	
56	1999-10	43.5	49.06	41.5	**46.75**	11,850,266	233.75	
57	1999-09				0.22 现金股利			
58	1999-09	45.38	48.81	41.81	**43.5**	10,775,514	217.5	
59	1999-08	52.13	52.81	44.25	**45**	12,892,813	225	
60	1999-07	55.94	59	51.75	**52.13**	9,257,600	260.65	
61	1999-06				0.22 现金股利			
62	1999-06	55.5	56.88	52.38	**55.81**	10,673,172	279.05	
63	1999-05	51	63	50.88	**55.5**	14,542,265	277.5	
64	1999-04				3:2 拆股			
65	1999-04	79.81	89.5	50.06	**50.5**	13,690,428	252.5	
66	1999-03				0.33 现金股利			
67	1999-03	82.12	89	75.87	**79.81**	9,906,500	266.03	
68	1999-02	91.94	95.12	82.12	**82.12**	8,755,210	273.73	
69	1999-01	76.5	96.12	76.5	**90.75**	10,024,863	302.5	

17. 解释下面三个句子为什么对或错：

a. 分散投资能降低风险，因为股价通常不会一起变动。

b. 投资组合的期望收益是所有个股期望收益的加权平均。

c. 如果这些股票收益完全不相关，那么投资组合期望收益的标准差等于所有个股标准差的加权平均。

18. 假定两只股票（A 和 B）的年收益完全负相关，$r_A = 0.05, r_B = 0.15, \sigma_A = 0.1$，$\sigma_B = 0.4$。假设不存在套利机会，那么一年期利率应该是多少？

19. 假设投资者可以把所有的资金要么单独投资于股票 A 或股票 B，要么投资于这两只股票。收益的分布如下：

	A	B	C	D
1	股票A		股票B	
2	收益	概率	收益	概率
3	-10%	0.5	-20%	0.5
4	50%	0.5	60%	0.5

假设这两只股票收益的相关系数为 0。

a. 计算每只股票的期望收益、方差和标准差。

b. 计算由股票 A 和股票 B 各占一半比例组成的投资组合的可能的收益分布并计算期望收益、方差以及标准差。

c. 计算由 75％的股票 A 和 25％的股票 B 构成的投资组合的期望收益和方差。

20. A、B、C 三只股票收益的相关系数见下表：

	A	B	C	D
1	股票	A	B	C
2	A	1.00	0.80	0.10
3	B		1.00	0.15
4	C			1.00

三只股票的期望收益分别为 16％、12％和 15％，相应的标准差分别为 25％、22％以及 25％。

a. 求由 25％的 A 股票、25％的 B 股票以及 50％的 C 股票组成的投资组合的标准差。

b. 你计划将你一半的资金投资于习题 20a 中的投资组合，将另一半的资金投资于无风险资产。无风险利率是 5％。这种投资的期望收益是多少？标准差是多少？

21. 你预测 A 股票股价会有 15％的可能下跌 10％，将有 85％的可能上涨 15％。相应地，B 股票股价将有 30％的可能下跌 18％，有 70％的可能上涨 22％。这两只股票的协方差是 0.009。计算每只股票的期望收益、方差以及标准差。并计算它们的相关系数。

22. 户外活动的人都知道当天气较温暖时，蟋蟀啁啾得更快。在哈佛大学物理学教授乔治·W·皮尔斯 1948 年出版的一书中，可以找到一些这方面的证据。[①]皮尔斯的书中含有下表，该表中是关于在不同温度下蟋蟀每分钟叫的次数的数据。在 Excel 中画出数据点，并用

	A	B
4	蟋蟀每秒钟叫的次数	温度(华氏)
5	20.0	88.60
6	16.0	71.60
7	19.8	93.30
8	18.4	84.30
9	17.1	80.60
10	15.5	75.20
11	14.7	69.70
12	17.1	82.00
13	15.4	69.40
14	16.2	83.30
15	15.0	79.60
16	17.2	82.60
17	16.0	80.60
18	17.0	83.50
19	14.4	76.30

---

① 附加说明：蟋蟀的叫声是它的两条翅膀快速相互拍打产生的。温度越高，蟋蟀的翅膀拍打得越快。乔治·W·皮尔斯的书叫做《昆虫的歌唱》，这本书是由哈佛大学出版社出版的。

回归求蟋蟀每秒钟叫的次数和温度间的（大致）关系。如果你发现蟋蟀每秒钟叫 19 次，你猜温度是多少？每秒钟叫 22 次呢？（我们知道这个问题跟金融没关系，但很有意思！）

23. 经济学家长期以来一直认为，钱印得越多，长期利率越高。下表中的数据能证明这一观点，该表中有 31 个国家的长期政府债券的利率以及这些国家货币供应量的增长率。[①]

● 画出这些数据，并用回归找出货币增长和长期政府债券利率的关系。

● 若一国货币供应增长率为零，那么长期债券的预期利率是多少？

● 假定国家的货币当局考虑从当前水平上增加 1% 的货币供应量，预测这会导致长期债券的利率增加多少？

● 你认为下表中的证据有没有说服力？（简要讨论回归中的 R^2。）

	A	B	C	D	E	F	G
38	货币供应增长率和债券利率						
39	国家	货币供应平均增长率	平均长期债券利率		国家	货币供应平均增长率	平均长期债券利率
40	美国	5.65%	7.40%		新西兰	10.29%	8.81%
41	奥地利	6.82%	7.80%		南非	14.14%	11.11%
42	比利时	5.20%	8.22%		洪都拉斯	16.20%	15.57%
43	丹麦	9.43%	10.36%		牙买加	19.88%	15.35%
44	法国	8.15%	8.49%		荷属安的列斯	4.36%	9.40%
45	德国	8.00%	7.20%		特立尼达和多巴哥	12.14%	9.10%
46	意大利	12.07%	10.66%		韩国	15.12%	16.53%
47	荷兰	7.89%	7.31%		尼泊尔	15.55%	8.59%
48	挪威	10.64%	8.00%		巴基斯坦	12.79%	7.88%
49	瑞士	5.53%	4.54%		泰国	10.86%	10.62%
50	加拿大	8.99%	8.52%		马拉维	20.80%	17.62%
51	日本	9.07%	6.16%		津巴布韦	13.49%	12.01%
52	爱尔兰	9.43%	10.38%		所罗门群岛	15.89%	12.12%
53	葡萄牙	12.91%	10.79%		西萨摩亚	12.90%	13.17%
54	西班牙	10.38%	12.72%		委内瑞拉	28.47%	28.92%
55	澳大利亚	9.15%	8.95%				

24. Mabelberry 水果公司和 Sawyer's 果酱公司是两家相互竞争的公司。一个 MBA 的学生计算发现，若 Mabelberry 水果公司的股票收益是已知的，那么 Sawyer's 果酱公司的股票收益是完全可预测的，如下式：$r_{Sawyer's,t} = 40\% - 1.5 * r_{Mabelberry,t}$。

a. 给定 Mabelberry 水果公司的股票收益率如下表，计算 Sawyer's 果酱公司的股票收益率。

b. 将 Mabelberry 水果公司的股票收益率和 Sawyer's 果酱公司的股票收益率做回归分析。试解释 R^2。

	A	B
2	年份	Mabelberry 水果公司的股票收益率
3	1990	30.73%
4	1991	15.00%
5	1992	-9.00%
6	1993	12.00%
7	1994	13.00%
8	1995	22.00%
9	1996	30.00%
10	1997	12.00%
11	1998	43.00%
12	1999	16.00%

[①] 这些数据首次被提出是在一篇叫做《货币和利率》的文章中，这篇文章刊登于 2001 年秋季的《美联储明尼阿波利斯季刊》，作者是西里尔·莫奈和沃伦·韦伯。我要感谢作者，他们向我盛情提供了 Excel 版本的数据。

附录 9.1　从雅虎下载数据[①]

雅虎提供免费的股价信息和其他数据，这些数据可以用来计算收益。在本附录中，我们会告诉读者如何获取数据并下载到 Excel 里。

第一步：登录网站 http：//www.yahoo.com，点击"金融"（Finance）。

第二步：在"输入符号框"（Enter symbol），输入你想查询的股票代码（如我们想查询默克制药公司，就输入 MRK）。可以注意到，还可以查询股票代码或输入多个股票代码。当你输入好股票代码后，点击"搜索"（Go）。

第三步：下一步会跳转到下面的画面。我们点击"历史价格"（Historical Prices），可以获得默克制药公司的历史价格数据。

---

① 雅虎偶尔改变其接口；本附录中的信息是 2005 年 7 月的。

第四步：在下一个页面中，是我们想要的日期和频率的数据。雅虎提供了具有股价、股利以及经过股利和拆股调整后收盘价的表。

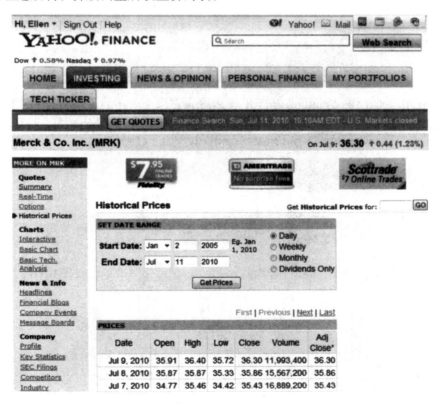

第五步：上表底部可以下载 Excel 格式的数据。在大多数浏览器里，Excel 电子表格可以自动打开（参看第六步的结果）。

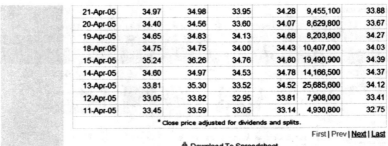

21-Apr-05	34.97	34.98	33.95	34.28	9,455,100	33.88
20-Apr-05	34.40	34.56	33.60	34.07	8,629,800	33.67
19-Apr-05	34.65	34.83	34.13	34.68	8,203,800	34.27
18-Apr-05	34.75	34.75	34.00	34.43	10,407,000	34.03
15-Apr-05	35.24	36.26	34.76	34.80	19,490,900	34.39
14-Apr-05	34.60	34.97	34.53	34.78	14,166,500	34.37
13-Apr-05	33.81	35.30	33.52	34.52	25,685,600	34.12
12-Apr-05	33.05	33.82	32.95	33.81	7,908,000	33.41
11-Apr-05	33.45	33.59	33.05	33.14	4,930,800	32.75

* Close price adjusted for dividends and splits.

First | Prev | **Next** | **Last**

Download To Spreadsheet

第六步：在作者的浏览器里，雅虎提供保存名为 table.csv 的文件，我们把文件名改为 Merck.csv，并将它保存到我们的硬盘里。

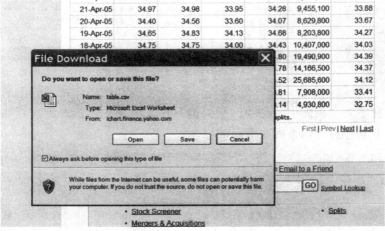

第七步：作者的浏览器可以迅速打开该文件（它以 Excel 的文件打开）。下表是打开后 Excel 文件的样子。

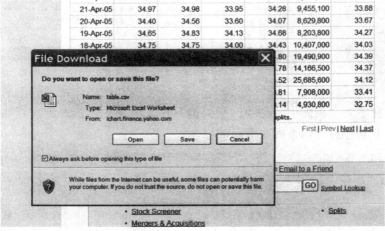

基于 Excel 的金融学原理（第二版）

第八步：用 Excel 中的命令"文件→另存为"把文件保存为标准的 Excel 文件，这样做是较明智的。

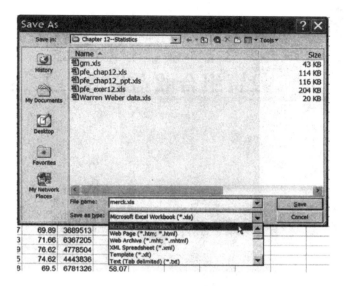

第 10 章

投资组合收益以及有效边界

概述

你会怎样打理你的钱？最好的投资组合是什么？怎样在不亏损的前提下最大化你的收益？人们常常会问这些棘手的问题，你可以通过阅读本书来回答这些问题。本章和下一章我们将会探讨这些问题的部分答案。你可以看到——尽管没人能明确告诉你应该如何投资——但我们可以揭示一些重要的通用的投资原则。本书还会揭示一些避免哪些投资的经验法则。

我们现在回到前面的问题：

● 应该怎样打理你的钱？金融学不会告诉你投资什么，但是它能给你一些指引。最重要的是：你应该分散你的投资——把资金分散于多种资产能降低风险。本章用一些只有两只股票组成的投资组合的简单例子来向读者展示分散投资如何降低投资风险。

● 最好的投资组合是什么？金融学的答案是：没有最好的投资组合，对此你无须感到惊讶。这完全依赖于你的意愿——你是否愿意为了收益而承担额外的风险？[1] 但是，令你感到吃惊的是，对于不要投资于什么，我们有很多可说的。本章我们提出有效边界的概念——即你会考虑作为投资组合的所有组合的集合。有效边界概念的本质是有许多组合不是好的投资，我们可以从统计上来描述这些组合。

● 怎样在不亏损的前提下最大化你的收益？有效边界在一定程度上回答了这一问题：

---

[1] 如你在第 8 章中所学的，几乎所有有趣的金融问题都涉及"风险"一词。投资组合的选择也没什么不同。

有效边界能告诉我们，在有效边界下面的那些组合是不好的，我们可以改善收益并降低风险。但是，一旦我们的投资组合位于有效边界上，我们就需要在风险和收益之间进行权衡，高收益意味着高风险。[①] 图 10.1 是先锋基金网站上对分散投资的定义。

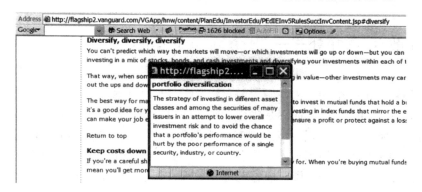

图 10.1　先锋基金网站对分散投资的定义

说明：先锋基金是股票和债券基金的主要管理者。

　　本章我们主要研究由两种金融资产构成的投资组合的风险和收益。通过选择两种资产的组合，你可以显著降低风险。[②] 本章在讨论前一章所讨论过的投资组合时，会依赖于统计学的知识。本章主要的例子，其中由埃克森（XOM）公司股票和家乐氏（K）公司股票构成的投资组合是我们在第 9 章讨论过的。

　　本章的内容和第 9 章的内容联系密切，但你会发现这两章内容的差异。第 9 章讲了一些供投资决策使用的必要的统计学概念，而本章研究供经济决策使用的投资组合的选择。本章我们会提出一些概念，以帮助读者更精确地思考可接受和不可接受的投资组合。下一章我们会对这方面做进一步的研究。

讨论的金融概念

- 两类资产构成的投资组合的期望和标准差
- 投资组合的风险和收益
- 最小方差的投资组合
- 有效边界
- 三种资产构成的投资组合的期望—方差的计算

使用的 Excel 函数

- Average(　)、Varp(　)、Stdevp(　)

---

① 　如作者的父亲常说："富有和健康要比贫穷和疾病来得好。"这里投资的意义是，我们都喜欢收益多些，风险少些。有效边界意味着难以抉择的投资的集合：一旦你的投资组合位于有效边界上，那么想获得更多的收益而不承担更多的风险是不可能的。

② 　当然，在现实世界里，投资组合包含许多资产。我们使用两种资产的例子让读者形成必要的意识，并使读者相信，多种资产的例子是差不多的。

- 回归
- 高级绘图
- 规划求解

10.1 分散化的好处——一个简单的案例

本节我们将给出一个例子来说明分散化投资的好处。用金融术语来说，分散化是把你的钱投资于几种不同的资产，而不是把你所有的钱投资于一种资产。在我们的例子中，你可以看到分散化何时带来回报（以及何时得不偿失），你会注意到分散化的好处。这些例子要比下一节中现实世界的例子简单得多，但它们直观地揭示了为什么投资者会投资于投资组合。特别是，你会看到，资产收益间的相关性在你通过建立投资组合来决定风险减少量时有多么重要。

在下面的每个例子里，你都可以投资于两种资产——A 和 B。这两种资产的收益都是不确定的，由掷硬币来决定：如果硬币掷到正面，那么资产 A 和 B 的收益都是 20%；如果硬币掷到反面，那么它们的收益都是−8%。以美元来计，若你将 100 美元投资于这两种资产中的一种，当硬币是正面时，你会收到 120 美元；当硬币掷到反面时，你会收到 92 美元。

我们的例子和掷硬币的顺序以及它们之间的联系密切相关。从掷硬币的顺序来看，下图是资产收益的可能情况。

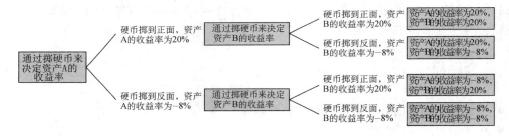

案例 1：投资于单个风险资产

假设你决定将所有的 100 美元全部投资于资产 A。若硬币掷到正面，你能获得 20% 的收益；若硬币掷到反面，你会损失 8%。你投资 100 美元于资产 A，会得到如下表所示的可能的现金流和收益。

	A	B	C	D	E	F	G	H	I	J
1					情形1：一次掷硬币收益率的均值和标准差					
2	硬币掷									
3	到正面		现金流		收益率			收益统计量		
4			120		20%	<-- =C4/A6-1		平均收益率	6.00%	<-- =AVERAGE(E4,E8)
5								方差	0.0196	<-- =VARP(E4,E8)
6	100							标准差	14.00%	<-- =SQRT(I5)
7										
8			92		-8%	<-- =C8/A6-1				
9	硬币掷									
10	到反面									
11										

注意在第 I 列中的收益统计量：资产 A 的平均收益率是 6%，标准差是 14%。[1]

案例 2：掷硬币"公平"的情况：拆分你的投资于各资产

在案例 1 中，你仅投资于一种资产。在案例 2~5 中，你投资于资产 A 和 B。

在案例 2 中，我们假设，决定资产 A 收益的硬币和决定资产 B 收益的硬币是相互独立的。在一个简单情形中，你考虑单个硬币掷两次——第一次决定资产 A 的收益，第二次决定资产 B 的收益。如果掷硬币是公平的，那么第一次掷硬币的结果对第二次掷硬币的结果没有影响。

下面是我们要回答的问题：你应该把所有的钱投资于 A 吗？还是 B？或者你应该把钱分别投资于这两种资产？问题的答案与分散化投资的效应相关。为了进一步研究这个问题，我们假设，你决定分别投资 50 美元于两种资产。你得到的最后可能结果如下：

如你所见，投资于这两只股票的平均收益率（6%）和在案例 1 里的平均收益率一样，在案例 1 中我们仅投资于一种资产。但是，注意投资于两种资产时的标准差会从 14% 下降到 9.9%——你能获得同样的收益率，但风险降低了。

结论：分散化投资于不相关的资产可以改善你的投资收益。

分散化的好处是因为它能降低风险这一结论可以进一步研究。下一个案例我们将研究投资于相关性资产时的收益。

案例 3：硬币不对称的情形：相关性为 + 1

现在假设，所有的情形如上，唯一的不同是这次的硬币是不对称的。你不确定你是得

---

[1] 你会注意到，我们用的是 Excel 里的总体方差函数而不是样本方差函数计算投资组合的方差。这一决策的原因——贯穿本章——会在附录 9.2 中给出。相似地，我们用的是总体标准差函数而不是样本标准差函数来计算标准差。我们也能通过方差的根号来计算标准差，这正是我们当前这个例子所做的。

到正面还是反面，但是你确定"硬币 A"和"硬币 B"的结果是一样的。统计上来说，其相关性为＋1。此种情形下，分散化投资能提高你的投资收益吗？

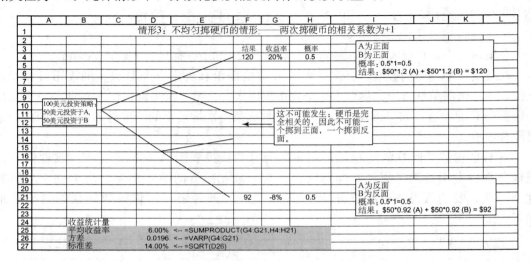

如你所看到的（单元格中 D25：D27），分散投资于两种资产的收益和仅投资于一种资产的收益是相同的。和案例 1 中我们只掷一次硬币的情形相同，两种情形的平均收益和标准差是一样的。

结论：当资产收益完全正相关时，分散化投资不会降低你的风险。

案例 4：硬币不对称的情形——相关性为－1

仍是同样的例子，硬币仍是不对称的。但是这次的情形完全负相关（－1）：如果硬币 A 得到正面，那么硬币 B 会得到反面。统计学上来说，这两个硬币的相关性为－1。这种情形下，投资组合能完全消除所有的风险：通过分别投资于资产 A 和资产 B，我们可以得到 6％的期望收益率，但没有任何标准差。

结论：当资产收益完全负相关时，分散化投资能完全消除所有的风险。

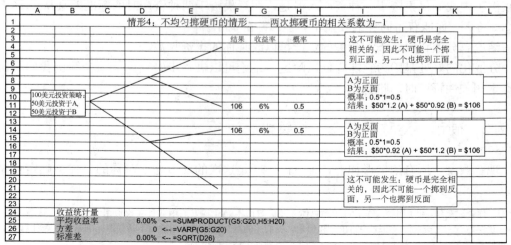

案例 5：硬币部分不对称的情形（现实世界？）

在现实世界里，一家公司的股价通常和其他公司的股价间具有一些关联。在最普遍的摆手（handwaving[①]）方式中，股价反映了以下两个方面：

● 一个特定业务做得怎么样？在有些行业里，该因素会导致负相关性。例如，如果宝洁公司（一家生产牙膏、洗衣皂等的主要生产商）正在获取市场份额，这很有可能以抢占联合利华（这个行业的另一家公司）的市场为代价。但并非总是如此：如果英特尔（一家生产计算机芯片的主要生产商）经营得很好，那么很有可能计算机行业能得到扩张，而且 AMD 公司（这个行业的另一家产商）同样经营得很好。

● 经济状况怎样？经济运行情况会严重影响股价。这是一个宏观层面的因素，具有正相关性：当整个股票市场上涨时，大多数股票也会上涨，反之亦然。对于股价而言，这一因素最重要：一般股价同向变动，尽管它们并非完全相关。

注意，在这里我们有多么注意语言的使用：我们会使用这样的词："股价趋向上涨"——股价间只不过部分相关，而不是完全相关。[②]

构建部分相关的掷硬币模型，我们假设"硬币 A"的结果影响"硬币 B"的结果，但不是完全影响。如果硬币 A 掷到正面（发生的概率为 0.5），那么硬币 B 掷到正面的概率为 0.7。如果硬币 A 掷到反面（概率为 0.5），那么硬币 B 也掷到反面的概率为 0.7。下面的表格总结了收益。

结论：当资产收益部分相关时，分散化投资能降低风险，但不能完全消除风险。

① 网站 http://c2.com 对"handwaving"定义如下：它是指当人们不想告知他们所做的详情时，要么因为他们不想陷进去，他们不知道，没人知道，要么他们别有用心。

② 股票收益间负相关也是会发生的：参见通用汽车公司和微软公司的案例（本章结尾处的习题 7）。

要点是什么?

尽管两种资产、两枚硬币的例子很简单且不太现实,但是从这些例子中学到的知识也适用于"现实世界"中资产分散化的例子:

● 如果资产收益间的相关性是+1,那么分散化不能降低投资组合的风险。

● 如果资产收益间的相关性是-1,那么我们能构建一个无风险资产——即它的收益不存在不确定性(银行的储蓄账户就是一个例子)——用两种资产构建的资产组合。

● 在现实世界中,资产收益几乎不会完全相关。当资产收益部分相关,但不是完全相关(意思是相关性介于-1~+1之间)时,分散化能降低风险,尽管不能完全消除风险。

10.2 回到现实世界——家乐氏和埃克森

在第9章中,我们计算了1999—2008年这10年间,家乐氏和埃克森股票的年收益率。下面是我们的计算。

	A	B	C	D
1	家乐氏(K)和埃克森(XOM)的年收益率数据			
2	日期	家乐氏	埃克森	
3	1999-12-31	-6.89%	12.60%	
4	2000-12-29	-11.59%	10.25%	
5	2001-12-31	18.51%	-7.61%	
6	2002-12-31	17.21%	-8.86%	
7	2003-12-31	14.06%	20.63%	
8	2004-12-31	19.93%	28.08%	
9	2005-12-30	-0.85%	11.78%	
10	2006-12-29	18.46%	39.07%	
11	2007-12-31	7.14%	24.29%	
12	2008-12-31	-16.02%	-13.11%	
13				
14	平均收益率$E(r_K)$和$E(r_{XOM})$	6.00%	11.71%	<-- =AVERAGE(C3:C12)
15	收益的方差,σ^2_K和σ^2_{XOM}	0.0171	0.0267	<-- =VARP(C3:C12)
16	收益的标准差,ρ_K和ρ_{XOM}	13.06%	16.34%	<-- =STDEVP(C3:C12)
17	收益的协方差,$Cov(r_K r_{XOM})$	0.0074		<-- =COVAR(B3:B12,C3:C12)
18	收益的相关系数,$\rho_{K,XOM}$	0.3482		<-- =CORREL(B3:B12,C3:C12)
19		0.3482		<-- =B17/(B16*C16)

你可以从表中看到,持有家乐氏的股票的平均收益率(每年6%)要远低于持有埃克森的股票的平均收益率(每年11.71%)。另一方面,持有埃克森股票的风险——要么以方差衡量,要么以标准差衡量——要高于家乐氏的风险:这就是我们期待的在两者间权衡——家乐氏股票的收益和风险都比埃克森股票的低。注意,家乐氏股票和埃克森股票的收益是正相关的(单元格B18):一般而言,家乐氏收益的增加会伴随着埃克森收益的增加。如果你用Excel画收益图,x轴代表家乐氏的收益,y轴代表埃克森的收益,在收益图上,你会看到一条自西南往东北方向的收益线。

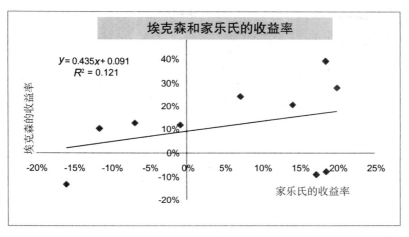

趋势线（说明了埃克森对家乐氏的回归）表明了它们相互关系的趋势。[1]

10.3　画图表示投资组合的收益

在本节，我们会画出投资于由家乐氏和埃克森股票构成的投资组合的投资者的所有可能的收益。首先，我们会向读者介绍一些单个投资组合，并在本节画出代表所有可能的投资组合收益的曲线。

推导单个投资组合的风险—收益

假设我们构建了一个由 50％的家乐氏股票和 50％的埃克森股票构成的投资组合。下表中的单元格 E8：E17 揭示了这个组合的年收益。

	A	B	C	D	E	F
1			K和XOM股票构成的投资组合			
2	投资于K的比例	50%				
3	投资于XOM的比例	50%	<-- =1-B2			
4						
5	日期	股票收益率			投资组合的收益率	
6		家乐氏	埃克森			
7	1999-12-31	-6.89%	12.60%		2.85%	<-- =$B$2*B7+$B$3*C7
8	2000-12-29	-11.59%	10.25%		-0.67%	<-- =$B$2*B8+$B$3*C8
9	2001-12-31	18.51%	-7.61%		5.45%	<-- =$B$2*B9+$B$3*C9
10	2002-12-31	17.21%	-8.86%		4.17%	<-- =$B$2*B10+$B$3*C10
11	2003-12-31	14.06%	20.63%		17.35%	
12	2004-12-31	19.93%	28.08%		24.00%	
13	2005-12-30	-0.85%	11.78%		5.46%	
14	2006-12-29	18.46%	39.07%		28.76%	
15	2007-12-31	7.14%	24.29%		15.71%	
16	2008-12-31	-16.02%	-13.11%		-14.56%	
17						
18	平均收益率$E(r_K)$和$E(r_{XOM})$	6.00%	11.71%		8.85%	<-- =AVERAGE(E7:E16)
19	收益的方差，s_K^2和s_{XOM}^2	0.0171	0.0267		0.0147	<-- =VARP(E7:E16)
20	收益的标准差，s_K和s_{XOM}	13.06%	16.34%		12.10%	<-- =STDEVP(E7:E16)
21	收益的协方差，$Cov(r_K,r_{XOM})$	0.0074	<-- =COVAR(B7:B16,C7:C16)			

---

[1]　如在第 9 章所解释的，回归中的 R^2 表明埃克森收益的变动幅度可以由家乐氏收益变动幅度说明的比例。R^2 是相关系数的平方：$R^2 = 0.121 = [$相关系数 $(r_{XOM}, r_K)]^2 = (0.3482)^2$。尽管这个 R^2 可能会相当低，但这对许多组股票来说都很典型。

正如在第 9 章所讨论过的，在单元格 E18：E20 里的投资收益统计数据可以由公式计算得到，这些公式仅包含单个资产的收益、方差以及协方差等信息。没有必要做像在单元格 E7：E16 中的广泛的计算：

● 8.85% 投资组合的平均收益是 K 股票收益和 XOM 股票收益的加权平均数。K 股票的权重以 w_K 表示，XOM 股的权重以 w_{XOM} 表示。当然，$w_{XOM}=1-w_K$，因为总投资比例必须为 100%。平均投资组合收益是：

$$E(r_p) = w_K E(r_K) + w_{XOM} E(r_{XOM})$$
$$= w_K E(r_K) + (1-w_K)E(r_{XOM})$$

● 投资组合收益的方差为 0.0147，这是由含两只股票的方差和权重的更为复杂的公式计算得到。投资组合收益的方差为：

$$\mathrm{Var}(r_p) = w_K^2 \mathrm{Var}(r_K) + w_{XOM}^2 \mathrm{Var}(r_{XOM}) + 2w_K w_{XOM} \mathrm{Cov}(r_K, r_{XOM})$$

每只股票权重的
平方乘以方差

两只股票权重乘积的两
倍乘以它们的协方差

运用这两个公式，你可以避免冗长地计算投资组合的收益、方差以及标准差，就像单元格 E18：E20 中的计算。在下表中，我们在单元格 B12：B14 中纳入这两条公式来计算投资组合的期望、方差以及标准差。

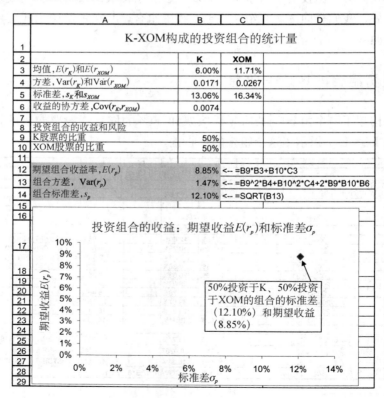

这里的关键是，你不需要广泛地计算投资组合的年收益——只要知道每只股票的收益统计量、投资组合中的比例以及协方差就足以计算了。

另一个投资组合——增加埃克森的权重，减少家乐氏的权重

现在假设我们画出另一个投资组合——这次的投资组合里家乐氏占 25%，埃克森占 75%。

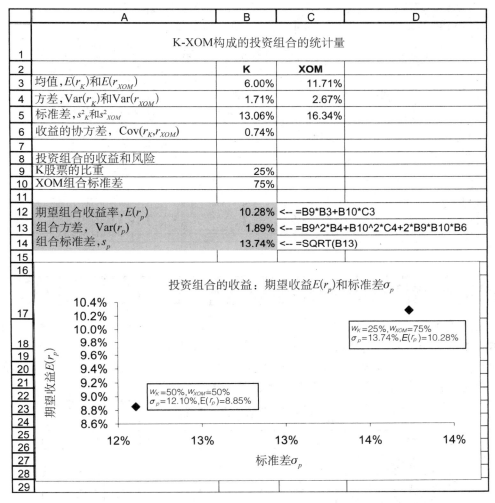

	A	B	C	D
1		K-XOM构成的投资组合的统计量		
2		K	XOM	
3	均值，$E(r_K)$和$E(r_{XOM})$	6.00%	11.71%	
4	方差，$\mathrm{Var}(r_K)$和$\mathrm{Var}(r_{XOM})$	1.71%	2.67%	
5	标准差，s^2_K和s^2_{XOM}	13.06%	16.34%	
6	收益的协方差，$\mathrm{Cov}(r_K,r_{XOM})$	0.74%		
7				
8	投资组合的收益和风险			
9	K股票的比重	25%		
10	XOM组合标准差	75%		
11				
12	期望组合收益率，$E(r_p)$	10.28%	<-- =B9*B3+B10*C3	
13	组合方差，$\mathrm{Var}(r_p)$	1.89%	<-- =B9^2*B4+B10^2*C4+2*B9*B10*B6	
14	组合标准差，s_p	13.74%	<-- =SQRT(B13)	
15				

投资组合的收益：期望收益$E(r_p)$和标准差σ_p

w_K =25%,w_{XOM}=75%
σ_p =13.74%,$E(r_p)$=10.28%

w_K =50%,w_{XOM}=50%
σ_p =12.10%,$E(r_p)$=8.85%

期望收益$E(r_p)$

标准差σ_p

注意，新投资组合的业绩表现如同图中"东北角"的第一个投资组合的表现——它同时具有较高的收益和较高的标准差。对于新的投资组合，你会有更高的期望收益，但风险也高。这就是你所预期的——高收益的获取是以高风险为代价的。正如你将在下一节看到的，也可能不总是如此。

改变投资组合的构成——画出所有可能的投资组合

假设我们改变投资组合的构成，让 K 股的比例从 0 一直变动到 100%。在下面的单元格 G19：H29 中，我们构建了含有投资组合收益 $E(r_p)$ 和标准差 σ_p 的表。

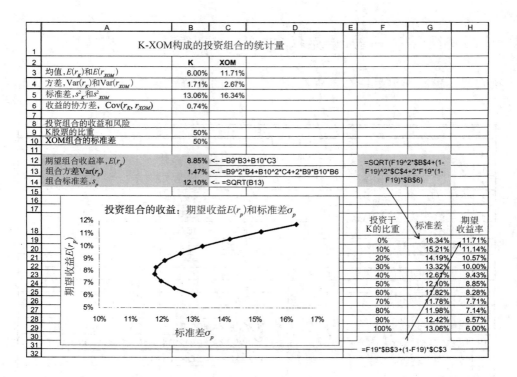

Excel 注释：使用数据表来简化计算

上面单元格 G19：H29 中的数据是用标准差和期望收益的公式计算得到的。每个单元格都含有一个公式（注意，这些公式中使用了单元格的绝对和相对引用）。如在第 27 章所讨论的，你可以通过使用数据表技术以简化表的构建。数据表不是容易掌握的技术，但是它能使表的构建变得更容易。下面是例子。

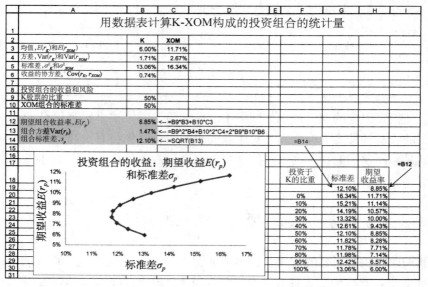

你可以通过标记单元格 F18：H29 来创立数据表。选择命令"数据→假设分析→数据表"会弹出对话框，你可以通过添加合适的单元格引用到这个对话框。

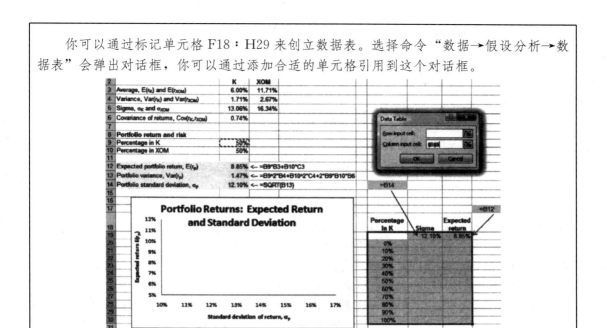

更好的投资组合……更糟糕的投资组合……

仔细地看一下前面电子表格中的图——图中 x 轴是投资组合的标准差 σ_p，相应地，y 轴是投资组合的期望收益 $E(r_p)$。通过观察很容易发现一些投资组合要比另一些好。例如，考虑投资组合中投资 90% 的 K 股票、投资 10% 的 XOM 股票（如下图，这个投资组合被圈了出来）。通过投资于如图中箭头所指的点，你可以提高期望收益，并不会增加风险。因此，这个画圈的组合不是最优的。实际上，图中底部的组合没有一个是最优的：每个组合点都没有图中上部的组合好，上部的组合与之有相同的标准差 σ_p，但期望收益 $E(r_p)$ 更高。

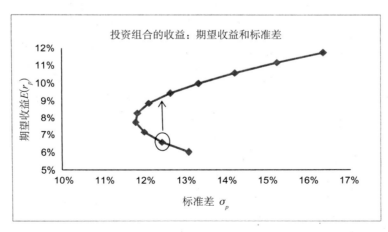

另一方面，考虑下图中两个画圈的组合。

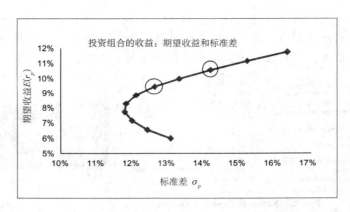

在这两个组合中有明显的收益—风险之间的取舍——不能说一个组合就一定比另一个组合好。有较高收益的组合通常标准差较大。图中上半部分的所有组合都具有这个性质。图中上半部分被称为有效边界。有效边界的组合是难以抉择的部分——沿着有效边界,更高期望收益的组合要求投资者承担更大的风险。

有效边界从左至右向上倾斜。这意味着,有效边界上的任意两个组合间的选择都会涉及组合的高期望收益 $E(r_p)$ 和高风险(高标准差 σ_p)之间的取舍。只选择风险投资组合的投资者会选择有效边界上的组合进行投资。

在下一节,我们将研究有效边界的一些性质。

10.4 有效边界和最小方差组合

有效边界是前面图中位于向上倾斜的曲线上的所有组合的集合。"向上倾斜"意味着,有效边界的组合涉及艰难的选择——增加组合的期望收益会增加组合标准差 σ_p 的成本。如果你想选择由 K 股票和 XOM 股票构成的投资组合,那么很明显的是,你唯一感兴趣的是那些有效边界上的组合。这些组合仅仅包括那些具有"东北"方向风险—收益关系的组合。

为了计算有效边界,我们需要找到它的起始点,该起始点是具有最小标准差的组合。用金融术语来说,这个组合(有点混乱)称为最小方差组合;记住,如果组合有最小的方差,那么它的标准差也最小。最小方差组合是有效边界左边角上的组合;在下面的图中我们把它的大致位置圈出来了。

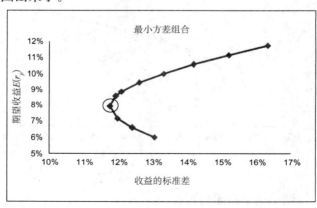

可以用两种方法找出最小方差组合——或者用 Excel 的规划求解（Solver）功能函数，或者使用些数学。我们会对这两种方法加以说明。

使用 Excel 的规划求解功能求最小方差的组合

用规划求解（参见第 28 章），我们可以计算出有最小方差组合中的 K 股票的比例。下图中显示的是规划求解对话框。在该对话框中，我们可以通过改变组合中 K 股票的组合（单元格 B9）以规划求解来使组合的方差（单元格 B13）最小化。

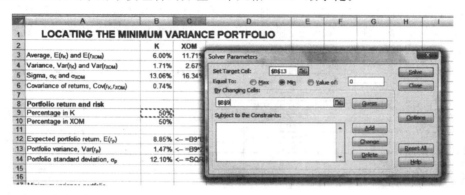

选中"求解"（Solve），得出如下表的结果。

	A	B	C	D
1	定位最小方差的投资组合			
2		**K**	**XOM**	
3	均值，$E(r_K)$和$E(r_{XOM})$	6.00%	11.71%	
4	方差，$\mathrm{Var}(r_K)$和$\mathrm{Var}(r_{XOM})$	1.71%	2.67%	
5	标准差，σ^2_K和σ^2_{XOM}	13.06%	16.34%	
6	收益的协方差，$\mathrm{Cov}(r_K r_{XOM})$	0.74%		
7				
8	投资组合的收益和风险			
9	K股票的比重	66.68%		
10	XOM股票的比重	33.32%		
11				
12	期望组合收益率，$E(r_p)$	7.90%	<-- =B9*B3+B10*C3	
13	组合方法差，$\mathrm{Var}(r_p)$	1.38%	<-- =B9^2*B4+B10^2*C4+2*B9*B10*B6	
14	组合标准差，σ_p	11.77%	<-- =SQRT(B13)	
15				
16	用公式求最小方差的投资组合	66.68%	<-- =(C4-B6)/(B4+C4-2*B6)	

因此，最小方差组合是由 66.68％的 K 股票和 33.32％的 XOM 股票构成的。[1]

用微积分求最小方差的组合

实际上，求最小方差有一个公式：

---

① 尽管如第 28 章中所解释的，在许多情形下，规划求解和单变量求解都是可以替代的，但是这里的计算用规划求解要更为容易。

$$w_K = \frac{\mathrm{Var}(r_{XOM}) - \mathrm{Cov}(r_K, r_{XOM})}{\mathrm{Var}(r_K) + \mathrm{Var}(r_{XOM}) - 2\mathrm{Cov}(r_K, r_{XOM})}$$

关于这个公式的使用，已经在前面表格的单元格 B16 中做了说明。使用这个公式（这个公式会在附录 10.1 中进行推导）要比使用规划求解更为简单。

有效边界和最小方差组合

既然我们知道了最小方差组合，就可以画出有效边界，这是有经济意义的在收益和风险之间进行取舍的所有组合的集合。"有经济意义的在收益和风险之间进行取舍"意味着，沿着有效边界，若想获得额外的组合收益 $E(r_p)$，就要承担额外的组合标准差 σ_p。有效边界的所有组合都位于最小方差组合的右边。

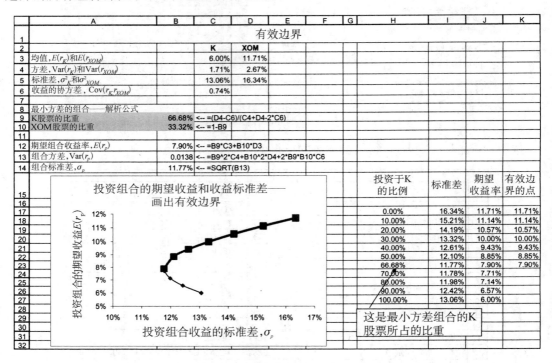

	A	B	C	D	E	F	G	H	I	J	K
1				有效边界							
2			**K**	**XOM**							
3	均值，$E(r_K)$和$E(r_{XOM})$		6.00%	11.71%							
4	方差，$\mathrm{Var}(r_K)$和$\mathrm{Var}(r_{XOM})$		1.71%	2.67%							
5	标准差，σ_K^2和σ_{XOM}^2		13.06%	16.34%							
6	收益的协方差，$\mathrm{Cov}(r_K r_{XOM})$		0.74%								
7											
8	最小方差的组合——解析公式										
9	K股票的比重		66.68%	<-- =(D4-C6)/(C4+D4-2*C6)							
10	XOM股票的比重		33.32%	<-- =1-B9							
11											
12	期望组合收益率，$E(r_p)$		7.90%	<-- =B9*C3+B10*D3							
13	组合方差，$\mathrm{Var}(r_p)$		0.0138	<-- =B9^2*C4+B10^2*D4+2*B9*B10*C6							
14	组合标准差，σ_p		11.77%	<-- =SQRT(B13)							
15								投资于K的比例	标准差	期望收益率	有效边界的点
16											
17								0.00%	16.34%	11.71%	11.71%
18								10.00%	15.21%	11.14%	11.14%
19								20.00%	14.19%	10.57%	10.57%
20								30.00%	13.32%	10.00%	10.00%
21								40.00%	12.61%	9.43%	9.43%
22								50.00%	12.10%	8.85%	8.85%
23								66.68%	11.77%	7.90%	7.90%
24								70.00%	11.78%	7.71%	
25								80.00%	11.98%	7.14%	
26								90.00%	12.42%	6.57%	
27								100.00%	13.06%	6.00%	
28											
29								这是最小方差组合的K股票所占的比重			
30											
31											
32											

图表标题：投资组合的期望收益和收益标准差——画出有效边界。纵轴：投资组合的期望收益$E(r_p)$。横轴：投资组合收益的标准差，σ_p

Excel 窍门

有效边界的图如 xy 轴的散点图。x 轴的数据是单元格 I17：I27 中的标准差。单元格中 J17：J27 的数据是组合的期望收益，单元格 K17：K27 中的数据是有效组合的期望收益。J17：J27 和 K17：K27 这两组数据中的数据构成了 xy 散点图的 y 轴数据。Excel 把这两组数据叠加，创造了如下图中的效果。

为了构建这幅图，要标出 I17：K27 这三列。然后，选择"插入"（Insert）选项，选择如下图的 xy（散点）。如此，可以得到这幅图。

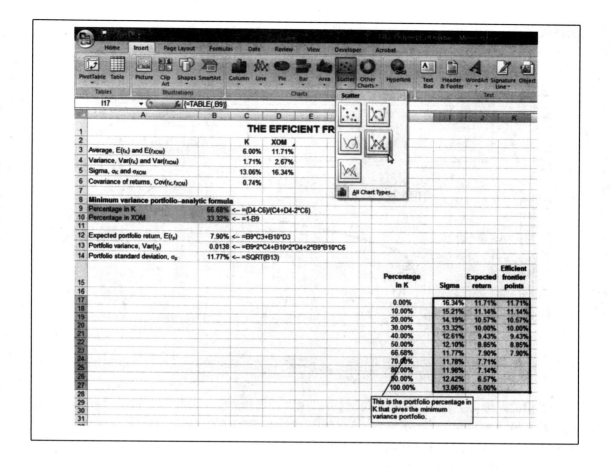

10.5 相关性对有效边界的影响

我们研究了 10.1 节的"掷硬币"经济,得出结论:资产收益率之间的相关性有很大的不同。本节通过重复 10.1 节中一个更为"现实世界"的相关性实验,我们研究股票收益相关性对投资组合收益的影响。

首先,回顾一下我们在 10.1 节的结论:

● 当两种资产具有－1 的完全负相关性时,我们可以用这两种资产的组合构建无风险资产。本节你会看到关于股票组合的一个相似的结论:完全负相关的股票收益使投资者得以构建无风险资产。

● 当两种资产具有＋1 的完全正相关性时,就不可能分散任何风险。下文中,你将看到一个相似的关于股票组合的结论。

● 当两种资产的相关性介于－1～＋1 之间时,投资者可以通过分散投资消除部分风险。对于股票组合,这同样正确。

在我们的例子中,我们用了与在家乐氏—埃克森的例子中部分相同的数字,但是我们可以变动这两只股票的相关性。我们以下面的例子作为开始,这个例子中家乐氏和埃克森的相

关系数 $\rho_{K,XOM}=0.5$。

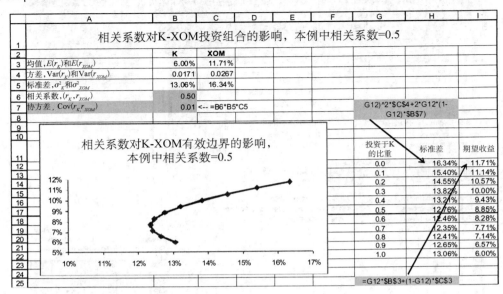

相关系数对K-XOM投资组合的影响，本例中相关系数=0.5

	A	B	C	D	E	F	G	H	I
2		K	XOM						
3	均值，$E(r_K)$和$E(r_{XOM})$	6.00%	11.71%					标准差	期望收益
4	方差，$Var(r_K)$和$Var(r_{XOM})$	0.0171	0.0267						
5	标准差，σ^2_K和σ^2_{XOM}	13.06%	16.34%						
6	相关系数，(r_K,r_{XOM})	0.50							
7	协方差，$Cov(r_K,r_{XOM})$	0.01	<-- =B6*B5*C5				G12)^2*$C$4+2*G12*(1-G12)*$B$7		
11							投资于K的比重		
12							0.0	16.34%	11.71%
13							0.1	15.40%	11.14%
14							0.2	14.55%	10.57%
15							0.3	13.82%	10.00%
16							0.4	13.24%	9.43%
17							0.5	12.76%	8.85%
18							0.6	12.46%	8.28%
19							0.7	12.35%	7.71%
20							0.8	12.41%	7.14%
21							0.9	12.65%	6.57%
22							1.0	13.06%	6.00%
25							=G12*$B$3+(1-G12)*$C$3		

相关系数＝−1——完全负相关

当相关系数 $\rho_{GM,MSFT}=-1$ 时，我们可以用组合来构建无风险资产。这个信息已经隐含在本章开始（10.1节）"掷硬币"的例子中，这个信息在这里仍是正确的：两种完全负相关的风险资产可以构建无风险的资产组合。

下面是我们在 Excel 中的例子。

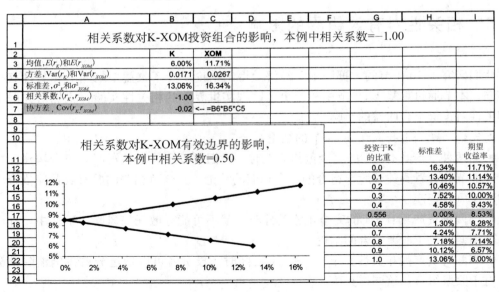

相关系数对K-XOM投资组合的影响，本例中相关系数=−1.00

	A	B	C	D	E	F	G	H	I
2		K	XOM						
3	均值，$E(r_K)$和$E(r_{XOM})$	6.00%	11.71%						
4	方差，$Var(r_K)$和$Var(r_{XOM})$	0.0171	0.0267						
5	标准差，σ^2_K和σ^2_{XOM}	13.06%	16.34%						
6	相关系数，(r_K,r_{XOM})	-1.00							
7	协方差，$Cov(r_K,r_{XOM})$	-0.02	<-- =B6*B5*C5						
11							投资于K的比重	标准差	期望收益率
12							0.0	16.34%	11.71%
13							0.1	13.40%	11.14%
14							0.2	10.46%	10.57%
15							0.3	7.52%	10.00%
16							0.4	4.58%	9.43%
17							0.556	0.00%	8.53%
18							0.6	1.30%	8.28%
19							0.7	4.24%	7.71%
20							0.8	7.18%	7.14%
21							0.9	10.12%	6.57%
22							1.0	13.06%	6.00%

当家乐氏股票的比例为 55.6％ 时，投资组合就是最小的方差组合（单元格中阴影部分 G17：I17）。当两只股票的相关性为−1 时，最小方差组合就是无风险的——组合的收益

为 8.53%，标准差为 0。

下面的一些数学计算可以解释这个结果。这个例子的组合方差可以写成下式：

$$\mathrm{Var}(r_p) = w_K^2\,\mathrm{Var}(r_K) + w_{XOM}^2\,\mathrm{Var}(r_{XOM}) + 2w_K w_{XOM}\rho_{K,XOM}\sigma_K\sigma_{XOM}$$
$$= w_K^2\sigma_K^2 + w_{XOM}^2\sigma_{XOM}^2 - 2w_K w_{XOM}\sigma_K\sigma_{XOM}$$
$$= w_K^2\sigma_K^2 + (1-w_K)^2\sigma_{XOM}^2 - 2w_K(1-w_{XOM})\sigma_K\sigma_{XOM}$$
$$= \left[w_K\sigma_K - (1-w_K)\sigma_{XOM}\right]^2$$

这意味着通过选择恰当的权重 w_K 和 w_{XOM}，我们可以使组合的方差为 0：

$$\mathrm{Var}(r_p) = \left[w_K\sigma_K - (1-w_K)\sigma_{XOM}\right]^2 = 0 \text{，当 } w_K = \frac{\sigma_{XOM}}{\sigma_K + \sigma_{XOM}} \text{ 时}$$

在这个例子里，这意味着：

$$w_K = \frac{\sigma_{XOM}}{\sigma_K + \sigma_{XOM}} = \frac{0.0267}{0.0171 + 0.0267} = 0.5557$$

这个值在单元格 G18 中给出了。

相关系数 = +1——完全正相关的情形

当相关系数 $\rho_{K,XOM} = +1$ 时，分散化投资不能降低风险。

完全正相关的两种风险资产意味着，投资组合的风险不能降低。

下面是我们在 Excel 中的例子。

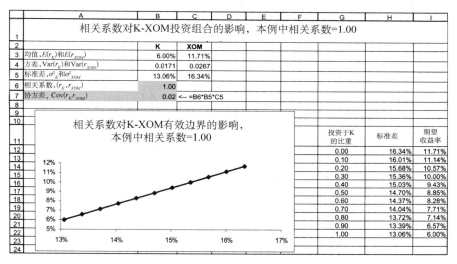

注意，我们提"组合不会降低风险"的意思是：在这种情况下，风险—收益组合在一条直线上。在前两种情形下（相关系数 = 0.50 以及相关系数 = -1），这个组合边界是"西北"的部分；在这个部分，我们能降低风险，增加收益。这种情况下，边界只有"东北部分"——没有办法在降低风险的同时增加收益。

当两种资产收益的相关性为 +1 时，组合的标准差是两种资产标准差的加权平均数。下面的一些数学计算可以解释这个结果。这个例子的组合方差可以写成下式：

$$\mathrm{Var}(r_p) = w_K^2\,\mathrm{Var}(r_K) + w_{XOM}^2\,\mathrm{Var}(r_{XOM}) + 2w_K w_{XOM}\rho_{K,XOM}\sigma_K\sigma_{XOM}$$

$$= w_K^2 \sigma_K^2 + w_{XOM}^2 \sigma_{XOM}^2 + \underbrace{2 w_K w_{XOM} \sigma_K \sigma_{XOM}}$$

$$\uparrow$$

相关系数 $\rho_{K,XOM} = 1$

$$= [w_K \sigma_K + (1 - w_K) \sigma_{XOM}]^2$$

这意味着组合的标准差是两种资产标准差的加权平均数：

$$\sigma(r_p) = w_K \sigma_K + (1 - w_K) \sigma_{XOM}$$

因此，这种情形下，分散化投资没有增加我们的收益。

总 结

本章我们探讨了分散化投资对组合收益和风险的重要影响。我们揭示了如何计算组合的期望、方差以及标准差。有效边界是在一个标准差给定时，能获得最高期望收益的组合的集合。我们探讨了有效边界以及资产收益之间的相关性对有效边界的影响。

习 题

说明：本书随附的光盘里含有下述问题的数据。

1. 下表是 1989—2001 年间福特公司股票和宝洁公司股票年末的股价。

	A	B	C
1	福特和宝洁的股价		
2	日期	福特股价	宝洁股价
3	1989-12-31	11.813	14.024
4	1990-12-31	7.210	17.229
5	1991-12-31	7.617	19.138
6	1992-12-31	11.612	25.721
7	1993-12-31	17.469	30.518
8	1994-12-31	15.100	30.736
9	1995-12-31	15.642	38.980
10	1996-12-31	17.472	49.007
11	1997-12-31	26.310	51.040
12	1998-12-31	31.807	53.172
13	1999-12-31	28.895	58.626
14	2000-12-31	22.470	44.867
15	2001-12-31	15.720	51.720

a. 计算这两只股票的一些统计数据：平均收益、方差、标准差、协方差以及相关系数。

b. 如果你投资一个由 50% 的福特公司股票和 50% 的宝洁公司股票组成的组合，那么组合的期望收益是多少？标准差呢？

c. 评论下面这句话："和宝洁股票相比，福特股票的收益较低，而标准差较高。因此，任何理性的投资者只会投资宝洁的股票，而不会投资福特的股票。"

2. 你投资 500 美元于一只股票，这只股票的收益由掷硬币决定。如果掷到正面，那么股票的收益率为 10%；如果掷到反面，那么收益率为－10%。假设你掷一次硬币，求平均收益、方差、标准差。

3. 你有 500 美元做投资。你决定分两部分来投资。每 250 美元的收益由掷硬币来决定，且抛硬币的结果是不相关的。如果掷到正面，那么股票的收益率为 10%；如果掷到反面，那么收益率为－10%。这种情况的投资的平均收益、方差以及标准差是多少？

4. 上一个问题假定掷硬币的相关系数为 0。求具有以下不同相关系数的同样问题：

a. 第一次掷硬币得到正面，第二次也是正面，反之亦然（即相关系数为 1）。

b. 第一次掷硬币得到正面，第二次得到反面，反之亦然（即相关系数为－1）。

c. 第一次掷硬币得到正面，第二次得到正面的概率为 0.8；第一次掷硬币得到反面，第二次得到反面的概率为 0.6。

d. 你从掷硬币收益的方差以及几次掷硬币之间的相关性的联系中能得出什么结论？

5. 考虑以下由 A 公司股票和 B 公司股票构成的投资组合的统计量。

	A	B	C	D	E	F
1		A公司的股票	B公司的股票			
2	平均收益	25%	48%			
3	方差	0.0800	0.1600			
4	标准差	28.28%	40.00%			
5						
6	收益的协方差	0.00350				
7	收益的相关系数	0.03094	<-- =B6/(B4*C4)			
8						
9	投资组合					
10	A的比重	0.9				
11	B的比重	0.1				
12	组合平均收益	27.30%	<-- =B10*B2+C2*B11			
13	组合标准差	25.89%	<-- =SQRT(B10^2*B3+B11^2*C3+2*B10*B11*B6)			

6. 计算由 30% 的通用汽车股票和 70% 的微软股票构成的投资组合的平均收益和方差。

	A	B	C
1	1990—1999年通用汽车 和微软股票的收益统计数据		
2	日期	通用汽车 的收益率	微软的 收益率
3	1990-12-31	-11.54%	72.99%
4	1991-12-31	-11.35%	121.76%
5	1992-12-31	16.54%	15.11%
6	1993-12-31	72.64%	-5.56%
7	1994-12-31	-21.78%	51.63%
8	1995-12-31	28.13%	43.56%
9	1996-12-31	8.46%	88.32%
10	1997-12-31	19.00%	56.43%
11	1998-12-31	21.09%	114.60%
12	1999-12-31	21.34%	68.36%

a. 在保持同样的风险时，能提高收益的投资组合构成。

b. 计算由上面两种资产构成的投资组合的最小方差组合。

7. 在 1990—1999 年 10 年间，通用汽车和微软是负相关的（参看习题 6 的数据）。求出下面两种组合：

a. 最小方差组合。

b. 具有 4% 的期望收益的有效组合。

8. 下表是 A 股票和 B 股票的数据。

	A	B	C
1	股票A和股票B的收益统计量		
2		股票A	股票B
3	平均收益率	34%	25%
4	方差	0.12	0.07
5	标准差	34.64%	26.46%
6			
7	协方差，$Cov(r_A, r_B)$	0.0160	
8	相关系数	0.1746	<-- =B7/(B5*C5)

a. 求由 30％的股票 A 和 70％的股票 B 构成的投资组合的收益以及标准差。

b. 求由一半股票 A 和一半股票 B 的投资组合的收益和标准差。

9. 假设股票 A 和股票 B 的收益数据如下表，求最小方差组合的标准差。（该题要求只计算一次。）

	A	B	C
1	股票A和股票B的收益统计量		
2		股票A	股票B
3	平均收益率	25%	15%
4	方差	0.16	0.0484
5	标准差	40.00%	22.00%
6			
7	协方差，$Cov(r_A, r_B)$	-0.0880	

10. ABC 股票和 XYZ 股票的收益数据如下：

	A	B	C
1		期望收益	标准差
2	ABC	15%	33%
3	XYZ	25%	46%
4	Cov(ABC,XYZ)	0.0865	
5	ρ(ABC,XYZ)	0.5698	

a. 计算由 25％的 ABC 股票和 75％的 XYZ 股票构成的组合的期望收益和标准差。

b. 计算所有由不同比例的 ABC 股票和 XYZ 股票组成的组合的收益，其中 ABC 股票所占比例由 0，10％，…，90％，100％变动。并画出这些收益。

c. 求最小方差组合。

11. Melissa Jones 想投资于由 ABC 股票和 XYZ 股票（习题 10 的数据）构成的组合，其收益是 19％。求这样的组合中每只股票的权重以及标准差。用 Excel 的目标寻求或规划求解功能，并用本章数学公式来回答上述问题。

12. 你的客户想要你创建两种资产组成的组合，要求该组合的期望收益为 15％、标准差是 12％。该客户具体要求该组合中含有 60％的 Merlyn 股票，其期望收益为 13％、标准差为 10％。

a. 假定两只股票的相关系数为 0，你将构建的组合中第二只股票的预期收益应该是多少？

b. 假定两只股票的相关系数为 0.01，你将构建的组合中第二只股票的预期收益应该是多少?

13. 用数学方法，求由下表中的股票组成的最小方差组合的权重、期望收益、方差以及标准差。

	A	B	C	D
1	股票X和股票Y的收益统计量			
2		X	Y	
3	平均收益	21.00%	14.00%	
4	方差	0.11	0.045	
5	标准差	33.17%	21.21%	
6				
7	协方差	-0.0020		
8	相关系数	-0.0284		

14. 本题用的是习题 13 的数据。

a. 计算并画出由股票 X 和股票 Y 构成的组合有效边界。

b. 假设股票 X 和股票 Y 的相关性为 -1，计算并画出由股票 X 和股票 Y 构成的组合有效边界。

15. 考虑下表中的股票 A 和股票 B。由 90% 的股票 A 和 10% 的股票 B 构成的组合的期望收益为 19.1%，标准差为 20.78%。求另一个具有相同标准差，但更高收益的组合。（你可以用试错法，你也可以用规划求解。）

	A	B	C
1		股票A	股票B
2	期望收益	14.25%	62.72%
3	方差	6.38%	14.43%
4	标准差	25.25%	37.99%
5	协方差	-5.52%	

16. John 和 Mary 正考虑投资由 ABC 股票和 XYZ 股票构成的组合。ABC 股票的收益由掷硬币决定：若硬币掷到正面，收益为 35%；若硬币掷到反面，收益为 10%。XYZ 股票的收益同样由掷硬币决定，但是由独立的硬币决定。

a. 计算 ABC 股票和 XYZ 股票的期望、方差以及标准差。

b. 求收益的相关系数。（不要计算，直接思考！）

c. John 决定投资由 100% 的 XYZ 股票构成的组合。另一方面，Many 决定投资由 50% 的 ABC 股票和 50% 的 XYZ 股票构成的组合。谁的组合更好？为什么？

17. Elizabeth 和 Sandra 正考虑投资由 ABC 股票和 XYZ 股票构成的组合。两只股票的收益都是由一次掷硬币决定：若硬币是正面，两只股票的收益都是 35%；若硬币是反面，收益是 10%。

a. 计算 ABC 股票和 XYZ 股票的期望、方差以及标准差。

b. 求收益的相关系数。（不要计算，直接思考！）

c. Elizabeth 决定投资由 100% 的 XYZ 股构成的组合。另一方面，Sandra 决定投资由 50% 的 ABC 股票和 50% 的 XYZ 股票构成的组合。谁的组合更好？

附录 10.1　推导最小方差组合的公式

在本附录中，我们推导最小方差组合的公式。回顾组合方差的公式：

$$\text{Var}(r_p) = w_K^2 \text{Var}(r_K) + w_{XOM}^2 \text{Var}(r_{XOM}) + 2w_K w_{XOM} \text{Cov}(r_K, r_{XOM})$$

用 $w_{XOM} = 1 - w_K$ 替代，上式变为：

$$\text{Var}(r_p) = w_K^2 \text{Var}(r_K) + (1 - w_K)^2 \text{Var}(r_{XOM}) + 2w_K(1 - w_K)\text{Cov}(r_K, r_{XOM})$$

假定这个等式的导数等于 0，那么得到最小方差组合的公式如下：

$$\frac{\text{dVar}(r_p)}{\text{d}w_K} = 2w_K \text{Var}(r_K) - 2(1 - w_K)\text{Var}(r_{XOM}) + \text{Cov}(r_K, r_{XOM})(2 - 4w_K) = 0$$

$$\rightarrow w_K = \frac{\text{Var}(r_{XOM}) - \text{Cov}(r_K, r_{XOM})}{\text{Var}(r_K) + \text{Var}(r_{XOM}) - 2\text{Cov}(r_K, r_{XOM})}$$

附录 10.2　由三种或更多资产构成的投资组合

在这个附录中，我们研究多于两种资产的投资组合和有效边界。我们的主要要点如下：

- 在多种资产构成的组合中，我们仍能求有效边界，且它仍保持形状特征。
- 风险资产越多时，组合的方差越可能受到资产协方差的影响。

我们首先考虑三种资产构成的组合问题。为了描述三种资产问题，我们需要知道期望收益、方差以及所有两种资产的协方差。数据描述如下：

	A	B	C	D	E
1	三种资产构成的投资组合问题				
2		股票A	股票B	股票C	
3	均值	10%	12%	15%	
4	方差	15%	22%	30%	
5					
6	Cov($r_A r_B$)	0.03			
7	Cov($r_B r_C$)	-0.01			
8	Cov($r_A r_C$)	0.02			

假设我们构建一个由风险资产构成的组合，该组合由 A、B、C 构成，比例分别为 x_A、x_B、x_C。因为该组合全部投资于这三种风险资产，所以有 $x_C = 1 - x_A - x_B$。

投资组合收益的统计量组合的期望收益为

$$E(r_p) = x_A E(r_A) + x_B E(r_B) + x_C E(r_C)$$

计算组合的方差要同时知道资产的方差以及资产间的协方差：

$$\text{Var}(r_p) = x_A^2 \text{Var}(r_A) + x_B^2 \text{Var}(r_B) + x_C^2 \text{Var}(r_C) + 2x_A x_B \text{Cov}(r_A, r_B)$$
$$+ 2x_A x_C \text{Cov}(r_A, r_C) + 2x_B x_C \text{Cov}(r_B, r_C)$$

注意，这个等式中有三个方差和三个协方差。在这部分结尾处，当我们提出关于四种资产的公式时，等式中就会有四个方差和六个协方差。随着资产数量的增加，协方差的数量也随之增加（实际上，协方差增加的速度要比方差增加的速度快）。这就是本章第二个附录的意义——多种资产组合的问题，组合的方差会随着资产的数量增加而更受协方差的影响。

下面有一个关于三种资产构成的组合的期望收益和方差的计算：投资组合统计量的计算见单元格 B16：B18。

	A	B	C	D	E	F	G	H	I	J
1			三种资产构成的投资组合问题							
2										
3	均值	10%	12%	15%						
4	方差	15%	22%	30%						
5										
6	Cov(r_A,r_B)	0.03								
7	Cov(r_B,r_C)	-0.01								
8	Cov(r_A,r_C)	0.02								
9										
10	投资组合中各资产的权重									
11	x_A	0.2500								
12	x_B	0.3500								
13	x_C	0.4000	<-- =1-B12-B11							
14										
15	市场组合统计量									
16	均值	0.1270	<-- =B11*B3+B12*C3+B13*D3							
17	方差	0.0908	<-- =B11^2*B4+B12^2*C4+B13^2*D4+2*B11*B12*B6+2*B11*B13*B8+2*B12*B13*B7							
18	标准差	0.3013	<-- =SQRT(B17)							

求三种资产的有效边界

我们可以用 Excel 来计算和画出这种情形下的有效边界。[①] 我们可以用 Excel 里的规划求解来计算。

第一步：我们用规划求解求最小方差组合。

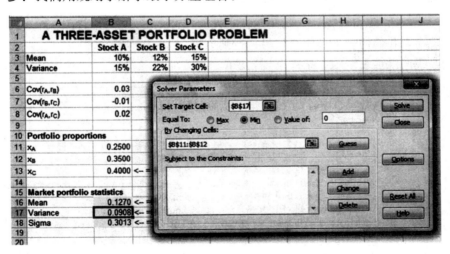

下面是结果。

---

① 我们要解释的过程有点冗长——可以参见作者的另一本书（*Financial Modeling*，Third Edition，MIT Press，2008），尽管数学上的计算更为复杂，但更简短。

	A	B	C	D	E	F	G	H	I	J
1	三种资产构成的投资组合问题									
2		股票A	股票B	股票C						
3	均值	10%	12%	15%						
4	方差	15%	22%	30%						
5										
6	$Cov(r_A,r_B)$	0.03								
7	$Cov(r_B,r_C)$	-0.01								
8	$Cov(r_A,r_C)$	0.02								
9										
10	投资组合中各资产的权重									
11	X_A	0.4370								
12	X_B	0.3151								
13	X_C	0.2479	<-- =1-B12-B11							
14										
15	市场组合统计量									
16	均值	0.1187	<-- =B11*B3+B12*C3+B13*D3							
17	方差	0.0800	<-- =B11^2*B4+B12^2*C4+B13^2*D4+2*B11*B12*B6+2*B11*B13*B8+2*B12*B13*B7							
18	标准差	0.2828	<-- =SQRT(B17)							

第二步：现在，我们指定标准差，并用规划求解来求最大收益的组合。为此，我们添加一个单元格（"目标标准差"（Target sigma），单元格 B20）到电子表格。

	A	B	C	D	E	F	G	H	I	J
1	三种资产构成的投资组合问题									
2		股票A	股票B	股票C						
3	均值	10%	12%	15%						
4	方差	15%	22%	30%						
5										
6	$Cov(r_A,r_B)$	0.03								
7	$Cov(r_B,r_C)$	-0.01								
8	$Cov(r_A,r_C)$	0.02								
9										
10	投资组合中各资产的权重									
11	X_A	0.2500								
12	X_B	0.3500								
13	X_C	0.4000	<-- =1-B12-B11							
14										
15	市场组合统计量									
16	均值	0.1270	<-- =B11*B3+B12*C3+B13*D3							
17	方差	0.0908	<-- =B11^2*B4+B12^2*C4+B13^2*D4+2*B11*B12*B6+2*B11*B13*B8+2*B12*B13*B7							
18	标准差	0.3013	<-- =SQRT(B17)							

注意——从第 24 行开始——我们建立了计算结果的表格。该表第一行是组合的最小标准差。现在，我们用规划求解增加另一行到该表。

为此，我们添加一个约束条件至规划求解参数。

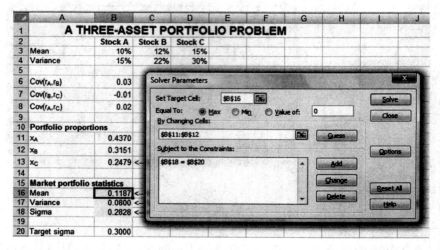

点击规划求解参数对话框下面部分的"添加"（Add）命令来添加该约束条件。

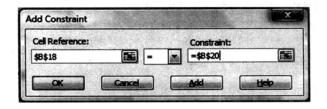

下面是结果。

	A	B	C	D	E	F	G	H	I	J	K
1	三种资产构成的投资组合问题										
2		股票A	股票B	股票C							
3	均值	10%	12%	15%							
4	方差	15%	22%	30%							
5											
6	Cov(r_A, r_B)	0.03									
7	Cov(r_B, r_C)	-0.01									
8	Cov(r_A, r_C)	0.02									
9											
10	投资组合中各资产的权重										
11	X_A	0.2533									
12	X_B	0.3544									
13	X_C	0.3923	<-- =1-B12-B11								
14											
15	市场组合统计量										
16	均值	0.1267	<-- =B11*B3+B12*C3+B13*D3								
17	方差	0.0900	<-- =B11^2*B4+B12^2*C4+B13^2*D4+2*B11*B12*B6+2*B11*B13*B8+2*B12*B13*B7								
18	标准差	0.3000	<-- =SQRT(B17)								
19											
20	目标标准差	0.3000									

若我们多次重复计算目标标准差，我们就能得到有效边界。

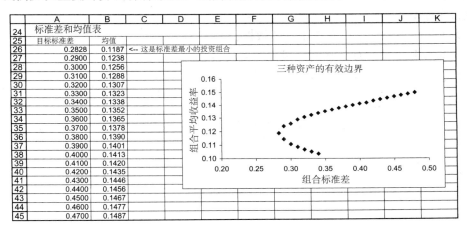

	A	B
24	标准差和均值表	
25	目标标准差	均值
26	0.2828	0.1187 <-- 这是标准差最小的投资组合
27	0.2900	0.1238
28	0.3000	0.1256
29	0.3100	0.1288
30	0.3200	0.1307
31	0.3300	0.1323
32	0.3400	0.1338
33	0.3500	0.1352
34	0.3600	0.1365
35	0.3700	0.1378
36	0.3800	0.1390
37	0.3900	0.1401
38	0.4000	0.1413
39	0.4100	0.1420
40	0.4200	0.1435
41	0.4300	0.1446
42	0.4400	0.1456
43	0.4500	0.1467
44	0.4600	0.1477
45	0.4700	0.1487

四种资产

这一部分已经深入介绍了如何计算三种资产的组合的收益和方差。若我们有四种资产，我们可以做同样的计算（不作详细推导，留作习题）。关于这种情形，你所需知道的是如何计算组合的收益和方差。

把四种资产分别叫做 A、B、C 和 D，并把它们在组合中的比例分别命名为 x_A、x_B、x_C、x_D。

投资组合收益统计量：组合的期望收益由下式给出：

$$E(r_p) = x_A E(r_A) + x_B E(r_B) + x_C E(r_C) + x_D E(r_D)$$

组合方差的计算需要知道资产的方差和协方差：

$$\text{Var}(r_p) = x_A^2 \text{Var}(r_A) + x_B^2 \text{Var}(r_B) + x_C^2 \text{Var}(r_C) + x_D^2 \text{Var}(r_D)$$
$$+ 2x_A x_B \text{Cov}(r_A, r_B) + 2x_A x_C \text{Cov}(r_A, r_C) + 2x_A x_D \text{Cov}(r_A, r_D)$$
$$+ 2x_B x_C \text{Cov}(r_B, r_C) + 2x_B x_D \text{Cov}(r_B, r_D) + 2x_C x_D \text{Cov}(r_C, r_D)$$

注意：上式中含有四个方差和六个协方差。

附录 10.2 的习题

下面所有的问题用到的 ABC 股票、QPD 股票和 XYZ 股票的数据见下表：

	A	B	C	D
1	三只股票的收益统计量			
2		ABC	QPD	XYZ
3	平均收益	22.00%	17.50%	30.00%
4	方差	0.2	0.05	0.17
5	标准差	44.72%	22.36%	41.23%
6				
7	相关系数			
8	Corr(ABC,QPD)	0.05		
9	Corr(ABC,XYZ)	-0.1		
10	Corr(QPD,XYZ)	0.5		

A1. 求由 50% 的 ABC 股票、20% 的 QPD 股票以及 30% 的 XYZ 股票构成的组合的平均收益和标准差。

A2. 求最小方差组合以及该组合的数据。

A3. 求给定标准差为 30% 时，最大收益的组合。

第 11 章

资本资产定价模型和证券市场线

概述

本章我们会探讨关于资本市场中收益和风险的有力结果。其中一个结果，称为资本市场线（CML），可以给投资者关于如何投资的建议。从资本市场线可以看出，最好的投资组合是两种资产的组合——例如储蓄存款这种无风险资产和可以代表整个证券市场风险的风险资产（常常以标普 500 指数为例），这对任何投资者都适用。对投资多少比例于无风险资产以及投资多少比例于风险资产的选择取决于投资者承担风险的意愿。

第二个结果，称为证券市场线（SML），它能将任何资产的收益与市场风险（也被称为资产的系统性风险）联系起来。证券市场线指出，任何资产的期望收益取决于资产对市场的敏感程度。对市场的敏感性被命名为贝塔，并且常被写作希腊字母 β。具有较高 β 的资产风险较高，将获得较高的期望收益。

本章我们会提出资本市场线和证券市场线的概念。在第 10 章，我们已讨论过风险资产组合的风险和收益。本章，我们将增加一个无风险资产到第 10 章讨论过的组合中。增加了无风险资产给了投资者新的可能，因为它可以使投资者买到具有无风险收益的资产：他们能投资于股票、无风险资产，或投资于这两种资产的一些组合。由风险资产和无风险资产构成的组合可以使投资者获得比只有风险资产的组合的收益更高的收益。

将无风险资产添加到风险资产组合的情形会引出四个新的概念：

● 市场组合（以 M 表示）是所有可以提供给投资者的风险资产组合中的最好组合。

● 资本市场线对投资者来说是最佳的投资组合的集合。资本市场线含有一条重要的投资建议：每个投资者的最佳投资组合应包含无风险资产和市场组合。

- 股票的贝塔系数（β）是衡量股票市场风险的方法。
- 证券市场线描述了任意股票的期望收益与其 β 之间的关系。

因为本章内容不太容易，我们以概括主要结果开始本章。在读本章时，你可以跳过一些要点，直接看第 12 章和第 13 章，以查看一些概念在实践中如何使用。

讨论的金融概念

- 投资组合、无风险资产
- 资本市场线（CML）
- β、证券市场线（SML）
- 夏普比率

使用的 Excel 函数

- Varp、Stdevp、Sqrt
- 复杂作图
- 规划求解

11.1 本章概括

本章的许多内容具有技术性，要比本书其他章节难。为了使读者更容易理解，我们从本章主要结果的概括开始。

本章主要的"外卖"是两个概念：资本市场线和证券市场线。资本市场线告知投资组合应如何最优化分散投资于风险资产和无风险资产。证券市场线告诉读者，任何资产的期望收益是如何与风险相联系的，以及应如何衡量风险。在下两节，我们给出了资本市场线和证券市场线如何使用的例子。

在讨论资本市场线和证券市场线时，有两条注释很有用。我们定义无风险资产的收益为 r_f；你可以将该利率当作银行储蓄账户支付的利率或是货币市场基金支付的利率。[1] 定义市场的期望收益为 $E(r_M)$，股票组合的收益率代表了整个股市的风险。例如，假设美国的无风险利率——由银行支付给存款账户的代表利率—— $r_f = 3\%$。同时，股票市场分析师的共识是，美国股市之后五年间的年收益率 $E(r_M) = 8\%$。在下面的例子中，我们将同时用 $r_f = 3\%$ 和 $E(r_M) = 8\%$ 来解释资本市场线和证券市场线。

---

[1] 货币市场基金是共同基金，它投资于由美国财政部发行的短期债券和具有高信用评级的美国公司的短期债券构成的高分散化的组合。货币市场基金购买的债券到期日通常为 7～20 天，这意味着该基金将钱借给高流动性的市场一段非常短的时间。在经济中，货币市场基金的收益是无风险利率的一个代表。要了解进一步的解释，可查看 http://www.fool.com/savings/shortterm/03.htm。

资本市场线

资本市场线说明，投资者的最优投资策略是分散资金投资于两种资产：收益为r_f的无风险资产以及代表整个市场风险的风险资产。资本市场线说明，该组合的期望收益由下面的等式给出：

CML（最优组合的期望收益）：

$$E(r_p) = r_f + （投资于市场组合的比例）* [E(r_M) - r_f]$$

这就教给了你可以如何使用资本市场线：假设你的朋友 Benjamin 告诉你："我想投资1万美元。你是金融专业的，请帮我选几只股票吧。"

首先，你应该告诉 Benjamin，不要试着挑选股票！许多金融研究表明，挑选股票很大程度上是徒劳的；平均而言，即使是老练的"股票挑选者"也不能赚到超额收益。不用选股，资本市场线建议你告诉 Benjamin，他应该把多少比例的钱投资于风险资产、多少比例的钱应保证绝对安全。这里有一个取舍：平均而言，他投资于风险部分的收益要比无风险部分的收益高。

假设 Benjamin 告诉你，他愿意将30％的钱投资于风险资产、将70％的钱投资于安全资产。那么基于资本市场线，你可以给他如下的一些好建议：

● 投资7,000美元于货币市场基金，例如富达现金储备基金。货币市场基金投资于短期债券，可以获取实际利息而没有风险。它们的流动性很好（意思是你可以在任何时候将其变现），并且很安全。

● 投资3,000美元于共同基金，共同基金的风险他愿意接受，这个风险代表了市场的平均风险。这样的一个典型基金是富达斯巴达500指数基金。该基金仅投资于标普500指数中的成分股。标普500指数是广泛代表美国股市风险的指数。

● 资本市场线表明，Benjamin 投资组合的期望收益取决于无风险利率r_f以及投资于市场组合的比例。假定$r_f = 3\%, E(r_M) = 8\%$。那么，Benjamin 的投资组合的预期年收益为4.5％。

$$\text{CML：} E(r_p) = r_f + （投资于市场组合的比例）* [E(r_M) - r_f]$$
$$= 3\% + 30\% * (8\% - 3\%) = 4.5\%$$

Benjamin 这种70％—30％战略表明，他是极其厌恶风险的。由于厌恶风险，因此Benjamin 的投资战略是将大部分钱做无风险投资，将小部分钱做风险投资。Benjamin 不会将大部分资金投资于风险资产，但另一方面，他赚的钱要比他愿承担风险时赚的钱少。

现在假定，你父母想要你帮他们打理100万美元的存款。他们建议做长期投资，并能承担更多的风险。因为他们比 Benjamin 能承担更多的风险，所以你可能建议他们考虑20％—80％的投资战略。你会建议他们投资20万美元于富达现金储备基金，其余的80万美元投资于富达斯巴达500指数基金。从长期来看，他们赚得会比较多，但他们需要承担额外的风险。通过资本市场线可知，你的父母能赚7％：

$$\text{CML：} E(r_p) = r_f + （投资于市场组合的比例）* [E(r_M) - r_f]$$
$$= 3\% + 80\% * (8\% - 3\%) = 7\%$$

如你所看到的，通过仅集中投资于一种无风险资产和一种风险资产，资本市场线能简化投资战略。它还能预测组合的期望收益。[①] 下面是资本市场线中所包含的投资建议：

● 最优投资组合应是无风险资产和市场组合的简单组合。这些组合的收益—风险配置是由资本市场线给出的，这些组合是投资者能获得的最优组合：除了资本市场线上的组合以外，其他组合的收益—风险配置都不比它好。

● 除了投资者分散投资于一种无风险资产和市场组合的简单选择外，没有更好的投资组合。即使是再明智的选股，投资者也不能改善投资组合的业绩。投资经理也做不到。

证券市场线

资本市场线只处理最优投资组合的构成。但是，市场中有许多资产——它们应如何组合？证券市场线表明，任何股票或组合的期望收益和三个因素有关：

（1）市场无风险利率 r_f。

（2）股票的市场风险。股票的市场风险由贝塔（β）衡量，它是用来衡量股票收益对市场收益敏感程度的。若股票有较高的 β，那么当市场上涨时，该股票上涨的幅度要超过市场上涨的幅度（当然，相反：当市场下跌时，该股票下跌的幅度也超过市场下跌的幅度）。具有较低 β 的股票对市场变动的敏感程度较低。

（3）市场的期望收益 $E(r_M)$。

证券市场线表明，任何资产的期望收益由下式决定：

SML：任何资产的期望收益 $= E(r_{资产}) = r_f + \beta_{资产} * [E(r_M) - r_f]$

下面有两个使用证券市场线的例子。假定无风险利率 $r_f = 3\%$，市场期望收益 $E(r_M) = 8\%$。那 AMD 股票和家乐氏（股票代码 K）股票的期望收益是多少？查一下雅虎（参见图 11.1）可知，AMD 股票的 $\beta_{AMD} = 1.81$，家乐氏股票的 $\beta_K = 0.44$。运用证券市场线，可得：

AMD 的期望收益，$E(r_{AMD}) = r_f + \beta_{AMD} * [E(r_M) - r_f]$
$$= 3\% + 1.81 * [8\% - 3\%] = 12.05\%$$

家乐氏的期望收益，$E(r_K) = r_f + \beta_K * [E(r_M) - r_f]$
$$= 3\% + 0.44 * [8\% - 3\%] = 5.20\%$$

	A	B	C
1		计算家乐氏(K)和 AMD的收益	
2	无风险利率	3%	
3	预期市场收益率，$E(r_M)$	8%	
4			
5	AMD贝塔，β_{AMD}	1.81	
6	无风险利率	12.05%	<-- =$B$2+B5*($B$3-$B$2)
7			
8	家乐氏贝塔，β_K	0.44	
9	家乐氏的期望收益，$E(r_K)$	5.20%	<-- =$B$2+B8*($B$3-$B$2)

---

① 预期 11.3 节的结果，资本市场线也能给出最优投资策略的标准差为：$\sigma_p =$ 投资于市场组合的比例 $* \sigma_M$。

你可能会问自己，AMD 股票的期望收益更高，作为投资，是否 AMD 股票比家乐氏股票更好，答案是不——AMD 股票的期望收益更高，因为它比家乐氏股票的风险更高；更高的期望收益反映了更高的风险。

现在我们应该做什么？

本节概括了本章的主要结论。在随后两章，我们将探讨如何用这些结论来评估投资（第 12 章）和衡量资本成本（第 13 章）。在本章余下部分，我们将推导资本市场线和证券市场线。这一节（不可避免地）会涉及技术层面的知识，读者可以自己决定是否跳过这一节，直接阅读第 12 章和第 13 章。

图 11.1　雅虎网站上的 AMD 和家乐氏股票的 β

说明：以上信息可以在网站 http://finance.yahoo.com 上选择股票，然后进入"关键统计量"（Key Statistics）查看。

11.2 风险资产组合和无风险资产

我们已经介绍了本章的主要结论，下面是详细推导。首先，我们考虑在第 10 章讨论过的组合问题。我们假定，有两个风险资产——股票 A 和股票 B 以及一个无风险资产——该资产的年收益是确定的。你可以将其当做银行存款、政府债券或者货币市场基金。在本节的例子中，我们假设无风险资产的年收益率为 2%，并以 r_f 来代替。下面表格的前几行是股票 A、股票 B 以及无风险资产的详细数据。

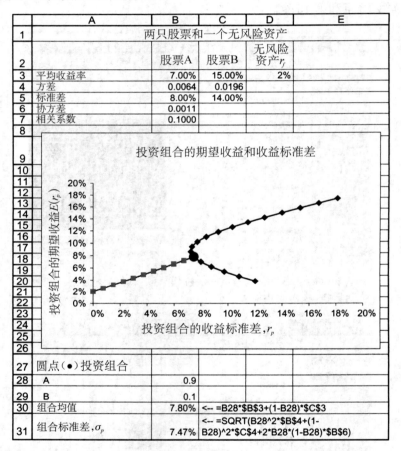

	A	B	C	D	E
1	两只股票和一个无风险资产				
2		股票A	股票B	无风险资产 r_f	
3	平均收益率	7.00%	15.00%	2%	
4	方差	0.0064	0.0196		
5	标准差	8.00%	14.00%		
6	协方差	0.0011			
7	相关系数	0.1000			
8					
9–26	投资组合的期望收益和收益标准差				
27	圆点(●)投资组合				
28	A	0.9			
29	B	0.1			
30	组合均值	7.80%	<-- =B28*$B$3+(1-B28)*$C$3		
31	组合标准差, σ_p	7.47%	<-- =SQRT(B28^2*$B$4+(1-B28)^2*$C$4+2*B28*(1-B28)*$B$6)		

上表中的曲线揭示了股票 A、B 组合的期望（$E(r_p)$）和标准差（σ_p）之间的关系。[①] 直线说明了无风险资产（该资产收益 $r_f = 2\%$）与风险资产的特定组合（本例是股票 A 和股票 B 的组合）构成的新资产组合的期望和标准差的关系，其中风险资产的组合记为圆点●。

上表中第 28~31 行给出了圆点●组合的信息。该组合是由 90% 的股票 A 和 10% 的股票 B 构成，且其期望收益 $E(r_p) = 7.8\%$，标准差 $\sigma_p = 7.47\%$。

---

① 这部分已在第 8 章和第 10 章说明过。

求直线上的点

在下表中，我们圈出了直线上的两个点，这两个点将无风险利率 r_f 和圆点●组合联系了起来。每个点代表一个投资组合，该投资组合部分投资于无风险资产，部分投资于圆点●组合。仔细观察下表，然后我们会告诉读者如何计算直线上的点的期望和标准差。

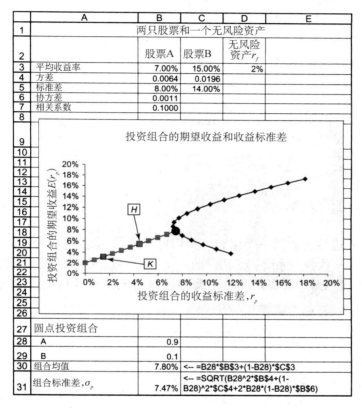

	A	B	C	D	E
1	两只股票和一个无风险资产				
2		股票A	股票B	无风险资产r_f	
3	平均收益率	7.00%	15.00%	2%	
4	方差	0.0064	0.0196		
5	标准差	8.00%	14.00%		
6	协方差	0.0011			
7	相关系数	0.1000			
8					
27	圆点投资组合				
28	A	0.9			
29	B	0.1			
30	组合均值	7.80%	<-- =B28*$B$3+(1-B28)*$C$3		
31	组合标准差,σ_p	7.47%	<-- =SQRT(B28^2*$B$4+(1-B28)^2*$C$4+2*B28*(1-B28)*$B$6)		

圆点组合●是由 90% 的股票 A 和 10% 的股票 B 构成。那么组合 H（上表中的 H 点）呢？组合 H 是由 60% 的圆点组合●和 40% 的无风险资产构成。我们用下式计算组合 H 的期望收益和标准差：

$$E(r_H) = x * E(r_{圆点}) + \underbrace{(1-x)}_{} * r_f = 60\% * 7.8\% + 40\% * 2\% = 5.48\%$$

圆点组合的权重　无风险资产的权重

$$\sigma_H = x * \sigma_{圆点} = 60\% * 7.47\% = 4.48\%$$

类似方式的组合 K——20% 投资于圆点●组合，80% 投资于无风险资产——的期望收益和标准差计算如下：

$$E(r_K) = x * E(r_{圆点}) + (1-x) * r_f = 20\% * 7.8\% + 80\% * 2\% = 3.16\%$$

圆点组合的权重　无风险资产的权重

$$\sigma_K = x * \sigma_{圆点} = 20\% * 7.47\% = 1.49\%$$

统计说明

上面计算所用的等式源于第 9 章中的组合统计部分课程。假定投资者把其财富的 x 比例投资于风险资产组合 A，期望收益为 $E(r_A)$，收益的标准差为 σ_A。进一步假定，将其余财富 $(1-x)$ 投资于无风险资产，该无风险资产的期望收益为 r_f，收益的标准差为 0。由第 10 章给出的公式，组合的期望收益是加权平均收益：

$$E(r_p) = x * E(r_A) + (1-x) * r_f$$

组合收益的方差为：

$$\mathrm{Var}(r_p) = x^2 \, \mathrm{Var}(r_A) + (1-x)^2 \, \underbrace{\mathrm{Var}(r_f)}_{\substack{=0,\text{因为无风险}\\\text{资产是无风险的}}} + 2 * x * (1-x) * \underbrace{\mathrm{Cov}(A, r_f)}_{\substack{=0,\text{因为无风险}\\\text{资产是无风险的}}}$$

$$= x^2 \, \mathrm{Var}(r_A) = x^2 \sigma_A^2$$

上式表明，组合收益的标准差 $\sigma_p = \sqrt{\mathrm{Var}(r_p)} = x\sigma_A$。

改善风险—收益的关系

通过选择有效边界上的另一个组合，我们可以选择具有更好的风险—收益关系的组合。该组合的风险—收益关系要比无风险收益 r_f 资产和圆点●连成的直线上的组合的风险—收益关系更好。无风险资产和方形■组合点连成的直线与前面那条直线相比有所改善。

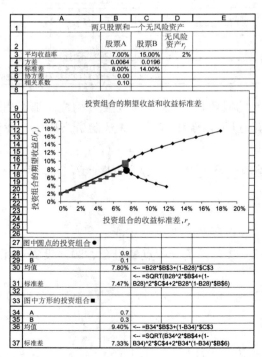

因为新的直线位于旧的直线上方，新直线上的组合点要比旧直线上的组合点好。与下面一条直线上的任意一个组合相比，上面一条直线上具有相同标准差 σ_p 的组合，其收益更高。

从 y 轴上 2% 的点开始的直线必有一条最好的线。下面会讨论，这条线是连接无风险利率 $r_f = 2\%$ 到有效边界上的点■。

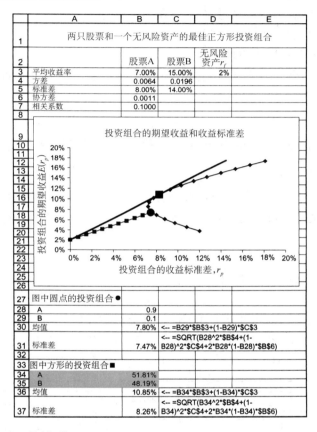

	A	B	C	D	E
1	两只股票和一个无风险资产的最佳正方形投资组合				
2		股票A	股票B	无风险资产r_f	
3	平均收益率	7.00%	15.00%	2%	
4	方差	0.0064	0.0196		
5	标准差	8.00%	14.00%		
6	协方差	0.0011			
7	相关系数	0.1000			
8					
9–26					
27	图中圆点的投资组合●				
28	A	0.9			
29	B	0.1			
30	均值	7.80%	<-- =B29*$B$3+(1-B29)*$C$3		
31	标准差	7.47%	<-- =SQRT(B28^2*$B$4+(1-B28)^2*$C$4+2*B28*(1-B28)*$B$6)		
32					
33	图中方形的投资组合■				
34	A	51.81%			
35	B	48.19%			
36	均值	10.85%	<-- =B34*$B$3+(1-B34)*$C$3		
37	标准差	8.26%	<-- =SQRT(B34^2*$B$4+(1-B34)^2*$C$4+2*B34*(1-B34)*$B$6)		

这条直线有如下一些性质：
- 起始点为 y 轴上的无风险利率 $r_f = 2\%$（点（0，2））。
- 这条直线到达（穿过）有效边界上的股票组合点■。如你在单元格 B53∶B58 所看到的，这个组合是由 51.81% 的股票 A 和 48.19% 的股票 B 构成的。该组合的期望收益为 10.85%，标准差为 8.26%。在 11.4 节，我们将讨论如何求这个组合。
- 这条直线是从 y 轴上无风险利率 $r_f = 2\%$（点（0，2））到有效组合的切线——意思是，这条直线只与有效边界上的正方形组合点相切，没有其他交点。这意味着，除了这个正方形点以外，有效边界上的每一个组合点都位于这条直线下面。
- 最后（这是最重要的一条性质），因为这条直线位于有效边界以上（除了切点■），所以所有最好的投资组合都在这条直线上。这个切点非常重要，我们会在下面的章节独立研究它。

这个大正方形组合点■被称为市场组合。这个市场组合是可以使投资者获取最大收益的风险资产组合。资本市场线方程式为：

$$E(r_p) = r_f + \sigma_p \left[\frac{E(r_M) - r_f}{\sigma_M} \right]$$

资本市场线

为了强调最优，再看一看"最好的大正方形直线"。注意，这条直线位于有效组合以上（除了切点，我们现在称之为市场组合 M）。我们将这条直线称为资本市场线。

资本市场线是最优投资组合的集合。这条线上的每一个点：

- 是包含一定比例的无风险资产的组合。
- 剩余比例的资金投资于市场组合 M。

在 11.4 节，我们会告诉读者如何求市场组合 M。在下一节，我们会研究资本市场线的实际意义。

11.3 资本市场线上的要点——研究最优的投资组合

资本市场线上的组合——资本市场线连接了无风险利率 r_f 和市场组合 M——看起来像什么？对投资者来说，资本市场线意味着什么？为了理解它，我们将研究资本市场线上的几个组合。

组合 1：投资于市场组合 M 和无风险资产

假定你有 1,000 美元，你可以选择下面三种资产的任何组合——无风险资产、股票 A 或股票 B。在组合 1 中，你会投资 500 美元于无风险资产，另外 500 美元投资于市场组合 M——该市场组合由 51.81% 的股票 A 和 48.19% 的股票 B 构成。

	A	B	C
1	资本市场线上的投资组合		
2	市场组合M	百分比	
3	股票A	51.81%	
4	股票B	48.19%	
5	市场组合M的期望收益	10.85%	
6	市场组合M的标准差	8.26%	
7			
8	投资者的组合		
9	投资于无风险资产	-50%	
10	投资于市场组合M	150%	
11			
12	资本市场线上的点——投资组合的收益统计量		
13	组的期望收益率	15.28%	<-- =B9*I19+B10*B5
14	组合的标准差	12.40%	<-- =B10*B6

这看上去有些复杂，但是它确实是我们在第 10 章计算过的一种组合。这种投资分为 50% 投资于无风险资产，另外 50% 投资于组合 M，该组合的期望收益为 10.85%（单元格 B5），标准差为 8.26%（单元格 B6）。根据 11.2 节给出的公式，期望收益和收益的标准差计算如下：

$$E(r_p) = xE(r_M) + (1-x)r_f$$

$$\sigma_p = x\sigma_M$$

如你在单元格 B13：B14 中所看到的，$E(r_p) = 6.43\%$，$\sigma_p = 4.13\%$。这个投资组合已在下图中标了出来。请注意，这个组合和上一节结束时的资本市场线的等式一致：

$$E(r_p) = r_f + \sigma_p \left[\frac{E(r_M) - r_f}{\sigma_M} \right]$$

$$= 2\% + 4.13\% * \left[\frac{10.85\% - 2\%}{8.26\%} \right] = 6.43\%$$

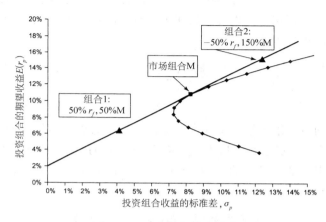

图 11.2　资本市场线上的点

组合 2：以无风险利率 r_f 借入资金以购买更多的市场组合 M

在组合 1 中，你将 1,000 美元的投资分为投资无风险资产和市场组合 M。在组合 2 中，我们将研究另一个投资战略，你以无风险利率借入资金，并将超过 1,000 美元的资金投资于风险组合 M。你用这种方法来借入资金以增加对市场组合 M 的投资。

如前一个组合，你投资 1,000 美元，一部分投资于无风险资产，其余部分投资于市场组合 M。该市场组合 M 由 51.81% 的股票 A 和 48.19% 的股票 B 构成。但是在组合 2 中，你以无风险利率借入 500 美元，并投资 1,500 美元于由股票 A 和股票 B 构成的组合。如你在下表单元格 B13：B14 中所看到的，这个组合的风险更大（它的标准差为 12.40%），但它的期望收益也更高（15.28%）。

	A	B	C
1	资本市场上的投资组合		
2	市场组合M	百分比	
3	股票A	51.81%	
4	股票B	48.19%	
5	市场组合M的期望收益	10.85%	
6	市场组合M的标准差	8.26%	
7			
8	投资者的组合		
9	投资于无风险资产	-50%	
10	投资于市场组合M	150%	
11			
12	资本市场线上的点——投资组合的收益统计量		
13	组合的期望收益率	15.28%	<-- =B9*I19+B10*B5
14	组合的标准差	12.40%	<-- =B10*B6

请注意，这个组合和上一节结束时的资本市场线的等式一致：

$$E(r_p) = r_f + \sigma_p \left[\frac{E(r_M) - r_f}{\sigma_M} \right]$$

$$= 2\% + 12.40\% * \left[\frac{10.85\% - 2\%}{8.26\%} \right] = 15.28\%$$

比较组合 1 和组合 2

哪一个组合更好——组合 1 还是组合 2？将它们的收益与标准差相比较，发现没有一个组合更好。与组合 1 相比较，组合 2 的期望收益更高，但风险也更高。选择哪一个组合取决于投资者愿意承担多少风险。

	期望收益 $E(r_p)$	收益的标准差 σ_p
组合 1	6.43%	4.13%
组合 2	15.28%	12.40%

资本市场线上的所有组合纳入了这个选择：资本市场线上的每一个组合都是无风险资产的投资与市场组合 M 的结合。从理性投资者可能做的最优投资组合的决策来说，资本市场线的任意一个组合都是最优的。表 11.1 中给出的是资本市场线上的其他组合点以及它们收益—风险之间的取舍。

表 11.1 资本市场线上的组合比例和投资收益

投资市场组合比例	$E(r_p)=$ 无风险资产比例 $* r_f +$ 市场组合比例 $* E(r_M)$	$\sigma_p =$ 市场组合比例 $* \sigma_M$
0%（所有资金都投资于无风险资产）	$E(r_p) = 100\% * r_f$ $= 2\%$	$\sigma_p = 0\% * \sigma_M = 0$
50%（一半投资于市场组合，一半投资于无风险资产）	$E(r_p) = 50\% * r_f + 50\% * E(r_M)$ $= 50\% * 2\% + 50\% * 10.85\%$ $= 6.43\%$	$\sigma_p = 50\% * \sigma_M$ $= 50\% * 8.26\%$ $= 4.13\%$
100%（全部投资于市场组合）	$E(r_p) = 0\% * r_f + 100\% * E(r_M)$ $= 100\% * 10.85\%$ $= 10.85\%$	$\sigma_p = 100\% * \sigma_M$ $= 100\% * 8.26\%$ $= 8.26\%$
125%（借入你自有资金的 25% 并投资于市场组合 M）	$E(r_p) = -25\% * r_f + 125\% * E(r_M)$ $= -25\% * 2\% + 125\% * 10.85\%$ $= -0.5\% + 13.57\%$ $= 13.06\%$	$\sigma_p = 125\% * \sigma_M$ $= 125\% * 8.26\%$ $= 10.33\%$
150%（借入你自有资金的 50%，并投资于市场组合 M）	$E(r_p) = -50\% * r_f + 150\% * E(r_M)$ $= -50\% * 2\% + 150\% * 10.85\%$ $= -1\% + 16.28\%$ $= 15.28\%$	$\sigma_p = 150\% * \sigma_M$ $= 150\% * 8.26\%$ $= 12.39\%$
200%（借入你自有资金的一倍并投资于市场组合 M）	$E(r_p) = -100\% * r_f + 200\% * E(r_M)$ $= -100\% * 2\% + 200\% * 10.85\%$ $= -2\% + 21.70\%$ $= 19.70\%$	$\sigma_p = 200\% * \sigma_M$ $= 200\% * 8.26\%$ $= 16.52\%$

说明：每个点代表无风险资产和市场组合 M 按不同比例构成的组合。随着无风险资产的比例降低，投资于市场组合 M 的比例会增加。投资于组合 M 的比例的增加能提高组合的期望收益 $E(r_p)$，但也会增加组合的风险 σ_p。表 11.1 中的计算假定，$E(r_M) = 10.85\%, r_f = 2\%, \sigma_M = 8.26\%$。

资本市场线：总结

资本市场线表明，最优的投资组合应该是将一定比例的资金投资于无风险资产，一定比例的资金投资于市场组合 M。假定我们令这些比例分别为 $x_{r_f} = 1 - x_M$ 与 x_M，那么投资者的期望收益和收益的标准差为：

- 期望收益 $E(r_p) = x_M E(r_M) + (1 - x_M)r_f$
- 收益的标准差 $\sigma_p = x_M \sigma_M$

在给定风险 σ_p 时，投资者不能找到一个具有更高组合收益 $E(r_p)$ 的投资组合，从这个意义上来说，资本市场线上的组合是最优的。

11.4 提高篇：夏普比率和市场组合 M

本节我们将阐述如何求市场组合 M。在推导前，我们将介绍夏普比率的概念——资本市场中衡量收益—风险的标准之一。正如读者们会看到的，组合 M 是最大化夏普比率的组合。

为了对这个概念有些了解，先看一下下面的表格。仍以之前股票 A、B 和 2％的无风险利率为例，在单元格 B9：B10 中，我们看一下由 30％的股票 A 和 70％的股票 B 构成的组合。组合的期望收益为 12.60％，标准差为 10.32％（单元格 B12：B13）。

	A	B	C	D	E
1	含无风险资产的投资组合的收益 夏普比率				
2		股票A	股票B	无风险 利率r_f	
3	平均收益	7.00%	15.00%	2.00%	
4	收益方差	0.64%	1.96%		
5	收益标准差	8.00%	14.00%		
6	协方差	0.0011			
7					
8	投资组合的收益和风险				
9	投资于股票A的比例	30.00%			
10	投资于股票B的比例	70.00%			
11					
12	预期组合收益	12.60%	<-- =B9*B3+B10*C3		
13	组合标准差	10.32%	<-- =SQRT(B9^2*B4+B10^2*C4+2*B9*B10*B6)		
14					
15	风险溢价	10.60%	<-- =B12-D3		
16					
17	夏普比率	1.0271	<-- =(B12-D3)/B13		
18					
19	夏普比率为 $[E(r_p)-r_f]/\sigma_p$。它表示 组合的风险溢价与组合风险的比率				

组合的风险溢价（有时称为组合的超额收益）是组合的期望收益和无风险资产收益之差：

$$\text{组合的风险溢价} = \text{组合的期望收益} - \text{无风险利率}$$
$$= E(r_p) - r_f$$
$$= 12.60\% - 2.00\% = 10.60\%$$

风险溢价与组合标准差之比就是夏普比率：

$$夏普比率 = \frac{E(r_p) - r_f}{\sigma_p} = \frac{12.60\% - 2.00\%}{10.32\%} = 1.0271$$

夏普比率（以威廉·夏普，现代投资组合理论的提出者之一，1990 年诺贝尔经济学奖获得者的名字命名）是一个"收益—风险"比率：分子是投资者从组合中获得的额外收益（超过无风险利率），而分母是该额外收益的成本——它的标准差。

若你以电子表格操作，你会看到，有其他的组合具有较高的夏普比率。例子如下。

	A	B	C	D	E
8	投资组合的收益和风险				
9	股票A的比例	40.00%			
10	股票B的比例	60.00%			
11					
12	预期组合收益	11.80%	<-- =B9*B3+B10*C3		
13	组合标准差	9.28%	<-- =SQRT(B9^2*B4+B10^2*C4+2*B9*B10*B6)		
14					
15	风险溢价	9.80%	<-- =B12-D3		
16					
17	夏普比率	1.0557	<-- =(B12-D3)/B13		

计算市场组合 M——具有最高夏普比率的组合

我们可以用 Excel 的规划求解功能（参见第 28 章）来求具有最高夏普比率的组合。这个组合就是市场组合 M。

点击"规划求解"，就会得到答案。

	A	B	C	D	E
1	含无风险资产的投资组合收益 夏普比率				
2		股票A	股票B	无风险利率r_f	
3	平均收益	7.00%	15.00%	2.00%	
4	收益方差	0.64%	1.96%		
5	收益标准差	8.00%	14.00%		
6	协方差	0.0011			
7					
8	投资组合的收益和风险				
9	投资于股票A的比例	51.81%			
10	投资于股票B的比例	48.19%			
11					
12	预期组合收益	10.85%	<-- =B9*B3+B10*C3		
13	组合标准差	8.26%	<-- =SQRT(B9^2*B4+B10^2*C4+2*B9*B10*B6)		
14					
15	风险溢价	8.85%	<-- =B12-D3		
16					
17	夏普比率	1.0716	<-- =(B12-D3)/B13		

现在，我们令具有最大夏普比率的组合为 M：

给定一个无风险资产和风险资产的集合（当前这个例子只有两种这样的资产），市场组合 M 则是具有最大夏普比率的组合：$\dfrac{E(r_M)-r_f}{\sigma_M}$。组合 M 是投资者可以获得的最优的风险资产组合。

11.5 证券市场线

资本市场线给出了投资者的最优组合的收益—风险的关系。而单个资产的风险—收益关系则由证券市场线给出。证券市场线表明，资产和组合的期望收益是由资产的系统性风险（称为 β）、无风险利率以及具有最大的夏普比率的组合决定的。

首先概括一下证券市场线（后面我们会解释）

由证券市场线可知，下式给出了任一资产 i 的期望收益、无风险利率和市场风险溢价：

$$E(r_i) = \underset{\text{无风险利率}}{r_f} + \underset{\beta_i}{\frac{\text{Cov}(r_i,r_M)}{\text{Var}(r_M)}} * \underset{\substack{E(r_M) \text{是具有最大} \\ \text{夏普比率组合的收益}}}{\left[E(r_M)-r_f\right]}$$

注意，上面等式中的"资产 i"（由字母 i 表示）表明了很多意义：

- 资产 i 可以仅是一种风险资产。此时，$E(r_i)$ 代表股票 A 或股票 B 的收益。
- 资产 i 可以是两种风险资产的组合。此时，$E(r_i)$ 代表由 60% 的股票 A 和 40% 的股票 B 构成的组合收益。
- 资产 i 可以是无风险资产和两只股票的组合。例如，由 25% 的无风险资产、30% 的股票 A 以及 45% 的股票 B 构成的组合。

总之，证券市场线界定了市场上所有资产的风险—收益关系。证券市场线是投资管理的一种重要工具，在下面两章，我们研究证券市场线的使用，以评估投资组合经理的业绩（第 12 章）以及用于计算企业资金的成本（第 13 章）。本节我们会解释证券市场线为什么重要。

我们用一些例子来解释证券市场线。

例子 1：当资产 i 仅是股票 A 时，证券市场线的运用

下表中第 3～16 行重申了我们已经给出的事实。在第 24 行中，我们计算了资产 i（股票 A 的例子）和市场组合 M 的协方差。假定，i 是由 x_{iA} 比例的股票 A 和 $x_{iB} = 1 - x_{iA}$ 比

例的股票 B 构成的，并假定市场组合是由 x_{MA} 比例的股票 A 和 $x_{MB} = 1 - x_{MA}$ 比例的股票 B 构成的。那么，r_i 和 r_M 的协方差为：

$$\text{Cov}(r_i, r_M) = \text{Cov}(x_{iA}r_A + x_{iB}r_B, x_{MA}r_A + x_{MB}r_B)$$
$$= x_{iA}x_{MA}\text{Var}(r_A) + x_{iB}x_{MB}\text{Var}(r_B) + (x_{iA}x_{MB} + x_{iB}x_{MA}) * \text{Cov}(r_A, r_B)$$

当假定 $x=1$ 时，i 就代表股票 A。

- 单元格 B22 中的 $E(r_i) = 7.00\%$，其位于证券市场线的左侧。

- 单元格 B24 中 r_i 和 r_M 的协方差 $\text{Cov}(r_i, r_M) = 0.0039$。

- 单元格 B25 中是用 $\text{Cov}(r_i, r_M)$ 除以 $\text{Var}(r_M)$，得到的 $\beta_i = \dfrac{\text{Cov}(r_i, r_M)}{\text{Var}(r_M)} = 0.5647$。

- 单元格 B26 中是 $r_f + \beta_i * [E(r_M) - r_f] = 2\% + 0.5647 * [10.85\% - 2\%] = 7.00\%$。

单元格 B22 的值和 B26 的值相等，表明当 i 仅是股票 A 时，证券市场线适用。

尽管用不同的方法计算，但单元格 B22 和 B26 给出了相同的值。这就是证券市场线：

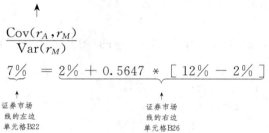

$$E(r_A) = r_f + \beta_A[E(r_M) - r_f]$$

$$\frac{\text{Cov}(r_A, r_M)}{\text{Var}(r_M)}$$

$$7\% = 2\% + 0.5647 * [12\% - 2\%]$$

证券市场线的左边 单元格B22　　　证券市场线的右边 单元格B26

	A	B	C	D	E
1	证券市场线的说明				
2		股票A	股票B	无风险资产r_f	
3	平均收益	7.00%	15.00%	2.00%	
4	收益方差	0.0064	0.0196		
5	收益标准差	8.00%	14.00%		
6	协方差	0.0011			
7					
8	市场组合M——夏普比率最大时的组合				
9	股票A的比例，x_{MA}	51.81%			
10	股票B的比例，$x_{MB}=1-x_{MA}$	48.19%	<-- =1-B9		
11					
12	预期市场组合收益，$E(r_M)$	10.85%	<-- =B9*B3+B10*C3		
13	市场组合收益方差，$s_M^2=\text{Var}(r_M)$	0.0068	<-- =B9^2*B4+B10^2*C4+2*B9*B10*B6		
14	市场组合标准差，$s_M=$标准差(r_M)	8.26%	<-- =SQRT(B13)		
15					
16	市场超额收益$E(r_M)-r_f$	8.85%	<-- =B12-D3		
17					
18	"验证"证券市场线:$E(r_i)=r_f+\beta_i[E(r_M)-r_f]$				
19	资产i				
20	股票A的比例，x_{iA}	100.00%			
21	股票B的比例，$x_{iB}=1-x_{iA}$	0.00%	<-- =1-B20		
22	预期组合收益 $E(r_i)=x_{iA}*E(r_A)+x_{iB}*E(r_B)$ 证券市场线，左边	7.00%	<-- =B20*B3+B21*C3		
23					
24	$\text{Cov}(r_i, r_M)$	0.0039	<-- =B20*B9*B4+B21*B10*C4+(B20*B10+B21*B9)*B6		
25	β_i	0.5647	<-- =B24/B13		
26	$r_f+\beta_i*[E(r_M)-r_f]$ 证券市场线，右边	7.00%	<-- =D3+B25*B16		

例2: 仅有股票B构成的组合时，证券市场线的运用

当 i 仅为股票B时，我们重复上面的计算。如你在下表单元格B25中所能看到的，股票B的贝塔 $\beta_B = 1.4681$。单元格B22的值和B26的值相等，意味着证券市场线同样适用于股票B:

$$E(r_B) = r_f + \beta_B [E(r_M) - r_f]$$

$$\uparrow$$

$$\frac{\text{Cov}(r_B, r_M)}{\text{Var}(r_M)}$$

$$\underline{15\%} = \underline{2\% + 1.4681 * [12\% - 2\%]}$$

证券市场线的左边 单元格B22

证券市场线的右边 单元格B26

	A	B	C	D	E
18	"验证"证券市场线:$E(r_i)=r_f+\beta_i[E(r_M)-r_f]$				
19	资产 i				
20	股票A的比例,x_{iA}	0.00%			
21	股票B的比例,$x_{iB}=1-x_{iA}$	100.00%			
22	预期组合收益 $E(r_i)=x_{iA}*E(r_A)+x_{iB}*E(r_B)$ 证券市场线，左边	15.00%	<-- B20*B3+B21*C3		
23					
24	Cov(r_i,r_M)	0.0100	<-- =B20*B9*B4+B21*B10*C4+(B20*B10+B21*B9)*B6		
25	β_i	1.4681	<-- =B24/B13		
26	$r_f+\beta_i*[E(r_M)-r_f]$ 证券市场线，右边	15.00%	<-- =D3+B25*B16		

例3: 证券市场线适用于组合

这个例子中资产 i 是由 80% 的股票A和 20% 的股票B构成的组合。如前面的例子，单元格B22的值和单元格B26的值相等，意味着证券市场线正确描述了资产的收益—风险关系。

	A	B	C	D	E
18	"验证"证券市场线:$E(r_i)=r_f+\beta_i[E(r_M)-r_f]$				
19	资产 i				
20	股票A的比例,x_{iA}	80.00%			
21	股票B的比例,$x_{iB}=1-x_{iA}$	20.00%			
22	预期组合收益 $E(r_i)=x_{iA}*E(r_A)+x_{iB}*E(r_B)$ 证券市场线，左边	8.60%	<-- =B20*B3+B21*C3		
23					
24	Cov(r_i,r_M)	0.0051	<-- =B20*B9*B4+B21*B10*C4+(B20*B10+B21*B9)*B6		
25	β_i	0.7453	<-- =B24/B13		
26	$r_f+\beta_i*[E(r_M)-r_f]$ 证券市场线，右边	8.60%	<-- =D3+B25*B16		

加算 β_S

前面的计算的另一种方法是用组合 β:

组合 β 是 β_S 的加权平均数,$\beta_p = x_A\beta_A + x_B\beta_B$。

例如,假定我们想知道由 80% 的股票 A 和 20% 的股票 B 构成的组合的期望收益。该组合的 β_p 为:

$$\beta_p = x_A\beta_A + x_B\beta_B = 0.8 * 0.5647 + 0.2 * 1.4681 = 0.7453$$

所以,它的期望收益由证券市场线决定,用 β_p 表示。

总　结

资本资产定价模型(CAPM)是形成投资组合和资产定价的模型。该模型有如下结论:

- 组合的标准差和期望收益是如何受组合构成的影响的?
- 可供投资者选择的额外无风险资产是如何改变他们的风险—收益机会集的?
- 如何计算市场组合 M?该组合最大化了夏普比率:$\dfrac{E(r_p) - r_f}{\sigma_p}$。
- 当你投资风险资产和无风险资产时,应如何选择一个最优的组合?即资本市场线,它能选出由无风险资产和市场组合构成的所有最优投资组合。
- 如何计算股票或者组合的贝塔(β)?β 是衡量资产风险的。资产组合 p 的贝塔为 $\beta_p = \dfrac{\text{Cov}(r_p, r_M)}{\text{Var}(r_M)}$。("组合"是包含单个资产的。)
- 任何组合的期望收益与无风险利率以及组合的 β 是如何相互联系的?答案也是证券市场线(SML):

$$E(r_i) = r_f + \beta_i[E(r_M) - r_f]$$

在后面章节中,我们会研究该模型的应用,运用它来研究投资组合经理的业绩以及计算公司资金的成本。

习　题

说明:本书随附的光盘里含有下述问题的数据。

1. 当沿着 Spartanburg(你的家乡)的街头散步时,你遇到两个街头骗子。第一个骗子 John 在玩掷硬币的游戏,玩这个游戏的方法如下:你付 0.80 美元,他就掷一次硬币。如果硬币掷到正面,那他就付给你 3 美元;如果硬币掷到反面,那你要付给他 1 美元。

a. 从这个游戏中,你获得的期望收益为多少?

b. 收益的标准差是多少?

2. 仍然在 Spartanburg,你遇到另一个街头骗子 Mary。她的游戏更为复杂:你付给 Mary 0.80 美元,她就会掷骰子。如果骰子掷到"1"点,你就付给她 2 美元;如果掷到"2"点,那你既不会有收益也不用付钱给她;如果掷到"3,4,5,6"点,Mary 就付给你 2 美元。

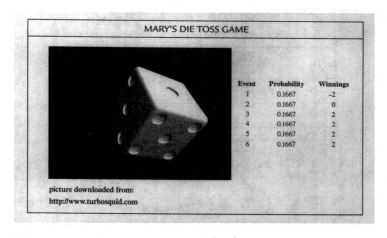

MARY'S DIE TOSS GAME

Event	Probability	Winnings
1	0.1667	–2
2	0.1667	0
3	0.1667	2
4	0.1667	2
5	0.1667	2
6	0.1667	2

picture downloaded from:
http://www.turbosquid.com

a. 该游戏的期望收益是多少？

b. 收益的标准差是多少？

c. 哪一个游戏风险更大——Mary 的掷骰子游戏还是 John 的掷硬币游戏？

d. 你会选择玩哪一个游戏？为什么？

3. 习题 1 和习题 2 与投资股票有什么关系？

4. 考虑一只股票，其期望收益为 13%，收益的标准差为 15%，以及一种收益为 1% 的无风险资产。求由 20% 的这种无风险资产和 80% 的这只股票构成的组合的平均收益和标准差。

5. 你正考虑投资于一只股票和无风险资产构成的组合。这只股票的期望收益为 17%，标准差为 11%，无风险资产的收益为 3%。

a. 完成下表，并画出组合期望收益以作为投资组合标准差的函数。

b. 假定你准备投资 1,000 美元，投资于 150% 的风险资产的组合是什么意思？

	A	B	C
1	股票的期望收益	17%	
2	股票的标准差	11%	
3	无风险利率	3%	
4			
5			
6	投资组合中股票的比例	组合的标准差	组合的期望收益
7	0%		
8	10%		
9	20%		
10	30%		
11	40%		
12	50%		
13	60%		
14	70%		
15	80%		
16	90%		
17	100%		
18	110%		
19	120%		
20	130%		
21	140%		
22	150%		

6. 下面为股票 X 和股票 Y 以及一种无风险资产的数据。

	A	B	C
1	股票X和股票Y的收益		
2		X	Y
3	平均收益	19.00%	13.00%
4	方差	0.09	0.015
5	协方差	0.01	
6			
7	无风险利率	3.00%	

a. 求股票 X 和股票 Y 的最小方差组合的收益和标准差。

b. 求由 30％的最小方差组合和 70％的无风险资产构成的组合的收益和标准差。当一半是最小方差组合、一半是无风险资产时，再计算一下新组合的收益和标准差。

c. Mary Jones 想要你构建由无风险资产和最小方差组合构成的组合，Mary 要求的期望收益为 9％，则该组合中无风险资产的比例和最小方差组合的比例分别为多少？

d. Kaid Benfield 想要构建由无风险资产和最小方差组合构成的组合。请为 Kaid 构建标准差为 5％的这种组合。

7. 求习题 6 中最小方差组合的夏普比率。找出另一种由股票 X、股票 Y 构成的具有更好的夏普比率的组合。

8. 假定无风险资产的收益为 4％，求下面表格中组合的夏普比率。根据夏普比率，哪一个是最好的组合？

	A	B	C
1	组合统计量		
2		平均收益率	标准差
3	组合1	19.00%	9.00%
4	组合2	13.00%	1.50%
5	组合3	25.00%	10.00%
6	组合4	32.00%	15.00%
7	组合5	14.00%	2.10%
8	组合6	22.00%	3.20%
9	组合7	17.00%	5.50%
10	组合8	12.00%	0.96%
11	组合9	40.00%	20.00%
12	组合10	23.00%	23.00%
13			
14	无风险利率	4.00%	

9. 下表是 IBM 和可口可乐的年末股票价格。试回答下述问题。

a. 计算 1991—2002 年间两只股票的以下数据：年收益、整个时期的平均收益、收益的方差及标准差、协方差以及相关系数。

b. 计算由这两只股票构成的组合的收益和标准差。

c. 假定无风险资产的收益率为 5％，用夏普比率求出市场组合。该组合是否为最小方差组合？如果不是的话，求最小方差组合的夏普比率。

	A	B	C
1	IBM和可口可乐的股价		
2	日期	可口可乐	**IBM**
3	31-Dec-90	13.43	28.02
4	31-Dec-91	14.91	22.07
5	31-Dec-92	14.11	12.5
6	31-Dec-93	29.23	14.01
7	30-Dec-94	22.01	18.23
8	29-Dec-95	30	22.66
9	31-Dec-96	42.65	37.58
10	31-Dec-97	61.61	51.9
11	31-Dec-98	52.17	91.47
12	31-Dec-99	43.78	107.03
13	29-Dec-00	35.84	84.34
14	31-Dec-01	36.75	120.02
15	31-Dec-02	63.94	77.21

10. 在 Golkoland 股票市场中，只有两只上市公司股票，Xirkind 和 Yirkind。Golkoland 的无风险收益率为 5%，Xirkind 和 Yirkind 股票构成的组合有最高的夏普比率。

	A	B	C
2		**Xirkind**	**Yirkind**
3	平均收益率	19.84%	15.38%
4	收益的方差	0.1575	0.1378
5	标准差	39.68%	37.12%
6	协方差	-1.10%	
7	相关系数	-7.47%	
8	无风险收益	5.00%	
9			
10	最高夏普利率		
11	Xirkind的权重	0.546	
12	Yirkind的权重	0.454	
13			
14	组合收益	17.81%	
15	组合方差	6.99%	
16	组合标准差	26.43%	
17	夏普比率	0.485	

a. 求 Golkoland 市场中的市场组合 M。

b. 求 Golkoland 市场中的资本市场线的方程。

c. 资本市场线的意思是什么以及我们为什么对其感兴趣？

d. 求由 30% 的无风险资产和 70% 的市场组合构成的组合的期望收益和标准差。

e. 假定投资者想要获得上面组合的同样收益，但只投资于同样权重的 Xirkind 和 Yirkind 股票构成的组合。求他的这一组合的标准差。如何解释这个标准差和习题 10d 中标准差的差异？

11. Tierra del Fuego 股票市场的市场组合的期望收益 $E(r_M) = 22\%$，收益的标准差 $\sigma_M = 19\%$，无风险收益率 $r_f = 7\%$。

a. 求 Tierra del Fuego 股票市场的资本市场线方程。

b. 求以下资本市场线组合：

● 由 35% 的无风险资产和 65% 的市场组合构成的市场组合。

● 由 120% 的市场组合构成的组合。

● 收益为 15% 的组合。

● 收益为 23% 的组合。

- 标准差为 35% 的组合。
- 标准差为 5% 的组合。

12. 求只有下表两只股票构成的股市的资本市场线方程。市场组合由 37.5% 的股票 A 和 62.5% 的股票 Z 构成。

	A	B	C
1	股票A和股票Z的收益统计量		
2		**A**	**Z**
3	平均收益	31.00%	15.00%
4	方差	0.3	0.08
5	协方差	-0.05	
6			
7	无风险利率	5.00%	

13. 若无风险收益率 $r_f = 3\%$，习题 12 中的市场组合会改变吗？若改变，请解释其原因并求出新的市场组合。假定市场组合为 0 时，再回答这个问题。

14. 下表中给出的是股票 X 和股票 Y 的收益数据。

	A	B	C
1	股票X和股票Y的收益统计量		
2		**X**	**Y**
3	平均收益	19.00%	13.00%
4	方差	0.09	0.015
5	协方差	0.01	
6			
7	无风险利率	3.00%	

a. 用这些数据计算资本市场线。

b. 具有同样 19% 的收益的资本市场线上的组合和有效边界上的组合，它们的标准差有何差异？求资本市场线上的组合中无风险资产的权重。

15. （较难的习题）北部半岛股票市场中仅有两家上市公司的股票，Big Mining 和 Shallow Mining，市场组合由 40% 的 Big Mining 和 60% 的 Shallow Mining 构成。用下表数据，求每只股票的 β。

	A	B	C	D
1	北部半岛股票市场			
2		**Big Mining**	**Shallow Mining**	
3	期望收益	15%	25%	
4	收益标准差	25%	40%	
5	协方差	0.05		

16. Formula 和 Dormula 是在 Chitango 股票市场上市交易的两只股票，它们的 β 分别为 1.8 和 2.6。求由 20% 的 Formula 股票和 80% 的 Dormula 股票构成的组合的 β。

17. 已知股票 i 的以下数据：$E(r_M) = 0.18$，$\beta_i = 1.05$，$R_f = 0.07$，求该股票的期望收益。

18. 已知股票 i 的以下数据：$E(r_M) = 0.22$，$E(r_i) = 0.33$，$R_f = 0.09$，求 β_i。

19. 已知股票 i 的以下数据：$E(r_M) = 0.25$，$\beta_i = 0.85$，$E(r_i) = 0.22$，求无风险资产的收益率。

20. 已知股票 i 的以下数据：$E(r_M) = 0.2$，$\text{Cov}(r_i, r_M) = 0.1$，$r_f = 0.06$，$\sigma_M^2 = 0.15$，求该股票的期望收益。

21. 已知股票 i 的以下数据：$E(r_i) = 0.15$，$\text{Cov}(r_i, r_M) = 0.067$，$r_f = 0.02$，$\sigma_M^2 = 0.089$，求 $E(r_M)$。

22. 已知股票 i 的以下数据：$E(r_M) = 0.22$，$\text{Cov}(r_i, r_M) = 0.27$，$E(r_i) = 0.14$，$\sigma_M^2 = 0.09$，求 r_f。

23. 假定仅有两只股票——公司 A 的股票和公司 B 的股票。下表给出了股票 A 和股票 B 构成的组合的相关数据。

	A	B	C	D
1		公司A	公司B	
2	期望收益	8.00%	25.00%	
3	收益方差	0.0200	0.0900	
4	收益标准差	14.14%	30.00%	<-- =SQRT(C3)
5				
6	协方差	-0.03500		
7	相关系数	-0.82496	<-- =B6/(B4*C4)	
8				
9	组合比例			
10	公司A	80%		
11	公司B	20%		
12				
13	组合的期望收益	11.400%	<-- =B10*B2+B11*C2	
14	组合的方差	0.0052	<-- =B10^2*B3+B11^2*C3+2*B10*B11*B6	
15	组合的标准差	7.21%	<-- =SQRT(B14)	

证明由 80% 的股票 A 和 20% 的股票 B 构成的组合不是最优的，可以找出一个更好的组合。

24. 用上一题的数据，当无风险资产收益率为 8% 时，求市场组合 M。（回忆一下，市场组合 M 是具有最大夏普比率的市场组合。）

25. 生日时，你的阿姨送给你一张 5,000 美元的支票，你打算将这笔钱选择以下一样（或全部）做投资：政府债券、Hilda's Hybrids 公司股票或 Hilda's Hubby 公司股票。相关数据见下表：

	A	B	C	D
1		Hilda's Hybrids	Hilda's Hubby	政府债券
2	期望收益	30.00%	16.25%	10.00%
3	方差	28.58%	2.30%	
4	标准差	53.46%	15.17%	
5				
6	收益协方差	0.0343		
7	相关系数	0.4224	<-- =B6/(B4*C4)	

a. 假定市场组合 M 是由两种风险资产各占一半比例构成，求资本市场线（也即，无风险资产和这两家公司股票的组合）。同时以图表和坐标图给出答案。

b. 假定你打算投资于以下资产构成的组合：40% 的政府债券，60% 的组合 M。求该组合的期望收益和方差。

26. 参见习题 25，你感到很幸运，决定投资于另一个风险较大的组合。尤其是，除了 5,000 美元的礼物，你还能以 $r_f = 10\%$ 的无风险利率借入 1,000 美元。你决定将 6,000 美元投资于由 Hilda's Hybrids 公司股票和 Hilda's Hubby 公司股票构成的组合。

a. 若你的目标是创建由这两种风险资产构成的"最优组合"，那么你应该如何分配

6,000 美元于这两只股票?

b. 求这个风险更大的组合的期望收益和风险。

27. a. 考虑下面一组数据,求由 75% 的股票 A 和 25% 的股票 B 构成的组合的期望收益和标准差。

	股票 A	股票 B
期望收益	30%	13%
收益标准差 σ	40%	10%
相关系数 ρ_{AB}	0.5	

b. 股票 C 的 $\beta_C = 1.3$,组合 p 由 75% 的股票 C 和 25% 的股票 D 构成,且 $\beta_p = 1.8$。求股票 D 的 β_D?

28. 你有 1,000 美元用作投资,无风险利率 $r_f = 6\%$,市场组合的期望收益 $E(r_M) = 15\%$,标准差 $\sigma_M = 20\%$。

a. 若你投资 500 美元于无风险资产、投资 500 美元于市场组合,求这种投资的期望收益和标准差。

b. 假定你的姐姐也有 1,000 美元用于投资,但她还想借入 1,000 美元,将这 2,000 美元投资于市场组合 M。求她的这种投资组合的收益和标准差。

c. 哪一个投资组合更好,是你的还是你姐姐的?

29. 下表是 ABC 公司股票、XYZ 公司股票和市场组合 M 各年份的年收益率。

	A	B	C	D
3	年份	市场组合	ABC公司股票	XYZ公司股票
4	1	11.90%	14.40%	121.20%
5	2	0.40%	-22.20%	-33.90%
6	3	26.90%	47.50%	3.70%
7	4	-8.60%	7.70%	3.10%
8	5	22.80%	42.80%	17.20%
9	6	16.50%	30.70%	-16.90%
10	7	12.50%	11.40%	-32.80%
11	8	-10.06%	-32.50%	-30.40%
12	9	23.90%	30.50%	114.00%
13	10	11.10%	1.80%	-3.70%
14	11	-8.50%	-6.20%	-33.00%
15	12	3.90%	22.30%	-33.20%
16	13	14.30%	4.30%	21.60%
17	14	19.10%	6.50%	17.80%
18	15	-14.70%	-37.80%	7.50%
19	16	-26.50%	-27.60%	-62.30%
20	17	37.30%	97.10%	65.40%
21	18	23.80%	45.85%	-28.02%
22	19	-7.15%	-11.25%	-6.33%
23	20	12.16%	-4.70%	26.67%

a. 用公式 $\beta_{ABC} = \dfrac{\text{Cov}(r_{ABC}, r_p)}{\text{Var}(r_p)}$ 和 $\beta_{XYZ} = \dfrac{\text{Cov}(r_{XYZ}, r_p)}{\text{Var}(r_p)}$,求 β_{ABC} 和 β_{XYZ}。

b. 哪一家公司的股票收益能更好地被市场组合的收益所解释?用回归来解释(参见第 9 章)。

30. Anders Smith 提议投资股票 X 和股票 Y 的组合。这两只股票的信息如下表。

	A	B	C
2		股票X	股票Y
3	期望收益	20%	14%
4	收益标准差	25%	15%
5	相关系数	0.4	
6			
7	一般的X—Y投资组合		
8	X的比例	标准差	均值
9	0%		
10	10%		
11	20%		
12	30%		
13	40%		
14	50%		
15	60%		
16	70%		
17	80%		
18	90%		
19	100%		

a. 完成阴影部分，并求每个组合的期望和标准差。

b. 在期望—标准差的坐标图上画出这些组合。

c. 假定 Smith 先生能以 6% 的利率借贷资金，探讨这种情形会如何改变他的投资机会。求具有最大夏普比率的组合 M，并简要解释为什么 Smith 总是会投资这个组合。

31. 假定市场上仅有三只股票，且最优投资比例为 A、B、C 三只股票各投资三分之一。并假定股票 A 的方差为 10%，股票 B 的方差为 8%，股票 C 的方差为 20%；A、B 两只股票的协方差为 0.08，B、C 两只股票的协方差为 −0.10，A、C 两只股票的协方差为 0.04。

a. 求每只股票和市场组合的协方差。

b. 求这三只股票的系统性风险贝塔（β）。

第 12 章

用证券市场线衡量投资业绩

概述

本章和下一章将阐述如何使用第 11 章中介绍过的证券市场线。本章主要讨论投资业绩，下一章将讨论用模型衡量资金的成本。

"一种资产——一只股票，或者一个投资组合——的业绩表现怎么样？""投资业绩"是形容该问题的金融术语。通常，基本问题是："我的投资经理（或共同基金经理）在管理我的资金方面做得怎么样？"想要决定资产的投资业绩，我们需要解释一下资产的风险。因为我们预期高风险的资产应该有高回报，以此弥补投资者承担的风险，所以衡量真实的投资业绩应该考虑投资者因承担风险而赚取的超额收益。

证券市场线给我们提供了一种标准的衡量投资业绩的方法。用证券市场线衡量基于风险的业绩，我们可以得出结论，一种特定资产的业绩是超过了它的风险（表现突出），还是没有（表现不佳）。

本章，我们将介绍如何用证券市场线衡量投资业绩。

● 我们将介绍通过用证券超额收益和市场组合收益间的回归方程来计算证券的 β。通常，我们用标普 500 指数作为"市场组合"。β 是衡量证券风险的。

● 我们将介绍如何计算证券的 α。α 衡量经风险调整的证券业绩。

● 我们将探讨不可分散风险（也称为市场风险）和可分散风险（也称为因素风险）的差异，并阐述股票组合如何降低可分散风险。

讨论的金融概念

● 证券市场线（SML）

- α、β、R^2
- 系统性（不可分散，市场）风险
- 非系统性（可分散）风险
- 业绩评估

使用的 Excel 函数

- Average、Stdevp、Varp、Covar
- Intercept、Slope、Rsq
- 趋势线（Excel 中的回归工具）

12.1 Jack 和 Jill 间关于投资的争论

为了理解业绩衡量背后的问题，我们先介绍 Jack 和 Jill 的故事。2003 年 8 月的某一天，Jack 和 Jill 在争论他们的投资业绩。他们在一起有很长一段时间了，像大多数夫妻一样，他们常常会争论/探讨同一个问题。投资策略就是他们争论了很多次的问题。

Jill 首先说："我从 1990 年 5 月份开始投资于纳斯达克。"Jill 首先对 Jack 说："如果你听我的话投资于纳斯达克，而不是投资于没有意思的富达清教徒基金，你的收益应该会更高。我每投资纳斯达克 1 美元就能得到 3.60 美元，而你每投资 1 美元只得到 2.70 美元。显然，纳斯达克的业绩表现要比富达的好。"

这种说法激怒了 Jack。自从他在壁球山学院的 MBA 课程遇到 Jill 时，Jill 以她特有的不认真的方式表示她打理钱要比 Jack 做得好。这冒着破坏他们可能较好的关系的风险。她声称能够选择超过市场业绩的投资，即使她在界定这个概念时有些困难。[①]

若你考虑 1990—2003 年整个期间（见图 12.1），Jill 确实要比 Jack 做得好。即使纳斯达克的波动要比清教徒基金的波动大，像 Jill 这样整个时期投资于纳斯达克的投资者的收益要超过像 Jack 这样投资于清教徒基金的投资者的收益。在 1990 年 5 月投资 1 美元于纳斯达克的投资者在 2003 年 8 月将获得 3.60 美元，而在 1990 年 5 月投资 1 美元于清教徒基金的投资者在 2003 年 8 月将获得 2.70 美元。

但是 Jack 这样投资也有一个合理解释。"听着，亲爱的"，他骄傲地对 Jill 说，"看纳斯达克的波动有多厉害，还记得你在 1999 年末有多趾高气昂，但到 2001 年你有多紧张吗？这种突出业绩就像一罐午餐肉。"他向 Jill 指出 1999 年 5 月—2001 年 5 月间纳斯达克指数大幅回调（见图 12.2）。

"而且"，他提醒 Jill，"纳斯达克的这种突出业绩不能永久保持。当我们在 1999 年 12 月获得股利，你依然将股利投资于纳斯达克，而我当然较为保守地投资于清教徒基金。当市场转向下跌时，我们都亏了钱，但是你亏得比我多得多。"他向 Jill 指出图 12.2，"我们在 1999 年末每投资的 1 美元，现在我获得 0.94 美元，而你只得到 0.41 美元。"

---

① 她没有学过这一章！

"虽然下跌，但还会涨上去的"，Jill 很乐观地说①，"我敢跟你打赌，费城牛排三明治在将来某个时候会涨上去的。"

图 12.1　1990 年 5 月—2003 年 8 月，投资于纳斯达克和清教徒基金的 1 美元增长图

说明：这一期间，将 1 美元投资于纳斯达克增长至 3.60 美元，而将 1 美元投资于富达清教徒基金增长至 2.70 美元。

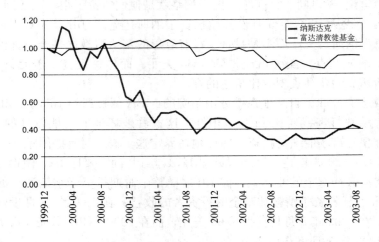

图 12.2　1999 年 12 月—2003 年 8 月间投资于纳斯达克和清教徒基金的 1 美元增长走势图

说明：实际上"上涨"是委婉的说法——这两种投资在这段时间都是下跌的。投资于纳斯达克的每 1 美元在 2003 年 8 月只有 0.41 美元，而投资于清教徒基金的每 1 美元在 2003 年 8 月只有 0.94 美元。

"当然，在一段时间里你的收益要比我的多——纳斯达克的风险要比清教徒基金的风险大。纳斯达克分红要多得多，因此在某一时点，你的收益必定要多。但是，我的座右铭是'慢和稳'。清教徒基金的风险没有这么大，这是因为我追逐风险，我对这个低收益感到很高兴。还记得壁球山学院的 Simons 教授是如何推敲家庭的风险和收益关系的吗？"

此时，Jill 对争论感到疲倦了。她和 Jack 都说出了自己的观点，Jill 坐下来读当日的《华尔街日报》。

---

①　市场有效率的结论之一是，过去的股价表现不能预测将来的股价。也许 Jill 应该读一读第 14 章，其中有这方面的解释。

真正的问题

Jack 和 Jill 对风险、收益、业绩以及突出业绩的争论是许多投资者都在做的典型的无谓争论。他们的讨论都偏离了重点，因为他们无视投资的风险。在金融里，我们认为投资业绩与所投资资产的风险相关——一般而言，风险较大的资产，收益应该较大，以弥补投资者所承担的风险。因此，Jill 投资于纳斯达克（风险较小的投资）的业绩好，而 Jack 投资于清教徒基金（风险较小的资产）的收益较低，我们没必要对此感到惊讶。真正的问题是，纳斯达克的收益是否与纳斯达克的风险相称？清教徒基金的收益是否与清教徒基金的风险相称？

因此，Jack 和 Jill 的争论没有切中问题要害。我们首先回顾 Jill 的论述，自从 1990 年开始，Jill 赚的钱要比 Jack 的多。当然，她是对的，但是看一下图 12.1，我们就会明白纳斯达克的风险要比清教徒基金的风险大得多——纳斯达克的收益方差要比清教徒基金的收益方差大得多。若纳斯达克的风险较大，那么 Jill 赚得更多是对她承担较大风险的补偿。

图 12.2 可以得出相同的结论。若纳斯达克的风险大于清教徒基金的风险，因此当市场下跌时，一点也无须感到惊讶，纳斯达克下跌得更厉害。当 Jack 说，在市场下跌时，他投资的清教徒基金的业绩要好得多，我们同样也无须感到惊讶。

因此，Jack 和 Jill 都没有切中问题要害：真正的问题是，纳斯达克的业绩是否与其风险相称以及清教徒基金业绩是否与其风险相称？用资本资产定价模型的话说，经风险调整后，证券是否业绩不佳或者业绩突出。

本章会向读者阐述如何回答这个问题。我们将用证券市场线来回答业绩和风险的问题。在 12.6 节，我们将回到 Jack 和 Jill 的问题，回答谁做得更好这个问题。

12.2 衡量富达麦哲伦基金的投资业绩

本节通过用证券市场线衡量富达麦哲伦基金（股票代码 FMAGX）的投资业绩，来解释证券市场线在衡量投资业绩中的使用。我们将阐述 1998—2008 年的 10 年间，基于风险变化，麦哲伦的表现超越了市场的表现。

首先，我们总结一下证券市场线。证券市场线阐明了资产风险和其期望收益的关系。资产的风险由 β 衡量，β 反映资产收益对市场收益变化的敏感程度。资产的 β 越高，投资者的期望收益越高。

证券市场线的方程阐明了资产的期望收益，其期望收益 $E(r_i)$ 由下式给出：

$$E(r_i) = r_f + \beta_i \big[E(r_M) - r_f\big], \text{ 其中 } \beta_i = \frac{\mathrm{Cov}(r_i, r_M)}{\sigma_M^2}$$

$E(r_i)$ 中的字母"i"表明，证券市场线适用于所有风险资产的风险—收益关系。因此，i 能代表任何资产，可以是股票、债券或者投资组合。本章中的 i 要么代表股票，要么代表共同基金（由股票或债券构成的大的多元化组合）。

下表包含衡量麦哲伦业绩的必要数据：

● 1999—2008 年 10 年间麦哲伦（单元格 B4：B13）和标普 500 指数（单元格 C4：C13）

年收益数据。[①] 收益包含股利，假定投资者在 $t-1$ 年末购买股票，并一直持有至 t 年末，则计算 t 年的收益如下：

$$收益_t = \frac{P_t - P_{t-1} + 股利_t}{P_{t-1}}$$

● 年无风险利率数据（单元格 D4：D13）。因为我们正在寻找年度数据，所以我们把 1 年期美国国库券的收益作为无风险利率。[②]

● 超额收益数据："超额收益"是同一时期证券（它是麦哲伦或者标普 500 指数）收益和无风险利率的差。例如，1998 年某位投资者拥有标普 500 指数，他的投资将获得 30.54% 的收益（单元格 C4）；同一时期，他持有无风险的美国国库券获得的收益为 5.66%。因此，这段时期，标普 500 指数 500 收益超过无风险利率 24.88%。这个 24.88% 就是这个时期标普 500 指数的超额收益。如你在下表中的 F 列和 G 列所看到的，这一期间大部分时间，麦哲伦和标普 500 指数都有巨大的正的超额收益。

这段时期，麦哲伦的业绩明显好于标普 500 指数的业绩：麦哲伦的平均收益为 6.80%（B15），而标普 500 指数的平均收益为 4.91%（单元格 C15）。我们要回答的问题是，麦哲伦是否有经风险调整的突出业绩？

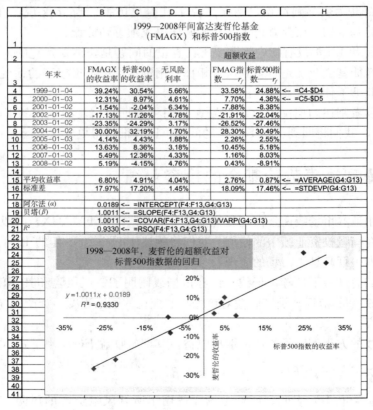

	A	B	C	D	E	F	G	H
1				1999—2008年间富达麦哲伦基金 （FMAGX）和标普500指数				
2						超额收益		
3	年末	FMAGX 的收益率	标普500 的收益率	无风险 利率		FMAG指 数——r_f	标普500指 数——r_f	
4	1999-01-04	39.24%	30.54%	5.66%		33.58%	24.88%	<-- =C4-$D4
5	2000-01-03	12.31%	8.97%	4.61%		7.70%	4.36%	<-- =C5-$D5
6	2001-01-02	-1.54%	-2.04%	6.34%		-7.88%	-8.38%	
7	2002-01-02	-17.13%	-17.26%	4.78%		-21.91%	-22.04%	
8	2003-01-02	-23.35%	-24.29%	3.17%		-26.52%	-27.46%	
9	2004-01-02	30.00%	32.19%	1.70%		28.30%	30.49%	
10	2005-01-03	4.14%	4.43%	1.88%		2.26%	2.55%	
11	2006-01-03	13.63%	8.36%	3.18%		10.45%	5.18%	
12	2007-01-03	5.49%	12.36%	4.33%		1.16%	8.03%	
13	2008-01-02	5.19%	-4.15%	4.76%		0.43%	-8.91%	
14								
15	平均收益率	6.80%	4.91%	4.04%		2.76%	0.87%	<-- =AVERAGE(G4:G13)
16	标准差	17.97%	17.20%	1.45%		18.09%	17.46%	<-- =STDEVP(G4:G13)
17								
18	阿尔法 (α)	0.0189	<-- =INTERCEPT(F4:F13,G4:G13)					
19	贝塔(β)	1.0011	<-- =SLOPE(F4:F13,G4:G13)					
20		1.0011	=COVAR(F4:F13,G4:G13)/VARP(G4:G13)					
21	R^2	0.9330	<-- =RSQ(F4:F13,G4:G13)					

1998—2008年，麦哲伦的超额收益对标普500指数数据的回归

$y = 1.0011x + 0.0189$

$R^2 = 0.9330$

标普500指数的收益率

麦哲伦的收益率

---

① 本章股票数据摘自雅虎，利率数据摘自由圣路易斯联邦储备银行支持的一个网站（http://research. stlouisfed. org/fred2/）。

② 金融研究通常用月度或周度收益数据，但年度数据更容易形象化。当我们计算 12.6 节中 Jack 和 Jill 的收益时，我们使用的是月度数据。

要回答这个问题，我们首先用标普 500 指数的超额收益对麦哲伦的超额收益作回归。若要作这样的回归，我们估计，最佳的回归线会穿过图上的点。[1] 其实，我们试图解释麦哲伦的超额收益是标普 500 指数超额收益的线性函数：

回归方程：$r_{麦哲伦,t} - r_{f,t} = 麦哲伦 + \beta_{麦哲伦} * [r_{标普500指数} - r_{f,t}]$

我们计算得到的实际回归方程是：

麦哲伦的超额收益 ＝ 1.89％ ＋ 1.0011 * 标普 500 指数超额收益，$R^2 = 93.3\%$

　　　　　　　　　　　麦哲伦的阿尔法　　　麦哲伦的贝塔　　　　　　　　　　衡量麦哲伦的超额
　　　　　　　　　　　$\alpha_{麦哲伦}$——其超　　　$\beta_{麦哲伦}$——　　　　　　　　　收益在多大程度上
　　　　　　　　　　　过标普500指数的业绩　　它的风险与　　　　　　　　被标普500指数的超额
　　　　　　　　　　　　　　　　　　　　　标普500指数之比　　　　　　　　收益所解释

回归计算需要三个统计值：

统计值 1，麦哲伦的贝塔 $\beta_{麦哲伦}$：$\beta_{麦哲伦}$ 用来衡量麦哲伦的超额收益对标普 500 指数超额收益的敏感性。β 是衡量证券的有关市场风险的最常用的方法。在电子表格中，有三种计算 $\beta_{麦哲伦}$ 的方法：单元格 B19、B20 以及图。[2] 这三种方法求得的 $\beta_{麦哲伦}$ 都为 1.0011。

β 是衡量股票风险的最常用的方法。麦哲伦的贝塔 $\beta_{麦哲伦}$ ＝1.0011 表明，麦哲伦的超额收益大致等于标普 500 指数的超额收益：标普 500 指数的超额收益平均每增加 1％，麦哲伦股票的超额收益则增加 1.0011％。依投资分析师的说法，麦哲伦是市场中性的资产；其和标普 500 指数的变动非常同步。依相同的说法，$\beta < 1$ 的资产称为防御性资产，$\beta > 1$ 的资产称为积极的资产。对于防御性资产和积极的资产，我们都给出了例子。

统计值 2，麦哲伦的阿尔法 $\alpha_{麦哲伦}$：$\alpha_{麦哲伦}$ 是衡量麦哲伦的超额业绩的。$\alpha_{麦哲伦}$ ＝1.89％，在电子表格中，有两种计算 $\alpha_{麦哲伦}$ 的方法：单元格 B18 和图。要理解 $\alpha_{麦哲伦}$ 的重要性，请看一下回归方程：

麦哲伦的超额收益 ＝1.89％＋1.0011 * 标普 500 指数的超额收益

　　　　　　　　　　　　$\alpha_{麦哲伦}$　　　$\beta_{麦哲伦}$

假定在一给定年份，标普 500 指数的收益超过无风险利率 10％。那么通过回归方程可知，麦哲伦的收益为 11.901％：

麦哲伦的超额收益 ＝ 1.89％ ＋1.0011 * 标普 500 指数的超额收益

　　　　　　　　　　　　无风险——计算了　　　　　　　　等于10％
　　　　　　　　　　　　标普500指数
　　　　　　　　　　　　变动后的麦哲伦
　　　　　　　　　　　　的年收益　　　　10.011％是经风险调整后的麦哲伦的收益

＝1.89％＋10.011％ ＝ 11.901％

若麦哲伦股票收益的变动如上式所示，$\alpha_{麦哲伦}$ 告诉你，平均来看，你将获得比经风险调整后的超额收益高 1.89％的收益。这意味着，麦哲伦是跑赢市场的共同基金！[3]

统计值 3，麦哲伦的 R^2：麦哲伦收益与标普 500 指数的收益具有较强的相关性：麦哲伦收益变动的 93.3％由标普 500 指数收益的变动引起。如单元格 B21 所示，这个数字（回

---

① 有关如何在 Excel 中执行回归的细节，请参见 9.4 节中的讨论或者参见下一节中 Excel 的注释。

② 想要进一步解释如何计算 β，请参见下一页中的 Excel 注释。

③ 或者是一个大的基金——我们在此做一大胆的假设，1999—2008 年间的历史业绩可以预测未来的业绩。

归的 R^2）由 Excel 的 Rsq 函数计算得到的，并会在图中出现。[1] R^2 的另一种解释是，它衡量股票"跟踪"标普 500 指数的程度。

虽然麦哲伦与标普 500 指数的变动极其相似，但大多数股票与市场指数变动不是很相似。在 12.2 节和 12.3 节中，我们提出，一个分散化的组合跟踪市场指数要比跟踪组合中的单个好得多。

Excel 注释：计算三个统计量 α、β 和 R^2

下表展示了计算 α、β 和 R^2 这些统计量的几种方法：

● 你可以使用 Excel 中的 xy 图和回归函数趋势线（参见第 9 章）。趋势线方程为：麦哲伦的年收益＝1.0011＊标普 500 指数的年收益＋0.0189，$R^2 = 0.933$。其中，$\beta_{麦哲伦} = 1.0011$，$\alpha_{麦哲伦} = 1.89\%$。

● 你可以使用 Excel 函数"Intercept(y 轴，x 轴)"，"Slop(y 轴，x 轴)"，"Rsq(y 轴，x 轴)"来分别计算 $\alpha_{麦哲伦}$、$\beta_{麦哲伦}$ 和 R^2。单元格 B18、B19 和 B21 给出了解释。

● 你可以使用 Excel 函数 Covar 和 Varp 来计算 $\beta_{麦哲伦}$：

$$\beta_{麦哲伦} = \frac{\mathrm{Covar}(r_{麦哲伦}, r_{标普500指数})}{\mathrm{Varp}(r_{标普500指数})}$$

Excel 提高篇提示：

单元格中，三个数据 α、β 和 R^2 是用公式直接计算的，没有计算超额收益。例如，标普 500 指数的超额收益可以用 Excel 的公式在单元格 B3：B12 至 D3：D12 写出来。类似地，根据 Excel，单元格 B3：B12 至单元格 D3：D12 是麦哲伦的超额收益。我们在下一节中采用同样的方法。

	A	B	C	D	E
1			1999—2008年间先锋麦哲伦基金和标普500指数 （不直接算出超额收益的情形下求回归系数）			
2	日期	FMAGX 的收益率	标普500指 数的收益率	无风险 利率	
3	1999-01-04	39.24%	30.54%	5.66%	
4	2000-01-03	12.31%	8.97%	4.61%	
5	2001-01-02	-1.54%	-2.04%	6.34%	
6	2002-01-02	-17.13%	-17.26%	4.78%	
7	2003-01-02	-23.35%	-24.29%	3.17%	
8	2004-01-02	30.00%	32.19%	1.70%	
9	2005-01-03	4.14%	4.43%	1.88%	
10	2006-01-03	13.63%	8.36%	3.18%	
11	2007-01-03	5.49%	12.36%	4.33%	
12	2008-01-02	5.19%	-4.15%	4.76%	
13					
14	阿尔法(α)	0.0189	<-- =INTERCEPT(B3:B12-D3:D12,C3:C12-D3:D12)		
15	贝塔(β)	1.0011	<-- =SLOPE(B3:B12-D3:D12,C3:C12-D3:D12)		
16	R^2	0.9330	<-- =RSQ(B3:B12-D3:D12,C3:C12-D3:D12)		

---

[1] 如你在其他章节看到的例子——R^2 为 90% 的情况，尽管这对高度分散化的共同基金来说不常见，但当问题中描述的是单只股票数据时，这对于证券市场线类型的回归来说很常见。单只股票的 R^2 为 10%～40% 更为常见。

12.3　积极型股票和防御型股票

本节我们重复分析前一节中三个以上的股票。为了求回归统计，我们可以采用上一节的 Excel 注释中所解释的方法。

金佰利公司

1998—2007 年的 10 年间，金佰利公司（股票代码 KMB）：

● 跑赢市场：KMB 的 $\alpha = 2.25\%$，表明以年为基础，KMB 的收益比经风险调整后的可保证收益高 2.25%。

● 防御型股票：KMB 的 $\beta = 0.6301$，这表明标普 500 指数每上涨/下跌 1% 就会导致 KMB 的收益增加/下降 0.63%。

KMB 的 $R^2 = 40.15\%$，这表明 KMB 股价变动的 40% 是由市场变动引起的。股价变动的其余 60% 可能是由金佰利的独有变量引起的。有关股票平均价格的变动，这就是你所预期的——股票收益的大部分波动不是系统性的变量（资本市场的术语为市场相关的风险）引起的，而是独特的或非系统性的变量（股票特有的风险）引起的。正如我们在下一节中看到的，我们可以通过分散化的投资组合来降低非系统性风险。

	A	B	C	D	E
1			1998—2007年间金佰利（KMB）和标普500指数（不直接算出超额收益的情形下求回归系数）		
2	日期	KMB 的收益率	标普500指数的收益率	无风险利率	
3	1999-01-04	-0.41%	30.54%	5.66%	
4	2000-01-03	29.47%	8.97%	4.61%	
5	2001-01-02	6.87%	-2.04%	6.34%	
6	2002-01-02	-5.18%	-17.26%	4.78%	
7	2003-01-02	-21.60%	-24.29%	3.17%	
8	2004-01-02	30.99%	32.19%	1.70%	
9	2005-01-03	15.60%	4.43%	1.88%	
10	2006-01-03	-10.30%	8.36%	3.18%	
11	2007-01-03	25.39%	12.36%	4.33%	
12	2008-01-02	-2.48%	-4.15%	4.76%	
13					
14	阿尔法(α)	0.0225	<-- =INTERCEPT(B3:B12-D3:D12,C3:C12-D3:D12)		
15	贝塔(β)	0.6301	<-- =SLOPE(B3:B12-D3:D12,C3:C12-D3:D12)		
16	R^2	0.4015	<-- =RSQ(B3:B12-D3:D12,C3:C12-D3:D12)		

通用电气

在同样的 10 年里，通用电气（GE）的股票也跑赢了市场（它的年度 $\alpha = 3.18\%$），它是积极型股票，它的风险也比股市大（$\beta_{GE} = 1.3063$）。另外，通用电气的股价和标普 500 指数走势十分接近，其 $R^2 = 86\%$。

	A	B	C	D	E
1		1999—2008年间通用电气和标普500指数 （不直接算出超额收益的情形下求回归系数）			
2	日期	通用电气 的收益率	标普500指 数的收益率	无风险 利率	
3	1999-01-04	37.26%	30.54%	5.66%	
4	2000-01-03	29.35%	8.97%	4.61%	
5	2001-01-02	4.11%	-2.04%	6.34%	
6	2002-01-02	-17.93%	-17.26%	4.78%	
7	2003-01-02	-36.10%	-24.29%	3.17%	
8	2004-01-02	49.35%	32.19%	1.70%	
9	2005-01-03	10.01%	4.43%	1.88%	
10	2006-01-03	-6.94%	8.36%	3.18%	
11	2007-01-03	13.36%	12.36%	4.33%	
12	2008-01-02	1.09%	-4.15%	4.76%	
13					
14	阿尔法(α)	0.0318	<-- =INTERCEPT(B3:B12-D3:D12,C3:C12-D3:D12)		
15	贝塔(β)	1.3063	<-- =SLOPE(B3:B12-D3:D12,C3:C12-D3:D12)		
16	R^2	0.8635	<-- =RSQ(B3:B12-D3:D12,C3:C12-D3:D12)		

杜邦：不是每一只股票都能跑赢市场！

以免你认为每只股票都能跑赢市场，请看一看 1999—2008 年 10 年间杜邦的那段不太快乐的历史。

	A	B	C	D	E
1		1999—2008年间杜邦（DD）和标普500指数 （不直接算出超额收益的情形下求回归系数）			
2	日期	DD的 收益率	标普500指 数的收益率	无风险 利率	
3	1999-01-04	-7.68%	30.54%	5.66%	
4	2000-01-03	17.80%	8.97%	4.61%	
5	2001-01-02	-23.70%	-2.04%	6.34%	
6	2002-01-02	4.36%	-17.26%	4.78%	
7	2003-01-02	-11.44%	-24.29%	3.17%	
8	2004-01-02	19.99%	32.19%	1.70%	
9	2005-01-03	11.91%	4.43%	1.88%	
10	2006-01-03	-14.98%	8.36%	3.18%	
11	2007-01-03	31.03%	12.36%	4.33%	
12	2008-01-02	-5.95%	-4.15%	4.76%	
13					
14	阿尔法(α)	-0.0225	<-- =INTERCEPT(B3:B12-D3:D12,C3:C12-D3:D12)		
15	贝塔(β)	0.3949	<-- =SLOPE(B3:B12-D3:D12,C3:C12-D3:D12)		
16	R^2	0.1571	<-- =RSQ(B3:B12-D3:D12,C3:C12-D3:D12)		

杜邦的 $\alpha = -2.25\%$ 表明，在没有市场波动的情况下，杜邦的收益要比标普 500 指数的收益低 2.25%。杜邦是一只防御型股票，其 $\beta = 0.3949$。通过回归的 R^2 系数，我们可以看出，杜邦的股价波动只有 16% 是由市场波动引起的。

12.4 分散化的收益

在上一节里，通过回归分析股票超额收益和标普 500 指数超额收益的关系，我们衡量了三只股票的基于风险变化的业绩。本节，我们将重新做一下股票组合的这种练习——回归分析股票组合的超额收益和标普 500 指数超额收益的关系。这样做，我们可以得出两个结论：

● 第一，我们可以用回归来衡量组合的基于风险变化的不佳业绩或突出业绩。这与上一节中我们做单只股票的分析是类似的。

● 第二，通过增加回归的 R^2 系数，我们可以用回归来得出多样化的收益——表明多样化组合的非系统性风险会少很多：组合的大部分收益是由市场波动引起的（以标普 500 指数为例）。

在下面的例子中，我们将重复金佰利、通用电气、杜邦和标普 500 指数的年收益数据。在单元格 B3：B5 中，我们还得出组合的这些股票构成。通过使用此前描述的 Excel 函数，我们求得这些股票的 α 和 β 以及回归的 R^2 系数（第 19～21 行）。正如你将看到的，投资组合多样化的好处之一是，组合的 R^2 要比构成组合的资产的 R^2 大。

	A	B	C	D	E	F	G	H	I
1			1999—2008年间三只股票的资产组合：金佰利（KMB）、通用电气（GE）、杜邦（DD）（组合R^2显著大于资产的平均R^2）						
2	投资组合的构成								
3	KMB	33%							
4	GE	33%							
5	DD	33%	<-- =1-B3-B4						
6									
7	日期	KMB的收益率	GE的收益率	DD的收益率	标普500指数的收益率	无风险利率		组合收益率	
8	1999-01-04	-0.41%	37.26%	-7.68%	30.54%	5.66%		9.72%	<-- =$B$3*B8+$B$4*C8+$B$5*D8
9	2000-01-03	29.47%	29.35%	17.80%	8.97%	4.61%		25.54%	
10	2001-01-02	6.87%	4.11%	-23.70%	-2.04%	6.34%		-4.24%	
11	2002-01-02	-5.18%	-17.93%	4.36%	-17.26%	4.78%		-6.25%	
12	2003-01-02	-21.60%	-36.10%	-11.44%	-24.29%	3.17%		-23.05%	
13	2004-01-02	30.99%	49.35%	19.99%	32.19%	1.70%		33.44%	
14	2005-01-03	15.60%	10.01%	11.91%	4.43%	1.88%		12.51%	
15	2006-01-03	-10.30%	-6.94%	-14.98%	8.36%	3.18%		-10.74%	
16	2007-01-03	25.39%	13.36%	31.03%	12.36%	4.33%		23.26%	
17	2008-01-02	-2.48%	1.09%	-5.95%	-4.15%	4.76%		-2.45%	
18									
19	α	0.0225	0.0318	-0.0225	0.0000			0.0106	<-- =INTERCEPT(H8:H17-F$8:F$17,E$8:E$17-F$8:F$17)
20	β	0.6301	1.3063	0.3949	1.0000			0.7771	<-- =SLOPE(H8:H17-F$8:F$17,E$8:E$17-F$8:F$17)
21	R^2	0.4015	0.8635	0.1571	1.0000			0.5994	<-- =RSQ(H8:H17-F$8:F$17,E$8:E$17-F$8:F$17)
22									
23	验证								
24	组合的α是各股票α的权平均数吗？							0.0106	<-- =$B$3*B19+$B$4*C19+$B$5*D19
25	组合的β是各股票β的权平均数吗？							0.7771	<-- =$B$3*B20+$B$4*C20+$B$5*D20
26	组合的R^2是各股票R^2的权平均数吗？ 不是！！！							0.4740	<-- =$B$3*B21+$B$4*C21+$B$5*D21

现在，我们假定，由三分之一的 KMB、三分之一的通用电气和三分之一的杜邦构成一个投资组合。组合的股票比例如单元格 B3：B5 所示，且组合的收益如单元格 H8：H17 所示。

在单元格 H19：H22 中，我们求得组合的超额收益对标普 500 指数超额收益的回归。组合的收益如下面的回归方程所示：

$$组合的超额收益_t = 0.0106 + 0.7771 * 标普 500 指数的超额收益_t, \quad R^2 = 0.5994$$

↑   ↑
组合的α_p 组合的β_p

以下是这个回归方程的一些注意点：

● 组合 β_p 是组合中所有股票的 β 的加权平均数。电子表格中 β 计算了两次：在单元格 H20 中组合的 β_p 用 Excel 的 Slope 函数计算得到，单元格 H25 中组合的 β_p 用计算所有股票 β 的加权平均数得到。若我们分别令组合的权重为 x_{KMB}、x_{GE} 和 x_{DD}，那么，组合的 β 如下式：$\beta_p = x_{KMB}\beta_{KMB} + x_{GE}\beta_{GE} + x_{DD}\beta_{DD}$。在例子中，由公式可以计算得到 $\beta_p = 0.7545$：

$$\beta_p = 0.3333 * 0.6301 + 0.3333 * 1.3063 + 0.3333 * 0.3949 = 0.7771$$

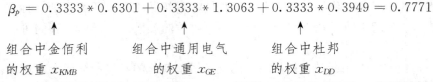

组合中金佰利   组合中通用电气   组合中杜邦
的权重 x_{KMB} 的权重 x_{GE} 的权重 x_{DD}

对于 α_p，我们可以用 Excel 中的 Intercept 函数（单元格 H19），或用所有单只股票的 α 的平均数 α_p（单元格 H24）可以同样计算得到 α_p。

● 虽然组合的 α（α_p）和 β（β_P）是所有资产的 α_S 和 β_S 的加权平均数，但组合的 R^2 要比平均 R^2 大。在我们的例子里，三种资产的 R^2 可以用 Rsq 函数计算得到，如单元格 H21 中的 59.94%，而三只股票组合的加权平均 R^2（单元格 H26）为 47.4%。这几乎总是正确的：足够分散化的组合的 R^2 大于组合资产 R^2 的加权平均数。这意味着：充分分散化组合的收益大部分由市场收益解释，这要比组合中单只股票收益解释分散化组合的收益多。换句话说，分散化可以减少与组合相关的非市场性、非系统性以及特别的风险（见图 12.3）。（注意，形容风险的三个形容词是同一个意思；此外，这一概念也常使用"分散化风险"一词。）

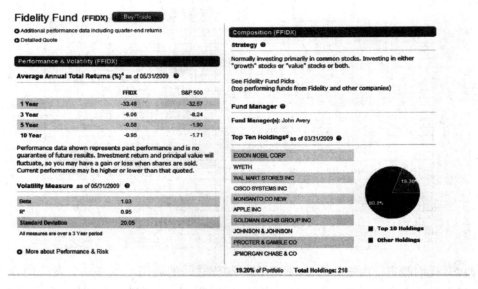

图 12.3 富达基金的 β 与 R^2

说明：在富达基金的组合里有 218 只股票。基金的 $\beta = 1.03$，这表明该基金的收益大致与标普 500 指数的收益相当；即标普 500 指数的超额收益平均每增加 1%，富达基金的超额收益则增加 1.03%（当然，标普 500 指数的超额收益每下跌 1%，则富达基金的超额收益下跌 1.03%）。富达基金的 R^2 为 95%，这表示，富达基金收益波动的 95% 可以由标普 500 指数所解释。富达网站没有给出富达基金 α 的信息。

资料来源：http：//personal. fidelity. com/products/funds/mfl _ frame. shtml？316153105。

中间总结

看看在前两节中说明的回归，我们可以区分两种风险。

市场风险：也称为不可分散风险或系统性风险。该风险可由 β 衡量——资产收益对市场组合收益的敏感程度。以通用电气公司为例，通用电气的 $\beta_{GE}=1.3063$，意思是通用电气股票收益对标普 500 指数的超额收益极其敏感。$R^2=86.35\%$ 表明，通用电气股票收益波动的 86.35% 是由标普 500 指数收益的波动引起的。因为大多数股票是和市场相关的（指当市场上涨时，大多数股票的趋势也是上涨，反之亦然），所以市场风险基本是不可避免的。KMB 股票极低的 R^2 表明，该股票仅有 40% 的风险应归因于市场风险（杜邦的 $R^2=15.71\%$，表明该股票约 84% 的波动应归因于非市场因素）。

股票本身的风险：也称为可分散风险或非系统性风险，该风险收益与市场收益无关。通用电气本身的风险很低（它收益波动的 86% 源于市场），而金佰利和杜邦本身的风险要高得多：这些股票的 R^2 非常低，表明非市场部分的风险收益要高得多。因为各权益重一样的组合的 R^2 要比平均 R^2 高得多，组合的非系统性风险要比这三只股票的平均非系统性风险低得多。分散化的好处之一——组合收益与市场收益高度保持一致，表明组合的大部分收益而非单个资产的收益，可以由市场预测得到。

这三只股票的例子表明，当你分散投资时（即投资于三只股票的组合，而非一只股票），部分收益是由市场风险增加引起的，且组合的非系统性风险会变得比单只股票的非系统性风险小。用另一种方法来说，对于一个充分分散的组合，组合的 β_P 很好地说明了组合的风险，即使股票本身的 β 没有描述它们的风险。

一个充分分散化的投资组合有多大？

一个充分分散化的组合应由许多股票构成，这些股票都只占很小的比例。有多少种股票？通常 20～30 只股票构成的组合的 R^2 就比较大了。当 R^2 较大时（比如，超过 70%），大部分组合风险就是市场风险。

12.5　就投资业绩，金融学术研究告诉了我们什么？

有效市场假说（第 14 章）告诉我们，仅使用公开信息很难赚到钱。因此，没有理由相信投资经理的投资业绩要好于没有专门"投资专业知识"的人（如你自己）投资于充分分散化组合的业绩。事实上，有两大原因相信投资经理的业绩可能更差：

● 他们收费（为了公平起见——这并不是你搜集信息所需花时间的机会成本，你自己投资也会涉及支付佣金费用）。以本章研究的两只富达基金为例，佣金为 0.40%，而共同基金的佣金低时可以是 0.05%，高时达到 1.5%，甚至是 2%。

● 许多投资经理喜欢变动他们的组合。这样会增加成本、降低收益。

基于这些原因，许多有见识的学者（以及许多其他民间投资者）倾向于投资指数基金，如本章例子中提到的先锋指数 500 基金。这些指数基金的目的是为了与诸如标普 500 指数的市场指数的构成相近。这些基金具有充分分散化的组合，成本较低，且受投资经理投资决策的干预最小化。

许多学术研究证实了我们的结论。共同基金的平均 α 值为负，且很少有迹象表明共同基金的业绩更好。[①]

其他指数基金

为了避免本章看上去像是为富达基金和先锋基金做广告，我们赶紧指出，美国投资者有许多可选择的指数基金。下表是一些例子（研究雅虎，发现至少有 75 个这样的基金）。

一些代表性的标普500指数基金					
股票代码	提供者	基金名字	年费率	管理资产规模（2009年6月）	最小的初始投资
FUSVX	Fidelity	Spartan U.S. Equity Fund	0.07%	4.53 B	$100,000
VFIAX	Vanguard	Vanguard 500 Index Admiral	0.08%	23.35 B	$100,000
VFINX	Vanguard	Vanguard 500 Index Investor	0.16%	40.27 B	$3,000
USSPX	USAA Investment	USAA S&P 500 Index Member	0.23%	1.51 B	$3,000
ADIEX	RiverSource	RiverSource S & P 500 Index Fund	0.34%	93.95 M	$2,000
PEOPX	Dreyfus	Dreyfus S&P 500 Index	0.50%	2.02B	$2,500
SXPBX	DWS Investments	DWS S&P 500 Index Fund	1.42%	2.07 M	$1,000
PWSPX	UBS	UBS S&P 500 Index Fund	1.45%	15.23 M	$1,000
SNPBX	State Farm	State Farm S&P 500 Index Fund	1.49%	10.23 M	$250
RYSOX	Rydex Investment	Rydex S&P 500 Fund	1.51%	29.57 M	$2,500

上表是一些可供投资者选择的标普 500 指数基金。所有这些基金都基本上和标普 500 指数构成相近。毫无疑问，最大的基金往往是那些有最小费率的基金。

12.6 回到第一节中 Jack 和 Jill 的争论——谁是正确的？

在上述章节，我们已经提出了如何通过做资产超额收益和市场超额收益的回归分析来衡量业绩不佳或业绩突出。现在，我们回到 Jack 和 Jill 的问题。回想一下，Jack 投资于"平庸的"清教徒基金，而 Jill 则是激进的投资者，她投资于纳斯达克。在 1990—2003 年，Jill 的收益要比 Jack 的好，但是在 1999—2003 年，Jill 的收益要差得多（见图 12.4 和图 12.5）。

谁的收益更好？谁正确？

通过做每个组合的月超额收益和标普 500 指数的回归分析发现，每个组合赢得了与风险相称的收益。清教徒基金的风险要比纳斯达克的风险小得多（$\beta_{纳斯达克} = 1.4346$，$\beta_{清教徒} = 0.5632$）。但是，两个投资的 α 显著异于 0，因此，存在业绩不佳或超额收益。

---

① 若想参见研究这一问题的权威学术研究，可试着阅读 Burton G. Malkiel，"Returns from Investing in Equity Mutual Funds 1971—1991"，*Journal of Finance*，1995（6）。

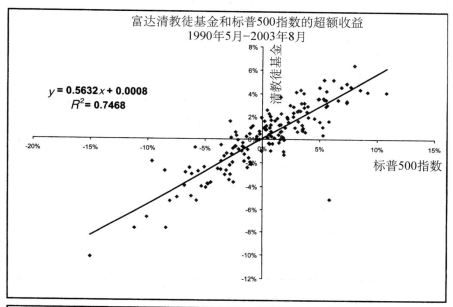

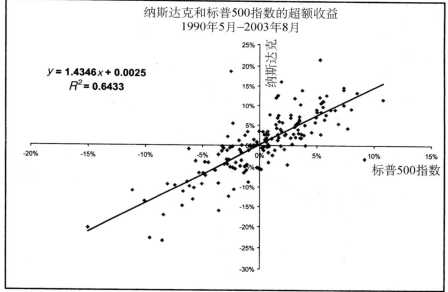

图 12.4 标普 500 指数对清教徒基金和纳斯达克的回归结果（1990—2003 年）

说明：通过分析清教徒基金和纳斯达克的超额收益发现，在 1990—2003 年间，纳斯达克的风险是清教徒基金风险的三倍（$\beta_{纳斯达克} = 1.4346, \beta_{清教徒} = 0.5632$）。回归分析揭示，两个都显著异于 0。换句话说，Jack 和 Jill 都获得了与他们能承担的风险相称的收益。在这些投资中都没有超额收益。与清教徒基金相比，纳斯达克较低的 R^2（64% 对 78%）表明，纳斯达克的非系统性风险更高。

Jack 和 Jill 得到了他们所付出的与风险相称的收益。资本市场的性质就是这样。

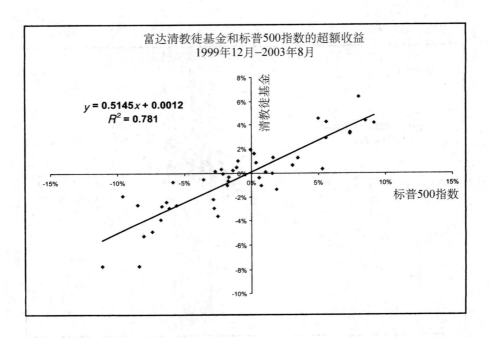

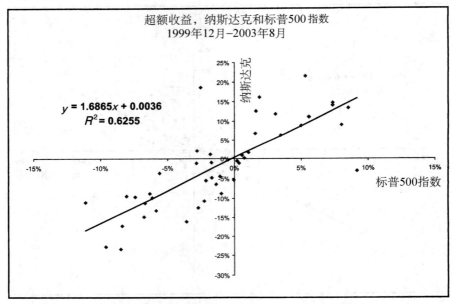

图 12.5　标普 500 指数对清教徒基金和纳斯达克的回归结果（1999—2003 年）

说明：通过分析 1999—2003 年间清教徒基金和纳斯达克的超额收益，表明我们以前得到的结论并没有实质性变化。尽管有些微变化，但是投资都没有表现出有超额收益或业绩不佳。

更新 Jack 和 Jill 至 2009 年

我们最初遇见 Jack 和 Jill 是在 2003 年。6 年后，本书作者很高兴，报告说他们仍然在一起（实际上，他们已经结婚了，而且有两个孩子）。他们仍然保持独立的投资账户，Jill 投资于纳斯达克指数，而 Jack 相对保守些，他投资于清教徒基金。

下图表明，关于纳斯达克和清教徒基金的定性分析的结论并没有变：

- 通过纳斯达克与标普 500 指数、清教徒基金与标普 500 指数的回归分析可知，纳斯达克的风险变小了(2003—2009 年间，$\beta_{纳斯达克}$ 从 1.687 下降到 1.152)，而清教徒基金的风险变大了（$\beta_{清教徒}$ 从 0.514 增加至 0.706）。
- 目前还没有迹象表明基金的业绩比较突出：回归的 α 不异于 0。

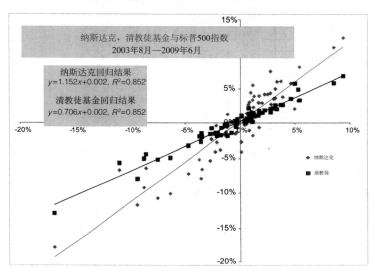

总　　结

本章我们总结了如何求单个证券以及组合的 β 和 α。我们已经界定了市场风险（不可分散风险）和非系统性风险（可分散风险）的概念，且提出了如何构建降低非系统性风险的组合。通过用 α 衡量投资业绩，我们验证了各种共同基金的业绩以及有关基金费用和有效市场假说的重要问题。

在第 13 章，我们将提出如何用证券市场线来计算公司资本的成本。

习　　题

说明：本书随附的光盘里含有下述问题的数据。

1. 基于数据：$E(r_M) = 15\%$，$E(r_i) = 12\%$，$r_f = 7\%$，求股票 i 的 β_i。

2. 假定资产 i 的 $\beta_i = 1$，$E(r_i) = 21\%$，求市场收益 $E(r_M)$。

3. 假定资产 i 的 $E(r_M) = 21\%$，$\beta_i = 0.7$，$E(r_i) = 25\%$，求无风险资产的收益。

4. 考虑以下数据：$E(r_M) = 25\%$，$\text{Cov}(r_i, r_M) = 0.07$，$r_f = 8\%$，$\text{Var}(r_M) = 0.1$，求股票 i 的期望收益 $E(r_i)$。

5. 考虑以下数据：$E(r_i) = 15\%$，$\text{Cov}(r_i, r_M) = 0.06$，$\sigma_M^2 = 0.06$，求预期市场收益 $E(r_M)$。

6. 考虑以下数据：$E(r_M) = 10\%$，$\text{Cov}(r_i, r_M) = 0.2$，$E(r_i) = 18\%$，$\text{Var}(r_M) = 0.09$，求无风险资产收益。

7. 考虑以下有关标普 500 指数、联邦快递以及美国一年期国库券的收益率。

	A	B	C	D
1	联邦快递和标普500指数			
2	年份	S&P 500 的收益率	联邦快递的收益率	1年期国库券的收益率
3	1990	-3.10%	-4.46%	7.89%
4	1991	30.47%	24.18%	5.86%
5	1992	7.62%	9.19%	3.89%
6	1993	10.08%	10.67%	3.43%
7	1994	1.32%	-3.61%	5.32%
8	1995	37.58%	24.04%	5.94%
9	1996	22.96%	8.76%	5.52%
10	1997	33.36%	25.95%	5.63%
11	1998	28.58%	14.01%	5.05%
12	1999	21.04%	30.89%	5.08%
13	2000	-9.10%	-4.26%	6.11%
14	2001	-11.89%	-7.20%	3.49%
15	2002	-22.10%	-21.27%	2.00%

a. 求标普 500 指数和联邦快递的超额收益。

b. 画图显示联邦快递对标普 500 指数的超额收益。用 Excel 求回归方程和 R^2。

c. 联邦快递股票是积极型股票还是防御型股票?

8. 考虑以下有关标普 500 指数、IBM 以及美国一年期国库券的收益率。

	A	B	C	D
1	IBM和标普500指数			
2	年份	S&P 500 的收益率	IBM的收益率	1年期国库券的收益率
3	1990	-3.10%	17.46%	7.89%
4	1991	30.47%	-23.87%	5.86%
5	1992	7.62%	-56.85%	3.89%
6	1993	10.08%	11.40%	3.43%
7	1994	1.32%	26.33%	5.32%
8	1995	37.58%	21.75%	5.94%
9	1996	22.96%	50.59%	5.52%
10	1997	33.36%	32.28%	5.63%
11	1998	28.58%	56.67%	5.05%
12	1999	21.04%	15.71%	5.08%
13	2000	-9.10%	-23.83%	6.11%
14	2001	-11.89%	35.28%	3.49%
15	2002	-22.10%	-44.11%	2.00%

a. 求标普 500 指数和 IBM 的超额收益。

b. 画图显示 IBM 对标普 500 指数的超额收益。用 Excel 求回归方程和 R^2。

c. 与标普 500 指数相比,IBM 是否有一个超额收益?

d. IBM 股票是积极型股票还是防御型股票?

9. 本题要用到习题 7 和习题 8 的数据,假定你投资于一个由 30% 的 IBM 股票和 70% 的联邦快递股票构成的组合。

a. 求该组合的超额收益。

b. 求组合的 β_p,用三种不同的方法求组合的 β_p:

● 用 Excel 的 Slope 函数

● 用公式 $\beta_p = \mathrm{Cov}(r_p, r_M)/\mathrm{Var}(r_M)$

● 用组合中 IBM 股票和联邦快递股票 β 的平均值

c. 求组合的 α_p,用两种不同的方法求组合的 α_p:

- 用 Excel 的 Intercept 函数
- 用组合中 IBM 股票和联邦快递股票 α 的加权平均数

10. 考虑另一只股票——3M 公司的数据。

	A	B	C	D
2	年份	S&P的收益率	3M的收益率	一年期国库券的收益率
3	2001	-0.85%	19.23%	5.78%
4	2002	-17.78%	2.43%	4.46%
5	2003	-26.25%	13.52%	1.85%
6	2004	29.55%	25.84%	1.16%
7	2005	5.90%	8.23%	1.21%
8	2006	9.76%	-12.65%	2.80%
9	2007	13.40%	4.49%	4.55%
10	2008	-2.43%	9.27%	4.84%
11	2009	-48.82%	-36.46%	2.62%
12	2010	28.64%	43.63%	0.28%

a. 该公司是否具有超额收益?

b. 画出 3M 公司的超额收益对标普 500 指数的超额收益。用 Excel 求回归方程和 R^2。

11. 用习题 7、8、10 中标普 500 指数、联邦快递和 3M 公司的数据求由 30% 的 3M 股票、50% 的联邦快递股票和 20% 的 IBM 股票构成的组合的 α_p 和 β_p。试阐述该组合分散化的好处。

12. 考虑下表中的 10 只股票、标普 500 指数以及年无风险利率。你的一位在投行工作的朋友告诉你,与标普 500 指数相比,由表中 10 只股票相同的权重构成的组合会有一个与风险相称的超额收益。试验证她的说法是否正确。

	A	B	C	D	E	F	G	H	I	J	K	L	M
1						10只股票、标普500指数以及无风险利率的年收益率							
2	年份	强生	苹果	美国银行	百事可乐	锐步	家乐氏	吉利	联邦快递	IBM	3M	标普500指数	1年期国库券
3	1990	21.09%	19.90%	-66.07%	19.75%	-48.20%	11.50%	24.51%	-4.46%	17.46%	11.03%	-3.10%	7.89%
4	1991	48.39%	27.09%	61.57%	26.47%	106.99%	54.42%	58.11%	24.18%	-23.87%	14.04%	30.47%	5.86%
5	1992	-10.76%	5.82%	26.73%	20.29%	3.60%	2.09%	1.36%	9.19%	-56.85%	8.81%	7.62%	3.89%
6	1993	-9.34%	-71.48%	-1.44%	-1.51%	-11.53%	-16.23%	4.69%	10.67%	11.40%	10.85%	10.08%	3.43%
7	1994	22.27%	28.80%	-4.51%	-12.05%	28.36%	2.27%	-3.61%	26.33%	1.49%	1.32%	1.32%	5.32%
8	1995	46.47%	-20.16%	46.87%	43.30%	-32.59%	28.44%	33.10%	24.04%	21.75%	25.03%	37.58%	5.94%
9	1996	16.63%	-42.32%	36.74%	4.58%	40.34%	-16.30%	39.99%	8.76%	50.59%	25.04%	22.96%	5.52%
10	1997	29.51%	-46.31%	24.12%	21.46%	-37.53%	41.37%	25.60%	25.95%	32.28%	1.20%	33.36%	5.63%
11	1998	25.43%	113.64%	1.29%	12.02%	-66.07%	-37.45%	-4.92%	14.01%	56.67%	-11.70%	28.58%	5.05%
12	1999	11.77%	92.07%	-15.09%	-14.82%	-59.71%	-10.20%	-14.90%	30.89%	15.71%	34.43%	21.04%	5.08%
13	2000	13.31%	-123.96%	-4.61%	34.07%	120.54%	-16.02%	-12.09%	-4.26%	-23.83%	20.79%	-9.10%	6.11%
14	2001	13.10%	38.65%	35.56%	-1.77%	-3.12%	13.69%	-5.59%	-7.20%	35.28%	-1.92%	-11.89%	3.49%
15	2002	-8.20%	-42.41%	13.59%	-14.26%	10.38%	12.97%	-7.50%	-21.27%	-44.11%	4.22%	-22.10%	2.00%

13. 考虑下表中富达均衡基金(FBALX)、标普 500 股票指数基金和国库券的年数据,试问基金经理的业绩是否跑赢了市场?

	A	B	C	D	E	F	G
1			富达均衡基金、标普500指数以及无风险利率的收益率数据				
2	年份	富达均衡基金的收益率	标普500指数的收益率	一年期国库券的收益率		标普通500指数的超额收益率	富达均衡基金的超额收益率
3	2001	10.65%	-1.04%	5.78%		-6.82%	4.88%
4	2002	-1.32%	-17.85%	4.46%		-22.30%	-5.78%
5	2003	-9.75%	-26.47%	1.85%		-28.31%	-11.59%
6	2004	28.14%	29.53%	1.16%		28.37%	26.98%
7	2005	7.37%	5.86%	1.21%		4.66%	6.17%
8	2006	15.38%	9.71%	2.80%		6.92%	12.59%
9	2007	8.54%	13.33%	4.55%		8.77%	3.99%
10	2008	2.45%	-2.47%	4.84%		-7.32%	-2.39%
11	2009	-37.04%	-48.89%	2.62%		-51.51%	-39.66%
12	2010	26.86%	28.60%	0.28%		28.32%	26.57%

第 13 章

证券市场线和资本成本

概述

这是两章中第二次阐述证券市场线（SML）的使用。在第 12 章中，我们论述了用证券市场线衡量业绩；本章我们探讨如何用证券市场线来求公司的资本成本。[①]

加权平均资本成本是公司必须获取的最小收益，以满足股东和债券持有人。如 6.6 节所阐述的，加权平均资本成本有两大主要功能：

● 加权平均资本成本用于资本预算：当评估一个项目时，其项目的风险与公司目前经营活动的风险相当，对于该项目的现金流，加权平均资本成本是一个合适的贴现率。

● 加权平均资本成本用于为公司估值：一个公司的价值是基于以加权平均资本成本为贴现率对未来现金流贴现后的现值。

本书已在第 6 章探讨了加权平均资本成本，当时用的是戈登模型计算权益成本。而本章，我们会用证券市场线来计算权益成本。这两种模型——戈登模型和证券市场线——是计算公司权益成本的主要方法。

讨论的金融概念

● 用证券市场线求公司权益成本 r_E 的用法。

● 计算公司加权平均资本成本。注意，加权平均资本成本的计算已在第 6 章阐述过，

---

① 若需要快速回顾证券市场线的内容，可参见 12.1 节。

当时我们用的是戈登模型求公司的权益成本 r_E。

- 求公司负债和权益的市场价值，假定公司的税率为 T_C，公司的负债成本为 r_D。本章对这些问题的阐述是对第 6 章的重复，因为在许多方面与第 6 章的阐述相似。
- 资产贝塔值 $\beta_{资产}$ 的概念以及其作为替代方法求公司加权平均资本成本的用法。

本章假定读者知道如何求股票的 β 值（这一问题已在上一章阐述过）。事实上，读者通常无须计算公司股票的 β 值——这些信息是可以获得的（以本章为例，我们要用的 β 值可以在雅虎网站获得）。

使用的 Excel 函数

- NPV
- Average

13.1 资本资产定价模型和公司权益成本——初始例子

Abracadabra 公司正在考虑一个新项目，该项目的自由现金流（FCF）见下表。第 6 章和第 7 章已给出了关于自由现金流的延伸讨论。表 13.1 以表格形式回顾了这一概念。

	A	B
2	年份	**FCF**
3	0	-1,000
4	1	1,323
5	2	1,569
6	3	3,288
7	4	1,029
8	5	1,425
9	6	622
10	7	3,800
11	8	3,800
12	9	3,800
13	10	2,700

要决定是采纳还是拒绝该项目，公司需要计算这些现金流的经过风险调整的贴现率。公司认为，该新项目的风险与公司当前活动的风险极其相似；因此该项目的融资也和公司当前融资相似。此情形下，合适的贴现率是加权平均资本成本；这是为公司经营活动融资的平均成本。假定 Abracadabra 公司既有权益又有债务，那加权平均资本成本的公式如下：

$$\text{WACC} = r_E * \frac{E}{E+D} + r_D * (1-T_C) * \frac{D}{E+D}$$

$$= \binom{r_E =}{权益成本} * \binom{公司权益}{融资比例} + \binom{r_D =}{债务成本} * \binom{1-T_C=}{1-公司税率} * \binom{公司债务}{融资比例}$$

我们用证券市场线计算 Abracadabra 公司的权益融资成本。下面是关于这个问题的假设：

- 公司股票的 $\beta = 1.4$。
- 预期市场收益 $E(r_M) = 10\%$。

表 13.1 自由现金流是公司经营活动产生的现金数量

定义自由现金流（FCF）	
税后利润	这是衡量企业盈利的基本方法，但它是一种会计衡量方法，包括资金流动（如利息）和非现金费用，如折旧。税后利润不考虑公司运营资本和购买新资产的变化，而这两者是公司重要的现金渠道。
+折旧	该非现金费用要加到税后利润里。
+税后支付利息（净）	自由现金流是用来衡量公司经营活动产生的现金流的，它同时适用于权益和债务持有人。为了消除支付利息对公司利润的影响，我们要加回税后债务利息成本（税后，是因为支付利息是可以免税的），减去现金和有价证券的税后利息收入。
一流动资产的增加	当公司销售增加时，就会有更多的资金投资于存货、应收账款等。流动资产的增加不是以税收目的为代价（因此在税后利润中将其忽略），仅是公司现金流的渠道。
+流动负债的减少	销售的增加通常会导致与销售相关的融资的增加（如应付账款或应付税款）。流动负债的增加——当与销售相关时——会为公司提供现金。因为这个账户与销售直接相关，所以我们在自由现金流的计算中包含这个账户。
一固定资产成本的增加	固定资产（公司长期的生产性资产）的增加以现金核算，从而减少公司的自由现金流。
=自由现金流	

说明：以加权平均资本成本对公司自由现金流进行贴现可以算出公司的价值。自由现金流的概念已在第 6 章给出了，这一概念也在本书其他几个部分出现：在第 7 章的会计及财务规划模型里，我们用自由现金流来评估企业的价值。在第 16 章里，我们计算股票价值时也用到自由现金流的概念。

- 无风险利率 $r_f = 4\%$。
- Abracadabra 公司权益的市场价值 $E = \$10,000$。
- Abracadabra 公司债务的市场价值 $D = \$15,000$。
- Abracadabra 公司可以以 $r_D = 6\%$ 的成本借入新的资金。
- Abracadabra 公司税率 $T_C = 40\%$。

前三个假设表明，由证券市场线给出的 Abracadabra 公司权益成本为 12.4%：

$$r_E = r_f + \beta * [E(r_M) - r_f]$$
$$= 4\% + 1.4 * [10\% - 4\%] = 12.4\%$$

那么，Abracadabra 公司的加权平均资本成本是：

$$\text{WACC} = r_E * \frac{E}{E+D} + r_D * (1 - T_C) * \frac{D}{E+D}$$
$$= 12.4\% * \frac{10,000}{10,000 + 15,000} + 6\% * (1 - 40\%) * \frac{15,000}{10,000 + 15,000}$$
$$= 7.12\%$$

7.12% 的加权平均资本成本为贴现率，我们将使用该贴现率决定 Abracadabra 公司是否要实施这个项目。

下表有加权平均资本成本的计算（第 20～36 行）和该项目净现值的计算（第 2～16 行）。

	A	B	C
1		评估Abracadabra的投资决策 以证券市场线得到r_E来求WACC	
2	年份	FCF	
3	0	-1,000	
4	1	1,323	
5	2	1,569	
6	3	3,288	
7	4	1,029	
8	5	1,425	
9	6	622	
10	7	3,800	
11	8	3,800	
12	9	3,800	
13	10	2,700	
14			
15	加权平均资本成本，WACC	7.12%	<-- =B36
16	项目净现值	14,424	<-- =NPV(B15,B4:B13)+B3
17			
18			
19	计算Abracadabra的加权平均资本成本		
20	权益的市场价值，E	10,000	
21	负债的市场价值，D	15,000	
22	权益+负债的市场价值	25,000	
23			
24	公司税率，T_C	40%	
25			
26	Abracadabra公司股票贝塔值	1.4	
27			
28	市场层面因素		
29	$E(r_M)$	10%	
30	r_f	4%	
31			
32	Abracadabra公司的资本成本		
33	以证券市场线得到的权益成本r_E	12.40%	<-- =B30+B26*(B29-B30)
34	负债成本r_D	6.00%	
35			
36	加权平均资本成本，WACC	7.12%	<-- =B20/B22*B33+B21/B22*B34*(1-B24)

当以加权平均资本成本为贴现率将项目自由现金流进行贴现时，该项目的净现值为14,424美元（单元格B16）。因为净现值为正，所以Abracadabra公司应实施该项目。

比较证券市场线和戈登模型对WACC的计算

加权平均资本成本是计算企业项目价值和公司价值的最常用的贴现率。加权平均资本成本关键取决于权益成本r_E。本章我们用证券市场线计算权益成本，而在第6章，我们用的是戈登模型计算权益成本。

戈登股利模型和证券市场线是计算权益成本仅有的两种实用方法。[1] 这两种模型各有优缺点：戈登模型计算起来很简单，但是对公司股利支付的有关假设——股利总额和公司的股票回购十分敏感；证券市场线要求的计算相对较多，但是适用更为广泛。证券市场线

---

① 金融学术文献有其他模型用以计算权益成本，但这些模型在实际中很难适用，并很少使用。

也要求我们做关于预期市场收益 $E(r_M)$ 的假设。这一问题将在下一节中讨论。

因此，在实际中你应该使用哪一个模型？最好的办法就是用两种模型，并比较其结果。这样，每一个模型都可以用来"现实检查"其他模型。我们在第 16 章用这种方法讨论股票价值，我们会同时运用这两种模型，并比较结果，看我们能否得到一个合适的加权平均资本成本。

13.2　用证券市场线计算资本成本——计算参数值

上一节 Abracadabra 公司的例子给出了用证券市场线计算资本成本的广义介绍，但还有一些问题有待回答：

- 如何计算公司权益的市场价值 E？
- 如何计算市场的期望收益 $E(r_M)$？
- 如何计算无风险利率 r_f？
- 如何计算公司债务的市场价值 D？
- 如何计算公司的借款成本 r_D？
- 如何计算公司的税率 T_C？

我们依次讨论这些问题。尽管我们偶尔会提供一个例证，但在下面部分我们会使用一个完全成熟的例子。

公司权益的市场价值 E

这很容易：对于股票在股市上出售的一个公司，其权益的市场价值（WACC 公式中的 E）为股份数乘以每股市值。

市场的期望收益 $E(r_M)$

计算市场期望收益有两种方法：（1）我们可以用市场收益的历史数据，或（2）我们可以使用一个版本的戈登股利模型从当前的市场数据推导 $E(r_M)$。两种模型都不是完美的，尽管我们偏向于后者。

用收益的历史数据计算的 $E(r_M)$

一种标准方法是用广泛的指数——通常是标普 500 指数——来表示市场组合。要这样做，你需要一些数据。下表中是先锋 500 指数基金的收益数据，它是投资于标普 500 指数的指数型共同基金。[①] 1994—2008 年期间，标普 500 指数的平均收益是 8.70%（单元格 F20）。这些平均收益的历史数据通常在证券市场线中用作预期市场收益。先锋 500 指数基金数据表明了资本利得（年收益 6.77%）和股利（年收益 1.84%）间的收益差异。

―――――――――――

① 我们在第 12 章的 12.4 节中讨论过指数基金。

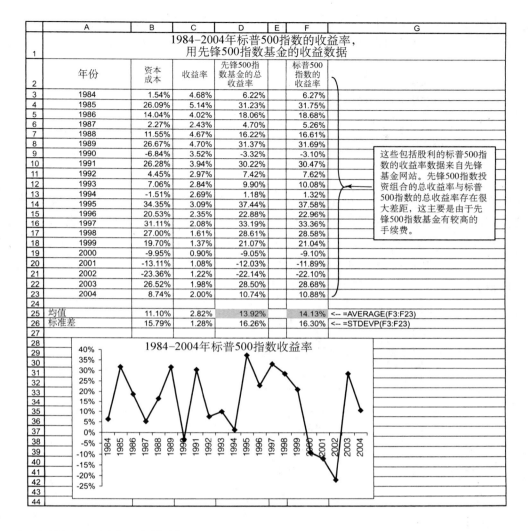

	A	B	C	D	E	F	G
1				1984–2004年标普500指数的收益率，用先锋500指数基金的收益数据			
2	年份	资本成本	收益率	先锋500指数基金的总收益率		标普500指数的收益率	
3	1984	1.54%	4.68%	6.22%		6.27%	
4	1985	26.09%	5.14%	31.23%		31.75%	
5	1986	14.04%	4.02%	18.06%		18.68%	
6	1987	2.27%	2.43%	4.70%		5.26%	
7	1988	11.55%	4.67%	16.22%		16.61%	
8	1989	26.67%	4.70%	31.37%		31.69%	这些包括股利的标普500指数的收益率数据来自先锋基金网站。先锋500指数投资组合的总收益率与标普500指数的总收益率存在很大差距，这主要是由于先锋500指数基金有较高的手续费。
9	1990	-6.84%	3.52%	-3.32%		-3.10%	
10	1991	26.28%	3.94%	30.22%		30.47%	
11	1992	4.45%	2.97%	7.42%		7.62%	
12	1993	7.06%	2.84%	9.90%		10.08%	
13	1994	-1.51%	2.69%	1.18%		1.32%	
14	1995	34.35%	3.09%	37.44%		37.58%	
15	1996	20.53%	2.35%	22.88%		22.96%	
16	1997	31.11%	2.08%	33.19%		33.36%	
17	1998	27.00%	1.61%	28.61%		28.58%	
18	1999	19.70%	1.37%	21.07%		21.04%	
19	2000	-9.95%	0.90%	-9.05%		-9.10%	
20	2001	-13.11%	1.08%	-12.03%		-11.89%	
21	2002	-23.36%	1.22%	-22.14%		-22.10%	
22	2003	26.52%	1.98%	28.50%		28.68%	
23	2004	8.74%	2.00%	10.74%		10.88%	
24							
25	均值	11.10%	2.82%	13.92%		14.13%	<-- =AVERAGE(F3:F23)
26	标准差	15.79%	1.28%	16.26%		16.30%	<-- =STDEVP(F3:F23)

用当前的市场数据计算的 $E(r_M)$

这种方法的使用并不广泛，但是我们更偏向使用这种方法。[①] 这种方法建立在戈登股利模型的基础上，该模型通过假设股票当前支付的股利为 Div_0，当前的股价为 P_0，股利增长率为 g，给出了股票期望收益的函数。支付的权益是公司的股利和股票回购的总和（完整的解释可参见第6章）：

$$戈登股利模型：r_E = \frac{Div_0(1+g)}{P_0} + g$$

其中，Div_0＝公司当前的权益支出（股利＋股票回购之和）；

P_0＝当前股价；

g＝预期股利增长率。

---

① 该方法首先在以下著作中提到：Simon Benninga，Oded Sarig，*Corporate Finance：A Valuation Approach*，McGraw-Hill，1997。

想用戈登模型计算市场的期望收益，我们要重申一下市盈率模型：假定公司每年将盈利的一定百分比，b，以股利和股票回购的形式支付给股东。我们可以将上面的公式重新写为：

$$r_E = \frac{Div_0(1+g)}{P_0} + g = \frac{b * \text{EPS}_0(1+g)}{P_0} + g$$

其中，EPS_0 为公司当前每股盈利。

变换该公式，我们得到

$$r_E = \frac{b*(1+g)}{\underbrace{P_0/\text{EPS}_0}_{\text{公司的}P/E\text{（市盈率）}}} + g$$

现在，我们将这个逻辑套用于市场这个整体。我们将如标普 500 指数（以 M 表示）这样的市场指数作为一只股票，其总派息率为 b，股利增长率为 g。然后，我们可以用上面的公式计算预期市场收益 $E(r_M)$。[①] 这有一个关于 2009 年 9 月 30 日标普 500 指数的数据（见图 13.1）。我们需要"约略估计"股利增长率和总派息率。我们还展示了一系列市盈率的数据，1988—2009 年该市盈率的平均值为 19.41。

	A	B	C
1	用市盈率求$E(r_M)$		
2	2001年12月31日标普500指数的市盈率	21	
3	预计股利增长率g	6%	
4	派息率b	50%	
5			
6	$E(r_M)$	8.52%	<-- =B4*(1+B3)/B2+B3

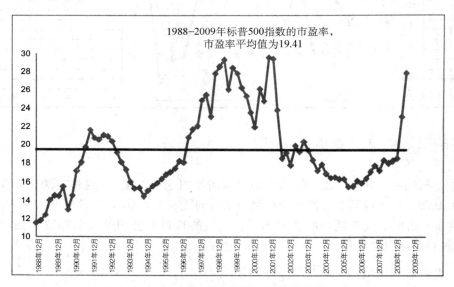

图 13.1　1988—2009 年标普 500 指数的市盈率

资料来源：www.marketattributes.standardandpoors.com.

[①]　敏感的读者或许会注意到，这里的符号有些混乱。公式 $r_E = \frac{b*(1+g)}{P_0/\text{EPS}_0} + g$ 中的 r_E 表示权益成本。因为"权益成本"是"权益的期望收益"的同义词，所以当我们把这个公式应用于市场组合 M（本例中为标普 500 指数），逻辑上我们应称之为 r_M，但是我们通常使用 $E(r_M)$。这样做的理由是，符号 $E(r_M)$ 使用广泛，我们不能放弃使用这个符号。

派息是指公司通过现金股利和股票回购的总支出（这个话题我们在第6章使用戈登模型计算 Courier 公司权益成本时已略作讨论）。虽然现金股利是个记录问题，但回购金额更值得商榷。目前估计，股息和回购的总和大约为公司盈利的50%。例如，图13.2表明了2005年标普500指数的股份回购和股利之间的关系。

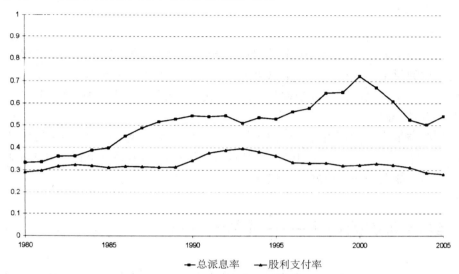

图 13.2　美国的总派息率和股利支付率

资料来源：Douglas Skinner，"The Evolving Relation Between Earnings，Dividends，and stock Repurchases"，*Journal of Financial Economics*，2008（3）.

股利增长是对未来股息总额增长的市场预期（广义上指现金股利和回购）。如果我们假设股息将以经济增长的速度增长，那么6%是一个长期合理的估计值。

求无风险利率 r_f

无风险利率 r_f 是短期国库券利率。该收益率的信息在很多地方可以获得，包括雅虎（参见下一节的例子）。

求公司负债价值 D

原则上，D 应该是公司负债的市场价值。但是，实际上，这个价值通常很难计算。标准的做法就是用该公司负债的账面价值减去其现金储备的价值，我们称之为净负债。

求公司的借款利率 r_D

加权平均资本成本公式中使用的 r_D 应是公司借款的边际成本，即以什么样的利率售出公司债券或从银行借款获得额外的资金。但是，在很多情形下，借款的边际成本很难计算。两种常见的"快速计算方法"如下：

- 从公司的平均借款利率求得 r_D。
- 通过"目测"财务报表中公司当前借款利率的信息求得 r_D。

13.3 节对这两种方法都作了说明。

求公司税率 T_C

加权平均资本成本公式中的税率 T_C 应是公司的边际税率，即公司为了获得额外 1 美元收入而支付的税率。该税率通常难以决定，两种常见的"快速计算方法"如下：

- 许多情形中，公司的平均税率是一个可以被接受的表示 T_C 的税率。13.3 中希尔顿酒店的例子就是如此。
- 在某些情形中，我们可能更倾向于使用经济中的平均企业所得税税率的信息，这个税率大约是 37%。① 对于一个公司来说，其自身的历史税率不是一个预测其未来税率的好方法时，37% 可能会是一个更好的替代值。

13.3 经历锤炼的例子——希尔顿酒店

我们用希尔顿酒店（HLT）的数据来说明计算 WACC 的方法。如前面所讨论的，我们需要 7 个参数来求该公司（或其他公司）的 WACC：

- 公司股票的当前市场价值 E。它等于股份数乘以当前股价。
- 公司负债的当前市场价值 D。我们将用公司负债的账面价值（即会计价值）作为 D 值。
- 公司权益成本 r_E。本章我们会用证券市场线来求权益成本。使用证券市场线来求意味着权益成本值取决于以下几个因素：
    ▲ 公司股票的 β。上一章中我们已求过这个 β。实践中，该 β 值通常不需要计算就能获得（如可以阅读这个例子）。
    ▲ 无风险利率 r_f。
    ▲ 市场的期望收益 $E(r_M)$。
- 公司的负债成本 r_D。原则上，这应该是边际成本（公司为获得新债务的成本）。实际操做中，我们通常用公司当前负债的平均成本。
- 公司税率 T_C。原则上，这应该是公司的边际税率（为了多赚取 1 美元而付出的税率）。实际操作中，我们通常使用公司的平均税率。

其中大多数数据可以从雅虎中获得；图 13.3 显示了在雅虎中怎么找出希尔顿酒店的"主要数据"，图 13.4 中也显示了这些数据。

从雅虎的资料可以得到 2005 年 1 月 21 日希尔顿的一些数据。从这些数据，我们可以得知：

---

① 美国的联邦税率为 35%（参见第 2 章）。因为公司还支付州和地方税，所以大多数企业的税率介于 35%～40% 之间。

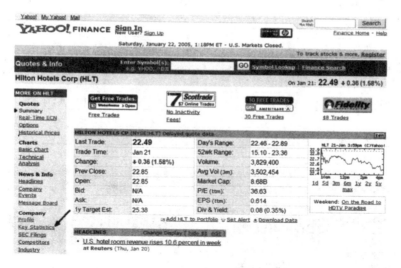

图 13. 3　显示了关键统计数据的雅虎页面

说明：按页面中的步骤选择可以得出下例中要用的公司的最新财务信息。（雅虎中介绍的财务资料偶尔会变化，因此读者可能不得不去其他地方寻找财务信息。）

- 希尔顿股票的 $\beta_E = 0.956$ 。
- 希尔顿当前股票每股的价值为 22.49 美元。该股票流通股数量为 38,603 万股。希尔顿权益的市场价值由以上两个值计算得出，$E = 86.8$ 亿美元。
- 希尔顿负债的账面价值 $D = 37.43$ 亿美元。稍微做点努力，我们就可以从雅虎里的数据计算得到这个账面价值。根据雅虎：
  - ▲ 每股的账面价值为 6.388 美元。
  - ▲ 希尔顿的负债/权益比为 1.518。这是该公司负债的账面价值对权益的账面价值的比率。

因为希尔顿的流通股数量为 38,603 万股，所以该股的总账面价值为 386,03 * 6.388 = 246 600 万美元。这个值乘以负债/权益比，得到希尔顿的总债务为 37.43 亿美元。总负债减去 2.19 亿美元，得到公司的净负债值 $D = 35.24$ 亿美元。[1]

	A	B	C
1	希尔顿酒店（HLT）的大部分信息都来自雅虎		
2	权益贝塔值 β	0.956	<--雅虎
3			
4	流通股（百万）	386.03	<--雅虎
5	每股的市场价值	22.49	<--雅虎
6	股票的市场价值（百万美元），E	8,682	<--=B5 * B4
7			

---

[1]　从该公司的负债中减去这笔现金，因为希尔顿做法的原则是用现金来还清其债务。

续前表

	A	B	C
8	每股的账面价值	6.388	<—雅虎
9	股票的总账面价值	2,466	<—=B8 * B4
10	负债/权益比	1.518	<—雅虎
11	负债的账面价值	3,743	<—=B10 * B9
12	手持现金	219	<—雅虎
13	净负债（百万美元），D	3,524	<—=B11—B12

图 13.4　雅虎中希尔顿酒店的资料

说明：阴影部分的数字是用希尔顿的加权平均资本成本计算得到的。

350 ▶ 基于 Excel 的金融学原理（第二版）

我们还需要市场相关的两个参数（r_D, T_C）以及两个市场参数（$r_f, E(r_M)$）。对于这些，我们还需要做点工作。我们可以通过点击图 13.4 中第一栏底部的会计信息获得希尔顿的财务报表。这样的话，就会得到季度利润表和资产负债表，如图 13.5 和图 13.6 所示。

希尔顿的债务成本 r_D 为 5.55%

我们用季度的利息支付除以季度平均负债，然后将其年化，这样计算得到希尔顿的债务成本 r_D。我们从雅虎下载公司的资产负债表和利润表信息（见图 13.5 和图 13.6）。据上个季度的报表，希尔顿支付了 53,000 美元的利息。本季度末的负债为 3,744,000 美元，上个季度末的负债为 4,058,000 美元。这样，计算得到季度利率为 1.36%（下表中的单元格 B8），年化利率为 5.55%：

$$季度利率 = \frac{53,000}{(3,744,000 + 4,058,000)/2} = 1.36\%$$

$$年化利率 = r_D = (1 + 1.36\%)^4 - 1 = 5.55\%$$

Saturday, January 22, 2005, 1:52PM ET - U.S. Markets Closed.

To track stocks & more, Register

| Quotes & Info | Enter Symbol(s): e.g. YHOO, ^DJI | GO Symbol Lookup \| Finance Search |

Hilton Hotels Corp (HLT) — On Jan 21: **22.49** ↓ 0.36 (1.58%)

MORE ON HLT

Quotes
Summary
Real-Time ECN
Options
Historical Prices

Charts
Basic Chart
Technical Analysis

News & Info
Headlines
Company Events
Message Board

Company
Profile
Key Statistics
SEC Filings
Competitors
Industry

Analyst Coverage
Analyst Opinion
Analyst Estimates
Research Reports
Star Analysts

Ownership
Major Holders
Insider Transactions
Insider Roster

Financials
▶ Income Statement
Balance Sheet
Cash Flow

Scottrade — More Brokers for Your Money!

NEW Flat Rate!
• Now offering one flat rate of $7 for online market AND limit orders! Get info!
• Complimentary Dow Jones News. Get info!

Income Statement

Get Income Statement for: [ ] GO

View: Annual Data | Quarterly Data

All numbers in thousands

PERIOD ENDING	30-Sep-04	30-Jun-04	31-Mar-04	31-Dec-03
Total Revenue	1,033,000	1,065,000	994,000	955,000
Cost of Revenue	391,000	131,000	670,000	(326,000)
Gross Profit	642,000	934,000	324,000	1,281,000
Operating Expenses				
Research Development	-	-	-	-
Selling General and Administrative	410,000	673,000	120,000	116,000
Non Recurring	(20,000)	(20,000)	-	975,000
Others	81,000	83,000	83,000	85,000
Total Operating Expenses	-	-	-	-
Operating Income or Loss	171,000	198,000	121,000	105,000
Income from Continuing Operations				
Total Other Income/Expenses Net	(2,000)	10,000	6,000	5,000
Earnings Before Interest And Taxes	149,000	204,000	131,000	144,000
Interest Expense	53,000	86,000	70,000	78,000
Income Before Tax	96,000	118,000	61,000	66,000
Income Tax Expense	35,000	40,000	21,000	(2,000)
Minority Interest	-	(3,000)	(3,000)	(1,000)
Net Income From Continuing Ops	61,000	75,000	37,000	67,000
Non-recurring Events				
Discontinued Operations	-	-	-	-
Extraordinary Items	-	-	-	-
Effect Of Accounting Changes	-	-	-	-
Other Items	-	-	-	-
Net Income	61,000	76,000	37,000	67,000
Preferred Stock And Other Adjustments	-	-	-	-
Net Income Applicable To Common Shares	$61,000	$76,000	$37,000	$67,000

图 13.5　希尔顿的利润表

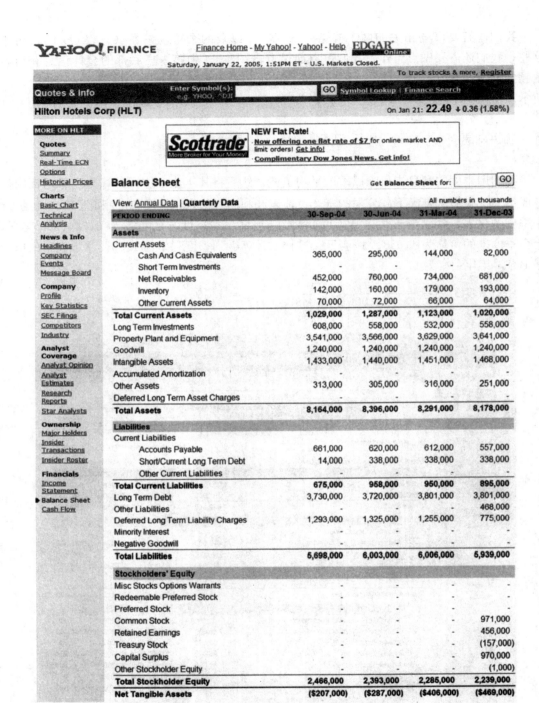

图 13.6　希尔顿的资产负债表

注意，希尔顿的利息从上个季度开始下降，其年化利率为 8.66％。上个季度该公司的短期债务更昂贵。

基于 Excel 的金融学原理（第二版）

	A	B	C	D	E
1			希尔顿的债务成本r_D		
2	季度	2004-09-30	2004-06-30	2004-03-31	
3	利息费用	53,000	86,000	70,000	
4	长期负债	3,730,000	3,720,000	3,801,000	
5	短期负债和当前长期负债的比例	14,000	338,000	338,000	
6	季度末负债	3,744,000	4,058,000	4,139,000	<-- =D5+D4
7					
8	季度费率	1.36%	2.10%	<-- =C3/AVERAGE(C6:D6)	
9	年化费率	5.55%	8.66%	<-- =(1+C8)^4-1	

希尔顿的税率 T_C 大约为 35%

从图 13.6 的利润表中，我们还能计算得到公司的税率。前三个季度的平均季度税率为 34.93%。这个税率就是我们用的 T_C。

	A	B	C	D	E
1			希尔顿的税率T_C		
2	季度	2004-09-30	2004-06-30	2004-03-31	
3	税前盈利	96,000	118,000	61,000	
4	税收	35,000	40,000	21,000	
5	税率	36.46%	33.90%	34.43%	<-- =D4/D3
6					
7	平均税率，T_C	34.93%	<-- =AVERAGE(B5:D5)		

经济中的无风险利率 r_f 为 2.21%

如图 13.7 所示，我们从雅虎中得到这个数据。

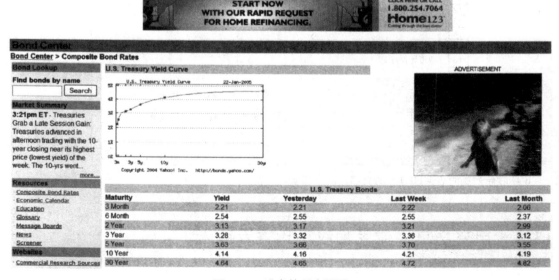

图 13.7　雅虎的利率页面

说明：证券市场线里用的 r_f 是短期国库券利率 2.21%。

市场的期望收益 $E(r_M)$ 大约为 8.52%

我们使用 13.3 节中说明的方法，用的是 2004 年 9 月 30 日标普 500 指数的市盈率。我们进一步假设，派息增长率为 7%，总派息率（股利＋回购）为 50%。这样得到 $E(r_M)=10.1\%$。

	A	B	C
1	求2004年9月30日的 $E(r_M)$		
2	2004年9月30日时标普500指数的市盈率	17.25	
3	预计股利增长率g	7%	
4	派息率b	50%	
5			
6	$E(r_M)$	10.10%	<-- =B4*(1+B3)/B2+B3

希尔顿的加权平均资本成本是多少？

希尔顿的加权平均资本成本为 7.98%。计算概括如下：

	A	B	C
1	希尔顿酒店（HLT） 从雅虎网站获取更多信息		
2	权益贝塔值	0.956	<-- 雅虎
3			
4	流通股（百万股）	386.03	<-- 雅虎
5	每股市场价值	22.49	<-- 雅虎
6	权益市场价值（百万美元），E	8,682	<-- =B5*B4
7			
8	权益每股账面值	6.388	<-- 雅虎
9	权益总账面值	2,466	<-- =B8*B4
10	负债/权益比	1.518	<-- 雅虎
11	负债账面价值	3,743	<-- =B10*B9
12	手持现金	219	<-- 雅虎
13	净负债（百万美元），D	3,524	<-- =B11-B12
14			
15	无风险利率，r_f	2.21%	
16	预期市场收益率，$E(r_M)$	10.10%	
17			
18	求加权平均资本成本		
19	权益占比，$E/(E+D)$	0.7113	<-- =B6/(B6+B13)
20	负债占比，$D/(E+D)$	0.2887	<-- =1-B19
21	权益成本，r_E	9.75%	<-- =B15+B2*(B16-B15)
22	负债成本，r_D	5.55%	
23	税率，T_D	34.93%	
24	WACC	7.98%	<-- =B19*B21+(1-B23)*B20*B22

说明：希尔顿酒店（HLT）的大部分信息都来自雅虎。

13.4 用资产贝塔值求加权平均资本成本

求加权平均资本成本稍微不太一样的方法是用资产贝塔值 $\beta_{资产}$。运用这种方法，我们同时需要希尔顿的 β_E 和 β_D。资产贝塔的定义是负债和权益的加权平均：

$$\beta_{资产} = \beta_E * \frac{E}{E+D} + \beta_D * (1-T_C) * \frac{D}{E+D}$$

$$= (权益贝塔值) * (权益占公司价值的比例)$$
$$+ (负债贝塔值) * (1-公司税率) * (负债占公司价值的比例)$$

求得 $\beta_{资产}$ 后，我们现在用证券市场线求加权平均资本成本：

$$WACC = r_f + \beta_{资产} * \left[E(r_M) - r_f\right]$$

为了用希尔顿说明这种方法，我们注意到，上一节已做了所有必要的计算——除了计算负债 β_D。要求 β_D，我们假设证券市场线同时适用于负债和权益：

$$负债成本 = r_D = r_f + \underset{\underset{\text{希尔顿负债的贝塔值}}{\uparrow}}{\beta_D} * \left[E(r_M) - r_f\right]$$

$$\Rightarrow \beta_D = \frac{r_D - r_f}{E(r_M) - r_f}$$

读者可以从下表看到，希尔顿的贝塔值为 0.528（单元格 B8）。[1] 这意味着资产的贝塔为 0.78（单元格 B15），从而加权平均资本成本为 8.20%（单元格 B17）。

	A	B	C
1	希尔顿酒店(HLT) 以资产贝塔值求WACC		
2	权益贝塔值	0.956	<-- 雅虎
3			
4	无风险利率, r_f	2.21%	
5	市场期望收益率, $E(r_M)$	10.10%	
6			
7	负债成本	5.55%	
8	负债贝塔值	0.423	<-- =(B7-B4)/(B5-B4)
9			
10	公司税率	34.93%	
11			
12	权益占比, $E/(E+D)$	0.7113	
13	负债占比, $D/(E+D)$	0.2887	
14			
15	资产贝塔值	0.76	<-- =B2*B12+(1-B10)*B13*B8
16			
17	WACC	8.20%	<-- =B4+B15*(B5-B4)

13.5 不用阅读本节

读者最后一个可能有疑问的问题是：为什么用传统的加权平均资本成本方法和用资产贝塔值（$\beta_{资产}$）方法计算会求得不同的资本成本？本节我们将回答这个问题，但是，我们提醒你，若阅读此节，会对你的健康不利。[2]

答案为了计算资本成本，你应该调整证券市场线的公司税率。此外，有两条证券市场线——一条是权益的，一条是负债的。下面是相应的公式：

---

① 希尔顿的 $\beta_D = 0.423$，这个值看上去有点大，尤其是与它的 0.956 的权益贝塔值相比时。显然，市场认为希尔顿的负债极具风险。

② 坦诚而言，本章前面部分的这两种计算的差异没有大到足以产生很大的区别。

权益证券市场线：$r_E = r_f * (1-T_C) + \beta_E * [E(r_M) - r_f * (1-T_C)]$

负债证券市场线：$r_D = r_f + \beta_D * [E(r_M) - r_f * (1-T_C)]$

注意，这两条证券市场线有相同的经税收调整的市场风险溢价 $[E(r_M) - r_f * (1-T_C)]$，但有不一样的截距——权益证券市场线的截距为 $r_f * (1-T_C)$，负债证券市场线的截距为 r_f。[1]

若我们将此种方法应用于希尔顿的计算中，且若我们假定，负债成本 $r_D = 5.55\%$，那么我们求得负债的 β_D 为：

$$\beta_D = \frac{r_D - r_f}{E(r_M) - r_f * (1-T_C)} = \frac{5.55\% - 2.21\%}{10.10\% - 2.21\% * (1 - 34.93\%)} = 0.3851$$

现在，如你在下表看到的，无论是用传统的方法，还是用资产贝塔值 $\beta_{资产}$，求得的加权平均资本成本值都一样。

	A	B	C
1	希尔顿酒店(HLT) 用两证券市场线模型		
2	无风险利率，r_f	2.21%	
3	市场期望收益率，$E(r_M)$	10.10%	
4	公司税率	34.93%	
5	用传统方法求得的WACC		
6	权益贝塔值		
7	权益成本	0.956	<-- 雅虎
8	负债成本	9.72%	<-- =B2*(1-B4)+B7*(B3-B2*(1-B4))
9		5.55%	
10	权益占比，$E/(E+D)$		
11	负债占比，$D/(E+D)$	0.7113	
12		0.2887	
13		7.96%	<-- =B11*B8+B12*(1-B4)*B9
14	用资产贝塔值和两证券市场线模型求得的WACC		
15	权益贝塔值，β_E		
16	负债贝塔值，β_D	0.956	
17	资产贝塔值，b_{Asset}	0.3851	<-- =(B9-B2)/(B3-B2*(1-B4))
18		0.7523	<-- =B11*B16+B17*(1-B4)*B12
19		7.96%	<-- =B2*(1-B4)+B18*(B3-B2*(1-B4))
20			
21	注解：本方法下权益成本和负债成本分别为$r_E = r_f * (1-T_C) + \beta_D * [E(r_M) - E(1-T_C)*r_f]$和 $r_D = r_f + \beta_D * [E(r_M) - (1-T_C)r_f]$。这种方法理论上更合理准确；它结合了传统WACC的计算方法和基于资产贝塔值的计算方法。就实用而言，这种方法和本章第一节讲到的方法的差异并不显著。		

总　　结

加权平均资本成本的计算对企业估值来说很关键。本书第 6 章我们已经知道加权平均资本成本的重要性了。[2]

加权平均资本成本依赖于我们对权益成本 r_E 的估值。切实可行的计算权益成本的方

---

　① 这两种证券市场线的模型引自 Simon Benninga，Oded Sarig，*Corporate Finance：A Valuation Approach*，McGraw-Hill，1997。

　② 第 16 章将讨论股票估值的一些问题，详细总结了这一重要问题的各种方法。

356 ▶ 基于 Excel 的金融学原理（第二版）

法只有两个——第 6 章讨论过的戈登股利模型和证券市场线。本章详细讨论了用证券市场线求权益成本，以及相应产生的加权平均资本成本。我们已经说明了如何用权益 β_E 求权益成本 r_E。我们还解释了如何用权益贝塔值 β_E、负债贝塔值 β_D 和资产贝塔值 $\beta_{资产}$ 的组合求加权平均资本成本。

通过解释希尔顿酒店这个详细的例子，我们说明了从哪里可以获得做以上这些计算的数据。

习　题

1. 考虑 ASAP 公司的以下数据：

负债 $D=500,000$；

权益 $E=300,000$；

负债成本 $r_D = 6\%$；

权益成本 $r_E = 11\%$；

公司税率 $T_C = 25\%$。

求 ASAP 公司的加权平均资本成本。

2. 考虑伊丽莎白公司的以下数据：

$E(r_M) = 21\%$，负债成本 $r_D = 8\%$，公司税率 $T_C = 25\%$

$\beta_{伊丽莎白股票} = 0.7$，负债 $D = 1,000,000$，权益价值 $E = 1,000,000$，

无风险利率 $r_f = 4\%$

求该公司的加权平均资本成本。

3. Abby 公司股票当前没有在交易所交易。考虑该公司的以下数据：

$E(r_M) = 20\%$，负债成本 $r_D = 10\%$，公司税率 $T_C = 30\%$，$\mathrm{Cov}(r_{Abby}, r_M) = 0.13$

负债 $D = 1,500,000$，$r_f = 7\%$，$\mathrm{Var}(r_M) = 0.11$，权益 $E = 3,000,000$

a. 求 Abby 公司的加权平均资本成本。

b. 假定该公司打算进行首次公开发行（IPO）。在 IPO 之后，该公司有 350 万股股票，每股价值 2.50 美元。求 IPO 后的加权平均资本成本。

4. 考虑 Ever-Lasting 公司的以下数据：

$E(r_M) = 18\%$，负债成本 $r_D = 7.5\%$，公司税率 $T_C = 30\%$

$\beta_{EverLasting} = 1$，负债市场值 $D = 1,250,000$，股本市场值 $E = 2,000,000$

求该公司的加权平均资本成本。

5. 考虑以下数据：

$\mathrm{EPS}_0 = \$0.55$，$P_0 = \$22$，$g = 0.06$，$b = 45\%$（派息率）

用戈登模型求市盈率（P/E）和权益成本。

6. 考虑以下数据：

$r_D = 10\%$，$T_C = 30\%$，$D = 2,500,000$，$E = 2,000,000$

$\mathrm{EPS}_0 = \$2.5$，$P_0 = \$16$，$g = 0.075$，$b = 55\%$（派息率）

求市盈率和该公司的加权平均资本成本。

7. 用以下数据求 2002 年末 Cobra 公司的加权平均资本成本。

● Cobra 有 150 万股股票，2002 年末的每股价格为 12 美元。

● 2002 年末 Cobra 的负债为 4,450 万美元，2001 年末该公司的负债为 3,500 万美元。该公司 2002 年支付的利息为 40 万美元。

● 该公司的税率为 36%。

● 2002 年末的无风险利率为 2.16%。

下表是标普 500 指数（本例作为市场组合）和 Cobra 的收益（这些数据见本书的光盘）。

	A	B	C	D
1	求Cobra公司的加权平均资本成本			
2	年份	S&P 500的收益率	Cobra的收益率	无风险利率
3	1990	-3.10%	-16.00%	7.92%
4	1991	30.47%	89.12%	6.64%
5	1992	7.62%	25.33%	4.15%
6	1993	10.08%	28.95%	3.50%
7	1994	1.32%	-12.34%	3.54%
8	1995	37.58%	102.33%	7.05%
9	1996	22.96%	51.98%	5.09%
10	1997	33.36%	25.61%	5.61%
11	1998	28.58%	5.05%	5.24%
12	1999	21.04%	50.25%	4.51%
13	2000	-9.10%	-15.33%	6.12%
14	2001	-11.89%	-18.22%	4.81%
15	2002	-22.10%	-38.00%	2.16%

8. 用雅虎网站上的微软公司的资料（见下页图）。

a. 求微软的市盈率、贝塔以及负债/权益比？（用往绩市盈率[①]。）

b. 找出微软当前股价和股份数量，并用它们求微软的权益市值。这是否和雅虎的计算一致？

c. 假定 $r_f = 3\%, E(r_M) = 8\%$，求微软的权益成本 r_E。

9. 用雅虎网站上泰森食品（TSN）的资料（见 360 页图）。用该公司的贝塔和你找到的其他信息求该公司的加权平均资本成本。假定 $r_f = 3\%, E(r_M) = 8\%$。去年该公司有 523,000 美元的税前收入，支付了 186,000 美元的税。负债成本 $r_D = 7.76\%$。

10. 用下表的数据求 2002 年、2003 年以及 2004 年通用电气公司的税率。

	A	B	C	D
1	2002—2004年间通用电气公司利润表			
2		2002-12-31	2003-12-31	2004-12-31
3	总营业收入	$132,226,000,000	$134,641,000,000	$152,866,000,000
4	销售成本	$52,856,000,000	$51,206,000,000	$61,759,000,000
5	利息费用	$10,151,000,000	$10,892,000,000	$12,036,000,000
6	税前收入	$18,972,000,000	$20,291,000,000	$20,480,000,000
7	净收入	$14,167,000,000	$15,236,000,000	$16,819,000,000

---

① 往绩市盈率为当前股价与上前一年的每股盈利的比率，远期市盈率则是当期股价与预期每股盈利的比率。

Yahoo! My Yahoo! Mail

YAHOO! FINANCE **Sign In** New User? Sign Up   powered by HP   Finance Home · Help

Search the Web [ ] [Search]

Sunday, March 27, 2005, 5:15AM ET - U.S. Markets Closed.

To track stocks & more, Register

Quotes & Info   Enter Symbol(s): e.g. YHOO, ^DJI [ ] [GO] Symbol Lookup | Finance Search

Microsoft Corp (MSFT)   On Mar 24: **24.28** ↑0.10 (0.41%)

MORE ON MSFT

Fidelity   **Fidelity Brokerage Services**
- New low commissions
- www.fidelity.com/tradesmarter

Quotes
Summary
Real-Time ECN
Options
Historical Prices

Charts
Basic Chart
Technical
Analysis

News & Info
Headlines
Company
Events
Message Board

Company
Profile
▶ Key Statistics
SEC Filings
Competitors
Industry

**Analyst
Coverage**
Analyst Opinion
Analyst
Estimates
Research
Reports
Star Analysts

Ownership
Major Holders
Insider
Transactions
Insider Roster

Financials
Income
Statement
Balance Sheet
Cash Flow

Key Statistics

Data provided by Reuters, except where noted.

Get Key Statistics for: [ ] [GO]

ADVERTISEMENT

Superior Technology
Superior Pricing

Buy 100 shares for $1.00
Buy 500 shares for $3.00
Buy 1000 shares for $6.00

All with no ECN or Exchange fees
& just $1.00 minimum per trade

CyberTrader.
> Find out more   Call 1-888-283-2407

VALUATION MEASURES

Market Cap (intraday):	264.17B
Enterprise Value (27-Mar-05)³:	229.67B
Trailing P/E (ttm, intraday):	26.48
Forward P/E (fye 30-Jun-06)¹:	17.22
PEG Ratio (5 yr expected)±:	1.74
Price/Sales (ttm):	6.84
Price/Book (mrq):	5.57
Enterprise Value/Revenue (ttm)³:	5.97
Enterprise Value/EBITDA (ttm)⁶:	17.08

FINANCIAL HIGHLIGHTS

Fiscal Year

Fiscal Year Ends:	30-June
Most Recent Quarter (mrq):	31-Dec-04

Profitability

Profit Margin (ttm):	25.98%
Operating Margin (ttm):	32.73%

Management Effectiveness

Return on Assets (ttm):	11.70%
Return on Equity (ttm):	14.79%

Income Statement

Revenue (ttm):	38.47B
Revenue Per Share (ttm):	3.53
Revenue Growth (fy)³:	14.40%
Gross Profit (ttm)³:	30.12B
EBITDA (ttm):	13.44B
Net Income Avl to Common (ttm):	10.00B
Diluted EPS (ttm):	0.92
Earnings Growth (fy)³:	-18.30%

Balance Sheet

Total Cash (mrq):	34.50B
Total Cash Per Share (mrq):	3.17
Total Debt (mrq)³:	0
Total Debt/Equity (mrq):	0
Current Ratio (mrq):	2.951
Book Value Per Share (mrq):	4.341

Cash Flow Statement

From Operations (ttm)³:	14.25B
Free Cashflow (ttm)³:	13.14B

TRADING INFORMATION

Stock Price History

Beta:	1.472
52-Week Change:	-3.61%
52-Week Change (relative to S&P500):	-8.73%
52-Week High (12-Nov-04):	30.20
52-Week Low (22-Mar-05):	23.96
50-Day Moving Average:	25.58
200-Day Moving Average:	27.13

Share Statistics

Average Volume (3 month):	74,426,316
Average Volume (10 day):	82,442,000
Shares Outstanding:	10.88B
Float:	9.39B
% Held by Insiders:	13.72%
% Held by Institutions:	54.80%
Shares Short (as of 8-Feb-05):	75.98M
Daily Volume (as of 8-Feb-05):	N/A
Short Ratio (as of 8-Feb-05):	1.043
Short % of Float (as of 8-Feb-05):	0.81%
Shares Short (prior month):	72.87M

Dividends & Splits

Annual Dividend:	0.32
Dividend Yield:	1.32%
Dividend Date:	9-Jun-05
Ex-Dividend Date:	16-May-05
Last Split Factor (new per old)²:	2:1
Last Split Date:	18-Feb-03

More from Reuters

Reuters offers more in-depth Company Research, Stock Screening, and Risk Alerts on over 10,000 U.S. Equities.

View Financials (provided by EDGAR Online):
**Income Statement - Balance Sheet
Cash Flow**

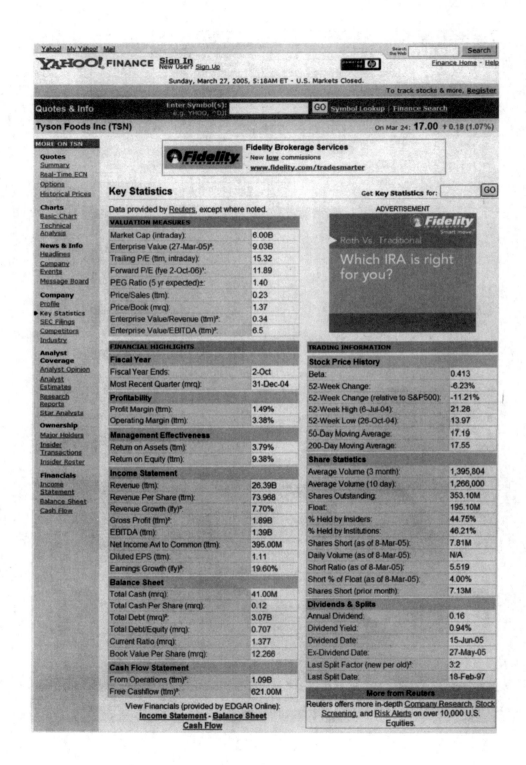

11. 假定 $E(r_M) = 8\%$，$r_f = 4\%$，用下表的数据求 2002 年末 Amgen 公司的加权平均资本成本。

	A	B
1	求Amgen公司的加权平均资本成本	
2	$E(r_M)$	8.00%
3	r_f	2.00%
4	税率	44.74%
5	贝塔值	0.82
6	2002年末的股价	58.34
7		
8	流通股	1,290,000,000
9	每股账面值	14.70
10	权益总账面价值	18,963,000,000
11	账面负债/权益比	16.07%
12	Amgen的负债	3,047,700,000
13	Amgen的总价值	3,047,700,058
14		
15	2002年支付的利息	44,200,000
16	2002年末的负债	3,047,700,000
17	2001年末的负债	223,000,000

12. 用习题 11 中的数据及 $\beta_{资产}$ 求 Amgen 公司的加权平均资本成本。

13. 用下表中的数据求 2002 年末波音公司的加权平均资本成本。

	A	B	C
1	求波音公司的加权平均资本成本		
2	$E(r_M)$	7.50%	
3	r_f	3.00%	
4	股价	53.92	
5	贝塔值	0.72	
6	权益市场价值		
7			
8	流通股	840,900,000	
9	每股账面值	$8.28	
10	权益账面值		
11	负债/权益比	2.09	
12	波音的负债		
13	市场价值，负债+权益		
14			
15		**2002**	**2001**
16	税前收入	3,180,000,000	3,564,000,000
17	所得税费用	861,000,000	738,000,000
18	年税率	27.08%	20.71%
19			
20	2002年支付的利息	730,000,000	
21	2002年末的负债	12,589,000,000	
22	2001年末的负债	10,866,000,000	
23	2001–2002年的平均负债		
24	波音的债务成本		
25			
26	波音的权益成本		
27			
28	波音的WACC		

14. 用上一题的数据以及 $\beta_{资产}$ 求波音公司的加权平均资本成本。

15. 当前的无风险利率 $r_f = 4\%$，市场组合的期望收益率为 10%。Brandywine 公司有两个市值相等的部门，该公司的负债/权益比为 3/7，且该公司的债券为无风险的。在过去几年，Brandy 部门在资本预算决策中一直使用的贴现率为 12%，而 Wine 部门使用的贴现率为 10%。经理要你计算贴现率是否适合这两个部门项目的风险。

a. 按照这两个部门所使用的贴现率，其中暗含的项目的贝塔值是多少？

b. 你估计 Brandywine 股票的贝塔值为 1.6，这与这两个部门使用的贴现率所暗含的 β 是否一致？

c. 你估计 Korbell Brandy 公司股票的贝塔值为 1.8，Korbell 公司是完全经营白兰地业务的，它的负债/权益比为 2/3，它的债券贝塔值为 0.2。基于这些信息（以及你所预计的 Brandywine 股票的贝塔值），你应建议 Brandywine 的 Brandy 部门和 Wine 部门的项目使用多大的贴现率？

16. Sun 公司的权益贝塔值为 0.5，它的资本结构是由一半的权益和一半的无风险债务构成的。债务的税前收益率为 6%，市场指数的期望收益率为 8%。Sun 公司正在考虑扩张进入 Snow 公司的业务。预期这项新业务的税后内部收益率为 25%。Vacation 公司已经在经营这项新业务了；它的权益贝塔值为 2.0，且该公司资本结构是由 10%（无风险）的负债和 90% 的权益构成的。若这个新项目需要 50% 的负债融资，那么 Sun 公司是否应该进入 Snow 公司的业务？假定这两家公司的边际税率都是 50%，且 Vacation 公司的经营风险与 Sun 公司的经营风险相当。

17. A 公司正决定是否发行股票为一个投资项目筹资，该项目的风险与市场风险一样，且期望收益为 15%。若无风险利率为 5%，市场的期望收益为 12%，那么该公司就应该继续投资。

a. 这句话是错的。该公司不应投资这个项目。

b. 不考虑公司的贝塔值。

c. 除非公司的贝塔值大于 1.25。

d. 除非公司的贝塔值小于 1.25。

18. 一个项目的现金流见下表，该项目的贝塔值为 1.6。若市场收益为 15%，无风险利率为 7%，那么公司是否应承接这个项目？

	A	B
1	年份	现金流
2	0	—100
3	1	60
4	2	50
5	3	40

19. 一只贝塔值为 0.75 的股票现在股价为 50 美元。投资者预期该股每年支付 3 美元的股利。国库券利率为 4%，市场风险溢价为 8%。投资者预期年末股价为多少？

20. 再考虑习题 19 的股票。假定投资者实际上相信股票年末售价为 54 美元。这笔交易是好还是不好？投资者将会怎么做？股票会在什么时候达到均衡，即股票再次被视为公平定价？

证券估值

本书第三部分包含了三章，有两章是讲述证券估值的，其中第15章讲述了怎样对债券估值，第16章述了怎样对股票估值。

　　开头的第14章讲述了市场有效性。简而言之，市场有效性是一组有关市场隐含信息的概念。例如，将一系列资产进行打包会影响其价格吗？这个问题被称为"价格累加性"。当你阅读第14章，你将会发现这个问题的答案比较重要。比如，股票的历史价格会不会影响你预测该股票将来股价的能力呢？（市场有效性认为"不会"。）

　　第14章有关市场有效性的讨论将向你呈现债券估值和股票估值的必要基础知识。第15章将详细描述债券以及优先股（优先股类似于债券）的市场。

　　第16章我们将现金流贴现和市场有效性的概念应用于股票估值，并且讨论、对比了四种常用的股票估值方法。

第 14 章

有效市场——证券估值的一般原理

概述

金融学里往往需要大量的计算，这就是为什么本书着重于运用方便的工具，例如 Excel，来解决金融问题。但是有的时候，要了解金融市场的运作机制基本不需要多少计算，只需要一些智慧。本章将介绍一些估值的一般原理，这些知识将把你从大量的毫无意义的计算中解放出来。在本章讨论完这些非常重要的基本原理之后，我们将讨论债券（第 15 章）、股票（第 16 章）估值的问题。

下面便是一个例子，你的室友 Clarence 给你一个有关 Federated Underwear（FU）公司股票的"小道消息"，他认为你应该马上去买这只股票。他很兴奋地对你说："这只股票马上就要涨了，我确定！我爸爸说这只股票的价格在过去几年中一直在 15～25 美元之间。每次它跌价至将近 15 美元时，它就开始上涨，每次它涨价至将近 25 美元时，它就开始下跌。昨天 FU 股价已经在 15.05 美元收盘，你赶快买下然后等着，它肯定会涨的，等它涨到 25 美元的时候卖掉，你就能大赚一笔。"

读完本章之后你就可以告诉 Clarence："朋友，你的建议是十足的技术分析的例子，我的大学金融教科书——《基于 Excel 的金融学原理》——第 17 章解释了这些规则明显违反了弱式有效市场的原则。如果你想把钱赌在这种愚蠢的计划上，那就去做吧。我要把辛苦工作一晚上赚的钱花费在迪斯科有效市场上了。"

人们通常认为本章所讲述的无外乎是决定资产价格的信息所扮演的角色和起到的作用。如果将这些理论简而言之的话，那么听起来都有点傻里傻气的："信息是重要的"、"交易费用很重要"、"一加一等于二"。当你把这些理论运用到资产市场上，可以对"什么是有价值的"这一问题作出令人惊讶的结论。

下面列出了 4 条估值基本原理。

有效市场原理 1：一种商品只有一个价格。在金融市场上相同的金融资产具有相同的价格。14.1 节运用了交叉挂牌股票——在两个金融市场交易的股票，比如同时在纽约证券交易所和太平洋证券交易所上市的 IBM 公司。

有效市场原理 2：价格累加性。打包资产的价格应当等同于其中被打包的各个资产的价格总和。这条原理的重要性难以估量。其预言之一是，没有"赚钱机器"——赚钱是要付出成本的。另一个预言是，当了解了一个打包的资产的各个成分之后，你可以为这个资产包定价。

有效市场原理 3：信息是重要的。找到以前不为人知的信息会带来巨大收益。反过来，想从人尽皆知的事情里发现利润是很困难的。信息传播越广，挖掘利润越难。这一原理可以分为三个部分：

- 弱式有效的原则：市场价格包括所有当前和过去的价格信息。如果这个假说成立（几乎所有的经济学家都这样认为），那么基于过去的交易价格的证券交易几乎不可能赚钱。这意味着，基于价格模式的"赚钱"规则——如果一只股票连续三天上涨，就去买，如果连续下跌了三天就卖掉——是徒劳的。弱式有效市场假说使大量的投资者对自己的投资策略持怀疑态度。一个例子就是有些投资顾问声称自己能从价格形态得知市场趋势，这些所谓的"技术交易者"给予的意见，违反了弱式有效市场假说，应该被忽略。

- 半强式有效的原则：市场价格全部包含所有公开的信息。金融市场里公开可用的信息十分泛滥。你能通过仔细阅读 IBM 的财务报表来赚钱吗？几乎不可能。IBM 有很多股东以及数以百计的股票分析师。如果分析家们公正精准地分析，那么可以从 IBM 的财务报表收集到的信息就已经纳入了该公司的股票价格。大多数经济学家认为，市场或多或少是半强式有效的。正如本章所说，它取决于获得信息的难度以及多少投资者在跟进这只股票。

- 强式有效的原则：市场价格包括所有的信息（公开的以及私人的）。除了 IBM 的公开可用财务报表和股票分析师的分析，也有私人拥有的公司信息。例如，公司内部人知道很多关于销售、生产的数据以及创造单个产品的成本。这些信息包含在 IBM 的股价里了吗？几乎没有经济学家相信这一点。也就是说，如果了解私人提供的信息可以为你带来收益[①]，那么市场不是强式有效的。

有效市场原则 4：交易成本是重要的，可以破坏一切。这是一个关于市场的重要真理。交易成本——不仅是买卖证券的成本，还包含深挖信息的成本——使交易更难以进行。交易——金融资产，比如股票和债券的购买和出售——使得市场价格反映了资产的真正价值。

讨论的金融概念

- 效率
- 可加性

---

① 注意：股票交易是基于内部信息违法的基础之上。

- 卖空
- 开放式和封闭式共同基金

使用的 Excel 函数

本章有一些 Excel 的应用，但没什么复杂的。

14.1 有效市场原理 1：竞争性市场中，一个商品只有一个价格

竞争市场拥有大量的买家和卖家，没有人可以影响买价和卖价。金融市场是竞争市场的一个例子：对于大多数股票，在大型证券交易所里有大量的买家和卖家；有许多银行争取你的银行账户和你的抵押贷款等。

竞争性市场中，一个商品只有一个价格这一原则是经济学的基础知识，同时也成为大多数经济学的入门课程。在某些情况下，这一原则看上去很荒谬。例如：在北卡罗来纳州阿什维尔的农贸市场（作者的家乡），有很多人卖苹果。许多厂商出售 Granny Smith（GS）的苹果。他们出售的苹果几乎是相同的大小和品质。其结果是：所有的摊位上，同种类的苹果价格基本一样。这是为什么呢？假设一个商人偏离 GS 苹果的销售价格（均衡价格），以低于其他厂商的价格售卖，那么他会吸引很多买家。由于相互竞争，他将最终提高他的价格，而其他 GS 供应商会将其价格降低，直至恢复价格的平衡——市场上 GS 苹果的价格是相同的。

跨市上市的股票———一价定律的应用

一价定律也在股市中适用。这里有一个例子：IBM 的股票同时在纽约证券交易所（NYSE）和太平洋证券交易所（PSE）交易。当两个交易所交易都开放时，IBM 的股票价格在两个市场基本上是相同的。这并不令人惊讶：因为如果 IBM 股票在纽约的价格是 120元，在旧金山的价格是 118 美元，显然经纪人会尝试套利（即利用价格的差异来赚钱）——在旧金山购买 IBM 股票，然后在纽约出售。由于交易成本非常低，而且股票交易是在瞬间发生的，这将推动价格最终趋于一致。[①]

更重要的是，纽约证券交易所先于太平洋证券交易所开始交易，但后者收盘的时间比前者晚。这意味着，有关 IBM 的信息如果在一天中的较晚时间才出现，那么它将包含于 PSE 的股价中，但只能在第二天早晨影响 NYSE 的价格。在某些情况下，这种现象表现得更为极端。举个例子，大量以色列的公司股票同时在特拉维夫和纳斯达克股票市场进行股票交易。两个市场每天只有一个小时的时间同时交易（美国东部时间上午 9：30 至

---

① 注意我们是如何强调交易成本的重要性的。（"原则 4：交易成本是重要的，可以破坏一切。"）正文里的句子是说交易成本不仅包含买卖的直接成本（佣金、劳动力成本等），而且还包括将商品从一个市场运至另一个市场所花的时间。幸运的是，本例中股票市场的交易成本很低，尤其对经纪人和交易商而言。

10：30，该时段两个市场都开放，之后特拉维夫关闭）。在这一个小时之间，跨市上市的股票具有相同的价格，但当只有一个市场开放时，二者的价格就不一定一致了。

14.2 有效市场原理 2：打包产品的价格具有累加性

当打包的 A 和 B 的市场价格等于 A 的市场价格加上 B 的市场价格时，我们就说价格具有累加性。这听上去似乎是显而易见的事情，但很难相信这一点是有趣的。

来看一开始的例子，我们回到阿什维尔农贸市场。开始讲的是 GS 苹果，但一些厂商也卖 Red Delicious（RD）苹果。我们可以假定 GS 的价格是每磅 2 美元，RD 苹果的价格是每磅 3 美元。如果一个奇怪的供应商 Simon 将两种苹果打包销售：每袋重量为 2 磅，包含 1 磅 GS 苹果和 1 磅 RD 苹果。那么他应该如何定价？显然单价是每袋 5 美元。

为什么呢？实际上这并非如此简单。假设 Simon 给每袋的定价为 4.50 美元，那么有需要 GS 和 RD 各 1 磅的人都会买 Simon 的。如果 Simon 对供求关系很敏锐，他会发现人们对他的苹果混合装的需求变大，因而他可以提高价格。同一时间，卖苹果的其他小贩注意到人们对于苹果的需求减弱，就会降低他们的价格。

此外，如果 Simon 坚持他的苹果一袋卖 4.50 美元，那么某个敏锐的人——Sharon 会从 Simon 那里买来混合苹果，然后取出苹果单独销售（按照 GS 2 美元、RD 3 美元的市场价格）。用金融术语说，Sharon 的行为是套利。用 Sharon 祖母的话说，则是低买高卖。

另一方面，假设 Simon 的价格为每袋 5.50 美元。人们可能不会继续向他购买，而走向其他小贩。最终，Simon 将不得不降低自己的价格。但如果 Simon 坚持每袋为 5.50 美元，那么其他聪明的苹果小贩将开始销售与 Simon 一样的混合苹果袋，但价格更便宜，最终价格还是会下降。

实际上，对于 Simon 来说，他的苹果每袋卖 5.05 美元仍旧是有利可图的，因为解决了顾客为了买两种苹果而寻找两个摊位的麻烦。用金融术语来说，Simon 节省了顾客分别购买两种苹果的交易成本。他们应该是愿意为此付出的。

这一原理经常被阐述为：在金融市场上没有赚钱机器：你无法通过购买打包资产再分开出售来赚钱。反过来也是如此。这样的"赚钱机器"并不存在。[①]

现在你明白为什么累加性适用于阿什维尔农贸市场了，这是金融方面的应用。

Richard Gere 的套利

在电影《风月俏佳人》中，Richard Gere 就扮演了一个套利者：他买下了一整个公司，然后拆分再卖出获利。引用某网址的话说，即"电影所呈现的便是美国 20 世纪 80 年代人的贪婪"。因此但凡拆分后的公司的卖价总和大于公司本身的卖价，那么就可以按 Richard 的方法去做。

---

① 从广义上来说，本章所有有效市场原理都在说想在金融市场中赚钱并不简单。如果你想要赚钱，那么你必须做些有意义的工作。

累加性，例 1：债券期限结构定价

打包定价原则经常被应用到债券的定价。债券给予了一系列随着时间推移的支付款，每份款项都是一个独立的打包资产。如果我们可以给这些资产包定价，那么我们就可以为债券定价。现在我们以简单的债券为例。

下面是一个例子。假设在金融市场上有两种债券：债券 A 和债券 B。

- 债券 A 当前的价格是 100 美元，1 年后偿付 110 美元。该债券的 IRR 是：

$$10.00\% = \frac{110}{100} - 1$$

- 债券 B 当前的卖价是 100 美元，在第 2 年末支付 125 美元。该债券的 IRR 是：

$$11.80\% = \left(\frac{125}{100}\right)^{1/2} - 1$$

现在假设你想为债券 C 定价，它 1 年后支付 23 美元，2 年后支付 1,023 美元。根据价格累加性原则，用上面算出的两个 IRR 分别对债券相应年份的收入贴现，再相加。

$$债券价格 = \frac{23}{1.10} + \frac{1,023}{(1.118,0)^2} = 839.31$$

在这个公式中，我们对债券 C 第 1 年支付的 23 美元和第 2 年支付的 1,023 美元分别运用各自的内部收益率贴现，得到债券价格。

	A	B	C	D
1	债券的价格累加			
2	债券A：1年后到期			
3	当前价格	100		
4	1年后支付	110		
5	IRR	10.00%	<-- =B4/B3-1	
6				
7	债券B：2年后到期			
8	当前价格	100		
9	1年后支付	0		
10	2年后支付.	125		
11	IRR	11.80%	<-- =(B10/B8)^(1/2)-1	
12				
13				
14	债券C：1年后和2年后都有支付的债券			
15	日期	现金流	现金流现值	
16	1	23	20.91	<-- =B16/(1+B5)
17	2	1023	818.40	<-- =B17/(1+B11)^2
18	债券价格?		839.31	<-- =SUM(C16:C17)

总之，我们可以通过计算只支付一次的债券的收益率来确定多次支付利息的债券的价格（见图 14.1）。

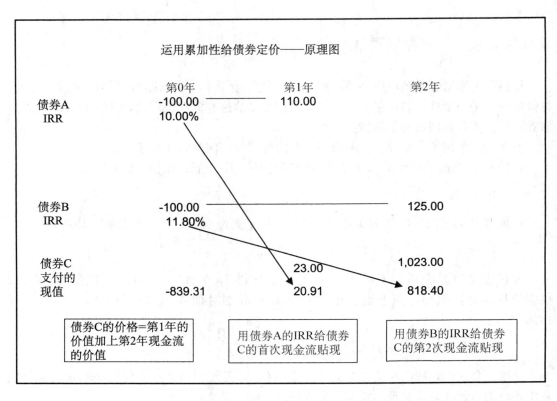

运用累加性给债券定价——原理图

	第0年	第1年	第2年
债券A IRR	-100.00 10.00%	110.00	
债券B IRR	-100.00 11.80%		125.00
债券C 支付的 现值	-839.31	23.00 20.91	1,023.00 818.40

债券C的价格=第1年的价值加上第2年现金流的价值

用债券A的IRR给债券C的首次现金流贴现

用债券B的IRR给债券C的第2次现金流贴现

图 14.1 运用累加性原则对债券定价

累加性，例 2：开放式共同基金

美国证券交易委员会（SEC）的官网这样定义共同基金：

共同基金公司汇集了许多人的资金并投资于股票、债券或其他资产。这种持有股票、债券或其他资产等多样资产的方式被称作投资组合。每个投资者在这种基金中持有股份，股份代表的是这些混合资产的一部分。[①]

下面给出了美国证券交易委员会关于共同基金的资料。

SEC 网站对共同基金的描述

共同基金公司汇集了许多投资者的资金，形成蓄水池，再将它们投资在股票、债券、短期货币市场工具或其他证券上。这种公司在法律上称为"开放式基金公司"，是投资公司的三种形式之一。其他两个基本类型是封闭式基金和单位投资信托（UITs）。

这里是一些共同基金的显著特点：

●投资者通过购买基金本身来持有份额（或通过经纪人），但不能够从二级市场的其他投资者那里购买份额，如纽约证券交易所或纳斯达克股票市场。共同基金的价格由每股净资产值（NAV）和持股费用组成——这在购买基金时已经规定好了。

[①] 资料来源：http://www.sec.gov/investor/tools/mfcc/mutual-fund-help.htm。

●共同基金股份是"可赎回"的。这意味着，当共同基金的投资者想出售自己的基金份额，那么他们就卖出去然后再还给基金本身（或一个经纪人）——以 NAV 的价格，减去一些规定的费用（如递延销售负荷或赎回费）。

●共同基金一般是连续出售其股份，但也有一些资金在变得过于庞大时停止出售。

●共同基金的投资组合通常是由独立的实体管理的，其被称为"美国证券交易委员会注册的投资顾问"。

共同基金有许多品种。例如，指数型基金、股票基金、债券基金、货币市场基金等。这些都可能有不同的投资目标和战略。不同的共同基金也可能拥有不同的风险、波动性和费用。所有基金都收取资金管理费。有的还收取分销和服务的费用，通常简称为"12b-1"费。一些资金也会在你买入或卖出基金份额时收取销售手续费。在这方面，一个基金可能对相同的投资组合提供不同的等级，每个等级有不同的费用及开支。

资料来源：http：//www.sec.gov/answers/mutfund.htm。

如果你将一系列证券捆绑于共同基金，这是否要紧？应该如何为这样一个基金定价？价格累加性原则给我们提供了一个处理这个问题的方法，即共同基金的价格应该由所包含的资产的市场价格相加得出。

假设你开设了一个新的公司，Super－Duper 基金公司，出售特殊类型的共同基金。

● Super－Duper 目前有 10,000 个股东，每人已投入 100 美元，所以该公司的总资产为 100 万美元。

● Super－Duper 资金的 50％投资在 IBM 股票上（目前交易价为 100 美元），50％投资于英特尔的股票（目前交易价为 50 美元）。因此，该公司目前拥有 5,000 股 IBM 和 10,000 股英特尔的股票。

● 基金的份额数量是可变的。[①] 现在有 10,000 份基金，但该数目可能增加或减少。

▲ 如果一个股东想卖掉他的份额，你将按其比例去清算他的基金资产。因此，如果 Joe 叔叔拥有 1 份该基金（价值 100 美元），他希望卖掉该份额，那么 Super－Duper 就得卖掉 1/2 股 IBM 股票和 1 股英特尔股票，从而支付其 100 美元。现在，该基金资产变为 999,900 美元，在英特尔和 IBM 的投资仍旧各占 50％。

▲ 如果有新股东要加入，对于新加入的每 100 美元，Super－Duper 会购买价值分别为 50 美元的 IBM 股票和 50 美元的英特尔股票。[②]

如果今天没有人出售或购买基金份额，那么 Super－Duper 的资产价值将维持在 100 万美元。现在假设明天 IBM 的价格为 110 美元，英特尔的价格是 48 美元，那么基金份额的价值是 103 美元（见下面的单元格 C14）。

现在假设，明天另有 500 人购买该基金。这意味着，他们支付了 500 * ＄103 ＝ ＄51,500 来购买基金份额。假设该基金坚持其现行政策（两个公司各持有 50％），那么现在的基金价值将变为 1,081,500 美元，将投资 4,915.91 股 IBM 股票和 11,265.63 股英特

---

① 用共同基金的术语来说，份额数可变才使得它是开放式基金。后面的例子是关于封闭式基金的。

② 事实上，Super－Duper 基金在每天交易结束时都会这样做。因此如果 Joe 叔叔想要出售他的份额，而 Maude 阿姨想要额外投资 100 美元，该基金可以将他们的份额换一下，这样可以节省买卖交易成本。每一分钱都是有用的！

	A	B	C	D
1	Super-Duper开放式共同基金			
2		今天	明天新的基金购买者进入前	
3	Super-Duper的份额数	10,000	10,000	
4				
5	投资组合			
6	IBM价格	100	110	
7	英特尔价格	50	48	
8				
9	投资组合的构成			
10	IBM的份额数	5,000	5,000	
11	英特尔的份额数	10,000	10,000	
12				
13	总基金份额	1,000,000	1,030,000	<-- =C10*C6+C11*C7
14	每份基金价值	100	103	<-- =C13/C3
15				
16		明天新的基金购买者进入后		新份额以当前基金价格发行，因此现在基金价值为 10,500*$103=$1,081,50
17	Super-Duper的份额数	10,500		
18	总基金价值	1,081,500	<-- =B17*C14	
19				
20	投资组合构成			
21	IBM的份额数	4,915.91	<-- =B18*50%/C6	
22	英特尔的份额数	11,265.63	<-- =B18*50%/C7	

尔股票。

开放式共同基金的份额数是灵活的。新股东购买基金份额，老股东出售份额。在任何时间点，该基金的每股价值由下面的公式给出：

$$开放式基金每份价值 = \frac{共同基金的资产净价值}{基金份额数}$$

$$= \frac{基会投资组合的市场价值 — 基金费用}{基金份额数}$$

请注意，我们已经引入了新的术语：共同基金的资产净值（NAV），即该基金的投资组合的市场价值减去基金费用。

价格可加性适用于共同基金，这意味着开放式基金根据投资组合的价值来定价。

共同基金的成本：一些技术性的细节

基金会向一些基金持有人收取费用，因此会减少该基金的价值。这些包括购买和出售股票的成本以及支付给管理人员的成本：通常基金经理向客户收取 1% 的费用。如果你的基金收费水平是 1%（在美国这是很典型的），那么这个成本（在我们的例子中是每年 10,000 美元）就要从基金的价值中扣除。

Super-Duper 基金对股东买进或卖出基金份额不收取费用。然而，一类重要的共同基金在人们购买其基金份额时收取费用。这些所谓的前端收费共同基金比免佣基金昂贵。假设 Super-Super-Duper 收取 7% 的前端佣金。然后你将支付 107 美元（＝$100＋7% 的前端佣金）来购买基金份额。前端佣金明显是昂贵的，但共同基金网上销售人员往往会告诉你为了更好的基金管理这个价格很合理，但几乎没有证据显示这是真的。[1]

---

① 回忆一下，我们在第 12 章学过用 CAPM 来分析共同基金的业绩。金融研究者同意此观点，且用更为复杂的技术分析发现，很少有迹象表明前端收费共同基金的业绩要比无佣金共同基金的业绩好。

例子 3: 封闭式基金——累加性失效

价格累加性并不总是正确的。我们可以举出一个封闭式基金的例子。封闭式共同基金是股份数量固定的投资公司。如同开放式共同基金,封闭式共同基金也投资于证券组合。

与开放式基金的股份数可以变大或变小不同,封闭式基金在股票市场上出售固定份额的基金。这种公司不再发行更多新份额,其市场价格随着供给和需求波动。

下面是一个例子。Chippewa 基金是封闭式基金,它看起来很像 Super-Duper 基金。Chippewa 同样有 10,000 股,其证券组合包括 50 万美元的 IBM 股票和 50 万美元的英特尔股票,该基金公司在 Chippewa 证券交易所上市。该基金没有其他资产。

那么 Chippewa 基金单一份额的价格应该是多少呢? 表面上它应该等于该基金涉及的资产的每股价格——在我们的案例中是每股 100 美元(类似于上述开放式共同基金的情况,用金融术语来说则是:Chippewa 的资产净值(NAV)是每份 100 美元)。但是当浏览报纸的时候你会发现,Chippewa 基金每股 90 美元,低于其资产净值。再继续研究该基金你会发现,Chippewa 几乎总是按小于其资产净值的价格来出售的。实际上,了解金融的朋友会告诉你,几乎所有的封闭式基金的卖价都会少于资产净值。

封闭式基金总是折价出售的原因至今还未探究清楚。[1] 相比之下,比较好理解的是想通过封闭式基金来套利是不容易的,通过套利让这种折价消失也是不容易的。例如,Chippewa 基金交易价是低于 100 美元的净资产值,比如 90 美元,那么现有的和潜在的基金份额持有人会想到一个问题:一方面,现有股东持有人所持有的 100 美元的份额只值90 美元,那么如果封闭式基金要解散,现有股东将获得其净资产值——100 美元。因此,所有现有股东都希望解散该基金,但没有个人股东会在这之前出售基金份额。另一方面,一个潜在的新股东正面临着同样的问题:他用 90 美元得到市值 100 美元的份额,但他无法确信该基金的价值会上涨至市场价值。

这整个情况听起来有些不可能发生,但实际上有许多封闭式共同基金。图 14.2 给出了一个实际的例子:Tri-Continental 集团是在纽约证券交易所上市的封闭式基金。在 2001年 11 月 23 日该基金份额的价格比基金投资组合的市场价值低 11.18%。这种封闭式基金折价的现象在整个封闭式基金业是很普遍的。

对价格累加性的总结

只要市场参与者可以自由套利,那么该理论就站得住脚:一篮子商品或金融资产的价值应该等于其中所有组成部分的单价之和。在这种情况下,套利指的是市场参与者创造打包资产并出售,或将打包资产拆分出售。

---

[1]　关于封闭式基金折扣的研究见 Elroy Dimson and Carolina Minuapaluello,"The Closed-End Fund Discount",这篇论文在网上能找到。在介绍部分,他们写道,"在金融里,封闭式金融有一大令人费解之处:封闭式基金折价。美国的基金发行份额在资产净值基础上溢价高达 10%,而英国的基金发行份额溢价至少有 5%。溢价是支付给基金的承销费用和启动资金。结果,在短短几个月内,份额就会折价交易,价格会大致维持在一个区间内波动……基金一旦终止(开放式基金是清算),份额的价格就会上升,折扣会消失。"

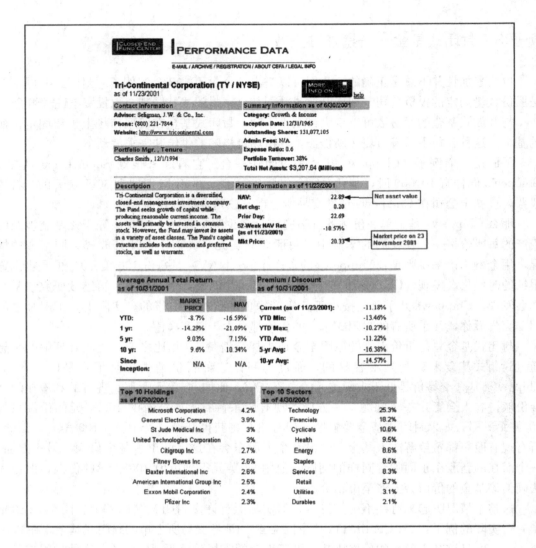

图 14.2 折价交易的 Tri-Continental 封闭式基金

说明：在 2001 年 11 月 23 日，该基金所包含的投资组合市场价值共为 3,207,840,000 美元。由于该基金份额是 131,077,105 份，可以计算出其资产净值为 $NAV = \dfrac{3,207,840,000}{131,077,105} = 22.89$ 美元。然而在同一天，该基金份额的卖价为 20.33 美元，折价率为 11.18%。该公司的折价是很普遍的。在过去的 10 年中，平均折价率为 14.57%。

资料来源：http：www. closed-endfunds. com。

关于这一点，无论是讨论阿什维尔农贸市场的一袋苹果的成本或是开放式共同基金的价格方面，都是正确的。但也有一些情况套利是很难的，比如封闭式基金，这时累加性理论就站不住脚了。

关于累加性，我们还未阐述完整：在下一节中，我们将讨论一个有关累加性受到破坏的案例，但最终市场价格又反映了这一点。

14.3　累加性并非瞬间出现：Palm 和 3Com 的例子

在 20 世纪 90 年代，3Com 公司开发了能够手持式处理个人信息的掌上电脑，这是一次巨大的成功。在 2000 年 3 月，3Com 公司对外出售了其子公司 Palm 公司 5.7% 的股份。在此之后 Palm 单独上市（3Com 公司仍拥有 94.3% 的权益）。2000 年 3 月 3 日 Palm 收盘价为每股 80.25 美元，而 3Com 公司的股票收盘价为每股 83.06 美元。正如你看到的，这是累加性失效的一个例子。

在下面的电子表格中我们计算了 Palm 的市场价值（单元格 B5）和 3Com 的市场价值（单元格 B10）。

	A	B	C
1	3Com和Palm （2000年3月3日3Com出售其持有的 5.7%的Palm的股份后的市场价格）		
2	Palm		
3	每股价格	80.25	
4	流通股股数	562,258,065	
5	市场价值	45,121,209,716	<-- =B4*B3
6			
7	3Com		
8	每股价格	83.06	
9	流通股股数	349,354,000	
10	市场价值	29,017,343,240	<-- =B9*B8
11			
12	3Com持有（94.3%）Palm公司股份的价值	42,549,300,762	<-- =94.3%*B5
13	不含Palm股份时3Com公司的价值	-13,531,957,522	<-- =B10-B12

下面这些数字会给你一种感觉：累加性失效了。

● 3Com 公司是 Palm 的最大股东，但 Palm 比 3Com 的价值更大！更准确地说：3Com 拥有 Palm 94.3% 的股票，该价值为 425 亿美元（单元格 B12），但 3Com 公司本身价值只有 290 亿美元（单元格 B10）。

● 这些数字似乎表明除了 Palm 公司的领域，3Com 公司在其他领域的经营价值是负 135 亿美元！这唯一可能的原因是，这些经营都是赔本的（实际上并非如此）。

在这里为什么累加性失效了？为什么没有市场参与者利用二者的股价差异进行套利，从而使累加性变得有效（下面我们将解释这样的套利怎么操作）？其中一个原因可能是市场（暂时）变得比较愚钝：Palm 在 2000 年 3 月开始首次公开发行（IPO），由于公众对此十分热情，所以绝大多数投资者（暂时）忘记了 3Com 公司仍然拥有大部分的 Palm 权益。因此，他们错误地为二者定价，从而产生了上述奇怪的现象。如果他们哪怕想到了一点点，那么他们就会意识到，3Com 公司的单股价值应该至少是 Palm 的 1.52 倍。

	A	B	C
16	与Palm相比，3Com公司股份的最小逻辑价值		
17	3Com公司持有的Palm公司股份数	530,209,355	<-- =94.3%*B4
18	3Com公司股份数	349,354,000	
19	每股3Com公司股份合Palm公司股份数	1.52	<-- =B17/B18

实际上如果他们看得懂资产负债表，他们就会得出结论：3Com 的价格应该更高。3Com 的最后一个季度（Palm 首次公开发行前的一周）的报表中显示，现金和短期投资高达 30 亿美元。假设这几项对 3Com 的产品生产不是必需的，则 3Com 的每股价值为 8.53 美元。

	A	B	C
22	2000年2月25日3Com公司的资产负债表		
23	现金及现金等价物	1,812,503,000	
24	短期投资	1,166,026,000	
25		2,978,529,000	<-- =B24+B23
26			
27	每股3Com公司股份含的现金及现金等价物	8.53	<-- =B25/B9

所以，3Com 公司股份的价格≥1.52 * Palm 股价＋＄8.53。

卖空可以修正市场的错误定价

卖空是借来股票再将其出售，之后再偿还的操作。[1] 假设你可以自由卖空 Palm 股票。那么你可以通过买入 3Com 股票、卖空 Palm 股票来赚钱。其原因在于：Palm 股票价格被高估（相对 3Com 股票），3Com 公司股票被低估（相对 Palm 股票）。

所以你应该买便宜的股票（3Com 公司）并卖出昂贵的股票（Palm 公司）。

投资者按如下方法套利：

● 借来 Palm 的股票然后卖出，这种行为被称为卖空。在下面的例子中，卖空的 Palm 股票价格为每股 80.25 美元。

● 买同等价值的 3Com 的股票，其售价为每股 83.06 美元。那么套利者用刚刚卖空 Palm 股票得到的 80.25 美元买 0.966 份 3Com 的股份（0.966 * 83.06 = 80.25）。

如果正如你所判断的，这两家公司定价是错误的，那么你一定会赚钱。例如下面的例子，3 月 3 日你卖空了 1 股 Palm 股票，将得到的收益购买了 0.966 股 3Com 公司股票。假设在 3 月 10 日你准备将其出售，如果这一天 Palm 和 3Com 公司的价格具有累加性，那么你就可以赚钱。在下面的例子中，Palm 的股价是 99 美元，3Com 公司的股价是 159.01 美元。正如你所看到的，套利赚了 60.01 美元。如果你借助于电子表格，你会发现只要你正

	A	B	C
1	3Com和Palm：对错误定价进行套利		
2	2000年3月3日——卖空1股Palm公司股票，并买入80.25/83.06=0.9662股3Com公司股票		
3	现金流	0.00	<-- =80.25-0.9662*83.06
4			
5	2000年3月10日——买入1股Palm公司股票，并卖出80.25/83.06=0.9662股3Com公司股票		
6	假设的Palm公司的股价	99.00	
7	理论上3Com公司的最低股价	159.01	<-- =1.52*B6+8.53
8	利润	60.01	<-- =B7-B6

---

① 实际上，卖空的程序并不简单。Gene D'Avolio 最近的一篇论文 "The Market for Borrowing Stock" 写得很好，见 http://papers.ssrn.com/sol3/papers.cfm? abstract_id＝305479。2003 年 12 月 1 日出版的《纽约客杂志》（*New yorker Magazine*）也有一篇不错的文章，这篇文章是由 James Surowiecki 写的 "Get Shorty"，见 http://newyorker.com/talk/content/? 031201ta_talk_surowiecki。

确判断 Palm 和 3Com 股价间的关系，无论 Palm 股价上涨或下跌，你都会赚钱。例如 Palm 的股价下跌，在 3 月 10 日卖 60 美元。

	A	B	C
1	3Com和Palm：对错误定价进行套利		
2	2000年3月3日——卖空1股Palm公司股票，并买入80.25/83.06=0.9662股3Com公司股票		
3	现金流	0.00	<-- =80.25-0.9662*83.06
4			
5	2000年3月10日——买入1股Palm公司股票，并卖出80.25/83.06=0.9662股3Com公司股票		
6	假设的Palm公司的股价	60.00	
7	理论上3Com公司的最低股价	99.73	<-- =1.52*B6+8.53
8	利润	39.73	<-- =B7-B6

正如你可以看到的，卖空对于价格累加有效性是很重要的。因为卖空涉及卖出借来的股票，所以对 3Com - Palm 间价格缺乏累加性的一个解释是，最初市场上可供套利者卖空的 Palm 股份太少了。

后来发生了什么事?

下图显示了 Palm 的股价和 3Com 的股价之比（电子表格的 C 列计算了比率 $\frac{3\text{Com 的股票价格}}{\text{Palm 的股票价格}}$）。这个比例在 Palm 公司 IPO 后不断攀升，于 2000 年 5 月 9 日达到了 1.52。从那时起直到 2000 年 7 月底，这个比例一直保持略有上升。在 2000 年 7 月 28 日，这个比例急剧下降，从 1.815 降到 0.347。发生了什么事?

7 月 27 日收盘后，3Com 公司将所有剩余的 Palm 股份出售。因此 3Com 的股价不再和 Palm 相关。此后，二者的价格偏离了原来的比率。

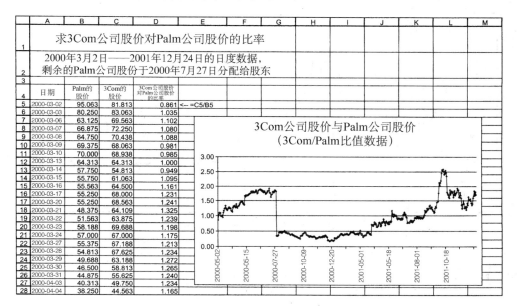

	A	B	C	D	E	F	G
1	求3Com公司股价对Palm公司股价的比率						
2	2000年3月2日——2001年12月24日的日度数据，剩余的Palm公司股坐于2000年7月27日分配给股东						
3							
4	日期	Palm	3Com	3Com/Palm 的比率			
99	2000-07-17	39.500	66.813	1.691			
100	2000-07-18	37.313	64.063	1.717	Palm的股价		
101	2000-07-19	34.875	62.750	1.799			
102	2000-07-20	36.750	66.625	1.813	3Com的股价		
103	2000-07-21	38.313	68.000	1.775			
104	2000-07-24	36.625	66.188	1.807	3Com的股价是		
105	2000-07-25	36.563	67.938	1.858	Palm的1.815倍		
106	2000-07-26	36.688	67.875	1.850			
107	2000-07-27	35.563	64.563	1.815	<-- =C107/B107		
108	2000-07-28	37.250	12.938	0.347	<-- =C108/B108		
109	2000-07-31	39.000	13.563	0.348			
110	2000-08-01	39.375	13.688	0.348			
111	2000-08-02	39.125	14.438	0.369			

2000 年 7 月 27 日发生了什么?

2000 年 7 月 27 日由于 3Com 公司出售了所有的 Palm 股票，3Com 的股价一直下降。在当天，获悉这一消息的投资者意识到 3Com 的这一行为会降低该公司股票的价值。实际上也确实如此（见图 14.3）。

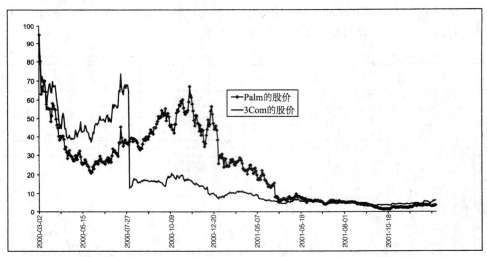

图 14.3　3Com 和 Palm 的股价

Palm 和 3Com 案例——其意义是什么?

累加性是金融市场的基本效率特征之一。如果是封闭式基金，其结构特征使套利难以进行，导致累加性无法成立。如果是诸如 Palm 和 3Com 的情况，公众可能需要一段时间来弄清楚情况，再进行套利，从而使累加性有效。纠正没有累加性的一个基本做法就是卖空，但有时候，卖空的困难使累加性失效。

14.4　有效市场原理 3：廉价的信息没有价值

金融市场里信息泛滥，明白哪些信息会影响市场价格是很重要的。在本节，我们将讨论有关信息如何被包含进金融市场的三种假设。这些假设的金融术语是：弱式有效、半强式有效和强式有效。

这三者中任何一个都表明信息是重要的，廉价和易于获取的信息一般是毫无价值的。越便宜、越易于获取的信息越不值钱。

再次阅读上一段。这听起来似乎很矛盾！

- 信息重要吗？这似乎是显而易见的。无论是银行贷款的成本还是某网站是否赚钱的信息，如果你越了解一种金融资产，你就越能够正确地判断其价值。

- 便宜和易于获取的信息可能是毫无价值的？很多人认为这是很重要的，所以他们都试图找出信息是什么以及如何影响资产价值。花大力气在信息的影响力上，同时该信息也不贵，你可能会发现，对价格有影响力的信息已经被提取出来，并已在市场价格中反映出来。

弱式有效：几乎总是正确的

弱式有效假说认为，你无法通过仔细检查资产的过去价格和目前价格来预测未来价格。因此每个人都可以方便和廉价地看到 IBM 股票的过去价格，基本上不会从中获得什么有用的信息——目前价格中已经包含了所有可能的信息。再者，因为大家都知道 IBM 过去的价格，因此如果你以历史价格为基础来预测未来股票价格，那么每个人都可以这样做。在运用这项有利可图的信息时，你和其他投资者将使此信息变得无用。这听起来很明显，但它常常被投资者忽略。

技术分析——过去的价格能预测未来的价格？

它的支持者声称，使用历史股票进行技术分析，进而预测未来的股价是一门艺术或科学。金融学教授们认为这既不是一门艺术也不是一门科学，只是巫术——这基于弱式有效的原理以及大量学术研究。

这里有一个简单的关于技术分析的例子：基于 ABC 的历史股价分析，你得出的结论是：它在 25～35 美元之间波动。当价格接近 25 美元时，它不可避免会上升；接近 35 美元时，股价一定会下跌。这会使你有如下的策略：

- 当 ABC 股价降到 25.50 美元时买入，因为这非常接近 25 美元。这时股价很可能上升。无论如何，你不会有什么损失，股价不会跌到 25 美元以下。

- 当 ABC 股价升到 34.50 美元时卖出，因为这非常接近 35 美元，这时股价很可能下跌，你不会获得更多的收益。

这听起来像一个赚钱的策略，但另一方面这是自相矛盾的：如果所有的投资者都试图实施这一战略（因为你的分析是基于公开可用的信息，所以他们也会这样做），然后这样的"价格区间"会变窄——因为没有人在 34.50 美元买进股票或是在 25.50 美元卖出股票。然后每个人又会试图根据新的价格区间来运用自己的买卖战略。然后再反复……

结论：没有这种价格区间！尽管在过去 ABC 公司股价一直在 25～35 美元之间徘徊，但并不能指明其未来股价的趋势。

其实你可以得出更广泛的结论：只要在一个市场中交易人群数量庞大，那么以过去和目前的价格为基础的战略都是无法盈利的。

技术交易规则——违背弱式有效假说

技术交易规则是以过去的股价的变动为基础来判断当前买卖行为的规则。[①] 而弱式有效假说认为这不会起任何作用。

上面的 ABC 公司便是有关技术交易规则的一个简单例子。图 14.4 给出了一个更复杂例子。

通过连接 Budget 公司的四个股价高峰点得到的下降趋势线解释了 Budget 集团股价低迷的情况，这种预测以及相关的交易规则是：

● 当 Budget 集团的股票价格接近下降趋势线时，它会下跌。如果要利用这个信息，你应该在股价远离趋势线时购买，在股价接近趋势线卖出。

● 如果股价已经突破下降趋势线了，这时技术分析师会借口说："趋势线要变化了。"

图 14.4　Budget 股票的技术分析

资料来源：http://www.stockchart.com.85/education/What/ChartAnalysis/trendlines.html。

---

① 有很多不错的网站是介绍技术交易的，如 http://technicaltrading.com/和 http://www.stockcharts.com/education/What/TradingStrategies/MurphysLaws.html。

半强式有效假说：有时是正确的

半强式有效假说认为，不只是过去的价格，还有所有公开可用的信息，都包含在当前的股票价格中。这意味着有关公司财务报表的分析不会帮助你作出更好的投资决定。

半强式有效有时是正确的。要了解有关股票的所有公开可用的信息是一个大工程，我们通常知道信息的存在，但其并没有反映在股价中。3Com 和 Palm 便是一个很好的例子。只有严格地研究了 3Com 公司的现金储备以及 3Com 和 Palm 之间的关系，我们才可以得出结论：相对 3Com 的股票价格，Palm 的股票定价过高。激励投资者进行这方面的研究是很重要的。如果它是值得的，那么半强式假说是有效的。

强式有效：通常不正确

强式有效市场假说认为所有信息都被纳入到证券的价格中。几乎没有人相信这是真的。事实上，这可能会违法，因为所有信息包括专业信息和内幕消息——法律禁止业内人士利用尚未向公众披露的信息进行交易。

14.5 有效市场原理 4：交易成本很重要

交易成本是股票买卖的所有费用以及了解它的成本。当你花 50 美元买一只股票时，你需要支付佣金。在美国佣金通常是 0.5%。所以买这只股票的成本是 50.25 美元，出售的价格是 49.75 美元。

	A	B	C
3	买入佣金	0.50%	
4	卖出佣金	0.50%	
5			
6	股价	$50.00	
7			
8	买入价格	50.25	<-- =B6*(1+B3)
9	卖出价格	49.75	<-- =B6*(1-B4)

其结果是：如果你认为股票价值 50.15 美元，它不值得你购买，即使股票今天的价格是 50 美元，比你认为的价值还低，但交易成本会最终使其价格高过 50.15 美元（你认为应该的价值）。

同样，假设你拥有一只股票，你认为它只值 49.80 美元。如果没有交易成本，将其售出是合乎逻辑的交易。但由于存在 0.5% 的交易成本，你会得到比预计要少的股票价值。

这里有一个更有趣的例子：下面是 2003 年 7 月 25 日伦敦和纽约的糖价。

这天纽约糖价为每磅 6.93 美分，而在伦敦糖为每吨 208.30 美元。有机会从中赚钱吗？在比较价格时，你得用同一种单位，例如一吨为 1,000 公斤（相当于 2,200 磅）。正如你可以看到的，伦敦的价格可转换为每磅 9.47 美分。

这看起来有套利机会：如果我们在纽约买糖并在伦敦出售，每磅赚 2.5 美分。由于一

	A	B	C
1	对比伦敦和纽约糖的价格		
2	纽约（美元/磅）	0.0693	
3	伦敦（美元/吨）	208.30	
4	每吨的磅数	2,200	
5	伦敦（美元/磅）	0.0947	<-- =B3/B4
6			
7	1箱糖		
8	含有21吨		
9	以磅计	46,200	<-- =21*B4
10	"套利利润"	1,172.64	<-- =(B5-B2)*B9

个 20 英尺的集装箱可装 21 吨糖（或 46,200 磅，见上表单元格 B9），看起来我们每个集装箱可以赚 1,173 美元。而一艘船可容纳数百个集装箱，这肯定能赚钱！

但实际这不可行，因为我们忘记了交易成本：

● 把糖从纽约运到伦敦，费用大约是 1,000 美元，仅此一点几乎就用光了套利利润。

● 时间成本。从纽约到伦敦之间运送一般需要 10 天到 3 周。因此，即使运费少于 1,174 美元，这也无法形成套利，这是对两所城市的糖价差异的一种赌博。[1]

所以有可能是有利可图的，但目前还不能确定。此次交易的成本、费用以及时间都会消耗掉大部分利润。当然，这还是在市场是有效的前提下：易办的事不赚钱。

总　结

金融经济学家使用"有效市场"的术语来形容有关金融资产定价的各种规则。这一点显然是正确的。本章我们提出了一些资产的定价规则：

● 同种资产只有单一的价格。在有效的金融市场上，相同的资产应当具有相同的价值和价格。

● 打包资产的价格具有累加性：在一个有效的市场上，将两个或两个以上的资产打包——无论是混合苹果组成的袋子还是共同基金里的投资组合——都不改变自己的价值。

● 信息对价格的影响：一般已知的信息并不值钱，信息传播越广泛，越不值钱。我们提出了这一原则的三种假说。弱式有效原则认为未来的资产价格无法从历史资产价格和当前价格得到预测。半强式有效原则认为，公开信息（不只是价格，还有会计数据等）毫无价值。经济学家认为，半强式有效假说有时有效，但并不总是有效的。强式有效假说几乎没有人相信，它认为所有信息，不论是公开或私人的，都毫无价值。

● 交易成本：这些讨厌的成本费用可以破坏前三个原则，因为它们干扰了套利行为。套利即在赚取无风险利润的情况下买卖资产，是以上述三个原则为背景的机制。交易成本包括购买和出售资产的成本，或者找出有关资产的信息的成本，会使套利难以进行，从而

---

[1]　我们所需要的是一份远期或期货合约：这些合约可以使我们在未来某个时间以一个固定的价格在伦敦买入糖。这样的合约是存在的，但不在本书讨论范围之内。这些可以参见 John Hull, *Options, Futures, and other Derivatives*, Seventh Edition, Prentice Hall, 2008。这是一本不错的教材。

导致市场的低。

习　题

1. 早期测试市场有效性的一种方法是检测发布财务报表日期前后的股票收益。下图是 XYZ 股票在发布财务报表（当天为 0）前 7 天和后 7 天的股价图。假设在这段时间唯一的新信息是发布的财务报表显示利润高于预期。那么，XYZ 的股票模式是否支持市场有效性这一概念？

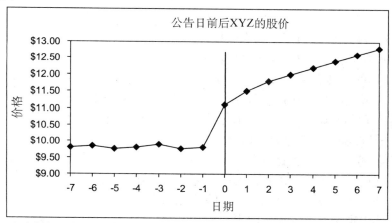

2. 以下三幅图是否违反了市场有效性的原则？如果是的话，那么是哪一条？为什么？

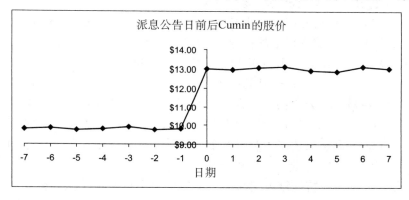

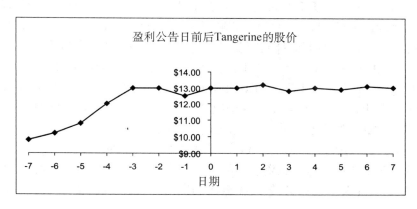

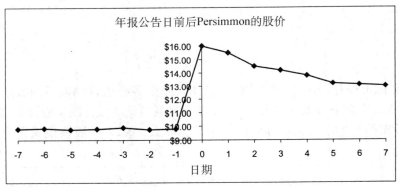

年报公告日前后Persimmon的股价

3. 下面哪一条支持/违背了市场有效性？

a. 1月份业绩最好的股票，在2月份业绩最差。

b. 只有35％的共同基金业绩好于标普500指数。

c. 宣布削减股利的公司在宣布后6个月内股票表现输于同类股票。

d. 当一家公司的创始人无征兆地退休了，公司股票会趋于上涨。

e. 1月份股票收益好于其他月份的收益。

4. 下面的陈述对还是错？试解释。

a. 研究公司的努力无效，因为公司股价包含了所有的信息。

b. 股价在1天内下跌了60％意味着市场是无效的。

c. 套利是使得市场有效的关键因素。

d. 交易费用越高，错误定价的可能性越大。

5. 10月27日，一套利者在伦敦得知阿什维尔的汇率。当时，1美元等于0.8051欧元，1美元等于0.4111英镑（但在阿什维尔市场，不能直接将英镑换成欧元，反之亦然）。同时，在伦敦市场，1英镑等于1.9608欧元，等于2.4390美元。

a. 试阐述能使得套利者赚取套利利润的套利方法。

b. 假设套利者投资10万英镑，那么套利者用上述套利策略能赚到多少钱？

6. 接着上面的问题：如果有交易费用，在伦敦每笔交易费率为0.25％，在阿什维尔每笔为0.5％，上述套利策略还能盈利吗？最大交易费率（假定在阿什维尔的交易费用是在伦敦的两倍）为多少时会使得套利策略无效？

7. Teva是一家同时在特拉维夫交易所和纳斯达克上市交易的医药公司。美国东部时间9：30时（此时两家交易所都开盘交易），在纳斯达克市场Teva每股为25.75美元，在特拉维夫市场每股为112以色列新谢克尔（NIS）。同时，1美元等于4.48新谢克尔（NIS）。试找出一套策略使套利者能套利。什么时候套利机会将不复存在？

8. 2010年7月17日ABC公司的财报中记载每股收益（EPS）增加了2美分，然而公司股价却下跌了1.50美元。相反，DEF公司的财报中记载每股收益（EPS）减少了3美分，但公司股价却上涨了2.20美元。一位记者由此写道："由于这是7月17日两家公司的唯一新信息，这证明股市是无效的。"这位记者的说法对吗？

9. 2022年2月，信使到达LF地区，并给出了国内交易的所有股票正确的估价。一位记者认为披露正确的价格消除了投资股票的所有风险，因此，他们的收益应该是无风险利率。假设信使只知道未来的平均自由现金流和贴现率。试问记者的评价是否正确？试讨论。

10. Monkey Business 公司（MBC）的首席执行官和他的侄子被逮捕了，因为他侄子在股价上涨 45％之前买入了价值 100 万美元的 MBC 公司的股票。假设该判罚是正确的，那么该市场是哪种有效的市场？

11. 密歇根一家工厂的工人得到信息，MBC 公司股价将上涨超过 50％。据说该信息源自公司首席执行官的侄子（不是上题被捕的那位）。你姐姐在那家工厂工作，并建议你购买 MBC 公司的股票。你会听从她的建议吗？试解释。

12. MBC 公司上市两年后被发现有篡改会计报表的行为。结果，第二天公司股价下跌了 80％。这次大幅下跌是否违背了市场有效性？

13. 金融市场中令人费解的现象之一是"周末效应"。根据这一现象，周一的股票收益要比一周中其他几天的收益低。下图是一周的平均股票收益。

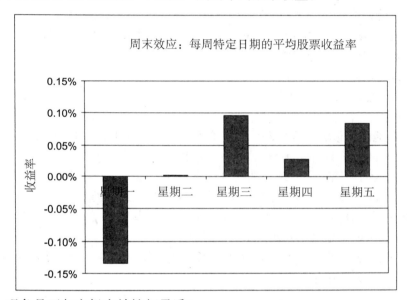

a. 这一现象是否与市场有效性相矛盾？

b. 为什么异常波动会持续并且不随着套利行为而消失？试给出合理的解释。

14. "击败市场"（BTM）是一家开放式共同基金。该基金的投资组合由 10,000 股每股价值 36.14 美元的雅虎公司股票、15,000 股每股价值 191.94 美元的谷歌公司股票、20,000 股每股价值 33.95 美元的通用电气公司的股票组成。当前该基金有 32,000 份份额。

a. 若 BTM 每份份额的价格为 122.48 美元，试问该价格是否符合价格累加性规则？

b. 翌日，谷歌股价下跌了 5％，通用电气股价下跌了 2％，而雅虎的股价没有变化。BTM 份额价格为 117 美元。试问该价格是否符合价格累加性规则？

15. 由于意料之外的变动，DEF 公司招聘了一位国内最好的首席执行官之一。但是，一旦公司宣布管理层变动，DEF 公司的股价就会下跌。假设新的首席执行官是公司的唯一新信息（并且他确实要比之前的首席执行官优秀）。股价下跌是否意味着市场无效？

16. 假设市场是有效的。你认为共同基金的平均收益是高于、低于还是等于市场收益？

17. 由于意料之外的利好，上周每个交易日 GLZ 股票的价格都在上涨。

a. 试解释为什么这句话与市场有效性相矛盾。

b. 这句话与哪种市场有效性相矛盾？试区分两种可能性。

c. 若市场有效性成立，市场会作何反应？

18. 在 A 国卖空是允许的，而在 B 国卖空是不允许的。若其他所有事情在两国都一样，哪一个国家更可能发生频繁的错误定价？试解释。

19. 在 UF 地区，一位著名的教授指出在过去 50 年里连续上涨 3 天的股票在第 4 天将会下跌。假定该教授的研究发现是正确的，你认为一旦该发现宣布了之后，会发生什么情况？

20. "新发行疑惑"是一种投资于新股的收益低于已发行 5 年的股票收益的现象。Ritter（首先提出该现象的人）认为这是因为投资者对于新发行的股票的业绩太过乐观。

a. Ritter 的解释是否符合市场有效性？

b. 试阐述能说明这种新发行疑惑现象的符合市场有效性的解释。

21. 一个企业家正在销售新的软件，这种新软件能根据一种新模型预测股价。

a. 你认为经纪公司是否应该购买这种新软件？

b. 你应该建议企业家怎么做？

22. 在阿什维尔一磅苹果售价 2.50 美元，而在阿拉斯加售价 4.20 美元。这一现象是否违背了一价定律？

23. 在 LF 地区的最近研究发现，在一个季度里，公司股价大幅上涨，那么在接下来 6 个月内这些公司的股价收益大幅增加。这一现象是否与市场有效性相矛盾？

24. UF 地区的相同研究发现，那些具有高利润的股票在研究发现宣布后收益会下降。试给出一个合理的解释。你的这种解释是否与市场有效性相矛盾？

25. 最近的学术研究发现了一个令人费解的现象：具有高 β 的股票收益并不比低 β 股票的收益高。这一现象是否与市场有效性相矛盾？

26. 最近的研究发现，在过去 60 年里，低评级的债券收益比政府债券的收益低。这一发现是否与市场有效性相矛盾？

第 15 章

债券估值

概述

当企业、政府或者市政机构需要筹资时，它们可以通过向公众发行债券来实现。债券和其他证券，如股票、优先股、期权最根本的区别在于借款者是特定的，而且出借者可以得到承诺的确定的支付金额。所有的债券都会规定准确日期和归还的金额。

在本章中，我们将应用第 1 章和第 2 章贴现的知识来对债券估值。在本章开头，我们将展示不同的债券以及它们的基本性质。

XYZ 公司的债券

图 15.1 给出了 XYZ 公司（信誉较高的借款者）一只虚构债券的一些详细信息，以便读者可直接了解债券的一些术语。

我们给出一些术语：

● XYZ 公司债券有给定的面值和票面利率。XYZ 公司发行了 1,000 万美元的债券，面值 1,000 美元，息票率是 7%。定期支付的利息是基于债券的票面利率和面值。XYZ 债券每年付息一次；因为票面利率为 7%，面值为 1,000 美元，所以每年付息 1,000 * 7% = 70 美元。（如 15.1 节，大部分公司债券半年付息一次；如果 XYZ 公司债券也是这样，那么该债券应分别于每年的 6 月 15 日和 12 月 15 日支付 35 美元。）

┌───┐
│ **XYZ 公司**   │
│ **出售 10,000,000 美元的债券**   │
├───┤
│ 发行日：2009 年 12 月 15 日   │
│ 售价：1,000 美元   │
│ 面值：1,000 美元   │
│ 到期日：2016 年 12 月 15 日   │
│ 票面利率：7%，每年 12 月 15 日支付利息（意味着 2010，2011，…，2016 年的 12 月 │
│ 15 日支付 70 美元的利息）   │
│ 本金偿还日：2016 年 12 月 15 日   │
│ 重要细节、契约和其他条件：请看反面   │
└───┘

图 15.1　XYZ 公司于 2009 年 12 月 15 日出售了 1,000 万美元票面利率为 7%的债券

- XYZ 公司将会在公司债券最后一天（即债券到期日）支付本金。2016 年 12 月 15 日，公司会向债券持有者就每张 1,000 美元面值的债券支付本金 1,000 美元，另外还支付 2016 年的利息 70 美元。

- 债券的报价就是初始向市场上出售的价格。XYZ 公司债券的报价是平价，意味着使初始卖价等于面值。

- 重要细节、契约及其他条件：XYZ 公司承诺向债券购买者支付一组合同约定的付款以补偿面值 1,000 美元的贷款。通常发行债券的公司承诺遵守约定的条款；这些限制、债券契约条款会规定 XYZ 公司支付利息直到债券被赎回或者有其他特定行动。[①] 债券"样本"规定了这些条件时，也规定了若 XYZ 公司违约，即公司不能定期支付时的条款。它同样也规定了什么是违约。[②]

一些其他公司债券

图 15.2 显示了 2003 年 7 月 21 日发行的债券，你可以据此得出：

- 不是所有债券都是按面值发行的，比如 GMAC 债券，以 107.25 美元的价格发行，而面值是 100 美元。15.1 节我们在分析债券时探讨不按面值发行债券的效应。

- 债券的评级各有不同，而评级则是根据该公司的信用状况来拟定的。两大信用评级机构——穆迪和标普在债券评级中起了重要的作用，评级取决于评级机构对企业的还款能力的评估（见表 15.1）。那些"投资级别"的债券出现在图 15.2 的上半部分，即该类企业偿债能力较强；而"高收益债券"，即被称为"垃圾债券"，表示这类公司的信用级别较低。

- 一些债券是可以赎回的。可赎回债券即借方有权利在到期日前赎回本金。例如，美国银行的债券承诺在 2026 年 3 月 15 日之前以每年 6.85%的利率付息，不过由于是可赎回债券，那么该企业可以在发行日后的任何一天赎回这些债券。我们将在 15.5 节讨论可赎回债券。

---

① 15.6 节中我们讨论 Giant Industries 债券时会给出详细契约。

② 这不像听起来那么无足轻重。如果息票支付晚了 2 天，这一对合同的违反是否意味着自动破产？假定违反了一条债券契约呢？债券持有人是否有追索权（若违反了契约他们能做什么）？

● 价格、到期日、利率可以反映该债券的内部收益率（IRR），用债券市场术语说即是到期收益率（YTM），如果该债券是可赎回的，那么我们也可以计算赎回收益率（YTC）。我们会在 15.1 节和 15.5 节探讨这些概念。

Corporate Bond Watch

Investment Grade Bonds

Corporate Bonds rated BBB / Baa or higher. These bond will fluctuate in value and if sold prior to maturity may be worth more or less than their original cost.

Description	Rating	Coupon	Maturity	Price	YTM / YTC
GMAC	BBB	6.75	1/15/06	107.25	3.65
GE Capital	AAA	2.85	1/3/06	102.5	1.82
Sears Roebuck Acct	BBB	5.8	2/15/06	106.75	3.03
Bristol Myers	AA	4.75	10/1/06	108.5	1.98
Ford Motor Credit	BBB	6.5	1/25/07	106	4.62
Countrywide	A	5.5	2/1/07	110	2.51
John Deere Capital	A-	4.5	8/22/07	106.5	2.8
Merrill Lynch	A+	4	11/15/07	104.75	2.82
CIT Group	A	4	5/8/08	103.25	3.26
Household Finance	A	5.875	2/1/09	111	3.65
Morgan Stanley	A+	4.25	5/15/10	103.25	3.7
Credit Suisse FB	A+	6.125	11/15/11	111.925	4.39
Walt Disney	BBB+	6.375	3/1/12	113.375	4.48
Alcan	A-	4.5	5/15/13	100.325	4.45
GMAC	BBB	7.4	2/15/21	102.795	7.11 / 5.5
Household Finance	A	6	4/15/23	104.25	5.64 / 5
Bank of America	A	6.85	5/15/26	106.806	6.28 / 4.25
General Motors	BBB	8.375	7/15/2033	101.375	8.25

High Yield Bonds

Corporate Bonds rated below BBB / Baa. These bonds may have large fluctuations in value and if sold prior to maturity may be worth more or less thatn their original cost.

Description	Rating	Coupon	Maturity / Call	Price	YTM / YTC
Sprint Capital	BBB-	7.9	3/15/05	109.5	2.05
Royal Caribbean	BB+	8.25	4/1/05	106.25	4.13
Sprint Capital	BBB-	7.125	1/30/06	110.5	2.77
JC Penney	BB+	7.6	4/1/07	105.5	5.91
TXU Corp	BBB-	6.375	1/1/08	107.25	4.55
Williams Hld Del	B+	6.5	12/1/08	98.25	6.89
JC Penney	BB+	8	3/1/10	105.75	6.89
Xerox	B+	7.125	6/15/2010	100.5	7.03
Liberty Media	BBB-	5.7	5/15/13	99.25	5.8
Xerox	B+	7.625	6/15/13	100.5	7.55 / 7.53
Royal Caribbean	BB+	7.25	3/15/2018	96	7.7
Georgia Pacific	BB+	9.625	3/15/2022	101.25	9.47 / 9.4
Tyco International	BBB-	6.875	1/15/2029	102.5	6.66

图 15.2　2003 年 7 月第 3 周发行的部分债券

表 15.1　标普和穆迪债券评级分类

长期优先债券评级					
投资级别			投机级别		
标普	穆迪	说明	标普	穆迪	说明
AAA	Aaa	最优质	BB+ BB BB-	Ba1 Ba2 Ba3	可能履约，有一定的不确定性
AA+ AA AA-	Aa1 Aa2 AA3	高质量	B+ B B-	B1 B2 B3	履约风险较高
A+ A A-	A1 A2 A3	支付能力强	CCC+ CCC CCC-	Caa	很可能违约
BBB+ BBB BBB-	Baa1 Baa2 Baa3	有能力支付	C D	Ca D	破产、违约或者有其他显著不足

美国政府债务

美国政府债务市场无疑是世界上最大、最重要的债券市场。2009 年 6 月，美国政府在外有 114 亿美元的债券（参见表 15.2）。几乎每一周美国都会向市场售出大量的债券（可参见图 15.3 中相当标准的每周公告，美国政府出售了 340 亿美元的短期债券）。

美国财政部将债务划分为三种：国库券、中期国债、长期国债。

● 国库券是政府短期债务，它没有明确的利率，都是折价出售。举个例子，1 年期面值 100 美元的国库券卖价是 90 美元。该国库券没有明确的利率：因此买主在当时以 90 美元的价格购买，在 1 年后以 100 美元卖出。我们会在 15.2 节讨论国库券的定价。

● 美国国债用"notes"一词来描述那些期限为 1~10 年的有息债券，而用"bonds"来形容期限更长的债券。因为这两种美国国债在分析上并没有区别——都是支付利息的债券，所以我们将会在 15.3 节一起介绍。

表 15.2　　　　　　　　美国政府债务

美国政府债务		
日期	公众持有的债务	政府内部持有的债务	流通的总债务
2001-12-31	3,394,398,958,214	2,549,039,605,223	5,943,438,563,436
2002-12-31	3,647,939,770,384	2,757,767,686,464	6,405,707,456,848
2003-12-31	4,044,243,829,240	2,953,720,418,579	6,997,964,247,818
2004-12-31	4,408,389,327,643	3,187,753,474,781	7,596,142,802,424
2005-12-30	4,714,821,211,003	3,455,603,330,310	8,170,424,541,314
2006-12-29	4,901,046,516,368	3,779,177,863,718	8,680,224,380,086
2007-12-31	5,136,302,727,073	4,092,869,932,146	9,229,172,659,218
2008-12-31	6,369,318,869,477	4,330,485,995,136	10,699,804,864,612
2009-06-01	7,097,861,677,672	4,282,104,511,903	11,379,966,189,575

图 15.3　2003 年 3 月 6 日美国发行的 340 亿美元国库券

说明：国库券发行通常是按周进行。此次发行的 270 亿美元用于偿还现有债务。

本章要学什么？

本章要学习根据债券的到期收益率来分析债券的性质，到期收益率类似于在第 2 章和

第 3 章讨论过的内部收益率。学习分析不同种类的债券：国库券、国债、公司债券、可赎回债券。在本章结尾处，我们会介绍一下优先股，尽管它属于股票，但其类似于债券。

讨论的金融概念

- 基本定义，如债券价值、到期收益率
- 美国国债市场：讨论不同种类的债券和收益条款
  - 国库券
  - 国债
  - 本息分离债券（STRIPS）
- 美国国债收益曲线
- 公司债券市场：Giant Industries 的案例
- 可赎回债券
- 优先股

使用的 Excel 函数

- IRR
- XIRR
- Rate
- Yield

15.1 计算债券的到期收益率

分析债券最常用的工具是 YTM，即债券现金流的 IRR。假定该债券卖价是 P，已经知道未来的现金流支付是 C_1，C_2，…，C_N。那么 YTM 就是债券价格的内部收益率，是未来现金流的贴现率。

$$P = \frac{C_1}{(1+\text{YTM})} + \frac{C_2}{(1+\text{YTM})^2} + \frac{C_3}{(1+\text{YTM})^3} + \cdots + \frac{C_N}{(1+\text{YTM})^N}$$

在这一节我们将介绍如何计算 YTM，Excel 中，除了 IRR 函数，还可以运用 XIRR 函数和 Yield 函数计算更为复杂的情形。我们将运用 XYZ 公司债券的例子。

回到 XYZ 公司的例子

假设现在是 2009 年 12 月 15 日，你被要求为 XYZ 公司债券估值（本章开头介绍过）。通过 IRR 函数，就可以得知该债券的 YTM 是 7.00%。

那么 XYZ 的债券值得买吗？这一点要取决于具有相同风险的债券的市场利率是大于还是小于 7%，如果市场利率大于 7%——这是有风险的，XYZ 公司债券就不值得购买。

	A	B	C
1	到期收益率		
2	债券市场价格	1,000.00	
3			
4	日期	债券现金流	
5	2009-12-15	-1,000.00	
6	2010-12-15	70.00	
7	2011-12-15	70.00	
8	2012-12-15	70.00	
9	2013-12-15	70.00	
10	2014-12-15	70.00	
11	2015-12-15	70.00	
12	2016-12-15	1,070.00	
13			
14	债券的到期收益率	7.00%	<-- =IRR(B5:B12)

相反，如果市场利率小于 7％，那么该债券就值得购买。[①]

为便于讨论，我们假定 2009 年 12 月 15 日市场利率是 6.5％。那么可以用现金流的 NPV 计算得到你的意愿支付额。

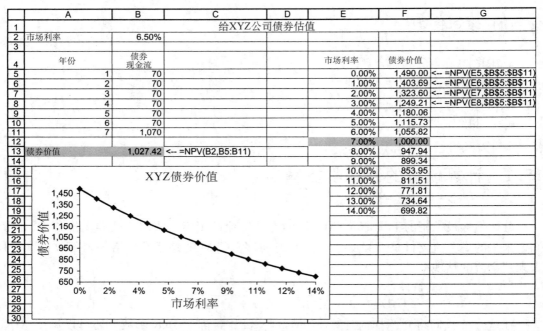

	A	B	C	D	E	F	G
1	给XYZ公司债券估值						
2	市场利率	6.50%					
3							
4	年份	债券现金流			市场利率	债券价值	
5	1	70			0.00%	1,490.00	<-- =NPV(E5,$B$5:$B$11)
6	2	70			1.00%	1,403.69	<-- =NPV(E6,$B$5:$B$11)
7	3	70			2.00%	1,323.60	<-- =NPV(E7,$B$5:$B$11)
8	4	70			3.00%	1,249.21	<-- =NPV(E8,$B$5:$B$11)
9	5	70			4.00%	1,180.06	
10	6	70			5.00%	1,115.73	
11	7	1,070			6.00%	1,055.82	
12					7.00%	1,000.00	
13	债券价值	1,027.42	<-- =NPV(B2,B5:B11)		8.00%	947.94	
14					9.00%	899.34	
15	XYZ债券价值				10.00%	853.95	
16					11.00%	811.51	
17					12.00%	771.81	
18					13.00%	734.64	
19					14.00%	699.82	

从上表可以看出，如果市场利率是 6.5％，那么该债券价值是 1,030.44 美元，而如果你可以用 1,000 美元来购买的话，那这是个不错的交易。即当市场利率小于 7％时，该债券的价值就大于 1,000 美元的面值。

你可以看到，运用 YTM 来分析债券和 IRR 的分析是类似的，都很简单，不过，对于债券来说，因为存在三个因素使计算变得更复杂。

---

① 读了第 14 章的有效市场这部分，你就自然而然地认为，市场价格很好地反映了 XYZ 公司债券的经风险调整后的收益。

复杂原因 1：支付间隔不均匀

如果支付的间隔是不均匀的，那么不管是计算债券的未来支付现值，还是计算 YTM 都会变得复杂。例如，你在 2010 年 3 月 15 日购买了价值 1,050 美元的债券。要计算该债券的到期收益率，我们要计算支付款的内部收益率。但问题在于这些付款间隔不均匀。如下图所示，购买日和第一次利息支付之间的间隔是 214 天，而之后的间隔都是 365 天或 366 天。

Excel 中的 IRR 函数不能正确计算本例中债券的 YTM，这是因为 IRR 函数假定所有支付的间隔是一致的，而在我们这个例子中，购买日和第一次支付之间的间隔是 214 天，之后的间隔都是 365 天或 366 天。幸好，Excel 中的 XIRR 函数能正确计算间隔不均匀的现金流。我们会在下表中单独探讨该函数的使用。[①] 这就是解该问题的方法。

	A	B	C
1		到期收益率 日期间隔不均匀	
2	债券价格	1,050.00	
3			
4	日期	债券现金流	
5	2001-05-15	-1,050.00	
6	2001-12-15	70.00	
7	2002-12-15	70.00	
8	2003-12-15	70.00	
9	2004-12-15	70.00	
10	2005-12-15	70.00	
11	2006-12-15	70.00	
12	2007-12-15	1,070.00	
13			
14	债券到期收益率	6.58%	<-- =XIRR(B5:B12,A5:A12)

如上表，当你在 2010 年 5 月 15 日购买该债券，年度到期收益率是 6.58%。

复杂原因 2：半年利率

企业和政府的债券一般是半年支付一次，而不是一年一次。因此我们要计算债券的年化利率，这一点对应了第 3 章的实际年利率（EAIR）。

这里有一个例子，假定同一时期，ABC 公司也发行了 7% 的债券，面值 1,000 美元，所有条件都和 XYZ 债券一样，唯一不同的是后者是一年支付一次股息，前者是半年一次：每次派息 35 美元，分别于 6 月 15 日和 12 月 15 日派息。

---

① 详细信息可见 Excel 里的 Date 函数，见第 29 章。

Excel 注释：XIRR 函数

要使用 XIRR 函数，你必须输入支付发生的日期。在前面的例子中，单元格 A5：A12 包含这些日期。输入日期之后，你就可以如下图所示使用 XIRR 函数了（XIRR 函数计算实际年度化到期收益率）。

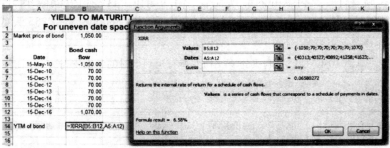

你可能没有在 Excel 函数列表里找到 XIRR 函数，这种情况下，你应该：

- 点击 Excel 2007 Office 按钮选择"Excel 选项"（Excle options），然后点击"加载项"（Add-Ins）。
- 在加载项页面下方，找到按钮 Excel Add-ins ▼ Go... 点击"转到"（Go）。
- 选中"分析工具库"（Analysis ToolPak）。

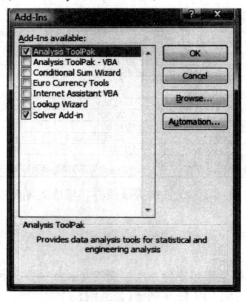

我们可以用 IRR 或 XIRR 函数来计算 ABC 债券的到期收益率。

在单元格 B21 中，我们用 IRR 函数求债券的内部收益率。因为付款期是半年一次，所以年化 IRR 是 $(1+3.5\%)*(1+3.5\%)-1=7.12\%$（单元格 B22）。在单元格 B24 中，我们用 XIRR 函数也可以直接算出债券的年化到期收益率。

	A	B	C
1		半年付息的到期收益率	
2	债券市场价格	1000.00	
3			
4	日期	ABC债券现金流	
5	2009-12-15	-1,000.00	<-- =-B2
6	2010-06-15	35.00	
7	2010-12-15	35.00	
8	2011-06-15	35.00	
9	2011-12-15	35.00	
10	2012-06-15	35.00	
11	2012-12-15	35.00	
12	2013-06-15	35.00	
13	2013-12-15	35.00	
14	2014-06-15	35.00	
15	2014-12-15	35.00	
16	2015-06-15	35.00	
17	2015-12-15	35.00	
18	2016-06-15	35.00	
19	2016-12-15	1,035.00	
20			
21	半年期内部收益率	3.50%	<-- =IRR(B5:B19)
22	年化内部收益率 这是YTM!	7.12%	<-- =(1+B21)^2-1
23			
24	以XIRR函数 计算YTM	7.12%	<-- =XIRR(B5:B19,A5:A19)

复杂原因3：应计利息

在美国债券市场上，所谓的价格并不是向购买者收取的实际价格，因为它并不包含应计利息。这听起来有些迷惑，请看下面的例子。

假设你要在2010年4月3日买入XYZ债券。交易商报价1,050美元，该价格包含了应计利息，这部分是债券的年化利息，见下表。

	A	B	C	D	E
1		应计利息和到期收益率的计算			
2	债券购买价格	2001-04-03			
3	上一付息日	2000-12-15	自上一期付息日的天数	109	<-- =B2-B3
4	下一付息日	2001-12-15	两次付息日之间的天数	365	<-- =B4-B3
5	每期付息利息额	70.00			
6					
7	债券报价	1,050.00			
8	应计利息	20.90	<-- =B5*D3/D4		
9	实际支付的债券价格	1,070.90	<-- =B7+B8		
10					
11	年份	债券现金流			
12	2001-04-03	-1,070.90			
13	2001-12-15	70.00			
14	2002-12-15	70.00			
15	2003-12-15	70.00			
16	2004-12-15	70.00			
17	2005-12-15	70.00			
18	2006-12-15	70.00			
19	2007-12-15	1,070.00			
20					
21	用XIRR函数计算的YTM	6.06%	<-- =XIRR(B12:B19,A12:A19)		
22	用Yield函数计算的YTM	6.06%	<-- =YIELD(A12,A19,7%,105,100,1,3)		

应计利息是20.9美元（单元格B8），该利息是将70美元的利息乘以109/365，因此债券的实际价格是1,070.9美元（单元格B9），用XIRR函数求得债券的YTM是6.06%（单元格B21）。

单元格 B22 中介绍了 Yield 函数的用法,这是另一个用来计算到期收益率的 Excel 函数。下面会解释该函数。Yield 函数用起来要比 XIRR 函数更复杂,但它的好处在于自动计算应计利息(见图 15.4)。

计算应计利息

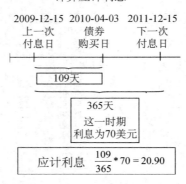

图 **15.4** 计算应计利息

Excel 注释:Yield 函数

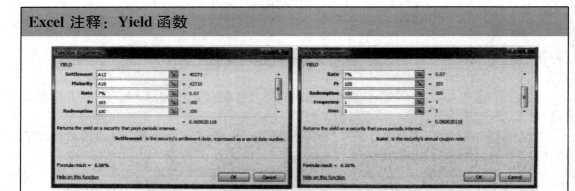

Yield 函数包含要填写的七个项目(Settlement、Maturity、Rate、Pr、Redemption、Frequency、Basis)。该函数的 Excel 对话框无法在一个屏幕中显示所有的内容,所以你可以使用下拉滚动条查看。上面的两个截屏显示了所有这些项目。

单元格 B22 中用到了 Yield 函数。

• Settlement 是债券购买的日期(单元格 A12)。注意,Excel 将这个日期转换为 36984,具体参见第 29 章。

• Maturity 指债券到期日。

• Rate 指债券的年度息票率。

• Pr 是每张票面为 100 美元的债券的现价。在我们的例子中,1,000 美元面值的 ABC 债券以 1,050 美元出售;这是因为每一张 100 美元面值的债券价格是 105 美元。

• Redemption 是每张票面为 100 美元的债券的赎回价。

• Frequency 是债权每年支付息票的次数。

• Basis 指一年中的天数(这听起来很傻,但是有不同的约定)。这里填入的"3"表示在 Excel 中使用的实际天数。

15.2　美国国库券

美国政府债券分为很多种，包括国库券、中期国债、长期国债等。本节我们讨论美国国库券，下一节我们会研究中期国债和长期国债。

美国国库券是一种短期证券，一般的期限是 1 年以及 1 年以下，期间不支付利息，而是以低于债券面值的价格买入债券，到期时以面值收回投资。举个例子，假设你要以 9,750 美元购买面值为 10,000 美元的国库券，26 周（182 天）之后收回 10,000 美元的投资。下表显示了计算该国库券 YTM 的两种方法。记住这一点，YTM 只不过是年化的 IRR。因此，这些计算很容易让人想起第 3 章讨论过的实际年利率（EAIR）。

	A	B	C
1	求国库券的到期收益率（YTM）		
2	购买价格	9,750.00	
3	面值	10,000.00	
4	到期日（天数）	182	<-- =26*7
5	到期日（年数）	0.49863	<-- =B4/365
6			
7	方法1：日复利收益率		
8	日利率	0.0139%	<-- =(B3/B2)^(1/B4)-1
9	YTM——年化利率	5.2086%	<-- =(1+B8)^365-1
10			
11	方法2：求连续复利		
12	连续复利	5.0775%	<-- =LN(B3/B2)*(1/B5)
13			
14	用两种方法计算1年的终值		
15	方法1	10,257.84	<-- =B2*(1+B9)
16	方法2	10,257.84	<-- =B2*EXP(B12)

方法 1：国库券的到期收益率是日复利

求国库券到期收益率的一种方法是求该债券的每日复利。首先，可以求国库券的日复利：$10{,}000 = 9{,}750 * (1 + r_{日度})^{182}$。因而得出该值是 0.0139%，因此年化收益率是$(1 + 0.0139\%)^{365} - 1 = 5.2086\%$。

方法 2：国库券的到期收益率是连续复利

大多数学者和教授都喜欢使用这个方法来计算利率。[①] 我们假定购买价格以利率 r 进行连续复利：

$$10{,}000 = 9{,}750 * e^{(182/365)r} = 9{,}750 * e^{0.49863r}$$

$$\Rightarrow e^{0.49863r} = \frac{10{,}000}{9{,}750}$$

$$\Rightarrow r = \frac{\ln\left(\frac{10{,}000}{9{,}750}\right)}{0.49863} = 5.0775\%$$

---

① 2.6 节介绍过连续复利和贴现。如果读者对于连续复利和贴现学起来有困难，可直接跳过方法2。

哪种方法是正确的？

实际上，二者都是正确的！这听上去很令人困惑，但确实是这样的。原理在于不管是什么方法，只要通过年化收益率给出的债券价值都是正确的。从电子表格中的单元格 B14：B15得知两种方法都给出了正确的未来价值。

15.3　美国中期国债和长期国债

无论是中期国债还是长期国债都有利息并在给定的到期日支付本金。[①] 这里有一个例子，2008 年 8 月 15 日，美国政府发行了 10 年期、利率是 4％的国债。[②] 价格是 99.389034 美元，因此如果你想购买价值 1,000 美元的债券，那么你将支付 993.89034 美元，不过你每半年将得到 20 美元利息，另外在最后一年的到期日你将得到 1,020 美元（本金和半年的利息）。

如果你决定在发行日购买这种债券，并且持有至到期日，那么下表显示了现金流的状况。

	A	B	C
1	美国国债，4.075% 2018年8月15日到期 发行日购买		
2	所购买债券的面值	1,000.00	
3	价格	993.89	
4	息票率	4.000%	
5	发行日	2008-08-15	
6	到期日	2018-08-15	
7			
8	债券发行时的现金流		
9	日期	现金流	
10	2008-08-15	-993.89	<-- =-B3
11	2009-02-15	20.00	<-- =$B$4*$B$2/2
12	2009-02-15	20.00	<-- =$B$4*$B$2/2
13	2010-02-15	20.00	
14	2010-08-15	20.00	
15	2011-02-15	20.00	
16	2011-08-15	20.00	
17	2012-02-15	20.00	
18	2012-08-15	20.00	
19	2013-02-15	20.00	
20	2013-08-15	20.00	
21	2014-02-15	20.00	
22	2014-08-15	20.00	
23	2015-02-15	20.00	
24	2015-08-15	20.00	
25	2016-02-15	20.00	
26	2016-08-15	20.00	
27	2017-02-15	20.00	
28	2017-08-15	20.00	
29	2018-02-15	20.00	
30	2018-08-15	1,020.00	<-- =$B$4*$B$2/2+B2
31			
32	IRR（半年期利率）	2.0375%	<-- =IRR(B10:B30)
33	年化半年期IRR	4.1165%	<-- =(1+B32)^2-1
34	用XIRR函数计算的YTM	4.1139%	<-- =XIRR(B10:B30,A10:A30)

---

① 对支付利息的美国国债的命名可以分为"Treasury Notes"和"Treasury Bonds"。Notes 的到期年限在 10 年或以下，而 Bonds 的到期年限在 10 年以上。在分析上它们并没有区别，因此我们将它们都称为"债券"（以小写"b"表示）。

② 该债券于 2008 年 12 月 15 日发行，在 2018 年 11 月 15 日到期，因此该债券的实际年限是 9 年 11 个月。

单元格 B32 给出了半年内部收益率，2.0375％。将半年内部收益率年化就可计算得到到期收益率（单元格 B33）。

长期国债的 YTM ＝ $(1+$ 半年 $IRR)^2-1=(1+2.00375\%)^2-1=4.1165\%$

我们也可用 XIRR 函数来直接计算国债的 YTM（单元格 B33）。[①]

2008 年 12 月 16 日购买利率为 4％ 的债券

假设你在 2008 年 12 月 16 日购买了面值为 1,000 美元的债券，此时，你要支付 1,072.98 美元购买该债券（如下表，这个价格包含了应计利息）。如果你打算持有至到期，那么你会得到：

● 在 2009 年 2 月 15 日，2009 年 8 月 15 日，…，2018 年月 15 日均有 20 美元的利息；
● 在 2018 年 8 月 15 日得到 1020 美元的利息和本金。

下表计算求得债券的到期收益率（单元格 B31：B33）。

	A	B	C	D	E	F
1			美国国债，6%,2009年8月15日到期 2008年12月16日购买			
2	所购买债券的面值	1,000.00				
3	息票率	4.00%				
4				今天日期	2008-12-16	
5	市场价格	1,059.61		上一个付息日	2008-08-15	
6	应计利息	13.37	<-- =E12	下一个付息日	2009-12-15	
7						
8	实际支付价格	1,072.98	<-- =B5+B6	上一个付息日到今日天数	123	<-- =E4-E5
9				两次付息日间隔天数	184	<-- =E6-E5
10	日期	现金流				
11	2008-12-16	-1,072.98	<-- =-B8			
12	2009-02-15	20.00	<-- =$B$3*$B$2/2	半年期利息	20	<-- =B3/2*B2
13	2009-08-15	20.00		应计利息	13.37	<-- =E8/E9*E11
14	2010-02-15	20.00				
15	2010-08-15	20.00				
16	2011-02-15	20.00				
17	2011-08-15	20.00				
18	2012-02-15	20.00				
19	2012-08-15	20.00				
20	2013-02-15	20.00				
21	2013-08-15	20.00				
22	2014-02-15	20.00				
23	2014-08-15	20.00				
24	2015-02-15	20.00				
25	2015-08-15	20.00				
26	2016-02-15	20.00				
27	2016-08-15	20.00				
28	2017-02-15	20.00				
29	2017-08-15	20.00				
30	2018-02-15	20.00				
31	2018-08-15	1,020.00				
32						
33	XIRR（年化内部收益率）	3.301%	<-- =XIRR(B11:B31,A11:A31)			
34	Excel的Yield函数	3.275%	<-- =YIELD(A11,A31,B3,B5/10,100,2,3)			
35	Excel年化的Yield	3.302%	<-- =(1+B34/2)^2-1			

单元格 B33 显示了通过 XIRR 函数计算求得的 YTM 为 3.301％。单元格 B34 显示了通过 Yield 函数计算的 YTM 为 3.275％，这与单元格 B31 是不同的，原因在于 Yield 函数是按美国债券市场的传统方法计算半年利率，而单元格 B35 中用 Yield 函数将利率年化了。

单元格 B35 显示了年化收益率：

[①] XIRR 函数计算得到的结果与单元格 B32 中计算得到的结果稍微有点差异，因为它考虑了每次利息支付的实际间隔天数。详见第 26 章。

$$\left(1+\frac{\text{单元格 B34 Yield 函数计算的半年利率}}{2}\right)^2-1=\left(1+\frac{3.275\%}{2}\right)-1=3.302$$

单元格 B35 和 B33 的细微差异是由于 XIRR 函数是按日收益率计算的。

雅虎网站上的中期国债信息见图 15.5。

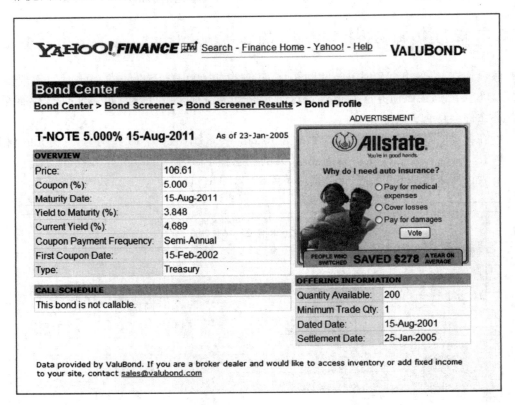

图 15.5 雅虎网站上的中期国债信息

15.4 公司债券案例：Giant Industries

在本节，我们给出公司债券的例子，Giant Industries 公司（股票代码 GI）是一家位于美国西南部的石油精炼商和销售商。该公司股票在纽约证券交易所上市，下面是 1999 年年报中有关债券的记录。

Giant Industries
下一段（稍微编辑过了）摘自 GI 的 1999 年年报。"词典"解释了一些术语。 　　公司的资本结构：2007 年到期的 1.5 亿美元利率为 9% 的优先次级债券、2003 年到期的 1 亿美元利率为 9.75% 的优先次级债券。该债券的契约对公司及其子公司的留置权、股利、回购、合并收购、机构交易、公司业务作出了规定。到 1999 年 12 月 31 日，该公司遵守了这些债券的限制性契约。

该公司之前由于没有达到关于债券利率 9.75％所规定的财务比例，因此从 1998 年第三季度到 1999 年 6 月之间该公司的限制性支付不能得以实施了。这包括股利支付和回购公司普通股。契约也限制了这段时期公司筹集资金的数额。不过，现在该公司已经达到了规定的财务比例，也不再受限了。

词典：

优先无抵押债务：若公司违约，该债务有对公司资产的第一追索权。另一方面，债务支付没有得到对公司具体资产追索权的保障（若公司用炼油厂为抵押借款，就是这种情形）。

合同：债券发行的依据。在 GI 债券的例子里，这是一个可以从公司或者它的投资银行处获得的相当大的文件条款。

契约：对公司行为的限制。

优先股：优先股股东可以于普通股股东之前获取股利和资产分配。优先股通常获得有保证的年股利。对于累计优先股，公司就必须弥补任何未支付的股利。

注销的股票：从股东手中回购的股票（无论是普通股还是优先股）。

与关联方的交易：与子公司之间的交易。

利息拖欠：公司未支付的利息。

　　总　结：

● 债券面值是 1.5 亿美元，这些债券是在 1997 年 9 月 1 日发行的，再减去费用之和，该公司的净筹资额是 1.468 亿美元，到期日是 2007 年 9 月 1 日。

● 债券利率是 9％，由于是每半年付息一次，因此一年支付两次，每半年利息是 4,500 美元。

发行债券会给公司带来什么费用？

　　我们首先考虑 GI 公司发行的债券的实际年利率，构建包含该债券现金流的表格（下页第一个表）。

　　我们写出整个债券期限的半年度现金流。Excel 的 IRR 函数计算出债券的 IRR（我们也称之为半年到期收益率）是 4.67％（单元格 B31），单元格 B32 给出了 GI 公司的年化费用率是 9.55％，与运用 XIRR 函数（单元格 B33）计算出 YTM 得出的结果是一样的。

从投资者角度分析债券

　　前面我们都是从发行公司的角度来分析债券，当发行 320 万美元债券时成本为每年 9.55％。现在我们开始从投资者角度分析债券问题。假设在发行时你购买了面值 1,000 美元的债券。[①] 如果你持有至到期且 GI 公司不违约的话，如下页第二个表所示（单元格 B30：B32），你得到的年化收益率是 9.2％。

――――――――――

　　① 本例中假设购买者不用支付佣金或其他交易成本。通常每购买 1,000 美元要花 25～50 美元的成本。

	A	B	C
1	从发行人角度 ——Giant Industries息票率为9%的债券 1997年9月1日（发行日）		
2	本金（百万美元）	150.0	
3	Giant Industries实际收到的金额	146.8	
4	息票率	9.00%	
5	到期日	2007-09-01	
6	发行日	1997-09-01	
7			
8	日期	GI的现金流	
9	1997-09-01	146.8	<-- =B3
10	1998-03-01	-6.75	<-- =-$B$4*$B$2/2
11	1998-09-01	-6.75	<-- =-$B$4*$B$2/2
12	1999-03-01	-6.75	
13	1999-09-01	-6.75	
14	2000-03-01	-6.75	
15	2000-09-01	-6.75	
16	2001-03-01	-6.75	
17	2001-09-01	-6.75	
18	2002-03-01	-6.75	
19	2002-09-01	-6.75	
20	2003-03-01	-6.75	
21	2003-09-01	-6.75	
22	2004-03-01	-6.75	
23	2004-09-01	-6.75	
24	2005-03-01	-6.75	
25	2005-09-01	-6.75	
26	2006-03-01	-6.75	
27	2006-09-01	-6.75	
28	2007-03-01	-6.75	
29	2007-09-01	-156.75	<-- =-$B$4*$B$2/2-B2
30			
31	半年期内部收益率	4.67%	<-- =IRR(B9:B29)
32	YTM——年化半年期内部收益率	9.55%	<-- =(1+B31)^2-1
33	以XIRR函数计算的YTM	9.55%	<-- =XIRR(B9:B29,A9:A29)

	A	B	C
1	从投资者角度 ——Giant Industries息票率9%的债券 1997年9月1日（发行日）		
2	购买债券的票面金额	1,000.00	
3	息票率	9.00%	
4	到期日	2007-09-01	
5	发行日	1997-09-01	
6			
7	日期	现金流	
8	1997-09-01	-1,000.00	<-- =-B2
9	1998-03-01	45.00	<-- =$B$3*$B$2/2
10	1998-09-01	45.00	<-- =$B$3*$B$2/2
11	1999-03-01	45.00	
12	1999-09-01	45.00	
13	2000-03-01	45.00	
14	2000-09-01	45.00	
15	2001-03-01	45.00	
16	2001-09-01	45.00	
17	2002-03-01	45.00	
18	2002-09-01	45.00	
19	2003-03-01	45.00	
20	2003-09-01	45.00	
21	2004-03-01	45.00	
22	2004-09-01	45.00	
23	2005-03-01	45.00	
24	2005-09-01	45.00	
25	2006-03-01	45.00	
26	2006-09-01	45.00	
27	2007-03-01	45.00	
28	2007-09-01	1,045.00	<-- =$B$3*$B$2/2
29			
30	半年期内部收益率	4.50%	<-- =IRR(B8:B28)
31	YTM——年化半年期内部收益率	9.20%	<-- =(1+B30)^2-1
32	以XIRR函数计算的YTM	9.20%	<-- =XIRR(B8:B28,A8:A28)

可以看到公司发行债券的成本（9.55％的到期收益率）和债券购买者的收益（9.20％的到期收益率）的差异。该差异源于公司发行的债券的成本是大于投资者所得到的收益的。

发行后在公开市场购买债券

到现在为止，我们一直介绍的都是在发行时购买债券的行为。现在假设你没有在发行日购买债券，而是 2000 年 12 月 7 日在公开市场购买，当天网上的报价是 932.5 美元，因此加上应计利息有：

实际支付的价格

$=932.50+$ 应计利息

$=932.50+\dfrac{2000\ 年\ 9\ 月\ 1\ 日—2000\ 年\ 12\ 月\ 7\ 日之间的天数}{2000\ 年\ 9\ 月\ 1\ 日—2001\ 年\ 3\ 月\ 1\ 日之间的天数}*$ 半年的债券利息

$=932.50+\dfrac{97}{181}*45.00=932.50+24.12=956.62$

由于付息的间隔不平均，因此要用 XIRR 函数来计算 YTM。用该函数求得到期收益率为 10.68％（见下表单元格 B26）。

	A	B	C	D	E	F
1		从购买者角度 ——Giant Industries.息票率9%的债券 2000年12月7日				
2	购买债券的票面金额	1,000.00		应计利息的计算		
3	息票率	9.00%				
4				今天日期	2000-12-07	
5	报价	932.50		上一个付息日	2000-09-01	
6	应计利息	24.12	<-- =E12	下一个付息日	2001-03-01	
7	实际支付价格	956.62				
8				上一个付息日到今天的间隔天数	97	<-- =E4-E5
9	日期	现金流		两次付息日之间的间隔天数	181	<-- =E6-E5
10	2000-12-07	-956.62	<-- =-B7			
11	2001-03-01	45.00	<-- =$B$3*$B$2/2	半年期利息	45.00	<-- =B3/2*B2
12	2001-09-01	45.00		应计利息	24.12	<-- =E8/E9*E11
13	2002-03-01	45.00				
14	2002-09-01	45.00				
15	2003-03-01	45.00				
16	2003-09-01	45.00				
17	2004-03-01	45.00				
18	2004-09-01	45.00				
19	2005-03-01	45.00				
20	2005-09-01	45.00				
21	2006-03-01	45.00				
22	2006-09-01	45.00				
23	2007-03-01	45.00				
24	2007-09-01	1,045.00	<-- =$B$3*$B$2/2+B2			
25						
26	用XIRR函数计算的YTM	10.68%	<-- =XIRR(B10:B24,A10:A24)			
27	用Excel的Yield函数计算的YTM	10.41%	<-- =YIELD(A10,A24,B3,B5/10,100,2,3)			
28	Excel的年化收益率	10.68%	<-- =(1+B27/2)^2-1			

注意单元格 B27 中 Yield 函数给出的是双倍半年收益率，美国债券市场经常如此报告。如 15.3 节中的国债的例子，将此收益率年化（单元格 B28）得到的到期收益率与 XIRR 函数得出的到期收益率一致。

15.5 可赎回债券

许多债券是可以赎回的，这意味着发行债券的公司在一个给定日期之后有权赎回债券。下面我们考虑通用电气（GE）发行的可赎回债券的例子，见图 15.6。

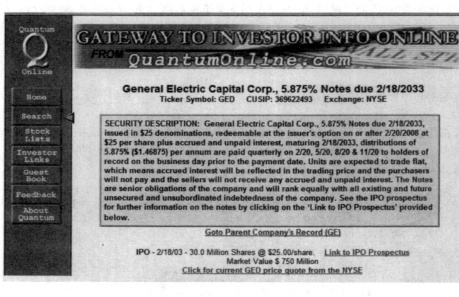

图 15.6　GE 发行的可赎回债券的信息

资料来源：http：//www. quantumonlne. com。

GE 的债券利息率是 5.875％，按季付息，每 25 美元年付息 1.46875 美元（＝5.875％＊25），即每季付息 0.3672 美元。该债券在 2008 年 2 月 20 日后（含 20 日）可以赎回，到期日是 2033 年 2 月 18 日。

假设 2003 年 8 月 18 日卖价是 27 美元并持有至到期，我们计算这些债券的 IRR。（注意 Excel 隐藏了第 19～122 行；关于如何隐藏，可参见第 7 章。）

下表显示了多种计算收益的方法，运用 XIRR 函数（单元格 B131）计算得到的收益率为 5.44％，运用 Yield 函数计算得出的收益率为 5.34％（单元格 B134）。

	A	B	C
1		通用电气债券	
2	面值	25.00	
3	息票率	5.875%	
4	到期日	2033-02-18	
5	当前日期	2003-08-18	<--债券出售的日期
6	首次赎回日	2003-02-20	
7	当前债券价格	27.00	
8			
9		求赎回收益率（YTC）	
10	日期	现金流	
11	2003-08-18	-27.00	<-- =-B7
12	2003-11-18	0.3672	<-- =$B$3*$B$2/4
13	2004-02-18	0.3672	<-- =$B$3*$B$2/4
14	2004-05-18	0.3672	
15	2004-08-18	0.3672	
16	2004-11-18	0.3672	
17	2005-02-18	0.3672	
18	2005-05-18	0.3672	
123	2031-08-18	0.3672	
124	2031-11-18	0.3672	
125	2032-02-18	0.3672	
126	2032-05-18	0.3672	
127	2032-08-18	0.3672	
128	2032-11-18	0.3672	
129	2033-02-18	25.3672	<-- =$B$3*$B$2/4+B2
130			
131	用XIRR函数	5.44%	<-- =XIRR(B11:B129,A11:A129)
132	年化季度IRR	5.44%	<-- =(1+IRR(B11:B129,3%))^4-1
133			
134	用Yield函数	5.34%	<-- =YIELD(B5,B4,B3,B7*4,B2*4,4,3)
135	4倍到期收益率	5.34%	<-- =4*IRR(B11:B129,3%)

这些数字都可以用 Excel 的 IRR 函数求得。因为债券按季付息，所以可用 IRR 函数求债券的季度利率。单元格 B132 中将收益率年化：$(1+季度 IRR)^4-1$，这与单元格 B131 中 XIRR 函数计算出来的收益率一致。单元格 B135 用季度 IRR 乘以 4 得到的结果与 Yield 函数的结果一致。

下面是有关上表的两条评论：

（1）EAIR 是通过 XIRR 函数而不是 Yield 函数计算出来的。但为什么还要用 Yield 函数呢？原因在于美国债券市场的惯例是通过乘以周期率来计算年收益率（如单元格 B135）。因此，如果你想了解美国的债券利率，那么就得理解 XIRR 函数和 Yield 函数的区别。

（2）单元格 B131 和单元格 B132 是相同的，单元格 B134 和单元格 B135 是相同的，这是因为我们的例子是从 2008 年 8 月 18 日开始的，这正是一个季度的开始（付息日）。对其他的起始日，就不可能这么吻合了。本例中，XIRR 函数给出了正确的 EAIR。

我们可以通过计算赎回收益率（YTC）来看债券赎回条款的效应。假设在第一个赎回日债券就被 GE 赎回了。下表是详细的计算。[①]

	A	B	C
1		通用电气债券	
2	面值	25.00	
3	息票率	5.875%	
4	到期日	2033-02-18	
5	当前日期	2003-08-18	<-- 债券出售的日期
6	首次赎回日	2003-02-20	
7	当前债券价格	27.00	
8			
9		求赎回收益率（YTC）	
10	日期	现金流	
11	2003-08-18	-27.00	<-- =-B7
12	2003-11-18	0.3672	<-- =$B$3*$B$2/4
13	2004-02-18	0.3672	<-- =$B$3*$B$2/4
14	2004-05-18	0.3672	
15	2004-08-18	0.3672	
16	2004-11-18	0.3672	
17	2005-02-18	0.3672	
18	2005-05-18	0.3672	
123	2031-08-18	0.3672	
124	2031-11-18	0.3672	
125	2032-05-18	0.3672	
126	2032-05-18	0.3672	
127	2032-08-18	0.3672	
128	2032-11-18	0.3672	
129	2033-02-18	25.3672	<-- =$B$3*$B$2/4+B2
130			
131	用XIRR函数	5.44%	<-- =XIRR(B11:B129,A11:A129)
132	年化季度IRR	5.44%	<-- =(1+IRR(B11:B129,3%))^4-1
133			
134	用Yield函数	5.34%	<-- =YIELD(B5,B4,B3,B7*4,B2*4,4,3)
135	4倍到期收益率	5.34%	<-- =4*IRR(B11:B129,3%)

15.6 优先股

除了普通股和债券，公司还会发行优先股。优先股是给客户保证固定收益的一种股票。尽管被称为股票，但其特性很像债券——股利固定，支付方式也像债券。另外，优先

[①] 单元格 F31 和单元格 F32 间细微的差异是由于 XIRR 函数的计算基于日利率，而 IRR 函数假定每个季度的时间一样长。

股也可以赎回。

在本节，我们分析 AP 公司的优先股，AP 公司发行的 5.20% 的优先股特性如下：

● 面值是 25 美元；

● 利息率是 5.2%，一年付息 1.3 美元，由于每季分红，因此每次分红 0.325 美元，分别是在 1 月、4 月、7 月、10 月的 1 日派息；

● 该股在纽约证券交易所上市，股价随着市场利率及市场对公司支付优先股股利能力的信用情况的预期而变动。在 2003 年 8 月 1 日，该股票市场价格是 26.1 美元（见图 15.7）。

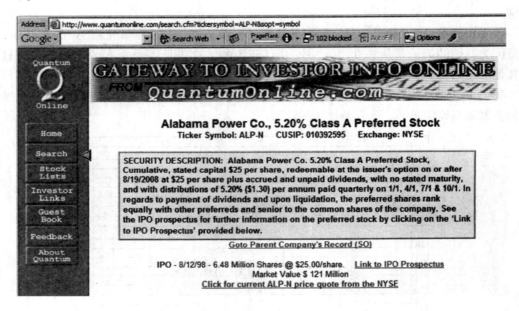

图 15.7 AP 公司的优先股信息

假设不赎回，求收益率

一位投资者在 2003 年 8 月 1 日购买了 AP 公司的优先股，价格为 26.1 美元，每季度发放股利 0.325 美元，如果永不赎回，即股利永久支付，那么该优先股的年化收益率是 5.07%。

	A	B	C
1	AP公司优先股 假定无赎回时的年化收益率		
2	年度股利	1.30	<-- =5.2%*25
3	季度股利	0.325	<-- =B2/4
4	2003年7月1日的市场价格	26.10	
5			
6	季度收益率	1.25%	<-- =B3/B4
7	年化收益率	5.07%	<-- =(1+B6)^4-1

单元格 B6 给出的是 1.25% 的季度收益率。在单元格 B7 中，我们按第 2 章中解释的做法将其年化。

计算赎回收益率 (YTC)

尽管原则上，公司会永久支付优先股股利，AP 公司在 2008 年 8 月 19 日后，就可以自由地赎回其优先股了。如果要赎回，那么公司有义务支付 25 美元的面值和应计的优先股股利。这与 15.1 节中讲述的应计利息非常相似。举个例子，如果公司在当年 8 月 19 日赎回，那么它需要向优先股股东支付 25.17 美元：

$$\underbrace{\$25}_{\substack{\text{用债券市场}\\\text{的术语，这叫}\\\text{债券价格}}} + \underbrace{\frac{2008\ 年\ 7\ 月\ 1\ 日—2008\ 年\ 8\ 月\ 19\ 日之间的天数}{2008\ 年\ 7\ 月\ 1\ 日—2008\ 年\ 10\ 月\ 1\ 日之间的天数}}_{\text{上一个派息日至赎回日的时间占一个季度的百分比}} * \underbrace{\$0.325}_{\text{季度股利}} = $$

$$\$25 + \frac{49}{92} * \$0.325 = \$25.17$$

假设投资者认为 AP 公司将在第一个合法的赎回日赎回，那么其预期的收益率是 4.3%：

	A	B	C
1	AP公司优先股 求至首次赎回日的收益率		
2	赎回日	2008-08-19	
3	上一个派息日	2008-07-01	
4	下一个派息日	2008-10-01	
5	面值	25.00	
6	季度股利	0.325	<-- =(5.2%*25)/4
7			
8	自上一个派息日到赎回日的天数	49	<-- =B2-B3
9	上一个派息日到下一个派息日间的天数	92	<-- =B4-B3
10	赎回日的应计利息	0.173	<-- =B8/B9*B6
11	赎回时公司支付给股东的金额	25.17	<-- =B5+B10
12			
13	日期	现金流	
14	2003-07-01	-26.10	
15	2003-10-01	0.325	
16	2004-01-01	0.325	
17	2004-04-01	0.325	
18	2004-07-01	0.325	
19	2004-10-01	0.325	
20	2005-01-01	0.325	
21	2005-04-01	0.325	
22	2005-07-01	0.325	
23	2005-10-01	0.325	
24	2006-01-01	0.325	
25	2006-04-01	0.325	
26	2006-07-01	0.325	
27	2006-10-01	0.325	
28	2007-01-01	0.325	
29	2007-04-01	0.325	
30	2007-07-01	0.325	
31	2007-10-01	0.325	
32	2008-01-01	0.325	
33	2008-04-01	0.325	
34	2008-07-01	0.325	
35	2008-10-01	25.17	<-- =B11
36			
37	至首次赎回日的收益率	4.30%	<-- =XIRR(B14:B35,A14:A35)

15.7 零息票债券的收益曲线

零息票债券就是中间不分红的债券，例如 15.1 节中的国库券就是零息票债券。零息票债券的性质便于我们对其贴现。下面的例子与 17.2 节中给出的例子十分相似：

债券 A、B、C 期间没有利息支付，因此 IRR 就是在时间 t 时一次特定支付额的贴现率。例如 2 年后支付 100 美元，以 5.14% 贴现，那么利率就由债券 B 决定。

再看债券 D，分别在时间 1、2、3 支付 50 美元，另外在时间 3 支付 1,000 美元。在单

	A	B	C	D
1	用零息票债券决定债券贴现率			
2	零息票债券A：1年后到期			
3	今日价格	100		
4	1年后支付金额	105		
5	IRR	5.00%	<-- =B4/B3-1	
6				
7	零息票债券B：2年后到期			
8	今日价格	99		
9	2年后支付金额	110		
10	IRR	5.41%	<-- =(B9/B8)^(1/2)-1	
11				
12	零息票债券C：3年后到期			
13	今日价格	101		
14	3年后支付金额	122		
15	IRR	6.50%	<-- =(B14/B13)^(1/3)-1	
16				
17	债券D：第1、2、3年末支付的债券A			
18	日期	支付	支付的现值	
19	1	50	47.62	<-- =B19/(1+B5)
20	2	50	45.00	<-- =B20/(1+B10)^2
21	3	1,050	869.26	<-- =B21/(1+B15)^3
22	债券价格		961.88	<-- =SUM(C19:C21)

元格 A19：C22 中，我们运用零息债券的收益率曲线求得的债券价格为 961.88 美元。

假设 961.88 美元就是该债券的价格，那么其到期收益率将不同于上述每个纯贴现收益率。

	A	B	C
24	决定债券D的到期收益率		
25	日期	支付	
26	0	-961.88	
27	1	50.00	
28	2	50.00	
29	3	1,050.00	
30	YTM	6.44%	<-- =IRR(B26:B29)

美国本息分离国债

在美国，经纪人可以将债券的支付拆分后再出售，在此情况下债券被转化为零息票债券。举个例子，经纪人买了上例中的债券 D，先卖掉了第 1 年支付的 50 美元，然后卖掉第 2 年支付的 50 美元以及第 3 年支付的 1,050 美元，它们各自有不同的价格。

零息票本息分离债券使消费者可以购买特定日期支付款项的有价证券。比如，你知道自己两年后要支付一笔款项，那么你可以购买两年的本息分离国债，这样可以消除期间的利率风险。

我们可以运用本息分离国债的价格来作出收益率曲线，看下面的例子，图中是零息票债券每个日期的利率，数据日期从 2009 年 6 月 12 日开始。

该图给出了 2009 年 8 月 12 日的国债的价格和到期日。到期日是按天数计算的（C列）。（有很多数据我们没有列出来，但本书随附的光盘里有。）比如（单元格 A8:D8），在

	A	B	C	D	E	F
1	美国本息分离国债的价格和收益率					
2	当前日期	2009-06-12				
3						
4	到期日	价格	至到期日的天数		年收益率	
5	2009-08-15	100.02	64	<-- =A5-$B$2	-0.1140%	<-- =(100/B5)^(365/C5)-1
6	2009-11-15	100.08	156	<-- =A6-$B$2	-0.1869%	
7	2010-02-15	99.86	248		0.2064%	
8	2011-08-15	98.26	794		0.8102%	
9	2012-05-15	96.72	1068		1.1463%	
10	2012-08-15	95.69	1160		1.3959%	
11	2012-08-15	94.87	1160		1.6709%	<-- =(100/B11)^(365/C11)-1
12	2012-02-15	94.38	1344		1.5832%	
13	2013-02-15	93.77	1344		1.7623%	
14	2013-08-15	92.95	1525		1.7652%	
15	2013-11-15	92.27	1617		1.8326%	
16	2013-11-15	91.02	1617		2.1466%	
17	2014-02-15	90.65	1709		2.1187%	
18	2014-02-15	90.85	1709		2.0706%	
19	2014-05-15	89.73	1798		2.2242%	
20	2014-08-15	88.53	1890		2.3807%	
21	2015-11-15	83.55	2347		2.8345%	
22	2016-02-15	82.13	2439		2.9900%	
23	2016-11-15	78.69	2713		3.2768%	
24	2017-05-15	76.28	2894		3.4739%	
25	2018-02-15	72.80	3170		3.7229%	
26	2018-08-15	71.27	3351		3.7580%	
27	2018-11-15	70.28	3443		3.8096%	
28	2019-08-15	67.09	3716		3.9983%	
29	2020-02-15	64.90	3900		4.1291%	
30	2020-05-15	63.91	3990		4.1805%	
31	2020-08-15	62.83	4082		4.2431%	
32	2020-08-15	62.87	4082		4.2372%	

本息分离国债的收益率曲线

2009 年 6 月 12 日，于 2012 年 8 月 15 日到期的本息分离国债卖价是 94.87 美元，该本息分离债券承诺到期时支付 100 美元，两个日期之间相差 1,160 天，据此算出年化收益率（单元格 E11）：

$$YTM = \left(\frac{100}{94.87}\right)^{365/1160} - 1.6709\ \%$$

总　结

本章讨论了债券定价和到期收益率的决定。债券定价是对第 1 章到第 4 章的现值概念的广泛运用。而收益率则是年化收益。

债券定价和到期收益率的计算都可以运用于可赎回债券和优先股。我们在研究这些证券时给出了例子。在本章最后，我们讨论了零息票债券。

习　题

1. 2001 年 8 月 1 日，你得到如下债券报价：
- 面值：1,000 美元；
- 息票率：12%；
- 息票支付：一年支付一次，于 2002, 2003, …, 2012 年的 8 月 1 日支付；
- 债券价格：1,252 美元；
- 债券最后一天归还面值。
试用 Excel 的 IRR 函数来求债券的到期收益率。

2. 2001 年 9 月 10 日，你得到如下的债券报价：
- 面值：1,000 美元；

- 息票率：12%；
- 息票支付：一年支付一次，于 2002,2003,…,2012 年的 8 月 1 日支付；
- 债券价格：1,252 美元；
- 债券最后一天归还面值。

试用 Excel 的 XIRR 函数来求债券的到期收益率。

3. 考虑如下两只债券：

债券 A	债券 B
到期时间：10 年（从今日起）	到期时间：20 年（从今日起）
面值：1,000 美元	面值：1,000 美元
息票率：10%，1 年，2 年，…，10 年后的今天支付利息	息票率：10%，1 年，2 年，…，20 年后的今天支付利息
支付本金：债券最后一天	支付本金：债券最后一天

试制作一张表，比较当市场利率从 5%,6%,…,17% 变化时两只债券的价格。用本书随附光盘里提供的模版，在这个模版里可以看到，当市场利率为 10% 时，两只债券的价格都是 1,000 美元。

你能否据此推断出"期限更长的债券价格对市场利率的变化更为敏感？"试用图解释。

	A	B	C	D	E	F	G
1				比较两种债券			
2		债券A	债券B	市场利率		10%	
3	息票率	10%	10%	债券A的价格		$1,000.00	<-- =NPV(F2,B8:B17)
4	到期日	10年	20年	债券B的价格		$1,000.00	<-- =NPV(F2,C8:C27)
5	面值	1,000.00	1,000.00				
6							
7	年份	债券A	债券B		数据表：市场利率对债券价格的影响		
8	1	100.00	100.00		利率	债券A的价格	债券B的价格
9	2	100.00	100.00				
10	3	100.00	100.00		0%		
11	4	100.00	100.00		1%		
12	5	100.00	100.00		2%		
13	6	100.00	100.00		3%		
14	7	100.00	100.00		4%		
15	8	100.00	100.00		5%		
16	9	100.00	100.00		6%		
17	10	1,100.00	100.00		7%		
18	11		100.00		8%		
19	12		100.00		9%		
20	13		100.00		10%		
21	14		100.00		11%		
22	15		100.00		12%		
23	16		100.00		13%		
24	17		100.00		14%		
25	18		100.00		15%		
26	19		100.00		16%		
27	20		1,100.00		17%		

4. 你得到一只美国国库券的报价。该国库券面值为 10,000 美元，价格是 8,925 美元，半年后到期。试分别用离散和连续复利来求该国库券的到期收益率。

5. 你得到一只美国国库券的报价。该国库券面值为 10,000 美元，价格是 9,456 美元，210 天后到期。试求：

a. 日收益率和相应的年化收益率。

b. 连续复利收益率。

6. 2001 年 2 月 20 日，你得到一只美国国债的报价。下面是该国债的信息：

● 面值为 10 万美元，息票率为 6.5%，于 2006 年 10 月 15 日到期。

● 每半年支付一次利息，分别于每年的 4 月 15 日和 10 月 15 日支付 3,250 美元。最近的付息日是 2000 年 10 月 15 日和即将到来的 2001 年 4 月 15 日。

● 其他付息日为 2001 年 10 月 15 日，2002 年 4 月 15 日，…，2006 年 10 月 15 日。最后一天归还 10 万美元的本金。

● 2001 年 2 月 20 日债券价格为 109,477.71 美元。该价格通过以下公式计算得到：

$$\underbrace{\$107{,}152.00}_{\substack{\text{债券市场术语，}\\\text{叫作"债券价格"}}}+\text{应计利息}\ \$2{,}285.71=\underbrace{\$109{,}477.71}_{\substack{\text{债券市场术语，}\\\text{叫作"发票价格"}}}$$

● 确定应计利息的计算。

● 用 XIRR 函数计算年化的到期收益率。

注意：可参见下面的模版。

	A	B	C
1	国债计算		
2	计算应计利息		
3	当前日期	2001-02-20	
4	前一个付息日	2000-10-15	
5	下一个付息日	2001-04-15	
6	半年期利息	3,250.00	
7			
8	自上一个付息日的天数		
9	上一个付息日到下一个付息日之间的天数		
10			
11	应计利息		
12			
13	计算到期收益率		
14	债券价格	107,152.00	
15	应计利息		
16	发票价格（债券价格+应计利息）		
17			
18	日期	债券现金流	
19	2001-02-20		
20	2001-04-15		
21	2001-10-15		
22	2002-04-15		
23	2002-10-15		
24	2003-04-15		
25	2003-10-15		
26	2004-04-15		
27	2004-10-15		
28	2005-04-15		
29	2005-10-15		
30	2006-04-15		
31	2006-10-15		
32			
33	YTM		

7. 2001 年 2 月 26 日，UtilityCorp 的债券的息票率为 8.2%，面值为 100 美元，2007 年 1 月 15 日到期，价格为 103.790 美元（这个价格不含应计利息）。该债券于 1992 年发行，每半年支付一次利息，分别于每年的 1 月 15 日和 7 月 15 日派息。求应计利息和债券的到期收益率。

8. 下面是三只债券的信息，每年支付利息。

	A	B	C	D	E
1	债券	面值	息票率	到期日	到期收益率
2	A	$1,000	0.00%	1	5.00%
3	B	$1,000	5.00%	2	5.85%
4	C	$1,000	10.00%	2	6.00%

a. 求这三只债券的价格。

b. 一年期零息票债券的收益率是多少？

c. 以债券 B 的价格为基础，两年期零息票债券的收益率是多少？

d. 以债券 B 和债券 C 的价格为基础，两年期零息票债券的收益率是多少？

e. 提高题：试通过买卖这三只债券构建一个套利策略。

9. 用下表中的数据作两幅图。数据在本书随附的光盘里。

● 作出表中这三只债券 1976—2009 年间的收益率曲线图。

● 作出每年 AAA 级和 Baa 级债券对 10 年期国债的风险溢价。

	A	B	C	D
1		债券收益率：10年期国债，AAA级公司债，Baa级公司债，1976—2009年		
2		10年期国债	AAA	Baa
3	1976	7.61%	8.43%	9.75%
4	1977	7.42%	8.02%	8.97%
5	1978	8.41%	8.73%	9.49%
6	1979	9.43%	9.63%	10.69%
7	1980	11.43%	11.94%	13.67%
8	1981	13.92%	14.17%	16.04%
9	1982	13.01%	13.79%	16.11%
10	1983	11.10%	12.04%	13.55%
11	1984	12.46%	12.71%	14.19%
12	1985	10.62%	11.37%	12.72%
13	1986	7.67%	9.02%	10.39%
14	1987	8.39%	9.38%	10.58%
15	1988	8.85%	9.71%	10.83%
16	1989	8.49%	9.26%	10.18%
17	1990	8.55%	9.32%	10.36%
18	1991	7.86%	8.77%	9.80%
19	1992	7.01%	8.14%	8.98%
20	1993	5.87%	7.22%	7.93%
21	1994	7.09%	7.97%	8.63%
22	1995	6.57%	7.59%	8.20%
23	1996	6.44%	7.37%	8.05%
24	1997	6.35%	7.27%	7.87%
25	1998	5.26%	6.53%	7.22%
26	1999	5.65%	7.05%	7.88%
27	2000	6.03%	7.62%	8.37%
28	2001	5.02%	7.08%	7.95%
29	2002	4.61%	6.49%	7.80%
30	2003	4.01%	5.66%	6.76%
31	2004	4.27%	5.63%	6.39%
32	2005	4.29%	5.23%	6.06%
33	2006	4.80%	5.59%	6.48%
34	2007	4.63%	5.56%	6.48%
35	2008	3.66%	5.63%	7.44%
36	2009	3.26%	5.31%	7.29%

10. 2006 年 8 月 15 日，Junk 公司发行了 1 亿美元的 10 年期债券。该债券息票率为 10%，每半年支付一次，分别于每年的 2 月 15 日和 8 月 15 日支付，且平价发行。发行费用为 400 万美元。求债券投资者的年化收益率及公司的年化成本。

11. 2006 年 10 月 18 日，Junk 公司发行的债券（参见上一题）售价为 103 美元，用 XIRR 函数求投资者的到期收益率。

12. 1996 年 8 月 15 日，美国财政部发行了 2026 年 2 月 15 日到期的债券，该债券息票率为 6%，每半年支付一次利息，分别于 2 月 15 日和 8 月 15 日支付。若在 2005 年 1 月 23 日，一份面值 100 美元的该债券售价为 117.25 美元，试求债券的到期收益率。

13. 1985 年 5 月 15 日，美国财政部发行了 2014 年 11 月 15 日到期的债券，该债券息票率为 11.75%，每半年支付一次利息，分别于 11 月 15 日和 5 月 15 日支付。在 2005 年 1 月 23 日，一份面值 1,000 美元的该债券售价为 1,356.20 美元，该价格不含应计利息。该债券于 2009 年 11 月 15 日可以以面值赎回。试求：

a. 该债券的到期收益率（YTM）。

b. 该债券的赎回收益率（YTC）。

14. Consolidated Edison 公司 C 系列累计优先股的利率为 4.65%，在纽约证券交易所交易。该优先股面值为 100 美元，每年支付 4 次股利，分别于 2 月、5 月、7 月及 11 月的第一天支付。该优先股不可赎回。若该优先股于 2005 年 2 月 2 日的股价为 85 美元，求该优先股的收益率。

15. 重新考虑习题 14 中 Consolidated Edison 公司的优先股。假定该优先股于 2005 年 1 月 3 日的股价为 87.50 美元，求收益率（且记这个价格是不含应计股利的）。

16. Genworth Financial 公司 A 系列累计优先股的利率为 5.25%，股价为 50 美元。按季度支付股利，分别于 3 月、6 月、9 月及 12 月的第一天支付股利。从 2011 年 6 月 1 日开始，该优先股可以以面值 50 美元赎回。若该优先股于 2005 年 6 月 2 日的股价为 45.50 美元，求其赎回收益率。

17. 本书随附光盘里有如下资料：

Genworth Financial, 5.25% Series A Cumul Preferred Stock
Ticker Symbol: GNWTP   CUSIP: 37247D403   Exchange: PKSHT
Security Type: Preferred Stock

SECURITY DESCRIPTION: Genworth Financial Inc., 5.25% Series A Cumulative Preferred Stock, liquidation preference $50 per share, mandatorily redeemable on 6/01/2011 at $50 per share plus accrued and unpaid dividends with no provision for earlier redemption, maturing on 6/01/2011, and with distributions of 5.25% ($2.625) per annum paid quarterly on 3/1, 6/1, 9/1 & 12/1 to holders of record on the date fixed by the board, not more than 60 days or less than 10 days prior to the payment date. In regards to payment of dividends and upon liquidation, the preferred shares rank equally with other preferreds and senior to the common shares of the company. The prospectus (P306) states that the stock should be eligible for the 15% tax rate. See the IPO prospectus for further information on the preferred stock by clicking on the 'Link to IPO Prospectus' provided below.

Stock Exchange	Cpn Rate Ann Amt	LiqPref CallPrice	Call Date Matur Date	Moodys/S&P Dated	Distribution Dates	15% Tax Rate
PKSHT Chart	5.25% $2.625	$50.00 $50.00	6/01/2011 6/01/2011	Baa1 / BBB+ 11/13/04	3/1, 6/1, 9/1 & 12/1 Click for Ex-Div Date	Yes

a. 完成下表，并求零息票本息分离国债的连续收益率，画出收益率曲线，并求出 2005 年 1 月 21 日的收益率。

b. 为什么期限极短的零息票本息分离债券（前两个）的收益率为负？

	A	B	C	D	E	F
1	美国本息分离国债数据 2005年1月21日					
2						
3	当前日期	2005-01-21				
4	价格	到期日	雅虎收益率	距到期日天数	距到期日年数	连续收益率
5	100.17	2005-02-15	-2.956%			
6	100.15	2005-02-15	-2.642%			
7	99.57	2005-05-15	1.421%			
8	99.56	2005-05-15	1.457%			
9	98.8	2005-08-15	2.188%			
10	98.85	2005-08-15	2.087%			
11	98.04	2005-11-15	2.481%			
12	98.04	2005-11-15	2.477%			
13	97.33	2006-02-15	2.572%			
14	97.35	2006-02-15	2.554%			
15	97.34	2006-02-15	2.563%			
16	96.52	2006-05-15	2.736%			
17	96.57	2006-05-15	2.696%			
18	95.73	2006-08-15	2.820%			

18. 注意，登录雅虎网站下载最新的零息票数据，然后将上题重新做一遍。

第 16 章

股票估值

概述

上一章我们讨论了债券估值，本章我们讨论股票估值。债券的估值相对简单，只需计算至到期日的收益率，而股票的估值就困难得多。一方面，需要贴现的未来现金流具有较大的不确定性，另一方面，要正确估算贴现率是很困难的。

在本章中，我们讨论四种股票估价的基本方法：

● **估值方法 1，有效市场方法。**有效市场方法是最简单的形式，指出当前的股票价格是正确的。该方法较复杂的方面是股票的价值是其组成部分的价值的总和。我们将在 16.1 节讨论这点。

● **估价方法 2，自由现金流（FCF）贴现。**有时这一方法被称为贴现现金流（DCF）估值法。这种方法将公司的债务和权益一起作为该公司的未来自由现金流的现值。而贴现率是加权平均资本成本（WACC）。这种方法是金融学者最青睐的估值方法。我们将在 16.2 节讨论这种方法，并在 16.6 节讨论加权平均资本成本的计算。在本章中，我们不讨论自由现金流的概念或计算，这些参见第 7～9 章。

● **估价方法 3，预期权益支付的贴现。**一个公司的价值也可以用预期权益支付的贴现来估计。权益支付的概念（公司的总股利，加上其股票回购）曾在第 6 章中讨论。

● **估值方法 4，乘数。**最后我们可以通过多个公司的乘数来估计该公司的价值。常见的方法包括市盈率（P/E），息税折旧及摊销前利润（EBITDA）以及其他特定行业的乘数。

除了方法 4，几乎本章所有内容在这本书中都有迹可循。例如，在第 14 章讨论了有效市场估值，在第 6 章和第 7 章讨论了自由现金流贴现，在第 6 章讨论了戈登股利模型，在第 6

章和第 13 章讨论了加权平均资本成本的计算。本章的目的是将上述内容结合起来讨论。

讨论的金融概念

- 贴现现金流和自由现金流
- 资本成本、权益成本、债务成本，加权平均资本成本
- 权益溢价
- β 值、股票 β 值、资产 β 值
- 两阶段增长模型

使用的 Excel 函数

- Sum、NPV、If
- 数据表

16.1 估值方法 1：目前市场上的股票价格是正确的价格（有效市场方法）

最简单的股票估值方法建立在有效市场方法的基础上（第 14 章）。这种方法认为，目前市场上的股票价格是正确的价格。换句话说：市场已经正确地完成了股票估值的艰巨工作，因为价格纳入了所有相关的信息。你可以在第 14 章看到很多这方面的证据。

这种估价方法的应用很简单：

- 问题："IBM 的股票看起来有点贵，它的价格在过去的 3 个月一直上涨。你认为目前 IBM 的股价被高估还是低估？"

- 回答："在 Podunk U.，我们了解到，存在大量交易的市场一般是有效率的，这意味着目前的市场价格包含所有有关 IBM 的信息。所以，我认为 IBM 既没有被低估也没有被高估。这是其正确的价格。"

下面是使用这种方法的另一个例子：

- 问题："我一直想购买 IBM 股票，最近价格已经上涨了，我要等它稍微跌一点再买。该价格似乎有点高。你觉得呢？"

- 回答："在 Podunk U. 我们认为你是在反向操作。你认为如果股价上涨了还会跌回去（反之亦然）。但此方法（见第 14 章）并不奏效。因此，如果你想要买 IBM 的股票，那就现在买吧。过去几个月连续上涨并不表明未来会连续下跌。

有效市场较为复杂的方法

用有效市场方法为股票估值并不总像上面的例子那么简单。

在第 14 章中我们介绍了累加性——有效市场的根本宗旨。该原理认为，一篮子商品或金融资产的价值应等于其组成成分的价值之和。该原理也可以用在股价估值上。

这里有个简单的例子：ABC 控股公司，一个公开上市交易的公司，拥有其他两家上市公司的股份。除此之外，ABC 几乎不涉及其他业务活动。

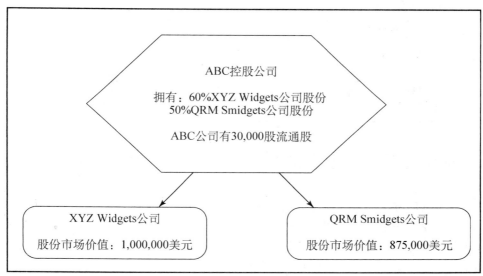

图 16.1 ABC 控股公司的权益结构

ABC 控股公司的股价应该是多少？在以下表格中可以计算出 ABC 的股价是 34.58 美元。

	A	B	C	D	E
1	ABC控股公司				
2	ABC公司股份数	30,000			
3					
4	ABC占有的股份	ABC公司占有的股份比例	市场价值	ABC公司占有股份的市场价值	
5	XYZ Widgets	60%	1,000,000	600,000	<-- =B5*C5
6	QRM Smidgets	50%	875,000	437,500	<-- =B6*C6
7	ABC控股公司的总价值			1,037,500	<-- =D6+D5
8					
9	ABC控股公司的每股价值			34.58	<-- =D7/B2

注意这个模型有双重含义：明确的和隐晦的。

明确的含义：如果 XYZ 公司和 QRM 公司的市场价值是正确的，那么 ABC 公司的市场价值是 1,037,500 美元，每股为 34.58 美元。公式是：

$$\text{ABC 公司股份} = \frac{60\% * [\text{XYZ 公司价值}] + 50\% * [\text{QRM 公司价值}]}{\text{ABC 股份数}} = \$34.58$$

隐晦的含义：三个公司股价之间的关系。它只是告诉你股价是比较正确的，但它不能告诉你，它们是绝对正确的。例如，经过大量的工作，应用大量研究方法以后，你得出这样的结论：QRM 公司的市场估值是正确的，但是 XYZ 公司的市场价值应为 1,600,000 美元。接着你会得出 ABC 公司的股价应该是 46.58 美元。

请注意，如果 ABC 公司还有自己的开销，且不发放股利的话，其市场价值应低于XYZ 公司和 QRM 公司的价值之和。ABC 公司的价格不仅反映了其子公司股份的成本，还涵盖了自己的开销。这看起来很像第 14 章中讨论的封闭式基金的估值。

	A	B	C	D	E
1		ABC控股公司			
2	ABC公司股份数	30,000			
3					
4	ABC占有的股份	ABC公司占有的股份比例	市场价值	ABC公司占有股份的市场价值	
5	XYZ Widgets	60%	1,600,000	960,000	<-- =B5*C5
6	QRM Smidgets	50%	875,000	437,500	<-- =B6*C6
7	ABC控股公司的总价值			1,397,500	<-- =D6+D5
8					
9	ABC控股公司的每股价值			46.58	<-- =D7/B2

16.2　估值方法 2：股票价格是未来自由现金流的贴现值

上一节的估值方法 1 认为，通过估计市场进行估值不会有所收获。然而，在许多情况下，金融专家要对一个公司做基本评估，从而对未来的预期自由现金流贴现得出每股价值。这种方法通常被称为贴现现金流估值法（第 6 章和第 7 章有所阐述），表 16.1 表明了 FCF 的定义，图 16.2 给出了自由现金流估值方法。

表 16.1 　　　　　　　　　　　　　　　　　　**定义自由现金流**

定义自由现金流（FCF）	
税后利润	这是公司利润的基本表现形式，但这是会计形式，包括融资现金流（如利息）以及非现金费用如折旧。税后利润不含公司营运资本的变动或购买新的固定资产，这两项对公司现金流都很重要。
+折旧	非现金费用要加回税后利润。
+税后利息（净利息）	自由现金流是用来衡量公司经营活动的。为了抵消公司利润支付利息的影响，我们 •加上负债的税后利息（税后是因为利息是要扣税的）， •减去现金和有价证券的税后利息。
−流动资产增加	当公司销售增加时，需要更多的库存、应收账款等的投入。流动资产的增加不是税务目的的开支（因此，税后利润不予以考虑），但它是公司的现金流。
+流动负债增加	销售增加常常导致与销售相关的融资（如应付账款或应交税费）的增加。与销售相关的流动负债的增加会产生现金。因为这与销售直接相关，所以我们把它加入自由现金流的计算。
−固定资产原值增加	固定资产的增加（公司的长期生产性资产）会减少公司自由现金流。
FCF=上述总和	

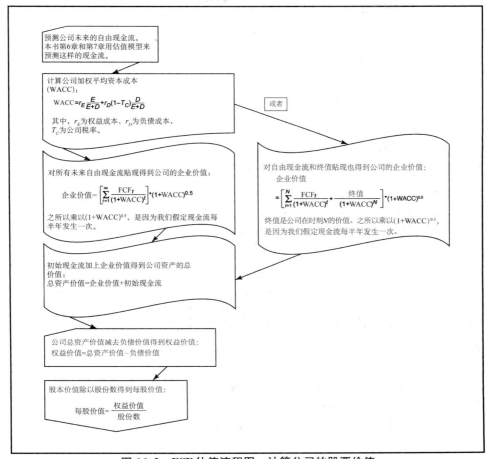

图 16.2　FCF 估值流程图：计算公司的股票价值

估值方法 2：例 1——一个基本的例子

2010 年 12 月 31 日，你正试图弄清 Arnold 公司的价值，该公司 2010 年拥有 200 万美元的自由现金流。公司拥有 1,000 万美元的债务和 100 万美元的现金余额，以下为公司的财务参数：

● 未来的自由现金流预期增长率为 8%。
● WACC 是 15%。
● 该公司有 100 万股流通股。

现在，你可以估计的 Arnold 的价值。其企业价值是对未来的预期自由现金流贴现的现值，贴现率是加权平均资本成本：

$$企业价值 = \underbrace{\left[\sum_{t=1}^{\infty} \frac{FCF_t}{(1+WACC)^t} \right]}_{\text{假设自由现金流发生在}\atop\text{年末时的现值公式}} * \underbrace{(1+WACC)^{0.5}}_{\text{这说明自由现金流}\atop\text{不是一年四季都发生}}$$

$$= \left[\sum_{t=1}^{\infty} \frac{FCF_{2010}(1+g)^t}{(1+WACC)^t} \right] * (1+WACC)^{0.5}$$

未来自由现金
流预期以 g 增长

$$= \left[\sum_{t=1}^{\infty} \frac{FCF_{2010}(1+g)}{WACC-g} \right] * (1+WACC)^{0.5}$$

第2章给出了该公式

用 Excel 计算求得该公司的价值为 33,090,599 美元，每股为 24.09 美元。

	A	B	C
1		为Arnold公司估值	
2	2003年的FCF （基年）	2,000,000	
3	未来FCF增长率	8%	
4	WACC	15%	
5	2003年末的负债	10,000,000	
6	2003年末的现金	1,000,000	
7	流通股股数	1,000,000	
8			
9	企业价值	33,090,599	<-- =B2*(1+B3)/(B4-B3)*(1+B4)^0.5
10	+现金	1,000,000	<-- =B6
11	−负债	-10,000,000	<-- =-B5
12	股本价值	24,090,599	<-- =SUM(B9:B11)
13	股票价值	24.09	<-- =B12/B7

估值方法 2：例 2——两种自由现金流增长率

在上一节中，我们假设自由现金流增长率在未来是不变的。这种假设往往适用于成熟、稳定的公司，但它可能不适合那些高速发展的公司。在本例中，我们阐述了如何对有两个自由现金流增长率的公司进行估值——假设初始增长率高，之后增长率低。

2010 年 Xanthum 公司的自由现金流为 1,000,000 美元，其自由现金流增长率很高，预计未来 5 年每年的 FCF 增长率均为 35％。这段时间之后，预期的 FCF 增长率将放缓至 10％，这是因为 Xanthum 的产品市场会变得成熟。

Xanthum 有流通在外的股票 3,000,000 股，WACC 是 20％。它目前拥有 50 万美元可用现金和 300 万美元债务。我们用相同的估值方法为其估值，但这次我们用到两个自由现金流增长率：

$$企业价值 = \left[\sum_{t=1}^{5} \frac{FCF_t}{(1+WACC)^t} + \sum_{t=6}^{\infty} \frac{FCF_t}{(1+WACC)^t} \right] * (1+WACC)^{0.5}$$

增长率高时自由   正常增长率时自由   这说明自由现金流
现金流的现值   现金流的现值   不是一年四季都发生

这里用到第 2 章附录中的公式里的技巧：

企业价值

$$= \left[\frac{FCF_{2010}(1+g_{高})}{1+WACC} \left(\frac{1-\left(\frac{1+g_{高}}{1+WACC}\right)^5}{1-\frac{1+g_{高}}{1+WACC}} \right) + FCF_{2010} \left(\frac{1+g_{高}}{1+WACC} \right)^5 \left(\frac{1+g_{正常}}{WACC-g_{正常}} \right) \right]$$

在表格中，这称作"时期 1"，   在表格中，这被称作
$\frac{1+g_{高}}{1+WACC}$ 被称作"时期 1 因子"   "时期 2"

$$* (1+WACC)^{0.5}$$

下表表明 Xanthum 公司价值 29,621,547 美元（单元格 B15），每股 9.04 美元（单元

格 B21）。

	A	B	C
1	给Xanthum公司估值		
2	2003年FCF（基年）	1,000,000	
3			
4	高增长率	35%	
5	正常增长率	10%	
6	高增长年份数	5	
7	期限1因子：$(1+g_{高})/(1+WACC)$	113%	<-- =(1+B4)/(1+B9)
8			
9	WACC	20%	
10	2003年末负债	3,000,000	
11	2003年末现金	500,000	
12			
13	时期1：高增长率时现金流的现值	7,218,292	<-- =B2*B7*(1-B7^B6)/(1-B7)
14	时期2：率时现金流的现值	19,822,357	<-- =B2*B7^B6*(1+B5)/(B9-B5)
15	企业价值	29,621,547	<-- =SUM(B13:B14)*(1+B9)^0.5
16	+现金	500,000	<-- =B11
17	一负债	-3,000,000	<-- =-B10
18	权益价值	27,121,547	<-- =SUM(B15:B17)
19			
20	2003年末股份数量	3,000,000	
21	每股价值	9.04	<-- =B18/B20

估值方法 2：例 3——使用一个房地产项目的终值

在前面的两个例子中，我们假定未来现金流的期限是永远的。不过一般期限有限的情况较多，它应用于项目的终值。

下面是一个例子：你的姨妈 Sarah 非常有钱。当地的房地产经纪人建议她成为合伙人之一，该合伙人用 2,000 万美元购买名为 Station Building 的建筑。该代理人销售了 25 份、每份 800,000 美元（$ 800,000 ＝ $ 20,000,000/25）的合伙份额。Sarah 阿姨希望你帮她做金融分析，确定该价格是否合理。

于是你发现：

● 以合伙人身份赚的钱最终会分给股东，股东将对此缴纳个人所得税。税率是 40％。

● Station Building 在 40 年内会一直贬值，每年的折旧为 50 万美元。

● 若 Station Building 全部租出去的话，每年租金为 700 万美元。假定该租金在 10 内年不会增加。

● 维修费、物业税和其他杂费每年总计约 100 万美元。

● 代理人提出 10 年后出售 Station Building。他认为未来价格不会有太大变化，约 2,000 万美元，和今天一样。

● 一位资深金融咨询师告诉你，这个项目的现金流的合适贴现率大概为 18％。你决定以此为 WACC 对现金流贴现。

通过估值你会看到，Sarah 每年的自由现金流是 152,000 美元（下面的电子表格单元格 B16），一直持续 10 年。而所有合伙人均分 Station Building 税前利润 5,500,000 美元。最后算出 Station Building 的价值是 2,000 万美元，每份额 800,000 美元（单元格 B19），累计折旧 5,000,000 美元，账面价值为 15,000,000 美元，每股账面价值可以从销售该栋楼的利润税金 8 万美元（单元格 B22）推出为 60 万美元（单元格 B20）。销售的现金流是

80 万美元的，减去税款 72 万美元（单元格 B23）。

	A	B	C	D	E	F	G
1			Station Building合伙企业——股份估值				
2	建筑成本	20,000,000					
3	折旧年限（年）	40					
4	年度租金	7,000,000					
5	年度费用	1,000,000					
6	年度折旧	500,000	<-- =B2/B3		Station Building的损益		
7	阿姨Sarah的税率	40%			年度租金	7,000,000	
8	WACC	18%			一年度费用	-1,000,000	
9	发行的股份	25			一年度折旧	-500,000	
10	股价	800,000			预期建筑物税前年度利润	5,500,000	<-- =SUM(F7:F9
11							
12	损益, 阿姨Sarah的股份						
13	建筑的预期税前利润	220,000	<-- =F10/B9		Station Building第10年终值		
14	税后利润	132,000	<-- =(1-B7)*B13		预期建筑物市场价格	20,000,000	<-- =B2
15	每股建筑物折旧	20,000	<-- =B6/B9		第10年的累计折旧	5,000,000	<-- =B6*10
16	自由现金流	152,000	<-- =B14+B15		第10年建筑物的账面价值	15,000,000	<-- =B2-F15
17							
18	阿姨Sarah的股份, 第10年终值						
19	预期建筑物市场价格	800,000	<-- =F14/B9				
20	每股第10年账面价值	600,000	<-- =F16/B9				
21	建筑物销售利润	200,000	<-- =B19-B20				
22	税收	80,000	<-- =B7*B21				
23	终值: 销售现金流	720,000	<-- =B19-B22				
24							
25	年份	阿姨Sarah的预期自由现金流					
26	1	152,000	<-- =$B$16				
27	2	152,000					
28	3	152,000					
29	4	152,000					
30	5	152,000					
31	6	152,000					
32	7	152,000					
33	8	152,000					
34	9	152,000					
35	10	872,000	<-- =$B$16+B23				
36							
37	股份价值: 阿姨Sarah的自由现金流的现值	$820,667.53	=--NPV(B8,B26:B35)				

单元格 B26：B35 显示了 Sarah 阿姨的预期自由现金流以及其终值。再用 20% 的 WACC 贴现率计算，其价值为每股 820,667.53 美元。结论：Sarah 应该投资！

估值方法 2：例 4——应用终值解决自由现金流增长率的问题

我们使用的终值的第二个例子涉及 Formanis 公司。Formanis 是高增长的企业，预计自由现金流增长率将再持续 1~5 年。预期 5 年后该值会因为产品市场趋于成熟而慢慢减小。

下面是关于 Formanis 的相关情况：

● 本年度该公司的自由现金流为 1,000,000 美元。

● 预计前 5 年的自由现金流以每年 25% 的速度增长。

● 预计之后自由现金流增长率为每年 6%，即长期增长率。

● 公司拥有 500 万流通股。

● 合适的 WACC＝15%。

估值公式是：

$$\text{Formanis 的公司价值} = \frac{\text{FCF}_1}{(1+\text{WACC})} + \frac{\text{FCF}_2}{(1+\text{WACC})^2} + \frac{\text{FCF}_3}{(1+\text{WACC})^3}$$

$$+ \frac{\text{FCF}_4}{(1+\text{WACC})^4} + \frac{\text{FCF}_5}{(1+\text{WACC})^5}$$

$$+ \frac{1}{(1+7)^5} * \underbrace{\frac{\text{FCF}_5 * (1+\text{长期增长率})}{(\text{WACC}-\text{长期增长率})}}_{\text{这是终值}}$$

要计算 Formanis 的价值，我们首先计算 1～5 年的自由现金流（单元格 B9：B13）。其现值是 6,465,787 美元（单元格 B20）。为了计算终值，我们假设这些年 Formanis 的现金流以长期增长率增长，将以后年份的价值贴现，得到在第 5 年的现值。

终值 ＝ 第 6 年，第 7 年，… 的自由现金流在第 5 年的现值

$$= \frac{FCF_6}{(1+WACC)} + \frac{FCF_7}{(1+WACC)^2} + \frac{FCF_8}{(1+WACC)^3} + \cdots$$

$$= \frac{FCF_5 * (1+长期增长率)}{(1+WACC)}$$

$$+ \frac{FCF_5 * (1+长期增长率)^2}{(1+WACC)^2}$$

$$+ \frac{FCF_5 * (1+长期增长率)^3}{(1+WACC)^3} + \cdots$$

$$= \frac{FCF_5 * (1+长期增长率)}{(WACC-长期增长率)}$$

单元格 B17 代表终值，假定长期 FCF 增长率为 6% 时为 35,942,925 美元。

	A	B	C
1		Formanis公司	
2	当前自由现金流	1,000,000	
3	1～5年的预期增长率	25%	
4	WACC	15%	
5	5年后的长期增长率	6%	
6	流通股股数	5,000,000	
7			
8	年份	预期自由现金流	
9	1	1,250,000	<-- =$B$2*(1+$B$3)
10	2	1,562,500	<-- =B9*(1+$B$3)
11	3	1,953,125	<-- =B10*(1+$B$3)
12	4	2,441,406	
13	5	3,051,758	
14			
15	终值的计算		
16	第5年的自由现金流	3,051,758	<-- =B13
17	终值	35,942,925	<-- =B16*(1+B5)/(B4-B5)
18			
19	给Formanis公司估值		
20	1～5年自由现金流的现值	6,465,787	<-- =NPV(B4,B9:B13)
21	终值的现值	17,869,986	<-- =B17/(1+B4)^5
22	Formanis的价值	24,335,774	<-- =B21+B20
23	每股价值	$4.87	<-- =B22/B6

Formanis 的市场价值是 14,930,518 美元（单元格 B22）。每股价值 2.99 美元（单元格 B23）。

使用终值方法计算 Formanis 的市场价值的例子说明：

它允许股票分析师将股票以短期增长和长期增长区分。往往短期增长是市场的表现，而长期增长取决于宏观经济因素。例如在一个新的、迅速发展的市场里，我们可以预计短期增长率比较大。但我们也可以看到，随着市场的成熟并趋于饱和，长期增长率可以表明整体的经济增长率。

从 Excel 的角度来看，该方法可以做敏感性分析。例如，下表是当 Formanis 公司的

长期增长率和加权平均资本成本的数值变化时，其每股的价值。我们会在第 27 章使用数据表技术分析。

	A	B	C	D	E	F
	敏感性分析：WACC和长期增长率不同时Formanis 公司的每股价值。					
26	1~5年增长率=25%					
27			长期增长率↓			
28	=B23	$4.87	0%	2%	4%	6%
29	WACC→	15%	3.32	3.67	4.16	4.87
30		20%	2.36	2.52	2.73	2.99
31		25%	1.80	1.89	1.99	2.12
32		30%	1.44	1.49	1.55	1.62

当短期增长率（前 5 年）变化时，其价值也不同。例如下表中，我们假定该值为 20%：

	A	B	C	D	E	F
	敏感性分析：WACC和长期增长率不同时Formanis 公司的每股价值。					
26	1~5年增长率=20%					
27			长期增长率↓			
28	=B23	$4.05	0%	2%	4%	6%
29	WACC→	15%	2.79	3.08	3.48	4.05
30		20%	2.00	2.13	2.30	2.51
31		25%	1.54	1.61	1.69	1.80
32		30%	1.24	1.28	1.33	1.38

16.3　估值方法 3：股票价格是未来权益现金流以权益成本贴现的现值

我们给公司估值时，首先计算该公司的资产价值（企业的价值，加上最初的现金余额），然后再减去公司债务的价值。在本节中，我们提出了另一种方法来计算公司的股票价值，我们将直接计算付给股东的金额。

以 Haul-It 公司为例，它的股利和回购一直稳定连续。公司拥有 1,000 万股流通股。下面用电子表格表示其估值模型：

在 1998—2002 年之间，Haul－It 公司向权益持有人发放的股利以 16.50% 的较高的速度增长（单元格 B7）。公司的权益成本 r_E 是 25%（单元格 B9）。[①] 假设未来股利仍以该速度增长，那么它现在值 1.36 亿美元（单元格 B15），每股价值 13.62 美元。

该公司的权益价值是对未来的预期支出的贴现值：

$$权益价值 = \frac{权益支付_{2003}}{1+r_E} + \frac{权益支付_{2004}}{(1+r_E)^2} + \frac{权益支付_{2005}}{(1+r_E)^3}\cdots$$

$$= \frac{权益支付_{2002}(1+g)}{1+r_E} + \frac{权益支付_{2002}(1+g)^2}{(1+r_E)^2} +$$

$$\frac{权益支付_{2002}(1+g)^3}{(1+r_E)^3} + \cdots$$

---

① 关于这一点，我们不讨论如何得到权益成本。关于资本技术成本的总结可参见第 6 章和第 13 章。

$$= \frac{\text{权益支付}_{2002}(1+g)}{r_E - g} = \frac{9,930,000(1.165)}{25.00\% - 16.50\%} = 136,164,862$$

接着除以流通股数量，得到每股价值：

$$\text{每股价值} = \frac{\text{权益价值}}{\text{流通股数量}} = \frac{136,164,862}{10,000,000} = 13.62$$

	A	B	C	D	E	F	G
1		Haul-It公司—权益支付 历史及当期股份价值					
2		1998	1999	2000	2001	2002	
3	回购	$1,440,000	$2,410,000	$3,500,000	$6,820,000	$4,830,000	
4	股利	$3,950,000	$3,997,000	$4,238,000	$4,875,000	$5,100,000	
5	支付给股东的总现金	$5,390,000	$6,407,000	$7,738,000	$11,695,000	$9,930,000	
6							
7	1998—2002年的年 复合增长率	16.50%	<-- =(F5/B5)^(1/4)-1				
8							
9	Haul-It的权益成本,r_E	25.00%					
10							
11	估值						
12	当前权益支付	$9,930,000	<-- =F5				
13	预期未来增长率	16.50%					
14							
15	总权益价值	136,164,862	<-- =B12*(1+B13)/(B9-B13)				
16	流通股股数	10,000,000					
17	每股价值	13.62	<-- =B15/B16				

Haul-It公司——向股东的支付

为什么金融专业人士常常回避这种估值方法？

直接权益估值方法是如此简单，但是你可能会对于它的不普遍性感到惊讶。这其中有几个原因，在本书中我们只简略介绍：

直接权益估价方法取决于预期的权益支付（即股利加上股份回购），而方法2只取决于预期的自由现金流。一个公司的权益支付是管理层所作出的决策，现金流则是该公司的经营环境，涉及销售、成本、资本支出等。因为现金流是由经营环境而非管理层决策所决定的，因此分析师们一般都更倾向于预测其现金流。

FCF方法的贴现率是加权平均资本成本，而权益支付方法是权益成本。在第17～18章中我们将解释原因——权益成本对公司的负债/权益比非常敏感，而加权平均资本成本不敏感。[1]

---

[1] 第17～18章的解释原因里，WACC实际上对公司的杠杆是完全不变的。若果真如此，我们可以以方法2为基础对公司估值，而不用担心杠杆。

16.4　估值方法 4，相对估值：用乘数来估值

我们所要讨论的最后一种的估值方法是比较不同公司的财务比率。这种估值技术常用到"乘数"。此估值方法是基于这样的逻辑基础——相同的金融资产价格应当相同。

一个简单的例子：使用市盈率（P/E）来估值

市盈率是一个公司的股价与每股收益之比：

$$P/E = \frac{公司股价}{每股收益}$$

当我们使用的 P/E 估值时，我们认为类似的企业应该有类似的 P/E 比率。

下面是一个例子：Shoes for Less（SFL）和 Lesser Shoes（LS）是同一社区的鞋店。尽管在销售量和利润方面，SFL 的是 LS 的两倍，但是二者的管理和财务结构是类似的。但是，这两家公司的市场估值并没有反映出它们具有类似性：SFL 的 P/E 比率比 LS 低得多，如下电子表格所示。

	A	B	C	D
1	比较Shoes For Less（SFL）和Lesser Shoes（LS）的市盈率			
2		SFL: Shoes for Less	LS: Lesser Shoes	
3	销售额	30,000	15,000	
4	利润	3,000	1,500	
5	股份数	1,000	1,000	
6	股价	24	18	
7	权益价值	24,000	18,000	<-- =C6*C5
8	EPS：每股盈利	3	1.5	<-- =C4/C5
9	P/E：市盈率	8.00	12.00	<-- =C6/C8

由于两家公司具有相似性，可以认为 SFL 相对于 LS，其 P/E 比率被低估了。这时市场分析师都会建议投资在 SFL 而非 LS 上。[①]

Kroger（KR）和 Safeway（SWY）

KR 和 SWY 都属超市行业，下图给出了这两家公司的一些数据。

● 市盈率：这是最常见的。从市盈率来看，KR 的价值比 SWY 的价值高。该数值问题在于，它是由许多因素（包括杠杆）造成的。我们更喜欢企业价值比率。

● 权益市场价值/账面价值比率：用公司股票的市场价值比上账面价值（会计价值）。如果账面价值准确地测量了资产成本，那么该值越大，对股票的估计值越大。然而，会计数字被资产年龄、折旧及其他会计政策所影响。所以这个比例并非十分准确。

---

① 更为激进的策略是买入 SFL 的股份并做空 LS。参看第 14 章中探讨对待 Palm 和 3Com 的股票的策略。

	A	B	C	D	E	F
1	Safeway（SWY）和Kroger（KR）——基于乘数的比较 数据来自2002年9月12日雅虎资料					
2		KR	SWY		谁的价值更大？	
3	股价	18.09	26.91	<--雅虎		
4	每股盈利（EPS）	1.37	2.60	<--雅虎		
5	市盈率（P/E）	13.20	10.35	<-- =C3/C4	Kroger	<-- =IF(B5>C5,"Kroger","Safeway")
6						
7	每股权益账面价值	4.79	11.41	<--雅虎		
8	权益市场价值对账面价值比率	3.78	2.36	<-- =C3/C7	Kroger	<-- =IF(B8>C8,"Kroger","Safeway")
9						
10	流通股股数（百万美元）	788.8	466.5	<--雅虎		
11	权益市场价值（十亿美元）	14.27	12.55	<-- =C10*C3/1000		
12						
13	负债/权益（基于账面价值）	2.22	1.32	<--雅虎		
14	负债（十亿美元）这个数据不是雅虎中的	8.39	7.03	<-- =C10*C7*C13/1000		
15	现金（十亿美元）	0.185	0.051	<--雅虎		
16	净负债	8.20	6.98	<-- =C14-C15		
17						
18	权益+负债（十亿美元）－现金（企业账面价值）	11.98	12.30	<-- =C10*C7/1000+C14-C15		
19	权益+负债（十亿美元）－现金（企业市场价值）	22.47	19.53	<-- =C11+C14-C15		
20	企业，市场价值比账面价值	1.88	1.59	<-- =C19/C18	Kroger	<-- =IF(B20>C20,"Kroger","Safeway")
21						
22	税息、折旧及摊销前利润（十亿美元）	3.53	2.64	<--雅虎		
23	企业市场价值/EBITDA	6.37	7.40	<-- =C19/C22	Safeway	<-- =IF(B23>C23,"Kroger","Safeway")
24						
25	销售额	50.7	34.7	<--雅虎		
26	企业市场价值/销售额	0.44	0.56	<--雅虎	Safeway	<-- =IF(B26>C26,"Kroger","Safeway")

● 企业价值/账面价值比率：企业的价值是公司的权益价值加上其净债务（债务减去现金的账面价值）的价值。第18行计算了公司的净债务。该值表明KR的价值比SWY的价值高。

● 企业价值/EBITDA比率：华尔街常使用EBITDA来衡量一个公司产生现金的能力。这有点类似于本章所讨论的自由现金流概念，不过它忽略了净营运资本和资本支出的变化。该值显示，SWY的价值比KR的价值高。

● 企业价值/销售额比率：这也是我们能用于比较两家公司价值的众多比例之一。该值显示SWY的价值更高，这也许反映SWY赚取现金的能力比较高或者股东对于未来销售增长的乐观态度。

运用多种比率估值的总结

只要几家公司是可以被比较的，那么该方法就是有效的。但是要注意：真正的可比公司具有相似的业务特点，如销售、成本、融资渠道等。[①]

16.5 中间总结

16.1～16.4节中，我们已经研究了4种股票的估值方法：

● 估值方法1，有效市场方法，基于市场价格准确的假设。

● 估价方法2，自由现金流法，用加权平均资本成本作为贴现率，将公司未来预期现金流贴现。16.6～16.7节将讲述几种确定加权平均资本成本的方法。

---

① 这里讲的知识有点提前了，如前面的脚注一样。如果一家公司主要通过负债融资，而另一家公司主要通过权益融资，那么对这两家公司股价的比较就没有意义了。这一点会在第17～18章探讨。更多详细内容可参见 Simon Benninga，Oded Sarig，*Corporate Finance：A Valuation Approach*，McGraw-Hill，1997。

- 估价方法 3，权益支付方式，将公司未来预期权益支付贴现，贴现率是该公司的权益成本。
- 估价方法 4，乘数方法，公司的相对估值，如市盈率。

在接下来的章节中，我们将讨论有关估值方法 2 和 3 的一些问题：我们讨论计算加权平均资本成本和权益成本。

16.6　计算塔吉特公司的加权平均资本成本，SML 方法

估值方法 2 用到了加权平均资本成本，这在第 6 章和第 13 章已介绍过。在本节中，我们简要地重复，并且给出运用 SML 计算 WACC 的方法。

加权平均资本成本的基本公式是：

$$\text{WACC} = \frac{E}{E+D}r_E + \frac{D}{D+E}r_D(1-T_C)$$

要计算加权平均资本成本，我们需要估计的参数如下：

r_E＝权益成本；

r_D＝该公司的债务成本；

E＝该公司的权益的市场价值＝股票数量＊当前每股股价；

D＝该公司债务的市场价值（大致为公司债务的账面价值）；

T_C＝该公司的边际税率。

我们用塔吉特公司（Target，大型零售商）的例子来说明怎么计算加权平均资本成本，下面我们给出了相关的财务信息，我们一步步开始计算。

计算塔吉特公司的权益市值，E

公司拥有流通股 908,164,702 股（下页表单元格 C45）。2003 年 2 月 1 日是其发布 2002 年年度报告的日子，其股价是每股 28.21 美元。因此，公司的权益的市场价值是 908,164,702 ＊ \$28.21＝\$25,619,326,243。我们在计算塔吉特公司的 WACC 时用到了这个市值。

计算塔吉特公司债务的市值，D

注意在此区分其资产负债表的短期债务（下页表第 33 行）和长期负债（第 36 行）。要计算负债，二者都需要汇总再计算。塔吉特公司的负债如下。

	A	B	C	D
6		**2002**	**2001**	
7	当前长期负债和应付票据	975	905	
8	2001年和2002年的长期负债（B列和C列）	10,186	8,088	
9	总负债D	11,161	8,993	<-- =C8+C7

	A	B	C
1	塔吉特公司财务报表		
2	利润表	**2001**	**2002**
3	收入	39,826	43,917
4	销售成本	27,143	29,260
5	销售、管理及行政费用，SG&A	8,461	9,416
6	信用卡费用	463	765
7	折旧	1,079	1,212
8	利息费用	473	588
9	税前利润	2,207	2,676
10	所得税	839	1,022
11	净收益	1,368	1,654
12			
13	资产负债表		
14	资产	**2001**	**2002**
15	现金及现金等价物	499	758
16	应收账款	3,831	5,565
17	库存	4,449	4,760
18	其他流动资产	869	852
19	总流动资产	9,648	11,935
20			
21	土地、厂房、地产及设备		
22	资产原值	18,442	20,936
23	累计折旧	4,909	5,629
24	土地、厂房、地产及设备净值	13,533	15,307
25			
26	其他资产	973	1,361
27	总资产	24,154	28,603
28			
29	负债和股东权益		
30	应付账款	4,160	4,684
31	应计负债	1,566	1,545
32	应交所得税	423	319
33	当前长期负债和应付票据	905	975
34	总流动负债	7,054	7,523
35			
36	长期负债	8,088	10,186
37	递延所得税	1,152	1,451
38	股东权益		
39	普通股	1,173	1,332
40	累计留存收益	6,687	8,111
41	总权益	7,860	9,443
42	总负债和股东权益	24,154	28,603
43			
44	其他相关信息		
45	流通股		908,164,702
46	权益贝塔值		1.16
47	2003年2月1日的股价		28.21

估计债务成本，r_D

计算债务成本的一个简单的方法是计算过去一年的平均利息。塔吉特公司在 2002 年平均每 10,077 美元支付利息 588 美元利息（塔吉特公司财务报表单元格 C8），因此该值为 5.84%。

	A	B	C	D
13	2002年支付的利息	588		
14	2002年的平均负债	10,077	<-- =AVERAGE(B9:C9)	
15	利息成本，r_D	5.84%	<-- =C13/C14	

估计所得税，T_C

塔吉特公司在 2002 年为 2,676 美元的收入支付了 1,022 美元的税收（单元格 C10 和 C9）。因此，其所得税税率为 38.19%：

	A	B	C
17	2002年税前利润	2,676	
18	所得税	1,022	
19	公司税率，T_C	38.19%	<-- =C18/C17

运用 SML 方法计算权益成本 r_E

求塔吉特公司权益成本 r_E 的公式为：

$$r_E = r_f + \beta_E * [E(r_M) - r_f]$$

雅虎网站给出了该公司的 β 值为 1.16，在 2003 年 2 月，无风险利率是 2%，预期市场收益率是 9.68%，于是得到 $r_E = 10.91\%$。

	A	B	C	D
21	权益贝塔值, β_E	1.16		
22	无风险利率, r_f	2%		
23	期望市场收益率, $E(r_M)$	9.68%		
24	权益成本, r_E	10.91%	<-- =B22+B21*(B23-B22)	

放在一起来看

现在，我们可以计算出塔吉特的 WACC：

$$\begin{aligned}
\text{WACC} &= \frac{E}{E+D} r_E + \frac{D}{D+E} r_D (1 - T_C) \\
&= \frac{25,619}{25,619+11,161} 10.91\% + \frac{11,161}{25,619+11,161} 5.84\% \ (1-38.19\%) \\
&= 8.69\%
\end{aligned}$$

如下表。

	A	B	C	D
1	以证券市场线计算权益成本来求 塔吉特公司的WACC			
2	股份数（百万股）	908		
3	2002年2月1日的每股市场价值	28.21		
4	2002年2月1日的权益市场价值, E	25,619	<-- =B3*B2	
5				
6		2001	2002	
7	当前长期负债和应付票据	905	975	
8	2001年和2002年的长期负债	8,088	10,186	
9	总负债, D	8,993	11,161	<-- =C8+C7
10				
11	塔吉特的市场价值, E+D		36,780	<-- =C9+B4
12				
13	2002年支付的利息		588	
14	2002年的平均负债		10,077	<-- =AVERAGE(B9:C9)
15	利息成本, r_D		5.84%	<-- =C13/C14
16				
17	2002年税前利润		2,676	
18	所得税		1,022	
19	公司税率, T_C		38.19%	<-- =C18/C17
20				
21	权益贝塔值, β_E		1.16	
22	无风险利率, r_f		2%	
23	预期市场收益率, $E(r_M)$		9.68%	
24	权益成本, r_E		10.91%	<-- =C22+C21*(C23-C22)
25				
26	WACC		8.69%	<-- =B4/C11*C24+(1-C19)*C9/C11*C15

计算市场上的期望收益率 $E(r_M)$

使用 CAPM 估计资本成本的最有争议的部分是估计市场上的期望收益率。我们在第 13 章已经讨论了这个问题。我们主张用 P/E 估计权益溢价。这个模型在第 13 章中已阐述过，下表也会简要言及，该值为 9.68%。

市盈率模型估算 (r_M)

我们首先给出带有权益支付率的戈登股利模型：

$$r_E = \underbrace{\frac{D_0(1+g)}{P_0} + g}_{\text{戈登股利模型}} = \underbrace{\frac{b * \text{EPS}_0(1+g)}{P_0} + g}_{\substack{b\text{是派息比率,} \\ \text{EPS}_0\text{是当前} \\ \text{公司每股盈利}}}$$

$$= \frac{b * (1+g)}{P_0/\text{EPS}_0}$$

该模型是用当前市场数据来计算 $E(r_M)$ 的：

$$E(r_M) = \frac{b * (1+g)}{P_0/\text{EPS}_0} + g$$

其中，b＝市场派息率（美国数据大约为 50%）；

g＝市场盈利的增长率（学术预测）；

P_0/EPS_0＝市场价格/市盈率。

这里有个例子：

	A	B	C
1	用市盈率估算$E(r_M)$		
2	市场市盈率	20.00	
3	市场派息率,b	50%	
4	预期市场盈利增长率,g	7%	
5			
6	$E(r_M)$	9.68%	<-- =B3*(1+B4)/B2+B4
7	无风险利率,r_f	2.00%	
8	市场风险溢价,$E(r_M)-r_M$	7.68%	<-- =B6-B7

我们以美国 2003 年早期的具有代表性的市场参数数据求塔吉特公司的权益成本。

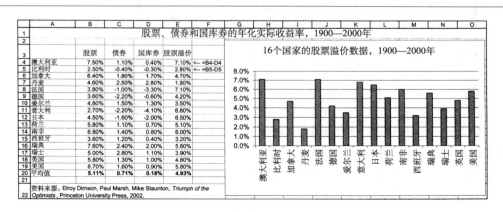

	A	B	C	D	E	F	G
1	股票、债券和国库券的年化实际收益率，1900—2000年						
3		股票	债券	国库券	股票溢价		
4	澳大利亚	7.50%	1.10%	0.40%	7.10%	<-- =B4-D4	
5	比利时	2.50%	-0.40%	-0.30%	2.80%	<-- =B5-D5	
6	加拿大	6.40%	1.80%	1.70%	4.70%		
7	丹麦	4.60%	2.50%	2.80%	1.80%		
8	法国	3.80%	-1.00%	-3.30%	7.10%		
9	德国	3.60%	-2.20%	-0.60%	4.20%		
10	爱尔兰	4.80%	1.50%	1.30%	3.50%		
11	意大利	2.70%	-2.20%	-4.10%	6.80%		
12	日本	4.50%	-1.60%	-2.00%	6.50%		
13	荷兰	5.80%	1.10%	0.70%	5.10%		
14	南非	6.80%	1.40%	0.80%	6.00%		
15	西班牙	3.60%	1.20%	0.40%	3.20%		
16	瑞典	7.60%	2.40%	2.00%	5.60%		
17	瑞士	5.00%	2.80%	1.10%	3.90%		
18	英国	5.80%	1.30%	1.00%	4.80%		
19	美国	6.70%	1.60%	0.90%	5.80%		
20	平均值	5.11%	0.71%	0.18%	4.93%		

16个国家的股票溢价数据，1900—2000年

资料来源：Elroy Dimson, Paul Marsh, Mike Staunton, *Triumph of the Optimists*, Princeton University Press, 2002.

16.7 用戈登模型计算权益成本

除了 CAPM 模型，我们还可以用在第 6 章讨论过的戈登模型计算权益成本。戈登模型说明权益成本是对未来预期股利的贴现值。戈登模型的标准版本是：

$$r_E = \frac{Div_0(1+g)}{P_0} + g$$

其中，Div_0＝公司目前的权益支付（股利总额＋股票回购）；

P_0＝股票的当前市场价值；

g＝预期股利支付增长率。

基于我们在第 6 章中所讨论的原因，我们认为戈登模型应当使用总权益支付这一数据，即股利总额加上股票回购。下面是用戈登模型计算的塔吉特公司的加权平均资本成本，下面的电子表格与上一节的是相同的，除了：

	A	B	C	D	E
1	以戈登模型计算的权益成本来求 塔吉特公司的WACC				
2	股份数量（百万）	908			
3	2002年2月1日的每股市场价值	28.21			
4	2002年2月1日的权益市场价值	25,619	<-- =B3*B2		
5					
6		2002	2001		
7	当前长期负债和应付票据	975	905		
8	长期负债	7,523	7,054		
9	总负债，D	8,498	7,959	<-- =C8+C7	
10					
11	塔吉特的市场价值，E+D	34,117	<-- =B9+B4		
12					
13	2002年支付的利息	588			
14	2002年的平均负债	8,229	<-- =AVERAGE(B9:C9)		
15	利息成本，r_D	7.15%	<-- =B13/B14		
16					
17		2002			
18	2002年税前利润	2,676			
19	所得税	1,022			
20	公司税率，T_C	38.19%	<-- =B19/B18		
21					
22	当前权益价值	25,619			
23	当前权益支付，Div_0	232	<-- =D36		
24	派息增长率	8.89%	<-- =D38		
25	用戈登模型计算的权益成本，Div_0	9.88%	<-- =B23*(1+B24)/B22+B24		
26					
27	WACC	8.52%	<-- =B4/B11*B25+(1-B20)*B9/B11*B15		
28					
29					
30	股利和股票回购				
31	年份	股利	回购	总权益支付	
32	1998	165	0	165	
33	1999	178	0	178	
34	2000	190	585	775	
35	2001	203	20	223	
36	2002	218	14	232	
37					
38			增长率	8.89%	<-- =(D36/D32)^(1/4)-1

- 第 32～36 行显示在过去五年中目标公司的权益支付，即股利和股票的总回购。权益的支出年复合增长率是每年 8.89%（单元格 D38）。

- 第 22～25 行显示了运用戈登模型计算权益成本。计算公式如下：

$$r_E = \frac{Div_0(1+g)}{P_0} + g = \frac{232*(1+8.89\%)}{25,619} + 8.89\% = 9.88\%$$

其中，Div_0＝目前的股利；

$\quad P_0$＝当前股价；

$\quad g$＝预期股利支付增长率。

用戈登模型估计权益成本，目标 WACC 是 8.52%（单元格 B27）。

总　结

本章讨论了一些股票估值方法。其中三个方法被称为"基本的估价法"。估值方法 1 是最简单的基本估价方法，该方法是基于市场有效的假设，认为公司的股票体现了目前的市场价格。这种方法得到了学术界的支持：如果市场参与者做好了工作，那么目前每股的价格反映了所有公开可用的信息，所以没有其他的事情可做了。

估价方法 2，现金流贴现估值，大多数金融学者和许多金融从业人员首选的方法。这种方法是将该公司未来自由现金流（自由现金流）以适当的加权平均资本成本贴现。得到的结果就是公司的企业价值。为了得到公司权益的估值，我们在此之上加上了现金和有价证券，再减去公司债务。最后除以股票数得到每股估值。

估价方法 3，直接权益估值，预计权益支付贴现，由此产生该公司的权益价值。虽然看起来简单，且比未来现金流估值更为直接，但该方法没有被广泛使用。这主要是因为股票的成本在很大程度上依赖公司杠杆，而 WACC 并不会这样。

估价方法 4，乘数估值——它被广泛使用。这种估值方法通过比较一组可比公司有关数据来判断目的公司的价值。如果能正确使用，该方法是功能强大的工具，但是想要找到"类似"的可比公司并不容易。

习　题

1. OwnItAll（OIA）是一家控股公司，它的唯一业务是管理一个投资组合。该公司在 PSE 上市交易，有 2 亿股流通股。

a. 下表是 OIA 的投资组合，求其股价。（本书随附光盘里有模版。）

	A	B	C
1	OIA 投资组合		
2	股票	股票数量	股份
3	IBM	1,500,000	92.89
4	Ahold	5,250,000	8.23
5	家乐氏	385,259	45.29
6	通用汽车	12,000,000	36.64
7	微软	1，000，000	26.18
8	AT&T	98,000,000	19.89
9	SBC	12,000,000	23.42
10	默克	15,000,000	28.02
11	Nicor	2,000,000	36.42
12	Duke Power	25,000,000	26.14

b. OIA 的实际股价为 25 美元，从这个股价中可以知道什么？

2. Walters 公司下一年的预期未来现金流为 1,000 万美元，它的预期年增长率为 5%。

a. 若未来现金流发生在年末，且 WACC 为 15%，求该公司的企业价值。

b. 若未来现金流发生在年中，答案会有什么变化？

3. a. Houda Motors 宣布，去年的 FCF 为 2,300 万美元。一位资深分析师认为，FCF 在未来 10 年的年增长率为 25%，之后以每年 7% 增长。该公司的 WACC 为 18%，且有 1 亿股流通股。假定都是年末付息，且该公司没有负债和额外的现金储备，试对其估值。

b. 若年中付息，答案又会有什么不一样？

4. 假设你正考虑在阿什维尔市中心买一幢楼，该幢楼售价为 1,000 万美元，你预期年未来自由现金流为 100 万美元。10 年后，该楼折旧一半，你预期那时售出可以卖 1,500 万美元。若你的资本成本为 17%，该楼的净现值是否为正？假定 10 年后售楼的资本所得税为 20%，所得税和折旧税盾都包含在 100 万美元的年 FCF 中。

5. 你正打算在斯普利菲尔德的郊区购买一栋 500 个单位的公寓大楼。当前的业主要价是 2,500 万美元，用以下条件为该楼估值：

● 平均每单位每年能产生 15,000 美元的税前收入。

● 该地的平均住房空置率为 8%。

● 每单位每年的运营费用为 2,000 美元。无论空置与否，这笔运营费用都会产生。

● 收入和费用都发生在年末。

● 所得税为 40%，资本利得税为 20%。

● 折旧率为 18%。

● 该地区的房地产价格以每年 6% 增长，且你预期未来都会以这个增长率增长。你预期 10 年后会将其出售。

6. 接着上一题，假定租金的现金流（包括费用和折旧）发生在年中，其他不变，求 NPV。

7. 接着习题 5，假定：

● 租金的现金流（包括费用和折旧）发生在年中。

● 下一年每单位预期租金为 15,000 美元，费用为 2,000 美元。在第 2~9 年，这些数字将以每年 2% 的速度增长。

● 其他因素不变。

a. 求 NPV。

b. 为 NPV 构建一张表，假定年租金和费用以 0，1%，2%，…，5% 变化，相应地，贴现率以 8%，10%，12%，…，24% 变化。

8. Hectoritis 公司当前有 1,300 万美元的自由现金流。一位著名的分析师预测在接下来的 5 年里，该自由现金流将以每年 12% 的速度增长。在第 5 年末，公司的终值取决于第 5 年的自由现金流及长期自由现金流增长率 4%。假定该公司的 $\beta = 1.5, r_f = 3\%, E(r_M) - r_f = 14\%$，且有 800 万股流通股。假定所有的现金流发生在年末，该分析师应如何对其估值？

9. 提高性问题：Niccair 公司过去 5 年的财务数据见下表。基于下面的条件和 FCF 模型为公司股票估值。（这个问题不容易，且没有一个明确的答案——估值通常都这样！）

- 公司 2003 年末的负债为 75,000 万美元。

- 公司 2003 年末的现金为 5,000 万美元。

- 公司的债务成本为 $r_D = 5\%$。

- 公司有 4,408 万股流通股，2003 年末股价为 37 美元。

- 公司的 $\beta = 0.437, r_f = 3\%, E(r_M) = 12\%$。

	A	B	C	D	E	F
1			NICCAIR公司，1999—2003年			
2		2003-12-31	2002-12-31	2001-12-31	2000-12-31	1999-12-31
3	净收入	$105,300,000	$128,000,000	$122,100,000	$35,800,000	$116,300,000
4	折旧	$161,700,000	$155,000,000	$148,800,000	$145,100,000	$141,600,000
5	净营运资本的变动	(12,600,000)	268,300,000	491,300,000	233,000,000	213,400,000
6	资本性支出	(181,300,000)	(192,500,000)	(185,700,000)	(158,400,000)	(154,000,000)
7	税前支付的净利息	(41,100,000)	(34,600,000)	(46,900,000)	(50,600,000)	(45,500,000)
8	税率	37.84%	31.03%	32.62%	16.94%	34.56%

10. 登录雅虎网站，查阅你最喜欢的两家医药连锁店。比较这两家公司的以下数据：市盈率和销售/市值比率。通过比较，是否有一家公司被低估了？

11. 下表（本书随附的光盘里有）是关于零售业的市盈率及其他相关信息。

a. 表中第 25～27 行是就市盈率作为 y 变量对每一列作为 x 变量进行回归。其中一个回归结果如下：

$$P/E = a + b * 资本市值 = 21.390 + 0.009 * 资本市值, R^2 = 0.003$$

试求市盈率对其他变量的回归。

b. 哪一个回归最有说服力？试解释。

	A	B	C	D	E	F	G
1		P/E	市值(10亿美元)	ROE(%)	长期负债权益比	市净率	收入同比增长率(%)
2	Wal-Mart Stores, Inc. (WMT)	22.89	222	22.72	0.75	4.95	9.88
3	Target Corporation (TGT)	23.52	44.3	16.73	0.77	3.57	11.01
4	Kohl's Corporation (KSS)	23.75	15.7	15.26	0.31	3.34	14.62
5	(WMMVY.PK)	30.56	15	13.02	0	3.85	12.69
6	J.C. Penney Company, Inc. (JCP)	21.46	11.9	10.76	0.97	2.35	2.98
7	Sears, Roebuck & Co. (S)	30.74	10.8	5.97	0.73	1.77	-8.37
8	May Department Stores (MAY)	17	9.8	14.4	1.64	2.33	17.04
9	Federated Department Str. (FD)	14.25	9.3	12.24	0.7	1.68	0.14
10	Coles Myer Ltd. (ADR) (CM)	20.47	8.9	14.24	0.24	2.81	25.9
11	Kmart Holding Corporation (KMRT)	8.75	8.4	45.84	0.13	2.74	-13.75
12	Neiman-Marcus Group, (NMGA)	15.08	3.2	16.11	0.33	2.21	10.89
13	Dollar Tree Stores, Inc. (DLTR)	17.4	3	17.12	0.25	2.8	8.83
14	Dillard's, Inc. (DDS)	36.34	2.1	2.69	0.81	0.96	-3.59
15	Grupo Elektra S.A. de C.V (EKT)	11.12	2	30.85	2.78	3.09	22.21
16	Saks Incorporated (SKS)	41.19	1.9	2.37	0.77	0.99	0.99
17	Tuesday Morning Corporati (TUES)	19.68	1.2	45.22	0.51	7.39	7.04
18	ShopKo Stores, Inc. (SKO)	13.37	0.5282	6.72	0.76	0.88	-1.59
19	Bon-Ton Stores, Inc. (BONT)	14.15	0.2487	7.62	1.12	1.06	65
20	Retail Ventures, Inc. (RVI)	22.26	0.2252	4.74	1.8	1.04	2.81
21	Gottschalks Inc. (GOT)	19.73	0.1047	5.17	1.34	0.99	1.76
22	Duckwall-ALCO Stores, Inc (DUCK)	28.95	0.0832	2.61	0.2	0.74	1.32
23							
24	回归：P/E=a+b*其他						
25	a，截距		21.390				
26	b，斜率		0.009				
27	R₂		0.003				
28							
29	注解						
30	市值=股票数量*每股价格						
31	ROE=净资产收益率=净收入/权益账面价值						
32	长期负债权益比=负债账面价值/权益账面价值						
33	市净率=市值/权益账面价值						
34	收入同比增长率=销售增长率，是当前最近一季度与一年前相同季度相比						

资本结构和股利政策

公司可以通过股票融资和债务融资的方式来筹钱，那么融资结构会影响企业价值吗？第 17 章和第 18 章将回答这个问题，这也是财务领域一直争论的主题。通过这些章节可以知道，资本结构效应的评估主要取决于公司和股东要交的税。第 17 章通过一系列的案例对此进行探讨，第 18 章作了总结。

资本结构和股利政策有关。当公司增加股利支付时，公司用股东的现金，且隐含地提高了公司的负债/权益比。许多公司管理者认为股利能向股东和市场传递公司前景等市场信息，第 19 章解释了这个问题：股利政策重要吗？

第 17 章

资本结构和公司价值

概述

"资本结构"是关于公司应该如何融资的金融术语——股东们为了融资需要利用债务和权益，那么二者的比例应该是多少？请先看 Mortimer 和 Joanna 的例子，他们争相购买同一家超市。

Fair 超市——融资会影响价格吗？

Mortimer 和 Joanna 生活在 Fair 城。他们都想买位于市中心的一家超市。Mortimer 和 Joanna 都是能力出众的超市经理，背后都有一群投资者，各自经营着具有相同的销售额、销售成本的超市，不过，对于购买超市这件事，Mortimer 的投资者希望 50% 的资金通过借款，而 Joanna 的投资者不想借钱。

我们的问题是：哪组投资者出价更高？这个问题一直贯穿于本章。在本章中，我们不会给出答案，而是想让读者知道如何回答这个问题。

例 1：两组出价相同

假设 Mortimer 和 Joanna 均为此出价 100 万美元。则资产负债表如下：

Mortimer 超市集团 一半权益（50%）和一半负债（50%）			
超市	$1,000,000	负债	$500,000
		股东权益	$500,000
总资产	$1,000,000	负债和股东权益	$1,000,000

Joanna 超市集团 全部为权益（100%）			
超市	$1,000,000	负债	$0
		股东权益	$1,000,000
总资产	$1,000,000	负债和股东权益	$1,000,000

为什么他们出价相同？原因是：

无论用怎样的方式融资，超市就是超市。如果 Mortimer 认为超市值 100 万美元，那么 Joanna 也会这样认为。事实上，资本结构与超市的价值无关。

例 2：Mortimer 出价高

Mortimer 集团应理性决策——由于该集团债务融资比率更大——超过 Joanna 集团愿意的出价。其投资者认为他们可以出比 Joanna 更高的价，因为：

事实上，我们用债务融资方式会更省钱。支付债务利息可以合理避税，这意味着债务融资比权益便宜。此外，由于权益风险大于债务风险，因此其要求的收益率更高。所以我们更多地利用债务意味着我们能付得起更多。

如果这个逻辑是正确的，那么有可能 Mortimer 出价为 120 万美元，Joanna 出价 100 万美元。则资产负债表如下。

Mortimer 超市集团 一半权益（50%）和一半负债（50%）			
超市	$1,200,000	负债	$600,000
		股东权益	$600,000
总资产	$1,200,000	负债和股东权益	$1,200,000

Joanna 超市集团 全部为权益（100%）			
超市	$1,000,000	负债	$0
		股东权益	$1,000,000
总资产	$1,000,000	负债和股东权益	$1,000,000

那么毫无疑问出价更高的 Mortimer 将得到超市

前面两个例子哪个比较有代表性？在本章中，你会发现这两个例子都具有代表性。在本章中，我们提出有关资本结构的两个问题：

● 不同融资方式是否会影响公司可以提供的现金总额？如果债务比例较高的 Mortimer 集团可以提供更多的现金，那么他们会愿意支付更高的价格。

● 融资方式的选择是否会影响公司评估项目的贴现率？金融里具有重要作用的"风险"一词就应该予以考虑。① 即，两者用来评估超市的贴现率是否一致？不同融资结构是否影响加权平均资本成本？

你将在这一章中看到，这两个问题的答案都和税收有关。基于税收制度，无论是例1还是例2都具有代表性。②

讨论的金融概念

- 债务与权益融资
- 杠杆的估值效应
- 企业与个人税收
- 莫迪利亚尼-米勒模型
- 米勒的"债务和税收"

使用的 Excel 函数

- IF
- NPV

17.1 存在公司税时的资本结构——以 ABC 公司为例

用 ABC 公司的例子来看资本结构的效应。该公司位于 Lower Fantasia（LF）地区。该地区只征收企业所得税，不征收个人所得税。而 Arthur 在考虑：a）是否购买 ABC 公司？b）如果要买，如何筹措资金？

只使用权益融资购买 ABC 公司

这很简单：ABC 公司每年的自由现金流为 1,000 美元。Arthur（他是州立大学的工商管理硕士）计算出购买的资本成本 $r_U = 20\%$。下角"U"代表"无杠杆的"，此时 r_U 是 Arthur 在不借贷而只有权益的情况下购买 ABC 公司合适的贴现率。

在这里 r_U 反映了 ABC 公司的业务风险，该值是 20%。如果只以权益购买，该公司价值是 1,000/20%＝5,000 美元。③ 我们将使用符号的 V_U 代表"无杠杆公司的价值"。如果只有权益融资，该值为：

---

① 回顾第 8 章一开始："在金融里，风险是一个富有魔力的词汇。无论何时金融人士不能解释某些事情时，他们总会试图保持自信，并说'这肯定是有风险的。'"

② 例 2 的变形——Mortimer 集团出价比 Joanna 的低——甚至是可能的。看本章其余部分，这极其不可能。

③ FCF 是税后值，公司的自由现金流贴现值为 $\sum_{t=1}^{\infty} \dfrac{\text{FCF}}{(1+20\%)^t} = \dfrac{\text{FCF}}{20\%}$。

$$V_U = \sum_{t=1}^{\infty} \frac{FCF_t}{(1+r_U)^t} = \sum_{t=1}^{\infty} \frac{\$1,000}{(1+20\%)^t} = \frac{\$1,000}{20\%} = \$5,000$$

使用债务购买 ABC 公司

Arthur 可以从他的母亲那里借钱，母亲实际上是他的生意伙伴，但是基于他们的融资方式，他母亲总是债仅人，而 Arthur 是权益所有者。另外该贷款是长期的，只需每年支付利息，不需要归还本金。[①] 其贷款利率用 r_D 表示，该值为 8%。

Arthur 和他母亲有两种可供选择的融资方式：

● 方案 A：Arthur 用现金购买 ABC 公司后，该公司从他母亲那里借来 3,000 美元偿还给 Arthur。那么此时 ABC 公司就是一个杠杆公司。（在这里"杠杆"意味着该公司在其资产负债表上有债务。）

● 方案 B：Arthur 从他母亲那里借来 3,000 美元，然后以现金购买 ABC 公司。在这种情况下，ABC 公司是一个"非杠杆"、"纯权益"的公司。

这两个备选方案之间的根本区别是，LF 地区只有企业所得税，没有个人所得税。根据税法，企业支付的债务利息可以避税，但个人支付的利息却不可以避税，因为没有个人所得税。

从图 17.1 中你可以看到，方案 A 所产生的家庭总收入大于 B。

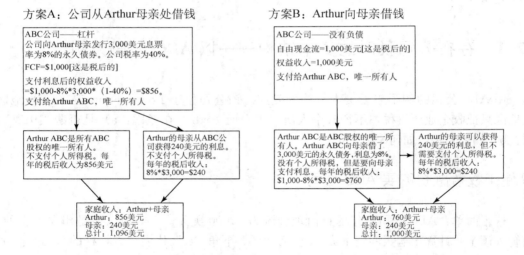

图 17.1　Arthur 为购买 ABC 公司的融资方案

从家庭的角度看，方案 A 比方案 B 好。前者家庭（Arthur＋母亲）共有 1,096 美元的年收入，后者是 1,000 美元。稍加思索就会发现，方案 A 有税收优势。由于从所得税中扣除了其利息开支，因此其贷款成本只有 8%＊3,000＊（1−40%）＝144 美元。与此相比，方案 B 的贷款成本为 8%＊3,000＝240 美元。

更进一步，我们写出如下式子：

从 ABC 公司获得的家庭总收入（Arthur＋母亲）

---

① 贯穿本章，读者会发现我们都假设现金流是无限期的。这样使得估值较为容易，且并不影响原理。

$$= 公司产生的现金流 = \text{FCF} - \underbrace{r_D * 负债 * (1 - T_C)}_{\substack{\text{ABC公司的}\\\text{债务成本}}} + \underbrace{r_D * 负债}_{\substack{\text{母亲的}\\\text{债务的收入}}}$$

$$= \text{FCF} + r_D * 负债 * T_C$$

因此，公司所能提供的现金数量随着债务数额增加而增加。不过请注意，如果 Arthur 直接从他母亲那里借钱，那么由该公司产生的现金总额将不会增加。[①]

17.2　对 ABC 公司估值——存在公司税时的杠杆效应

回想一下，我们在 17.1 节指出，ABC 公司在没有杠杆时自由现金流价值 5,000 美元：

$$V_U = 没有杠杆的 \text{ABC} 公司价值$$

$$= \text{PV}(未来的自由现金流以无杠杆的贴现率贴现)$$

$$= \sum_{t=1}^{\infty} \frac{1,000}{(1.20)^t} = \frac{年度 \text{FCF}}{r_U} = \frac{1,000}{20\%} = 5,000$$

那么 ABC 公司存在杠杆时的价值是多少（公司向 Arthur 的母亲借了 3,000 美元）？我们使用在第 14 章的价格相加原则：

$$V_L = 存在杠杆的 \text{ABC} 公司价值$$

$$= 无杠杆的 \text{ABC} 公司价值 + \text{PV}(负债相关的现金流)$$

$$= 5,000 + \sum_{t=1}^{\infty} \frac{8\% * 3,000 * 40\%}{(1.08)^t} = 5,000 + \frac{96}{0.08}$$

$$= 5,000 + 1,200 = 6,200$$

相加原则

该理论说明两股现金流的总价值是它们各自价值的总和。在该问题中，两股现金流是：（1）从该公司的业务活动所产生的 FCF；（2）公司税盾。

使用相加原则，我们使用各自适当的经风险调整后的贴现率来贴现。前者是 r_U，后者是 r_D（无风险的）。

ABC 公司在负债时的价值大于无负债的价值，这是因为它可以产生额外 1,200 美元的现金——公司可以从税收中扣除利息支付的成本，而 Arthur 不能。用符号表示：

$$V_L = V_U + \text{PV}(负债相关的现金流)$$

$$= \begin{cases} V_U = \sum_{t=1}^{\infty} \dfrac{\text{FCF}_t}{(1+r_U)^t} = \sum_{t=1}^{\infty} \dfrac{1,000}{(1.20)^t} = \dfrac{1,000}{20\%} = 5,000 \\ 公司无杠杆时的价值是它的自由现金流 \\ 以一个合适的（无杠杆的）资本成本贴现的现值 \end{cases}$$

[①]　参见图 17.1，为什么这样很清楚——当 Arthur 从他母亲那里借钱时，利息只不过在两人之间转换。Arthur 支付 240 美元的利息，而母亲收到 240 美元的利息，没有差额。而公司从他母亲借钱的话，公司的利息支出是 144 美元，但是他母亲有 240 美元的利息收入，净收益为 96 美元。

$$+\begin{cases} \text{PV(利息税盾)} = \sum_{t=1}^{\infty} \frac{T_C * \text{利息}_t}{(1+r_D)^t} = \sum_{t=1}^{\infty} \frac{8\% * 3{,}000 * 40\%}{(1.08)^t} = \frac{96}{8\%} = 1{,}200 \\ \quad \text{税盾因为负债以利率贴现而产生} \end{cases}$$

$$= 6{,}200$$

权益成本 $r_E(L)$ 和有杠杆的加权平均资本成本

权益成本是支付给股东的现金流的贴现率。在第 6 章和第 13 章，我们强调了权益成本的风险性，讨论了其衍生的应用。在本章我们将用符号 $r_E(L)$ 表示杠杆公司的权益成本，"L" 代表公司具有杠杆。那么借款越多，风险越大，$r_E(L)$ 也越大。因为当股东承诺向债务人支付的资金金额越大时，权益现金流的风险越大。

我们计算 ABC 公司的 $r_E(L)$。在有杠杆时 ABC 公司价值 6,200 美元，其中债务 D 为 3,000 元。从而该公司的权益价值为 3,200 美元。我们用 E 表示权益的市场价值。要求 $r_E(L)$，我们首先计算股东每年收到的现金流量：

$$\text{年权益现金流} = \text{FCF} - \text{ABC 公司的税后利息支付}$$
$$= 1{,}000 - 8\% * 3{,}000 * (1-40\%) = 856$$

每年 856 美元的权益现金流的贴现值即为股本的价值，于是可以计算 $r_E(L)$：

$$E = \text{权益价值} = \sum_{t=1}^{\infty} \frac{\text{权益现金流}_t}{(1+r_E)^t}$$

$$3{,}200 = \sum_{t=1}^{\infty} \frac{856}{(1+r_E)^t} = \frac{856}{r_E}$$

$$\Rightarrow r_E(L) = \frac{856}{3{,}200} = 26.75\%$$

做一些数学变化，我们就可以证明：

$$r_E(L) = r_U + [r_U - r_D]\frac{D}{E}(1-T_C)$$

$$= \underline{20\%} + \underbrace{[20\% - 8\%]\frac{3{,}000}{3{,}200}(1-40\%)}_{} = 26.75\%$$

r_U 是FCF的贴现率，代表公司的商业风险

当ABC公司负债时，它的股东承担了额外的财务风险，公式中的这一部分代表了股东的财务风险溢价

现在可以计算 WACC：

$$\text{WACC} = r_E(L)\frac{E}{E+D} + r_D(1-T_C)\frac{D}{E+D}$$

$$= 26.75\% * \frac{3{,}200}{3{,}200+3{,}000} + 8\% * (1-40\%) * \frac{3{,}000}{3{,}200+3{,}000}$$

$$= 16.13\%$$

再多做一些数学变化，可以得到以 WACC 对 FCF 贴现即得到公司价值：

$$\sum_{t=1}^{\infty} \frac{\text{FCF}_t}{(1+\text{WACC})^t} = \sum_{t=1}^{\infty} \frac{1{,}000}{(1+16.13\%)^t} = \frac{1{,}000}{16.13\%} = 6{,}200$$

下面的电子表格中总结了这一过程。注意该表格的标题为"莫迪利亚尼-米勒模型（只有企业所得税）"。如此命名的原因请参阅《金融发展史》一书。

	A	B	C
1		当只有公司所得税时，以MM模型计算WACC	
2	年度自由现金流	1,000	
3	无杠杆时的资本成本,r_U	20%	
4	债务（永久的）,D	3,000	
5	负债成本(利率),r_D	8%	
6	公司税率,T_C	40%	
7			
8	公司价值		
9	无杠杆时的价值$V_U=FCF/r_U$	5,000.00	<-- =B2/B3
10	利息税盾的价值=$T_C r_D*D/r_D=T_C*D$	1,200.00	<-- =B6*B4
11	有杠杆时的公司价值$V_L=V_U+T_C*D$	6,200.00	<-- =B10+B9
12			
13	权益价值$E=V_L-D$	3,200.00	<-- =B11-B4
14			
15	权益现金流=FCF$-(1-T_C)*$利率	856.00	<-- =B2-(1-B6)*B5*B4
16	权益成本$,r_E(L)=[FCF-(1-T_C)*$利率$]/E$	26.75%	<-- =B15/B13
17			
18	WACC$=r_E(L)*E/(E+D)+r_D*(1-T_C)*D/(E+D)$	16.13%	<-- =B16*B13/B11+(1-B6)*B5*B4/B11
19			
20	两项核查		
21	权益成本$,r_E(L)=r_U+(r_U-r_D)*[D/E](1-T_C)$	26.75%	<-- =B3+(B3-B5)*B4/B13*(1-B6)
22	公司价值$,V_L=FCF/WACC$	6,200.00	<-- =B2/B18

我们在本节最后再次给出结论：如果只存在企业所得税，那么拥有杠杆（负债）会增加公司的价值。这种由于债务税盾所引起的价值的增加，增加了该公司的权益价值，降低了加权平均资本成本。在上例中，如果企业所得税是0，3,000 美元的债务将使权益价值降低到2,000 美元的水平。而如果企业所得税是40%，那么权益价值将由于债务而降低，由于税盾而增加。

$$杠杆公司的权益价值 = V_L - D = V_U - D + T_C D$$

表 17.1 作了总结。

一些金融史（1）

表 17.1 的估值模型通常被称为莫迪利亚尼-米勒模型，教授莫迪利亚尼和默顿·米勒均是诺贝尔经济学奖得主。他们撰写的两篇开创性的文章发表于 1958 年和 1963 年，其研究结果表明在没有税收的情况下，公司的融资方式不会影响公司的价值。17.2 节的 ABC 公司，税法规定可以对公司的债务融资适当减税，因此，该公司增加债务并减少权益是最佳做法。金融学专业的学生们称之为"MM 模型"。很多人现在学习它，当然更多的人可能误解它。

在 17.7 节，我们改变 MM 模型的假定条件——不仅考虑公司税，也考虑个人所得税。尽管逻辑一样，但结论不同。这个模型学习的人没这么多，但误解更多，它被称为米勒模型，该模型源于默顿·米勒在 1977 年发表的文章。

表17.1

只有企业所得税时的公司估值总结

项目	公式	原因
V_U=无杠杆公司的价值	$V_U = \displaystyle\sum_{t=1}^{\infty} \frac{FCF_t}{(1+r_U)^t}$	无杠杆时的公司价值是未来自由现金流以无杠杆的资本成本r_U贴现的现值。
	$\begin{aligned} V_L &= V_U + PV\,(利息税盾) \\ &= V_U + \sum_{t=1}^{N} \frac{T_C * 利息}{(1+r_D)^t} \end{aligned}$	有杠杆时的公司价值等于V_U+未来利息税盾的现值。左边单元格的公式是含有杠杆时的公司价值,此时的负债有N期的利息支付。
V_L=有杠杆公司的价值	$\begin{aligned} V_L &= V_U + PV\,(利息税盾) \\ &= V_U + \sum_{t=1}^{\infty} \frac{T_C * 利息}{(1+r_D)^t} \\ &= V_U + T_C * D \end{aligned}$	左边单元格时的公式是有杠杆时的公司,公司的债务是永久的。
E=权益价值	$V_U - (1-T_C)*D$	有杠杆时的公司权益价值等于有杠杆时的公司价值减去公司负债的价值:此处有一个公式不要漏掉 $E = V_L - D = V_U + D*T_C - D = V_U - (1-T_C)D$
D=负债价值	D	负债价值就是负债的价值。(好吧,这不是原创!)
$r_E(L)$=有杠杆时的公司权益成本	$r_E(L) = r_U + [r_U - r_D]\dfrac{D}{E}(1-T_C)$	权益成本r_E是权益现金流的贴现率。在有杠杆的公司里,这包括了财务风险溢价: $[r_U - r_D]\dfrac{D}{E}(1-T_C)$
WACC=加权平均资本成本	$WACC = \dfrac{FCF}{V_L}$	你可以以WACC对自由现金流贴现来纠正整个公司价值。这是第6、7和13章用到的估值原理。

17.3　为什么在 Lower Fantasia 债务是有价值的——购买植草机

可以看几个计算的例子，这样更容易理解前一节的理论。在本节和后面两节中，我们将继续讨论几个例子，共同点是这些公司还是都在 LF 地区，企业所得税是 T_C，没有个人所得税。在这种情况下，公司提高自己的债务杠杆，自身的市场价值就随之增加。

LF 地区的税收制度以只有公司所得税而没有其他税而闻名。在上一节，我们已介绍过，在这种税收制度下，LF 地区的公司可以通过增加杠杆来增加企业价值。

我们以一个例子开始，介绍资本预算决策的融资效应。

购买一台机器

LF 地区的 Wonderturf 公司正在考虑购买一个新的植草机。植草机价值 10 万美元，寿命 10 年并且在此期间按照直线折旧法折旧，残值为零。该机器每年会带来 4 万美元收益，成本为 1.5 万美元。因此该机器的自由现金流是每年 1.9 万美元（见下面的单元格 B10）。

$$\text{Wonderturf 公司每年的 FCF} = (1 - T_C) * (\text{销售额} - \text{费用} - \text{折旧}) + \text{折旧}$$
$$= (1 - 40\%) * (40{,}000 - 15{,}000 - 10{,}000) + 10{,}000$$
$$= \$19{,}000$$

	A	B	C
1	Wonderturf公司的植草机		
2	公司税率,T_C	40%	
3			
4	机器成本，第0年	100,000	
5			
6	自由现金流的计算		
7	年销售收入	40,000	
8	年销售成本	15,000	
9	年折旧额	10,000	<-- =B4/10
10	1~10年，年自由现金流	19,000	<-- =(1-B2)*(B7-B8-B9)+B9
11			
12	机器自由现金流的贴现率,r_U	15%	
13			
14	年份	机器的自由现金流	
15	0	-100,000	<-- =-B4
16	1	19,000	<-- =$B$10
17	2	19,000	
18	3	19,000	
19	4	19,000	
20	5	19,000	
21	6	19,000	
22	7	19,000	
23	8	19,000	
24	9	19,000	
25	10	19,000	
26			
27	机器的NPV	-4,643	<-- =B15+NPV(B12,B16:B25)

财务分析师为该植草机的自由现金流设定的适当的经风险调整的贴现率为15%。因此其净现值为−4,643美元（单元格B27）。得出的结论是：Wonderturf不应该购买植草机。

Wonderturf用贷款购买机器

听说Wonderturf不打算买植草机了，植草机的制造商决定向Wonderturf提供5万美元贷款。该贷款的条件是：

- 贷款利息r_D为8%，这也是市场贷款利率。
- 前9年每年利息是8% * 50,000 = 4,000美元。该利息可以为其避税，因此税后利息费用为（1−40%） * 4,000 = 2,400美元。
- 第10年末，Wonderturf必须偿还贷款本金。因此，税后贷款成本是52,400美元（贷款本金加税后利息）。

下面的Excel工作表显示Wonderturf公司贷款的净现值是10,736美元。

	D	E	F
12	贷款购买机器	50,000	
13	贷款利率，r_D	8%	
14		贷款现金流	
15		50,000	<-- =E12
16		-2,400	<-- =-(1-$B$2)*$E$13*$E$12
17		-2,400	
18		-2,400	
19		-2,400	
20		-2,400	
21		-2,400	
22		-2,400	
23		-2,400	
24		-2,400	
25		-52,400	<-- =-(1-$B$2)*$E$13*$E$12-E12
26			
27	贷款的NPV	10,736	<-- =E15+NPV(E13,E16:E25)

这时你会得出结论：在贷款的情况下，可以购买植草机。该逻辑如下：

$$价值（植草机＋融资）＝价值（植草机）＋价值（融资）$$
$$＝− \$4,643＋\$10,736$$
$$＝\$6,093$$

下页的电子表格呈现了计算过程。单元格B29显示机器与贷款的总价值为6,093美元。

贷款正的净现值是从哪里来的？

上述分析表明，有贷款的Wonderturf公司会获得10,736美元的净现值。仔细分析，我们会发现这正是贷款利息税盾的现值：

$$NPV（贷款）＝50,000−\frac{（1−40\%） * 4,000}{1.08}−\frac{（1−40\%） * 4,000}{(1.08)^2}−\cdots$$
$$−\frac{（1−40\%） * 4,000}{(1.08)^9}−\frac{（1−40\%） * 4,000−50,000}{(1.08)^{10}}$$

	A	B	C	D	E	F
1			Wonderturf公司的植草机			
2	公司税率，T_C	40%				
3						
4	机器成本，第0年	100,000				
5						
6	自由现金流的计算					
7	年销售收入	40,000				
8	年销售成本	15,000				
9	年折旧额	10,000	<-- =B4/10			
10	1~10年，年自由现金流	19,000	<-- =(1-B2)*(B7-B8-B9)+B9			
11						
12	机器自由现金流的贴现率，r_U	15%		贷款购买机器	50,000	
13				贷款利率，r_D	8%	
14	年份	机器的自由现金流			Loan CFs	
15	0	-100,000	<-- =-B4		50,000	<-- =E12
16	1	19,000	<-- =$B$10		-2,400	<-- =-(1-$B$2)*E$13*$E$12
17	2	19,000			-2,400	
18	3	19,000			-2,400	
19	4	19,000			-2,400	
20	5	19,000			-2,400	
21	6	19,000			-2,400	
22	7	19,000			-2,400	
23	8	19,000			-2,400	
24	9	19,000			-2,400	
25	10	19,000			-52,400	<-- =-(1-$B$2)*E$13*$E$12-E12
26						
27	机器的NPV	-4,643	<-- =B15+NPV(B12,B16:B25)	贷款的NPV	10,736	<-- =E15+NPV(E13,E16:E25)
28						
29	净现值：机器+贷款	6,093	<-- =B27+E27			

我们现在将这个表达式分成两部分：

$$\text{NPV（贷款）} = 50,000 - \frac{4,000}{1.08} - \frac{4,000}{(1.08)^2} - \cdots - \frac{4,000}{(1.08)^9} - \frac{4,000 - 50,000}{(1.08)^{10}}$$

$$+ \frac{40\% * 4,000}{1.08} + \frac{40\% * 4,000}{(1.08)^2} + \cdots + \frac{40\% * 4,000}{(1.08)^9} + \frac{40\% * 4,000}{(1.08)^{10}}$$

上面的第一行的价值为零（第 5 章提过当贴现率与贷款利率相同时，其现值为零）。上面的第二行是贷款利息税盾的现值，价值为 10,736 美元：

$$\text{NPV（贷款）} = 10,736 = \frac{40\% * 4,000}{1.08} + \frac{40\% * 4,000}{(1.08)^2} + \cdots + \frac{40\% * 4,000}{(1.08)^9}$$

$$+ \frac{40\% * 4,000}{(1.08)^{10}}$$

因此，贷款的净现值是贷款利息税盾的现值。

Wonderturf 公司的结果并不奇怪！

下面的公式说明了杠杆公司的价值等于无杠杆公司的价值加上税盾的价值：

$$V_L = V_U + \text{PV（利息税盾）}$$

$$= V_U + \sum_{t=1}^{\infty} \frac{T_C * 利息_t}{(1+r_D)^t}$$

这就是我们分析的过程。对于该机器：

$$V_L = 贷款购买机器的价值$$

$$= \underbrace{V_U}_{\substack{\text{机器的现金流}\\\text{的价值}}} + \underbrace{\sum_{t=1}^{\infty} \frac{T_C * 利息_t}{(1+r_D)^t}}_{\substack{\text{贷款利息}\\\text{税盾的价值}}}$$

$$= -4,643 + 10,736 = 6,093$$

17.4 为什么在 Lower Fantasia 债务是有价值的——Potfooler 公司再杠杆的例子

我们将研究融资对企业价值影响的第二个例子——Potfooler 公司。这是 LF 地区大学考试常用的问题，这个问题很长，有许多相关的部分。[①]

Potfooler 公司在 LF 地区是一家知名企业。下面是这家公司的一些情况：

● Potfooler 预计在每年年底有 200 万美元的自由现金流，该现金流是永久的。这里的 FCF 是公司经营活动产生的税后现金流。

● Potfooler 目前有 10 万流通股，每股 100 美元。

● Potfooler 目前没有债务。不过一名金融分析师建议它发行 300 万美元永久债券，以此来回购股票，原因在于该债券是永久债务，每年支付利息而无须偿还本金。[②] 他认为这样做是值得的，因为 $V_L = V_U + T_C D$。目前债务利率是 8%，且是每年支付。

金融考试里会有下列问题：

问题 1：当前 Potfooler 的市场价值是多少？

答案：该公司目前有 10 万股流通股，每股 100 美元，因此，该公司的权益价值为 100 * 100,000＝10,000,000 美元。由于没有债务，该值也是其市场价值。即 V_U 是 10,000,000 美元。

问题 2：发行了 3,000,000 美元的债券后，其市场价值是多少？

答案：由于在 LF 地区只有企业所得税，所以公式 $V_L = V_U + T_C D$ 是成立的。这意味着该公司发行债券后的市场价值为：

$$V_L = V_U + T_C D = 10,000,000 + 40\% * 3,000,000 = 11,200,000$$

问题 3：若用发行的 300 万美元债券所得去回购股份，公司的总权益价值 E 是多少？[③]

答案：在公司发行了债券并回购股份后，该公司市值 V_L 应等于权益价值 E 加上其债务价值 D。即，

$$V_L = E + D = 11,200,000$$

其中，$D = \$3,000,000$，因此：

$$E = V_L - D = 11,200,000 - 3,000,000 = 8,200,000$$

问题 4：Potfooler 在什么样的价格时会回购其股份？

答案：通过发行价值 300 万美元的债务，Potfooler 的总市值增加了 120 万美元（从 1,000 万美元增至 1,120 万美元），这些都属于股东。这是因为回购前有 10 万流通股，这意味着每股的价格提高了 1,200,000 /100,000＝12 美元。因此，回购股份的价格为 112 美元：其中 100 美元是回购前的股价，12 美元是由于发债而导致的股价上涨。

问题 5：Potfooler 将回购多少股份？

答案：根据上一题，Potfooler 将在股价为 112 美元时回购股票。鉴于已发行 300 万美元

---

① 作者在东 Lower Fantasia 州立大学的同事很喜欢这个问题，因为它易于打分。如果学生在回答这个问题时在任何一个地方做错了，其他地方也都会出错。

② 这样的债务有时被称为 consol。Consol 易于估值，因为当债券每年支付 C，而贴现率为 r 时，该债券价值为 C/r。

③ 注意到此为止，我们还没有说明回购股份的价格。接下来会讨论这个问题。

的债务，这意味着将回购 3,000,000/112=26,785.71 股。

问题 6：Potfooler 在回购股份前的权益成本是多少？

答案：由于 Potfooler 每年有 200 万美元的自由现金流。因此，它的非杠杆权益成本为：

$$r_E(U) = \frac{FCF}{V_U} = \frac{2,000,000}{10,000,000} = 20\%$$

问题 7：在公开市场上，Potfooler 在回购股份后的权益成本是多少？

答案：Potfooler 债券每年付息 8% * 300= 24 万美元。因为利息是税收项的支出，所以公司股东的每年预期现金流量为：

$$\begin{aligned}
\text{发行债券后,每年的权益现金流} &= FCF - (1-T_C) * \text{利息} \\
&= 2,000,000 - (1-40\%) * 240,000 \\
&= 1,856,000
\end{aligned}$$

回购后的权益价值为 820 万美元，因此杠杆公司的权益成本为：

$$r_E(L) = \frac{1,856,000}{8,200,000} = 22.63\%$$

问题 8：Potfooler 回购前的加权平均资本成本是多少？

答案：回想加权平均资本成本的定义：

$$WACC = r_E * \frac{E}{E+D} + r_D * (1-T_C) * \frac{D}{E+D}$$

问题 8 的答案较简单：在回购前，Potfooler 只有权益，所以其 WACC=r_U= 20%。

问题 9：Potfooler 回购后的加权平均资本成本是多少？

答案：

$$\begin{aligned}
WACC &= r_E(L) * \frac{E}{E+D} + r_D * (1-T_C) * \frac{D}{E+D} \\
&= 22.63\% * \frac{8,200,000}{8,200,000+3,000,000} + 8\% * (1-40\%) \frac{3,000,000}{8,200,000+3,000,000} \\
&= 17.86\%
\end{aligned}$$

问题 10：为什么 $r_E(L) > r_U$？

答案：在 Potfooler 发行债券之前，由股东承担的唯一风险是该公司的自由现金流所固有的经营风险。而发行债券之后，股东要承担两种风险：经营风险和财务风险。因此 $r_E(L)$ 代表的现金流贴现率的风险要比 FCFs 的贴现率 r_U 大。又因为现金流的风险越大，贴现率越大，所以有 $r_E(L) > r_U$。

问题 11：为什么在发行了债券并回购股份之后，Potfooler 的市场价值增加了？

答：通过发行债务，Potfooler 的股东获得了额外的现金流——债务利息税盾。这种税盾是无风险的，其价值是：

$$\begin{aligned}
\text{利息税盾的现值} &= \sum_{t=1}^{\infty} \frac{T_C * \text{支付的利息}}{(1+r_D)^t} \\
&= \frac{T_C * \text{支付的利息}}{r_D} = \frac{T_C * r_D * D}{r_D} \\
&= T_C * D
\end{aligned}$$

税盾现值的增加导致了市场价值的增加。

$$V_L = \underbrace{V_U}_{\text{Potfooler的价值}} + \underbrace{T_C D}_{\substack{\text{额外的利息}\\\text{税盾的现值}}}$$

问题 12：为什么回购后加权平均资本成本下降了？

答案：公司发行债券后，得到了额外的现金流量（利息税盾）。该现金流是无风险的。因此，该公司的总现金流——它的 FCFs 加上利息税盾——的平均风险下降了。因为 WACC 体现的公司现金流的平均风险下降了。

17.5 有关 Potfooler 公司的考试问题，第二部分

在回答了上一节这么多问题之后，教授要求学生将问题 1～9 的计算制作到 Excel 电子表格中。如下表所示。

	A	B	C
1	Potfooler 通过发行债券来回购股份		
2	无杠杆公司		
3	年自由现金流	$2,000,000	
4	股份数量	100,000	
5	每股价格	$100	
6	总权益价值	$10,000,000	<-- =B5*B4
7			
8	问题1：Potfooler无杠杆时的价值V_U	$10,000,000	<-- =B6
9			
10	有杠杆公司		
11	发行的债券	$3,000,000	
12	债券利率	8%	
13	LF地区的公司税率T_C	40%	
14	问题2：Potfooler有杠杆时的价值，$V_L=V_U+T_C*D$	$11,200,000	<-- =B8+B13*B11
15	问题3：股份回购后的权益价值，$E=V_L-D$	$8,200,000	
16	债券换股份后公司价值增量 $=V_L-V_U=T_C*D$	$1,200,000	<-- =B13*B11
17	每股公司价值增量	$12	<-- =B16/B4
18	问题4：股份回购后的新股份价值	$112	<-- =B5+B17
19			
20	问题5：回购的股份数量=用于回购的债务金额/新的股份价值	26,785.71	<-- =B11/B18
21	股份回购后剩余股份的数量=原始股份数量 − 回购股份数	73,214.29	<-- =B4-B20
22	验证：剩余股份的市场价值=剩余股份数* 新的每股价格	$8,200,000	<-- =B21*B18
23			
24	问题6：无杠杆时Potfooler的权益成本 r_U=FCF/V_U	20.00%	
25			
26	税前年利息成本	$240,000	<-- =B11*B12
27	税后年股权现金流=FCF−$(1-T_C)$	$1,856,000	<-- =B3-(1-B13)*B26
28	问题7：有杠杆时Potfooler的权益成本 $r_E(L)$=[FCF−$(1-T_C)$]	22.63%	<-- =B27/B22
29			
30	问题8：债券发行前Potfooler的WACC	20.00%	
31			
32	问题9：债券发行后Potfooler的WACC $=r_E(L)*E/(E+D)+r_D*(1-T_C)*D/(E+D)$		
33	Potfooler资本结构的权益比重=$E/(E+D)$	73.21%	<-- =B22/B14
34	Potfooler资本结构的负债比重=$D/(E+D)$	26.79%	<-- =B11/B14
35	WACC=$r_E(L)*E/(E+D)+r_D*(1-T_C)*D/(E+D)$	17.86%	<-- =B28*B33+B12*(1-B13)*B34

我们可以通过此表做一些有意义的分析。

如果企业所得税税率 $T_C = 0$，那么会出现什么情况？

当 $T_C = 0$ 时，杠杆就不会改变公司的价值。如果将 $T_C = 0$ 输入到上表的单元格 B13 中，就会得到这样的说明。接下来会给出电子表格，分析会在表格之后进行。

	A	B	C
1	Potfooler通过发行债券来回购股份，公司税率=0		
2	无杠杆公司		
3	年自由现金流（FCF）	$2,000,000	
4	股份数量	100,000	
5	每股价格	$100	
6	总权益价值	$10,000,000	<-- =B5*B4
7			
8	问题1：Potfooler无杠杆时的价值 V_U	$10,000,000	<-- =B6
9			
10	有杠杆公司		
11	发行的债券	$3,000,000	
12	债券利率	8%	
13	LF地区的公司税率 T_C	0%	
14	问题2：Potfooler有杠杆时的价值，$V_L = V_U + T_C{}^*D$	$10,000,000	<-- =B8+B13*B11
15	问题3：股份回购后的权益价值，$E = V_L - D$	$7,000,000	
16	债券换股份后公司价值增量 $= V_L - V_U = T_C{}^*D$	$0	<-- =B13*B11
17	每股公司价值增量	$0	<-- =B16/B4
18	问题4：股份回购后的新股份价值	$100	<-- =B5+B17
19			
20	问题5：回购的股份数量=用于回购的债务金额/新的股份价值	30,000.00	<-- =B11/B18
21	回购后剩余股份的数量=原始股份数量－回购股份数	70,000.00	<-- =B4-B20
22	验证：剩余股份市场价值=剩余股份数*新的每股价格	$7,000,000	<-- =B21*B18
23			
24	问题6：无杠杆时Potfooler的权益成本 $r_U = FCF/V_U$	20.00%	
25			
26	税前年利息成本	$240,000	<-- =B11*B12
27	税后年权益现金流=FCF−(1−T_C)	$1,760,000	<-- =B3-(1-B13)*B26
28	问题7：杠杆时Potfooler的权益成本 $r_E(L) = [FCF-(1-T_C)$	25.14%	<-- =B27/B22
29			
30	问题8：债券发行前Potfooler的WACC	20.00%	
31			
32	问题9：债券发行后Potfooler的WACC $= r_E(L)^*E/(E+D)+r_D{}^*(1-T_C)^*D/(E+D)$		
33	Potfooler资本结构的权益比重=$E/(E+D)$	70.00%	<-- =B22/B14
34	Potfooler资本结构的负债比重=$D/(E+D)$	30.00%	<-- =B11/B14
35	WACC=$r_E(L)^*E/(E+D)+r_D{}^*(1-T_C)^*D/(E+D)$	20.00%	<-- =B28*B33+B12*(1-B13)*B34

尽管债务变化了（单元格 B11），但该公司的总价值没有改变（单元格 B14），仍然是：

$$V_L = V_U + \underbrace{T_C D}_{\substack{\text{当}T_C=0\%,\\ \text{这里为}0}} = V_U$$

公司的权益风险变得更高了，即 $r_E(L) > r_U$。在单元格 B28 中你可以看到：在发行了债券之后，$r_E(L) = 25.14\%$，而 $r_U = 20\%$。

该公司的股价不会改变。发行债券以及回购股票以后，股价仍然是 100 美元（单元格 B18）。

该公司的 WACC 仍旧不变。公司现金流的平均风险保持不变：

$$\text{WACC} = r_E(L) * \frac{E}{E+D} + r_D * (1 - T_C) * \frac{D}{E+D}$$

$$= 25.14\% * \frac{7{,}000{,}000}{7{,}000{,}000 + 3{,}000{,}000} + 8\% *$$

$$\underbrace{(1 - 0\%)}_{\substack{\text{注意此处} \\ T_C = 0}} \frac{3{,}000{,}000}{7{,}000{,}000 + 3{,}000{,}000}$$

$$= 20\% = r_U$$

将公司市场价值与负债水平相结合

通过数据表（见第 27 章），我们可以作出以下表格和图表。

	B	C	D	E
38	发行债券	有杠杆公司的价值，$V_L = V_U + T_C^* D$	权益成本 $r_E(L)$	**WACC**
39				
40	0	10,000,000	20.00%	20.00%
41	1,000,000	10,400,000	20.77%	19.23%
42	2,000,000	10,800,000	21.64%	18.52%
43	3,000,000	11,200,000	22.63%	17.86%
44	4,000,000	11,600,000	23.79%	17.24%
45	5,000,000	12,000,000	25.14%	16.67%
46	6,000,000	12,400,000	26.75%	16.13%
47	7,000,000	12,800,000	28.69%	15.63%
48	8,000,000	13,200,000	31.08%	15.15%
49	9,000,000	13,600,000	34.09%	14.71%
50				

杠杆公司价值 V_L 与公司负债的关系

17.6 考虑个人以及企业所得税——以 XYZ 公司为例

在 ABC 公司（17.2 节）的例子中，因为 Lower Fantasia 地区的税收影响企业而非个人，所以资本结构的决策十分重要。因此，股东（如 Arthur）就能从公司负债而不是个人借钱中获利。

本节，我们讨论在 Upper Fantasia（UF）地区的公司问题。该地区与 LF 地区十分相似，但税制有所不同。UF 地区有三种税：

- 企业所得税税率为 40%，用 T_C 表示。

● 个人权益收入（股利和资本利得——以 UF 地区的术语来说，这是"权益所得"）的所得税为 10%，用 T_E 表示。

● 所有一般收入（包括从债券获得的收入，但是，不包括权益所得）的税率为 30%，用 T_D 表示。个人付息可以在税前抵扣。

像之前那个虚构的例子，Arthur 考虑如何为购买 XYZ 公司融资。他的妈妈总是可以借钱给他。那么提出和以前一样的问题：

● 是否应该举债购买？

● 如果需要借债，那么公司还是 Arthur 作为债务人？

图 17.2 表明了该过程的现金流。

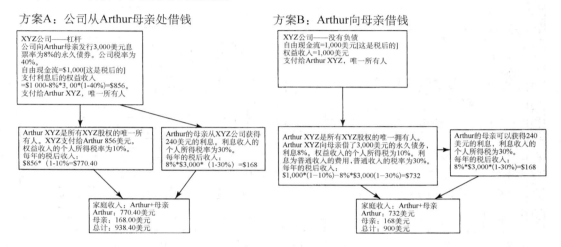

方案A：公司从Arthur母亲处借钱

XYZ公司——杠杆
公司向Arthur母亲发行3,000美元息票率为8%的永久债券。公司税率为40%。
自由现金流=$1,000[这是税后的]
支付利息后的权益收入
=$1 000-8%*3,00*(1-40%)=$856。
支付给Arthur XYZ，唯一所有人

Arthur XYZ是所有XYZ股权的唯一所有人。XYZ支付给Arthur 856美元。权益收入的个人所得税率为10%。
每年的税后收入：
$856* (1-10%)=$770.40

Arthur的母亲从XYZ公司获得240美元的利息。利息收入的个人所得税率为30%。
每年的税后收入：
8%*$3,000* (1-30%) =$168

家庭收入：Arthur+母亲
Arthur: 770.40美元
母亲： 168.00美元
总计： 938.40美元

方案B：Arthur向母亲借钱

XYZ公司——没有负债
自由现金流=1,000美元[这是税后的]
权益收入=1,000美元
支付给Arthur XYZ，唯一所有人

Arthur XYZ是所有XYZ股权的唯一拥有人。Arthur XYZ向母亲借了3,000美元的永久债务，利息为8%。权益收入的个人所得税为10%。利息为普通收入的费用，普通收入的税率为30%。
每年的税后收入：
$1,000*(1-10%)-8%*$3,000(1-30%)=$732

Arthur的母亲可以获得240美元的利息。利息收入的个人所得税为30%。
每年的税后收入：
8%*$3,000*(1-30%)=$168

家庭收入：Arthur+母亲
Arthur: 732美元
母亲： 168美元
总计： 900美元

图 17.2 Arthur 为购买 XYZ 公司融资（按 UF 地区税制）

如果是公司借的钱，那么家庭总收入为 938.40 美元，而 Arthur 自己借钱的话，总收入是 900 美元。因此应当是公司向 Arthur 的母亲借钱。

我们用一个电子表格来解释这一过程。对于表格（以及暗含的经济意义）我们稍后会做大量说明，但同时，我们想阐述一下最终结果：

● 由于公司借钱时的家庭总收入（单元格 B27）大于 Arthur 自己借钱时的总收入（单元格 C37），因此应该是公司借钱而不是 Arthur。

● 企业借款的优势，在这种情况下会小于上一节例子中的优势。在前面的例子中，公司负债 3,000 美元，总收入增加了 96 美元，而在本节的例子中，该数字仅为 38.40 美元。这种差异源于个人所得税，而在 ABC 公司的例子里是不存在个人所得税的。

为了更好地理解这一点，我们列出一些方程：

$$\text{公司产生的全部现金} = \underbrace{\underbrace{\text{FCF} - r_D * D * (1-T_C)}_{\text{Arthur获得的股利}} * (1-T_C)}_{\text{Arthur的税后股利}} + \underbrace{r_D * D * (1-T_D)}_{\text{向母亲负债的收入}}$$

$$= \text{FCF} + r_D * D * \underbrace{[(1-T_D) - (1-T_E) * (1-T_C)]}_{\text{负债的净公司税优势}}$$

	A	B	C	D
1		Arthur为购买XYZ的融资 UF地区税法规定：公司所得税T_C=40%， 个人所得税：权益收入的个人所得税为10%、 其他所有收入的个人所得税为30%		
2	计算家庭收入			
3	公司税率，T_C	40%		
4	个人权益所得税率，T_E	10%		
5	普通收入的个人负债所得税率，T_D	30%		
6	利率，r_D	8%		
7	负债，D	3,000		
8	自由现金流(缴纳公司所得税后)，FCF	1,000		
9				
10		公司借款	Arthur借款	
11	个人所得税后的FCF	1,000.00	1,000.00	
12	公司负债	3,000.00	0.00	
13	税前公司支付利息金额	240.00	0.00	
14	税后公司支付利息金额	144.00	0.00	<-- =C13*(1-$B$3)
15	支付给股东的金额	856.00	1,000.00	<-- =C11-C14
16				
17	Arthur的收入			
18	从XYZ获得的税前权益收入	856.00	1,000.00	<-- =C15
19	从XYZ获得的税后权益收入	770.40	900.00	<-- =C18*(1-$B$4)
20	Arthur的负债	0.00	3,000.00	
21	税前Arthur支付的利息	0.00	240.00	<-- =$B$6*C20
22	税后Arthur支付的利息	0.00	168.00	
23	Arthur的税后收入	770.40	732.00	<-- =C19-C22
24				
25	母亲的税前收入	240.00	240.00	<-- =C20*B6
26	母亲的税后收入	168.00	168.00	<-- =C25*(1-$B$5)
27	总家庭收入	938.40	900.00	<-- =C23+C26
28				
29	谁应该借钱——Arthur还是公司？	公司	<-- =IF(B27>C27， "公司"，IF(B27<C27,"Arthur","无差别"))	
30				
31	公司负债的净收益			
32	$(1-T_D)-(1-T_E)*(1-T_C)$	0.16		

本例中，$(1-T_D)-(1-T_C)*(1-T_E)=(1-30\%)-(1-10\%)*(1-40\%)=16\%$。

这一项与前文有所不同：

$$\underbrace{(1-T_D)}_{\substack{税后一般收入\\(包括利息)}}-\underbrace{(1-T_E)}_{税后权益收入}\underbrace{(1-T_C)}_{税后公司收入}$$

净税后个人从公司
税前现金流所获收入

如果该项是正值（单元格 B32），如上例，那么 XYZ 公司就应该去借款；如果该值是负的（下一个例子会涉及，公司税 T_C＝20%），那么就应该是 Arthur 借款，而非公司借款。

一些金融史（2）

莫迪利亚尼-米勒模型的历史可以追溯到 1958 年和 1963 年发表的两篇文章。在 1977 年默顿·米勒重新考虑了资本结构问题。他仍专注于税收这一块，但是这次既包含企业所得税也包含个人所得税。

暗含在 XYZ 公司例子中的米勒推理表明企业所得税（T_C）提供了负债优势。另外，权益个税税率 T_E 比负债个税税率 T_D 低得多，其主要原因在于人们持股时，其收入的重要来源是资本利得，资本利得税率低，而且股东可以自行决定卖出股票的时间。因此，米勒认为存在一种权衡：

- 在企业层面上，当提高负债时，利息的抵扣会使企业增加分红
- 在个人层面，给股东利息收入而不是权益收益，意味着其个人的税率提高了。

总结为如下表达式 $(1-T_D)-(1-T_C)(1-T_E)$：

$$\underbrace{(1-T_D)}_{\substack{\text{对债权人的支付} \\ \text{只征收个人所得税，} \\ \text{因为公司在税前支付}}} - \underbrace{(1-T_C) \ * \ (1-T_E)}_{\substack{\text{权益收入征税两次：} \\ \text{一次是公司层面（因为公司从} \\ \text{税后利润中支付给股东），} \\ \text{一次是个人层面}}}$$

另一方面，$T_E < T_D$，所以这里需要权衡

	A	B	C	D
1	Arthur为购买XYZ的融资 UF地区税法规定：公司所得税Tc=20% （取代上一个例子中的40%）， 个人所得税：权益收入的个人所得税为10%、其他所有收入的个人所得税为30%			
2	计算家庭收入			
3	公司税率，T_C	20%		
4	个人权益所得税率，T_E	10%		
5	普通收入的个人负债所得税率，T_D	30%		
6	利率，r_D	8%		
7	负债，D	3,000		
8	自由现金流(缴纳公司所得税后),FCF	1,000		
9				
10		公司借款	Arthur借款	
11	个人所得税后的FCF	1,000.00	1,000.00	
12	公司负债	3,000.00	0.00	
13	税前公司支付利息金额	240.00	0.00	
14	税后公司支付利息金额	192.00	0.00	<-- =C13*(1-$B$3)
15	支付给股东的金额	808.00	1,000.00	<-- =C11-C14
16				
17	Arthur的收入			
18	从XYZ获得的税前权益收入	808.00	1,000.00	<-- =C15
19	从XYZ获得的税后权益收入	727.20	900.00	<-- =C18*(1-$B$4)
20	Arthur的负债	0.00	3,000.00	
21	税前Arthur支付的利息	0.00	240.00	<-- =$B$6*C20
22	税后Arthur支付的利息	0.00	168.00	
23	Arthur的税后收入	727.20	732.00	<-- =C19-C22
24				
25	母亲的税前收入	240.00	240.00	<-- =C20*B6
26	母亲的税后收入	168.00	168.00	<-- =C25*(1-$B$5)
27	总家庭收入	895.20	900.00	<-- =C23+C26
28				
29	谁应该借钱——Arthur还是公司？	Arthur	<-- =IF(B27>C27，"公司"，IF(B27<C27,"Arthur","无差别"))	
30				
31	公司负债的净收益			
32	$(1-T_D)-(1-T_E)*(1-T_C)$	-0.02		

17.7 对 XYZ 公司估值——考虑个人以及企业所得税时的杠杆效应

我们对 17.2 节的例子重新进行计算，但这次要考虑所有的税收——企业所得税（T_C）、权益收益的个人所得税（T_E）、非权益收益的个人所得税（T_D）。

在没有负债时，XYZ 公司的自由现金流现值是 5,000 美元。

图 17.3 给出了 Arthur 和母亲的家庭收入。

```
XYZ公司:
税后债务成本:$(1-T_C)*r_D$
税前每一美元支付的利息:
1)减少股东收入 $(1-T_C)$
2)增加对Arthur的母亲的利息支付1美元
```

```
股东Arthur
权益收入税率$T_E$
XYZ公司每支付1美元的税前利息
使Arthur的收入减少$(1-T_C)*$
$(1-T_E)$
```

```
债权人的母亲
利息收入税率为$T_D$
公司每支付1美元会使母亲的利息
收入增加$(1-T_D)$
```

```
家庭收入:Arthur+母亲
XYZ公司每支付1美元的税前利息会使母亲的收入增加
$(1-T_D)$,使Arthur的收入减少$(1-T_C)*(1-T_E)$。
净收益:$(1-T_D)-(1-T_E)*(1-T_C)$
如果该值为正,则家庭受益,公司应增加借款;如果该
值为负,则对家庭不利,公司应减少借款。
米勒认为均衡时有:
$(1-T_D)-(1-T_E)*(1-T_C)=0$
```

图 17.3 Arthur 和母亲的家庭收入

$$V_U = \text{无杠杆的 XYZ 公司价值}$$
$$= \text{PV}(\text{未来自由现金流以无杠杆贴现率贴现})$$
$$= \sum_{t=1}^{\infty} \frac{1,000}{(1.20)^t} = \frac{\text{年度 FCF}}{r_U} = \frac{1,000}{20\%} = 5,000$$

我们使用累加性原则来对其估值:

$$V_L = V_U + \text{PV}(\text{额外的负债} - \text{相关的现金流})$$

$$= \begin{cases} V_U = \sum_{t=1}^{\infty} \frac{\text{FCF}_t}{(1+r_U)^t} = \sum_{t=1}^{\infty} \frac{1,000}{(1.20)^t} = \frac{1,000}{20\%} = 50\% \\ \text{无杠杆企业价值是其自由现金流以合适的资本成本 } r_U \text{ 贴现的现值} \end{cases}$$

$$+ \begin{cases} \text{PV}(\text{利息税盾}) = \sum_{t=1}^{\infty} \frac{\left[(1-T_D)-(1-T_C)*(1-T_E)\right]*\text{利息}_t}{(1+(1-T_D)r_D)^t} \\ \\ = \sum_{t=1}^{\infty} \frac{8\%*3,000*16\%}{(1+8\%*(1-30\%))^t} = \frac{38.4}{5.6\%} = 685.71 \end{cases} = 5,685.71$$

负债产生的税盾以个人税后利率贴现

XYZ公司负债比不负债时的价值更高,因为当具有杠杆时,公司能产生更多的现金流入。多出来的 685.71 美元是由于公司的负债成本比 Arthur 的负债成本低,这也是未来

利息税盾的现值：

$$PV(利息税盾) = \sum_{t=1}^{\infty} \frac{\left[(1-T_D)-(1-T_C)*(1-T_E)\right]*利息}{(1+(1-T_D)r_D)^t}$$

$$= \frac{\left[(1-T_D)-(1-T_C)*(1-T_E)\right]}{(1-T_D)r_D}*利息$$

$$= \frac{\left[(1-T_D)-(1-T_C)*(1-T_E)\right]}{(1-T_D)}*\frac{利息}{r_D}$$

$$= \frac{\left[(1-T_D)-(1-T_C)*(1-T_E)\right]}{(1-T_D)}*D$$

我们用字母 T 来表示债务估值因素：

$$T = \frac{\left[(1-T_D)-(1-T_C)*(1-T_E)\right]}{(1-T_D)}$$

T 是债务资本化的优势。[①]

具有杠杆时的资本成本——r_E 和 WACC 是多少？

负债的 XYZ 公司价值为 5,685.71 美元，其中包含 3,000 美元的债务，总价值减去负债，得到 2,685.71 美元的权益。要求公司权益成本 r_E，我们首先计算支付给股东的税后现金流：

$$公司所得税后的年度权益现金流 = [FCF - XYZ 支付的税后利息]$$
$$= [1,000 - 8\% * 3,000 * (1-40\%)]$$
$$= 856.00$$

年度权益现金流的贴现值 856 美元即为权益价值；据此可以计算出权益成本率 r_E：

$$权益价值 = \sum_{t=1}^{\infty} \frac{权益现金流_t}{(1+r_E)^t}$$

$$2,685.71 = \sum_{t=1}^{\infty} \frac{856.00}{(1+r_E)^t}$$

$$= \frac{856.00}{r_E}$$

$$\Rightarrow r_E = \frac{856.00}{2,685.71} = 31.87\%$$

再做一点数学变化，可以得到：

$$r_E = r_U \left[r_U * (1-T) - r_D * (1-T_C)\right] \frac{D}{E}$$

$$= \underbrace{20\%}_{\substack{r_U是自由现金流的贴现率，\\这是公司的经营风险}} + \underbrace{[20\%(1-22.86\%) - 8\%(1-40\%)]}_{\substack{承担一个额外的财务风险，\\这表示股东承担额外风险获得的风险溢价}} \frac{3,000}{2,685.71}$$

$$= 31.87\%$$

---

① 将它应用于前面只存在公司税时的例子中，$T_E = T_D = 0$，$T = T_C$。

现在可以计算加权平均资本成本：

$$\text{WACC} = r_E \frac{E}{E+D} + r_D (1-T_C) \frac{D}{E+D}$$

$$= 31.87\% * \frac{2,685.71}{2,685.71+3,000} + 8\% * (1-40\%) * \frac{3,000}{2,685.71+3,000} = 17.59\%$$

再多做一些数学变化，我们可以以 WACC 对未来自由现金流贴现，得到公司的总价值：

$$\sum_{t=1}^{\infty} \frac{\text{FCF}_t}{(1+\text{WACC})^t} = \sum_{t=1}^{\infty} \frac{1,000}{(1+17.59\%)^t} = \frac{1,000}{17.59\%} = 5,685.71$$

下面的电子表格总结了所有的计算过程：

	A	B	C
1	用公司所得税和个人所得税 求米勒模型里的WACC		
2	年自由现金流(公司所得税后),FCF	1,000	
3	无杠杆的资本成本,r_U	20%	
4	负债,D	3,000	
5	利率,r_D	8%	
6	公司税率,T_C	40%	
7	个人权益所得税率,T_E	10%	
8	普通收入的个人债券所得税率,T_D	30%	
9			
10	负债的税收优势,$(1-T_D)-(1-T_C)*(1-T_E)$	16.00%	<-- =(1-B8)-(1-B6)*(1-B7)
11	$T=[(1-T_D)-(1-T_C)*(1-T_E)]/(1-T_D)$,税收因子	22.86%	<-- =B10/(1-B8)
12			
13	公司价值		
14	无杠杆时的价值,V_U	5,000.00	<-- =B2/B3
15	利息税盾的价值	685.71	<-- =B10*B5*B4/((1-B8)*B5)
16	有杠杆的公司价值,V_L	5,685.71	<-- =B15+B14
17			
18	权益价值,E	2,685.71	<-- =B16-B4
19			
20	权益现金流	856.00	<-- =B2-(1-B6)*B5*B4
21	权益成本,$r_E(L)$	31.87%	<-- =B20/B18
22			
23	WACC	17.59%	<-- =B21*B18/B16+(1-B6)*B5*B4/B16
24			
25	三组验证		
26	权益成本$r_E(L)=r_U+[r_U*(1-T)+r_D*(1+T_C)]*D/E$	31.87%	<-- =B3+(B3*(1-B11)-B5*(1-B6))*B4/B18
27	公司价值,V_L=FCF/WACC	5,685.71	<-- =B2/B23
28	公司价值,$V_L=V_U+T*D$	5,685.71	<-- =B14+B11*B4

本节小结

本节的主要结论：如果存在企业所得税和个人所得税，而且后者存在权益和非权益区别，那么拥有杠杆（借贷）可能会增加或减少公司的价值，这取决于税收因素 $(1-T_D)-(1-T_E)*(1-T_C)$。

总结表格见表 17.2。

表17.2

汇总表——征收公司所得税和个人所得税时杠杆的变动

符号：公司税税率 T_C，权益的个人税税率 T_E，普通收入的个人税税率 T_D

负债的税收优势 = $(1-T_D) - (1-T_C)*(1-T_E)$；税收因子 $T = \dfrac{(1-T_D) - (1-T_C)*(1-T_E)}{(1-T_D)}$

项目	公式	原因
V_U = 无杠杆公司价值	$V_U = \sum\limits_{t=1}^{N} \dfrac{FCF_t}{(1+r_U)^t}$	无杠杆公司价值是未来的自由现金流以无杠杆资本成本 r_U 贴现的现值。
V_L = 有杠杆公司价值	$V_L = V_U + PV(净利息税盾)$ $= V_U + \sum\limits_{t=1}^{N} \dfrac{[(1-T_D) - (1-T_E)(1-T_C)]*利息}{(1+r_D(1-T_D))^t}$ 该公式的另一种写法：$V_L = V_U + T*D$, 其中，$T = \dfrac{(1-T_D) - (1-T_E)(1-T_C)}{1-T_D}$	有杠杆公司价值 V_U 加上未来利息税盾的现值。存在公司所得税和个人所得税时税盾的现值由下面的公式表示： $\sum\limits_{t=1}^{N} \dfrac{[(1-T_D) - (1-T_E)(1-T_C)]*利息}{(1+r_D(1-T_D))^t}$
	$V_L = V_U + PV(净利息税盾)$ $= V_U + \sum\limits_{t=1}^{N} \dfrac{[(1-T_D) - (1-T_E)(1-T_C)]*利息}{(1+r_D(1-T_D))^t}$ $= V_U + T*D$, 其中，$T = \dfrac{(1-T_D) - (1-T_E)(1-T_C)}{(1-T_D)}$	左边单元格的公式是有杠杆公司发行永久债务时的公式值。这个公式与表17.1的公式一样，其中 $T_E = T_D = 0$。一般情况下，个人所得税不为0， $T = \dfrac{(1-T_D) - (1-T_E)(1-T_C)}{(1-T_D)}$ 可能为正、可能为负，也可能为0。
E = 股权价值	$E = V_U - (1-T)D$	有杠杆公司的权益价值= $E = V_L - D = V_U - (1-T)D$
D = 权益价值	D	
$r_E(L)$ = 有杠杆公司的权益成本	$r_E(L) = r_U + [r_U(1-T) - r_D(1-T_C)]\dfrac{D}{E}$	
WACC = 加权平均资本成本	WACC$= \dfrac{FCF}{V_L}$	

17.8 在 Upper Fantasia 购买植草机

在本节和下一节中，我们将回到 17.3 节和 17.4 节的例子。这次我们将设定在 UF 地区购买植草机的公司。这里有三种税率：

- 企业所得税税率 40%，用 T_C 表示。
- 权益（股票股利和资本利得）个人所得税税率 10%，用 T_E 表示。
- 非权益个人所得税税率 30%，用 T_D 表示。

Sonderturf 公司考虑购买一台植草机

UF 地区的 Sonderturf 公司正在考虑购买一台植草机。该植草机成本 10 万美元，寿命 10 年，并且 10 年内采用直线折旧法折旧，残值为零。该机器每年带来 40,000 美元的收入，15,000 美元的费用。因此，该机器每年的 FCF 为 19,000 美元。

公司认为对该机器 FCF 进行贴现的合适的经风险调整后的贴现率为 $r_U = 15\%$。以该利率贴现得出其现值为 $-4,643$ 美元，所以 Sonderturf 不应该购买植草机。（详细计算过程请参见17.3 节。）

Sonderturf 用贷款购买植草机

听到 Sonderturf 公司不打算购买机器的坏消息后，植草机的制造商决定向 Sonderturf 公司提供贷款 50,000 美元：条件与 17.3 节中的完全相同：在 1～9 年 Sonderturf 每年支付利息 4,000 美元，在第 10 年支付 4,000 元的利息和贷款本金。

从图 17.3 中得到贷款的价值为：

$$PV(\text{UF 地区的贷款，公司所得税 } T_C \text{、权益收入所得税 } T_E \text{ 和个人所得税 } T_D) =$$

$$PV(\text{净利息税盾}) = \sum_{t=1}^{10} \frac{[(1-T_D)-(1-T_E)(1-T_C)] * \text{利息}_t}{(1+r_D(1-T_D))^t}$$

$$= \sum_{t=1}^{10} \frac{[(1-30\%)-(1-10\%)(1-40\%)] * \$4,000}{(1+r_D(1-30\%))^t}$$

$$= \$4,801$$

因此 Sonderturf 得出结论：应该用贷款解决部分融资来购买植草机且净现值为：

$$NPV(\text{机器} + \text{贷款}) = NPV(\text{机器}) + NPV(\text{贷款})$$

$$= NPV(\text{机器}) + PV \underbrace{(\text{贷款利息税盾})}$$

在UF地区税盾既有公司所得税部分，也有个人所得税部分 $\sum_{t=1}^{10} \frac{[(1-T_D)-(1-T_E)(1-T_C)] * \text{利息}_t}{(1+(1-T_D)*r_D)^t}$

$$= -\$4,643 + \$4,801$$

$$= \$158$$

下面的 Excel 电子表格显示了全部计算过程：

	A	B	C	D	E	F
1			Sonderturf植草机			
2	公司所得税,T_C	40%				
3	权益的个人所得税,T_E	10%				
4	负债的个人所得税,T_D	30%				
5						
6	机器成本，第0年	100,000				
7						
8	自由现金流的计算					
9	年销售收入	40,000				
10	年销售成本	15,000				
11	年折旧	10,000	<-- =B6/10			
12	年自由现金流1~10年	19,000	<-- =(1-B2)*(B9-B10-B11)+B11			
13						
14	机器自由现金流的贴现率	15%		贷款购买机器	50,000	
15				贷款利率,r_D	8%	
16				债务融资年净优势 $(1-T_D)-(1-T_E)(1-T_C)-T_C$	16%	<-- =(1-B4)-(1-B3)*(1-B2)
17						
18	年份	机器自由现金流			利息的税收优势	
19	0	-100,000	<-- =-B6			
20	1	19,000	<-- =$B$12		640	<-- =$E$16*$E$15*$E$14
21	2	19,000			640	<-- =$E$16*$E$15*$E$14
22	3	19,000			640	
23	4	19,000			640	
24	5	19,000			640	
25	6	19,000			640	
26	7	19,000			640	
27	8	19,000			640	
28	9	19,000			640	
29	10	19,000			640	
30						
31	机器的净现值	-4,643	<-- =B19+NPV(B14,B20:B29)	贷款的净现值	4,801	<-- =E19+NPV(E15*(1-B4),E20:E29)
32						
33	净现值：机器+贷款	158	<-- =B31+E31			

在 UF 地区，负债并不总是有价值的！

LF 地区只有一个企业所得税，没有个人所得税，因此负债融资更有价值。从表 17.1 得到的公式中可以得知，公式如下：

$$V_L^{\text{LF地区}} = V_U + \text{PV}(利息税盾) = V_U + \sum_{t=1}^{\infty} \frac{T_C * 利息_t}{(1+r_D)^t} > V_U$$

在 UF 地区的相同公式——税制更复杂（但更实际），含公司所得税 T_C 以及个人权益所得税 T_E 和个人普通所得税 T_D，如下：

$$V_L^{\text{UF地区}} = V_U + \text{PV}(利息税盾)$$
$$= V_U + \sum_{t=1}^{N} \frac{[(1-T_D)-(1-T_E)*(1-T_C)]*利息_t}{(1(1-T_D)r_D)^t}$$

该公式的后半部分并不总是正值。比如，

$$\sum_{t=1}^{N} \frac{[(1-T_D)-(1-T_E)*(1-T_C)]*利息_t}{(1(1-T_D)r_D)^t} > 0,\ 如果(1-T_D)-(1-T_E)*(1-T_C) > 0$$

$$\sum_{t=1}^{N} \frac{[(1-T_D)-(1-T_E)*(1-T_C)]*利息_t}{(1(1-T_D)r_D)^t} = 0,\ 如果(1-T_D)-(1-T_E)*(1-T_C) = 0$$

$$\sum_{t=1}^{N} \frac{[(1-T_D)-(1-T_E)*(1-T_C)]*利息_t}{(1(1-T_D)r_D)^t} < 0,\ 如果(1-T_D)-(1-T_E)*(1-T_C) < 0$$

最后的结论是，在 UF 地区，债务融资并不总比权益融资有利。例如，$T_C = 40\%$，$T_E = 3\%$，$T_D = 50\%$，那么如下表所示，负债融资减少了净现值：

	A	B	C	D	E	F
1			Sonderturf 植草机 不同的税收使负债不再具有优势			
2	公司所得税,T_C	40%				
3	权益的个人所得税,T_E	3%				
4	负债的个人所得税,T_D	50%				
5						
6	机器成本，第0年	100,000				
7						
8	自由现金流的计算					
9	年销售收入	40,000				
10	年销售成本	15,000				
11	年折旧	10,000	<-- =B6/10			
12	年自由现金流,1~10年	19,000	<-- =(1-B2)*(B9-B10-B11)+B11			
13						
14	机器自由现金流的贴现率	15%		贷款购买机器	50,000	
15				贷款利率,r_D	8%	
16				债务融资年净优势 $(1-T_D)-(1-T_E)*(1-T_C)$	-8%	<-- =(1-B4)-(1-B3)*(1-B2)
17						
18	年份	机器自由现金流			利息的税收优势	
19	0	-100,000	<-- =-B6			
20	1	19,000	<-- =$B$12		-328	<-- =$E$16*$E$15*$E$14
21	2	19,000			-328	<-- =$E$16*$E$15*$E$14
22	3	19,000			-328	
23	4	19,000			-328	
24	5	19,000			-328	
25	6	19,000			-328	
26	7	19,000			-328	
27	8	19,000			-328	
28	9	19,000			-328	
29	10	19,000			-328	
30						
31	机器的净现值	-4,643	<-- =B19+NPV(B14,B20:B29)	贷款的净现值	-2,660	<-- =E19+NPV(E15*(1-B4),E20:E29)
32						
33	净现值：机器+贷款	-7,304	<-- =B31+E31			

17.9　Upper Fantasia 的 Relevering Smotfooler 公司

在 17.4 节中，我们提出了州立大学考试的一系列问题。本节又提出了一些类似的摘自 Upper Fantasia 大学（他们的足球队叫 Ufus）考试的问题。

Smotfooler 公司是 UF 地区的一家知名公司，相关信息如下：

Smotfooler 预计每年底拥有 200 万美元的税后自由现金流，期限是永久的。FCF 是该公司经营所得的税后现金流。

Smotfooler 目前有 10 万股，股价为每股 100 美元。

Smotfooler 目前没有债务。不过金融顾问建议可以发行 300 万美元永久债，用所得来回购股票。UF 地区的贷款利率是 8%，利息每年支付。

UF 地区税率：$T_C = 40\%$，$T_D = 30\%$，$T_E = 10\%$。

考试中学生被要求回答如下问题：

问题 1：当前 Smotfooler 的市值是多少？

答案：该公司目前有 10 万股流通股，每股 100 美元，因此，该公司的权益价值为 100 * 100,000＝10,000,000 美元。由于没有债务，该值这也是其市场价值。即 V_U 是 10,000,000 美元。

问题 2：发行了 3,000,000 美元的债券后，其市场价值是多少？

答案：由于在 UF 地区既有企业所得税，也有个人所得税，所以 $V_L = V_U + T * D$ 公式是成立的，其中：

$$T = \frac{(1-T_D)-(1-T_C)*(1-T_E)}{(1-T_D)} = \frac{(1-30\%)-(1-40\%)*(1-10\%)}{(1-30\%)}$$

$$= 22.86\%$$

这意味着该公司发行债券后的市场价值为：

$$V_L = V_U + T_D = 10,000,000 + 22.86\% * 3,000,000 = 10,685,714$$

问题 3：公司发行 300 万美元的债券并用债券所得回购股份后，该公司总权益价值 E 是多少？

答案：公司发行 300 万美元的债券并用债券所得回购股份后，该公司总权益价值 E 再加上其债务价值 D 应等于市价 V_L。即

$$V_L = 10,685,714 = E + D$$

但是 $D = 3,000,000$ 美元，且：

$$E = 10,685,714 - 3,000,000 = 7,685,714$$

问题 4：Smotfooler 在什么样的价格时会回购其股份？

答案：通过发行价值 300 万美元的债务，Potfooler 公司的总市值增加了 68.571,4 万美元（从 1,000 万美元增至 1,068.571,4 万美元），价值增加都归属于股东。这是因为回购前有 10 万流通股，这意味着每股的价格提高了 685,714/100,000 = 6.86 美元。因此，回购股份的价格为 106.86 美元，其中 100 美元是原股票价格，6.86 美元是由于发行债务引起的股价上涨。

问题 5：Smotfooler 将购买多少股？

答案：根据上一问，Smotfooler 将在股价为 106.86 美元时回购股票，鉴于已发行 300 万美元的债务，这意味着将购买 3,000,000/106.86 = 28,074.87 股。

问题 6：Smotfooler 在回购股份前的权益成本是多少？

答案：由于 Smotfooler 每年有 200 万美元的自由现金流。因此，它的非杠杆权益成本率为：

$$r_E(U) = r_U = \frac{\text{FCF}}{V_U} = \frac{2,000,000}{10,000,000} = 20\%$$

问题 7：Smotfooler 在回购股份后的权益成本是多少？

答案：Smotfooler 公司以 8% 的利率发行债券来回购股份，因此，每年付息 8% * 300 = 24 万美元。因为利息要交税，那么公司股东预期税后每年的现金流为：

$$
\begin{aligned}
\text{发行债券后的年度权益现金流} &= \text{FCF} - (1 - T_C) * \text{利息} \\
&= 2,000,000 - (1 - 40\%) * 240,000 \\
&= 1,856,000
\end{aligned}
$$

回购后的权益价值为 768.5714 万美元，因此杠杆公司的权益成本为：

$$r_E = \frac{1,856,000}{7,685,714} = 24.15\%$$

从图 17.3 中可以得出另一种计算方式：

$$
\begin{aligned}
r_E(L) = r_U &= [r_U * (1 - T_C) - r_D * (1 - T_C)] * \frac{D}{E} \\
&= 20\% + [20\% * (1 - 22.86\%) - 8\% * (1 - 40\%)] * \frac{3,000,000}{7,685,714} \\
&= 24.15\%
\end{aligned}
$$

问题 8：Smotfooler 回购前的加权平均资本成本是多少？

答案：WACC 的定义是：

$$\text{WACC} = r_E(L) * \frac{E}{E+D} + r_D * (1-T_C) * \frac{D}{E+D}$$

问题 8 的答案比较简单：在回购前，Smotfooler 只有权益，所以其 WACC = r_U = 20%。

问题 9：Smotfooler 回购后的加权平均资本成本是多少？

答案：

$$\text{WACC} = r_E(L) * \frac{E}{E+D} + r_D * (1-T_C) * \frac{S}{E+D}$$

$$= 24.15\% * \frac{7,685,714}{7,685,714+3,000,000} + 8\% * (1-40\%) * \frac{3,000,000}{7,685,714+3,000,000}$$

$$= 18.72\%$$

问题 10：为什么 $r_E(L) > r_U$？

答案：在 Smotfooler 发行债券之前，由股东承担的唯一风险是该公司的自由现金流所固有的经营风险。而发行债券之后，股东要承担两种风险：经营风险和财务风险。因此 $r_E(L)$ 表示的现金流的贴现率的风险要比自由现金流的贴现率（r_U）的风险大。因为风险越大，贴现率越高，所以有 $r_E(L) > r_U$。

问题 11：为什么发行债券并回购股份后，Smotfooler 的市场价值增加了？

答：通过发行债券，Smotfooler 公司通过负债增加了现金流——债务利息税盾。这种额外的现金流是无风险的。因为在 UF 地区，无风险现金流的持有者以贴现率 $(1-T_D) * r_D$ 来对现金流估值，得到：

与额外负债相关的现金流的价值

$$= \sum_{t=1}^{\infty} \frac{\left[(1-T_D)-(1-T_C)*(1-T_E)\right]*\text{利息支付}}{(1+(1-T_D)r_D)^t}$$

$$= \frac{(1-T_D)-(1-T_C)*(1-T_E)}{(1-T_D)r_D}\text{利息支付}$$

$$= \frac{(1-T_D)-(1-T_C)*(1-T_E)}{(1-T_D)r_D} * r_D D = \underbrace{T}_{\substack{T= \\ \frac{(1-T_D)-(1-T_C)*(1-T_E)}{(1-T_D)}}} * D$$

税盾现值的增加导致了市场价值的增加：

$$V_L = \underbrace{V_U}_{\substack{\text{发行债券前} \\ \text{Smotfooler} \\ \text{公司的价值}}} + \underbrace{TD}_{\substack{\text{负债相关} \\ \text{现金流的现值}}}$$

问题 12：在 UF 地区增加债务是否总会增加企业价值？

答：不一定，它取决于三个税率（T_C，T_D，T_E）的大小。下面的例子中，负债具有一个净劣势，这说明负债降低了 Smotfooler 公司的市场价值，增加了其加权平均资本成本。

	A	B	C
1	Smotfooler——发行债券来回购股份 Smotfooler位于UF地区		
2	UF地区的税制		
3	UF地区的公司税率，T_C	40%	
4	UF地区的权益收入的个人所得税率，T_E	10%	
5	UF地区的普通收入的个人所得税率，T_D	30%	
6	年负债优势，$(1-T_D)-(1-T_E)*(1-T_C)$	16%	<-- =(1-B5)-(1-B4)*(1-B3)
7	负债优势的现值：$T=[(1-T_D)-(1-T_E)*(1-T_C)]/(1-T_D)$	22.86%	<-- =B6/(1-B5)
8			
9	无杠杆的公司		
10	年度自由现金流	$2,000,000	
11	股份数	100,000	
12	每股价格	$100	
13	总权益价值	$10,000,000	<-- =B12*B11
14			
15	问题1：Smotfooler无杠杆时的价值，V_U	$10,000,000	<-- =B13
16			
17	有杠杆的公司		
18	发行的债券	$3,000,000	
19	债券的利率	8%	
20	问题2：Smotfooler有杠杆时的价值，$V_L=V_U+T*D$	$10,685,714	<-- =B15+B7*B18
21	问题3：股票回购后的权益价值，$E=V_L-D$	$7,685,714	
22	发行债券回购股份导致的公司价值增加量 $=V_L-V_U+T*D$	$685,714	<-- =B20-B15
23	每股公司价值增量	$7	<-- =B22/B11
24	问题4：股份回购后新股份价值	$106.86	<-- =B12+B23
25			
26	问题5：回购的股份数量=用于回购的债务金额/新的股份价值	28,074.87	<-- =B18/B24
27	股份回购后剩余股份的数量=原始股份数量-回购股份数	71,925.13	<-- =B11-B26
28	验证：剩余股份的市场价值=剩余股份数*新的每股价格	$7,685,714	<-- =B27*B24
29			
30	问题6：无杠杆时Smotfooler的权益成本 $r_U=FCF/V_U$	20.00%	
31			
32	税前年利息成本	$240,000	<-- =B18*B19
33	税后年权益现金流=$FCF-(1-T_C)$利息	$1,856,000	<-- =B10-(1-B3)*B32
34	问题7：有杠杆时Smotfooler的权益成本 $r_E(L)=[FCF-(1-T_C)*$利息$]/[$权益成本，$E]$	24.15%	<-- =B33/B28
35	注：可参考最下面第44行另一种计算有杠杆时权 益成本的方法		
36			
37	问题8：债券发行前Smotfooler的WACC	20.00%	
38			
39	问题9：债券发行后Smotfooler的WACC $=r_E(L)=E/(E+D)+r_D*(1-T_C)*D/(E+D)$		
40	Smotfooler资本结构的权益比重=$E/(E+D)$	71.93%	<-- =B28/B20
41	Smotfooler资本结构的负债比重=$D/(E+D)$	28.07%	<-- =B18/B20
42	WACC=$r_E(L)=E/(E+D)+r_D*(1-T_C)*D/(E+D)$	18.72%	<-- =B34*B40+B19*(1-B3)*B41
43			
44	额外公式：$r_E(L)=r_U+[r_U*(1-T_7)+r_D*(1+T_C)]*D/E$	24.15%	<-- =B30+(B30*(1-B7)-B19*(1-B3))*B18/B21

17.10 负债真的有优势吗？

在本章中，我们给出了资本结构理论。我们从几个方面回答了资本结构的重要性。

方法1：什么是相关税率 T_C、T_D、T_E？

正如你看到的，XYZ公司的价值取决于两个因素：

● r_U，经风险调整后的自由现金流收益率。这个比率不受资本结构影响，这是因为自由现金流源自经营活动，而不依赖于公司的融资方式。

● $(1-T_D)-(1-T_C)*(1-T_E)$，即相应的债务税后成本和权益收入。

我们看一下第二个参数的几种情形。在下面的例子中，2％的股利收益率的税率为40％，6％的资本利得的税率为10％。权益的税率为17.5％，负债相对权益的税收优势是8.02％。

	A	B	C
1	相对的所得税影响是什么？		
2	公司所得税税率,T_C	37%	
3			
4	预期权益税		税率
5	股利收益率	2.00%	40%
6	资本利得收益率	6.00%	10%
7			
8	净税后收益率	6.60%	<-- =B5*(1-C5)+B6*(1-C6)
9	税前收益率	8.00%	<-- =B5+B6
10			
11	股票收入的个人所得税税率,T_E	17.50%	<-- =1-B8/B9
12	普通收入的个人所得税税率,T_D	40.00%	
13			
14	负债相对于权益的税收优势：$(1-T_D)-(1-T_C)*(1-T_E)$	8.02%	<-- =(1-B12)-(1-B2)*(1-B11)

当不同的收益率和税收组合时，债务确实出现了净税收优势。

	A	B	C
1	相对的所得税影响是什么？		
2	公司所得税税率,T_C	37%	
3			
4	预期权益税		税率
5	股利收益率	0.00%	40%
6	资本利得收益率	6.00%	0%
7			
8	净税后收益率	6.00%	<-- =B5*(1-C5)+B6*(1-C6)
9	税前收益率	6.00%	<-- =B5+B6
10			
11	股票收入的个人所得税税率,T_E	0.00%	<-- =1-B8/B9
12	普通收入的个人所得税税率,T_D	40.00%	
13			
14	负债相对于权益的税收优势：$(1-T_D)-(1-T_C)*(1-T_E)$	-3.00%	<-- =(1-B12)-(1-B2)*(1-B11)

	A	B	C
1	相对的所得税影响是什么？		
2	公司所得税税率,T_C	37%	
3			
4	预期权益税		税率
5	股利收益率	5.00%	0%
6	资本利得收益率	0.00%	0%
7			
8	净税后收益率	5.00%	<-- =B5*(1-C5)+B6*(1-C6)
9	税前收益率	5.00%	<-- =B5+B6
10			
11	股票收入的个人所得税税率,T_E	0.00%	<-- =1-B8/B9
12	普通收入的个人所得税税率,T_D	0.00%	
13			
14	负债相对于权益的税收优势：$(1-T_D)-(1-T_C)*(1-T_E)$	37.00%	<-- =(1-B12)-(1-B2)*(1-B11)

下面读者将会看到第三种情形，这种情形只存在公司所得税。这种情形下，债务融资具有压倒性的优势。

方法 2：从企业行为可以得出什么证据？

除了问税率是否会有净税收优势，我们还可以看不同类型的公司的融资行为。我们可以看在某个特定的行业是否存在一致的债务行为。从第 18 章中可以得出该答案是否定的。我们将这种"不一致"的行为作为支持债务不拥有税收优势的这一说法的证据，即公司的融资政策不会影响其市场价值。

方法 3：复杂的金融研究表明了什么？

第 18 章是有关资本结构问题的最新研究。这部分说明许多金融学教材过分强调债务融资的重要性，过分强调其比权益融资有优势。有时候债务融资可能相比权益融资有一点小小的优势，但对公司估值的不确定性因素居多。

总结——United Widgets 公司

United Widgets 是由 John 和 Cindy 新成立的一家公司，他们正在评估公司权益/负债混合融资的影响。其核心问题是公司用权益（权益）融资或负债融资对公司有什么影响？两种融资方案风险回报的取舍是复杂的：

● 在权益融资下，融资方承诺向投资方分配一定利润（如果公司盈利），如果公司没有利润收入，那么股东将得不到任何分红。虽然股东铁定会失望，但他们不能用不支付股利的理由强迫公司破产。

● 在债务融资下，融资方承诺向投资方支付一系列的固定利息。如果 United Widgets 不能履行支付固定利息的义务，那么该公司可能要破产。破产会不承认股东在公司的股份，进而影响公司股东。

● 债务融资通常比权益融资便宜：利息支付的风险要低于股利支付的风险。另外，利息也可以抵扣一部分税费，而股利则不能，所以承担高风险的股东要求更高的收益率。相对便宜的债务看上去优于权益融资，但是：

● 债务融资让权益融资变得更有风险。当公司作出对债权人固定付息的承诺时，股利风险变得更高了。公司的债务数额越大，权益融资的风险越大。[1]

考虑到上述因素，John 和 Cindy 问了自己如下问题：

● 负债/权益组合是否会影响公司产生的现金数额？

● 负债/权益组合是否会影响该公司现金流的贴现率？如我们在第 6、14、16 章中提到过的，贴现率就是 WACC。

● 负债/权益混合是否会影响权益成本？

接下来的内容会给出带图解的答案（见图 17.4）。

第 18 章将探讨一些实证结果，并试图教你如何运用本章的理论。

---

[1] John 和 Cindy 简要地考虑公司仅采取负债融资。但这是行不通的！

United Widgets	负债/权益组合对加权平均资本成本的影响

负债/权益组合对加权平均资本成本的影响

1. 如果无税收，则负债/权益组合不会影响零部件机器的贴现率。

2. 如果仅存在公司所得税，而不存在个人所得税，那么更多的负债就意味着机器的贴现率下降。

3. 如果同时存在公司所得税和个人所得税，那么零部件机器的贴现率会随着负债/权益组合的变化而增加/下降/保持不变。

John 和 Cindy 创立了一家新公司——United Widgets 公司。他们决定购买一台零部件机器，因为金融分析师告诉他们，这台机器的现金流具有正的净现值。

United Widgets 公司通过权益（意味着钱由 John 和 Cindy 以及他们的朋友来出）和负债（从银行借钱）来融资。

负债—权益融资结构是否会改变用于对机器估值的贴现率？

负债—权益融资结构是否会改变公司得到的总现金？

负债/权益组合对公司得到的总现金的影响

1. 如果无税收，则负债/权益组合不会影响公司得到的总现金数量。

2. 如果仅存在公司所得税，而不存在个人所得税，那么更多的负债就意味着从公司得到的总现金数量越多；之所以如此，是因为税制对负债有利（利息可以作为避税的费用）。

3. 如果同时存在公司所得税和个人所得税，那么从公司得到的现金会增加或减少：公司能从税制对利息支付的补助（因为利息可以产生税盾）中获益。但是股东对权益所得支付的税要比对债务的利息所得支付的税少（因为存在有利的资本利得税）。

负债/权益组合对权益成本和 WACC 的影响

负债/权益组合中的负债越多，权益的风险越大！因为股东要先付息给债权人，这会增加他们自己的风险。

资本结构对 WACC 的影响取决于公司所得税和个人所得税的组合：

1. 如果无税收，则资本结构不会影响 WACC：随着负债/权益组合的增加，权益成本的增加抵消了低廉负债成本的好处。

2. 如果仅存在公司所得税，那么 WACC 会随着公司债务融资增加而下降。

3. 如果同时存在公司所得税和个人所得税，那么 WACC 会增大/减小/保持不变。实证证据似乎可以表明，它的变化幅度不会太大。

$$\text{WACC} = r_E(L) \ \frac{E}{E+D} + r_D \ (1-T_C) \ \frac{D}{E+D}$$

其中，

$r_E(L)$ ＝权益成本

r_D ＝负债成本

E ＝公司权益的市值

D ＝公司负债的市值

T_C ＝公司所得税税率

图17.4 资本结构对资本成本和估值的影响

习　题

1. 回到本章开始时超市的例子。假定超市每年税后的运营收入为 12 万美元。如果 Mortimer 集团获得一笔 50 万美元的贷款，年利率为 9%，税率为 30%，求 Mortimer 集团和 Joanne 集团的股东权益收益率（ROE＝税后利润/权益）？

Mortimer超市集团 一半股权(50%)一半负债(50%)			
超市	$1,000,000	负债	$500,000
		权益	$500,000
总资产	**$1,000,000**	负债和股东权益总和	**$1,000,000**

Joanna超市集团 全部股权(100%)			
超市	$1,000,000	负债	$0
		权益	$1,000,000
总资产	**$1,000,000**	负债和股东权益总和	**$1,000,000**

2. a. 以下面的资产负债表数据为准，再次计算习题 1（假定负债年利率仍是 9%）。

b. 在 Excel 数据表以及图中说明 ROE 对负债/权益比的敏感程度。

一半股权（50%）一半负债（50%）			
超市	$1,200,000	负债	$600,000
		权益	$600,000
总资产	**$1,200,000**	负债和股东权益总和	**$1,200,000**

Joanna超市集团 全部股权(100%)			
超市	$1,000,000	负债	$0
		权益	$1,000,000
总资产	**$1,000,000**	负债和股东权益总和	**$1,000,000**

3. 你有意帮公司购买仓库。买仓库需 35 万美元，公司从此每年节省 5 万美元。公司可以以 8% 的年利率借任何数量的贷款；所借的钱都是"永久债务"，这意味着公司只要支付每年的利息，不需要归还本金。公司税率为 40%。

分别在以下四种情形下，求公司的额外年收入和股东权益收益率：

a. 公司全部以权益融资来购买。

b. 公司以 75% 的权益和 25% 的负债来购买。

c. 公司以 50% 的权益和 50% 的负债来购买。

d. 公司以 20% 的权益和 80% 的负债来购买。

4. a. 重复习题 3，求公司股东和债权人每年收到的现金总额。

b. 创建数据表，用 Excel 图说明公司股东和债务人收到的现金总额的变化，并将其作为投资于该项目权益的函数。

5. Eddy 是一家个人独资企业老板。他想以 60 万美元的价格购买隔壁的一家企业。他计算购买该企业后每年的税前年收入为 8 万美元。他考虑两种融资方式：第一种是通过个人贷款贷 30 万美元，其余的用存款。第二种是以自己的公司获取剩余 30 万美元的贷款。

假定贷款利率为 9%（无限期），公司税率为 40%，在两种融资方式下，公司股东和债权人每年收到的总额分别为多少？假定 Eddy 公司唯有支付的利息是免税费用。

6. 回到上一题，分别求在两种融资方式下，Eddy 想要购买的公司的价值。

7. Annie 拥有一家"壳公司"——公司已注册成立但是没有经营活动。Annie 的壳公司想要以 90 万美元购买另一家公司。这家公司每年的自由现金流为 12 万美元。

a. Annie 的银行打算给他提供 45 万美元的永久性贷款，年利率为 8%。假定 Annie 公司无负债，公司税率为 30%，分别求以下两种情形下购买公司后公司的价值。

● 情形一：仅以权益融资来购买。

● 情形二：利用银行贷款。

b. 若该贷款以 20 期等额归还，求该公司的价值。

8. 17.3 节给出了只存在公司税时，杠杆公司权益成本 $r_E(L)$ 的两个公式：

$$r_E(L) = \frac{每年的权益现金流}{权益价值}$$

$$r_E(L) = r_U + [r_U - r_D] \frac{D}{E}(1 - T_C)$$

用上述两式求在下列情形下的权益成本 $r_E(L)$：

a. 习题 5 中 Eddy 要购买的公司的权益成本。

b. 习题 1 中超市的权益成本。

c. 习题 7 Annie 公司的权益成本。

9. 17.3 节给出了只存在公司税时，杠杆公司加权平均资本成本的两个公式：

$$WACC = r_E(L) \frac{E}{E+D} + r_D(1 - T_C) \frac{D}{E+D}$$

$$WACC = \frac{FCF}{V_L}$$

用上述两式求在下列情形下的 WACC：

a. 习题 5 中 Eddy 要购买的公司的 WACC。

b. 习题 1 中超市的 WACC。

c. 习题 7 Annie 公司的 WACC。

10. Sandy-Candy 是一家新成立的极受欢迎的口香糖公司，该公司标价 200 万美元出售。Henry 有意购买这家公司，并找到了几种融资方式。他得知贷款利率 $r_D = 9\%$，公司税率 $T_C = 36\%$，购买的资本成本为 $r_U = 12\%$。Henry 估计该公司每年的自由现金流为 30 万美元。

a. 若 Henry 不贷款，求这家公司的市值。

b. 若 Henry 贷款 120 万美元，求该公司的市值。假定该贷款以公司的收益支付，且利息免税。

c. 分别求上面两种情形下该公司的权益成本。

d. 分别求上面两种情形下该公司的 WACC。

11. Oxford 公司的老板 Debby 打算改变公司的资本结构。她估计自己的公司每年的自由现金流为 15 万美元，且会一直持续下去。该公司无负债，有 3 万股流通股，每股当前价格为 50 美元。Debby 想以公司名义借 60 万美元的永久贷款并以之回购股份。假定贷

款利率 $r_D=6\%$，公司税率 $T_C=30\%$，试计算以下各种变化。

    a. 求负债前该公司的市值。

    b. 求负债后该公司的市值。

    c. 求负债后该公司的股票价格。

    d. 应回购多少股份？

    e. 求回购股份后该公司的权益价值。

    f. 求回购并支付股利后该公司的权益成本。

    g. 求回购并支付股利后该公司的 WACC。

12. XYZ 公司打算借 10 万美元。贷款条款规定在接下来 8 年每年支付等额的本金。贷款利率 $r_D=8\%$，公司税率 $T_C=40\%$。若贷款利息免税，且除了公司税率外没有其他税，该公司的市值会增加多少？

13. 回到购买植草机（17.3 节）的例子。假定贷款分 10 次等额归还，求该投资的净现值。

14. a. 根据近期 LF 地区的税制改革，除资本利得外，普通收入的个人所得税税率从 0 变化到 25%。资本利得税率为 15%。公司所得税税率没有变化，仍是 40%。假定你打算贷款，哪一种更好——以公司名义贷款或者以个人名义贷款？证明以公司名义贷款存在优势。

    b. 若公司税率变为 20% 时，重做习题 14a。

15. a. 习题 5 中的 Eddy 需要你的帮忙。因为银行没有批准贷款，他没有购买这家公司。但他的爸爸打算贷相同的钱（30 万美元）给他。另外，在最近的选举之后，他面临的个人所得税税率为 40%（等于公司所得税率），权益收入的税率为 15%。他应该怎么做——以公司名义贷款还是以个人名义贷款来购买这家公司？求利益相关者（股东和债权人）收到的总金额。

    b. 假定 Eddy 用他自己的公司购买隔壁的公司，求该购买的公司价值、他的权益成本以及 WACC（假定无杠杆的贴现率为 12%）。

16. 假定公司税率 $T_C=30\%$，权益收入税率 $T_E=10\%$。求对于使用个人贷款还是使用公司贷款无差异的投资者而言，他的一般收入的税率 T_D 为多少？

17. a. 重新算一下习题 11，此时条件变为一般所得税税率为 $T_D=34\%$，个人权益税率 $T_E=15\%$。

    b. 在这样的情形下，求公司负债的净优势，并求下面的表达式：

$$T=\frac{(1-T_D)-(1-T_E)(1-T_C)}{(1-T_D)}$$

18. 你有意购买一台机器，这台机器在未来 6 年里每年能产生 5 万美元的销售额。这台机器售价 12 万美元，寿命 6 年，采用直线折旧法，残值为 0。另外，每年的运营成本为 18,000 美元，贴现率为 12%。你正考虑以年利率为 9%、6 年期的贷款来购买这台机器。贷款数额为 7 万美元，贷款条款规定前 5 年每年付息，第 6 年归还本金。假定公司税率 $T_C=40\%$，个人税率（一般收入）$T_D=22\%$，权益税率 $T_E=15\%$，试回答下面的问题。

    a. 求这台机器的 FCF。

    b. 如果仅以权益融资，求此时这台机器的净现值。

c. 如果以权益和债务混合融资，此时这台机器的净现值又是多少？

19. a. 完成下表。

	A	B	C
1	所得税影响填空		
2	公司所得税税率，T_C	36%	
3			
4	预期权益税		税率
5	股息收益率	2.50%	40%
6	资本利得收益率	5.00%	10%
7			
8	净税后收益率	??	
9	税前收益率	??	
10			
11	股票收入的个人所得税税率，T_E	??	
12	普通收入的个人所得税税率，T_D	??	
13			
14	负债相对于权益的税收优势：$(1-T_D)-(1-T_C)*(1-T_E)$	??	

b. 作图表示"公司负债的净优势"变化是个人税率的函数。

基于 Excel 的金融学原理（第二版）

第 18 章

对资本结构的实证研究

概述

在本章我们将讨论公司结构——权益和负债的比例是否会影响公司加权平均资本成本？第 17 章讨论了资本结构理论，它主要是关于融资对资产估值的影响。该理论向人们抛出了这样一个问题：在其他条件完全相同的情况下，是否负债高的企业比负债低的企业价值更高？

在第 17 章中，我们认为，公司结构的重要性取决于它在多大程度上影响从经营活动和财务活动中赚取现金的能力，如果该公司通过负债提高了现金支付的能力，那么就应该利用负债，反之则负债就没有价值。

在第 17 章，我们将公司在多大程度上能影响赚取现金的能力与个人所得税和公司所得税间的权衡联系在一起：如果公司借贷是可抵扣税的（利息免税），那么就应该多负债。

研究第 17 章中关于杠杆的讨论是十分重要的。现在假定负债高的企业比负债低的企业价值更高，那么我们建议公司经理应采取以下措施：

● 公司高层应该努力提高负债，比如要建一栋新的厂房，应尽量去借能借到的最大金额来建厂。

● 公司高层应该努力最小化手头的现金流（当然，这是基于运营和安全的考虑）。因为如果杠杆（即债务付息）能增值，持有现金（即赚取利息的资产）会降低公司价值。

● 公司高层应该努力增加现金股利——这是减少现金流的一种方式，并据以提高公司的有效杠杆。

● 公司高层应该努力增加股票回购——这也是减少现金流的一种方式，并也能提高公司的有效杠杆。

上面的例子便是告诉公司高层，杠杆能增加公司价值时应如何运营？反之，意味着杠杆越大，就越会降低公司价值，那么高层就应当采取相反的行动。另外，如我们在第 17 章结束时所建议的，若杠杆是中性的，那么采取权益融资还是债务融资就无关紧要了。

所以杠杆理论对公司操作有重要的指示作用。

结论是什么？

关于本章结论，我们注意到，没有迹象表明杠杆会增加企业的价值。也没有重要迹象表明公司的加权平均资本成本受到融资方式的影响。因此，结论如下：

- 若资产融资方式不增加或减少价值，则公司不必在意资本结构；
- WACC 是不受杠杆影响的；
- 衡量 WACC 的最好方法是运用该行业的平均 WACC。

本章我们要做什么？

第 17 章理论性较强。本章我们探讨资本结构的实证研究，我们将探寻诸如股价、资本成本、市场风险等因素对杠杆变化的反应。18.1 节我们总结了第 17 章的结论——融资对估值的影响在很大程度上取决于税制。简略地讲，若公司通过借款能增加支付的总现金流，那么公司应该选择杠杆较大的资本结构。

本章的其他章节做一些资本结构对资本成本影响的实证研究。如读者所看到的，实证研究表明资本结构对 WACC 的影响较小。

讨论的金融概念

- 公司怎样进行资本化？
- 资本结构是否影响公司价值？
- 资本结构是否影响资本成本？
- 是否应当考虑破产成本？
- 如何衡量无杠杆资本成本 r_U？
- 如何计算行业的 WACC？

使用的 Excel 函数

- Average
- Stdev
- 回归（趋势线）

18.1　理论综述

从前面的章节可以知道，杠杆效应很大程度上取决于税收制度。简略地讲，若公司能享受利息免税，但股东不能享受，那么公司应该借款，增加负债/权益比率。MM 理论（第 17 章 17.3～17.5 节）说明对于投资者，负债的抵扣优势在一定程度上被权益的税收优势抵消了。

在上一章我们用两个例子（Arthur ABC 和 Arthur XYZ）来解释复杂的概念。我们总结第 17 章如下：

（1）税盾价值为正时，杠杆能增加公司价值：

$$V_L = V_U + PV（资本化的利息税盾）$$

$$= PV(以\ r_U\ 贴现的\ FCF) + \sum_{t=1}^{\infty} \frac{[(1-T_D)-(1-T_E)*(1-T_C)]*利息_t}{1+(1-T_D)r_D}$$

其中，

FCF＝公司的自由现金流；

r_U＝公司无杠杆时的权益成本；

r_D＝公司的债务成本；

T_C＝公司税率；

T_E＝权益收益的个人税率；

T_D＝一般收入（包括利息）的个人税率。

（2）假设公司考虑资本结构中的永久的负债变化，那么额外税盾产生的价值是：

$$PV\binom{资本化的}{利息税盾} = \sum_{t=1}^{\infty} \frac{[(1-T_D)-(1-T_E)*(1-T_C)]*利息}{1+(1-T_D)r_D}$$

$$= \frac{[(1-T_D)-(1-T_E)*(1-T_C)]*r_D*\Delta 负债}{(1-T_D)r_D}$$

$$= \frac{[(1-T_D)-(1-T_E)*(1-T_C)]*\Delta 负债}{(1-T_D)} = T*\Delta 负债$$

其中，$T = \dfrac{(1-T_D)-(1-T_E)*(1-T_C)}{(1-T_D)}$。

（3）传统 MM 理论中，由于只有公司税，$T=T_C$，所以杠杆总能增加公司价值，而在米勒模型中，由于个税和公司税都存在，那么 T 可为正、为负或为 0，这取决于公式 $(1-T_D)-(1-T_E)(1-T_C)$。均衡时有 $(1-T_D)-(1-T_E)(1-T_C)=0$；那么此时，负债就没有优势。

（4）杠杆既影响 WACC 也影响 r_E，下表给出了 WACC、权益成本 r_E 和非杠杆企业的资本成本 r_U 的公式。

加权平均资本成本	$WACC = \dfrac{E+D*(1-T)}{E+D}*r_U$	若负债增加价值（例如，$T>0$），则杠杆会使 WACC 减小
有杠杆公司权益成本，r_E	$r_E = r_U + \left[r_U*(1-T) - r_D*(1-T_C)\right]\dfrac{D}{E}$	负债越多会使权益风险越大，并增加权益成本。至于更大风险暴露的权益金额取决于相关的 T 和 T_C 的大小。
无杠杆公司的权益成本，r_U	$r_U = \dfrac{r_D*D*(1-T_C)+r_E*E}{E+D*(1-T)}$	我们通常会预测公司的权益成本。若不存在杠杆时，这个公式可以算出资本成本 r_U

（5）与上面第二个结论相反，税盾价值不是负债变化引起公司价值变化的唯一决定因素。除了税盾之外，还有三个主要的因素——破产成本、财务控制成本、负债的期权效应都会影响公司价值，这三者很难估算，但确实存在。

a. 破产成本：提高杠杆的一个不利的地方在于，它有可能增加公司在未来陷入财务危机的可能性。因此预计要摆脱财务危机（这应该被称为"财务困境的成本"，但人们通常称之为破产成本）的花费应当从杠杆收益中扣除。[①]

b. 财务控制成本：借钱者一般在拥有更多的控制权下借更多的钱，因此会在借款上有许多约束。这些是借款者对公司的限制。

c. 负债的期权效应：负债率高的公司的股东比杠杆率低的公司的股东损失几率小。因此，它们可能会愿意承担更多的风险。杠杆增加会提高公司自由现金流的风险。打个比方：Bob 和 Jerry 各自拥有一座亟须维修的、价值 100,000 美元的大楼。Bob 是用自己的钱买的楼，而 Jerry 是借了 99,000 美元去买的。因此，Bob 更愿意去维修，否则他可能会面临更多的损失；而 Jerry 则有可能不偿还贷款，让银行来解决问题。[②]

（6）最终的结果可能是，公司的负债都带有限制。因此，当出借方要求有贷款担保时，拥有更多固定资产的公司比那些只有"短暂"资产的公司更容易获得贷款。因此，即使莫迪利亚尼和米勒是对的，就算公司想要借尽量多的钱，对于软件公司（有形资产较少）来说，没有房地产公司那么容易借到钱。

18.2 公司如何资本化

要了解资本结构，先来看看不同公司和行业的实际资本结构。以一家美国的主要制药企业 Abbott Laboratories 为例，2002 年 3 月 20 日的资产负债表显示其负债为 870 万美元，权益为 1,070 万美元，账面价值负债权益比是 0.81：

$$\text{负债/权益比（账面价值）} = \frac{\text{负债}}{\text{权益}} = \frac{8.7}{10.7} = 0.81$$

---

① 金融实证研究认为，在破产时，破产成本一般比负债面值低 10%。若 MM 负债的完全税盾成立的话，这种规模的破产成本不太可能阻碍公司想要加大杠杆的欲望。近期的一篇文献（Timothy Fisher 和 M. Jocelyn Martel，《论直接破产成本和企业破产决策》，http://ssrn.com/abstract=256128）给出了加拿大破产规模和清算成本的有趣信息。

② 出借人知道所有的期权效应。这会促使他们对借款加以限制并对借款人加强借款条件。

该公司权益的账面价值低估了它的市场价值。2002 年 3 月 20 日，该公司有 1,563,436,372 股股票，每股 51.8 美元，二者相乘得到权益的市场价值是 8,100 万美元，因此其市场价值的负债/权益比是 0.108：

$$\text{Abbout Labs 市场价值的负债/权益比} = \frac{负债}{权益} = \frac{8.7}{81.0} = 0.108$$

相比账面价值，金融专家一致倾向于使用市场价值，因此我们如此估计该公司的负债/权益比。

制药公司的负债/权益比

下表显示了主要制药行业公司的账面价值和市场价值的负债/权益比。

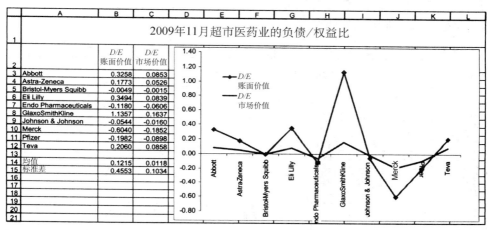

由这些数据可知：

● 这些公司的平均市场价值的负债/权益比大致是 0。若负债与权益相比有价值优势，医药公司似乎没有意识到这一优势。

● 制药行业的账面价值的负债/权益比的波动率很大。似乎医药公司不试图追求一个共同的账面负债/权益比。

从医药公司的这些数据我们可以得到什么？从本书看，似乎没有证据显示制药行业在努力达到一个负债/权益比。如第 17 章和 18.1 节中，若公司的负债/权益比取决于税率制度，那么，缺少一个清晰确定的比例则意味着税收效应是中性的。总之，医药行业的负债/权益比与 MM 理论的假设 $(1 - T_D) - (1 - T_E)(1 - T_C) = 0$ 一致，因此，净税收效益不影响公司的负债/权益比。

其他行业的负债/权益比

将杂货零售业和制药行业相比，如下表，可以看到前者的负债/权益比更高。因此，杂货零售业的负债/权益比的波动很大。不过二者都没有显示出明晰的趋势线。

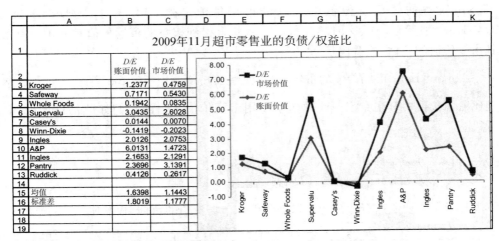

下表是钢铁制造业的相似数据。

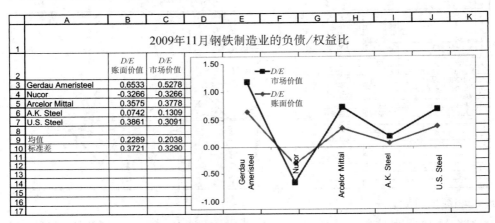

总之，从这些数据可以看出，基本上没有哪个行业有一个清晰确定的负债/权益比，无论是账面价值还是市场价值。这些证据支持了关于负债/权益比政策中性说，并反对负债融资能提升公司价值这一理论（如只存在公司税时的 MM 资本结构理论）。

18.3 衡量公司资产的 β 值 和 WACC——一个例子

从上一节我们知道，很少有迹象表明公司融资模式更倾向于负债融资。这似乎与负债筹资不相关，因为负债并不影响公司估值。衡量估值效应的另一种方法取决于公司资产贝塔值，并看该贝塔值是否受公司负债/权益比的影响。

本节中，我们探讨如何为福特汽车公司估算资产 β 值。如 16.4 节，我们用贝塔值来求福特汽车公司的 WACC，公式如下：

$$\text{WACC} = r_f + \beta_{\text{资产}} * \left[E(r_M) - r_f \right]$$

尽管我们尽力教读者如何用公开信息（本例用雅虎）来计算公司的负债 β、负债/权益比和资产贝塔，但是，我们本节的主要兴趣点不是 WACC。

福特的债务成本和负债贝塔 β_D

在 2009 年第 3 季度末，福特公司报告了如下表的现金、负债以及净利息费用的数据。从这些数据中，我们可以得知公司的平均利息率是 6.39%。

	A	B	C	D
1		计算福特公司的资产贝塔值 2009年12月 （大部分数值的单位为10亿美元）		
2		2009-09-30	2009-06-30	
3	现金及等价物	48.37	24.01	
4	短期负债	15.21	0.00	
5	长期负债	132.02	133.07	
6	净负债	98.86	109.06	<-- =C5+C4+-C3
7				
8	季度净利率	1.62		
9	隐含年利率	6.39%	<-- =(1+B8/AVERAGE(B6:C6))^4-1	

雅虎给出了 β_E 是 2.77，我们用下式计算福特公司的 β_D：

$$债务成本 = r_D = r_f + \beta_D * [E(r_M) - r_f]$$

$$\beta_D = \frac{r_D - r_f}{E(r_M) - r_f}$$

上式是负债的证券市场线。因为我们知道 $r_D = 6.39\%$，所以我们可以求出 β_D。2009 年 12 月美国国债利率 $r_f = 0.25\%$，$E(r_M) - r_f = 8.75\%$，因此求得上式中的 $\beta_D = 0.70$。

	A	B	C	D
12	无风险利率	0.25%	<-- 短期国债利率	
13	市场风险溢价 $E(r_M) - r_f$	8.75%		
14	负债贝塔值	0.70	<-- =(B9-B12)/B13	

福特的税率

2009 年 9 月 30 日的季度收益报告中公司税前收入是 12.2 亿美元，税收为 1.4 亿美元，税率为 11.44%。

	A	B	C
16	税前收入	1.22	
17	税收	0.14	
18	税率	11.44%	<-- =B17/B16

计算福特公司资产的贝塔值，$\beta_{资产}$

资产的 β 值公式：

$$\beta_{资产} = \beta_E * \frac{E}{E+D} + \beta_D * (1 - T_C) * \frac{D}{E+D}$$

其中，β_E＝权益贝塔；

　　β_D＝负债贝塔；

　　$\dfrac{E}{E+D}$＝权益的比重；

　　$\dfrac{D}{E+D}$＝负债的比重。

该计算如下表，福特公司资产的 β 值是 1.19。

	A	B	C	D
21	现金及其等价物	48.37		
22	负债	132.02		
23				
24	净负债	83.65	<-- =B22-B21	
25	权益的市场值	29.86		
26	权益+净负债	113.51	<-- =B24+B25	
27				
28	税率	11.44%		
29	权益贝塔值,β_E	2.77	<-- 雅虎的报告值	
30	负债贝塔值,β_D	0.70	<-- =B14	
31	资产贝塔值,$\beta_{资产}$	1.19	<-- =B29*B25/B26+B30*(1-B28)*B24/B26	

18.4　求杂货零售行业资产的 β 值

　　上一节我们介绍了如何计算福特公司资产的 β 值。下面是我们关于杂货零售连锁的计算结果。该行业的平均资产的 β 值大约为 1，且资产的 β 值和公司杠杆之间没有显著的联系。

　　对于这一行业，我们得出其资产的 β 不受资本结构的影响，根据米勒的推断：

　　● 如果 MM 理论的结果是有代表性的，那么债务的增加会导致 WACC 减少。β 值的效应是随着杠杆增大，β 值减小。

　　● 如果米勒理论的结果是有代表性的，那么 WACC 将不受债务影响。β 值的效应是杠杆增大，β 值却保持不变。

　　由此可知，由于 β 值并不受负债/权益比的影响。因此，至少在杂货零售行业上，米勒理论比 MM 理论的解释力更强。

18.5　学术证据

　　前面的章节我们看了一个具体例子——美国机动车行业，来看一下资本结构是否会影响这些公司的资产的 β 值。我们得出了这样的结论：资产 β 值和 WACC 并不受资本结构的影响。

　　近期的学术研究得到了相同的结果。[①]

　　● 尤金·法玛和肯尼思·弗伦奇将公司价值对杠杆进行回归，认为杠杆并不影响公司

---

　　① 注意，这仍然存在争议。每一位金融学教授都对此事有自己的看法！如果你想在这一门课程中得高分，就要有自己的看法，不能尽信书和老师。

			食品行业的资产贝塔值和杠杆 数据：2009年11月				
	$E/(E+D)$	$D/(E+D)$	权益 贝塔值 β_E	负债 贝塔值 β_D	税率	资产的 贝塔值	
Kroger	67.76%	32.24%	0.35	0.79	34.64%	0.40	
Safeway	64.81%	35.19%	0.65	0.69	36.07%	0.58	
Whole Foods	92.29%	7.71%	1.17	1.39	35.09%	1.15	
Supervalu	27.76%	72.24%	1.06	0.74	-2.16%	0.84	
Casey's	99.30%	0.70%	0.48	0.76	34.12%	0.48	
Winn-Dixie	125.36%	-25.36%	0.98	-0.03	7.80%	1.24	
Ingles	40.45%	59.55%	0.94	0.96	34.18%	0.76	
A&P	40.45%	59.55%	2.15	2.77	0.00%	2.52	
Pantry	24.16%	75.84%	0.33	1.31	0.00%	1.07	
Ruddick	79.26%	20.74%	0.67	0.51	38.46%	0.60	
					均值	0.9628	<-- =AVERAGE(G3:G12)
					标准差	0.6168	<-- =STDEV(G3:G12)

食品行业：资产贝塔值及$D/(D+E)$

价值。[1]

● 约翰·格雷厄姆在 2001 年发表的调查显示，边际税收成本和边际税收优惠（杠杆的）可能具有相似的规模。[2] 为了告诉读者这有多么令人困惑，格雷厄姆用另一种方法得出在 1995—1999 年间债务的税收优惠大约是 9%。这也可能是破产成本。

● 在 2002 年的一篇文献中，伊沃·韦尔奇认为没有证据表明在公司在寻找最优的资本结构。[3] 他认为，公司倾向于不怎么对债务做变化，因此，实际资本结构（例如，负债与权益的市场价值的比率）在很大程度上由公司股票的市场价格驱动。据韦尔奇的研究，几乎没有证据表明负债决策的优化问题。

---

[1] Eugene Fama, Kenneth French, "Taxes, Financing Decisions, and Firm Value," *Journal of Finance*, 1998.

[2] John Graham, "Taxes and Corporate Financa: A Review," *Review of Financial Studies*, 2003.

[3] Ivo Welch, "Columbus'Egg: The Real Determinants of Capital Structure," Yale School of Management working paper, 2002.

总　　结

资本结构的理论表明了资本结构的决策在很大程度上取决于负债和权益的差别税收。而资本结构的实证研究表明了这在决定公司价值方面并不重要。

出于实用目的，

● 你可以假定加权平均资本成本不受资本结构变化的影响。

● 这意味着你可以通过该行业的 WACC 来估算该公司的 WACC。它也意味着，另外公司行业的资产 β 值体现着行业的总体风险，但不是行业资本结构的代表。

● 对公司估值的最好方式是将公司预期未来的自由现金流（注意，这是运营现金流，不含利息和其他融资资金）以 WACC 来贴现。我们在本书的以下章节讲述了这个方法：第 6 章、第 7 章和第 13 章。

第 19 章

股利政策

概述

当 John 于 2004 年秋季开始在大学教授金融课程时，他的祖母送给他 100 股 GM 的股票。"持有股票是了解股市的最好方式"，祖母这样对他说，"因为当你持有股票时，你就会持续关注该公司的发展态势。"接下来的几个月证明了祖母的话是正确的，因为 John 开始关注 GM 公司和股票市场。他的一些成果在这部分介绍。

GM 的 100 股股票是一份大礼：当时 GM 股价是 41.1 美元每股，因此总价值是 4,110 美元，在之后的 2004 年 9 月 8 日，股价上涨到 43.14 美元，在 2004 年 10 月 24 日下跌到 37.04 美元（见图 19.1）。约翰也得知了该公司令人沮丧的信息。

2004 年 10 月 29 日，约翰得知 GM 公司宣布每股发放股利 0.5 美元（见图 19.2）。因为 John 拥有 100 股股票，所以预计其收益是 50 美元。阅读这则公告，约翰发现他还要学一些新的术语：

● 派息日是 2004 年 12 月 10 日，这是股息派发给股东的日期。

● 2004 年 11 月 8 日仍持有股票的人才可以得到股利，即权益登记日。

● 由于需要两天工作日来登记权益变更事宜，因此实际在 2004 年 11 月 4 日的收盘时持有股票的人才可以得到股利。[①] 这一天即为除息日。

John 认为在界定此次股利是有利还是不利时需要考虑诸多因素，下面各连续小节将具体阐述这些影响股利的不同因素。

---

① 2004 年 11 月 8 日是星期一。这一天的前两个交易日是星期四，2004 年 11 月 4 日。

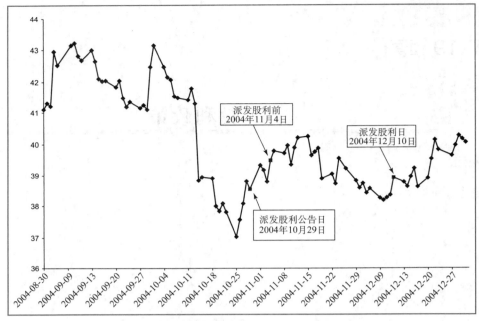

图 19.1　GM 公司的股票价格（2004 年 9—12 月）

News

General Motors　　GM Communications
media.gm.com

FOR RELEASE: 2004-10-29

CONTACTS

GM Declares Quarterly Dividend

DETROIT - General Motors Corp. (NYSE: GM) today announced a fourth-quarter dividend of $0.50 per share on GM common stock. The dividend is payable Dec. 10, 2004, to holders of record as of Nov. 8, 2004. The dividend rate is unchanged from the previous quarter.

General Motors, the world's largest vehicle manufacturer, designs, builds and markets cars and trucks worldwide, and has been the global automotive sales leader since 1931. More information on GM can be found at www.gm.com.

图 19.2　GM 公司发放股利的公告，2004 年 10 月 29 日

股利信息

　　2004 年秋天，有关 GM 公司的新闻都是负面的——销售量下降、医保费用是 Honda 公司的十倍、债券被谣传要降级，公司不得不为潜在买车者提供大额购车折扣和激励。

而分红的消息并没有缓解投资者的悲观情绪。过去的 GM 公司在 2 月、5 月、8 月、11 月都向股东支付每股 0.5 美元。John 认为如果在这时 GM 提高股利数额，那么这就是该公司向外界传递的积极信号；如果在这时 GM 降低股利数额，那么这就是该公司向外界传递的消极信号。但是不升不降反而让人难以捉摸。

股利和普通收入税

GM 的股利也属于需缴税的收入，John 的所得税率仅为 15％，因此分红需交税 7.5 美元，净收入是 42.5 美元。而 John 的祖母的所得税率为 40％，如果是祖母持有该股票的话，净收入是 30 美元。

另一方面，John 看到 GM 有 77％的股票是被养老金和共同基金持有，这一部分是不用直接支付股利所得税的（见图 19.3）。因此他认为该公司的股利政策基于大量股东不在意税费的假设。

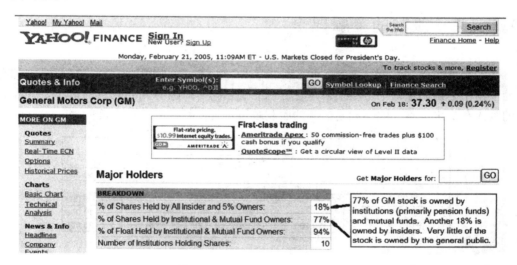

图 19.3 77％的 GM 的股票被养老基金和共同基金持有

说明：这些机构不直接支付所得税，因此对于 GM 股利所得税的考虑并不至关重要。

股利和资本利得税：股利再投资和公司留存

实际上 John 计划将股利所得再投资在 GM 股票上，这意味着在 12 月 10 日，他将用所得的 42.5 美元再次购买新股，假设当日股价为 38.93 美元，那么可以买 1.0917 份。不过，如果 GM 现在不打算分红，那么预计该股价会比现在高 0.5 美元，于是有两种做法：

- John 会得到每股 0.5 美元的收益而不是 0.425，实际上 GM 帮助他节省了税费。
- 如果 John 最终卖掉该股票，那么它就要缴纳资本利得税，而不是股利所得税，由于前者比后者低得多，因此他更青睐该方式。

将三种因素——信息、所得税和资本利得——结合起来看，John 觉得有必要运用一些金融理论来理解股利。本章其余部分探讨这些内容。

讨论的金融概念

- 股利
- 留存收益
- 资本利得和普通收入

使用的 Excel 函数

我们常常会用很多 Excel 表格使事情清晰有序,但本章几乎不会用到什么复杂的 Excel 概念,唯一用到的是 Sum 函数。

19.1 关于股利的金融理论

为了帮助我们理解这一理论,我们给出 John 和 Mary 的例子。John 和 Mary 都拥有自己的出租车公司,这两个出租车公司各方面完全相同——拥有相同数量的汽车,并具有相同的收入和支出,唯一的不同是二者的股利政策。下面是二者的资产负债表。

John的出租车公司,Mary的出租车公司			
资产		负债和股东权益	
现金	5,000	负债	10,000
出租车	20,000	股东权益	
		股本	5,000
		留存收益	10,000
总资产	**25,000**	负债和股东权益总和	**25,000**

John 给自己派息

假设 John 决定宣布要支付股利 3,000 美元。于是其资产负债现在如下(Mary 的资产负债表不变)。

John的出租车公司——发放股利后			
资产		负债和股东权益	
现金	2,000	负债	10,000
出租车	20,000	股东权益	
		股本	5,000
		留存收益	7,000
总资产	**22,000**	负债和股东权益总和	**22,000**

请注意,John 的资产负债表有两处变化了:

- 现金余额由于派息从 5,000 美元减少至 2,000 美元。
- 累计未分配利润由 10,000 美元减少至 7,000 美元。该说法是"股利从留存收益中支付"。我们不喜欢这种说法,因为股利以现金支付;留存收益的变化仅从资产负债表中反映出来。

下面你可以问这些问题:

问题1: 股利的估值效应是多少?

John支付股利是否改变了他的出租车公司的价值? 显然没有,他们都仍然有相同数量的汽车,与Mary把现金锁在企业不同,John将其分配出去。最好看一下净负债——从负债中减去现金的余额。

John或Mary的出租车公司——净负债			
资产		负债和股东权益	
		净负债=负债-现金	5,000
出租车	20,000	所有者权益	
		股本	5,000
		留存收益	10,000
总资产	**20,000**	负债和股东权益总和	**20,000**

John的出租车公司——发放股利后			
资产		负债和股东权益	
		净负债=负债-现金	8,000
出租车	20,000	股东权益	
		股本	5,000
		留存收益	7,000
总资产	**20,000**	负债和股东权益总和	**20,000**

不论是否分红,两者资产负债表的资产都是相同的,而负债和权益是不同的,John比Mary拥有更多的负债和更少的权益。

问题2: 这仅仅是资本结构的问题吗?

上述两家公司的资产负债表表明,尽管二者资产一致,但股利已经改变了公司的资本结构。因此,股利问题可能与第17章和第18章中所讨论的资本结构问题有关,那么:

● 如果资本结构变化的话,股利可能随之变动: 分红后公司的负债/权益比将比分红前的公司高;

● 如果负债/权益比高的公司其价值也高,那么该公司应支付股利。

本书在这个问题上立场明确: 在前面的章节中,我们认为资本结构问题最终是个人所得税与企业所得税的平衡问题。另外,经济研究证据表明,税收对平衡很重要,而资本结构无关紧要。

虽然这种说法表明分红不会影响公司的估值,但还要考虑另一种权衡——普通收入税和资本利得税。我们会在下一节讨论这个问题。

在此期间,只要二者公司和个人均不被征税的话,负债/权益比是不会影响到其公司的价值的。

问题3: 股利会不会影响企业的价值?

用另一种方式思考这个问题: 假设John和Mary想卖掉他们的出租车公司。假设“出租车”这部分的价值是40,000美元,当然这要比资产负债表的价值高,并且假设这部分不包括账面现金余额,那么John和Mary对于如何卖出公司会有不同的策略: John打算先支付股利给自己,然后再卖,而Mary打算直接出售。计算如下。

	A	B	C	D	E	F	G
1	Mary以40,000美元出售她的出租车公司				John以40,000美元出售他的出租车公司		
2	售价	40,000			售价	40,000	
3	偿还债务净额	5,000			偿还债务净额	8,000	
4	净资产	35,000	<-- =B2-B3		净资产	32,000	<-- =F2-F3
5	权益的账面价值	15,000			权益的账面价值	12,000	
6	应课税的收益	20,000	<-- =B4-B5		应课税的收益	20,000	<-- =F4-F5
7	税收（0%）	0	<-- =0*B6		税收（0%）	0	<-- =0*F6
8	Mary的净销售收入	35,000	<-- =B4-B7		John的净销售收入	32,000	<-- =F4-F7
9							
10	加上股利	0			加上股利	3,000	
11	股利所征的税（0%）	0	<-- =0%*B10		股利所征的税（0%）	0	<-- =0%*F10
12	总计	35,000	<-- =B8+B10-B11		总计	35,000	<-- =F8+F10-F11

这两种计算的底线是相同的——John 和 Mary 都以 35,000 美元出售，因此他们是否向自己支付股利无关紧要。[①]

● Mary 所需支付的净负债更少（John 向自己支付了 3,000 美元的股利，因此他的手持现金更少）。

● Mary 权益的账面价值更大。当我们增大资本利得税时（下一个例子），这意味着 Mary 的应纳税收益更少。但税率为 0 时，就没有区别了。

哪些人会在意钱的由来？

这确实是全部问题——谁会在意钱，是在出租车公司还是在私人银行账户？当然，你可以设想几种方法来回答这个问题，以使它确实有所影响：

● 税收：如果该公司和其业主需要缴纳不同的税费，那么也许股利是值得的。如果资本利得税比普通收入税低的话，也许如本章概述部分，那么公司就应留存收益，不应当向股东派息。

● 信托：如果公司有多个业主，可能你希望钱在自己手中而不是留在公司。经济学家称之为"代理成本"——你雇佣的代理人（也就是经理）为你工作。支付股利的代理成本表明你和你的经理目标不一致：如果经理的目标还包括浪费你的钱，那么也许你应支付股利，即从他手中拿出钱。

19.2 有没有税收大不相同

在上一节中，我们探讨了不存在税收时的股利政策。以 John 和 Mary 的出租车业务为例，我们提出以下两点：

● 出租车部分的价值——企业价值——不受 John 和 Mary 出租车业务的股利政策影响。

● 二者的股票收益——所得股利加上卖出股票利得——是一样的，与其股利政策无关。

---

① 不存在税收这一假设对于这一结论至关重要，下一节亦是。

现在再次看第二点，这时我们引入税收。假定股利征税按"一般收入"30％的税率，卖掉股票按"资本利得"的15％的税率征税。

先看 Mary，卖掉出租车公司股票获利 40,000 美元。如下面计算可得，净收益为 32,000 美元。

	A	B	C	D
1		Mary的出租车公司		
2	资产		负债和股东权益	
3			净负债=负债－现金	5,000
4	出租车	20,000	股东权益	
5			股本	5,000
6			留存收益	10,000
7	总资产	**20,000**	负债和股东权益总计	**20,000**
8				
9	资本利得税	15%		
10	一般所得税	30%		
11				
12		Mary以40,000美元出售她的出租车公司		
13	售价	40,000		
14	偿还债务净额	5,000		
15	股东(Mary)净收入	35,000	<-- =B13-B14	
16	权益的账面价值	15,000	<-- =SUM(D5:D6)	
17	应课税的收益	20,000	<-- =B15-B16	
18	资本利得税(15%)	3,000	<-- =$B$9*B17	
19	Mary销售的净收入	32,000	<-- =B15-B18	
20				
21	加上股利	0		
22	股利所得税(30%)	0	<-- =$B$10*B21	
23	总计	32,000	<-- =B19+B21-B22	

再看 John，他也卖出公司股份，但先向自己付息。他的净收益就低一些。

	F	G	H	I
1		John的出租车公司——发放股利后		
2	资产		负债和股东权益	
3			净负债=负债－现金	8,000
4	出租车	20,000	股东权益	
5			股本	5,000
6			留存收益	7,000
7	总资产	**20,000**	负债和股东权益总计	**20,000**
8				
9	资本利得税	15%		
10	一般所得税	30%		
11				
12		John以40,000美元出售他的出租车公司		
13	售价	40,000		
14	偿还债务净额	8,000		
15	股东(Mary)净收入	32,000	<-- =G13-G14	
16	权益的账面价值	12,000	<-- =SUM(I5:I6)	
17	应课税的收益	20,000	<-- =G15-G16	
18	资本利得税(15%)	3,000	<-- =$G$9*G17	
19	Mary销售的净收入	29,000	<-- =G15-G18	
20				
21	加上股利	3,000		
22	股利所得税(30%)	900	<-- =$G$10*G21	
23	总计	31,100	<-- =G19+G21-G22	

二者净收益的差异在于对股利的税率要比对资本利得的税率高。由于不支付给自己股利，Mary 为自己节省了 $900 = 30\% * 3,000 的股利税。[1]

这个分析表明，如果既存在股利税又存在资本利得税的话，派息会有影响：如果股利税大于资本利得税的话，那么公司不应该分红。[2]

如果 John 真的需要钱呢？解决方案 1：支付奖金

假设由于某种原因，John 真的需要钱。那么他可以给自己发奖金，这部分是可抵税的。当 John 向自己支付奖金时，以现金支付，可以抵税。下面是现金余额的变化：

期初现金余额	$5,000	
公司支付的税后的股利成本	$1,800	公司付给John 3,000美元的股利，这部分钱是要交税的。当公司税率为40%时，那么税后股利成本为（1-40%）*3,000
支付股利后的现金余额	$3,200	

下表是关于 John 以股利或奖金获得利润的情况的。假设个人普通税率是 25%——股利、奖金均适用。

	A	B	C	D	E	F	G	H	I
1	John的出租车公司——发放股利后					John的出租车公司——支付奖金后			
2	资产		负债和股东权益			资产		负债和股东权益	
3	现金	2,000	负债	10,000		现金	3,200	负债	10,000
4	出租车	20,000	股东权益			出租车	20,000	股东权益	
5			股本	5,000				股本	5,000
6			留存收益	7,000				留存收益	8,200
7	总资产	22,000	总负债和股东权益	22,000		总资产	23,200	总负债和股东权益	23,200
8									
9	公司税率	40%				公司税率	30%		
10	资本利得税率	15%				资本利得税率	15%		
11	一般所得税税率	25%				一般所得税税率	25%		
12									
13		John以40,000美元出售他的出租车公司					John以40,000美元出售他的出租车公司		
14	售价	40,000				售价	40,000		
15	支付净债务	8,000	<-- =D3-B3			支付净债务	6,800	<-- =I3-G3	
16	净资产	32,000	<-- =B14-B15			净资产	33,200	<-- =G14-G15	
17	权益的账面价值	12,000	<-- =SUM(D5:D6)			权益的账面价值	13,200	<-- =SUM(I5:I6)	
18	应课税的收益	20,000	<-- =B16-B17			应课税的收益	20,000	<-- =G16-G17	
19	利得税（15%）	3,000	<-- =$B$10*B18			利得税（15%）	3,000	<-- =$B$10*G18	
20	John的净销售收入	29,000	<-- =B16-B19			John的净销售收入	30,200	<-- =G16-G19	
21									
22	加上股利	3,000				加上红利	3,000		
23	股利税率（25%）	750	<-- =$B$11*B22			John的红利税（25%）	750	<-- =$G$11*G22	
24	总计	31,250	<-- =B20+B22-B23			总计	32,450	<-- =G20+G22-G23	

这个做法（奖金抵税）实际上是得到了比 Mary 完全不付股利时更多的盈利。但是，奖金是否比没有奖金时好取决于普通收入所得税税率与企业所得税税率的比较。在下面例子中，普通收入税税率是 45%，大于公司所得税税率，在这种情况下，最好不支付给自己奖金（或股利），而是卖出公司。

---

① 任何情况下，John 和 Mary 都将支付相同的资本利得税。这是因为以现金支付的股利减少了公司的权益，增加了公司的净负债。结果，如这些例子，股东的资本利得与其股利无关。

② 当然，这里假设你充分相信公司能很好地管理投资者的钱。如果"代理成本"过高，那股东宁愿尽快收回钱，即使要征收更高的股利税。

	F	G	H	I
1		John的出租车公司——支付奖金后		
2	资产		负债和股东权益	
3	现金	3,200	负债	10,000
4	出租车	20,000	股东权益	
5			股本	5,000
6			留存收益	8,200
7	总资产	**23,200**	总负债和股东权益	**23,200**
8				
9	公司税率	30%		
10	资本利得税率	15%		
11	一般所得税税率	45%		
12				
13		John以40,000美元出售他的出租车公司		
14	售价	40,000		
15	支付净债务	6,800	<-- =I3-G3	
16	净资产	33,200	<-- =G14-G15	
17	权益的账面价值	13,200	<-- =SUM(I5:I6)	
18	应课税的收益	20,000	<-- =G16-G17	
19	利得税 (15%)	3,000	<-- =$B$10*G18	
20	John的净销售收入	30,200	<-- =G16-G19	
21				
22	加上股利	3,000		
23	John的股利税收 (税率为25%)	1,350	<-- =$G$11*G22	
24	总计	31,850	<-- =G20+G22-G23	

如果 John 真的需要钱呢？解决方案 2：回购股票

也许John需要钱，但由于某种原因他不能支付给自己奖金。在这种情况下，他应该让公司回购他自己持有的股票。假设他说服公司管理层回购自己所持股份3,000美元。并假定回购股份后，John卖出自己的公司。最后，假定对3,000美元的回购款征收资本利得税（事实上不太可能——看一下下表的注释）。此时，John仍比支付给自己股利要好。

	F	G	H	I
1		John的出租车公司——回购股份后		
2	资产		负债和股东权益	
3	现金	2,000	负债	10,000
4	出租车	20,000	股东权益	
5			股本	5,000
6			留存收益	10,000
7	总资产	**22,000**	总负债和股东权益	**25,000**
8				
9	公司税率	30%		
10	资本利得税率	15%		
11	一般所得税税率	45%		
12				
13	John以40,000美元出售他的出租车			
14	售价	40,000		
15	支付净债务	8,000	<-- =I3-G3	
16	净资产	32,000	<-- =G14-G15	
17	权益的账面价值	15,000	<-- =SUM(I5:I6)	
18	应课税的收益	17,000	<-- =G16-G17	
19	利得税 (15%)	2,550	<-- =$B$10*G18	
20	John的净销售收入	29,450	<-- =G16-G19	
21				
22	加上股份回购	3,000		
23	John股份回购的税收 (税率为15%)	450	<-- =$G$10*G22	
24	总计	32,000	<-- =G20+G22-G23	

注释：为了使税收最小化，John 应当在回购前就此问题咨询会计师。全部回购都以股利来征税是极其不可能的。它可以作为资本支出（在不存在税收时）。会计师也能评估 John 股票的主要收入（他原来的所得加上累计资本利得）。下面是一个例子。

	F	G	H
27		会计师估值	
28	资产		负债和股东权益
29			净负债
30	企业价值	40,000	股东权益，市场价值
31	总资产	40,000	总负债和股东权益
32			
33	股份回购支出金额	3,000	
34	占股东权益市场价值的比例	8.57%	<-- =G33/I30
35			
36	权益的账面价值	15,000	
37	基础=账面权益的8.57%	1,286	<-- =G34*G36
38			
39	股份回购的应课税收益	1,714	<-- =G33-G37
40	利得税	257	<-- =G10*G39
41	股份回购的净收入	2,743	<-- =G33-G40
42			
43			
44		John以40,000美元出售他的出租车公司	
45	售价	40,000	
46	支付净债务	8,000	<-- =I29+G33
47	净资产	32,000	<-- =G45-G46
48	权益的账面价值	13,714	<-- =G36-G37
49	应课税利得	18,286	<-- =G47-G48
50	资本利得税(15%)	2,743	<-- =$B$10*G49
51	John销售的净收入	29,257	<-- =G47-G50
52			
53	总计：销售净收入+股份回购净收入	32,000	<-- =G51+G41

会计师估计如下：

● 在现金支出之前，该公司价值 40,000 美元，权益的市场价值为 35,000 美元。

● 通过支付现金 3,000 美元回购了公司 8.57% 的股份。由于公司权益账面价值为 15,000 美元，John 获得的资本利得是 1,714 美元（＝3,000－8.57% * 15,000）。这种资本利得的税率为 15%（＝257 美元），从而 John 获得的净收益是 2,743 美元。

● 现在公司售价为 40,000 美元，他将首先还清其债务净额 8,000 美元（回购用现金 3,000 美元，净债务从 5,000 美元上升到 8,000 美元）。这样，权益的市场价值是 32,000 美元，而账面价值为 13,714 美元（＝15,000 － 8.57% * 15,000）。这部分利得也按资本利得税率 15% 来征税。

● 这样，John 获得了 32,000 美元。

19.3 股利与资本利得

我们已经得出：如果你打算立即卖掉你的公司，那么首先向自己支付股利是非常不明智的。但是如果你不打算立即出售公司，那么应该怎么做？是先将钱留在公司里，等待资本收益税较低的时候？或是向自己支付股利？

当然，这取决于你对公司高层的信任程度。John 和 Mary 的情况是简单的，因为他们自己是所有者，他们不会做对自己有害的事。在这种情况下，他们应该把钱留在公司，公司能为他们赚得与支付股利同样的收益。

19.4　股利能传递信号吗？

19.1 节和 19.2 节我们从纯金融理论角度探讨了股利是不必要的。对于投资者来说，公司是否派发股利的决策是中性的，且当股利税和公司利得税间的差距给定时，它们通常更倾向于不分红。相对于派发股利，实际还有两种更具吸引力的方法。

● 公司简单地选择不派发股利。通过把本该派发股利的数额留在公司，从而把潜在股利转化为投资者未来的资本收益。当投资者最终这样做时，可以从资本利得税低于普通收入税中获利。

● 公司可以用潜在的股利现金流来回购股票。这样，将股利化为即时现金收益给那些将股份卖回给公司的股东（现金收益的资本利得税十分有利）。而那些未将股份卖回给公司的股东在未来会获得更高的收益。

股利仍能作为信号来传递公司运营的信息。股利信号理论有如下两条论断：

● 假定其他条件相同，股利多的企业预示其财务状况比股利少的企业的财务状况更好。

● 股利数额的变化能表明未来公司财务状况。股利越多预示未来公司的前景越好，反之亦然。

股利数额增加总是好消息吗？

另一方面，股利数额增加并不总是好消息。当 2003 年 1 月 16 日微软公司宣布要发放股利时，第二天股价下跌了 7%。根据《商业周刊》，可能主要是因为公司管理层认为当前季度市场需求弱，但也有可能是一些投资者认为派发股利是因为微软没有好的发展机会，Trend Macrolytics 的首席投资官 Don Luskin 如是说。"支付股利的风险在于其可能传递了技术已经成熟，不可能再像以前这样增长了的信号。"Internet.com 的分析师 Paul Shread 说。[①]

现在的金融研究表明，股利的变化，无论是增加还是减少，作用不再像过去那样强烈。尽管股票分析师解释说，股利数额减少是一个负面信号，而股利增加则是一个正面信号，但实际上股利变化后的收益表现与信号的预示并不相同。

19.5　公司高层对股利的态度

很多金融研究表明，多数公司不喜欢改变自己的股利政策，这可能是因为高层们认为股利有信号作用。杜克大学和康奈尔大学近期对 384 位公司高管的调查显示，他们认为保持股利政策的重要性等同于其他投资决策。另外，股份回购被认为来自投资和股利支付后

---

① 参见 http://www.businessweek.com/technology/content/jan2003/tc20030128_1051.htm。

的剩余现金流。但是，研究表明，多数高层更喜欢回购股票而不是派发股利，这是因为回购更加灵活而且可以成倍增加权益市场价值或提高每股盈利。管理层相信机构投资者对是派发股利还是回购都不怎么在意，支付政策对他们的投资者客户没多少影响。简而言之，高层并不认同代理成本、信号理论等假设。税务因素只不过发挥次要作用。[1]

公司对待股利的政策证明了这一点。注意可口可乐公司发布增加股利消息的标题（见图 19.4）"可口可乐公司年股利增加 12%　连续第 43 次增加"。再看两个例子：

可口可乐公司年股利增加 12%　连续第 43 次增加

亚特兰大，2005 年 2 月 17 日

可口可乐公司董事会今天宣布公司连续第 43 次增加股利，每季度的股利增加 12%，从每季度每股 25 美分增加到 28 美分，也就是从 2004 年每股年股利 1 美元增加到现在的 1.12 美元。

股利于 2005 年 4 月 1 日派发给股东，权益登记日为 2005 年 3 月 15 日。

这说明了董事会对公司长期现金流的信心。2004 年，公司运营产生 60 亿美元的现金流——相比 2003 年增长 9%。公司将 4 亿多美元返还给股东了：2.4 亿美元以股利的方式，1.7 亿美元以回购的方式。

可口可乐公司是全球最大的饮料公司。可口可乐被认为是全球最有价值的品牌，该公司开发了全球五大软饮料品牌中的四个，包括健怡可乐、芬达、雪碧以及一系列其他饮料，包括无糖和软饮料、水、果汁、果汁饮料、茶、咖啡和运动饮料。得益于全球最大的饮料分销体系，超过 200 个国家的消费者以每天超过 10 亿份的速度消费该公司的饮料。更多关于该公司的信息，请登录 www. coca-cola. com。

图 19.4　2005 年 2 月 17 日可口可乐宣布增加股利，用股利向金融市场传递信号，但可能不起作用：宣布当天，可口可乐的股价下跌了 26 美分

● IBM 公司自 1916 年之后每季度都会派发股利（见图 19.5），对此它非常骄傲。假定它不再这样做，那么这肯定是 IBM 有大变动的信号。

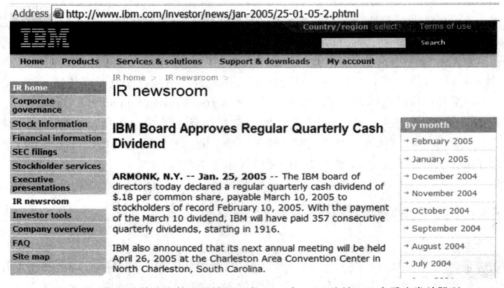

图 19.5　股利政策稳定的重要性——自 1916 年 IBM 连续 357 个季度发放股利

---

① Alon Brav，John R. Campbell，John R. Graham，Roni Michaeli "Payout Policy in the 21st Century," 见 http://papers. ssrn. com/sol3/papers. cfm? abstract _ id=358582。

● 本章以通用汽车公司开始，尽管其财务状况不好，但还是非常不愿意改变股利政策，因为它很清楚一旦减少股利数额就是向外界传递不好的信号。

总　　结

股利具有财务和信号两方面的作用，如果我们忽略后者，那么存在这样一个问题：如果股利是按一般收入的税率来缴税，而不派发股利以及回购股票则按资本利得税率来缴税，那么就很难解释公司为什么要派发股利。若公司不支付股利而留存起来，或回购股份则大部分股东收益更大。如图 19.6 所示，这种纯金融理论的角度或许解释了为什么回购股票在公司股利政策方面变得重要了。

股票回购替代股利

Vahan Janjigian

股票回报由两部分组成：股利和资本收益。然而，自 20 世纪 80 年代以来，股利的比例已经在下降。此外，股利收益率（即每股股利除以股票价格）和派息比率（即每股股利除以每股盈利）也已经持续下降。许多经验丰富的投资者认为这是股票被高估的证据，尽管已有两年的巨大跌幅。

特别是价值投资者认为，稳步上升的现金股利是公司财务健康的体现。这些投资者常常不喜欢缺乏连续支付股利的股票。但其他人，如成长型投资者认为，股利并不是很有意义。

最近 *Journal of Finance* 的一篇文章中提到，一家领先的学术出版社提供实证，减少的现金股利实际上是一种错觉。作者 Gustavo 和 Roni Michaely 认为人们现在仅仅注意到股利日益减少，而忽略了向股东支付现金另一种重要的形式：股票回购。自 1980 年以来，现金股利每年以复利率 6.3% 的速度增长。然而，用在股票回购上的现金的年复合增长率已经上升到 18.4%。而且，用在股票回购上的现金甚至超过了股利。且总现金支付（如股利和回购），作为盈利的百分比，在所研究年份里一直在上涨。

我们的税法基本上解释了这种行为。当企业支付股利时，投资者被迫按普通税率缴纳税款。但是，当企业启动股票回购时，投资者可以完全选择不出售而避免交税。就算他们要卖掉，也是按比普通税率低的资本利得税税率交税。

这是 30 年前的情况了。那么现在为什么回购不像以前受欢迎呢？Grullon 和 Michaely 认为直到 1982 年监管改革后回购股份才开始日益普及，这种做法使得企业不太可能因为回购公司而被美国证券交易委员会指控为操纵股价。

从这项研究还可以得出一些别的经验。首先，那些只是因为股利收益率或派息率在历史的低点就认为股价仍然被高估的人是眼光短浅的。他们应该关注总现金支出。第二，毫无疑问，监管改革，无论好坏，都会影响企业行为。管理良好的公司的行为都是对股东有利和负责的。只要现金股利在税收方面不利，投资者就会倾向于资本利得。并且只要监管机构允许，公司的董事会很清楚给股东他们想要的。

还有非常重要的一点：支付的股利是从税后收益中扣除的。再向投资者征税会加重他们的负担。规章应该消除二次征税。监管机构应消除这种双重征税。股利应被视为公司可抵税的费用或股东可免税的收入。

图 19.6 由于资本利得税相对较低，自 20 世纪 80 年代以来，现金股利一直以一个低于股票回购的速率增长

股利的信息作用更为复杂。多数公司不喜欢轻易改变自己的股利政策——不支付股利的公司会继续不支付政策，而那些以适度增长速度增加股利的公司则继续以这个速率增加股利。这是因为无论是公司管理层还是金融市场都认为改变股利政策都会向外传递信号。大多数公司相信股利增加预示未来公司的前景更好，反之亦然。

但是，我们在本章提出了一些例子，这些例子表明股利变化对预期起着相反的作用：当微软执行股利政策时，市场认为这对于公司前景传递着负面信号。当可口可乐增加其股利时，说"对公司未来现金流很有信心"，股价反而下跌。

我们可以得出结论：只要公司的股票是在公开市场交易的，那么它的股利决策都是很复杂的，不能完全被理解，既要考虑财务、税收，还要考虑复杂的信号、心理动机等因素。

习　题

1. 下表是 John 超市的资产负债表。John 是该超市的唯一拥有者。

	A	B	C	D
1	John的超市			
2	资产		负债和股东权益	
3	现金	500,000	负债	600,000
4				
5			股东权益	
6	超市	1,250,000	股本	800,000
7			留存收益	350,000
8	总资产	1,750,000	总负债和股东权益	1,750,000

a. 求超市资产负债表中的净负债。

b. 假定 John 决定向自己支付 25 万美元的股利：比较原始资产负债表和支付股利后的净资产负债表。

2. John（习题 1 中）又需要你的帮助了。在向自己支付了 25 万美元的股利后，他决定接受超市以 180 万美元卖出的报价。出售的条件是：John 持有公司账面上的现金，但同时要负责归还公司的债务。

a. 假定不存在任何税，求 John 从股利和出售超市中获得的净收益。

b. 若 John 在支付 25 万美元股利前就以 180 万美元将超市卖掉，那么他的净收益又是多少？

c. 回到支付 25 万美元的情况：如果股利税为 30%，出售超市的资本利得税为 20%，试求 John 的净收益。

d. 股利税为 30%，资本利得税为 20%，若 John 没有向自己支付股利就售出超市，求此时 John 的净收益。

3. David 有一家化妆品店，他想以 20 万美元的价格将其售出。该化妆品店的资产负债表如下。假定一般所得税为 40%（包括股利所得），公司所得税税率为 30%，资本利得税税率为 25%。在出售这家店之前，他打算向自己支付 5.5 万美元，也就是他的累积留存收益。根据他自己的说法："不管是否支付股利，我的售价都是一样的。因此，为什么不先向自己支付股利呢？这样的话我会有更多的收入！"David 的这种说法对吗？试分别计算支付股利和不支付股利的情形。

	A	B	C	D
1		David的化妆品店		
2	资产		负债和股东权益	
3	现金	60,000	银行贷款	50,000
4	库存	25,000		
5			股东权益	
6	商店	100,000	股本	80,000
7			留存收益	55,000
8	总资产	185,000	总负债和股东权益	185,000

4. a. 回到习题 3，若 David 不是向自己支付股利，而是向自己支付 5.5 万美元的奖金，习题 3 的答案有什么变化？

b. 若公司所得税税率和一般所得税税率都是 40%，试回答习题 4a。

5. 还是习题 3，若不是支付股利，而是向 David 回购 5.5 万美元的股份（假定对回购征收资本利得税），试回答习题 3。

6. Mallory 想要出售她的捕捞业务。她想要决定到底以哪种方式出售，是先向自己支付 5,000 美元的股利以及 10,000 美元的奖金，或是回购 15,000 美元的股份。假定不管用何种方式，Mallory 都会收到 22 万美元，你建议她应该怎么选？资产负债表如下。

	A	B	C	D
1		Mallory的捕捞业务		
2	资产		负债和股东权益	
3	现金	20,000	银行贷款	25,000
4	库存	25,000		
5			股东权益	
6	船	100,000	股本	110,000
7	仓库	30,000	留存收益	40,000
8				
9	总资产	175,000	总负债和股东权益	175,000

7. HighTech. Com 是一家销售和利润都稳步增长的公司。该公司从未派过息。该公司在考虑用其大量现金余额向股东支付股利还是回购他们的股份。试给出一些建议。

8. Simon 酒店创立于 1995 年。该公司拥有一系列连锁酒店，未曾派过息，都是用来支付购买酒店的债务。现在公司的负债达到了可以接受的水平。你现在是否建议管理层派息？你觉得派息的话，市场会作何反应？

期权及期权定价

在过去的 20 年里，期权市场发展十分迅速，期权成为了许多资本市场一种重要的投资方式。另外，期权理念是考虑市场运行方法及如何投资的重要组成部分。一个典型例子就是，以股票期权给予经理人的补偿。

本书第五部分介绍了期权基本概念和估值。第五部分介绍了必要背景，更为全面的介绍需要参照专门讲述期权的书。

第 20 章介绍了基本概念和术语。通过一系列例子向你展示期权的现金流、买卖期权以及运用不同期权策略得到的收益。

第 21 章介绍了期权定价的一些实例。在更为专业的教材里，这部分被称为期权定价"套利限制"。

第 22 章、第 23 章讨论了两种期权定价的模型。第 22 章向读者阐述最著名的期权定价模型——B-S 公式。B-S 公式的数学推导比较难，我们可以简化。第 22 章我们会简化 B-S 公式，以便于读者学习。

第 23 章探讨另一个著名的期权定价模型——二项式期权定价模型。该模型能使读者对期权——股票和债券的组合——如何定价有一个良好的认知。

第 20 章

期权介绍

概述

本书到目前为止在第 15 章介绍了债券，在第 16 章介绍了股票这两种金融资产。在第 20～23 章我们将介绍另一种金融资产——期权。在这些章节中，读者会看到，期权与债券、股票在许多方面存在区别：

- 期权的价值一般源于另一种资产，该资产通常是股票，因此期权常被称做衍生资产。
- 期权的购买者的盈利无上限，而损失则有限。
- 期权比股票债券更复杂。在理解期权之前，我们将为你介绍一些新的术语和新方法来看金融资产。

关于期权的一个简单的例子

为了便于读者理解期权这些神秘的性质，我们以一个例子开始。[①] 2011 年 1 月 1 日 1 盎司黄金的价格是 800 美元，你预感 3 个月后黄金会涨到 1,200 美元。你的预感从没令你失望过，因此这肯定是一个安全可靠的赚钱的方法。因此你带着你所有积蓄——800 美元去珠宝店买黄金。在此情况下，你只能买 1 盎司，而且最多可以盈利 400 美元——收益率仅为 50%。

但珠宝商向你提出另一种购买方式：你花 50 美元买 1 份合同，该合同赋予你 3 个月后用 800 美元买 1 盎司黄金的权利。你意识到该合约其实就是看涨期权，它使你比买实物黄金赚的钱更多（见图 20.1）。

你可以自己计算一下：

- 800 美元的积蓄可以买 16 份看涨期权。

---

① 即使这个简单例子但并不平凡。期权大致就是这样！

● 3 个月后你可以买 16 盎司的黄金，每盎司 800 美元，如果你的预测是正确的，3 个月后黄金价格是 1,200 美元，那么你就可以通过低买高卖每盎司赚 400 美元。

● 你购买黄金期权的最终总盈利是 6,400－800＝5,600 美元，你初始投资的收益率是 6,400/800－1＝700％。这比你用全部 800 美元的储蓄购买 1 盎司的实体黄金获得的 50％ 的盈利要多得多。

下跌：假设你的预测是错误的，3 个月后黄金价格是 600 美元。再来比较一下购买 1 盎司实物黄金的盈利与购买 16 份看涨期权的盈利：

● 如果你当时用 800 美元买了黄金实体，那么你的损失率是 25％。

● 如果你当时买的是 16 份期权，在 2011 年 3 月 3 日每盎司黄金价格为 600 美元，那么该期权就没有价值了。此时，你初始投资的损失率就是 100％。

---

1 盎司黄金看涨期权

2011 年 1 月 1 日价格：50 美元

在 2011 年 3 月 31 日当天或之前，该凭证赋予拥有者在阿什维尔珠宝市场以 800 美元购买 1 盎司黄金的权利。在此之后，该凭证失效。

凭证所有者可以随时转卖该凭证。

图 20.1　阿什维尔珠宝市场售出的黄金看涨期权凭证

Peacemount 股票期权——一个例子

前面关于黄金的例子是为了使读者相信期权是一种非常有意思的赚钱（亏钱）的方法。本小节我们会给出一个股票期权的例子。股票期权的拥有者被赋予了在未来以既定的价格购买或出售股票的权利。股票期权有两种：股票看涨期权在未来股价上涨时使你赚钱，未来股价下跌时不会亏太多；股票看跌期权在未来股价下跌时使你赚钱，未来股价上涨时不会亏太多。

看一下图 20.2，图中是一家虚构的 Peacemount 公司股票的看涨期权（购买股票的权利）。2010 年 11 月 26 日，期权费是 3 美元。买了这种期权，投资者可以在 3 个月后用 36 美元购买该股票。

为什么要买看涨期权？通过花费 3 美元的期权费，你就将 3 个月后的最高购买价锁定在 36 美元。如果该股票 3 个月后上涨了，那么你就能省很多钱。比如它在 2011 年 2 月 26 日涨到 50 美元了，那你行权就能以 36 美元的价格买入该股票。此时，你的收益为 11 美元（36 美元的价格可以节省 14 元，再减去 3 美元的期权费，得到 11 美元）。与此相反，如果股价下跌到 36 美元以下，那么可以不行权，你也只损失了 3 美元的期权费。用期权术语来说，看涨期权提供无限的上行收益和有限的下行亏损。

购买看涨期权还有一个原因：你可以在 3 个月里的某个时间将其出售以赚取差价收益。比如 1 周后该股票股价涨到 45 美元，那么期权费至少会涨到 9 美元，因为持有期权的人立刻行权的话能赚 9 美元。[1] 注意到在这个例子中股票价格涨了 25％（从 36 美元涨

---

[1]　任何持有该期权的人可以以 36 美元的价格购买 1 份 Peacemount 的股票。当前股价为 45 美元，因此立刻可以实现的收益为 9 美元。

至 45 美元），而期权费至少涨了 200%，这使得期权是一项非常有意思的投机。用期权市场的术语来说，即期权费对标的资产价格（本例为 Peacemount 股票价格）非常敏感。

除了看涨期权，本章还会介绍看跌期权。看涨期权是将来买入股票的权利，而看跌期权是将来以特定的价格卖掉股票的权利。图 20.3 中是看跌期权的例子，2010 年 11 月 26 日，你可以用 2.5 美元购买一项权利，该权利赋予你在未来 3 个月以 36 美元卖掉 1 份 Peacemount 股票的权利。

这种看跌期权吸引人的地方在哪里呢？原因之一是：该期权为该股票的持有者限定了损失的上限。假定你当前持有 1 份 Peacemount 股票。期权可以使你在 2010 年 11 月 26 日以 35.5 美元的价格卖出股票。你用 2.5 美元买看跌期权，这样可以保证你自己在未来 3 个月任一时刻至少可以得到 33.50 美元。假定在 2004 年 2 月 26 日，该股票跌到 20 美元。此时不是将其卖出去，你可以行权，以 36 美元的价格将其卖出。扣除期权成本，你的净收益是 33.5 美元（36 美元减去 2.50 美元的看跌期权的成本）。

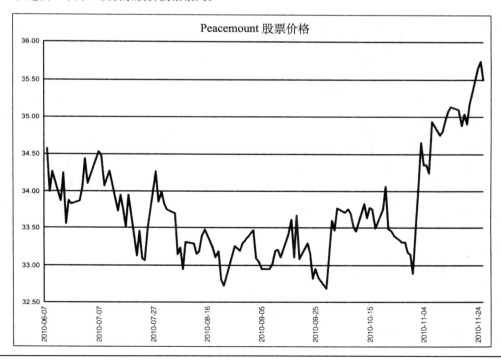

Peacemount 股票的看涨期权
2006 年 11 月 26 日的期权价：3 美元

在 2011 年 2 月 26 日或之前可以在阿什维尔股票交易所，该凭证赋予你以 36 美元的价格卖出 1 份 Peacemount 股票的权利。2011 年 2 月 26 日之后，该凭证就失效了。持有的该凭证可以转售给其他人。

附加信息：

● 2010 年 11 月 26 日，该股票股价为 35.50 美元。

● 在过去 3 个月，该股票股价波幅很大。

图 20.2　Peacemount 股票的看涨期权及股票价格

> **Peacemount 股票的看跌期权**
>
> **2010 年 11 月 26 日的期权价：2.50 美元**
>
> 在 2011 年 2 月 26 日或之前可以在阿什维尔股票交易所，该凭证赋予你以 36 美元的价格卖出 1 份 Peacemount 股票的权利。2011 年 2 月 26 日之后，该凭证就失效了。持有的该凭证可以转售给其他人。

图 20.3　Peacemount 股票的看跌期权凭证

接下来呢？

我们将引入股票期权的概念，介绍期权的现金流。此外，我们告诉你如何利用期权策略——在投资组合中结合期权和股票的能力——能改变投资者收益。当读者学完本章，就能理解股票期权是多么有意思的证券，以及为什么投资者会选择投资它。

讨论的金融概念

- 看涨期权和看跌期权
- 期权策略：保护性看跌期权、价差、蝶式策略（见表 20.1）

表 20.1　期权定价中涉及的术语

基本期权术语和符号		
名称	定义	符号
看涨期权	将来以一给定价格购买股票或其他资产的权利	C
看跌期权	将来以一给定价格出售股票或其他资产的权利	P
行权价	投资者可以在将来买入股票或资产的价格，也叫行使价、执行价	X
行权日	期权可以行使的最后一天；过了这一天期权就没有价值了	T
标的资产	用期权可以购买的股票或资产（前面的例子里是黄金和 Peacemount 股票）	S S_0：当前股票价格 S_T：行权日股价

使用的 Excel 函数

- Max
- Min

20.1　什么是期权？

股票看涨期权是在某一特定日期或之前以特定的价格购买股票的权利。下表给出了

IBM 公司在 2009 年 5 月 8 日的期权费，当日股价为 101.49 美元。在下面的例子中，我们会用到这些价格。

	A	B	C
1		2009年5月8日： IBM股票期权， 2009年7月17日到期	
2	行权价	看涨期权价格	看跌期权价格
3	45	60.80	0.05
4	55	50.80	0.10
5	65	40.80	0.15
6	70	35.80	0.25
7	75	31.30	0.40
8	80	20.99	0.70
9	85	16.40	1.18
10	90	13.30	2.05
11	95	9.10	3.30
12	100	6.40	5.20
13	105	4.00	7.70
14	110	2.24	11.00
15	115	1.10	15.20
16	120	0.52	19.70
17	125	0.25	21.30
18	130	0.10	29.70

上表的第 12 行是 IBM 股票的看涨期权，行权价为 100 美元，5 月 8 日期权价格为 6.40 美元。假定你购买了该看涨期权。图 20.4 是该期权的现金流模式。

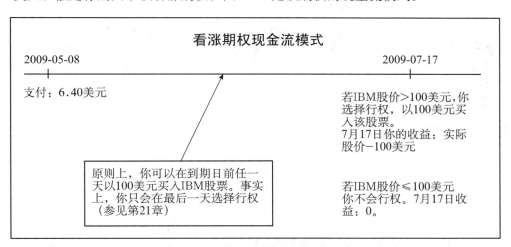

图 20.4　IBM 股票的看涨期权现金流模式

现在，让我们看一下 7 月 17 日会发生什么：

● 7 月 17 日股价 135 美元。此时你能以 100 美元买入 1 份 IBM 股票。那么你的收益是 135－100＝35 美元。

● 7 月 17 日股价为 90 美元，你将不会行权（你为什么不行权？你可以在交易市场上以更便宜的价格买入股票），收益是 0 美元。

IBM 看跌期权

行权价为 100 美元的 IBM 看跌期权情形又如何？2009 年 5 月 8 日该期权售价 5.2 美元。该看跌期权赋予购买者在最后一天或之前以行权价卖出 1 份 IBM 的股票的权利。图 20.5 呈现了其现金流。

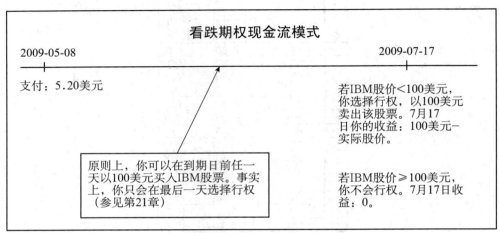

图 20.5　IBM 股票的看跌期权现金流模式

如果 7 月 17 日股价为 85 美元，那么你会选择行权，以 100 美元卖出 IBM 股票，此时盈利 15 美元。[①] 而如果股价是 130 美元，你就不会行权了。（为什么在公开市场上可以卖 130 美元时要用期权以 100 美元卖出股票呢？）

期权网站

本章中的所有数据均来自网络公共资源。许多网站有超强大的数据，也有学术特点。下面列出一些我们喜欢的网站：
- 芝加哥期权交易所（CBOE）：http：//www.cboe.com
- 雅虎网站：http：//biz.yahoo.com/opt/

欧式期权与美式期权

IBM 公司的股票期权是美式期权——可以在到期日之前行权，而欧式期权只能在其到期日行权。显然，美式股票期权的价值不低于欧式股票期权——因为美式期权灵活性更大。
- 关于这两种期权的注意点：名称与地理位置无关。大部分在美国、欧洲或亚洲交易的期权都是美式期权，而不是欧式期权。

---

① 若在 7 月 17 日你没有 IBM 的股票怎么办？没有问题：你可以在公开市场以 85 美元买入，并通过期权以 100 美元卖出该股票。

● 有关美式看涨期权的一个重要事实是：在许多情况下，美式看涨期权的价值与欧式看涨期权完全一样，这种情况一般会在该股票在到期日之前不支付股利的情形下出现。我们将在第 21 章解释这一点。

价内期权、价外期权、平价期权

目前价格大于行权价的看涨期权被称为价内期权。以表 20.2 中 IBM 7 月的期权为例。期权费为 13.3 美元的期权，其行权价 90 美元低于目前 101.49 美元的股价。因此该期权在价内——股价大于该看涨期权的行权价。

期权费为 2.24 美元的期权，其行权价 110 美元高于目前 101.49 美元的股价，此时，这种期权称为价外期权。如果股价等于行权价，则该期权就是平价期权。该期权的行权价 100 美元几乎无利可图，期权交易者可行权也可不行权。

而对于看跌期权，行权价大于目前股价的看跌期权被称为价内期权。行权价为 120 美元的 IBM 看跌期权（售价 19.70 美元）在价内，而行权价为 80 美元的 IBM 看跌期权（售价 0.70 美元）在价外。一般没有平价看跌期权，但交易者还是更喜欢行权价为 100 美元的看跌期权（售价 5.20 美元，此时是平价期权）。

表 20.2   **期权定价涉及的术语**

期权术语	
术语	定义
欧式期权	该期权只能到期日行权。
美式期权	该期权可在到期日或到期日之前行权。交易所交易的期权大部分是美式的。尽管原则上美式期权要比欧式期权值钱，但是在大部分情形不是这样（参见第 21 章）。
平价期权	该期权的行权价等于标的资产的当前价。而我们大致上用价内期权形容行权价大致等于当前股价的期权。
价内期权	该期权通过立刻行权可以赚取差价收益。看涨价内期权指当前股价大于期权行权价。看跌价内期权指当前股价小于期权行权价。
价外期权	该期权不能使持有者立刻行权获利。若 $X > S_0$，看涨期权是价外期权。若 $S_0 > X$，该看跌期权为价外期权。

20.2　为什么购买看涨期权？

以下是你可能购买看涨期权的两个简单原因。

原因 1： 看涨期权可以使你推迟购买股票：2009 年 5 月 8 日你正在考虑购买 IBM 股票，目前价格是 101.49 美元。作为替代品，你可以买一个行权价 $X = 100$ 美元的看涨期权。期权费为 6.4 美元。下面是你的思考过程。

● 如果在 2009 年 7 月 19 日，IBM 股票价格大于 100 美元，你会行权，以 100 美元购买该股票。如果你足够仔细，你会发现这有几个潜在可能：

■ 7 月 17 日 IBM 股价是 130 美元。此时你就像强盗一样：你花了 6.4 美元的期权费，但你却能以 100 美元买入该股票，节省了 30 美元，净赚了 23.6 美元（＝30 美元—6.40 美元的期权成本）。

■ 若 7 月 17 日 IBM 股价是 105 美元，你仍会行权，以 100 美元买入该只股票。你节省了 5 美元购买该股票，但此次你将会亏损。因为期权费为 6.40 美元，你的净收益为 —1.4 美元。

● 如果在 2009 年 7 月 17 日，IBM 股票价格小于 100，你不会行权。若你仍打算买入该股票，你会在公开市场上买入该股票。则不管怎么样，你只会损失 6.4 美元的期权费。

原因 2：看涨期权可以使你赌股价上涨。该赌注：1）成本低，2）升值潜力高，3）一边倒的。

假设你想买上述期权：你在 2009 年 5 月 8 日以 6.4 美元购买了 1 份期权，这份期权赋予你在 7 月 17 日以 100 美元的行权价购买的 IBM 的股票的权利。你的目的是赌 IBM 股价在 7 月会上涨。如表 20.3 所示。

表 20.3　　　　　　　　　　　　　看涨期权的盈利分析

看涨期权的盈利分析			
2009 年 7 月 17 日 IBM 股价	是否行权？	收益	收益率
$90	否——该期权赋予投资者以 100 美元每股的价格购买 IBM 股票，但是市场价比行权价低，故不会行权	—$6.40	$\dfrac{行权收益－期权费}{期权费}=\dfrac{-40.6}{6.40}$ $=-100\%$
$100	是/否——行权与否无关紧要（同样以市场价买入）	—$6.40	$\dfrac{行权收益－期权费}{期权费}=\dfrac{-6.40}{6.40}$ $=-100\%$
$105	是——该期权可以使投资者以 100 美元每股的价格买入股票，而股票市场价为 105 美元。因此应该行权（即使此时你仍然亏损——参看后面的计算）	行权收益－期权费 ＝（105－100）－6.40 ＝—1.40	$\dfrac{行权收益－期权费}{期权费}=\dfrac{5-6.40}{6.40}$ $=-22\%$
$120	是	行权收益－期权费 ＝（120－10）－6.40 ＝13.60	$\dfrac{行权收益－期权费}{期权费}=\dfrac{20-6.40}{6.40}$ $=-213\%$
$140	是	行权收益－期权费 ＝（140－100）－6.40 ＝33.60	$\dfrac{行权收益－期权费}{期权费}=\dfrac{40-6.40}{6.40}$ $=-525\%$

● 赌注成本低：你只需付 6.4 美元的期权费。

● 你的损失不会超过 6.4 美元。这就是我们所说的，这种打赌是"一边倒"的：你只会损失有限的资金。

● 该打赌具有很高的升值潜力：当 7 月最终股价超过 100 美元时，以美元和比值衡量的利润增长都很迅速。

你可以在下表中概括这些特点。

	A	B	C	D	E	F	G	H
1	购买1份IBM看涨期权的收益 2009年5月8日以6.40美元买入；行权价X=100美元 行权日：2009年7月17日							
2	2009年5月9日看涨期权的价格	6.40						
3	看涨期权行权价X	100.00						
4								
5	S_T: 2009年7月17日IBM的市场价	是否行权?	看涨期权的收益或损失（美元）	IBM看涨期权的盈利/亏损（美元）				
6	0	否	-6.40					
7	80	否	-6.40					
8	90	否	-6.40					
9	100	无差异	-6.40					
10	110	是	3.60					
11	120	是	13.60					
12	130	是	23.60					
13	140	是	33.60					
14	150	是	43.60					
15	160	是	53.60					
16	170	是	63.60					
17	180	是	73.60					
18	190	是	83.60					

（图表：IBM看涨期权的盈利/亏损（美元），横轴为2009年7月17日IBM的股价）

20.3 为什么购买看跌期权?

如看涨期权一样，购买看跌期权也有两个简单原因。

原因1：看跌期权能够使你推迟卖出股票。

2009年5月8日，你拥有1份IBM股票。你正在考虑出售它，其目前的市场价格为101.49美元。另一方面，你可以买X＝100美元的看跌期权，期权费为5.2美元。下面是你的思考过程：

● 如果在2009年7月17日，股价小于100美元，你就会行权，以100美元的价格卖出IBM股票。如前面看涨期权所讨论的，也存在几种潜在可能：

■ 如果2009年7月17日IBM股价为50美元，你就赚了很多：你花了5.2美元的期权费，但你可以以100美元卖出股票，这要比市场价格多50美元。你的净收益为44.8美元（＝50美元－5.20美元的成本）。

■ 如果2009年7月17日股价为95美元，你仍会行权，并以100美元的价格将其售出。与市场价相比，你赚了5美元。但此时，你会亏损。因为期权费为5.2美元，净亏0.2美元。

● 如果7月17日IBM股价大于100美元，你将不行权。如果你仍打算卖出IBM的股票，你会在公开市场上卖出该股票。这样，你仅损失了5.2美元的期权费。

原因2：看跌期权可以使你打赌股价下跌。

如果你花了5.2美元购买看跌期权，并等到7月17日行权，那么你的收益如下：

$$
看跌期权的收益 = \begin{cases} 100 - S_T - 5.20 & \text{2009年7月17日IBM股价} \leqslant 100\text{美元。此时，你行权，收益为 } S_T - 100 - \text{看跌期权成本} \\ -5.20 & \text{2009年7月17日IBM股价} > 100\text{美元。此时，你不行权。你的亏损等于看跌期权成本} \end{cases}
$$

总结如下表。

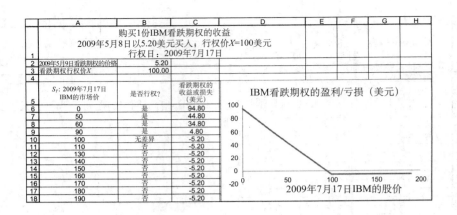

	A	B	C	D	E	F	G	H
1		购买1份IBM看跌期权的收益 2009年5月8日以5.20美元买入；行权价X=100美元 行权日：2009年7月17日						
2	2009年5月9日看跌期权的价格	5.20						
3	看跌期权行权价X	100.00						
4								
5	S_T: 2009年7月17日 IBM的市场价	是否行权？	看跌期权的 收益或损失 （美元）					
6	0	是	94.80					
7	50	是	44.80					
8	60	是	34.80					
9	90	是	4.80					
10	100	无差异	-5.20					
11	110	否	-5.20					
12	130	否	-5.20					
13	140	否	-5.20					
14	150	否	-5.20					
15	160	否	-5.20					
16	170	否	-5.20					
17	180	否	-5.20					
18	190	否	-5.20					

20.4　期权价格的一般性质

在这一节中，我们回顾一下期权价格的三种一般性质。我们将关注期权到期时间、行权价、股票价格的影响。我们的探讨不正式，是直观上的。

性质 1：到期时间越长，期权越有价值

你要行使的期权到期时间越长，该期权越有价值。这里很清楚：假设你拥有 2009 年 7 月的看涨期权（行权价为 100 美元）和 10 月的看涨期权（行权价为 100 美元）。由于 IBM 期权是美式期权，10 月的看涨期权覆盖了 9 月看涨期权所有行权的机会，还有其他的行权机会。因此，10 月看涨期权要比 9 月看涨期权更有价值。

这里有一些 IBM 期权的数据。请注意，期权价格随到期时间增加而增加。

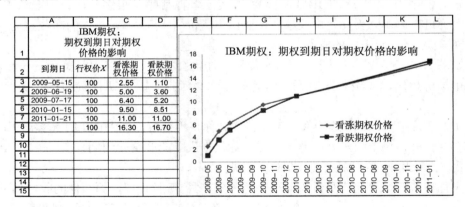

	A	B	C	D
1		IBM期权： 期权到期日对期权 价格的影响		
2	到期日	行权价X	看涨期 权价格	看跌期 权价格
3	2009-05-15	100	2.55	1.10
4	2009-06-19	100	5.00	3.60
5	2009-07-17	100	6.40	5.20
6	2010-01-15	100	9.50	8.51
7	2011-01-21	100	11.00	11.00
8		100	16.30	16.70

性质 2：行权价较高的看涨期权，价值较低；行权价较高的看跌期权，价值较高

假设你拥有 IBM 股票 2009 年 10 月的两份看涨期权：一个行权价是 100 美元，另一个是 120 美元。第二份的价值低一点。为什么？考虑看涨期权打赌的情形：第一份期权打赌股价将超过 100 美元，而第二份是超过 120 美元。实际上，相对于后者，前一个打赌总是更容易赢。

基于 Excel 的金融学原理（第二版）

从下面的表中可以看到，IBM 公司的期权价格符合这个性质。

	A	B	C	D	E	F	G	H	I	J	K
1	\multicolumn{11}{c}{2009年5月8日：IBM期权，2009年10月16日到期}										
2	行权价	看涨期权价格	看跌期权价格								
3	50	50.40	0.25								
4	55	47.30	0.45								
5	60	41.30	0.40								
6	65	41.00	0.68								
7	70	33.30	1.20								
8	75	26.85	1.65								
9	80	22.70	2.30								
10	85	18.40	3.30								
11	90	14.70	4.64								
12	95	12.00	6.30								
13	100	9.50	8.51								
14	105	6.76	11.00								
15	110	5.00	14.60								
16	115	3.40	15.20								
17	120	2.15	20.90								
18	125	1.40	22.80								
19	130	0.83	26.20								
20	135	0.50	34.90								
21	140	0.30	39.80								
22	145	0.25	43.20								

从上表可见，在所有期权的到期日（2009 年 10 月）一致的情况下，行权价越高，看涨期权价值越低且看跌期权价值越高。

性质 3：股价上涨的时候，看涨期权价值会上涨，看跌期权价值会下跌

若考虑期权打赌的情形，这种行为的原因显而易见：假设你在 2009 年 10 月买了 1 份行权价为 100 美元的 IBM 看涨期权。我们可以将该期权看做打赌，即你认为 10 月份的 IBM 股价会涨到 100 美元以上。如果当前的股价越高，那么未来其股价涨到 100 美元以上的可能性越大，那么期权的价格也就越高。举个例子，你花 9.5 美元买了行权价为 100 美元的 IBM 看涨期权，当前股价是 101.49 美元。如果当前股价变到 105 美元，你就愿意花更高的钱去买这份相同的期权。

20.5 卖出期权，做空股票

到现在为止，我们都是从期权购买者角度探讨期权定价问题。例如，在 20.2 节中，我们得到在 2009 年 5 月 8 日以 6.40 美元的期权费购买行权价为 100 美元的 IBM 看涨期权，并一直持有期权到 2009 年 7 月 17 日。类似地，在 20.3 节中，我们讨论了购买 IBM 的看跌期权。

卖出看涨期权

从另一个角度看：当你买入看涨期权时，必然会有人卖出。用期权市场术语来说，看

涨期权卖方就是卖出看涨期权。

看涨期权的买方：2009 年 5 月 8 日买方用 6.4 美元购买了 IBM 看涨期权，可以在 2009 年 7 月 17 日或之前以 100 美元的行权价买入 1 份 IBM 股票。

看涨期权的卖方：2009 年 5 月 8 日卖方用 6.4 美元出售了 IBM 看涨期权。他就有义务在 2009 年 7 月 17 日或之前以 100 美元的行权价卖出 1 份 IBM 股票。

图 20.6 描述了看涨期权卖出者的盈利。

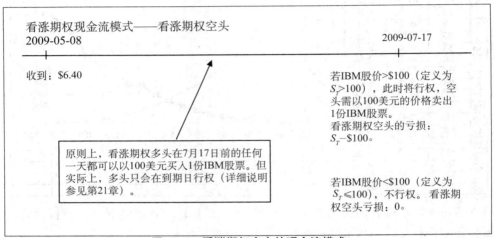

图 20.6 看涨期权卖方的现金流模式

下面的图表描述了卖出看涨期权的情形。

卖出看跌期权

看跌期权也一样。

看跌期权的买方：2009 年 5 月 8 日买方用 6.4 美元购买了 IBM 看跌期权，他有权在 2009 年 7 月 17 日或之前以 100 美元的行权价卖出 1 份 IBM 股票。

看跌期权的卖方：2009 年 5 月 8 日卖方用 6.4 美元出售了 IBM 看跌期权。他有义务在 2009 年 7 月 17 日或之前以 100 美元的行权价买入 1 份 IBM 股票。

图 20.7 描述了这一过程。

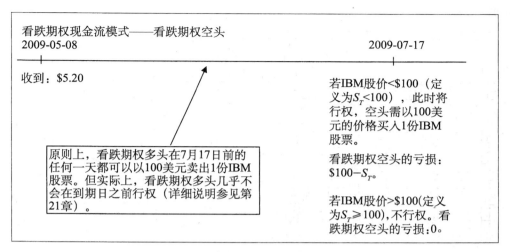

图 20.7　看跌期权卖方的现金流模式

下面的图表描述了卖出看跌期权的盈利模式。

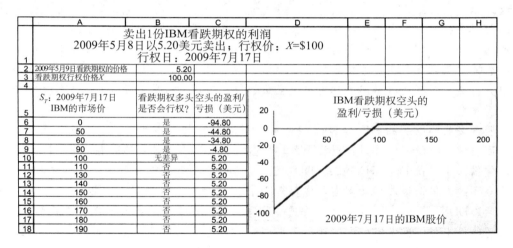

卖空股票

卖空股票相当于卖出期权。下面比较了卖空股票和购买股票。

股票购买者：2009 年 5 月 8 日你花 101.49 美元购买 1 份 IBM 股票。到你卖它的当天，T 日，将得到股价 S_T。不过你也有可能在卖出之前获得股利。忽略货币的时间价值，你购买股票的收益是：

$$S_T + \text{IBM 股利} - 101.49$$

股票卖空者：2009 年 5 月 8 日你借了 1 份 IBM 的股票，然后出售，收到了 101.49 美元。在将来的某个日期 T，你需要在公开市场上花 S_T 购买 1 份 IBM 股票。若期间 IBM 派发股利，卖空者有义务将股利付给借股票给他的人。他的总收益是：

$$101.49 - (S_T + \text{IBM 股利})$$

在本书期权章节中，我们通常假设在买卖股票期间没有股利。这意味着购买或卖空股票表示如下。

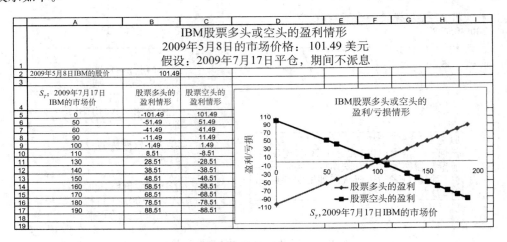

	A	B	C	D	E	F	G	H	I
1			IBM股票多头或空头的盈利情形 2009年5月8日的市场价格：101.49 美元 假设：2009年7月17日平仓，期间不派息						
2	2009年5月8日IBM的股价		101.49						
3									
4	S_T：2009年7月17日IBM的市场价	股票多头的盈利情形	股票空头的盈利情形						
5	0	-101.49	101.49						
6	50	-51.49	51.49						
7	60	-41.49	41.49						
8	90	-11.49	11.49						
9	100	-1.49	1.49						
10	110	8.51	-8.51						
11	130	28.51	-28.51						
12	140	38.51	-38.51						
13	150	48.51	-48.51						
14	160	58.51	-58.51						
15	170	68.51	-68.51						
16	180	78.51	-78.51						
17	190	88.51	-88.51						
18									
19									

卖空

股票多头意味着在一个特定日期买入股票，并在稍后一个日期卖出股票。当你是一个股票多头时，你可以选择持有该股票（在此情形中，你可以一直收入股利）。

股票空头意味着在一个特定日期卖出借来的股票，并在稍后买入该股票并还给股票借出方。买入股票还给借出方称为平掉空头仓位。当你持有股票空头时，你必须在未来某一天平仓。

股票多头和空头的利润是截然相反的。当你持有股票多头时，股价上涨你就会盈利。而当你持有股票空头时，股价下跌你会盈利。要明白这些，假定在 2010 年 10 月 31 日，你借入 100 份 DipseyDoodle（DD）股票。DD 股票当前售价 100 美元，你预期该股价格会下跌。借入该股票后卖出，你获得 10,000 美元（100 股股票乘以 100 美元）。一个月后，DD 股票售价为 80 美元，你选择平仓：花 8,000 美元买入 100 股该股票，并将股票还给借出方。你做空的打赌获得了收益，你赚了 2,000 美元。（当然，如果 DD 股价上涨，你将亏损。）

下面两个网站可以找到一些比较好的关于做空的文章：

● Motley Fool：http：//www. fool. com/FoolFAQ/ FoolFAQ0033. htm
● "Short（finance）："http：//en. wikipedia. org/wiki/short _ （finance）

20.6 期权策略——买入期权更为复杂的原因

在上一节，我们研究了购买和卖出看涨期权、看跌期权以及股票的收益和亏损。本节将探究购买期权更为复杂的策略。"期权策略"是指持有一系列期权、股票和债券所获得的收益。

一个简单的例子：买入股票和买入看跌期权

我们以一个简单（但有用的）策略开始：假设我们决定于 2009 年 5 月 8 日购买 1 股 IBM 股票，购买 7 月到期、行权价为 100 美元的看跌期权。总费用是 106.69 美元：每股 101.49 美元的股票费用和 5.2 美元的看跌期权成本。

这样一个组合可以有效地保证 7 月 17 日到期时你至少有 100 美元在手。在最坏的情况下，你也只损失 6.69 美元。

2009年7月17日的股价	策略	手持现金	净利润
小于100美元	选择行权并以100美元的价格卖出IBM的股票	100美元	$100 - ($101.49 + $5.20) = -$6.69
大于100美元	让看跌期权到期(不行权)	7月17日IBM的股价S_T	S_T - ($101.49 + $5.20) = S_T - $106.69

下面的电子表格显示了整个投资策略。

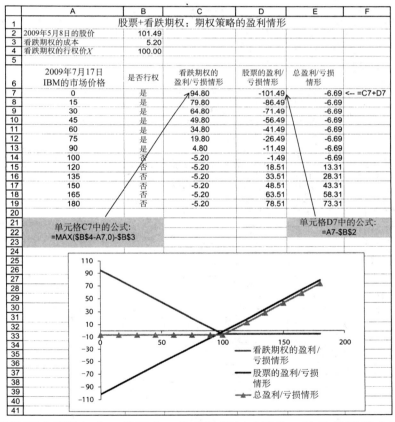

购买 1 份股票或投资组合，并买入 1 份看跌期权或组合，这种投资策略被称为投资组合保险策略，投资组合保险策略很受投资者欢迎。这种策略可以保证投资于股票有一个最小的收益（当然，你得买入看跌期权）。

预料看涨看跌期权平价

你会注意到，股票＋看跌期权策略图十分像看涨期权的图（20.2 节）。这样，你可以推测得知，股票＋看跌期权组合的收益大致等于看涨期权的收益。但是，如同你将在下一章学到的，这并不十分准确。在下一章，我们会讨论看涨看跌期权平价理论，并证明相同标的股票，到期日相同，行权价同样是 X 的看跌期权和看涨期权。

股票＋看跌期权＝看涨期权＋X 的现值

较为复杂的例子：股票＋2 份看跌期权

假设你买入了 1 份股票和 2 份看跌期权，期权费 5.2 美元，行权价都是 100 美元。下面是你可能的收益。

7月17日的股价	策略	7月17日的手持现金	净利润
$S_T \leqslant 100$	两份看跌期权都行权。假定某人要以100美元购买IBM的股票。以市价S_T再买入1份股票并以S_T价格卖给空头	$2*\$100-S_T$	$2*\$100-S_T-(\$101.49+\$10.40)=\$108.91-S_T$
$S_T > 100$	让看跌期权到期（不行权）	7月17日IBM的股价S_T	$S_T-(\$101.49+\$10.40)=S_T-\$110.89$

如果我们将其制成 Excel 表，见下表。

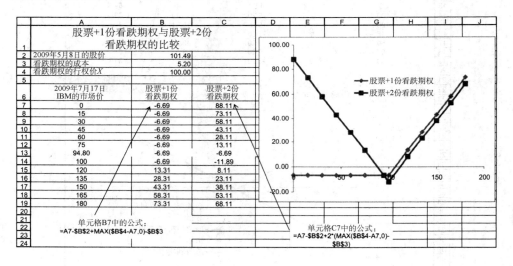

比较投资组合策略

作为投资策略，哪种更好：购买 1 份 IBM 股票并购买 1 份看跌期权，或购买 1 份 IBM 股票并购买 2 份看跌期权？让我们看一下这两种策略汇成的图。

	A	B	C	D	E	F
1	股票+2份看跌期权：期权策略的盈利情形					
2	2009年5月8日的股价	101.49				
3	看跌期权的成本	5.20				
4	看跌期权的行权价X	100.00				
5						
6	2009年7月17日IBM的市场价格	是否行权	看跌期权的盈利/亏损情形	股票的盈利/亏损情形	总盈利/亏损情形	
7	0	是	189.60	-101.49	88.11	<-- =C7+D7
8	15	是	159.60	-86.49	73.11	
9	30	是	129.60	-71.49	58.11	
10	45	是	99.60	-56.49	43.11	
11	60	是	69.60	-41.49	28.11	
12	75	是	39.60	-26.49	13.11	
13	90	是	9.60	-11.49	-1.89	
14	100	否	-10.40	-1.49	-11.89	
15	120	否	-10.40	18.51	8.11	
16	135	否	-10.40	33.51	23.11	
17	150	否	-10.40	48.51	38.11	
18	165	否	-10.40	63.51	53.11	
19	180	否	-10.40	78.51	68.11	
20						
21	单元格C7中的公式：			单元格D7中的公式：		
22	=2*(MAX($B$4-A7,0)-$B$3)			=A7-$B$2		
23						

股票+2份看跌期权

利润

2009年7月17日IBM的股价

这两种策略的选择涉及了"权衡"（这是市场有效性的性质：在一个有效市场中，没有一种资产完全比另一种资产好）。

● 当 IBM 7 月的股价＞94.8 美元时，股票＋看跌期权策略具有较高的利润，当 IBM 7 月的股价＜94.8 美元时，股票＋看跌期权策略具有较低的利润。

● 股票＋2 份看跌期权策略成本都更高（注意到当 S_T＝100 时的收益小于股票＋看跌期权策略的收益，你就会明白这一点）。不过该策略能保证在 S_T 非常小或大时都有正的收益。

你应该选择哪种策略？这取决于你对未来的预测：如果你认为 IBM 股价将有大的变动（无论涨跌），那么股票＋2 份看跌期权是较好的选择。另一方面，如果你认为 IBM 股价也许会上涨，但你想防止出现股价下跌的情况（即打赌失败），那么股票＋看跌期权就更适合你。

另一种策略：1份股票＋1份、2份、3份或4份看跌期权

这里几乎没什么好说的，让我们看一下下面的图表吧。

	A	B	C	D	E	F	G	H
1	股票+n份看跌期权：期权策略的盈利情形							
2	2009年5月8日的股价	101.49						
3	看跌期权的成本	5.20						
4	看跌期权的行权价X	100.00						
5								
6	2009年7月17日 IBM的市场价	是否行权	单份看跌期权的盈利/亏损	股票的盈利/亏损	总利润：1份看跌期权	总利润：2份看跌期权	总利润：3份看跌期权	总利润：4份看跌期权
7	0	是	94.8	-101.49	-6.69	88.11	182.91	277.71
8	15	是	79.8	-86.49	-6.69	73.11	152.91	232.71
9	30	是	64.8	-71.49	-6.69	58.11	122.91	187.71
10	45	是	49.8	-56.49	-6.69	43.11	92.91	142.71
11	60	是	34.8	-41.49	-6.69	28.11	62.91	97.71
12	75	是	19.8	-26.49	-6.69	13.11	32.91	52.71
13	90	是	4.8	-11.49	-6.69	-1.89	2.91	7.71
14	100	否	-5.2	-1.49	-6.69	-11.89	-17.09	-22.29
15	120	否	-5.2	18.51	13.31	8.11	2.91	-2.29
16	135	否	-5.2	33.51	28.31	23.11	17.91	12.71
17	150	否	-5.2	48.51	43.31	38.11	32.91	27.71
18	165	否	-5.2	63.51	58.31	53.11	47.91	42.71
19	180	否	-5.2	78.51	73.31	68.11	62.91	57.71

20.7 另一种期权策略：价差策略

价差策略涉及购买1份股票期权和卖出另一个期权。看下面2009年5月8日的例子。

● 买入1份7月到期的行权价 $X = 80$ 美元的看涨期权，期权费20.99美元。

● 卖出1份7月到期的行权价 $X = 110$ 美元的看涨期权，期权费2.24美元。因为我们卖出期权，这笔收入在5月8日收到。

在下面的电子表格中，我们验证了该策略的收益，并画出了收益图。

我们从另一个角度来看该策略：2009年7月17日（期权到期日）我们得到：

$$-20.99+\underbrace{\max\left(S_{IBM,2009\text{-}07\text{-}17}-80,0\right)}+2.24-\underbrace{\max\left(S_{IBM,2009\text{-}07\text{-}17}-110,0\right)}$$

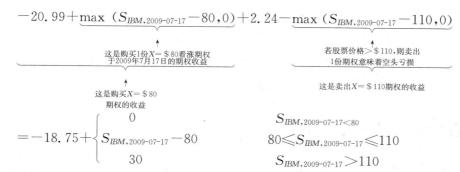

这是购买1份$X=\$80$看涨期权
于2009年7月17日的期权收益

这是购买$X=\$80$
期权的收益

若股票价格$>\$110$，则卖出
1份期权意味着空头亏损

这是卖出$X=\$110$期权的收益

$$=-18.75+\begin{cases} 0 & S_{IBM,2009\text{-}07\text{-}17}<80 \\ S_{IBM,2009\text{-}07\text{-}17}-80 & 80\leq S_{IBM,2009\text{-}07\text{-}17}\leq110 \\ 30 & S_{IBM,2009\text{-}07\text{-}17}>110 \end{cases}$$

在这种情况下，这个价差策略并不是很有风险。如果股价上涨，你可以获得较小的盈利；如果股价下跌，你最多损失 18.75 美元。这种价差称为牛市价差——你看好这只股票（意味着你认为股票将上涨）。

	A	B	C	D	E	F
1	牛市价差：赌股价上涨					
2	$X=80$看涨期权7月份的成本	20.99				
3	$X=80$看涨期权购买的份数	1				
4						
5	$X=110$看涨期权7月份的成本	2.24				
6	$X=110$看涨期权购买的份数	-1				
7						
8	2009年7月17日 IBM的市价	是否对$X=80$的看涨期权行权	$X=80$看涨期权多头的盈利/亏损	是否对$X=110$的看涨期权行权	$X=110$看涨期权空头的盈利/亏损	总利润
9	0	否	-20.99	否	2.24	-18.75
10	15	否	-20.99	否	2.24	-18.75
11	30	否	-20.99	否	2.24	-18.75
12	45	否	-20.99	否	2.24	-18.75
13	60	否	-20.99	否	2.24	-18.75
14	80	否	-20.99	否	2.24	-18.75
15	90	是	-10.99	否	2.24	-8.75
16	100	是	-0.99	否	2.24	1.25
17	110	是	9.01	否	2.24	11.25
18	120	是	19.01	是	-7.76	11.25
19	150	是	49.01	是	-37.76	11.25
20	165	是	64.01	是	-52.76	11.25
21	180	是	79.01	是	-67.76	11.25

2009年7月IBM的股价

这里有个熊市价差：此时，我们卖出 $X = 80$ 的看涨期权，买入 $X = 110$ 的看涨期权。如下面图表所示，熊市价差策略就是打赌股价下跌。

	A	B	C	D	E	F
1	熊市价差：赌股价下跌					
2	$X=80$看涨期权7月份的成本	20.99				
3	$X=80$看涨期权购买的份数	-1				
4						
5	$X=110$看涨期权7月份的成本	2.24				
6	$X=110$看涨期权购买的份数	1				
7						
8	2009年7月17日 IBM的市价	是否对$X=80$的看涨期权行权	$X=80$看涨期权多头的盈利/亏损	是否对$X=110$的看涨期权行权	$X=110$看涨期权空头的盈利/亏损	总利润
9	0	否	20.99	否	-2.24	18.75
10	15	否	20.99	否	-2.24	18.75
11	30	否	20.99	否	-2.24	18.75
12	45	否	20.99	否	-2.24	18.75
13	60	否	20.99	否	-2.24	18.75
14	80	否	20.99	否	-2.24	18.75
15	90	是	10.99	否	-2.24	8.75
16	100	是	0.99	否	-2.24	-1.25
17	110	是	-9.01	否	-2.24	-11.25
18	120	是	-19.01	是	7.76	-11.25
19	150	是	-49.01	是	37.76	-11.25
20	165	是	-64.01	是	52.76	-11.25
21	180	是	-79.01	是	67.76	-11.25

20.8 蝶式期权策略

本章最后的期权策略是蝶式期权策略。该策略涵盖了 3 份期权。如下所示：
● 我们买入 1 份 7 月到期的行权价 $X = 80$ 的 IBM 看涨期权，期权费是 20.99 美元。
● 我们卖出 2 份 7 月到期的行权价 $X = 100$ 的 IBM 看涨期权，期权费是 6.40 美元。
● 我们买入 1 份 7 月到期的行权价 $X = 120$ 的看涨期权，期权费是 0.52 美元。
结果如下：

	A	B	C	D	E
	\multicolumn{5}{l}{作出1份IBM蝶式期权策略的盈利情形的图：}				

作出1份IBM蝶式期权策略的盈利情形的图：
买入1份7月行权价为80的看涨期权；
卖出2份7月行权价为100的看涨期权；买入1份7月行权价为120的看涨期权

看涨期权的价格				
X	价格			
80	20.99			
100	6.40			
120	0.52			

7月IBM股价	7月X=80看涨期权的收益	7月X=100看涨期权的收益	7月X=120看涨期权的收益	总利润
0	-20.99	12.8	-0.52	-8.71
10	-20.99	12.8	-0.52	-8.71
20	-20.99	12.8	-0.52	-8.71
30	-20.99	12.8	-0.52	-8.71
40	-20.99	12.8	-0.52	-8.71
50	-20.99	12.8	-0.52	-8.71
80	-20.99	12.8	-0.52	-8.71
85	-15.99	12.8	-0.52	-3.71
90	-10.99	12.8	-0.52	1.29
95	-5.99	12.8	-0.52	6.29
100	-0.99	12.8	-0.52	11.29
105	4.01	2.8	-0.52	6.29
110	9.01	-7.2	-0.52	1.29
115	14.01	-17.2	-0.52	-3.71
120	19.01	-27.2	-0.52	-8.71
150	49.01	-87.2	29.48	-8.71
160	59.01	-107.2	39.48	-8.71
200	99.01	-187.2	79.48	-8.71

蝶式盈利情形 1份X=80看涨期权多头，2份X=100看涨期权空头，1份X=120看涨期权多头

2009年7月IBM的股价

为什么要购买这种组合？看一下图表，你可以看到这种组合认为未来股价波动不会太大。如果 IBM 公司 7 月的股票价格接近 100 元，那么我们就可以盈利。如果该股价偏离（上涨或下跌）很多，我们就可能会赔钱，不过这个数值不会太大。

当然，如果我们转换蝶式策略中期权多头空头头寸，那么新的组合就是预计未来股价波动很大（无论是上涨还是下跌的大幅波动都能赚钱，而股价小幅波动则会亏损）。

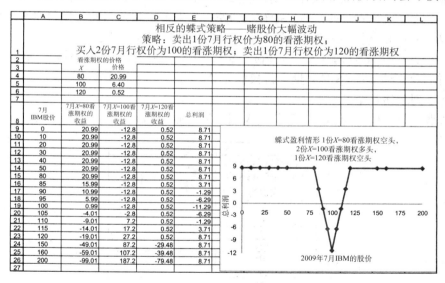

相反的蝶式策略——赌股价大幅波动
策略：卖出1份7月行权价为80的看涨期权；
买入2份7月行权价为100的看涨期权；卖出1份7月行权价为120的看涨期权

看涨期权的价格				
X	价格			
80	20.99			
100	6.40			
120	0.52			

7月IBM股价	7月X=80看涨期权的收益	7月X=100看涨期权的收益	7月X=120看涨期权的收益	总利润
0	20.99	-12.8	0.52	8.71
10	20.99	-12.8	0.52	8.71
20	20.99	-12.8	0.52	8.71
30	20.99	-12.8	0.52	8.71
40	20.99	-12.8	0.52	8.71
50	20.99	-12.8	0.52	8.71
80	20.99	-12.8	0.52	8.71
85	15.99	-12.8	0.52	3.71
90	10.99	-12.8	0.52	-1.29
95	5.99	-12.8	0.52	-6.29
100	0.99	-12.8	0.52	-11.29
105	-4.01	-2.8	0.52	-6.29
110	-9.01	7.2	0.52	-1.29
115	-14.01	17.2	0.52	3.71
120	-19.01	27.2	0.52	8.71
150	-49.01	87.2	-29.48	8.71
160	-59.01	107.2	-39.48	8.71
200	-99.01	187.2	-79.48	8.71

蝶式盈利情形 1份X=80看涨期权空头，2份X=100看涨期权多头，1份X=120看涨期权空头

2009年7月IBM的股价

总　　结

股票期权是一种能使买者从股票价格上升（看涨期权）或者股票价格下降（看跌期权）中获利的证券。在本章中，我们已经讨论了期权市场的基础。我们讨论了期权的分类（看涨期权和看跌期权；美式期权和欧式期权）和单个期权或者组合期权的套利组合。

在以下章节中我们将讨论股指期权价格的问题。

习　题

注：习题的模板可以在本书附带的光盘中找到。

1. 2009 年 8 月 8 日家乐氏公司的股票收盘价为 52 美元，你可以用 2.90 美元购买家乐氏公司股票的看涨期权，该期权的行权价为 45 美元，期权于 2009 年 12 月 18 日到期。

a. 这个期权能够给你带来怎样的收益？

b. 假设你买了这个看涨期权并持有至到期。如果家乐氏公司的股价在 2009 年 12 月 18 日为 52 美元，你会行权吗？你将获得怎样的收益？

c. 如果家乐氏公司的股价在 2009 年 12 月 18 日为 38 美元，你会行权吗？你将会获得怎样的收益？

2. 假设现在 2008 年 7 月中旬。英特尔公司的股票价格为 30 美元，并且你认为英特尔公司的股价将会在 2008 年 10 月 22 日下跌。你可以花 3 美元购买英特尔公司的看跌期权，该看跌期权在 10 月到期，行权价为 25 美元。

a. 你认为该看跌期权能给你带来怎样的收益？

b. 如果英特尔公司的股票在到期日没有下跌到 25 美元以下，会发生什么？

c. 假设你买了该看跌期权并且持有至到期。如果英特尔公司的股票价格在 2008 年 10 月 22 日为 20 美元，你的收益将会是多少？如果股价是 38 美元呢？

3. 你在 2009 年 7 月购买了 1 份 ForeverYours 公司股票的看涨期权。该期权的价格为 6 美元，在 2009 年 9 月 18 日到期，行权价为 20 美元。

a. 将下列表格补全。

b. 以收益（C 列）为 y 轴，股价（A 列）为 x 轴作图。

	A	B	C
1	2009年9月18日 ForeverYours的 股价S_T	是否 行权	利润
2	0		
3	5		
4	10		
5	15		
6	20		
7	25		
8	30		
9	35		
10	40		
11	45		
12	50		

4. 你在 2007 年 7 月 18 日购买了 1 份 ItStinks 公司股票的看跌期权，该期权的价格为 3 美元，到期日为 2008 年 3 月 13 日，行权价为 35 美元。

a. 将下列表格补全。

b. 以收益（C 列）为 y 轴，股价（A 列）为 x 轴作图。

	A	B	C
1	2008年3月13日ItStinks的股价S_T	是否行权	利润
2	0		
3	5		
4	10		
5	15		
6	20		
7	25		
8	30		
9	35		
10	40		
11	45		
12	50		

5. a. 在 2009 年 8 月 28 日福特公司的股价为 7.73 美元，福特公司的看涨期权价格为 1.74 美元，到期日为 2009 年 9 月 18 日，行权价为 6.00 美元。1 份在 2009 年 1 月 15 日到期，行权价为 6.00 美元的期权售价超过 1.74 美元是否合理？请解释。

b. 看下列图表，是否有某个期权的价格被明显错定了？

福特看涨期权 2010年1月15日到期	
行权价X	看涨期权价格
2.50	5.20
5.00	3.90
7.50	2.90
10.00	2.16
12.50	1.20
15.00	1.30
17.50	0.39
20.00	0.26
22.50	0.16
25.00	0.05

6. a. 在 2009 年 9 月 1 日，丰田汽车公司的股票价格为 85.80 美元。该股票的看跌期权售价为 0.55 美元，到期日为 2009 年 9 月 18 日，行权价为 80 美元。试讨论行权价为 80 美元、到期日为 2010 年 1 月 15 日的看跌期权售价超过 0.55 美元是否合理？请解释。

b. 看下列图表，是否有某个期权的价格被明显错定了？

TM看跌期权 2010年1月15日到期	
行权价X	看跌期权价格
50.00	0.20
55.00	0.30
60.00	0.65
65.00	1.05
70.00	1.60
75.00	2.70
80.00	4.20
85.00	6.30
90.00	8.20
95.00	8.00
100.00	16.20
105.00	21.20
110.00	24.65

7. IBM 的股价在 2009 年 6 月 1 日为 108.00 美元。

a. 如果你在 2009 年 6 月 1 日购买一股股票并在 2009 年 9 月以 117.10 美元卖出，你将获得多少收益？

b. 如果你在 2009 年 6 月 1 日卖空 IBM 的股票，并在 2009 年 9 月 1 日平仓，请问你的收益是多少？

8. John 在 2006 年 12 月 15 日考虑购买 100 股 GoodLuck 公司的股票（该股票当期价格为 40 美元/股）。在同一天，Mary 考虑卖空 100 股 GoodLuck 公司的股票。如果 John 和 Mary 都想要在 2007 年 4 月 1 日平仓，完成下面的表格，并画出利润图。

	A	B	C
1	2006年12月15日的 GoodLuck的股价	$40.00	
2			
3	2007年4月1日 GoodLuck的股价	购买100份股票 John的收益	卖空100份股票 Mary的收益
4	$0.00		
5	$10.00		
6	$20.00		
7	$30.00		
8	$40.00		
9	$50.00		
10	$60.00		
11	$70.00		
12	$80.00		
13	$90.00		
14	$100.00		

9. 你决定在你的投资组合中增持 100 股 ABC 公司的股票。ABC 公司股票的当期价格为 50 美元/股。除了购买股票，你还可以选择购买 1,000 份 ABC 公司的看涨期权。每份期权的行权价都是 50 美元，并在 3 个月后到期。期权售价为 5 美元/份。

a. 补全下列表格。用图表表示每种策略收益百分比和股票价格的关系，并比较上诉两种策略的收益情况。

b. 哪种策略更有风险？

	A	B	C	D	E
1	今日投资购买 100份股票	$5,000			
2	今日投资购买1,000 份看涨期权	$5,000			
3					
4	3个月后ABC的 股价S_T	购买100份股票 的盈利 （美元）	现在购买1,000份 看涨期权的盈利 （美元）	购买100份股票 的盈利 （%）	现在购买1,000份 看涨期权的盈利 （%）
5	0				
6	10				
7	20				
8	30				
9	40				
10	50				
11	60				
12	70				
13	80				
14	90				
15	100				

10. 在 2009 年 8 月 1 日微软公司的股价为 24.4 美元/股。2010 年 8 月到期、行权价为 24 美元的看涨期权价格为 2.71 美元；2010 年 8 月到期、行权价为 27 美元的看涨期权价格为 1.15 美元。

a. 如果你认为微软公司的股票将会上涨，你想要通过该股票获利。通过图表比较下列两个策略：（1）购买 1,000 股价格为 24 美元每股的微软公司股票；（2）购买 1,000 份行权价为 27 美元微软公司的期权。

b. 比较两种策略，哪一个更好？

使用下列模板。

	A	B	C
1	行权价	看涨期权价格	
2	24	2.71	
3	27	1.15	
4			
5	投资		
6	A：1,000份期权，$X=25$	2,710	<-- =B2*1000
7	B：1,000份期权，$X=27$	1,150	<-- =B3*1000
8			
9	到期日的股价 S_T	策略A的收益(%)	策略B的收益(%)
10	0.0		
11	10.0		
12	20.0		
13	22.0		
14	24.0		
15	26.0		
16	27.0		
17	28.0		
18	30.0		
19	35.0		
20	40.0		
21	45.0		
22	50.0		
23	55.0		
24	60.0		

11. 2009 年 9 月 25 日麦当劳公司的股票售价为 57 美元/股。该公司股票的看跌期权 2009 年 10 月 9 日到期。行权价为 55 美元的售价为 0.30；行权价为 57.5 美元的售价为 1.10 美元。

	A	B	C
1	行权价	看跌期权价格	
2	55	0.3	
3	57.5	1.1	
4			
5	投资		
6	A：1,000份期权，$X=55$	300	<-- =B2*1000
7	B：1,000份期权，$X=57.50$	1100	<-- =B3*1000
8			
9	3个月后的股价 S_T	策略A的收益(%)	策略B的收益(%)
10	0.0		
11	20.0		
12	40.0		
13	45.0		
14	50.0		
15	55.0		
16	56.0		
17	56.5		
18	57.0		
19	57.5		
20	58.0		
21	59.0		
22	60.0		
23	65.0		
24	70.0		

a. 你认为麦当劳的股票将会在短期内下跌，你想要通过该股票获利。通过图表比较下列两种策略：（1）购买 1,000 份行权价为 55 美元的看跌期权；（2）购买 1,000 份行权价为 57.50 美元的看跌期权。

b. 比较两种策略，哪种更好？

使用下列模板。

12. Energy-R-Us 公司的看跌期权售价为 2.50 美元。该期权的行权价为 20 美元，到期时间为 6 个月。该公司股票价格为 26 美元。使用下列模板。

	A	B	C	D
1	Energy-R-Us的股票	26.00		
2	看跌期权的行权价X=20	2.50		
3				
4	6个月后的股价S_T	看跌期权的收益	股票收益	总利润
5	0			
6	5			
7	10			
8	15			
9	20			
10	25			
11	30			
12	35			
13	40			
14	45			
15	50			

13. 使用上题的数据，比较下列三个策略：

a. 购买 1 股股票和 1 份看跌期权。

b. 购买 1 股股票和 2 份看跌期权。

c. 购买 1 股股票和 3 份看跌期权。

14. 使用下列表格中的数据，假设你购买 1 份丰田公司股票的看涨期权，行权价 X＝50 并卖出 1 份行权价 X＝45 的看涨期权。画出该策略在到期日的收益。为什么该策略是一个吸引人的策略？

	A	B	C	D
1	看涨期权价格			
2	X	价格		
3	45	4.10		
4	50	1.65		
5				
6	期权到期日时TM股价S_T	X=45看涨期权的收益（空头）	X=50看涨期权的收益（多头）	总利润
7	20			
8	25			
9	30			
10	35			
11	40			
12	45			
13	50			
14	55			
15	60			
16	65			

15. 使用上题的数据，设想这样一个策略，购买 1 份行权价 X＝45 的看涨期权，卖出 1 份行权价 X＝50 的看涨期权。计算并画出该策略的收益图，并解释为什么该策略是一个

吸引人的策略。

16. 下列期权是以 WOW 公司的股票为标的资产的。你可以通过一个怎样的策略套利?

期权类型	行权价	到期日	价格
看涨期权	40	2011-01-01	$13.50
看涨期权	40	2011-01-01	$12.95

17. 下列期权是以 Smow 公司的股票为标的资产的。你可以通过一个怎样的策略套利?

期权类型	行权价	到期日	价格
看跌期权	50	2012-03-01	$4.25
看跌期权	60	2012-03-01	$4.00

18. David 想购买 1 份以 RAIDER 公司股票为标的资产的看涨期权, Patrick 想要以 8.20 美元的价格出售 1 份行权价为 50 美元的看涨期权给 David。该期权恰好在一年后到期。RAIDER 公司股票当期价格为 50 美元。

a. 计算并画出 David 和 Patrick 各自的收益。

b. 当股票价格 S_T 为多少时, David 和 Patrick 的利润都为 0?

看涨期权价格	8.20	
期权到期日时 PAIDER 股价 S_T	Patrick 的收益	David 的收益
0		
10		
20		
30		
40		
50		
60		
70		
80		
90		
100		

19. 投资组合保险策略说的是: 投资者购买 1 份看跌期权来保证其投资组合的收益不会低于一个特定的值。假设 Jerry 拥有 1 份由 100 股 RTY 公司股票构成的投资组合。RTY 公司股票的股价为 35 美元/股。下列期权也是以 RTY 公司股票为标的资产的。

a. Jeryy 应该通过买哪种期权使自己投资组合的收益不会低于 2,000 美元?

b. 下列组合价值多少?

到期日	行权价	看涨期权价格	看跌期权价格
2013-01-01	20	18.00	0.10
2013-01-01	25	11.35	0.45
2013-01-01	35	3.50	3.20
2013-01-01	40	0.75	5.65

20. 备兑看涨期权指的是买空股票并以高价卖出 1 份看涨期权。该策略的目的是用出售看涨期权获得的资金购买股票获利。STF 公司的股票售价为 80 美元/股, Sam 认为该公司的股票在将来的 6 个月内将会上涨 15 美元。Sam 认为接下来会是牛市, 因而希望购买

10000 股 SFT 公司的股票。为了减少初始资金投入，Sam 决定采取备兑看涨期权策略。下列期权是以 SFT 公司的股票为标的资产的。

到期日	行权价	看涨期权价格
2011-08-01	70.00	18.95
2011-08-01	80.00	7.65
2011-08-01	90.00	2.70
2011-08-01	100.00	0.50

21. 使用上一题的数据回答下列问题：

STF股价	80.00		
购买的股份数量	10,000.00		
6个月后STF股价S_T	持有股票的收益	持有期权的收益，10,000份X=\$90的期权	备兑认购策略
50			
60			
70			
80			
90			
100			
110			
120			

a. 比较下列两个备兑期权策略：使用 90 美元的看涨期权；使用 100 美元的看涨期权。

b. 你会使用上述两个策略中的哪个？

22. 使用下表给出的 3 个看涨期权，假设股价不会偏离现在 60 美元/股的价格太远，制定一个相应的蝶式策略。使用下列模板画出该策略的收益图。

看涨期权价格				
	X	价格		
	50	22.00		
	60	15.00		
	70	10.00		
回报和收益				
期权到期日的股价S_T	X=50看涨期权的回报	X=60看涨期权的回报	X=70看涨期权的回报	总利润
30.0				
35.0				
40.0				
45.0				
50.0				
52.5				
55.0				
57.5				
60.0				
62.5				
65.0				
67.5				
70.0				
72.5				
75.0				
80.0				
85.0				
90.0				

23. 使用上一题的数据，若股价将会剧烈偏离现在的 60 美元/股的价格，制定一个蝶式策略并画出该策略的收益图。

第 21 章

期权定价实例

概述

在第 20 章中,我们讨论了一些期权基本概念:看涨看跌期权的定义、买卖期权的原因、不同期权策略的利润。在本章中,我们讨论有关期权定价的一些实例。我们强调有关期权定价的套利限制等命题。这些限制明确地表述了看跌看涨期权的价格、标的股票价格以及无风险资产的关系。

通过本章的期权定价公式,你可以很容易判断期权的定价是否正确。这里有个例子:假设你在考虑买埃克森股票的看涨期权,当前股价是 $S_0 = 69$ 美元,该期权有效期是一年,行权价是 $X = 60$ 美元,利率是 $r = 5\%$,期权售价 $C_0 = 10$ 美元,这笔交易值得吗?我们的实例 1 就告诉了你,该期权被低估了,实际上该售价应当至少是 11.86 美元。

符号

注意:在整个章节中,我们将使用下面的符号:

$S =$ 股票价格,当我们想知道精确日期的股票价格时,用 S_0 表示当前价格,S_T 是时期 T 的价格;

$X =$ 期权行权价;

$r =$ 利率;

$C =$ 看涨期权的价格,当我们想知道精确日期的看涨期权的价格时,用 C_0 表示当期期权价格,C_T 表示时期 T 的期权价格;

$P=$ 看跌期权的价格，当我们想知道精确日期的看跌期权的价格时，用 P_0 表示当期期权价格，P_T 是时期 T 的期权价格。

股利：本章我们假设股票在到期日之前并不派发股利。其实这并不是一个过于严格的假设：股票往往定期支付股利（每季度、每半年或每年）。因此这些股票期权的持有人有理由相信股票将定时支付股利。因此在很长一段时间里，市场参与者认定股票不会支付股利。

例如：埃克森公司定期按照季度在 2 月、5 月、8 月及 11 月支付股利。那么投资者在 3 月购买期权，到期日在 4 月，在期权持有期间将没有发生股利的支付。

其他股票也没有支付股利，这些股票期权的投资者可以合理地确定本章提到的股利对期权的定价限制并没有发生。

讨论的金融概念

- 期权定价限制
- 非提前行权的看涨期权
- 看涨—看跌平价
- 美式看跌期权提前行权
- 期权价格的凸性

使用的 Excel 函数

- Max
- Sum
- If

21.1　实例 1：看涨期权的价格：$C_0 > \max[S_0 - \mathrm{PV}(X), 0]$

2009 年 3 月 18 日，你正在考虑购买埃克森的看涨期权（股票代码 XOM）。目前 XOM 售价为 $S_0 = \$69$，行权价 $X = \$60$，到期日 $T = 1$ 年。此外，我们假设这是一个美式看涨期权，可以在到期日之前的任何时候行权。

我们会用两步来证明实例 1。

"哑实例"：关于美式看涨期权定价：$C_0 > \max[S_0 - X, 0]$

现在你至少很清楚，该期权售价至少是 $\$9 = S_0 - X = \$69 - \$60$，假设该期权是 2 美元。我们将制定一个无风险套利策略。

当股价 S_0=\$69，行权价 X=\$60 时，看涨期权 C_0 =\$2的套利利润

今天的做法	现金流（负数代表成本）
以 C_0 的价格购买期权	−\$2
立即行权，以 S_0 的价格购买股票	−\$60
立即在公开市场上卖出股票	+\$69
套利利润	**+\$7**

因此，"哑事实"明显表明，美式看涨期权的售价应当至少要超过股票价格和行权价的差异。

定义：套利策略

套利策略由一系列资产组成——通常是长期或短期持有的股票、看涨看跌期权、无风险资产——由此在所有期间产生一个非负的现金流。你可以用一系列给定价格的资产设计一个套利策略（就像我们下面所做的一样），结果显示，至少有一种资产的价格是错误的。

"智能事实"：看涨期权的价格，$C_0 > \max[S_0 - PV(X), 0]$

这个事实不如前面的实例明显，但非常有用。上面的哑实例表明其全年价格至少为 9 美元。从下表得知，"智能事实"可以说明更多。如果利率是 9%，那么"智能事实"认为该期权应当至少以 11.86 美元出售。

	A	B	C
1	实例1：看涨期权的下界		
2	2009年5月17日埃克森的股价 S_0	69	
3	期权行权价 X	60	
4	期权行权时间 T（年）	1	
5	利率 r	5%	
6			
7	看涨期权的下界		
8	哑案例，看涨期权价格，$C_0 > \max[S_0 - X, 0]$	9	<-- =MAX(B2-B3,0)
9	实例1：看涨期权价格，$C_0 > \max[S_0 - PV(X), 0]$	11.86	<-- =MAX(B2-B3/(1+B5)^B4,0)

为了证明"智能事实"，假设你花 5 美元买入期权。我们用套利策略证明该价格太低。套期策略包括时期 0 和时期 T（期权的到期日）的一系列行动。

在时期 0（当期）：

- 卖空一股股票，得到 S_0。
- 投资到无风险的证券，在 T 时期支付看涨期权的行权价，该证券的现值是 $PV(X)$。
- 花 C_0 购买看涨期权。

在时期 T：

- 在公开市场上花费 S_T 购买股票以对冲所借的股票。
- 卖掉无风险证券，收益 X。

● 如果该期权有利可图的话，就去行权，如果 $S_T > X$，将获得收益 $S_T - X$，如果 $S_T < X$，则不行权。

下面是一个例子，假定在时期 0 时的股票价格 S_0 是 69 美元，利率为 5%，行权价是 60 美元，到期日 $T = 1$ 年，假设看张期权价格 C_0 是 5 美元。在下面的表格中表示出了以上策略的各种支付，假设 T 时估计 $S_T = 33$ 美元，那么该组合策略的收益是：

	A	B	C
1	实例1的套利证据 假定股价在T时刻为33.00美元		
2	2009年5月17日埃克森的股价S_0	69.00	
3	期权行权价X	60.00	
4	期权行权时间T(年)	1	
5	利率r	5.00%	
6			
7	看涨期权时期0（今天）的价格	5	下面验证该价格是否与套利 <-- 限制相冲突
8			
9	套利策略		
10	时期0(今天)的行动		
11	卖空股票，获得S_0	69.00	<-- =B2
12	购买债券，时期T可以获得X的金额，现值PV(X)	-57.14	<-- =-B3/(1+B5)^B4
13	付C_0购买1份看涨期权	-5.00	<-- =-B7
14	时期0的总现金流	6.86	<-- =SUM(B11:B13)
15			
16	时期T的现金流		
17	时期T的股价S_T	33.00	
18			
19	买回卖空的股票，支付S_T	-33.00	<-- =-B17
20	购买的债券到期获得X的金额	60.00	<-- =B3
21	行权？获得max(S_T-X,0)	0.00	<-- =MAX(B17-B3,0)
22	时期T的总现金流	27.00	<-- =SUM(B19:B21)

在单元格 B19：B22 中我们计算该策略时期 1 的现金流。该值是 27 美元。在上面这个例子中，埃克森股票在时期 T 的价格为 $S_T = 33$ 美元。在此例中，可以在时期 T 得到 27 美元正的现金流。

在下面的例子中我们假定 $S_T = 90$ 美元，你可以行权（假设正的现金流为 30 美元），不过策略总收益是 0。

	A	B	C
1	实例1的套利证据 假定股价在时期T为90.00美元		
2	2009年5月17日埃克森的股价S_0	69.00	
3	期权行权价X	60.00	
4	期权行权时间T(年)	1	
5	利率r	5.00%	
6			
7	看涨期权时期0（今天）的价格	5	下面验证该价格是否与套利 <-- 限制相冲突
8			
9	套利策略		
10	时期0(今天)的行动		
11	卖空股票，获得S_0	69.00	<-- =B2
12	购买债券，时期T可以获得X的金额，现值PV(X)	-57.14	<-- =-B3/(1+B5)^B4
13	付C_0购买一份看涨期权	-5.00	<-- =B7
14	时期0的总现金流	6.86	<-- =SUM(B11:B13)
15			
16	时期T的现金流		
17	时期T的股价S_T	90.00	
18			
19	买回卖空的股票，支付S_T	-90.00	<-- =-B17
20	购买的债券到期获得X的金额	60.00	<-- =B3
21	行权？获得max(S_T-X,0)	30.00	<-- =MAX(B17-B3,0)
22	时期T的总现金流	0.00	<-- =SUM(B19:B21)

通过改变 S_T，你会发现该策略在时期 T 的现金流总是大于 0 的，这就构造了一个套期策略。

- 在时期为 0，现金流为 6.86 美元＞0。
- 在时期 T，现金流是正的（如果股价 S_T＜60）或者零。

你不可能在该策略中受损，这意味资产价格肯定是错误的，在这种情况下，资产定价错误是明显的——看涨期权价格太低了。

考虑期权价格是 14 美元的情况，从下面的表格中可以看出（单元格 B14），该策略的初始现金流为负。如果股票价格在时期 T 低于 60 美元，为 55 美元，将来会获利（单元格 B22），但该利润不是套利获得。假设 S_T 是 55 美元，你可以从中获利。（回忆一下该套利策略刚出现时，你从来都不会亏损，然而在此例中期权价格为 14 美元时，初始现金流为负。）

	A	B	C
7	时期0（今天）看涨期权价格	**14.00**	下面验证该价格是否与套利 <-- 限制相冲突
8			
9	套利策略		
10	时期0（今天）的行动		
11	卖空股票，获得S_0	69.00	<-- =B2
12	购买债券，时期T可以获得X的金额，现值PV(X)	-57.14	<-- =-B3/(1+B5)^B4
13	付C_0购买1份看涨期权	-14.00	<-- =-B7
14	时期0的总现金流	-2.14	<-- =SUM(B11:B13)
15			
16	时期T的现金流		
17	时期T的股价S_T	55.00	
18			
19	买回卖空的股票，支付S_T	-55.00	<-- =-B17
20	购买的债券到期获得X的金额	60.00	<-- =B3
21	行权？获得$\max(S_T-X,0)$	0.00	<-- =MAX(B17-B3,0)
22	T时刻总现金流	5.00	<-- =SUM(B19:B21)

时期 T（单元格 B22）现金流为正，但是初始现金单元格（单元格 B14）是负的，这种情况比较有意思：当期权价格大于 11.86 美元时套期策略的初始现金流就是负的。如果是真的，当前应当把钱投入到未来现金流非负的项目中。注意：$11.86 = S_0 - PV(X) = 69 - 60/1.05$。

我们已经证明了我们的第一个期权定价的实例：$C_0 > \max[S_0 - PV(X), 0]$。数学证明并不复杂，但是它却包含着许多复杂的思考，期权套利策略也是如此。

21.2 实例 2：提前行权都是不划算的

假设 2009 年 3 月 17 日你买了埃克森公司 1 份看涨期权 $C_0 = 14$ 美元（此价格并不违反实例 1 中的价格限制），一年到期，当前股价 $S_0 = 69$ 美元。

假设经过 8 个月（约 2/3 年），你想卖出该期权，为了使问题变得有趣，我们假设股价已上升至 $S_T = 80$ 美元。你有两种选择：

- 你可以选择行权：因此获利＄20 ＝ $\max[S_T - X, 0]$ ＝ $\max[80 - 60, 0]$。
- 你也可以选择在公开市场上出售期权。当然我们不知道期权价格是多少，从实例 1 可以得知，价格最多为：

$$\max\left[S_T-\mathrm{PV}(X),\ 0\right]=\max\left[S_T-\frac{X}{(1+r)^{1/3}},\ 0\right]$$
$$=\max\left[80-\frac{60}{(1+5\%)^{1/3}},\ 0\right]=20.97$$

其中，现值$\dfrac{X}{(1+r)^{1/3}}$表示你还有 1/3 年的时间行权。

你应该怎么做？很显然，你应该卖掉期权而不是行权。

	A	B	C	D	E	F
1			实例2：不提前行权			
2	2009年5月17日埃克森的股价S_0	69.00				
3	期权行权价X	60.00				
4	期权行权时间T（年）	1				
5	利率r	5.00%				
6	看涨期权在时期0的价格	14.00				
7						
8			时间线			
9	$t=0$			$t=2/3$		$t=1$
10						
11	以14美元购买期权		考虑卖出期权			
12			或者行权			
13						
14			股价S_T	80.00		
15						
16			行权的收益	20.00	<-- =MAX(D14-B3,0)	
17			期权的最小价值			
18			根据例1	20.97	<-- =MAX(D14-B3/(1+$B$5)^(1-2/3),0)	
19						
20			行权或出售？	出售	<-- =IF(D18>=D16,"出售","行权")	

21.3 实例 3：看涨—看跌平价，$P_0=C_0+\mathrm{PV}(X)-S_0$

看涨—看跌平价认为欧式看跌期权的价格是由看涨期权价格、股价、无风险利率决定的。下面是一个例子：假设考虑购买 1 份为期一年的埃克森看跌期权，当前股价 $S_0=69$ 美元，行权价 $X=60$ 美元，为期 1 年。看涨—看跌平价会告诉我们行权价为 60 美元、1 年后到期的埃克森股票看跌期权的价格。

	A	B	C
1		实例3：看涨—看跌平价	
2	2009年5月17日埃克森的股价S_0	69.00	
3	期权行权价X	60.00	
4	期权行权时间T（年）	1	
5	利率r	5.00%	
6			
7	看涨期权价格，C_0	15.00	
8	看跌期权价格C_0，通过看涨—看跌平价	3.14	<-- =B7+B3/(1+B5)^B4-B2

看涨—看跌平价的另一种解释就是看跌期权价格加上股票价格总是等于看涨期权价格与期权行权价现值之和。

$$P_0+S_0=C_0+\mathrm{PV}(X)$$

这意味着任意给定四个变量中的三个变量就能求出第四个变量。

用套利策略来证明看涨—看跌平价（第一次阅读时可跳过）

我们用套利策略来证明看涨—看跌平价，具体见下面的表格。设当前股价 $S_0=69$ 美元，行权价 $X=60$ 美元，为期 1 年，利率 $r=5\%$，看涨期权价格为 15 美元，根据这些条件，看涨—看跌平价可以得出看跌的价格是 $P_0=3.14$ 美元（单元格 B8）。

单元格 B11 中假定看跌期权价格是 1 美元，和看涨—看跌平价得出的结论不同。下面我们设计了一个套利策略：

	A	B	C
1	看涨—看跌平价的套利证据		
2	2009年5月17日埃克森的股价S_0	69.00	
3	期权行权价X	60.00	
4	期权行权时间T（年）	1	
5	利率r	5.00%	
6			
7	看涨期权价格C_0	15.00	
8	看跌期权价格P_0，通过看涨—看跌平价	3.14	<-- =B7+B3/(1+B5)^B4-B2
9			
10	看跌-看涨平价的套利证据		
11	看跌期权今天（时期0）的价格P_0	1.00	若这里的价格与单元格B8的价格不一致，我们可以证明存在可获利的套利策略
12			
13	时期0（今天）的行动		
14	购买股票，支付S_0	-69.00	<-- =-B2
15	购买看跌期权，支付P_0	-1.00	<-- =-B11
16	卖出看涨期权，获得期权费C_0	15.00	
17	以无风险利率获得一笔PV(X)的贷款，获得PV(X)的金额	57.14	<-- =B3/(1+B5)^B4
18	时期0的总现金流	2.14	<-- =SUM(B14:B17)
19			
20	时期T的现金流		
21	时期T的股价S_T	90.00	
22			
23	出售股票，获得S_T	90.00	<-- =B21
24	是否行权？获得$\max(X-S_T,0)$	0.00	<-- =MAX(B3-B21,0)
25	卖出看涨期权的现金流，支付$\max(S_T-X,0)$	-30.00	<-- =-MAX(B21-B3,0)
26	偿还贷款，付X	-60.00	<-- =-B3
27	总计	0.00	<-- =SUM(B23:B26)

在时间期 0 时（当期）：

- 以每股 $S_0 = 69$ 美元买入埃克森股票。
- 买入行权价 $X = 60$ 美元、期权价 $P_0 = 1$ 美元的看跌期权。
- 出售看涨期权行权价 $X = 60$ 美元，获利 $C_0 = 15$ 美元。
- 借一笔钱，其现值 PV(X) 是 57.14 美元，期限是一年，当前利率 $r = 5\%$，一年后还款 $X = 60$ 美元。

在时期 T 时：

- 以市场价 S_T 卖掉埃克森的股票。
- 当有利可图时，行使看跌期权，收益是 $\max(X-S_T, 0)$。
- 出售看涨期权的人会损失 $-\max(X-S_T, 0)$。
- 偿还贷款，现金流是 $-X$。

上述例子表明如果 $S_T = 90$ 美元，在 $T = 1$ 时现金流将是零。如果 $S_T = 35$ 美元，现金流也将是零。

	A	B	C
20	时期T的现金流		
21	时期T的股价S_T	35.00	
22			
23	出售股票，获得S_T	35.00	<-- =B21
24	是否行权？获得$\max(S_T-X,0)$	25.00	<-- =MAX(B3-B21,0)
25	卖出看涨期权的现金流，支付$\max(S_T-X,0)$	0.00	<-- =-MAX(B21-B3,0)
26	偿还贷款，支付X	-60.00	<-- =-B3
27	总计	0.00	<-- =SUM(B23:B26)

你可以看到，不管一年后埃克森股价是多少，该策略的现金流都将是零，而初始现金

流是 2.14 美元。显然，这是一种套利！

未来现金流的计算公式如下：

$$\underbrace{S_T}_{\text{股票价格}} + \underbrace{\max\left[X - S_T, \ 0\right]}_{\text{看跌期权收益}} - \underbrace{\max\left[S_T - X, \ 0\right]}_{T=1\text{时，卖出看涨期权的现金流}} - \underbrace{X}_{\text{偿还贷款}}$$

$$= \begin{cases} S_T + X - S_T - X & \text{如果 } S_T < X \\ S_T - (S_T - X) - X & \text{如果 } S_T \geqslant X \end{cases}$$

$$= 0$$

略加思考便可以得出：给定股票价格 $S_0 = 69$ 美元，利率为 5%，行权价（看涨和看跌期权）都是 60 美元，看涨期权价格是 15 美元时，看跌期权价格是 3.14 美元。结果来自看涨—看跌平价：

$$P = C + \mathrm{PV}(X) - S = 15 + \frac{60}{1.05} - 69 = 3.14$$

21.4 实例 4：美式看跌期权价格的边界：$P_0 > \max[X - S_0, \ 0]$

假设你正在考虑购买埃克森股票的美式看跌期权。股价 $S_0 = 69$ 美元，期权行权价 $X = 80$ 美元。显然，该期权至少卖 11 美元。如果不是这个价格，你可以设计一个套利策略，如下电子表格所示。

	A	B	C
1	实例4：美式看跌期权价格的下限		
2	2009年5月17日埃克森的股价S_0	69.00	
3	看跌期权行权价X	80.00	
4	期权行权时间T（年）	1	
5			
6	实例4：美式看跌期权的下限：$P_0 > \max[X - S_0, 0]$	11.00	<-- =MAX(B3-B2,0)
7			
8	讨论策略		
9	美式看跌期权价格	3.00	
10	购买期权，支付P_0	-3.00	
11	现在购买股票，支付S_0	-69.00	
12	立刻行权：交付股票并获得X	80.00	
13	当前收益	8.00	<-- =SUM(B10:B12)

如果美式看跌期权被错误定价了（也就是说，它的价格不超过 11 美元），你可以通过购买期权、股票，并立即行使期权来赚钱。如果期权价格高于 11 美元，套利利润将不存在。

21.5 实例 5：欧式看跌期权价格的边界：$P_0 > \max[\mathrm{PV}(X) - S_0, \ 0]$

实例 5 是实例 1 看涨期权的"平行延伸"。

我们略过实例 5 的证明。

	A	B	C
1	实例5：欧式看跌期权价格的下限		
2	2009年5月17日埃克森的股价S_0	69.00	
3	看跌期权行权价X	80.00	
4	期权行权时间T（年）	1	
5	利率r	5.00%	
6			
7	看涨期权价格的下限		
8	美式看跌期权的下限：$P_0 > \max[X - S_0, 0]$	11.00	<-- =MAX(B3-B2,0)
9	实例5：$P_0 > \max[PV(X) - S_0, 0]$	7.19	<-- =MAX(B3/(1+B5)^B4-B2,0)

美式与欧式看跌期权

实例 5 说明，欧式看跌期权的价格其实比美式看跌期权的价格低得多。考虑上面的例子中，如果该看跌期权是美式看跌期权，那么其售价至少是 11 美元。另一方面，在日期 T 前不能行权的欧式期权，可以卖 7.19 美元。

21.6 实例6：对于不派发股利的美式看跌期权来说，提前行权可能是最合适的

你从来没发现，对于不派发股利的美式看涨期权，提前行权收益更大；但这对于看跌期权来说不一定完全正确，下面是一个例子。

假设你目前持有 PFE 股票期权，购买期权时股票价格还很正常。然而当前，股票突然暴跌到每股 1 美元。你的美式看跌期权行权价 $X = 100$ 美元，一年内到期，利率为 10%，如果你立即行权，你将有 99 美元收益（股票目前价值 100 美元减去 1 美元），而如果你投资于利率为 10% 的债券，那么一年收益 99 * 1.10＝108.90 美元。这比一年后行权的收益多。

因此，如果当前股价很低，任何理性持有者都会提前行权。

21.7 实例7：期权价格是凸性的

假设我们有三个行权价不同、到期日均为 T、同一股票标的的看涨期权，行权价分别是 15、20、25 美元。看涨期权的凸性说明，中间的看涨价格一定小于两头价格的平均值。

$$C(X=20) < \frac{C(X=15) + C(X=25)}{2}$$

为了搞清楚凸性的含义，再回到第 20 章的蝶式策略，凸性理论认为：

$$C(X=100) < \frac{C(X=80) + C(X=120)}{2}$$

$$= \frac{20.99 + 0.52}{2} = 10.76$$

由于 IBM 看涨期权 $X = 100$ 美元，卖价 6.4 美元，这就证明了凸性原理。

	A	B	C
1	3份2009年7月的IBM 看涨期权		
2	X	看涨期权价格	
3	80	20.99	
4	100	6.40	
5	120	0.52	
6			
7	凸性：中间的期权价格是否要比最高和最低的 期权价格的平均值低呢？		
8	高的和低的看涨 期权的平均值	10.76	<-- =(B3+B5)/2

为什么看涨期权价格是凸性的?

在本部分中我们运用蝶式期权策略来证明为什么看涨期权价格是凸性的，蝶式策略包括买入低价的和高价的看涨期权，卖出两个中等价位的看涨期权。

假设 IBM 看涨期权的价格与我们在市场上看到的价格不同，下面的例子表明了蝶式策略使行权价为 100 美元的期权定价在 13 美元而不是 6.4 美元。

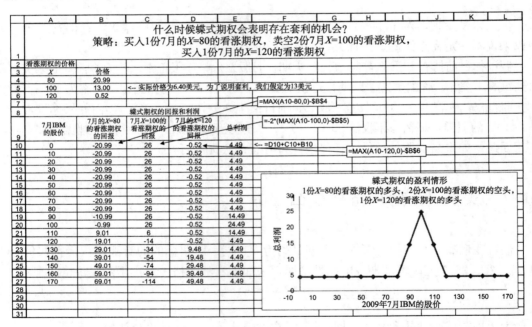

注意总收益图全部在 x 轴以上，这说明无论 7 月股价是多少，你都可以赚钱——因此这是不合逻辑的，有错误定价。

当行权价为 80 美元时也得到同样的结论：得到的结果为 10 美元而实际市场上是价格为 20.99 美元。

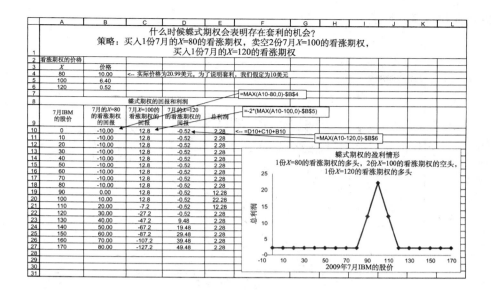

哪里出了问题？

下面这些数字告诉你蝶式图能高于 x 轴的必要条件是：

$$C\left(X_{中间}\right) < \frac{C\left(X_{低}\right) + C\left(X_{高}\right)}{2}$$

这种情况用期权市场的术语讲是看涨期权价格的凸性，表明了 3 个"等距"的看涨期权，其中间价格必须小于两端价格的平均值。换另一种方法即，两端期权价格的连接线始终高于中间期权价格在图中的位置。

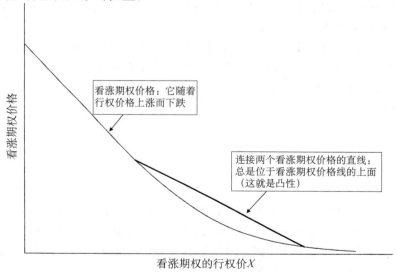

图 21.1　看涨期权凸性

说明：该曲线表明不同的实际看涨期权价格对应着不同的行权价。看涨期权价格的凸性意味着连接两个看涨期权价格的直线总是位于实际看涨期权价格线的上面。

看跌期权也是凸性的。

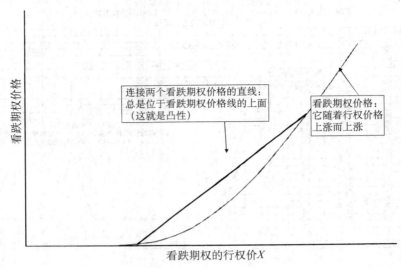

图 21.2　看跌期权凸性

说明：该曲线表明不同的实际看跌期权价格对应着不同的行权价。看跌期权价格的凸性意味着连接两个看跌期权价格的直线总是位于实际看跌期权价格线的上面。

总　　结

在本章中，我们得到有关源于市场中其他证券的期权价格的一些约束。这些套利的限制帮助我们得到期权价格的界限（即看涨看跌期权的最低价格），以及不同期权和标的证券的关系（如看涨—看跌平价理论）。

在本章中，我们得到七个期权定价限制，实际上还有更多涉及股利分配和交易费用的期权定价限制模型。这些理论不仅有助于使你了解怎样为期权定价（下一章我们会更多地探讨这个问题），也将帮助你理解期权交易商的思考方式——他们总想方设法找出如何利用套利策略来获利。

习　　题

1. 你想要购买 1 份戴尔电脑公司的美式看涨期权，6 个月到期，行权价为 25 美元。当前股价为 24.80 美元。假定利率为 8%，试问期权价格能低于 0.60 美元吗？

2. 假定你能以 0.50 美元（比理论最低价低）的价格购买上一题中的期权。你应该如何利用这个错误定价来赚取无风险收益？

3. 你的叔叔十分慷慨地给你 1 万份上述期权作为你的生日礼物。期权还是 6 个月到期，利率为 8%。股价上涨到了 28 美元。你是选择行权还是将其卖出？试解释。

4. 现金股利会通过影响标的股价来影响期权价格。因为除息日会预期股价下跌，所以高现金股利意味着较低的看涨期权溢价。假定你持有 1 份看涨期权，行权价为 90 美元，1 周后到期。当前股价为 100 美元，预期明天会派发 2 美元的股利。看涨期权价值 10 美元。你应该怎么做：是持有期权还是早日行权？

5. 时尚公司当前的流通股股价每股 83 美元。有看涨看跌期权在交易，它们的行权价都是 80 美元，6 个月后到期。该看跌期权溢价为 2.50 美元，无风险利率为 8%。若看涨—看跌期权平价理论成立，求看涨期权的溢价。

6. 假定 2 个月期的欧式看跌期权当前价格为 4 美元，其标的资产为不派息的股票，该股票当前价格为 47 美元，行权价为 50 美元，无风险利率为 6%。

a. 若相同行权价的 2 个月期的看涨期权当前价格为 1 美元，套利者是否存在机会？试阐述如何套利？

b. 若该期权 1 个月到期，股价为 46.755 美元，其他条件不变，问是否存在套利机会？

7. 一般而言，用《华尔街日报》价格来寻找违背看涨—看跌平价关系会有什么问题？

8. 回顾第 20 章，蝶式策略是对于在同一个到期日有三个行权价的四次交易的一种期权策略。看涨期权，其中 1 份是在高行权价和低行权价时买入，另 2 份是在中间行权价被卖出。考虑以下价差：

● 看涨期权的价差：以 20 美元买入 1 份行权价为 180 美元的 ABC Jun 看涨期权，以 10 美元的价格卖出 2 份行权价为 200 美元的 ABC Jun 看涨期权，并以 5 美元的价格买入 1 份行权价为 220 美元的 ABC Jun 看涨期权。

● 看跌期权的价差：买入 1 份行权价为 180 美元的 ABC Jun 看跌期权，卖出 2 份行权价为 200 美元的 ABC Jun 看跌期权，并买入 1 份行权价为 220 美元的 ABC Jun 看跌期权。用看涨—看跌平价理论说明，看涨期权中的蝶式价差成本和欧式看跌期权中的蝶式价差成本一致。

9.（提高题）你得到以下信息，2011 年 3 月期权到期日的前 15 天：

行权价	期权类型	期权价格
1025	看涨期权	19.8
1025	看跌期权	14.5
1040	看涨期权	12.5
1040	看跌期权	22.17

若不存在套利，求年化无风险利率。

10. 欧式看涨看跌期权都是 1 年到期，行权价都是 20 美元，期权价都是 3 美元。假定年利率为 8%。求当前股价。一般情况下，若欧式看跌期权和看涨期权有相同的价格和到期日，你认为股价和行权价之间有什么关系，$S>X$，$S<X$，$S=X$？

11. 你考虑购买 1 份标的物为戴尔公司股票的美式看跌期权，6 个月到期，行权价为 25 美元。当前股价 18 美元。求该美式期权的最低价。若你能以 5 美元（比理论最低价还低）买入该美式期权，你应该如何利用这种错误定价来赚取无风险收益？

12. ABC 股票不派息。假定 $S=17$ 美元，$X=20$ 美元，每年的 $r=5\%$。

a. 6 个月到期的欧式看跌期权是否会以 2.50 美元的价格交易？注意欧式看跌期权有时候比它的内在价值要低。

b. 考虑欧式看跌期权价格为 2.40 美元的情形。你应该如何套利？

13. 假定你现在持有 1 份标的股票为澳大利亚国民银行股票的美式看跌期权，行权价为 45 美元，6 个月到期。当前标的股价为 23 美元。

a. 考虑该美式看跌期权价格为 21 美元的情形，试阐述如何套利。

b. 求下面两种情形下你的净收益：

ⅰ. 你今天行权（假定你投资于债券的利率为 8%）。

ⅱ. 你持有该期权至到期。

14. 你在考虑是否要对持有的 1 份看跌期权行权，该看跌期权 6 个月后到期，行权价为 50 美元，利率为 20%。考虑以下两种情况：

a. $S = 30$ 美元；

b. $S = 3$ 美元。

哪一种情形下行权对你更有利？

15. 一只股票当前价格为 100 美元，该股票存在三类衍生看涨期权。行权价为 80 美元的看涨期权价格为 35 美元，行权价为 120 美元的看涨期权价格为 10 美元。求行权价为 100 美元的看涨期权的最大价格。

16. 用以下看跌期权创建了蝶式价差：投资者以 10 美元的价格购买了 1 份行权价为 55 美元的看跌期权，以 5 美元购买了 1 份行权价为 65 美元的看跌期权，并出售了 2 份行权价为 60 美元的看跌期权。

a. 使用凸性求 $X = 60$ 的看跌期权的价格上限。

b. 假定 $X = 60$ 的看跌期权的价格为 8 美元。用 Excel 画出蝶式策略在到期时的盈利情形（假定到期时股价在 40～90 美元间波动）。图中是否存在套利机会？

17. 在到期日，看涨看跌平价公式 $P_0(X) = C_0(X) + PV(X) - S_0$ 存在如下形式：$P_T(X) = C_T(X) + X - S_T$ 或者 $S_T = C_T(X) - P_T(X) + X$。用 Excel 验证该等式：令 S_T 在 20～100 美元变动，行权价 $X = 60$ 美元。期权到期时的价值为：$P(X) = \max(S_T - X, 0)$，$C(X) = \max(X - S_T, 0)$。

18. Cicso（CSCO）股票每股售价 25 美元。4 月 24 日 CSCO 看涨期权售价为 3.375 美元，4 月 24 日 CSCO 看跌期权售价为 1.75 美元。该看涨、看跌期权以及国库券 4 个月后到期。该国库券 4 个月后偿还 100 美元，当前售价为 94.92 美元。假定这个月里 CSCO 不付息。试用看涨看跌期权平价理论确定是否存在套利可能？如何套利？

第 22 章

布莱克-斯科尔斯期权定价公式

概述

在前面的章节中，我们已经讨论了有关期权定价的一些事实，但我们没有讨论如何确定期权价格。在这一章中，我们将讨论用布莱克-斯科尔斯（B-S）公式为期权定价。布莱克-斯科尔斯公式是非常重要的期权定价公式，该公式在期权市场中使用很广泛。就连没有金融知识的人群（律师、会计、法官、银行家……）都知道期权使用此公式定价。他们可能不知道怎么去应用，当然他们也不知道该公式为什么是正确的，但是他们知道它被用来为期权定价。

在对布莱克-斯科尔斯模型的讨论中，我们将不给出该模型的理论背景。除非你的数学知识比99％的金融初学者多得多，否则很难理解。[①]

下一章将讨论另一种为期权定价的主要方式——二项式期权定价模型。此模型也给出了为期权定价的方法，同时它也得到广泛的使用（当然不如布莱克-斯科尔斯公式）。一般来说，教科书都会先描述二项式期权定价模型，然后再描述布莱克-斯科尔斯公式，不过由于本书不探讨二者的理论联系，因此本书就先介绍比较重要的布莱克-斯科尔斯公式。

什么是"为期权定价"？

假设2009年3月8日IBM股票的看涨期权的行权价是90美元，到期日是2009年7

---

① 这是一个残酷的事实。但是请知晓你的老师可能不知道怎样证明布莱克-斯科尔斯公式（不要问他，他可能会尴尬）。另一方面，你知道怎样驾驶车辆但不需要知道各核心部件如何工作，你知道怎样使用计算机但不必会制作中央处理器芯片。

月 19 日，在当天股票价格是 101.49 美元。到目前为止你在本书中已经学到：

- 从第 20 章中知道什么是基本的期权术语，比如执行价 X，看涨与看跌期权的区别等。
- 从第 20 章中知道什么是交易模式以及看涨期权的盈利模式——通过自身或与其他资产组合。
- 从第 21 章中知道看涨期权定价的一些限制。一个简单的限制（第 21 章的实例 1）显示 $C > \max[S_0 - PV(X), 0]$ 和较为复杂的限制（实例 3）说明一旦我们知道了 IBM 股票的价格、看涨期权价格、利率，那么看跌期权价格就确定了 $P_0 + S_0 = C_0 + PV(X)$。

但是这些事实并没有告诉我们看涨期权的价格应该是多少，而这是本章布莱克-斯科尔斯公式所要解决的问题。

章节提示

我们再次回想第 20～23 章所用到的概念：

S＝权益价格，可以用 S_0 表示现在股价，S_T 表示执行日股价

X＝期权行权价

r＝利率

C＝看涨期权价格

P＝看跌期权价格

讨论的金融概念

- 布莱克-斯科尔斯公式
- 看涨—看跌期权平价
- 股价波动率
- 隐含股价波动率
- 实物期权

使用的 Excel 函数

- Exp
- Date
- Ln
- Stdevp
- Vard
- 数据表

22.1 布莱克-斯科尔斯公式

1973 年 Fisher Black 和 Myron Scholes 发表了著名的论文证明了为不支付股利股票的欧式看涨看跌期权定价的公式。其模型可能是现代金融学最负盛名的模型[①]:

$$C_0 = S_0 N(d_1) - X e^{-rT} N(d_2)$$

其中,

$$d_1 = \frac{\ln(S_0/X) + (r + \sigma^2/2)T}{\sigma \sqrt{T}}$$

$$d_2 = d_1 - \sigma \sqrt{T}$$

不要被这一公式吓倒,我们将用 Excel 来描述该公式,你不必准确地知道公式的数学知识。但是,如果你想要一些解释,在这里 C_0 表示看涨期权的价格,S_0 为标的股票的当前价格,X 为行权价,T 是期权距离执行日的时间,r 是利率,而 σ 表示股票收益率的标准差。$N()$ 表示标准正态分布。股票在 T 前不支付任何股利。

下面的电子表格显示的股票,其目前的价格为 $S_0 = 100$,期权行权价 $X = 90$,期权到期时间 $T = 0.5$(半年),利率 $r = 4\%$,$\sigma = 35\%$(股票的波动率——一种测量股票风险的方法;下面会具体介绍)。

	A	B	C
1		布莱克-斯科尔斯期权定价公式	
2	S_0	100	当前的股价
3	X	90	行权价
4	Y	0.50000	期权的到期时间（年）
5	r	4.00%	无风险利率
6		35%	股票波动性
7			
8	d_1	0.6303	<-- (LN(S_0/X)+(R+0.5*sigma^2)*T)/(sigma*SQRT(T))
9	d_2	0.3828	<-- d_1-sigma*SQRT(T)
10			
11	$N(d_1)$	0.7357	<--用公式 NormSDist(d_1)
12	$N(d_2)$	0.6491	<--用公式 NormSDist(d_2)
13			
14	看涨期权价格 C_0	16.32	<-- S_0*$N(d_1)$-X*exp(-r*T)*(d_2)
15	看跌期权价格 P_0	4.53	<-- C-S_0+X*exp(-r*T): 看跌看涨期权平价公式
16		4.53	<-- X*exp(-r*T)*$N(d_2)$-S*$N(-d_1)$: 直接用公式

通过看涨—看跌平价定理(见第 21 章),基于同一种股票有同一行权价和执行期限的看跌期权的价格为 $P_0 = C_0 - S_0 + PV(X)$。由于布莱克-斯科尔斯公式是基于连续复利的假设(参见第 3 章),因此将 PV(X) 写成 PV(X) $= X e^{-rT}$,所以公式变为 $P_0 = C_0 - S_0 + X e^{-rT}$。我们在单元格 B15 中用到这个公式来定价。单元格 B16 提供了另一种版本的期权定价——直接运用布莱克-斯科尔斯定价公式。

布莱克-斯科尔斯的参数是什么? 如何计算?

布莱克-斯科尔斯期权定价模型取决于 5 个参数:

[①] 1997 年诺贝尔奖授予 Myron Scholes 和 Robert Merton,因为他们发明了期权定价公式。Fisher Black 于 1995 年去世,如果还在世的话,毫无疑问将分享奖金。

- S_0，该股票目前的价格。即计算期权价格当日的股票价格。
- X，期权行权价（这也被称为"行使价"）。
- T，期权距离到期的时间（又是称作期权期限）。在该公式中，单位是年——意味着如果 1 份期权 3 个月后到期，那么 $T=0.25$。如果 1 份期权 51 天后到期，$T=51/365=0.1397$。

你可以用 Excel 的 Date 函数（第 26 章）来计算期权的期限 T，看下面的例子，当前为 2010 年 2 月 8 日，到期日是 2010 年 7 月 19 日，将这两个数据输入 Date 函数对话框（单元格 B2 和单元格 B3）。这两个单元格相减给出了介于两个日期之间的天数（单元格 B4）。单元格 B5 给出了 T 的值。

	A	B	C
1	用Excel的Date公式计算T		
2	当前时间	2010-02-08	<-- =DATE(2010,2,8)
3	到期时间	2010-07-19	<-- =DATE(2010,7,19)
4	两个时间点之间的天数	161	<-- =B3-B2
5	到期年数T	0.4411	<-- =B4/365
6			
7	注意：我们右击单元格B4，然后选择"设置单元格格式→数字→常规"计算得到数值		

- r，无风险利率。该值也是以年为单位。意味着如果利率为每年 6%，期权 $T=0.25$，然后我们在布莱克-斯科尔斯公式中用 $r=6\%$。实际我们通常使用期限接近的国库券利率。
- σ 是一个衡量股票风险的指标。σ 是决定股票期权价格的一个重要变量，不是很容易解释。我们将在 22.2 节和 22.3 节讨论。但是，下面几项事实有助于你理解 σ：
  - 如果是无风险的股票，那么 $\sigma=0$。股票 A 是无风险的，如果其未来的价格是完全可以预测的。
  - 一个"平均"的美国股市 σ 值是在 $10\%\sim25\%$ 之间。
  - 一个高风险的股票 σ 值可能高达 $80\%\sim100\%$ 之间。

22.2　历史波动率——基于股价计算 σ 值

主要有两种方法来计算 σ：我们可以通过一系列过去的股票收益计算 σ，这一计算通常称作历史 σ 或者历史波动率。也可以通过一系列期权价格计算隐含 σ，这一计算通常称作隐含波动率。本节先介绍第一种方法，下一节介绍如何计算隐含波动率。

下表显示了 IBM 1999—2009 年的股价。C 列显示了股票价格的连续复利收益率 $r_t^{连续}=\ln(P_t/P_{t-1})$（连续复利最先是在第 3 章介绍，本章注释会复习此内容）。单元格 C18 显示了这些年收益的标准差 σ 值。如你所见，该值是 16.7%。

一般来说，在期权定价世界中不常用年度数据计算 σ。大多数交易者更愿意使用每天、每周或每月的数据。但是非年度数据的使用需要一些调整。我们在下面的例子中用月度数据计算了 IBM 的 σ 值，请见以下表格。

	A	B	C	D
1		IBM股票价格和收益率 1999—2000年		
2	日期	股票价格	年度 收益率	
3	1999-01-04	82.78		
4	2000-01-03	101.89	20.77%	<-- =LN(B4/B3)
5	2001-01-02	102.14	0.25%	
6	2002-01-02	98.87	-3.25%	
7	2003-01-02	72.19	-31.45%	
8	2004-01-02	92.31	24.59%	
9	2005-01-03	87.57	-5.27%	
10	2006-01-03	76.93	-12.95%	
11	2007-01-03	95.08	21.18%	
12	2008-01-02	104.15	9.11%	
13	2009-01-02	90.68	-13.85%	
14				
15	平均收益率		0.91%	<-- =AVERAGE(C4:C13)
16	收益率方差		2.79%	<-- =VARP(C5:C14)
17	收益率标准差		16.70%	<-- =STDEVP(C6:C15)

	A	B	C	D
1		IBM股票价格 2008年的月度数据		
2	日期	价格	月度 收益率	
3	2008-01-02	104.15		
4	2008-02-01	111.14	6.50%	<-- =LN(B4/B3)
5	2008-03-03	112.39	1.12%	<-- =LN(B5/B4)
6	2008-04-01	117.82	4.72%	
7	2008-05-01	126.85	7.38%	
8	2008-06-02	116.17	-8.80%	
9	2008-07-01	125.43	7.67%	
10	2008-08-01	119.77	-4.62%	
11	2008-09-02	115.08	-3.99%	
12	2008-10-01	91.48	-22.95%	
13	2008-11-03	80.74	-12.49%	
14	2008-12-01	83.27	3.09%	
15	2009-01-02	90.68	8.52%	
16				
17	月度收益率统计			
18	平均收益率		-1.15%	<-- =AVERAGE(C4:C15)
19	收益率方差		0.87%	<-- =VARP(C4:C15)
20	收益率标准差		9.32%	<-- =STDEVP(C4:C15)
21				
22	年化收益率统计			
23	平均收益率		-13.85%	<-- =12*C18
24	收益率方差		10.43%	<-- =12*C19
25	收益率标准差		32.29%	<-- =SQRT(C24)

单元格 C20 表明了月度收益率标准差是 9.32%。单元格 C25 表明了转化后的年度收益率标准差是 32.29%。

$$年度方差=12\times月度方差$$

$$年度标准差=\sqrt{12\times月度方差}$$

$$=\sqrt{12}\times月度标准差$$

在一般情况下，如果我们用非年度数据计算：

$$\sigma，年度标准差=\sqrt{12}\times月度标准差$$

$$\sqrt{52}\times周度标准差$$

$$\sqrt{260}\times日度标准差$$

（在用日度数据计算年化 σ 时 260 的用法会产生一些迷惑：因为每年有 52 个星期并且每周有 5 个工作日，很多交易员假设每年有 260 个工作日。然而，其他人可能用 250 或

365 来计算。）

> ### 注释：连续复利和单利
>
> 布莱克-斯科尔斯公式使用连续复利收益，而在这本书的大部分内容中，我们使用单利收益。我们在第 3 章讨论了这两者之间的区别。假设你的一项投资在时间 t 时的价值是 P_t，1 个时期之后价值是 P_{t+1}。单利的收益率是 $r_t^{离散} = \dfrac{P_{t+1}}{P_t}$，复利是 $r_t^{连续} = \ln\left(\dfrac{P_{t+1}}{P_t}\right)$。下面的例子显示了二者的区别。

	A	B	C
1	离散收益率与连续收益率		
2	从价格计算收益		
3	P_t	100	
4	P_{t+1}	120	
5			
6	离散收益率	20.00%	<-- =B4/B3-1
7	连续复利收益率	18.23%	<-- =LN(B4/B3)

22.3 从期权价格中计算隐含波动率

前几节我们通过历史股价计算年化收益波动率，在本节中，我们通过期权价格计算隐含波动率。

我们使用布莱克-斯科尔斯公式从一特定的期权价格去计算 σ。假设 ABC 股票当前价格是 35 美元，期限为 6 个月的 ABC 平价看涨期权价格是 5.25 美元。（平价期权的行权价 X 等于股票的当前价格 S。）假设利率为 6%。下面的电子表格表明 σ 必须大于 35%（因为看涨期权价格随 σ 增加而增加，当 σ 为 35% 时期权价为 3.94 美元，而期权价是 5.25 美元时 σ 将更大）。

	A	B	C
1		布莱克-斯科尔斯期权定价公式	
2	S_0	35	当前股票价格
3	X	35	行权价
4	Y	0.5000	距期权到期日的时间（以年计算）
5	r	6.00%	无风险利率
6	σ	35.00%	股票波动性
7			
8	d_1	0.2450	<-- (LN(S_0/X)+(r+0.5*sigma^2)*T)/(sigma*SQRT(T))
9	d_2	-0.0025	<-- $d_0$sigma*SQRT(T)
10			
11	$N(d_1)$	0.5968	<-- 使用公式NormSDist(d_1)
12	$N(d_2)$	0.4990	<-- 使用公式NormSDist(d_2)
13			
14	看涨期权价格 C_0	3.94	<-- S*N(d_1)-X*exp(-r*T)*N(d_2)
15	看跌期权价格 P_0	2.90	<-- C-S+X*Exp(-r*T)：看跌看涨期权平价公式
16		2.90	<-- X*exp(-r*T)*N(d_2)-S*N($-d_1$)：直接用公式

通过单变量求解，我们可以计算 σ 和市场价格，得出结果 $\sigma=48.71\%$。单变量求解对话框如下：

	A	B	C
1	**The Black-Scholes Option-Pricing Formula**		
2	S_0	35	Current stock price
3	X	35	Exercise pric
4	T	0.5000	Time to matu
5	r	6.00%	Risk-free rate
6	Sigma	35.00%	Stock volatili
7			
8	d_1	0.2450	<-- (LN(S/X)+
9	d_2	-0.0025	<-- d_1-sigma*
10			
11	$N(d_1)$	0.5968	<-- Uses form
12	$N(d_2)$	0.4990	<-- Uses formula NormSDist(d_2)
13			
14	Call price, C_0	3.94	<-- S*N(d_1)-X*exp(-r*T)*N(d_2)
15	Put price, P_0	2.90	<-- call price - S + X*Exp(-r*T): by Put-Call parity
16		2.90	<-- X*exp(-r*T)*N(-d2) - S*N(-d1): direct formula

Goal Seek 对话框：
Set cell: $B$14
To value: 5.25
By changing cell: $B$6
OK　　Cancel

这是最终结果。

	A	B	C
1		布莱克-斯科尔斯期权定价公式	
2	S_0	35	当前股票价格
3	X	35	行权价
10	Y	0.50000	距期权到期日的时间（以年计算）
5	r	6.00%	无风险利率
6	σ	48.71%	股票波动性
7			
8	d_1	0.2593	<-- (LN(S/X)+(r+0.5*sigma^2)*T)/(sigma*SQRT(T))
9	d_2	-0.0851	<-- d_1-sigma*SQRT(T)
10			
11	$N(d_1)$	0.6023	<-- 使用公式 NormSDist(d_1)
12	$N(d_2)$	0.4661	<-- 使用公式 NormSDist(d_2)
13			
14	看涨期权价格C_0	5.25	<-- S_0*$N(d_1)$-X*exp(-r*T)*(d_2)

在实际中应该使用哪一种 σ——隐含的 σ 还是历史价格计算的 σ？

答案是两者兼而有之。精明的交易者会从历史数据计算波动率并与隐含波动率相比较，并对波动率作出自己的估计，有大量的网站和软件专门讨论这一问题。

22.4　Excel 有关布莱克-斯科尔斯公式的函数

本章的电子表格 PFE2，Chapter22.xlsm 包括两个计算布莱克-斯科尔斯看涨期权价格和看跌期权价格的 Excel 函数。这些函数并不是 Excel 内置的功能，而是由作者定义的。这里有一个如何使用它们的例子。

	A	B	C
1	布莱克-斯科尔斯期权公式		
2	这份电子表格中的函数Calloption和Putoption是由作者定义的。		
3	S_0	100	当前股票价格
4	X	90	行权价
5	T	0.5000	距期权到期日的时间（以年计算）
6	r	4.00%	无风险利率
7	σ	35%	股票波动率
8			
9	看涨期权价格，C_0	16.32	<-- =calloption(B3,B4,B5,B6,B7)
10	看跌期权价格，P_0	4.53	<-- =putoption(B3,B4,B5,B6,B7)

函数 Calloption（股价，行权价，到期时间，利率，σ）是附加到表格里的宏。[1] 当你第一次打开电子表格时，Excel 将显示下面的消息，询问你是否真的要打开这个宏。

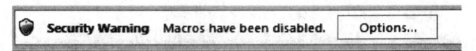

在这种情况下，正确答案是启用宏。本书的附带光盘中给出了更多关于启用宏的信息。

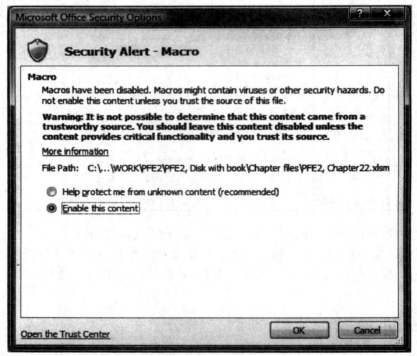

下面这些函数的对话框是不言而喻的。

---

① 如你在表中所见，putoption 要求同样的变量格式。

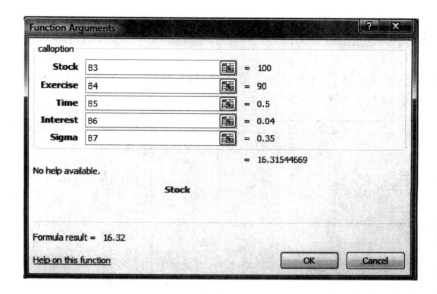

隐含波动率的函数

该电子表格还有两个计算看涨看跌期权隐含波动率的函数。CallVolatility 函数会根据股价、行权价、期权期限、利率、期权价格等参数计算看涨期权的 σ，而 PutVolatility 函数则会计算看跌期权的隐含波动率。[1] 其函数演示如下。

	A	B	C
1		两个隐含波动率的函数	
2	使用CallVolatility来计算一个看涨期权的隐含波动率		
3	S_0	35	当前股票价格
4	X	35	行权价
5	T	0.50000	距期权到期日的时间（以年计算）
6	r	6.00%	无风险利率
7	目标	5.25	<-- 这是我们想要匹配的当前看涨期权价格
8	隐含看涨期权波动率	48.71%	<-- =CallVolatility(B3,B4,B5,B6,B7)
9			
10	使用PutVolatility来计算一个看涨期权的隐含波动率		
11	S_0	35	当前股票价格
12	X	35	执行价
13	T	1.00000	距期权到期日的时间（以年计算）
14	r	6.00%	无风险利率
15	目标	3.44	<-- 这是我们想要匹配的当前看跌期权价格
16	隐含看跌期权波动率	32.49%	<-- =putVolatility(B11,B12,B13,B14,B15)

22.5　对布莱克-斯科尔斯公式做敏感性分析

我们可以使用 Excel 对布莱克-斯科尔斯做大量敏感度分析。在这一节我们举两个例子。其他的例子会出现在章末习题中。

---

[1]　本章的核心内容中，我们不介绍这些函数如何工作，如果想得到更多细节请参考作者的另一本书 *Financial Modeling*，Third Edition，MIT Press，2008。

例 1：布莱克-斯科尔斯公式中，看涨期权价格对当前股价 S 的敏感度

下面的数据表（见第 27 章）显示了看涨期权价格对当前股价 S_0 的敏感度，并且比较了看涨期权价值和内在价值——即 $\max(S_0 - X, 0)$。

	A	B	C	D	E	F	G
1			布莱克-斯科尔斯对当前股票价格 S_0 的价格敏感性				
2					在时期0的股票价格 S_0	布莱克-斯科尔斯价格	内在价值
3	S_0	100	当前股票价格		65	0.97	0.00
4	X	90	行权价		70	1.82	0.00
5	T	0.5000	距期权到期日的时间（以年计算）		75	3.08	0.00
6	r	4.00%	无风险利率		80	4.81	0.00
7	σ	35%	股票波动率		85	7.02	0.00
8					90	9.70	0.00
9	看涨期权价格，C_0	16.3154	<-- =calloption(B3,B4,B5,B6,B7)		95	12.81	5.00
10	看跌期权价格，P_0	4.5333	<-- =putoption(B3,B4,B5,B6,B7)		100	16.32	10.00
11					105	20.15	15.00
12					110	24.26	20.00
13		单元格F3和G3中是部分数据表标题。			115	28.58	25.00
14		单元格F3中包含公式 = B9			120	33.08	30.00
15		单元格G3中包含公式			125	37.71	35.00
16		= max（B3-B4,0）			130	42.44	40.00
17							

当 S_0 变化的布莱克-斯科尔斯期权价格（曲线）和内在价值的比较

在时期0的股票价格，S_0

— 布莱克-斯科尔斯价格
━ 内在价值

看涨期权内在价值 $\max(S_0 - X, 0)$ 表示如果立即行权的价值是多少。期权的布莱克-斯科尔斯价格表示在开放市场的期权价格。注意，布莱克-斯科尔斯看涨期权的价格总是大于内在价值，因此，立马去行使期权是不值得的。

例 2：布莱克-斯科尔斯价格对不同 σ 的敏感度

为了展示布莱克-斯科尔斯价格对 σ 的敏感度，在下表中，我们将两组 σ 不同的期权做比较，我们让股票价格 S_0 变化，分别在 σ 为 20% 和 50% 时展示看涨期权的价格。

	A	B	C	D	E	F	G
1			布莱克-斯科尔斯价格对标准差的敏感性				
2					在时期0的股票价格S_0	布莱克-斯科尔斯价格，$\sigma=20\%$	布莱克-斯科尔斯价格，$\sigma=50\%$
3	S_0	90	当前股票价格		10	0.00	0.00
4	X	90	行权价		20	0.00	0.01
5	T	1.0000	距期权到期日的时间（以年计算）		30	0.00	0.15
6	r	4.00%	无风险利率		40	0.00	0.77
7	σ	20%	股票波动率		50	0.01	2.23
8					60	0.19	4.80
9	看涨期权价格，C_0	8.9325	<-- =calloption(B3,B4,B5,B6,B7)		70	1.16	8.53
10	看跌期权价格，P_0	5.4036	<-- =putoption(B3,B4,B5,B6,B7)		80	3.89	13.39
11					90	8.93	19.24
12					100	16.06	25.93
13	F3和G3单元格中是部分数据表标题。				110	24.61	33.30
14	F3单元格中包含公式 = calloption(B3, B4, B5, B6, 20%)				120	33.96	41.24
15	单元格G3中包含公式 =				130	43.69	49.62
16	calloption（B3，B4，B5，B6，50%）				140	53.50	58.34
17							67.34
18							76.56

当σ变化时的布莱克-斯科尔斯期权价格

σ越高，表明布莱克-斯科尔斯期权价值越高。

22.6 布莱克-斯科尔斯模型有效吗？——英特尔期权的应用

在本节中我们做了两组实验来检验布莱克-斯科尔斯的有效性以及程度。首先，我们比较了英特尔股票一系列看涨看跌期权的布莱克-斯科尔斯价格和实际市场价格，然后，我们比较了相同期权的隐含波动率。

我们的结论：布莱克-斯科尔斯模型很有用！

测试 1：比较布莱克-斯科尔斯价格和实际市场价格

在 2009 年 10 月 16 日，英特尔股价是 20.18 美元，执行日 2010 年 4 月 16 日的平价看涨期权的价格是 1.62 美元，平价看跌期权是 1.67 美元。我们按照如下所列测试布莱克-斯科尔斯模型：

- 我们计算出两种期权的隐含波动率（单元格 B10 和 B11）。
- 我们用隐含波动率计算所有期权的交易价格。
- 我们比较布莱克-斯科尔斯价格和实际市场价格。

布莱克-斯科尔斯模型通过了测试：布莱克-斯科尔斯模型十分有效的。

	A	B	C	D	E	F
1	英特尔公司期权数据，2009年10月16日 使用平价隐含波动率的看涨期权和看跌期权定价					
2	S_0,当前英特尔公司股票价格	20.18				
3	平价 X	20				
4	平价看涨期权的价格	1.62				
5	平价看跌期权的价格	1.67				
6	当前日期	2009-10-16				
7	到期日	2010-04-16				
8	T，距到期日的时间	0.4986	<-- =(B7-B6)/365			
9	利率	0.75%				
10	隐含看涨期权波动率	26.40%	<-- =CallVolatility(B2,B3,B8,B9,B4)			
11	隐含看跌期权波动率	31.83%	<-- =PutVolatility(B2,B3,B8,B9,B5)			
12						
13	行权价	看涨期权 市场价格	带有平价 波动率的 看涨期权 价格		看跌期权 市场价格	带有平价 波动率的 看跌期权 价格
14	15	5.30	5.31		0.29	0.16
15	16	4.50	4.40		0.43	0.30
16	17	3.60	3.56		0.64	0.52
17	18	2.89	2.81		0.89	0.81
18	19	2.19	2.16		1.30	1.19
19	20	1.62	1.62		1.67	1.67
20	21	1.16	1.18		2.28	2.23
21	22	0.82	0.84		2.90	2.88
22	23	0.57	0.59		3.60	3.59
23	24	0.37	0.40		4.01	4.37

测试 2：比较所有看涨和看跌期权的隐含波动率

在这个例子中，我们使用所有交易的期权的市场价格，计算各自的隐含波动率。

结果具有两面性：

- 好消息是：看涨期权和看跌期权的隐含波动率是很接近的。

- 坏消息是：看跌期权的隐含波动率大于看跌期权。这一点是很奇怪的，因为在布莱克-斯科尔斯公式中，隐含波动率是指股票的收益率波动性，这与看跌或看涨期权无关。一种可能的解释就是，投资者更倾向于买保险（看跌期权）而不是积极地猜测股票的未来价格（看涨期权）。

- 第三点，看涨和看跌期权之间隐含波动率的差异实际不是很大（只有约 6%）。

这里不能综述关于隐含波动率的大量金融文献。对于我们来说，布莱克-斯科尔斯模型运行得很好。这就够了！

	A	B	C	D	E	F	G
1	英特尔公司期权数据，2009年10月16日 2010年4月16日的看涨期权和看跌期权的隐含波动率的比较						
2	S_0，当前英特尔公司股票价格	20.18					
3	当前日期	2009-04-16					
4	到期日	2010-04-16					
5	T，距到期日的时间	0.4986	<-- =(B4-B3)/365				
6	利率	0.75%					
7							
8	行权价	看涨期权价格	未平仓量	隐含看涨期权波动率	看跌期权价格	未平仓量	隐含看跌期权波动率
9	15	5.30	290	25.70%	0.29	1,025	37.38%
10	16	4.50	451	30.27%	0.43	1,244	35.91%
11	17	3.60	721	27.46%	0.64	10,164	35.00%
12	18	2.89	910	28.16%	0.89	4,821	33.54%
13	19	2.19	2,648	26.94%	1.30	5,301	33.84%
14	20	1.62	5,285	26.40%	1.67	7,753	31.83%
15	21	1.16	8,219	25.98%	2.28	2,162	32.65%
16	22	0.82	4,823	25.94%	2.90	191	32.24%
17	23	0.57	9,778	25.99%	3.60	671	31.96%
18	24	0.37	1,674	25.58%	4.01	449	23.20%

英特尔看涨期权和看跌期权的隐含波动率
期权到期日：2010年4月16日
当前日期：2009年10月16日

纵轴：隐含波动率
横轴：期权行权价

- 看涨期权的隐含波动率
- 看跌期权的隐含波动率

22.7 提高篇：实物期权

本章前面几节讨论了运用布莱克-斯科尔斯公式为股票看涨期权和看跌期权定价。这种期权因为基于股票（一种金融资产）而常被称为金融期权。金融学另一热门领域是实物期权，一项实物期权是指一项期权随投资机会的结果而变得有价值的期权，下面介绍几个实物期权的例子。

- Caulk 航运公司正在考虑购买 Philadelphia 和 Camden 之间的渡轮服务经营许可证，

该业务的经营许可证要求该公司有一艘船在航线上，并可能允许公司在此航线上营运 10 艘船。那么 Caulk 公司在评估购买这个执照的时候就需要考虑这种可能性。

- Jones 石油公司正在考虑购买储藏大量石油的土地。该公司的分析师计算出了租赁的 NPV——假定钻油机安装好之后，公司能够以最大可能挖掘石油。不过在买这块地的时候，应该考虑购买情形包含一项实物期权：如果未来油价降低，Jones 石油公司就可以停止开采，直到油价上涨。延迟的期权明显是有价值的。

- Merrill 工具公司正在考虑买 6 台新机器来替换旧机器。新机器含有一项比旧机器复杂很多的革新技术。该公司的财务分析师计算出这种情况下的 NPV 为负，因此不赞同买新机器。该公司的总裁却又有不同观点：她想先替换一台机器测试一下可能性，一年以后再决定要不要替换剩下的 5 台机器。实际上，这也是一项期权。下面我们将回到这个案例并说明如何计算期权价值。

研究一个简单的例子

在本节的后面部分，我们将运用布莱克-斯科尔斯公式来对 Merrill 工具公司的例子计算期权价值。公司准备用 6 台新机器替换旧机器，新机器售价 1,000 美元，寿命为 5 年，财务分析师合理地估计了每台机器的现金流；这些现金流包括用新机器替换旧机器产生的现金流增量，考虑税收，处理旧机器的所得。强调管理层并不知道真实现金流预测期望现金流是有必要的，每台新机器的期望现金流如下。

	A	B	C	D	E	F	G
3	年份	0	1	2	3	4	5
4	单个机器的现金流	−1000	220	300	400	200	150

财务分析师估计资本贴现率是 12%，用预期现金流和 12% 的贴现率；财务分析师得出用新机器替代旧机器是不合适的，因为 NPV 为负：

$$-1,000+\frac{220}{1.12}+\frac{300}{(1.12)^2}+\frac{400}{(1.12)^3}+\frac{200}{(1.12)^4}+\frac{150}{(1.12)^5}=-67.48$$

现在是实物期权的例子，公司的总裁说："我想先买一台新机器，看一下真实的现金流，一年以后如果试验是成功的，再购买剩下的 5 台新机器。如果我不是先买一台新机器，我永远也不会知道真实的现金流。"

这个决定会不会影响之前的净现值为负的结论呢？答案是肯定的。为了得到这个结果，我们认识到现在所知的条件：

- 现在换掉一台旧机器，净现值为−67.48 美元。
- 一年后换掉 5 台机器的期权，可以被称为看涨期权，每更换一台机器可看作是基于一项当前价值如下资产的看涨期权：

$$S=\frac{220}{1.12}+\frac{300}{(1.12)^2}+\frac{400}{(1.12)^3}+\frac{200}{(1.12)^4}+\frac{150}{(1.12)^5}=932.52$$

行权价为 1,000 美元。当然这些期权仅当我们现在购买第一台机器才能够被执行，实际上实物期权模型将用来对学习成本定价。

假设布莱克-斯科尔斯期权定价模型可以为这一看涨期权定价。进一步假定无风险利率是 6%，现金流的标准差 σ 是 40%，下面的方程显示了一年后获得一台新机器的期权的价值为 143.98 美元。决策的价值：

项目价值＝第 1 台机器的 NPV＋5 个期权的价值

＝－67.48＋5×143.98＝652.39

	A	B	C	D	E	F	G
1	Merrill Widget——要学习的期权						
2	年份	**0**	**1**	**2**	**3**	**4**	**5**
3	单个机器的CF	-1000	220	300	400	200	150
4							
5	机器现金流的贴现率	12%					
6	无风险贴现率	6%					
7	单个机器的NPV	-67.48					
8							
9	下一年购买的机器的数量	5					
10	在超过一年的时间里所购买的单个机器的期权价值	143.98	<-- =B24				
11	整个项目的NPV	652.39	<-- =B7+B9*B10				
12							
13	布莱克-斯科尔斯期权定价公式						
14	S_0	932.52	<-- =NPV(B5,C3:G3),机器现金流的PV				
15	X	1000.00	行权价=机器成本				
16	r	6.00%	无风险利率				
17	T	1	距离期权到期的时间（以年计算）				
18	σ	40%	<-- 波动率				
19	d_1	0.1753	<-- (LN(S/X)+(r+0.5*sigma^2)*T)/(sigma*SQRT(T))				
20	d_2	-0.2247	<-- d_1-sigma*SQRT(T)				
21	$N(d_1)$	0.5696	<--- 使用公式NormSDist（d_1）				
22	$N(d_2)$	0.4111	<--- 使用公式NormSDist（d_2）				
23	期权价值=B-S看涨期权价格	143.98	<-- $S_0*N(d_1)-X*exp(-r*T)*(d_2)$				

这样，今天购买一台机器，同时获得 1 年后购买另外 5 台机器的期权是值得的。

一个值得商榷的要素是波动率，可以看到，波动率越低（不确定性越低），该项目价值越低。下图显示了这一关系。

	B	C	D	E	F	G	H	I
26	数据表							
27	σ	652.39	<-- =B11,表标题					
28	1%	-63.48						
29	10%	97.16						
30	20%	283.09						
31	30%	468.40						
32	40%	652.39						
33	50%	834.59						
34	60%	1014.54						
35	70%	1191.81						
36								
37								
38								
39								
40								

作为σ的函数的项目价值

该项目的价值主要取决于当前现金流从现在开始一年内的不确定性。不确定性越低（用 σ 来衡量的），项目价值越低。在本例中，机器现金流回报的不确定性很低（$\sigma >$ 4.75%），但足以支持其购买决策。[1]

---

[1] 估算实物期权的现金流的 σ 值是有疑问的，因为能指导我们的市场数据较少（类似于股票）。许多作者估计实物期权回报的标准差的范围在 30%～50% 之间；这有时高于美国股票市场的平均标准差，在 15%～30% 的范围内。为探讨这一问题，请查阅此领域下列三本主要书籍：Lenos Trigeorgis, Real Option: *Managerial Flexibility and Strategy in Resource Allocation*, MIT press, 1996；Martha Amram and Nalin Kulik, *Real Options*, Harvard Business School, 1998；Tom Copeland and Vladimir Antikarov, *Real Options: A Practitioner's Guide*, Texere, 2001.

实物期权：下一步走向哪里？

实物期权越来越多地被用在金融中来对公司投资进行估值，上面 Merrill 工具公司的例子只是实物期权的一个简单的应用。如果想进一步了解，我们建议你参照脚注中所提到的书籍。

总　　结

本章给了你一个对布莱克-斯科尔斯模型应用快速并且有效的了解。该公式作为定价工具得到了广泛的运用。并且使用它也是很容易的，只要你不是一直沉迷于研究公式的由来（在这一章中我们不考虑这些，只是集中于细节）。

习　　题

1. 用布莱克-斯科尔斯模型定价：
- 1 份股票看涨期权，股票当前价格为 $S = 50$，行权价 $X = 50$，$T = 0.5$，$r = 10\%$，$\sigma = 25\%$。
- 1 份条件相同的看跌期权。

2. 1 份股票看涨期权的价格为 5.35 美元。期权的行权价为 $X = 40$ 美元，当前股票价格为 $S = 33$ 美元，期权距离到期日为 6 个月，利率 $r = 6\%$. 用布莱克-斯科尔斯模型计算隐含波动率和期权定价的 σ 值。（Excel 提示：使用单变量求解，第 28 章。）

3. 1 份股票看跌期权价格为 5 美元。期权的行权价为 $X = 25$ 美元，股票的当前价格为 $S = 25$ 美元，期权的期限为 1 年，利率 $r = 5\%$。用布莱克-斯科尔斯模型计算隐含波动率和期权定价的 σ 值。（Excel 提示：使用规划求解，第 28 章。）

4. 1 份执行期限为一年半的看涨期权标的物是当前价格为 40 美元的股票，期权的行权价为 38 美元，利率为 4%，股票波动率为 30%。

a. 用布莱克-斯科尔斯模型为看涨期权定价。

b. 做 1 张表格展示期权价格随波动率变化 10%，20%，$\cdots$，60%。（Excel 提示：最简单的方法是使用数据表，第 27 章介绍。）

5. 1 份执行期限为一年半的看跌期权标的物是当前价格为 40 美元的股票，期权的行权价为 38 美元，利率为 4%，股票波动率为 30%。

a. 用布莱克-斯科尔斯模型为看跌期权定价。

b. 做一张表格展示期权价格随到期时间变化 $T = 0.2$，0.4，$\cdots$，2.0。（Excel 提示：最简单的方法是使用数据表，第 27 章介绍。）

6. 使用习题 1 的数据和数据表生成以下图表：
- 布莱克-斯科尔斯看涨期权价格与股票初始价格 S 敏感度分析。

- 布莱克-斯科尔斯看跌期权价格与 σ 值变化敏感度分析。
- 布莱克-斯科尔斯看涨期权价格与执行期限 T 敏感度分析。
- 布莱克-斯科尔斯看涨期权价格与利率 r 敏感度分析。
- 布莱克-斯科尔斯看跌期权价格与行权价 X 敏感度分析。

7. 考虑以下数据，生成图表比较当 $S=20$，25，$\cdots$，70 时看涨期权的内在价值（定义为 $\max(S-X，0)$）与布莱克-斯科尔斯价格。从表中你应能够推断出由布莱克-斯科尔斯定价的看涨期权提前执行是不明智的。

	A	B	C
3	S	50	当前股票价格
4	X	50	行权价
5	T	0.50000	到期权到期日的时间（以年计算）
6	r	10.00%	无风险利率
7	σ	25%	股票波动率

8. 制作一张图表比较看跌期权的内在价值（定义为 $\max(X-S，0)$）与布莱克-斯科尔斯价格。从表中你应能够推断出由布莱克-斯科尔斯定价的看跌期权是有可能提前执行的。

9. 使用 Excel 的规划求解功能计算布莱克-斯科尔斯看涨期权价格与期权的内在价值可能的最大差异，使用如下值：$S=45$，$X=45$，$T=1$，$\sigma=40\%$，$r=8\%$。

10. 如下的表格给出了 PFE 公司在 2005 年 3 月 4 日的 6 月份到期的期权价格。在这一日期股票价格为 26.85 美元，年利率为 2.60%。使用函数 CallVolatility 和 PutVolatility 计算所有看涨看跌期权的隐含波动率。（如果没有价格，期权是不交易的。）

	A	B	C	D
1	PFIZER（PFE）公司期权价格，2005年3月4日			
2	股票价格	26.85		
3	当前日期	2005-03-04		
4	利率	2.60%		
5				
6	到期日	行权价	看涨期权	看跌期权
7	2005-06-17	22.50	4.70	0.25
8	2005-06-17	25.00	2.55	0.65
9	2005-06-17	27.50	1.00	1.60
10	2005-06-17	30.00	0.30	3.50
11	2005-06-17	32.50	0.05	
12	2005-06-17	37.50		10.70

11. 如第 21 章习题 7，看涨期权价值通常大于立即执行价值（$S-X$），其中 $S>X$。然而，欧式看跌期权的价值通常小于内在价值（$X-S$），其中 $S<X$，使用看跌期权定价模型生成一个例子。

12. 1 份欧式股票期权看涨期权执行的概率为 $N(d_2)$（在布莱克-斯科尔斯期权定价公式中有同样的表达）。1 份欧式股票看涨期权，行权价为 40 美元，期限为 6 个月，被执行的概率是多少？当前股票价格为 38 美元，利率为 5%，股票收益的波动率为 25%。

13. 考虑 1 份欧式看涨期权和欧式看跌期权，标的是当前价格为 80 美元的股票。股票收益的波动率为 $\sigma=40\%$，执行期限为 9 个月，利率为 $r=6\%$。当行权价 X 等于多少时布莱克-斯科尔斯看涨期权与看跌期权价格相等？

14. 1份股票看跌期权一年后到期，当前股票价格为 20 美元，期权行权价为 18 美元，利率为 3.74%，股票波动率为 32.7%，同种股票同样行权价和期限的看涨期权的价格为 4.30 美元。使用布莱克-斯科尔斯模型计算看涨—看跌期权平价是否成立？

15. 公司股票当前价格为 $S=50$ 美元。2 个月到期、行权价为 60 美元的欧式看涨期权的价格为多少？假设年利率为 5.5%，每个月股票价格的波动率为 7.8%。

16. 公司股票当前价格为 $S=55$ 美元，假如年利率为 2%，股票波动率为 0.4。

a. 计算 3 个月后到期的行权价为 55 美元的欧式看涨期权和看跌期权的价格。

b. 计算看涨期权和看跌期权平价价格。

17. 1份1个月到期的欧式看涨期权价格为 3 美元。行权价为 40 美元，股票当前价格为 $S=43$ 美元。月利率为 0.5%，股票收益的月波动率为 7%，根据布莱克-斯科尔斯公式，当前市场价格为多少？

18. 考虑 1 年后到期的股票期权。隐含波动率在开盘时为 25%，收盘时为 22%。假如股票价格没有变化，期权价格将如何变化，升高还是降低？

19. 如果一只股票的波动率为 30%，假如一年有 250 个交易日，每个交易日股票收益的标准差是多少？

附录 22.1　从雅虎收集期权信息

（1）进入雅虎金融网页，输入你想要查询的股票代码。下面的例子中，我们查询了 AT&T 公司，其股票代码为 T，点击"T"获得报价。

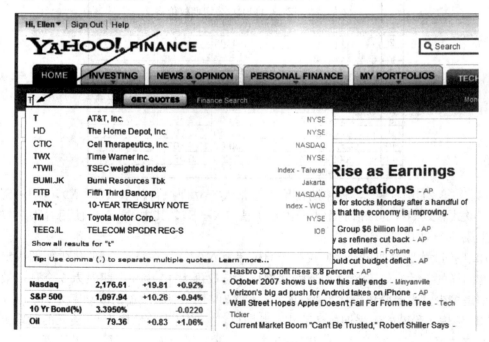

（2）当你进入 AT&T 股票信息页面之后，点击"期权"（Options）。

（3）雅虎网站按照到期日给出了所有的期权信息（注意恰好到期的期权以箭头标注了）。

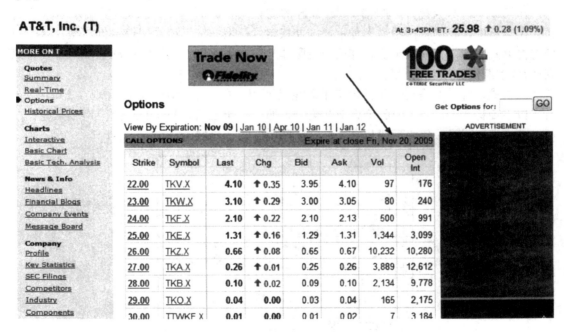

第 23 章

二项式期权定价模型

概述

在第 22 章中，我们详细解释了最普遍的期权定价公式——布莱克-斯科尔斯模型公式。在本章中，我们将讨论另一种重要的期权定价模型——二项式期权定价模型。这个模型将告诉我们如何为期权定价，其运用范围非常广，当然，就运用的广泛程度而言，布莱克-斯科尔斯模型相对更广泛。

二项式定价模型是基于证券价格不确定性而提出的。举个例子，假设现在 MicroDigits（以下简称 MD）公司的股价为 100 美元，那么一年之后，MD 的股价会是多少呢？二项式定价模型假设一年之后股价会在一定区间内浮动，比如说：

	A	B	C	D
1	**MicroDigits (MD)** 公司股票价格的二项式模型			
2	上涨	30%		
3	下跌	-10%		
4				
5	从现在开始一年后的MD公司股票价格			
6			130	<-- =100*(1+B2)
7	100			
8			90	<-- =A7*(1+B3)
9				
10	当前时期0		从现在开始一年后的时期1	
11				
12	MD公司股票价格收益			
13			0.3	<-- =C6/A7-1
14				
15			-0.1	<-- =C8/A7-1
16	当前时期0		从现在开始一年后的时期1	

在这个例子中，MD 的股价将会在一年后上涨 30% 或者下跌 10%。这就是说，MD 的股票收益将会是 30% 或者 −10%（单元格 C13 和 C15）。

如此简单的模型看似说明不了问题，然而，当我们将模型推广到各期，此时，二项式定价模型就能在一个广泛的期间内描述股价的变动情况。在这个模型中，我们假设，在第二期，股票价格还可能上涨 30% 或下跌 10%，那么最终价格会是 169 美元、117 美元或 81 美元。

	A	B	C	D	E	F
1			MicroDigits（MD）公司股票价格的两阶段二项式模型			
2	上涨		30%			
3	下跌		-10%			
4						
5					169	<-- =C6*(1+B2)
6			130			
7	100				117	<-- =C6*(1+B3)
8			90			
9					81	<-- =C8*(1+B3)
10	当前时期0		从现在开始一年后的时期1		从现在开始两年后的时期2	

如果我们将模型向更远的期间推广，我们将得到价格和收益的区间。下图可以看到 MD 股票在 10 个期间后的价格。

	A	B	C	D	E	F	G	H	I	J	K
1		MicroDigits（MD）公司股票价格的多阶段二项式模型									
2	上涨	30%									
3	下跌	-10%									
4											
5	时期										
6	0	1	2	3	4	5	6	7	8	9	10
7											1378.58
8										1060.45	
9									815.73		954.40
10								627.49		734.16	
11							482.68		564.74		660.74
12						371.29		434.41		508.26	
13					285.61		334.16		390.97		457.44
14				219.70		257.05		300.75		351.87	
15			169.00		197.73		231.34		270.67		316.69
16		130.00		152.10		177.96		208.21		243.61	
17	100.00		117.00		136.89		160.16		187.39		219.24
18		90.00		105.30		123.20		144.15		168.65	
19			81.00		94.77		110.88		129.73		151.78
20				72.90		85.29		99.79		116.76	
21					65.61		76.76		89.81		105.08
22						59.05		69.09		80.83	
23							53.14		62.18		72.75
24								47.83		55.96	
25									43.05		50.36
26										38.74	
27											34.87

如果你将 10 年后的股票价格和与之对应的概率放在一张图上，就能得到如下的图。

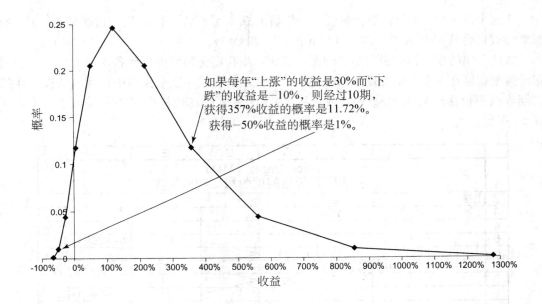

如果每年"上涨"的收益是30%而"下跌"的收益是−10%，则经过10期，获得357%收益的概率是11.72%。获得−50%收益的概率是1%。

教学建议

大多数金融课本都是先介绍二项式定价模型，然后介绍布莱克-斯科尔斯模型。它们的理由是，这样的安排更具逻辑性，因为后者可以由前者演变而来。在本书中，我们反过来安排，因为我们并不是要来告诉你二项式定价模型是怎么演化为布莱克-斯科尔斯模型的。我们将两个模型平等对待，想达到两个目的：布莱克-斯科尔斯模型是最常用的期权定价模型，学金融的必须知道、熟悉并灵活地运用；二项式定价模型学术性更强，但实用性较差（至少在本书中是这样），这个模型只是用来告诉你一定期间内的期权定价是怎么回事。然后运用这个模型来为美式期权和实物期权定价。

讨论的金融概念

- 复制的投资组合
- 二项式模型

使用的 Excel 函数

- Max

23.1 二项式定价模型

为了说明这个模型是怎么回事，请看如下例子：
- 现有以 ABC 股票为标的的看涨期权，一年后到期，行权价为 110 美元，我们想知道该期权到期时的价格。

- ABC 股票当前售价 100 美元，已知未来股价要么是 130 美元，要么是 90 美元。我们可以将其理解为之前的"上涨"和"下跌"。
- 一年期利率是 6%，你可以借钱，也可以将自己的钱放贷。

下表是一个全景图，显示所有的已知条件，包括了期权收益的情况。

	A	B	C	D	E	F	G	H	I	J
1				ABC公司股票的期权定价——二项式模型						
2	上涨	30%								
3	下跌	-10%								
4										
5	初始股票价格	100								
6	利率	6%		在"上涨"状态下						
7	行权价	110		的ABC股票价格						
8										
9		ABC公司股票价格					债券价格			
10				130	<-- =$B$11*(1+B2)				1.06	<-- =$G$12*(1+$B$7)
11		100					1			
12				90	<-- =$B$11*(1+B3)				1.06	<-- =$G$12*(1+$B$7)
13										
14		在"下跌"状态下								
15		的ABC股票价格		在"上涨"状态下						
16		看涨期权支付		的看涨期权支付			看跌期权支付			
17				20	<-- =MAX(D10-$B$7,0)				0	<-- =MAX($B$7-D10,0)
18		???					???			
19				0	<-- =MAX(D12-$B$7,0)				20	<-- =MAX($B$7-D12,0)
20										
21				在"下跌"状态下						
22				的看涨期权支付						

你将会看到我们可以将该看涨期权的收益等同于一系列股票和债券的组合：假定你购买了 A 股股票和 B 股债券，那么如果未来股票上升，那么你的收益将是 $130A+1.06B$，如果未来股票下跌，那么你的收益将是 $90A+1.06B$，该组合和期权一致，那么：

$$130A+1.06B=20$$
$$90A+1.06B=0$$

计算得出 $A=\dfrac{20-0}{130-90}=0.5$，$B=\dfrac{0-90A}{1.06}=\dfrac{-90*0.5}{1.06}=-42.4528$

也就是说，我们需要买半股股票（花费 50 美元），然后借来 42.4528 美元的债券。这个收益应当等同于购买期权的收益，同时费用也应该等于购买期权的费用。因此，该期权价格是 7.5472 美元。

$$看涨期权的价格=\underbrace{0.5*100}_{\text{在"复制的投资组合"中股票的成本}}-\underbrace{42.4528}_{\text{在"复制的投资组合"中通过借贷获得的融资}}=\underbrace{7.5472}_{\text{看涨期权的市场价格}}$$

复制组合

上个例子中的组合——$A=0.5$ 股股票，借入 $B=-42.4528$ 美元与给定的看涨期权收益一致，所以我们就称其为复制的投资组合。

发生了什么？市场有效性在起作用

二项式模型为期权定价是第 17 章所讨论的有效市场的两个原理的运用。第一个原理（有效市场上同一个物品只有一个价格）暗含着一个道理：相同回报下，股票和债券组合的定价应当等同于期权的价格（如上例中所告知的那样）。第二个原理（价格具有累加性）则说明，期权价格应该等于股票成本（45美元）减去融资成本（借债券的钱）。

期权理论研究者将这种方法称为套利。总结如下。

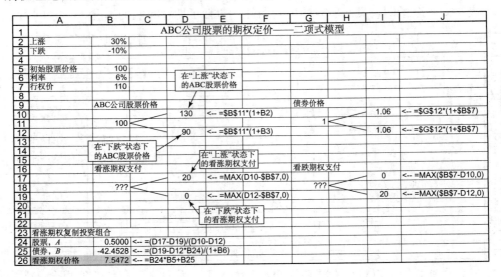

运用二项式模型为 ABC 股票的看跌期权定价

现在来运用二项式模型为 ABC 股票的看跌期权定价，行权价是 110 美元：

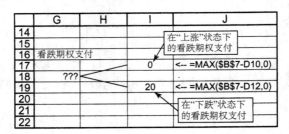

该复制的组合符合：

$$130A + 1.06B = 0$$
$$90A + 1.06B = 20$$

得出，$A = \dfrac{-20}{130-90} = -0.5$，$B = \dfrac{-130A}{1.06} = \dfrac{-130*(-0.5)}{1.06} = 61.3208$。

即卖空 0.5 股的股票，投资 61.3208 美元在债券上，因此看跌期权的价格是 11.3208 美元。

$$\text{看跌期权价格} = \underbrace{-0.5*100}_{\substack{\text{在"复制的}\\\text{投资组合"中通过}\\\text{股票卖空}\\\text{获得的现金}}} + \underbrace{61.3208}_{\substack{\text{在"复制的}\\\text{投资组合"中用于}\\\text{购买债券的现金}}} = \underbrace{11.3208}_{\substack{\text{看跌期权的}\\\text{市场价格}}}$$

看涨—看跌平价，另一种为看跌期权定价的方法

在第 21 章我们了解了看涨—看跌平价定理，

$$P+S=C+PV(行权价)$$

运用该理论，我们得出看跌期权的价格是 11.3208 美元。

$$P=C+PV(行权价)-S$$

$$=7.5472+\frac{110}{1.06}-100=11.3208$$

过程如下表。

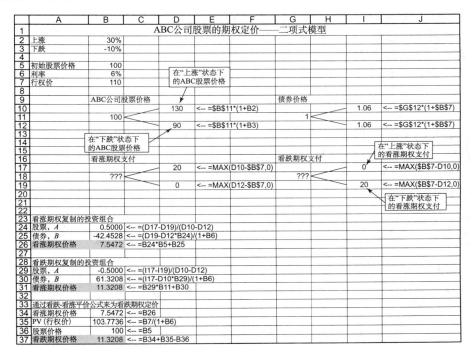

	A	B	C	D	E	F	G	H	I	J
1				ABC公司股票的期权定价——二项式模型						
2	上涨	30%								
3	下跌	-10%								
4										
5	初始股票价格	100								
6	利率	6%								
7	行权价	110								
8										
9		ABC公司股票价格					债券价格			
10				130	<-- =$B$11*(1+B2)				1.06	<-- =$G$12*(1+$B$7)
11		100						1		
12				90	<-- =$B$11*(1+B3)				1.06	<-- =$G$12*(1+$B$7)
13										
14										
15										
16		看涨期权支付					看跌期权支付			
17				20	<-- =MAX(D10-$B$7,0)				0	<-- =MAX($B$7-D10,0)
18		???					???			
19				0	<-- =MAX(D12-$B$7,0)				20	<-- =MAX($B$7-D12,0)
20										
21										
22										
23	看涨期权复制的投资组合									
24	股票，A	0.5000	<-- =(D17-D19)/(D10-D12)							
25	债券，B	-42.4528	<-- =(D19-D12*B24)/(1+B6)							
26	看涨期权价格	7.5472	<-- =B24*B5+B25							
27										
28	看跌期权复制的投资组合									
29	股票，A	-0.5000	<-- =(I17-I19)/(D10-D12)							
30	债券，B	61.3208	<-- =(I17-D10*B29)/(1+B6)							
31	看涨期权价格	11.3208	<-- =B29*B11+B30							
32										
33	通过看跌-看涨平价公式来为看跌期权定价									
34	看涨期权价格	7.5472	<-- =B26							
35	PV（行权价）	103.7736	<-- =B7/(1+B6)							
36	股票价格	100	<-- =B5							
37	看跌期权价格	11.3208	<-- =B34+B35-B36							

表中标注说明：
- 在"上涨"状态下的ABC股票价格（指向 D10）
- 在"下跌"状态下的ABC股票价格（指向 D12）
- 在"上涨"状态下的看涨期权支付（指向 I17）
- 在"下跌"状态下的看涨期权支付（指向 I19）

23.2 从二项式模型中你能学到什么？

二项式模型非常有建设性。它是一种简单的定价方式，同时也告诉我们一种相对复杂的期权定价模型会是什么样子。下面是一些有关该模型的解析。

● 如果一个看涨期权等同于购买股票、卖出债券的组合，那么：

$$A*S_U+B*(1+r)=C_U$$

$$A*S_D+B*(1+r)=C_D$$

其中，

S_U 和 S_D 是"上涨"和"下跌"状态时的股票价格；

C_U 和 C_D 是看涨期权在"上涨"和"下跌"状态时的支付。

可以看到，A 总是正的，B 总是负的，这表明了通过借债融资来购买股票。布莱克-斯科尔斯（B-S）模型给出了相同的结果。

$$\text{B-S 看涨期权价格} = \underbrace{S * N(d_1)}_{\substack{\text{购买股票} \\ \text{（正值）}}} - \underbrace{Xe^{-rT}N(d_2)}_{\substack{\text{借入无风险} \\ \text{资产（负值）}}}$$

● 如果一个看跌期权等同于购买债券、卖出股票的组合，那么：

$$A * S_U + B * (1+r) = P_U$$
$$A * S_D + B * (1+r) = P_D$$

其中，

S_U 和 S_D 是"上涨"和"下跌"状态时的股票价格；

P_U 和 P_D 是看跌期权在"上涨"和"下跌"状态时的支付。

可以看到，A 总是负的，B 总是正的，这表明了通过卖空股票融资来购买债券。同样的，布莱克-斯科尔斯模型如下：

$$\text{B-S 看涨期权价格} = \underbrace{S * N(-d_1)}_{\substack{\text{卖空股票} \\ \text{（负值）}}} - \underbrace{Xe^{-rT}N(-d_2)}_{\substack{\text{投资于无风险} \\ \text{资产（正值）}}}$$

● 股票上升或者下降的几率并没有在计算期权价格的过程中体现出来。为了更好地说明这个问题，我们可以再看一次计算过程：

$$130A + 1.06B = 20$$
$$90A + 1.06B = 0$$

求解得出：

$$A = \frac{20 - 0}{130 - 90} = 0.5, \quad B = \frac{0 - 90A}{1.06} = \frac{-90 * 0.5}{1.06} = -42.4528$$

期权价格为：

$$\text{看涨期权价格} = \underbrace{0.5 * \$100}_{\substack{\text{在"复制的"} \\ \text{投资组合"中} \\ \text{股票的成本}}} - \underbrace{\$42.4528}_{\substack{\text{在"复制的"} \\ \text{投资组合"中} \\ \text{通过借贷} \\ \text{获得的融资}}} = \underbrace{\$7.5472}_{\substack{\text{看涨期权的} \\ \text{市场价格}}}$$

当期权行权价为 110 美元时，这个看涨期权的价格依赖三个变量：

i. 当前股票价格是 100 美元；

ii. 下一期股票价格要么是 130 美元，要么是 90 美元；

iii. 利率为 6%。

期权价格并不由上升或者下降的几率所决定。

● 二项式模型是可以拓展的，它可以被用来为多期期权定价。在下一节，我们会着重讨论这个多期期权定价模型。

23.3 多期二项式模型

二项式模型可以延伸到多期，请看下面的例子：

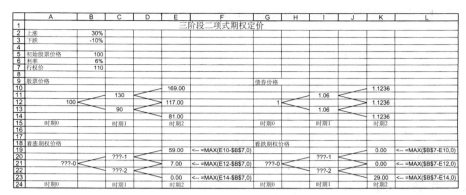

三阶段二项式期权定价

在这个例子中，每一期股票都可能上升 30％ 或者下降 10％。股票基期价格是 100 美元，到了时期 1 可能是 130 美元或 90 美元，到了时期 2 可能是 169 美元、117 美元或者 81 美元。

- 169 美元：连涨两次，169＝100 * 1.3 * 1.3。
- 117 美元：涨一次，跌一次，117＝100 * 1.30 * 0.90。注意股价先上涨还是先下跌并没有关系。
- 81 美元 ：连跌两次，81＝100 * 0.90 * 0.90。

每一期的无风险利率都是 6％，所以 1 美元在时期 2 就变成 1.1236 美元。

看涨期权的最终收益

时期 2 结束，期权的收益如下：

$$\max\ (\text{时期 2 的股价}-110,\ 0)=\begin{cases}\max(169-110,\ 0)=59\\ \max(117-110,\ 0)=7\\ \max(81-110,\ 0)=0\end{cases}$$

我们现在来计算期权价值。要计算三个值，分别定义为"???-1"、"???-2"、"???-0"。看跌期权也这样标记，下面我们将演示如何定价。

计算看涨期权 "???-1"

这一步跟我们在一期二项式模型定价中使用的方法是一样的：将该期权转变为股票债券组合，计算如下。

	A	B	C	D	E	F	G	H
26	为看涨期权确定???-1							
27								
28		股票价格				债券价格		
29				169.00				1.1236
30		130				1.06		
31				117.00				1.1236
32								
33		看涨期权价格						
34				59.00				
35		???-1						
36				7.00				
37								
38	看涨期权复制的投资组合							
39	股票, A	1.0000	<-- =(D34-D36)/(D29-D31)					
40	债券, B	-97.8996	<-- =(D36-B39*D31)/H29					
41	看涨期权价格	26.2264	<-- =B39*B30+B40*F30					

建立等式（用 A 来表示持有多少股票，B 表示持有多少债券）：

$$169A+1.1236B=59$$
$$117A+1.1236B=7$$

得出，

$$A=\frac{59-7}{169-117}=1$$

$$B=\frac{7-117*A}{1.1236}=-97.8996$$

看涨期权价格$=130*A+1.06*B=26.2264$

计算结果显示在单元格 B39：B41

计算看涨期权"??? -2"

与上一步类似，用一期二项式模型定价方法：将该期权转变为股票债券组合，可以看到：

	A	B	C	D	E	F	G	H
44	为看涨期权确定???-1							
45								
46		股票价格				债券价格		
47				117.00				1.1236
48		90				1.06		
49				81.00				1.1236
50								
51		看涨期权价格						
52				7.00				
53		???-2						
54				0.00				
55								
56	看涨期权复制的投资组合							
57	股票，A	0.1944	<-- =(D52-D54)/(D47-D49)					
58	债券，B	-14.0174	<-- =(D54-B57*D49)/H47					
59	看涨期权价格	2.6415	<-- =B57*B48+B58*F48					

计算看涨期权"???- 0"

我们再做一次，这一步与一期二项式模型定价方法还是一样的：但是这里我们使用上面两步得出的结果作为时期 1 看涨期权的价格。

	A	B	C	D	E	F	G	H
62	为看涨期权确定???-1							
63								
64		股票价格				债券价格		
65				130.00				1.0600
66		100				1		
67				90.00				1.0600
68								
69		看涨期权价格						
70				26.2264				
71		???-0						
72				2.6415				
73								
74	看涨期权复制的投资组合							
75	股票，A	0.5896	<-- =(D70-D72)/(D65-D67)					
76	债券，B	-47.5703	<-- =(D72-B75*D67)/H65					
77	看涨期权价格	11.3919	<-- =B75*B66+B76*F66					

最终，我们计算出看涨期权的现价为 11.3919 美元。

为看跌期权定价

如下表，我们将时期 2 的看跌期权收益写出：

	G	H	I	J	K	L
18	看跌期权价格					
19					0.00	<-- =MAX($B$7-E10,0)
20			???-1			
21	???-0				0.00	<-- =MAX($B$7-E12,0)
22			???-2			
23					29.00	<-- =MAX($B$7-E14,0)
24	时期0		时期1		时期2	

运用同样的方法，我们可以得出在时期 0 的结果是 9.2616 美元。

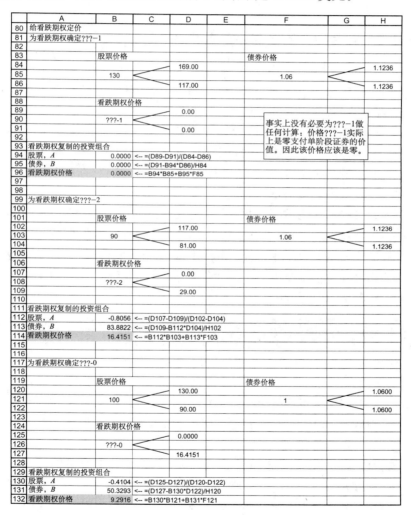

	A	B	C	D	E	F	G	H
80	给看跌期权定价							
81	为看跌期权确定???-1							
82								
83			股票价格			债券价格		
84				169.00				1.1236
85		130				1.06		
86				117.00				1.1236
87								
88			看跌期权价格					
89				0.00				
90		???-1						
91				0.00				
92								
93	看跌期权复制的投资组合							
94	股票, A	0.0000	<-- =(D89-D91)/(D84-D86)					
95	债券, B	0.0000	<-- =(D91-B94*D86)/H84					
96	看跌期权价格	0.0000	<-- =B94*B85+B95*F85					
97								
98								
99	为看跌期权确定???-2							
100								
101			股票价格			债券价格		
102				117.00				1.1236
103		90				1.06		
104				81.00				1.1236
105								
106			看跌期权价格					
107				0.00				
108		???-2						
109				29.00				
110								
111	看跌期权复制的投资组合							
112	股票, A	-0.8056	<-- =(D107-D109)/(D102-D104)					
113	债券, B	83.8822	<-- =(D109-B112*D104)/H102					
114	看跌期权价格	16.4151	<-- =B112*B103+B113*F103					
115								
116								
117	为看跌期权确定???-0							
118								
119			股票价格			债券价格		
120				130.00				1.0600
121		100				1		
122				90.00				1.0600
123								
124			看跌期权价格					
125				0.0000				
126		???-0						
127				16.4151				
128								
129	看跌期权复制的投资组合							
130	股票, A	-0.4104	<-- =(D125-D127)/(D120-D122)					
131	债券, B	50.3293	<-- =(D127-B130*D122)/H120					
132	看跌期权价格	9.2916	<-- =B130*B121+B131*F121					

事实上没有必要为???-1做任何计算：价格???-1实际上是零支付单阶段证券的价值。因此该价格应该是零。

用看涨—看跌平价为看跌期权定价

我们还可以使用看涨—看跌平价关系为看跌期权定价。就如在 21.3 节中所说的。

$$P+S=C+PV（行权价）$$

在时期 2 中运用看涨—看跌平价原理为其定价：

$$P=C+PV（行权价）-S$$

$$=11.3919+\frac{110}{(1.06)^2}-100=9.2916$$

	A	B	C	D	E	F
135	看涨-看跌期权平价下的看跌期权定价					
136	初始股票价格	100				
137	利率	6%				
138	行权价	110				
139	买入价格	11.3919				
140	卖出价格	9.2916	<-- =B139+B138/(1+B137)^2-B136			

23.4 运用二项式模型为美式看跌期权定价

二项式模型设计简单，看了就能懂。但是它的作用体现在哪里呢？这个问题非常复杂，超出了本书的解释范围：

● 布莱克-斯科尔斯模型只能为欧式期权定价，而二项式模型可以为美式期权定价。如何运用这个模型将在以下章节中详细介绍。

● 如果合理地运用二项式的话，可以帮助我们检验布莱克-斯科尔斯模型的结果是否正确。这种应用太高端了，本书不作讨论。

● 二项式模型可以为更加复杂的期权定价，尤其是为那些布莱克-斯科尔斯模型无能为力的期权定价。比如说，我们可以对股票价格或者无风险利率随时间而改变的期权品种来定价。

● 可以利用二项式模型为那些股价上升或下降情况多变的股票定价。许多金融界人士认为，股票波动率是和股价本身有关——股价越小，波动率越高。关于这一点，二项式模型可以解决，而布莱克-斯科尔斯模型却不行。

奇异期权和二项式模型

二项式模型非常适合解决奇异期权，下面有两个例子。

有一种亚洲股票期权，其收益是基于该股票的平均价格，其情况如下。

● 2005 年 1 月 29 日，你买了 1 份 IBM 公司的一年期看涨期权，一年后的收益是期权到期前 30 天 IBM 平均收盘价与行权价 120 美元的差值，该期权可以用二项式模型定价，而布莱克-斯科尔斯模型则无能为力。

界限期权指的是收益取决于股价是否达到某一既定的数值的期权。

● 2005 年 1 月 29 日，你买了 1 份 IBM 公司的一年期界限期权，当前售价 93 美元，行权价 100 美元。该期权允许你在 2006 年 1 月 29 日以 100 美元购买 IBM 股票，条件是在这一年之中股价在某个时点超过 130 美元。如果这一条件没有达到，该期权就没有用了，该期权可以用二项式模型定价，而布莱克-斯科尔斯模型则无能为力。

运用二项式模型为美式期权定价

为了说明一个更加复杂的二项式定价模型的应用，我们将展示如何给美式期权定价。回想一下美式期权，它可以提前行权，我们回到两期的例子集中分析看跌期权。

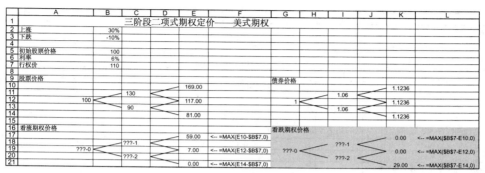

方法就如我们之前做的，虽然这次我们假设的看跌期权是美式看跌期权——意味着它可以提前行权。

我们先看时期1的看跌期权定价，即"???-1"。该期比较简单，在"???-1"，看跌期权的收益总是0，也就是说，此时期权的价值为0，就如下表所示。

	A	B	C	D	E	F	G	H
24	为看跌期权寻找???-1							
25								
26			股票价格			债券价格		
27				169.00				1.1236
28		130				1.06		
29				117.00				1.1236
30								
31			看跌期权价格					
32				0.00				
33		???-1						
34				0.00				
35	卖出复制的投资组合							
36								
37	股票, A	0.0000	<-- =(D32-D34)/(D27-D29)					
38	债券, B	0.0000	<-- =(D34-B37*D29)/H27					
39	卖出价格???-1	0.0000	<-- =B37*B28+B38*F28					

事实上没有必要为???-1做任何计算；价格???-1实际上是零支付单阶段证券的价值。因此该价格应该是零。

在"???-2"，情况就更为复杂了，看跌期权的未来收益为正值，我们可以通过二项式来计算出看跌期权价格。

	A	B	C	D	E	F	G	H
42	为看跌期权确定???-1							
43								
44			股票价格			债券价格		
45				117.00				1.1236
46		90				1.06		
47				81.00				1.1236
48								
49			看跌期权价格					
50				0.00				
51		???-2						
52				29.00				
53								
54	看跌期权复制的投资组合							
55	股票, A	-0.8056	<-- =(D50-D52)/(D45-D47)					
56	债券, B	83.8822	<-- =(D52-B55*D47)/H45					
57	欧式卖出价格???-2	16.4151	<-- =B55*B46+B56*F46					
58	美式卖出价格???-2	20.0000	<-- =MAX(B7-B46,B55*B46+B56*F46)					

但是这时需要考虑提前行权了（要记得这个是美式期权），上表的 16.4151 美元就是看跌期权到下一期的收益。不过我们不需要等到下一个时段的到期日，我们可以在今天就计算：当前股价是 90 美元，行权价 110 美元，此时行权的收益是 20 美元，大于到期日的 16.4151 美元。

以这种方式行权的话，可以算出该期权在时期 0 的价格。

	A	B	C	D	E	F	G	H
60	确定???-0							
61								
62		股票价格				债券价格		
63				130.00				1.0600
64		100				1		
65				90.00				1.0600
66								
67		看跌期权价格						
68				0.0000				
69		???-0						
70				20.0000				
71								
72	看跌期权复制的投资组合							
73	股票，A	-0.5000	<-- =(D68-D70)/(D63-D65)					
74	债券，B	61.3208	<-- =(D70-B73*D65)/H63					
75	美式卖出价格???-0	11.3208	<-- =MAX(B7-B64,B73*B64+B74*F64)					

在 23.3 节我们在欧式看跌期权定价时用到了相同的行权价 $X=110$ 美元，那时我们得出的结论是看跌期权的价格为 9.2916 美元，现在我们在美式期权的前提下重新对其定价，得出该期权价格是 11.3208 美元，比欧式期权的价格要高。这就是因为我们在"???-2"期可以提前行权。

总　结

二项式定价模型在期权定价方面比布莱克-斯科尔斯模型应用更广，该章也只揭开了冰山一角，教你如何在一期和二期情况下应用这个模型。我们也介绍了如何将该模型运用于美式期权和诸如亚洲期权以及界限期权等奇异期权的定价中。

习　题

1. 一个期权现价 25 美元，1 年后，价格可能为 35 美元，也可能为 20 美元。利润率为 8%，如果它是一年期欧式看涨期权，行权价 30 美元，今天的价值为多少？

2. 根据习题 1 中的答案，证明看涨—看跌期权平价等式：

$$C+\frac{X}{1+r}=S_0+P$$

3. 在二项式定价模型中，一个欧式看跌期权的标的股票在今天的售价为 30 美元。行权价为 40 美元。看跌期权的支付为 20 美元和 5 美元。看跌期权的价格为 9.5 美元，求无风险利率。假设持续期是 1 年。

4. 所有专家都认为 ABC 公司的股价将在下一期变为 65 美元或者 45 美元，现价为 50

美元。他们更加相信，前者发生的概率为 0.6，后者为 0.4。市场无风险利率为 6%。问 ABC 公司看涨期权的价格。假设行权价 50 美元，持续期 1 年。

5. 股票现价 60 美元。股价在年底价格上涨 25% 或者下跌 20%。无风险利率为 5%。计算行权价为 55 美元的欧式看跌期权价格，要求使用二项式期权定价模型。

6. 填空题，填满所有 ???。

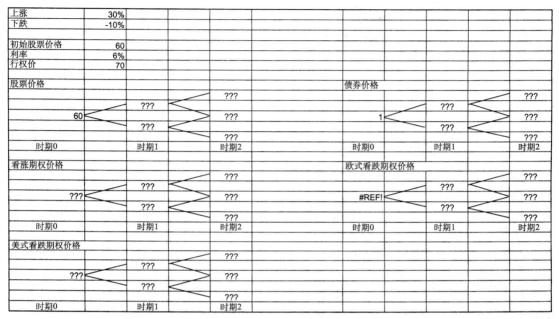

7. 现有如下两阶段二项式模型，年利率 9%，股价上涨 15% 或者下跌 10%。

a. 欧式看涨期权，行权价 60 美元。

b. 欧式看跌期权，行权价 60 美元。

c. 美式看涨期权，行权价 60 美元。

d. 美式看跌期权，行权价 60 美元。

8. 现有如下两阶段二项式模型：

● 每期股价可能上升 30% 或者下跌 10%。

● 每期的利率上升 25%。

a. 现有欧式看涨期权，$X = 30$，$T = 2$，请填表格。

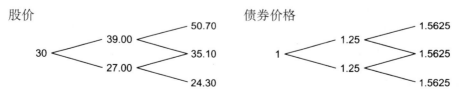

b. 为欧式看跌期权定价，$X=30$，$T=2$。

看涨期权价格

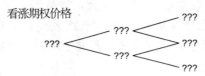

c. 现有美式看跌期权，$X=30$，$T=2$，请填表格。

美式看跌期权价格

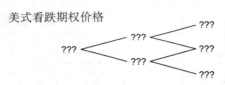

9. 一家知名证券公司介绍了一个新的金融产品。这个产品叫"两个世界中的最优者"（BOBOW），价值 10 美元，存续期 5 年。5 年后，产品回馈投资者 10 美元加投资于标普 500 指数正收益的 120%。到期日前没有支付。

如果标普 500 指数现价为 1,500，5 年后为 1,800，BOBOW 持有者将获得 \$12.4 = \$10 * [1＋1.2 *（1,800/1,500－1）]。如果 5 年后标普 500 指数低于 1,500，那么 BOBOW 持有者只收到 10 美元。

假设 5 年期连续复利利率为 6%，标普 500 指数目前为 1,500，你认为 5 年后其为 2,500 或 1,200。运用二项式期权定价模型证明 BOBOW 的价值高于目前的 10 美元。

假设年利率为 6%，标普 500 指数在 5 年后可能到了 2,500，也可能为 1,200，运用二项式模型来测算，BOBOW 是否值 10 美元？

10. 一个看涨期权对应的股价 50 美元，期权存续期 2 年，在此期间，年均股价可能上涨 25% 或者下跌 10%。年利率 6%。第 1 期的行权价 55 美元，第 2 期行权价 60 美元，问期权现价是多少？是否会提前行权？

11. 股票现价 60 美元，一个期权存续期 2 年，年均股票可能上涨 30% 或者下跌 10%，年均利率 6%。看涨期权现价 9 美元，问这个期权是美式的还是欧式的？用二项式模型对其定价。

12. 一看涨期权对应股票现价为 100 美元，存续期 2 年，在此期间，年均股票可能上涨 30% 或者下跌 10%，年均利率 6%。期权行权价 110 美元。将二项式模型拓展，考虑股票在第 2 期会有 3 美元的股利，换句话说，第 2 期股价会下调 3 美元，问看涨期权现价是多少？将其与本章之前提到的奇异期权的案例进行比较。

13. 1 份 2 年期美式看跌期权，对应股票现价 42 美元，股票每年可能上涨 15% 或下跌 5%。在第一阶段利率为 5%。期权行权价 45 美元，你是否会提前行权？

Excel 背景

本书全篇用 Excel 作为理解和进行金融分析的工具。第六部分有两个目的：

● 介绍和回顾 Excel 的基础知识。

● 回顾本书用到的主要 Excel 技巧。

第六部分从第 24 章开始，第 24 章主要回顾了 Excel 的基础知识。这些知识点读者可能都知道，但可能遗忘了。第 24 章主要包括如何打开 Excel、如何保存、复制（相对和绝对）以及基本的画图。

第 25 章更详细地介绍如何在 Excel 中画图。在通读本章后，读者就会知道如何作图可以使图表看上去更好看，如何画出不连续的数据，如何使图表标题随着输入内容改变而改变以及其他更多的知识。

第 26 章简单地论述了本书用到的大多数函数。

第 27 章主要论述 Excel 的数据表，该数据表在做敏感性分析时非常有用。数据表有点复杂，但一旦你掌握了它，你就无法想象没有它你该怎么办。

第 28 章主要论述了单变量求解和规划求解的使用。这两个工具在求解模型时非常有用。大多数读者都知道单变量求解，但许多 Excel 使用者不知道规划求解。规划求解在使用起来几乎和单变量求解一样容易，但比单变量求解更有用。第 28 章会告诉读者如何使用这两种工具。

第 29 章讨论了 Excel 中日期函数的使用，主要包括 Excel 中日期和时间的操作以及 Excel 的日期函数在财务分析中的应用。

第 24 章

Excel 介绍

概述

本章主要让读者对 Excel 有一个初步认识并论述如何做最重要的初始操作。Excel 不难掌握，在学习的过程中要愿意犯错，碰到问题可以看看联机帮助（按功能键 F1）。

本章的内容

- 打开 Excel
- 保存，创建一个新目录
- 复制——相对与绝对复制
- 编辑数字
- 作图
- Excel 的默认设置
- 几个函数的使用
- 打印

24.1 启动

打开电脑，双击桌面上 Excel 的图标![Excel 2007]（或者也许桌面上没有，你要通过 Office 按钮![]打开 Excel）。然后，你看到一张空白的电子表格。现在让我们作一张电子表格，描述年利率为 15% 时，存入银行的 1,000 美元是如何随着时间增长的。

	A	B	C
1	**复利**		
2	年份	银行存款余额	
3	0	1,000	
4	1		
5	2		
6	3		
7	4		
8	5		
9	6		
10	7		
11	8		
12	9		
13	10		

如上表录入完后，把光标放在单元格 B4 的位置。我们会用公式描述第一年末银行存款余额。在单元格 B4 输入以下公式，按"回车"键（注意，不要有空格）：

$$=B3*(1+15\%)$$

下表是得到的结果。

	A	B	C
1	**复利**		
2	年份	银行存款余额	
3	0	1,000	
4	1	1,150	
5	2		
6	3		
7	4		
8	5		
9	6		
10	7		
11	8		
12	9		
13	10		

若你将光标放在单元格 B4，看公式栏（f_x 符号旁），你会看到你输入的公式。

复制公式

因此，如果你在今天存入银行 1,000 美元，年利率 15％，那么年末你得到 1,150 美元。如果你已读过第 2 章，你就会知道在第 2 年末，你将从银行获得 1,150 * (1＋15％)。这里不需要输入公式，我们会用 Excel 的复制功能将公式复制到单元格 B5 里：

● 单元格 B4 右下角有一个小的黑色方形，我们称之为单元格的"把手"。

● 把鼠标移至单元格 B4 的把手处，按着左键往下拖至单元格 B13。这样，你就会得到如下表所示的结果。

松开鼠标左键。

	A	B	C
1		复利	
2	年份	银行存款余额	
3	0	1,000	
4	1	1,150	
5	2	1,322.5	
6	3	1,520.875	
7	4	1,749.00625	
8	5	2,011.357188	
9	6	2,313.060766	
10	7	2,660.01988	
11	8	3,059.022863	
12	9	3,517.876292	
13	`10	4,045.557736	

注意 Excel 中如何复制单元格公式：

● 单元格 B4 中的公式如下：用上一个单元格的数乘以（1＋15％）。

● 当我们将光标向下拖至单元格 B5 时，此时公式为：用一个单元格的数值乘以（1＋15％）。

在 Excel 中，这种复制称为"相对复制"：各个单元格的公式会随着光标向下复制（即当你下拉单元格把手）时而改变。当然还存在"绝对复制"，我们会在 24.4 节解释。

Excel 提示

不用向下拖单元格 B4 的把手，我们还有一个更简单的方法来复制。你可以将光标移至把手处，双击左键，则单元格 B4 的公式将被复制至相邻填充列的最后一行。在本书的情形里是从单元格 B5 复制至单元格 B13。

指向输入公式（一种更好的方法）

现在我们已在单元格 B4 中写好公式。但用鼠标指向相关的单元格的方法通常更好。指向相关单元格并点击鼠标可以避免很多错误。以前面的例子为例。

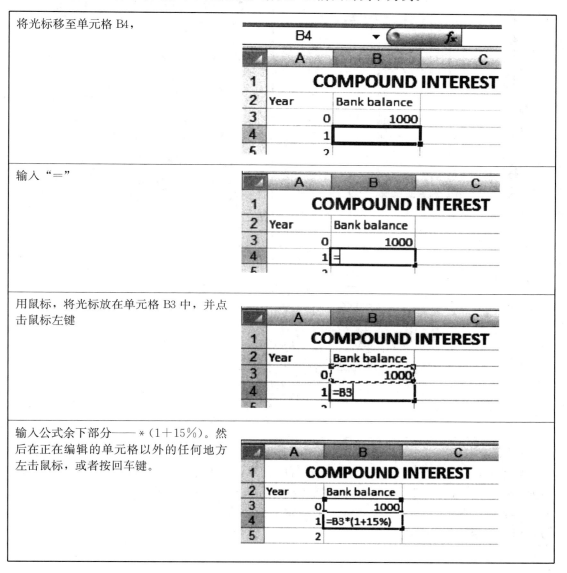

将光标移至单元格 B4，	
输入 "="	
用鼠标，将光标放在单元格 B3 中，并点击鼠标左键	
输入公式余下部分——＊（1＋15％）。然后在正在编辑的单元格以外的任何地方左击鼠标，或者按回车键。	

24.2　编辑数字

到目前为止，我们构建的电子表格精巧但有点丑。为什么我们要保留这么多的小数位？为什么这些数字里没有逗号？怎么表示这些美元数额？

我们可以用 Excel 里的很多功能改变格式。

在其他章节，我们用设置单元格格式来更改 Excel 的日期、文本及字体。关于此命令的重要注意事项是，它改变单元格内容出现的方式，而不是改变其实际内容。例如，假定单元格内容为 3 287.658 989 92；现在假定你用逗号并保留两位小数将这个数字编辑为美元，得到数字 $3,287.66。这个单元格的实际内容没有改变——这个数字仍然有八位小数，但只显示了两位小数。

24.3 绝对引用——建立一个更复杂的模型

上一节的电子表格很精巧，但我们不能改变累计资金的利率。我们修正以下的电子表格；在这个表格里，我们用一个单独的单元格（B2）显示出利率。通过改变该单元格的值，我们可以改变所有的计算结果。

	A	B	C
1	复利		
2	利率	7％	
3			
4	年份		
5	0	$1,000.00	
6	1		
7	2		
8	3		
9	4		
10	5		
11	6		
12	7		
13	8		
14	9		
15	10		

现在看单元格 B6。在这个单元格里输入公式"＝B5＊(1＋＄B＄2)"。＄B＄2 中的美元符号表明，当我们复制这个公式时，这个特别的单元格不会改变。Excel 里的术语：＄B＄2 是一个绝对引用，而 B5 是相对引用——当我们沿着一列往下拉时，它变为单元格 B6，B7……

	A	B	C
1	复利		
2	利率	7％	
3			
4	年份		
5	0	$1,000.00	
6	1	$1,070.00	<—＝B5＊(1＋＄B＄2)
7	2		
8	3		
9	4		
10	5		
11	6		
12	7		
13	8		
14	9		
15	10		

我们像上一节那样复制（点击单元格 B6，将光标移至单元格 B6 的把手，然后往下

拖），我们得到下表的结果。

得到的表与上一节的表很像。（我们已经将数字编辑成货币的形式了。）

	A	B	C
1		复利	
2	利率	7％	
3			
4	年份		
5	0	$1,000.00	
6	1	$1,070.00	<—=B5*(1+$B2)
7	2	$1,144.90	<—=B6*(1+$B2)
8	3	$1,225.04	<—=B7*(1+$B2)
9	4	$1,310.80	<—=B8*(1+$B2)
10	5	$1,402.55	<—=B9*(1+$B2)
11	6	$1,500.73	<—=B10*(1+$B2)
12	7	$1,605.78	<—=B11*(1+$B2)
13	8	$1,718.19	<—=B12*(1+$B2)
14	9	$1,838.46	<—=B13*(1+$B2)
15	10	$1,967.15	<—=B14*(1+$B2)

这张表和上一节表的区别是，只需通过改变单元格 B2 的内容，我们就能改变利率。这个例子中的利率为 10％：

	A	B	C
1		复利	
2	利率	10％	
3			
4	年份		
5	0	$1,000.00	
6	1	$1,100.00	<—=B5*(1+$B2)
7	2	$1,210.00	<—=B6*(1+$B2)
8	3	$1,331.00	<—=B7*(1+$B2)

9	4	\$ 1,464.10	<—=B8 * (1+ \$ B \$ 2)
10	5	\$ 1,610.51	<—=B9 * (1+ \$ B \$ 2)
11	6	\$ 1,771.56	<—=B10 * (1+ \$ B \$ 2)
12	7	\$ 1,948.72	<—=B11 * (1+ \$ B \$ 2)
13	8	\$ 2,143.59	<—=B12 * (1+ \$ B \$ 2)
14	9	\$ 2,357.95	<—=B13 * (1+ \$ B \$ 2)
15	10	\$ 2,593.74	<—=B14 * (1+ \$ B \$ 2)

Excel 提示

如果可以引用单元格，就不要填写数字。将前一节的例子和这个相比较：如前一节，如果你在单元格 B6 到 B15 用的利率是 15%，那么你必须改变每个单元格的值。另一方面，如果你在单元格输入利率（如本节的例子），你只需改变那一个单元格的值，就可以重新计算整个表格。

在 Excel 里，数字总是不如公式。

指向并使用 F4 键

现在，我们回到在单元格 B5 中输入公式"＝B5 * (1＋ \$ B \$ 2)"的例子。我们已经说过，通过指向和向下拖得到公式要比输入公式方便。现在，我们给读者讲另一个小窍门，可以使用 F4 键来使单元格里的数字"美元化"——即我们使用绝对引用，而不是相对引用。步骤如下：

● 将光标移至单元格 B6。输入"＝"，并将鼠标点击单元格 B5（含 1,000 美元的单元格）。你可以用鼠标点击（当在单元格 B5 时点击鼠标）或用键盘上的箭头键指出。

● 现在键入一个星号，一个左括号，一个数字 1 以及一个加号，即输入了" * (1＋"。然后将光标拖至含有利率的单元格 B2，点击鼠标。

- 接着按功能键 F4。这样会使单元格 B6 中引用的单元格 B2 加入美元符号。

- 最后，键入右括号")"，按"回车"键。
- 像从前那样复制单元格 B6。

改错——编辑单元格

假如你犯了个错，忘了"美元化"单元格 B2 中的数，那么单元格 B6 中的内容是"＝B5 ＊ (1＋B2)"。单元格中的内容应该是"＝B5 ＊ (1＋ $B$2)"。要对此做些适当的改变，我们用 F4 键在单元格 B6 里编辑公式：

- 将光标移至单元格 B6，双击鼠标左键。这样就可以打开公式编辑。

- 将光标移至单元格 B2 中的公式某处（哪里都不要紧）。按 F4 键，单元格的数值就会"美元化"。
- 然后按"回车"键，并像前面一样复制公式。

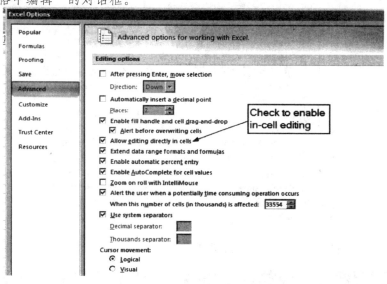

Excel 里的编辑的三个提示

（1）你也可以把光标放在单元格内，按 F2 功能键来编辑单元格内容。

（2）如果你不能编辑单元格的公式，可能有人改变了 Excel 表格的默认设置。找到 Office 按钮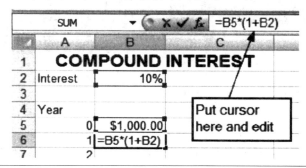，选择 "Excel 选项"，然后选择 "高级"，接着检查是否选择了 "允许直接在单元格中编辑" 的对话框。

（3）一般来说，你总可以在公式栏编辑单元格的公式。

24.4 电子表格的保存

下一步是什么？我们认为应该是保存电子表格。[①] 你现在要创建的垃圾目录就是一个合适的保存的地方。
- 选择 Office 按钮，然后选择"保存"（Save）。
- Excel 会建议保存在"文件"（Documents）目录下。

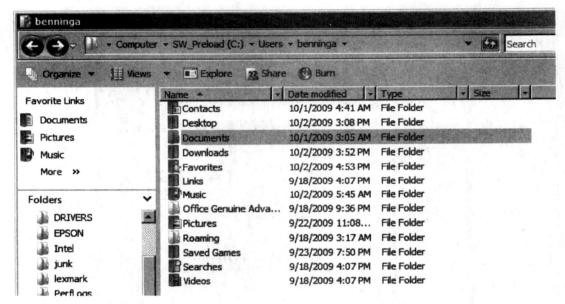

- 选择"我的文件"，然后单击"新建文件夹"（New Folder），就像下图。

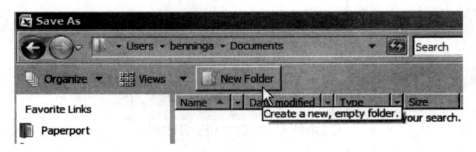

- 当你单击"新建文件夹"时，你可以重命名该新建文件夹。

---

① 作为一个经验法则，我们建议你一直要保存。假如某一天，你花了很长时间工作，你的计算机坏了，恰恰你没有保存，你就会体会到保存的重要性。

在名称框中，键入"垃圾"（junk）。笔者的电脑里总是有一个称为"垃圾"的目录——该目录下的文件都不需要你再三思索就可以删掉（垃圾目录下的"垃圾"文件是一种双重表示——绝对没有用！）。现在，你就可以在垃圾的子目录下找到你保存的文件。

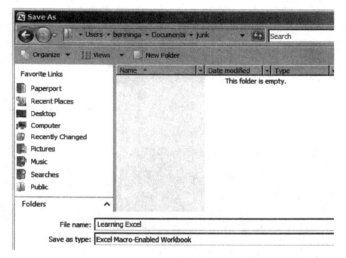

在文件名的框中输入和文件信息相关的文件名。我们这里将电子表格命名为"学习Excel"（Learning Excel）。

现在，读者可以看到文件名位于表格顶端。

随后你会保存工作簿（要么单击"文件"，然后选择"保存"，要么按 Ctrl 加 S 键，要么就是单击像小光盘一样的保存图标），工作簿的所有变化都会以相同的文件名保存在同一个地方。

24.5　首次 Excel 制图

你打算对前面复利的例子作图。拿起你的鼠标，移至单元格 A5 的位置，单击左键，然后往右下方拉，拉到单元格 B15 的位置。

现在选择"插入"，"散点图"，然后选择其中一种图。我们最喜欢的图（本书用的最多的）是有直线和标点的散点图。

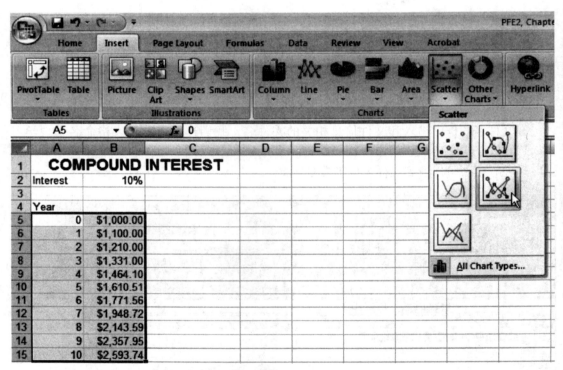

选好图，点击，在电子表格中你就能得到一幅图。

这幅图有很多特点我们都不喜欢，但是我们可以进行修改（第 28 章会再次阐述）。我们先不进行修改，来试试在电子表格中改变利率会发生什么。

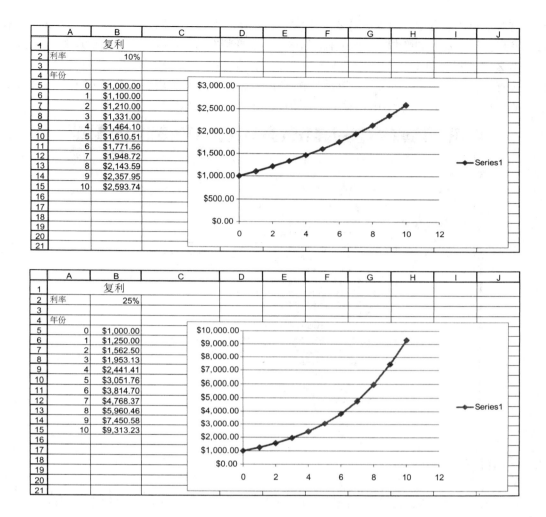

24.6 初始设置

读者在广泛使用 Excel 前，很值得对初始设置做些改变，以便满足你的需求和偏好。本节，我们将向读者展示我们的建议（这些建议都是可逆的）。

使 Excel 少些跳动

Excel 的默认设置使得你每次按"回车"键后，光标都移到下面一个单元格。

这对于会计很有用，因为会计要输入大量的数据。但是，我们是金融人员，会犯很多错误！我们想要光标留在刚才输入值的单元格内，我们要纠正错误，因此我们想取消这个功能。

怎么取消呢？单击"文件"（Document），然后选择"Excel 选项"（Excel Options），接着选择"高级"（Advanced）。取消"按 Enter 键后移动所选内容"（After pressing Enter, move selection）。下图中，该对话框仍是选中的（这是默认的情形）。

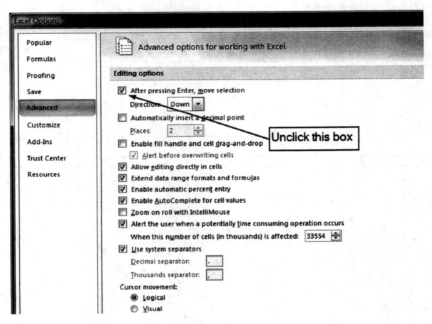

工作簿的表格数

打开 Excel 后，默认设置的工作簿有三张表格。[①] 你电脑界面的底部如下图所示。

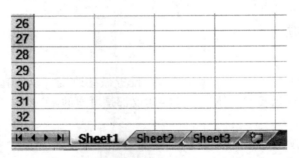

这三个表（可以单击第三个表后面的标签以增加表）非常方便。但事实是，大多数使用者每个工作簿就用一张表。我们建议你改变默认设置，这样的话打开工作簿时只会有一张表（你可以增加）。要改变默认设置，单击"文件"（Document），然后"Excel 选项"（Excel Options），选择"常用"（Popular），然后单击"包含的工作表数"（Include this many sheet）。

---

① 命名：微软将 Excel 文件（前面保存为"学习 Excel. xls"的东西）称为工作簿。工作簿的每一张表叫做电子表格或工作表。像许多 Excel 使用者一样，我们常常混淆这个术语。

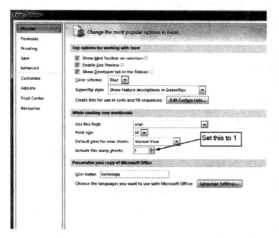

如上表，我们现在可以将新工作簿的表格数改为"1"。

命名表格

要给表格命名，先双击表格的标签，然后就可以输入你想要取的名字。

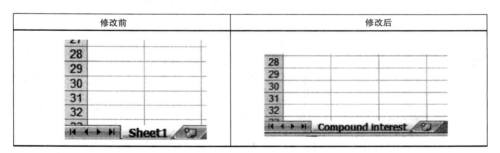

修改前	修改后

增加更多的表格

想增加表格，只要右击标签，选择"插入"（Insert），然后选择"插入一个新工作表"。

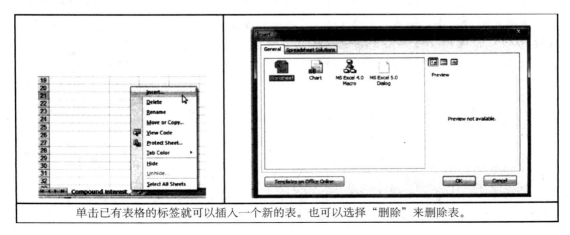

单击已有表格的标签就可以插入一个新的表。也可以选择"删除"来删除表。

右击标签，然后选择"删除"（Delete）也可以删除表。但这是不可以恢复的，因此建议读者在删之前要保存。

24.7　使用函数

Excel 里有很多函数。本节我们会讲解其中的部分函数。[①] 我们现在回到 24.3 节的电子表格。在单元格 B17 中，我们计算得到的是单元格 B5 到 B15 的平均值（该计算没有多少经济意义）。最终结果如下表。

	A	B	C
1		**复利**	
2	利率	7％	
3			
4	年份		
5	0	$1,000.00	
6	1	$1,070.00	<—=B5＊(1＋$B$2)
7	2	$1,144.90	<—=B6＊(1＋$B$2)
8	3	$1,225.04	<—=B7＊(1＋$B$2)
9	4	$1,310.80	<—=B8＊(1＋$B$2)
10	5	$1,402.55	<—=B9＊(1＋$B$2)
11	6	$1,500.73	<—=B10＊(1＋$B$2)
12	7	$1,605.78	<—=B11＊(1＋$B$2)
13	8	$1,718.19	<—=B12＊(1＋$B$2)
14	9	$1,838.46	<—=B13＊(1＋$B$2)
15	10	$1,967.15	<—=B14＊(1＋$B$2)
16			
17	均值	$1,434.87	<—=AVERAGE(B5：B15)

下面是求均值的步骤：

● 在单元格 A17 中输入"均值"，这是注释。因为有可能你会忘记，这样以简单的词语告知自己你要做什么。

在单元格 B17 中，输入"＝Average("，然后单击工具栏上的 f_x 符号：

这样，读者就会看到一个函数对话框。

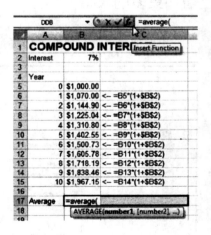

---

① 本节关于函数的阐述都是很初级的，旨在让读者对 Excel 函数是如何运作的有一个初步了解。本书中，我们用到许多 Excel 函数。第 26 章阐述本书用到的大多数函数，第 29 章阐述 Excel 的日期函数。

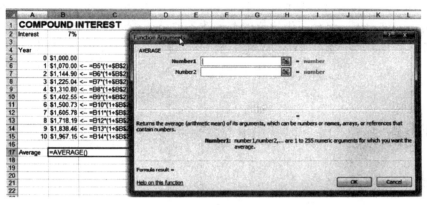

光标会在标有"Number1"的框边上。将鼠标放在单元格 B5 上，单击左键，然后将光标拖至 B15。当你松开左键时，对话框会出现 B5:B15。

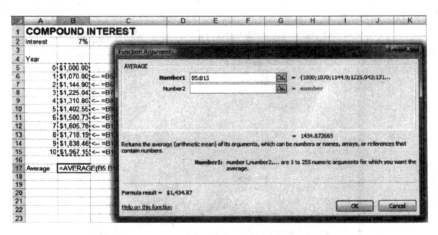

现在，按"确定"（OK）。下表就是得到的结果。

	A	B	C
1		复利	
2	利率	7％	
3			
4	年份		
5	0	$1,000.00	
6	1	$1,070.00	
7	2	$1,144.90	
8	3	$1,225.04	
9	4	$1,310.80	
10	5	$1,402.55	
11	6	$1,500.73	
12	7	$1,605.78	
13	8	$1,718.19	
14	9	$1,838.46	
15	10	$1,967.15	
16			
17	均值	$1,434.87	<—=AVERAGE(B5：B15)

假如，你不想要所有数的平均值，仅需要求第 5 年到第 10 年的平均值。方法有两种：

- 双击单元格 B17，将公式中均值的范围改为"＝Average(B10:B15)"。
- 也可以单击单元格 B17，然后单击工具栏的 f_x 符号，然后在对话框中做适当的调整。

熟能生巧

本章的习题可以让读者练习如求均值的一些函数。

24.8 打印

前面，读者已完成了首个漂亮的电子表格了，现在要把它打印出来。单击"Office 按钮"（Office Button），选择"打印"（Print），然后就会跳出带有打印机名称的界面。

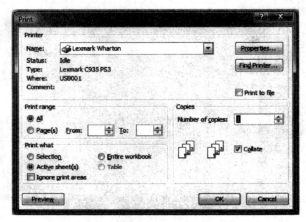

在打印之前，单击"预览"（Preview）按钮。在表上的标签，读者可以选择使用网格线、行和列标题打印电子表格（这是本书中我们最常用的电子表格设置）。

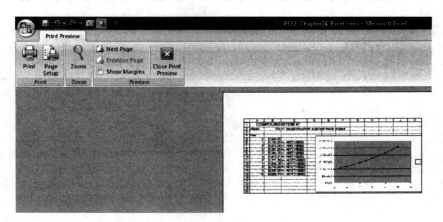

单击"打印"（Print）就可以打印电子表格了。

总　　结

本章我们对 Excel 作了初步介绍——如何创建表格，保存表格，输入公式，使用函数，打印电子表格。后面章节会深入探讨 Excel 技术。

习　　题

1. Excel 中有一个 Sum 函数，它的工作原理与 Average 函数相似。建立下面的电子表格，用 Sum 函数来求单元格 A1 到 A3 的和。

	A	B
1	28	
2	15	
3	22	
4		＜—用 Sum 函数来计算这些数的和

2. 在一个新的电子表格里，按照下表说明求值。

	A	B
1	28	
2	15	
3	22	
4		＜—用"Sum（A1：A3）/3"来求均值

3. 在另一个电子表格里，说明你可以用 Average 函数计算得到与上题一样的结果。

	A	B
1	28	
2	15	
3	22	
4		＜—用"Sum（A1：A3）/3"来求均值
5		
6		＜—用"Average（A1：A3）"函数

4. Excel 的 Count 函数（计数）是用来计算含有数字的单元格数目的。试用该函数求下表中含有数字的单元格数目。

	A	B
1	15	
2	—11	
3	John	
4	23	
5		＜—用"Count（A1：A4）"函数

5. Excel 的 CountA 函数是用来计算给定范围内所有单元格数目的。以下表为例，试用该函数求解。

	A	B
1	15	
2	—11	
3	John	
4	23	
5		<—用"CountA（A1:A4）"函数

6. 下表是新西兰的达尼丁市月度降雨量的一些统计数据（数据在本书所附的光盘里）。用 Sum 和 Average 函数求年度总降雨量及月平均降雨量。

	A	B	C	D	E	F	G	H	I	J	K	L	M	N	O
1						新西兰达尼丁市的每月降雨量（单位为厘米）									
2		1月	2月	3月	4月	5月	6月	7月	8月	9月	10月	11月	12月	年度总降水量	月度平均
3	1980	115	79	83	74	57	195	72	89	39	56	117	45	1021	
4	1981	17	47	107	40	20	142	163	49	49	62	24	82		
5	1982	142	48	37	45	68	39	33	47	32	147	42	140		
6	1983	99	65	113	78	140	78	84	35	81	64	38	93		
7	1984	107	22	126	33	83	36	69	59	86	38	52	77		
8	1985	28	17	29	23	35	35	89	39	29	63	51	85		
9	1986	41	179	101	49	60	79	75	48	22	69	89	83		
10	1987	59	89	150	24	136	88	25	21	71	47	47	67		
11	1988	147	90	25	38	60	44	62	40	13	27	40	61		
12	1989	55	48	81	31	39	95	39	35	20	96	64	100		
13	1990	34	44	18	62	48	21	34	137	19	96	42	55		
14	1991	77	178	49	99	33	52	38	124	54	41	45	68		
15	1992	52	88	26	65	52	39	56	123	88	80	68	112		
16	1993	126	35	79	62	94	25	21	47	72	41	73	109		
17	1994	140	69	170	23	42	115	99	14	45	13	78	57		
18	1995	41	37	91	12	41	121	42	40	97	92	72	61		
19	1996	56	52	33	108	55	75	58	61	14	143	132	95		
20	1997	120	117	44	122	48	20	60	43	30	62	88	85		
21	1998	10	101	60	52	66	24	26	44	58	109	33	66		
22	1999	42	12	65	43	17	58	83	32	52	41	59	80		

7. 参看上一题达尼丁市降雨量的数据：

a. 用 Excel 的 Max 函数求 1980—1999 年间每年的最大月降雨量。

b. 求上表中所有月份的最大月降雨量。

8. a. 假定今天你往银行账户存入一笔初始存款（数值见单元格 B2），年利率见单元格 B1，试完成下表。

b. 画出各年份银行账户余额的图。

	A	B
1	利率	8%
2	初始存款额	$155
3		
4	年份	银行账户余额
5	0	
6	1	
7	2	
8	3	
9	4	
10	5	

第 25 章

Excel 中的图形和图表

概述

本章较为简短，我们主要讨论 Excel 制图的基础知识，前提是假定读者已经知道如何在 Excel 中制图表。我们还会探讨一些不太为大家知道的关于制图的技术：

- 用不连续的数据序列制图。
- 改变图表的轴参数。
- 制标题随数据变化而变化的图表。

25.1 Excel 图表的基础知识

Excel 中每个图表的数据都有它的来源。

	A	B	C	D
1		MERCK & CO. 1991—2000 年		
2		股利	库存股的购买量	股票期权行权收益
3	1991	893	184	48
4	1992	1,064	863	52
5	1993	1,274	371	83

6	1994	1,434	705	139
7	1995	1,540	1,571	264
8	1996	1,729	2,493	442
9	1997	2,040	2,573	413
10	1998	2,253	3,626	490
11	1999	2,590	3,582	323
12	2000	2,798	3,545	641

要创建每年支付股利的图，我们首先要标出相应的数据，然后单击"插入"（Insert），选择"图表"（Charts），然后选择"散点图"（Scatter）。

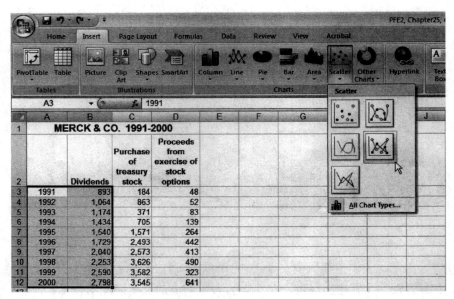

最后，我们选择了将数据连成线的 xy 散点图。单击该选项就可以产生我们想要的图表。

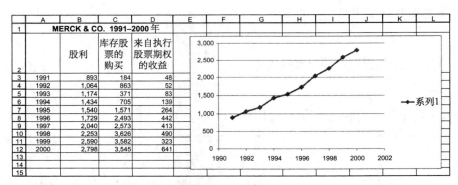

作出来的图不差，但我们想做一些添加和修改：

● 我们若要将图中的"系列 1"删掉，只需要右击它，并选择删除。

● 我们要调整 x 轴，这样让时间跨度变为 1991—2000 年，而不是如上例的 1990—2002 年。

● 我们要为 x 轴、y 轴以及整个图添加名称。

首先，我们双击图表，会跳出图表工具栏。在这个工具栏里，我们点击下图圆圈所示图标。

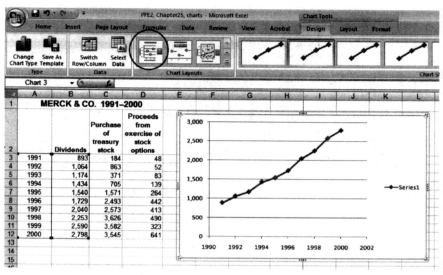

这样，得到的图表如下图所示。

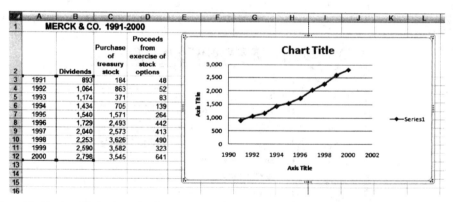

现在，读者可以单击这些名称，然后相应地改变它们（在处理改图表时，可以顺便将"系列1"删掉）。

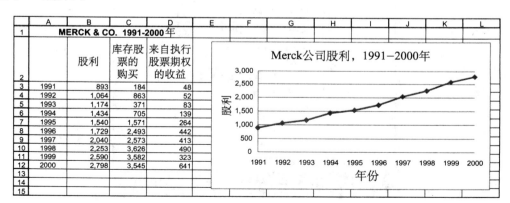

要改变 x 轴格式，右击数值轴（注意数值轴框下面的说明），然后右击对话框，选择"设置坐标轴格式"（Format Axis...）。

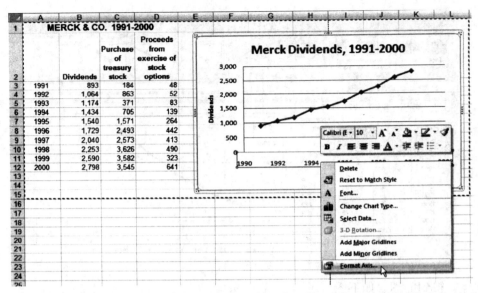

然后，会跳出如下图的对话框，我们可以进行修改——将坐标轴年份改为从 1991 年到 2000 年。

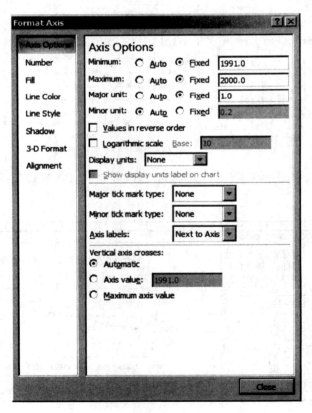

下图就是最后的结果。

	A	B	C	D	E	F	G	H	I	J	K	L
1	MERCK & CO. 1991-2000年											
2		股利	库存股票的购买	来自执行股票期权的收益								
3	1991	893	184	48								
4	1992	1,064	863	52								
5	1993	1,174	371	83								
6	1994	1,434	705	139								
7	1995	1,540	1,571	264								
8	1996	1,729	2,493	442								
9	1997	2,040	2,573	413								
10	1998	2,253	3,626	490								
11	1999	2,590	3,582	323								
12	2000	2,798	3,545	641								
13												
14												
15												

还有很多选项没有介绍，但我们相信读者自己可以学习使用。

25.2 创造性地使用图例

如果读者想要对含有标题的数据作图，Excel 一般都会转移成适当的形式将图画出来。如下图我们选中数据及各列数据的标题。

	A	B	C	D	E
1	MERCK & CO. 1991-2000				
2		Dividends	Purchase of treasury stock	Proceeds from exercise of stock options	
3	1991	893	184	48	
4	1992	1,064	863	52	
5	1993	1,174	371	83	
6	1994	1,434	705	139	
7	1995	1,540	1,571	264	
8	1996	1,729	2,493	442	
9	1997	2,040	2,573	413	
10	1998	2,253	3,626	490	
11	1999	2,590	3,582	323	
12	2000	2,798	3,545	641	
13					
14					

下面是做过信息处理后的结果图。

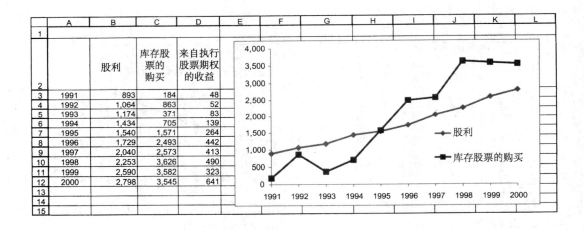

	A	B	C	D	E	F	G	H	I	J	K	L
1												
2		股利	库存股票的购买	来自执行股票期权的收益								
3	1991	893	184	48								
4	1992	1,064	863	52								
5	1993	1,174	371	83								
6	1994	1,434	705	139								
7	1995	1,540	1,571	264								
8	1996	1,729	2,493	442								
9	1997	2,040	2,573	413								
10	1998	2,253	3,626	490								
11	1999	2,590	3,582	323								
12	2000	2,798	3,545	641								
13												
14												
15												

25.3 不连续的数据制图

假设，你想对 Merck 公司数据的 A、C 和 D 三列制图。要标出这三列：
- 首先标出第一列（即左击鼠标，选中单元格 A3：A12）。
- 按住 Ctrl 键，并标出 C 列和 D 列（仍然是按住左键）。

此时，你的电子表格看上去如下图所示。

	A	B	C	D
1	**MERCK & CO. 1991-2000**			
2		**Dividends**	**Purchase of treasury stock**	**Proceeds from exercise of stock options**
3	1991	893	184	48
4	1992	1,064	863	52
5	1993	1,174	371	83
6	1994	1,434	705	139
7	1995	1,540	1,571	264
8	1996	1,729	2,493	442
9	1997	2,040	2,573	413
10	1998	2,253	3,626	490
11	1999	2,590	3,582	323
12	2000	2,798	3,545	641
13				

现在，读者可以按照一般程序创建图表了，如下图。

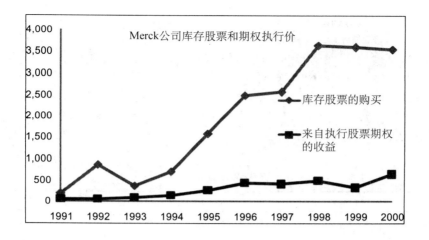

25.4　x轴上带有标题的折线图

　　Excel里有各种各样的图表类型。本节我们将介绍折线图，其他类型的图留待读者自己研究。我们用纽约市的平均最高气温和平均最低气温的数据，创建x轴上以月为刻度的图。

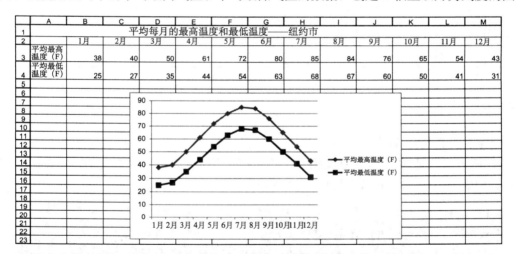

　　要创建这样的图，首先要选中数据，包括x轴数据和月份。然后选中"插入"（Insert）、"图表"（Charts）、"折线图"（Line），然后选择合适的类型。

　　单击左键就完成其余部分了。

折线图和散点图之间有什么差异?

　　折线图中的x轴刻度的间距相同，而散点图中的x轴刻度的间距依赖于点之间的距离。下面的例子可解释这个令人困惑的地方。

　　注意，虽然x轴的间隔是不均匀的（0，6，8，15，22，97），但是从折线图上看x轴刻度的间隔是相等的。而只有散点图在x轴上的间隔是根据数值大小来决定的。

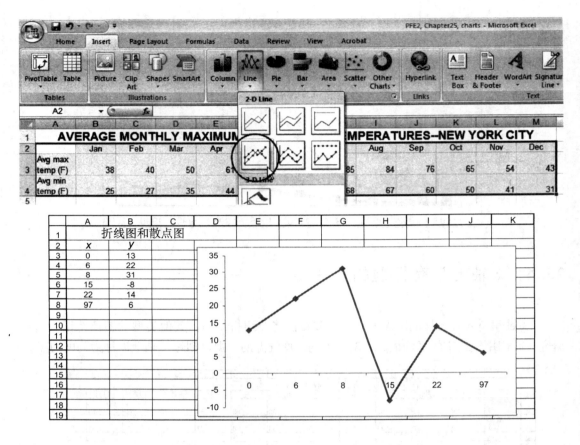

创建上图

创建上图有两种方法。

"聪明方法"是首先删除单元格 A2 的"x",然后选中 A2：B8。选择"插入（Insert）、图表（Charts）、折线图"（Line）就可以了。

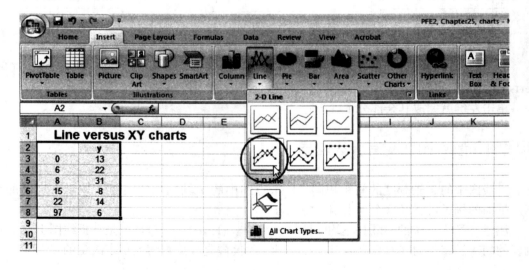

而笨办法就是首先仅选中 y 列数据，即 B3：B8。用常用方式创建折线图，得到下图。

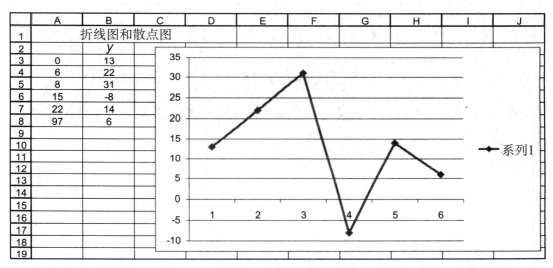

现在，双击这幅图，选择"选择数据"（Select Data）。

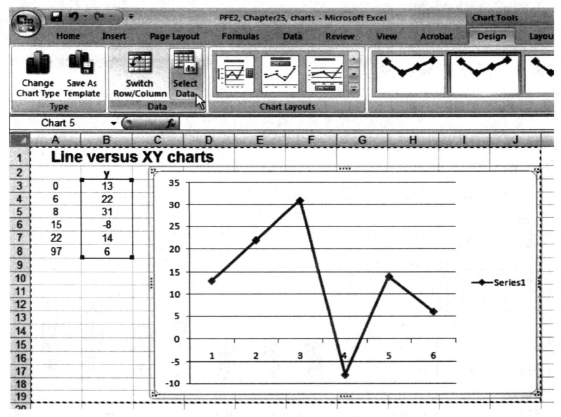

跳出来一个对话框，选择编辑 x 轴标签，并导入单元格 A2：A8 的数据。

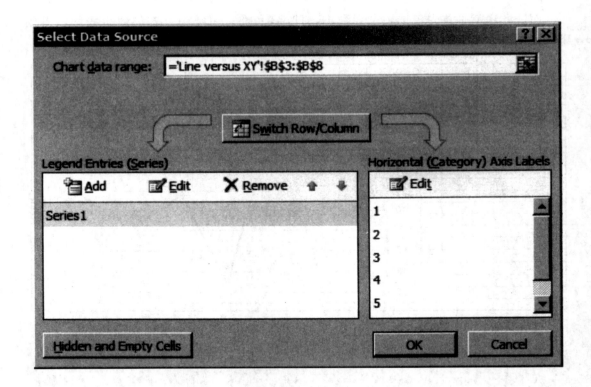

25.5 更新图表标题

关于使用"文本"功能这个稍微有点难的部分放在第 26 章探讨。假如你想要图的标题随着电子表格的参数而改变。如下面的电子表格所示,你想用图的标题表示增长率。

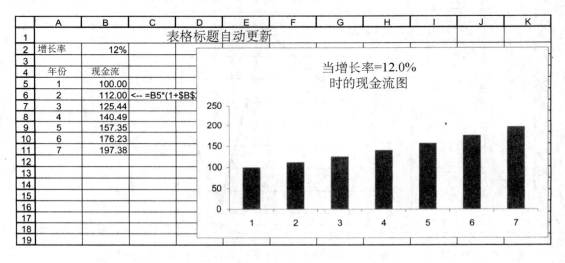

	A	B	C	D	E	F	G	H	I	J	K
1				表格标题自动更新							
2	增长率	12%									
3											
4	年份	现金流									
5	1	100.00									
6	2	112.00	<-- =B5*(1+B								
7	3	125.44									
8	4	140.49									
9	5	157.35									
10	6	176.23									
11	7	197.38									
12											
13											
14											
15											
16											
17											
18											
19											

一旦我们完成必要的如下面解释的步骤，增长率发生变化时图和标题会随之变化。

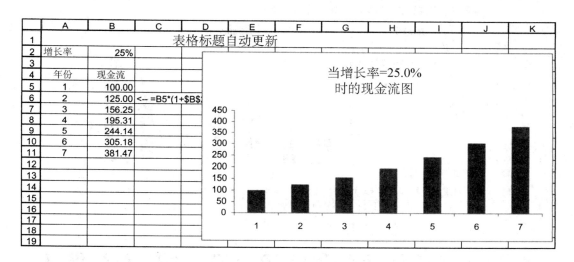

想要图表标题自动更新，要完成以下步骤：

● 创建你想要的样式的图形。给该图一个"代理标题"。（什么标题都没关系，这是暂时的，一会就会删掉。）这一步，你得到的图看上去如下图。

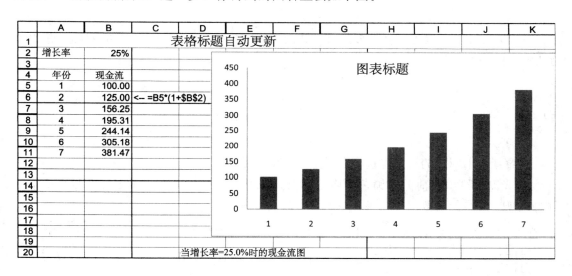

● 在一个单元格里给出你想要的名称。上图中，单元格 D20 中含有公式：＝"增长率变化时的现金流图＝"& TEXT(B2,"0.0%")。

● 单击图上的标题，选中它，然后在公式栏输入一个等号。然后单击单元格 D20，按回车键。在下图中，可以看到图表标题已着重突出了，并且公式栏显示的"＝Titles that update! D 20"表明图的标题。注意，"Titles that update"是电子表格的名称。

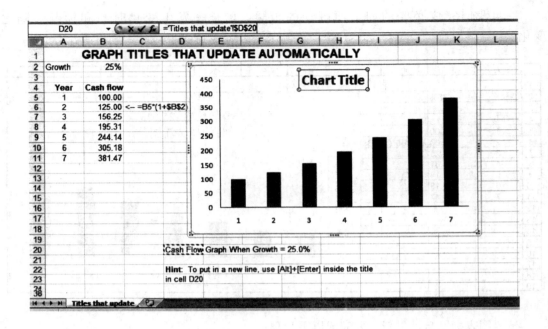

总 结

读者用 Excel 图表可以做更多的事，我们讲述的是必要的知识。本章的习题会包含更多 Excel 图表的变化。

习 题

注意：本书附带的光盘里包含以下这些习题的数据。

1. 光盘里给出了荷兰连锁杂货店 Ahold 从 1991 年 4 月到 2004 年 8 月的月度价格数据。试画出这些价格数据，结果就像下图中的电子表格。

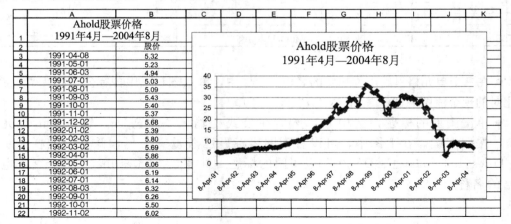

2. 用上题 Ahold 的数据，求月度股票收益，并作图。假定股票 t 月股价为 P_t，$t-1$ 月股价为 P_{t-1}，则月度股票收益为（P_t / P_{t-1}）－1。（当计算收益时，因为用的是"非连续数据"，所以读者要用到 25.3 节所阐述的方法。）

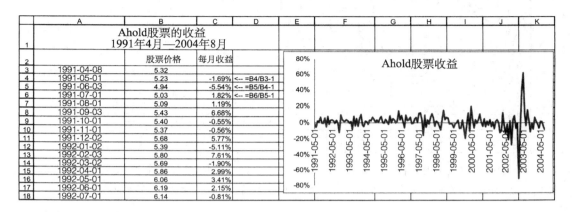

	A	B	C	D	E	F	G	H	I	J	K
1		Ahold股票的收益 1991年4月—2004年8月									
2		股票价格	每月收益								
3	1991-04-08	5.32									
4	1991-05-01	5.23	-1.69%	<-- =B4/B3-1							
5	1991-06-03	4.94	-5.54%	<-- =B5/B4-1							
6	1991-07-01	5.03	1.82%	<-- =B6/B5-1							
7	1991-08-01	5.09	1.19%								
8	1991-09-03	5.43	6.68%								
9	1991-10-01	5.40	-0.55%								
10	1991-11-01	5.37	-0.56%								
11	1991-12-02	5.68	5.77%								
12	1992-01-02	5.39	-5.11%								
13	1992-02-03	5.80	7.61%								
14	1992-03-02	5.69	-1.90%								
15	1992-04-01	5.86	2.99%								
16	1992-05-01	6.06	3.41%								
17	1992-06-01	6.19	2.15%								
18	1992-07-01	6.14	-0.81%								

3. 本书光盘给出 Ahold 的股价数据和标普 500 指数数据。用这些数据作出如下表中的图（注意参看图下面的注释）。

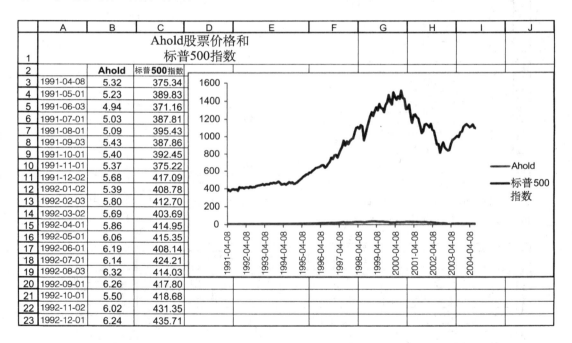

	A	B	C	D	E	F	G	H	I	J
1			Ahold股票价格和 标普500指数							
2		Ahold	标普500指数							
3	1991-04-08	5.32	375.34							
4	1991-05-01	5.23	389.83							
5	1991-06-03	4.94	371.16							
6	1991-07-01	5.03	387.81							
7	1991-08-01	5.09	395.43							
8	1991-09-03	5.43	387.86							
9	1991-10-01	5.40	392.45							
10	1991-11-01	5.37	375.22							
11	1991-12-02	5.68	417.09							
12	1992-01-02	5.39	408.78							
13	1992-02-03	5.80	412.70							
14	1992-03-02	5.69	403.69							
15	1992-04-01	5.86	414.95							
16	1992-05-01	6.06	415.35							
17	1992-06-01	6.19	408.14							
18	1992-07-01	6.14	424.21							
19	1992-08-03	6.32	414.03							
20	1992-09-01	6.26	417.80							
21	1992-10-01	5.50	418.68							
22	1992-11-02	6.02	431.35							
23	1992-12-01	6.24	435.71							

注释：此图显然不理想——Ahold 的股价要比标普 500 指数低得多，看上去就像 0。参看下一题关于这一问题的解决方法。

4. 调整标普 500 指数和 Ahold 的股价，以便它们的初始价格都为 100，并把它们画出来。

	A	B	C	D	E	F	G
1	Ahold公司股票价格和标普500指数						
2		Ahold	标普500指数		调整的Ahold	调整的标普500指数	
3	1991-04-08	5.32	375.34		100.00	100.00	
4	1991-05-01	5.23	389.83		98.31	103.86	<-- =F3*C4/C3
5	1991-06-03	4.94	371.16		92.86	98.89	<-- =F4*C5/C4
6	1991-07-01	5.03	387.81		94.55	103.32	<-- =F5*C6/C5
7	1991-08-01	5.09	395.43		95.68	105.35	
8	1991-09-03	5.43	387.86		102.07	103.34	
9	1991-10-01	5.40	392.45		101.50	104.56	
10	1991-11-01	5.37	375.22		100.94	99.97	
11	1991-12-02	5.68	417.09		106.77	111.12	
12	1992-01-02	5.39	408.78		101.32	108.91	
13	1992-02-03	5.80	412.70		109.02	109.95	
14	1992-03-02	5.69	403.69		106.95	107.55	
15	1992-04-01	5.86	414.95		110.15	110.55	
16	1992-05-01	6.06	415.35		113.91	110.66	
17	1992-06-01	6.19	408.14		116.35	108.74	
18	1992-07-01	6.14	424.21		115.41	113.02	
19	1992-08-03	6.32	414.03		118.80	110.31	
20	1992-09-01	6.26	417.80		117.67	111.31	
21	1992-10-01	5.50	418.68		103.38	111.54	
22	1992-11-02	6.02	431.35		113.16	114.92	
23	1992-12-01	6.24	435.71		117.29	116.08	
24	1993-01-04	6.34	438.78		119.17	116.90	

（图：调整的Ahold，调整的标普500指数，1991-04-08 至 2004-04-08）

5. 假定你想要画出函数 $y = ax^3 - 2x^2 + x - 16$。变量 a 有多个值（本例中 $a = 0.4$）。试画出该函数，该图的标题要给出 a 的值，如下图所示。（读者可以参考 25.4 节。）

	A	B
1	a	0.4
3	x	y=a*x^3-2*x^2+x-16
4	-6	-180.4 <-- =$B$1*A4^3-2*A4^2+A4-16
5	-5	-121.0
6	-4	-77.6
7	-3	-47.8
8	-2	-29.2
9	-1	-19.4
10	0	-16.0
11	1	-16.6
12	2	-18.8
13	3	-20.2
14	4	-18.4
15	5	-11.0
16	6	4.4
17	7	30.2
18	8	68.8
19	9	122.6

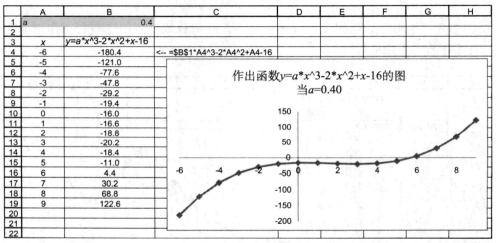

作出函数y=a*x^3-2*x^2+x-16的图 当a=0.40

6. 本书的光盘有一张电子表格，该电子表格含有圣地亚哥 1850—2008 年的月度降雨量数据。试画出来，就像下图所示。

	A	1月	2月	3月	4月	5月	6月	7月	8月	9月	10月	11月	12月	年度总计
1	圣地亚哥的月降水量，1850—2008年													
2	数据来源：http://www.custompuzziecraft.com/Weather/sandiegoweather.html（我要感谢John S. Stokes III，因为他将这些数据整理到一起）													
3	1850	0	1.13	1	0.09	0	0.68	0	0	0	0.19	2.82	1.93	7.84
4	1851	0.03	1.51	0.34	0.87	0.71	0.01	0	0	0.02	0.01	0.25	3.74	7.49
5	1852	0.58	1.84	1.87	0.85	0.2	0	0	0.4	0	0.06	1.45	4.5	11.87
6	1853	0.5	0.2								0	1.28	1.77	7.88
7	1854	0.99	2.56								0.27	0.04	3.29	11.63
8	1855	1.97	3.59								0.11	2.15	0.41	11.15
9	1856	1.27	1.86								0	1.22	1.3	9.77
10	1857	0.26	1.76								0.49	2.16	1.3	6.15
11	1858	1.52	0.44								0.47	0.28	3.1	7.55
12	1859	0	1.89								0.18	1.49	1.79	6.1
13	1860	0.72	1.49								0	2.88	2.99	9.11
14	1861	0.82	0.79								0.05	1.19	3.2	7.92
15	1862	5.56	1.39								0.89	0.05	0.93	11.59
16	1863	0.32	1.09								0	0.73	0.04	3.02
17	1864	0.04	2.5								0.04	2.41	1.04	7.61
18	1865	1.28	3								0.02	0.52	0.84	7.52
19	1866	5.05	3.43								0	0.24	1.82	12.31
20	1867	1.32	0.85								0.34	0.45	3.06	14.72
21	1868	3.37	1.63								0	2	1.52	11.16
22	1869	2.88	1.88								0.05	2.32	0.94	10.96
23	1870	0.54	0.77	0.33	0.2	0.28	0	0.04	0.07	0	1.54	0.18	0.42	4.37

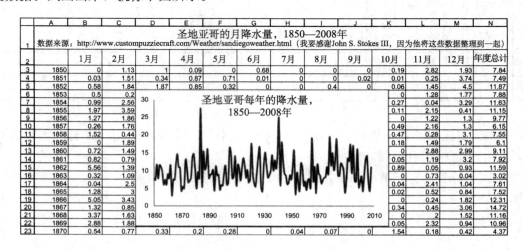

圣地亚哥每年的降水量，1850—2008年

第 26 章

Excel 的函数

概述

本章我们探讨在做财务分析时需要知道的主要 Excel 函数。本章和其他章节的内容有些交叠（例如，第 2 章已探讨过净现值函数）。我们还将讨论一些本书用不到的函数，但是这些函数非常方便，我们常用作参考。

大多数 Excel 函数依赖于某些变量，但我们并不总是显示出这些变量。例如，NPV 函数的变量有利率和期限；当我们想明确这些变量时，就会写 NPV（利率，期限）。

还有一个注意事项：我们讲解函数的顺序并不是按字母表顺序讨论。当函数间存在逻辑关系时，我们按此关系介绍（例如，我们在讨论内部收益率之前先讨论净现值）。

26.1 金融函数

净现值函数，NPV()

第 2 章已广泛地讨论过该函数。Excel 对净现值的定义不同于金融里的标准定义。在金融文献里，一系列现金流 $C_0, C_1, C_2, \cdots, C_n$ 以贴现率 r 贴现的净现值表示如下：

$$\sum_{t=0}^{n} \frac{C_t}{(1+r)^t} \text{ 或者 } C_0 + \sum_{t=1}^{n} \frac{C_t}{(1+r)^t}$$

C_0 通常代表购买资产的成本，因此是负的。

Excel 对净现值的定义通常假定，第一笔现金流发生于第 1 期末。想要标准财务表达式的用户必须求 $\text{NPV}(r,\{C_1,\cdots,C_n\}) + C_0$。下面是例子。

	A	B	C	D	E	F	G
1	Excel 的 NPV 函数						
2	贴现率	10%					
3	年份	0	1	2	3	4	5
4	现金流	−100	35	33	34	25	16
5							
6	NPV	$11.65	<−=NPV（B2, C4：G4）+B4				

内部收益率函数，IRR( )

一系列现金流 $C_0, C_1, C_2, \cdots, C_n$ 的内部收益率就是现金流的净现值为 0 的利率 r:

$$\sum_{t=0}^{n} \frac{C_t}{(1+R)^t} = 0$$

内部收益率函数的 Excel 表达式是 IRR(现金流，guess)。这里的现金流是整个现金流序列，包含初始现金流 C_0，并且 guess 是求内部收益率的算法的起点。

首先，看一个简单的例子——考虑上面给出的现金流。

	A	B	C	D	E	F	G
8	Excel 的 IRR 函数						
9	年份	0	1	2	3	4	5
10	现金流	−100	35	33	34	25	16
11							
12	IRR	15.00%	<−=IRR（B10：G10）				
13		15.00%	<−=IRR（B10：G10）				

注意，当仅有一个内部收益率时，guess 是没有必要的。因此，单元格 B13（在该单元格中我们没有指明 guess）中得到的结果和单元格 B12 中得到的结果一样（guess=0）。

但是，当有不止一个内部收益率时，guess 的选择会有点不同。例如，考虑以下现金流。

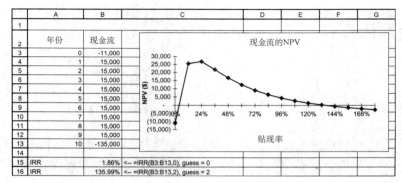

因为净现值曲线穿过 x 轴两次，所以存在两个内部收益率。要求两个内部收益率，我

们需要改变 guess（尽管 guess 的精确值仍不重要）。在下面的例子里，我们改变了两个
guess，但仍得到相同的结果。

	A	B	C
15	IRR	1.86%	<-=IRR(B3：B13, 0.1)
16	IRR	135.99%	<-=IRR(B3：B13, 0.8)

注意：如果给定的现金流出现多个正负变化，那么该现金流通常不止有一个内部收益
率——如上例，初始现金流是负的，第一次现金流到第九次现金流是正的（这说明有一次
正负符号变化）；但第十次现金流是负的，又出现了第二次正负符号的变化。如果你怀疑
一组现金流不止有一个内部收益率，那么首先做的是用 Excel 画出净现值的图。净现值的
图形穿过 x 轴几次就表明有几个内部收益率（以及其近似值）。[①]

终值函数，FV( )

FV 函数，其中的 FV 求的是一系列存款的未来价值。下面我们会讨论该函数的几种情
形。关于该函数金融方面的讨论以及其计算结果的意义，读者可以参阅第 2 章。

一系列年度投资的未来价值：使用 FV 函数和 Type 参数

假设你准备每年将 1,000 美元以年储蓄存款存入银行，连续存 5 年，年利率 5%。今
天存入第一笔存款。第 5 年末你的储蓄账户将有多少钱？下表中有两种计算方法（单元格
C13 和 C14）。

	A	B	C	D
1			**未来储蓄** **FV 函数的 Type 参数＝1**	
2	年储蓄存款	1,000		
3	利率	5%		
4				
5	年份	存款	第 5 年末价值	
6	0	1,000	1,276.28	<-=B6 * (1+ $B$3)^(5-A6)
7	1	1,000	1,215.51	
8	2	1,000	1,157.63	
9	3	1,000	1,102.50	
10	4	1,000	1,050.00	
11	5			
12				
13	第 5 年末 总价值		5,801.91	<-=SUM(C6：C11)
14			5,801.91	<-=FV(B3, 5, -B2,, 1)

[①] 若要看更多有关多个内部收益率的例子，可参看第 4 章。

▶619
第 26 章　Excel 的函数

单元格 A6：C11 中，我们每年存 1,000 美元，并计算了第 5 年末的终值。求得的这些价值之和（单元格 C13）为 5,801.91 美元。

单元格 C14 中，我们用的是 FV 函数。下面是对话框和 Type 使用的解释。

注意，我们已设置 Type 为 1：五笔款项都是在期初存入：今天以及第 1、2、3 和 4 年初。

当存款是在年末存入时，FV 函数允许 Type 为 0。为了说明这一点，假设你每年将 1,000 美元以年储蓄存款存入银行，连续存 5 年，年利率 5％，并且第一次存款一年后存入。第 5 年末你的储蓄账户将有多少钱？下表中，我们仍用两种方法计算（单元格 C13 和 C14）。

	A	B	C	D
1			**未来储蓄** **FV 函数的 Type 参数＝0**	
2	年储蓄存款	1,000		
3	利率	5％		
4				
5	年份	存款	第 5 年末价值	
6	0	0	0.00	<—=B6＊(1＋＄B＄3)^(5－A6)
7	1	1,000	1,215.51	<—=B7＊(1＋＄B＄3)^(5－A7)
8	2	1,000	1,157.63	
9	3	1,000	1,102.50	
10	4	1,000	1,050.00	
11	5	1,000	1000.00	
12				
13	第 5 年末总价值		5,525.63	<—=SUM(C6：C11)
14			5,525.63	<—=FV(B3, 5, －B2,, 0)

下面是两个附加要点，以结束这方面的探讨：

● 如果你在 FV 函数中没有键入 Type 的值，Excel 会默认 Type 为 0（表明存款是在期末存入）。

● 读者比较容易对"期初"和"期末"的区别产生迷惑，盲目使用 FV 函数可能会出错。避免这种错误显而易见的方法是建立一个如上表所示的扩展的表格。

最后一个要注意的事项：FV 函数还允许一个可选的参数 Pv。该参数可以使使用者用 FV 函数计算贷款支付额。我们建议不要使用该参数——如果我们需要计算贷款支付额，那么我们应用 PMT 函数来计算，后面部分我们会解释 PMT 函数。[①]

现值函数，PV( )

Excel 里的 PV 函数求的是年金的现值（一系列固定期限付款）。下面是例子。

	A	B	C
1	**PV 函数**		
2	在期末付款		
3	利率	10%	
4	期数	10	
5	付款额	100	
6	现值	(614.46)	<--=PV(B3，B4，B5)

因此，$\$614.46 = \sum_{t=1}^{10} \dfrac{100}{(1.10)^t}$。下面是 PV( ) 函数要注意的两个方面：

● 输入 PV(B3，B4，B5) 函数时假定，付款发生于时期 1，2，…，10。如果付款发生于时期 0，1，2，…，9，那你应该按如下表格计算。

	A	B	C
8	**期初支付**		
9	利率	10%	
10	期数	10	
11	付款额	100	
12	现值	(675.90)	<--=PV(B9，B10，B11，，1)

● 如上面的例子，虽然付款额是正的，但是 PV( ) 函数（以及 PMT( ) 函数——见下面）给出的现值是负值（这里有一个逻辑，但不值得解释）。为了得到单元格 B12 中正的现值，我们可以输入−PV(B3，B4，B5)，或者输入 PV(B3，B4，−B5) 让付款额为负。

PMT( )

该函数求的是为付清一笔贷款，在固定数量时期内，每期等额支付的必要付款额。例如，下表计算 1,000 美元的贷款，年利率 8%，这笔款项于 10 年内付清，这要求每年支付利息和本金 149.03 美元。这样做就可以求解下面等式：

---

① Linda Johnson 很好地解释了 FV 函数中 Pv 参数的使用方法，可参见网站：http://pubs.logicalexpressions.com/pub0009/LPMArticle.asp? ID=385。

$$\sum_{t=1}^{n} \frac{X}{(1+r)^t} = 初始贷款本金，其中 x 为每期付款额。$$

	A	B	C
1.		**PMT 函数**	
2		期末付款	
3	利率	8%	
4	期数	10	
5	本金	1000	
6	付款额	（＄149.03）	<-=PMT(B3，B4，B5)
7			
8		期初付款	
9	利率	8%	
10	期数	10	
11	本金	1000	
12	付款额	（＄137.99）	<-=PMT(B9，B10，B11，，1)

用 PMT（）函数可以计算出贷款表。这些表——第 2 章详细解释了——显示了哪部分是利息，哪部分是贷款本金。每期还款（以 PMT（）计算）都分成本金和利息两部分：

● 首先，我们计算期初未偿本金的利息。下表中，在第 1 年末，我们欠年初未偿本金的利息为 80 美元（＝8％ * $1,000）。

● 还款的其余部分（除了利息的部分，第 1 年为 69.03 美元）冲减未偿还的本金。

	A	B	C	D	E
1			贷款表		
2	利率	8%			
3	期数	10			
4	本金	1,000			
5	年度支付	149.03	<-- =-PMT(B2,B3,B4)		
6					
7				将支付分为本金和利息	
8	年份	年初本金	支付	利息	本金偿还
9	1	1,000.00	149.03	80.00	69.03
10	2	930.97	149.03	74.48	74.55
11	3	856.42	149.03	68.51	80.52
12	4	775.90	149.03	62.07	86.96
13	5	688.95	149.03	55.12	93.91
14	6	595.03	149.03	47.60	101.43
15	7	493.60	149.03	39.49	109.54
16	8	384.06	149.03	30.73	118.30
17	9	265.76	149.03	21.26	127.77
18	10	137.99	149.03	11.04	137.99

请注意，第 10 年末偿还的本金正好等于第 10 年初未偿本金（此时贷款已还请）。

用 IPMT 和 PPMT 计算贷款表的利息和本金

可以用这两个函数求上面例子的贷款表的 D 列和 E 列。在下面的例子里，我们计算第 4 年的利息和本金。

	A	B	C
1		用 IPMT 和 PPMT 函数	
2	利率	8%	
3	期数	10	
4	本金	1,000	
5	年付款额	149.03	<--=PMT(B2，B3，-B4)
6			
7	年份	3	
8	支付利息额	68.51	<--=IPMT(B2，B7，B3，-B4)
9	支付本金额	80.52	<--=PPMT(B2，B7，B3，-B4)

用 PMT 函数中的 FV 参数

PMT 函数也可以求一个给定终值的必要的定期付款。这里有个例子：假设你打算分 10 年，每年往你的储蓄账户里存款，这样在 10 年后你会有 10,000 美元，利率为 6%。那么你每年应存多少钱？在下表中，我们展示了求这个问题的两种方法。

	A	B	C	D
1		为未来储蓄 使用PMT函数来计算终值		
2	每年存入储蓄账户的存款	$ 715.74		
3	利率	6%		
4				
5	年份	账户存款	账户总额	
6	0	$ 715.74	$ 715.74	<-- =B6
7	1	$ 715.74	$ 1,474.42	<-- =B7+C6*(1+$B$3)
8	2	$ 715.74	$ 2,278.63	<-- =B8+C7*(1+$B$3)
9	3	$ 715.74	$ 3,131.09	
10	4	$ 715.74	$ 4,034.69	
11	5	$ 715.74	$ 4,992.51	
12	6	$ 715.74	$ 6,007.81	
13	7	$ 715.74	$ 7,084.01	
14	8	$ 715.74	$ 8,224.79	
15	9	$ 715.74	$ 9,434.02	
16	10	$ -	$10,000.06	<-- =B16+C15*(1+$B$3)
17				
18	使用PMT函数进行计算		$715.74	<-- =PMT(B3,10,,-10000,1)

单元格 A6：C16 向你展示了计算过程：可以用试错法或单变量求解（见第 28 章）求得如单元格 B2 中的数值：即今天你需要存入 715.74 美元，并且之后 9 年每年都存入这么多钱，这样在第 10 年末，你可以获得 10,000 美元。

单元格 B18 中的 PMT 函数也可以做同样的计算。下面是该函数的对话框。注意，这里令 Type＝1，因为存款是每年初存入的。并且注意，在 Pv 项中不输入任何值。

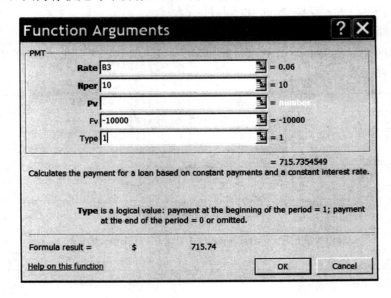

利率函数，RATE( )

RATE 函数计算一系列固定支付款项的内部收益率。下表单元格 B6 中，RATE(B4，B5，－B3) 计算得到的 10.56％是内部收益率：

$$-600 + \frac{100}{(1.1056)} + \frac{100}{(1.1056)^2} + \cdots + \frac{100}{(1.1056)^{10}} = 0$$

	A	B	C	D
1			RATE函数 与IRR比较	
2	RATE函数用于在期末的支付			
3	初始支付	600		
4	期数	10		
5	年度支付	100		
6	收益率	10.56%	<-- =RATE(B4,B5,-B3)	
7				
8	RATE函数用于在期初的支付			
9	初始支付	600		
10	期数	10		
11	年度支付	100		
12	收益率	13.70%	<-- =RATE(B10,B11,-B9,,1,20%)	
13				
14	RATE函数有什么功能? 计算IRR			
15	年份	期末支付	期初支付	
16	0	-600	-500	
17	1	100	100	
18	2	100	100	
19	3	100	100	
20	4	100	100	
21	5	100	100	
22	6	100	100	
23	7	100	100	
24	8	100	100	
25	9	100	100	
26	10	100		
27				
28	**IRR**	10.56%	13.70%	<-- =IRR(C16:C26)

如 PV 和 PMT 函数一样，Rate 函数允许现金流发生在期末（默认的）或是期初。看一下单元格 B12，Rate（B10，B11，−B9，，1，20%）计算得到 13.70%；这是 600 美元的首期付款和每期期初支付（期初在公式里用 1 表示）100 美元共 10 期付款这些现金流的 IRR。函数里的 20% 就像 IRR 函数里的 guess 值。

如下面对话框所示。

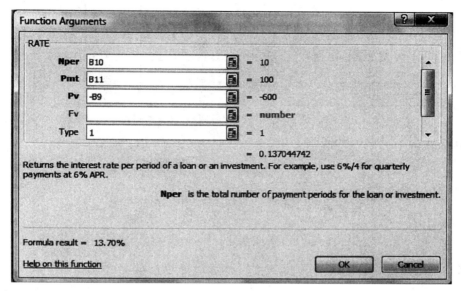

思考一下，这里内部收益意味着什么：

$$-600 + \underset{\substack{\uparrow \\ \text{初始付款，发生在期初}}}{100} + \frac{100}{(1.1370)} + \frac{100}{(1.1370)^2} + \frac{100}{(1.1370)^3} + \cdots + \frac{100}{(1.1370)^9} = 0$$

实际上，Rate(B10，B11，−B9，，1，20%) 函数表示首付 500 美元，以及后续的 9 次支付，每次支付 100 美元。

RATE 函数与 IRR 函数

如果细看上面的例子，你就会注意到（第 16～28 行），IRR 函数和 RATE 函数得出了相同的结果。当然，也有不同之处：

- RATE 函数较短；IRR 函数则要求明确所有的现金流。
- 另一方面，IRR 函数可以处理随时间变化的现金流。

Nper（ ）

该函数用来计算偿还一笔给定金额贷款的期限。例如，你从银行借了 1,000 美元，年利率 10%。你打算每年偿还 250 美元，需要多久才能还完这笔贷款？

	A	B	C	D	E
1	多长时间还清该笔贷款?				
2	贷款总额	1,000.00			
3	利率	10%			
4	每年支付	250			
5	多长时间还清贷款?	5.3596	<-- =NPER(B3,B4,-B2)		
6					
7	年份	年初本金	年末支付	利息	本金的偿还
8	1	1,000.00	250.00	100.00	150.00
9	2	850.00	250.00	85.00	165.00
10	3	685.00	250.00	68.50	181.50
11	4	503.50	250.00	50.35	199.65
12	5	303.85	250.00	30.39	219.62
13	6	84.24	250.00	8.42	241.58

从上面贷款表中可以看出，需要 5 年多时间还完这笔贷款。[①] NPER(B3，B4，－B2) 函数给出的确定期限为 5.3596 年。

26.2 数学函数

用 Exp 函数求终值

假定你投资 100 美元，投资 3 年，年收益 10%。如第 2 章中所说的，如收益率为复利，3 年后的终值如下表所示。

	A	B	C
1	年复利		
2	初始投资	100	
3	投资年限，t	3	
4	利率，r	10%	
5	终值，FV	133.1	<-=B2*(1+B4)^B3

假定年利率 10%，半年复利一次（指每半年的收益为 5%）。那么，共有 6 个复利期——3 年 * 2 期每年。这样，你的终值＝初始投资 *（1＋5%)^6 = 134.0096 。

	A	B	C
7	初始投资	100	
8	投资年限，t	3	
9	每年复利次数，n	2	
10	利率，r	10%	
11	终值，FV	134.0096	<-=B7*(1+B10/B9)^(B8*B9)

---

① 为什么呢？在第 5 年末（同样也是第 6 年初），仍然有 84.24 美元的本金尚未偿还。但是如果你在第 6 年末还 250 美元，那就还得太多了。

令年数为 t，利率为 r，每年复利次数为 n。随着复利次数的增加，未来价值趋于 $100 * e^{r*t}$，其中 e 为 2.71828。[1] 在 Excel 里，写成 $100 * \exp(r * t)$。下表和图说明了这一点。

	A	B	C	D	E	F
15	投资年份，t	3				
16	利率，r	10%				
17						
18	每年的复利期数，n	终值				
19	1	133.100	<-- =$B$14*(1+$B$16/A19)^($B$15*A19)			
20	2	134.010	<-- =$B$14*(1+$B$16/A20)^($B$15*A20)			
21	3	134.327	<-- =$B$14*(1+$B$16/A21)^($B$15*A21)			
22	4	134.489				
23	5	134.587				
24	6	134.653				
25	7	134.700				
26	8	134.735				
27	9	134.763				
28	10	134.785				
29	20	134.885				
30						
31						
32						
33						
34						
35						
36						
37						
38						
39						
40	当 n 变大时，该值收敛到	134.9859	<-- =B14*EXP(B16*B15)			

作为每年复利期数函数的终值

命名：当复利次数无限增大时，投资就变成连续复利了。否则（即当每年复利次数有限时），投资就是离散复利。

用 Exp 函数求现值

之前当连续复利利率为 r、期限 t 年时，我们已解释了 100 美元怎么变为 $100 * \exp(r * t)$。假定你在 3 年后获得 100 美元。若利率为 r，100 美元的现值是多少？答案取决于复利期数：

● 若投资是离散的，每年复利 n 次，那么 100 美元的现值为：

$$\frac{100}{(1+\dfrac{r}{n})^{n*t}} = 100 * (1+\frac{r}{n})^{-n*t}$$

● 若是连续复利的，那么 100 美元的现值为 $\dfrac{100}{\exp(r * t)} = 100 * \exp(-r * t)$。

下面是 Excel 的电子表格。

	A	B	C
1	离散的或连续的贴现		
2	终值	100	
3	哪一年收到，t	3	
4	每年的复利期数，n	2	
5	利率，r	10%	
6			
7	现值，离散贴现	74.62154	<-- =B2/(1+B5/B4)^(B4*B3)
8			
9	现值，连续贴现	74.08182	<-- =B2*EXP(-B5*B3)

---

[1] 用数学符号表示为：$\lim\limits_{n\to\infty}(1+\frac{r}{n})^{nt}=e^{rt}$。

通过上面的表格可知，当 n 变大时，单元格 B56 和单元格 B58 里的值会趋同。例如，当 $n=100$ 时，我们得到下面的结果。

	A	B	C
1	离散贴现和连续贴现		
2	终值	100	
3	哪一年收到，t	3	
4	每年的复利期数；n	100	
5	利率，r	10%	
6			
7	现值，离散贴现	74.09293	<-- =B2/(1+B5/B4)^(B4*B3)
8			
9	现值，连续贴现	74.08182	<-- =B2*EXP(-B5*B3)

LN 函数

该函数（该"自然对数"不同于中学里所学的"以 10 为底的对数"）常用来求连续复利收益率。[1] 假定你投资于一只价值 25 美元的股票，并假定一年后该股票值 40 美元。那么收益率 r 为多少？如果用的是离散复利，那么收益率 $r = \dfrac{P_1}{P_0} - 1 = \dfrac{40}{25} - 1 = 60\%$。

现在假定用的是连续复利，那么收益率可以通过求解下式得到：

$$P_0 \exp(r) = P_1 \Rightarrow \exp(r) = \frac{P_1}{P_0}$$

求解该等式的函数为自然对数 ln：

$$r = \ln(\frac{P_1}{P_0})$$

下面的电子表格通过使用 Excel 给出了一个例子。

	A	B	C
1	用 ln 函数求连续复利收益率		
2	股价，$t=0$	25	
3	股价，$t=1$	40	
4	离散复利收益率，r	60.00%	<--=B3/B2-1
5	连续复利收益率，r	47.00%	<--=LN(B3/B2)

当 $t \neq 1$ 时，该问题看起来就是这样的：

$$P_0 \exp(r * t) = P_t \Rightarrow \exp(r * t) = \frac{P_t}{P_0}$$

结果为：

$$r = \frac{1}{t} \ln(\frac{P_t}{P_0})$$

例如，假定你于 1999 年 10 月 25 日投资于英特尔股票，以当日收盘价 38.6079 美元

---

[1] 本书中，我们在期权章节即第 20～24 章会较多地使用该函数。

买入，并于 2000 年 7 月 24 日收盘时，以 64.4379 美元卖出。如下表中计算，你的股票获得了 68.49% 的连续复利收益率。

	A	B	C	D
7	英特尔股票			
8	购买日期及股价	1999 年 10 月 25 日	38.6079	
9	出售日期和股价	2000 年 7 月 24 日	64.4379	
10				
11	投资所用时间，t	0.7479	<-= （B9－B8）/365	
12	连续复利收益率，r	68.49%	<-=1/B11 * LN（C9/C8）	

注意，这种计算要比计算年化日收益率简单——该计算步骤要少一些。

	A	B	C	D
14	年化日收益			
15	购买日期及股价	1999 年 10 月 25 日	38.6079	
16	出售日期和股价	2000 年 7 月 24 日	64.4379	
17				
18	投资天数	273	<-= （B16－B15）	
19	日收益	0.1878%	<-= （C16/C15）^（1/B18）－1	
20	年化收益	98.35%	<-= （1+B19）^365－1	

简短的金融说明

我们不得不提一个简短的金融说明，该说明是关于 68.49% 的连续复利年收益和 98.35% 的离散复利年收益的差异。

● 这些收益使得 38.6079 美元经过 273 天的投资增加到 64.4379 美元。因此，从经济学意思上来说，它们是相同的。

● 日收益极其接近：连续复利日收益可以通过 $\left(\dfrac{\text{年连续复利收益}}{365}\right)$ 计算得到，而离散复利日收益可以通过 $\left(\dfrac{\text{第 273 天的股价}}{\text{第 0 天的股价}}\right)^{1/273}-1$ 计算得到。这些数字很接近。

	A	B	C
22	说明		
23	日连续复利收益	0.1876%	<-=B12/365
24	日离散复利收益	0.1878%	<-=B19

但是，当你以 365 天计算的话，两者的差异还是较大的。

函数 Round，RoundDown，RoundUp，Trunc

Excel 的函数 Round，RoundDown，RoundUp 按指定位数对数值进行四舍五入，向下或向上舍入数字。Trunc 函数会保留特定小数位数（若未指明，Trunc 函数就保留到整数）。这里的例子以 Excel 的 Pi 函数（得到圆周率 P_i 的值）为基础。

	A	B	C
1	在Excel 中四舍五入数字		
2	数字	3.1415926535898	<-- =PI()
3			
4	四舍五入，无小数位	3.00000000	<-- =ROUND(B2,0)
5	四舍五入，3位小数	3.14200000	<-- =ROUND(B2,3)
6			
7	向下舍入数字，无小数位	3.00000000	<-- =ROUNDDOWN(B2,0)
8	向下舍入数字，3位小数	3.14100000	<-- =ROUNDDOWN(B2,3)
9			
10	向上舍入数字，无小数位	4.00000000	<-- =ROUNDUP(B2,0)
11	向上舍入数字，4位小数	3.14160000	<-- =ROUNDUP(B2,4)
12			
13	截取数字，无小数位	3.00000000	<-- =TRUNC(B2)
14	截取数字，5位小数	3.14159000	<-- =TRUNC(B2,5)

这些函数和设置数字格式使数字显示特定小数位数是有差异的。这里有一个例子。

	A	B	C
16	数字	4.5632	
17	四舍五入到 2 位小数	4.56	<--=ROUND（B16，2)
18	保留到 2 位小数	4.56	<--=B16
19			
20	10 乘以单元格 B20 的数	45.6	<--=10 * B17
21	10 乘以单元格 B21 的数	45.632	<--=10 * B18

在单元格 B18 中，我们用 Excel 功能区上的"减少小数位数"按钮 来改变数字形式。但是，如你在单元格 B21 中所看到的，该键不会改变数字，但实际上是 Round 函数改变了数字。[1]

Sqrt 函数

这个函数用来求一个数的平方根。在本书中，我们用平方根求收益的标准差（参见第 12 章）。

	A	B	C
1	SQRT		
2	数字	3	
3	平方根	1.732051	<--=SQRT(B2)
4	等效方法	1.732051	<--=B2^(1/2)

注意，读者可以用符号（^）作为求平方根的替代方法。在 Excel 里，a^b 表示 a 的 b

---

[1] Excel 还有 Roundup 和 Rounddown 函数，它们的主要功能正如它们的名字所示。我们留待读者自己来研究这些函数。

次方（指 $a^b = a^b$）。因为平方根等同于 1/2 次方，所以读者也可以用这个符号（参看上表中的单元格 B4）。

Sum 函数

Excel 里的 Sum 函数用来对一系列单元格中的数字求和。

	A	B
1		SUM
2	1	
3	2	
4	3	
5	4	
6	5	
7	15	<--=SUM（A2：A6）

SumIf 函数

SumIf 函数是用来求满足一定条件的数字的总和。下面的例子是求大于 30 的数字的总和。

	A	B
9	分数	
10	30	
11	50	
12	80	
13	90	
14	20	
15	220	<--=SUMLF(A10：A14，">30")

SumIf 函数还可以将条件应于某个单元格区域，却对另一个单元格区域中的对应值求和。在下面的例子里，求单元格 E10：E14 中大于 40 的数字（阴影部分）对应的单元格 D10：D14 中数的总和。

	D	E	F
9	分数1	分数2	
10	30	55	
11	50	89	
12	80	22	
13	90	65	
14	20	35	
15	170	<-- =SUMIF(E10:E14,">40",D10:D14)	

向导对于使用该函数确实有用。这些是上面例子的向导。注意，Range 是条件单元格区域（上表的 Score 2 列），Sum _ range 是要被求和的区域。如果没有指明 Sum _ range，则 Excel 默认它和 Range 相同。

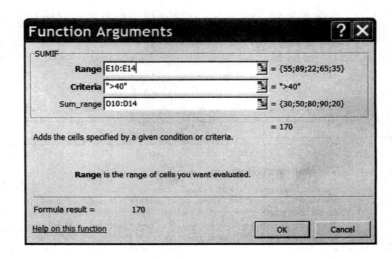

SumProduct 函数

该函数求相应的数组成区域乘积的和。这有时在统计里较有用。(我们是否有这样的例子?)这里有一个简单的关于求投资组合的期望收益的例子。该组合有四种资产,每种资产的期望收益都不同。求组合的期望收益,可以通过将 B 列里的期望收益乘以每种资产(C 列)在组合的比例。SumProduct 函数在做这种计算时做得很好。

	A	B	C	D	E	F
18	资产	期望收益	组合中的比例			
19	1	20％	15％			
20	2	8％	22％			
21	3	15％	38％			
22	4	12％	25％			
23						
24		组合的期望收益	13.46％	<-=SUMPRODUCT (B19：B22, C19：C22)		

26.3 条件函数

If(),VLookup() 和 HLookup() 这三个函数可以输入条件语句。

Excel 里的语法 If 语句为"如果(条件,如果条件正确则输出,如果条件错误则输出)"。在下面的例子里,如果单元格 B3 里的初始数字<3,那么得到 15;如果 B3>3,那么得到 0。

	A	B	C
1		IF 函数	
2	初始数字	2	
3	IF 语句	15	<--=IF (B2<=3, 15, 0)

你也可以输入 If 和文字,即在双引号里输入文字。

	A	B	C
5	初始数	2	
6	If 语句	小于等于 3	<-=IF（B5<=3，"小于等于 3"，"大于 3"）

VLookup 函数和 HLookup 函数

因为 VLookup 和 HLookup 函数的结构相同，所以我们主要讲一下 VLookup 函数，HLookup 函数留待读者自己研究。VLookup 是在电子表格中用来索引表的。这里有一个例子：假设收入的边际税率由下表给出——收入少于 8,000 美元的金额，边际税率为 0；收入超过 8,000 美元的金额，边际税率为 15%等。单元格 B9 说明了 VLookup 是如何查找边际税率的。

	A	B	C
1			VLookup 函数
2	收入	税率	
3	0	0	
4	8,000	15%	
5	14,000	25%	
6	25,000	38%	
7			
8	收入	15,000	
9	税率	25%	<-=VLOOKUP（B8，A3：B6，2）

这个函数的语法是 VLookup（lookup_value，table，column）。查询表的第一列，单元格 A3：A6 以升序排列。Lookup_Value（本例中，收入为 15,000）是用来确定表的适用行的。这一行是其值为<Lookup_Value 的；在这种情况下，以值为 14,000 的行开始。Col_index_num 的值的条目确定答案选自哪一个适用列；在这种情形下，边际税率在第二列。

下面是表的 Excel 函数向导。

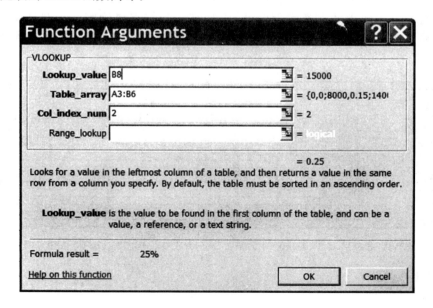

VLookup 表的第一列必须排序

VLookup 表的第一列必须排序，这是指该列必须按升序排列（或者按数，或者按字母排序）。想知道这是什么意思，我们引入一个稍微复杂点的例子：下表 A 列和 B 列的数据摘自数据库；A 列里的是日期，B 列里的是各日期的利率。

	A	B	C	D	E	F
1	VLookup 的第一列必须分类					
2	日期	利率		月份	日	年份
3	JAN. 07,1991	6.721		JAN	07	1991
4	FEB. 07,1991	6.145		Feb	07	1991
5	FEB. 11,1991	6.03		FEB	11	1991
6	MAR. 04,1991	6.287		MAR	04	1991
7	APR. 01,1991	5.985		APR	01	1991
8	JUN. 08,1991	5.777		JUN	08	1991
9	AUG. 15,1991	5.744		AUG	15	1991
10	OCT. 22,1991	5.868		OCT	22	1991
11						
12						
13		=LEFT(A10,3)		=MID(A10,6,2)		=RIGHT(A10,4)

我们输入的日期是标准的 Excel 形式。即不是输入"Jan.07，1991"，而是如下表中所写。

	A	B
18	标准的 Excel 日期形式	等同的数
19	7-Jan-91	33245

（Excel 中的日期和数字间的等价情形在第 29 章探讨。）

要将日期写成标准的 Excel 形式，我们可以用函数 Left，Mid 和 Right 将 A 列中的日期排成月，日，年形式（参看下一节）。现在，我们需要确定每个月的值（如，Jan ＝1，Feb＝2 等）。我们可以用 VLookup 做到这些，但 VLookup 表左边列以字母排序。

	A	B	C	D	E	F	G	H	I	J	K
1		VLookup的第一列必须分类									
2	日期	利率		月份	日	年份		哪一年?		日期值	
3	JAN. 07,1991	6.721		JAN	07	1991		1	<-- =VLOOKUP(D3,$J$6:$K$17,2)	1/7/1991	<-- =DATE(F3,H3,E3
4	FEB. 07,1991	6.145		Feb	07	1991		2			
5	FEB. 11,1991	6.03		FEB	11	1991		2		VLookup表	
6	MAR. 04,1991	6.287		MAR	04	1991		3		Apr	4
7	APR. 01,1991	5.985		APR	01	1991		4		Aug	8
8	JUN. 08,1991	5.777		JUN	08	1991		6		Dec	12
9	AUG. 15,1991	5.744		AUG	15	1991		8		Feb	2
10	OCT. 22,1991	5.868		OCT	22	1991		10		Jan	1
11										Jul	7
12										Jun	6
13		=LEFT(A10,3)		=MID(A10,6,2)	=RIGHT(A10,4)					Mar	3
14										May	5
15										Nov	11
16										Oct	10
17										Sep	9

这样，得到一个看上去极其奇怪的表（单元格 J6：K17），但读者可以相信该函数确实有用。

26.4 文本函数

Excel 可以区分数字和文本。为了更直观，即数字可以进行加减等运算，但对于文本不能这样做。另外，Excel 可以串连文本（如果这听起来有点神秘的话，就阅读下去）。

串连：将几个单元格的文本合并起来

下面的例子，我们在单元格 A2 输入"Twelve"（十二），在单元格 B2 中输入"cows"（牛）。在单元格 A4，我们试着输入"＝A2＋B2"；我们打算得到"Twelvecous"的结果，但 Excel 不接受这个指令，因为单元格 A2 和 B2 里的内容都不是数字。通过在单元格 A5 中输入"＝A2&B2"，我们可以合并这两个文本内容。

	A	B
2	Twelve	Cows
3		
4	♯VALUE!	<-=A2＋B2
5	Twelvecows	<-=A2&B2
6		
7	Twelve blue cows	<-=A2&"blue"&B2

在单元格 A7 中，我们添上"blue"（蓝色）一词，并将新加上的文本和空格放在引号内。

文本

现在，看一下下面的例子。

	A	B	C
10	牛的数量	1200	
11			
12	文本	1200 cows	<-- =TEXT(B10,"0")&" cows"
13			
14		1200.00 cows	<-- =TEXT(B10,"0.00")&" cows"
15		1,200.0 cows	<-- =TEXT(B10,"0,000.0")&" cows"
16		120,000.00% cows	<-- =TEXT(B10,"0,000.00%")&" cows"

在单元格 B12 中，我们创建一个文本，该文本包含牛的数量（单元格 B10）和"cows"牛一词。Excel 的函数 Text(B10，"0")将 1,200 这个数变成文本形式，这样单元格 B12 中的公式就可以使用该数。该函数的第二部分——当前单元格输入的是"0"——是用来显示文本外观的。单元格 B14：B16 给出了一些其他的例子。

Left，Right，Mid，Len

前三个函数是用来选出文本的部分内容的。在下面的例子里，我们用这些函数选出单元格 A18 的部分文本内容。

	A	B
18	15 pink flamingos went to the zoo	
19		
20	15	<-- =LEFT(A18,2)
21	pink flamingos	<-- =MID(A18,4,14)
22	zoo	<-- =RIGHT(A18,3)
23	33	<-- =LEN(A18)

函数"=Left(A18，2)"是选出单元格 A18 中最左边的两个字符的。函数"=Mid(A18，4，14)"是从第 4 个字符开始，选出单元格 A18 中的 14 个字符。而函数"=Right(A18，3)"，相信读者自己明白该函数的意思。

如单元格 A23 所示，函数 Len 是用来计算文本中的字符数的。

读者也许要问，一本金融方面的书为什么要介绍这些函数？下面的数据是标的物为通用汽车股票的一些期权的价格，这些数据来自芝加哥期权交易所网站。我们下载的是原始数据，下表是这些数据。

	A	B	C	D
1	通用汽车期权数据 从芝加哥期权交易所网站下载			
2	看涨期权	当天收盘价	看跌期权	当天收盘价
3	01 Aug 60.00 (GM HL-E)	3.5	01 Aug 60.00 (GM TL-E)	0.5
4	01 Aug 60.00 (GM HL-A)	3.4	01 Aug 60.00 (GM TL-A)	0.4
5	01 Aug 60.00 (GM HL-P)	3	01 Aug 60.00 (GM TL-P)	0.4
6	01 Aug 60.00 (GM HL-X)	2.9	01 Aug 60.00 (GM TL-X)	0.6
7	01 Aug 60.00 (GM HL-8)	3.4	01 Aug 60.00 (GM TL-8)	0.5
8	01 Aug 65.00 (GM HM-E)	0.45	01 Aug 65.00 (GM TM-E)	2.85
9	01 Aug 65.00 (GM HM-A)	0.45	01 Aug 65.00 (GM TM-A)	1.8
10	01 Aug 65.00 (GM HM-P)	0.45	01 Aug 65.00 (GM TM-P)	2.4
11	01 Aug 65.00 (GM HM-X)	1.15	01 Aug 65.00 (GM TM-X)	2.25
12	01 Aug 65.00 (GM HM-8)	0.4	01 Aug 65.00 (GM TM-8)	2.7
13	01 Aug 70.00 (GM HN-E)	0.05	01 Aug 70.00 (GM TN-E)	7.9
14	01 Aug 70.00 (GM HN-A)	0.05	01 Aug 70.00 (GM TN-A)	6.3
15	01 Aug 70.00 (GM HN-P)	0.05	01 Aug 70.00 (GM TN-P)	0
16	01 Aug 70.00 (GM HN-X)	0.2	01 Aug 70.00 (GM TN-X)	7.5
17	01 Aug 70.00 (GM HN-8)	0.05	01 Aug 70.00 (GM TN-8)	6.8
18				
19				
20			其他信息	
21				
22	期权到期的年份和月份			
23			期权到期价格	

A 列和 C 列是关于期权信息的，包括到期年月，行权价以及括号内期权标的股票、期权符号、该期权所在的交易所等项目。例如，

GM HN-E：1 份标的物为通用汽车股票的看涨期权，行权价为 70，到期时间为 2001 年 8 月，在芝加哥期权交易所交易。

GM TL-A：1 份标的物为通用汽车股票的看跌期权，行权价为 60，到期时间为 2001 年 8 月，在美国证券交易所交易。

现在，假如我们想要将日期、期权符号以及期权所在的交易所分开。

	C	D	E	F	G	H	I	J	K
2	看跌期权	当天收盘价		日期	符号	交易所			
3	01 Aug 60.00 (GM TL-E)	0.5		01Aug	TL	E			
4	01 Aug 60.00 (GM TL-A)	0.4							
5	01 Aug 60.00 (GM TL-P)	0.4							
6	01 Aug 60.00 (GM TL-X)	0.6							
7	01 Aug 60.00 (GM TL-8)	0.5		=LEFT(C3,2)&MID(C3,4,3)					
8	01 Aug 65.00 (GM TM-E)	2.85				=MID(C3,LEN(C3)-4,2)			
9	01 Aug 65.00 (GM TM-A)	1.8							
10	01 Aug 65.00 (GM TM-P)	2.4							
11	01 Aug 65.00 (GM TM-X)	2.25							
12	01 Aug 65.00 (GM TM-8)	2.7		=MID(C3,LEN(C3)-1,1)					
13	01 Aug 70.00 (GM TN-E)	7.9							

在第 29 章（解释如何在 Excel 中使用时间和日期），我们使用这些信息设计了一个函数，该函数能给出期权的到期时间。

26.5 统计函数

我们已经在前面章节探讨了 Excel 的许多统计函数。

Average	计算选定单元格的平均值	第8章和第9章
Covar	计算两组数据的协方差	第9章
Correl	计算两组数据的相关系数	第9章
Frequency	计算频率分布的数组函数	第8章
Intercept，Slope，Rsq	计算一个回归方程的截距、斜率和R^2	第9章和第12章
Max，Min	计算一组数的最大值和最小值	第8章，第20~23章
Stdev，StdevP	计算标准差	第8章和第9章
Var，VarP	计算方差	第8章和第9章

Median，Large 和 Rank

在此，我们主要讨论以下三种函数：Median，Large 和 Rank。我们通过下面的例子来解释这三种函数，下面的例子给出了 11 个学生的成绩。

	A	B	C
1	**Median, Large, Rank**		
2	学生	分数	
3	1	100	
4	2	50	
5	3	75	
6	4	32	
7	5	98	
8	6	86	
9	7	72	
10	8	63	
11	9	41	
12	10	88	
13	11	92	
14			
15	平均值	72.45	<-- =AVERAGE(B3:B13)
16	中间值	75	<-- =MEDIAN(B3:B13)
17	第3个最大值	92	<-- =LARGE(B3:B13,3)
18	B9的排名	7	<-- =RANK(B9,B3:B13)

中位数是将这些成绩一分为二的那个分数：5 个大于 75 分的成绩和 5 个小于 75 分的成绩。可以看出，它不同于平均数。

Excel 的 Large 函数用来求整个成绩序列中的第 K 个最大值。

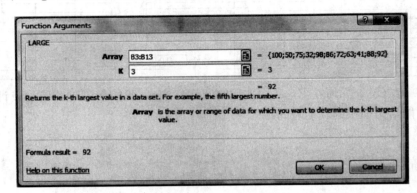

Excel 的 Rank 函数用来求一个给定成绩在整个成绩序列中排在第几位。如，72 分在成绩序列 B3：B13 中为第七位。

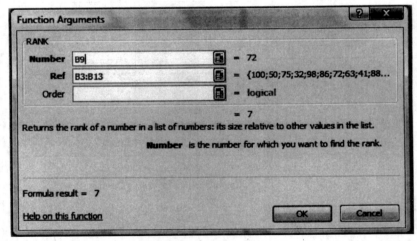

Count，CountIf，CountA

这三个函数都是用来数单元格个数的，不同之处在于：

● Count 函数是用来计算包含数字的单元格个数的，但不包含文本单元格个数。

● CountA 函数是用来计算非空白单元格个数的，无论其中包含的是数字还是文本。

● CountIf 函数是用来计算满足一定条件的单元格个数的。

现在，我们用 Excel 表格来加以说明。

	A	B	C
1	Count, CountIf, CountA		
2	列表		
3	1		
4	2		
5	3		
6	4		
7	Terry		
8	Oliver		
9	Noah		
10	Sara		
11	Zvi		
12			
13	Count	4	<-- =COUNT(A3:A11)
14	CountA	9	<-- =COUNTA(A3:A11)
15	CountIf	2	<-- =COUNTIF(A3:A11,">2")

26.6 匹配和索引

在第 8 章中，我们用这些函数来找麦当劳股价达到最大值和最小值的特定日期，这种功能用得较少。

用 Index 函数在一组数中定位某个值

在下面的例子中，我们用 Index（索引）函数在一组 8×8 的数组中找位于第 5 行第 6 列的数。

	A	B	C	D	E	F	G	H
1	使用Inde函数X在一个数列中为一个数定位							
2	34	43	90	19	60	16	83	10
3	85	52	89	56	9	21	17	10
4	66	6	48	18	19	20	36	64
5	20	96	70	18	16	73	55	9
6	38	10	68	52	63	97	62	40
7	38	19	90	85	46	62	38	11
8	25	35	58	55	91	25	77	79
9	73	59	82	49	55	10	67	88
10								
11	行	5						
12	列	6						
13	数值?	97	<-- =INDEX(A2:H9,B11,B12)					

用 Match 函数找具体数值所在的位置

下面的数据是花旗集团 2007 年 9 月—2009 年 9 月中每个月首个交易日的收盘价。其中，最低价为 1.50 美元。我们可以用 Match（Lookup_value，Lookup_array，MatchType），在这一系列股价的第 18 行找出该最小值。

	A	B	C	D	E	F
1				使用Match函数为一个值在一个数列中定位		
2	日期	花旗集团收盘价				
3	2007-09-04	43.55				
4	2007-10-01	39.10		最低价	1.5	<-- =MIN(B3:B27)
5	2007-11-01	31.48		最高价	43.55	<-- =MAX(B3:B27)
6	2007-12-03	27.83				
7	2008-01-02	26.94		哪里是最低价?	18	<-- =MATCH(E4,B3:B27,0)
8	2008-02-01	22.67		哪里是最高价?	1	<-- =MATCH(E5,B3:B27,0)
9	2008-03-03	20.48				
10	2008-04-01	24.16		最低价日期?	2009-02-02	<-- =INDEX(A3:A27,E7)
11	2008-05-01	21.20			2009-02-02	<-- =INDEX(A3:A27,MATCH(E4,B3:B27,0))
12	2008-06-02	16.23				
13	2008-07-01	18.41		最高价日期?	2007-09-04	<-- =INDEX(A3:A27,E8)
14	2008-08-01	18.71				
15	2008-09-02	20.21				
16	2008-10-01	13.62				
17	2008-11-03	8.27				
18	2008-12-01	6.69				
19	2009-01-02	3.55				
20	2009-02-02	1.50				
21	2009-03-02	2.53		Match函数的句法是：MATCH（Lookup_value,Lookup_array,MatchType）。		
22	2009-04-01	3.05				
23	2009-05-01	3.72		对Match第三个参数（MatchType）的说明:		
24	2009-06-01	2.97		如果MatchType =0或者缺省，则MATCH函数找到了LookupValue的精确匹配。		
25	2009-07-01	3.17		如果MatchType =1，则MATCH函数找到了小于LookupValue的最大值。		
26	2009-08-03	5.00		如果MatchType =-1，则MATCH函数找到了大于LookupValue的最小值。		
27	2009-09-01	4.57				

结合使用 Match 和 Index

花旗集团的股价最低到底是在哪一天呢？如上例所示，我们可以结合使用 Index 和 Match，找出 2009 年 2 月 2 日这一天。

总　结

Excel 有几百个函数。本章仅仅介绍了一些本书中用到的主要函数。作为受过教育的群体，我们相信读者可以自己弄清楚其余的函数。

习　题

1. a. 用 NPV 函数求下面项目的现值。

	A	B
1	贴现率	15％
2		
3	年份	现金流
4	1	100
5	2	200
6	3	300
7	4	400
8	5	500

b. 假定该项目的成本为 600 美元，那么它的净现值是多少？

2. a. 用 NPV 函数求下面项目的净现值。

	A	B
1	贴现率	15％
2		
3	年份	现金流
4	0	−600
5	1	100
6	2	200
7	3	300
8	4	400
9	5	500

b. 用数据表（参见第 27 章）分别求当贴现率为 0％，4％，…，48％时该项目的净现值。画出这些结果，并试估计该项目的内部收益率。

3. 用 IRR 函数求上一题的项目的内部收益率。

4. 用 FV 函数求解下面两题。

a. 假定今天将 200 美元存入银行，年利率 3％，存 10 年。求后面 9 年每年初的价值以及第 10 年末的价值？

b. 年利率还是 3％，分别求在第 1，2，…，10 年末存入银行 200 美元在第 10 年末的终值。

5. 假定你现在 25 岁，你打算为将来进行储蓄。你打算今天存入 1,000 美元。在将来的 44 年，你每年都会存入 1,000 美元。若年利率为 5％，那么在你 70 岁时，银行储蓄账户有多少钱？

6. 假定你妈妈今年 50 岁，她打算存些钱为退休做准备。她打算从今天开始一直到她 70 岁时每个月存入一笔钱（为了方便计算，假定存款次数为 15 * 20＝300 次）。若年利率为 6％（月利率 0.5％），要使她在退休时获得 200,000 美元，那么她每个月应存多少钱？用 FV 函数计算。

7. a. 假定你妈妈今年 50 岁，她打算存些钱为退休做准备。她打算从今天开始一直到她 70 岁时每个月存入一笔钱（为了方便计算，假定存款次数为 15 * 20＝300 次）。若年利率为 6％（月利率 0.5％），要使她在退休时获得 200,000 美元，那么她每个月应存多少钱？用 PMT 函数计算。

b. 当年利率分别为 0％，1％，…，12％时，用数据表（第 27 章）重新计算上一题。

8. a. 你借入一笔 60,000 美元，30 年期的抵押贷款以购买新房。年利率 10％，假定要求每个月等额还款。用 PMT 函数求每个月应归还多少钱？

b. 设计一张贷款表，这张表可以明确表明上一题求得的每个月归还的利息和本金确实可以还清这笔抵押贷款。

9. 你考虑购买一份债券，该债券从今年开始直到 10 年后，每年末支付 112.50 美元，利率为 12％。用 PV 函数求该债券的理论价格。

10. Joe 打算购买一辆价值 20,000 美元的轿车，你打算借钱给他。他每个月还你 500 美元，打算 48 个月还清。

a. 用 Rate 函数求这笔贷款的月利率。并用 IRR 函数证明你的结论。

b. 求年利率。

11. 你借入一笔 12,000 美元，利率为 6％ 的贷款。若你最多每个月可以还 2,000 美元，那你要多久才能还清这笔贷款（提示：用 NPER 函数）？建立一张贷款表证明你的结论。

12. 货币市场基金的年利率为 3％，连续复利。

a. 若你今天投资了 100,000 美元的货币市场基金，且之后 10 年的年收益率均为 3％，求 10 年内你总共能获得多少钱？

b. 求实际年利率（EAIR）。（此题可以不回答，此题的意图是让读者回顾 EAIR——可参看第 3 章。）

13. 银行存款年利率 5.2％，连续复利。若你的银行账户里现在有 25,000 美元，你打算在 3 年零 4 个月后取出这笔钱，到时候账户里能有多少钱？

14. 贴现率 15％，连续复利，求下表这些现金流的现值。

	A	B
1	连续复利贴现率	15％
2		
3	年份	现金流
4	1	15,000
5	2	22,000
6	3	14,750
7	4	3,222
8	5	6,333
9	6	18,000
10	7	280,000

15. 贴现率 15％，连续复利，求下表这些现金流的现值。（此题需要熟悉 Excel 中的日期计算——参见第 29 章。）

	A	B
1	连续复利贴现率	15％
2	今天的日期	2006－01－01
3	日期	现金流
4	2006－01－31	15,000
5	2007－01－31	22,000
6	2007－07－17	14,750
7	2007－12－31	3,222
8	2008－03－14	6,333
9	2008－11－11	18,000
10	2009－03－13	280,000

16. 你今天购买了一份价值 1,000 美元的金融资产，一年后收回 1,100 美元。

a. 求该金融资产的离散复利的收益率。

b. 求该金融资产的连续复利的收益率。

17. 本书随附的光盘里含有一张 IBM 股价的电子表格，该表格含从 1990 年 2 月到 2004 年 8 月间的股利数据。下表是其中部分信息；注意，D 列是支付股利时（通常是一个季度）的股票收益。用 SumIf 函数求所有股票收益大于 25％ 的季度支付的股利之和。

	A	B	C	D	E
1	日期	IBM股利	IBM股票价格	股票收益率	
2	1990-02		103.87		
3	1990-05	1.21	120.00	15.53%	<-- =C3/C2-1
4	1990-08	1.21	101.87	-15.11%	<-- =C4/C3-1
5	1990-11	1.21	113.62	11.53%	<-- =C5/C4-1
6	1991-02	1.21	128.75	13.32%	<-- =C6/C5-1
7	1991-05	1.21	106.12	-17.58%	
8	1991-08	1.21	96.87	-8.72%	
9	1991-11	1.21	92.50	-4.51%	
10	1992-02	1.21	86.87	-6.09%	

18. 用 SumProduct 函数求下表中的投资组合的收益。该投资组由三只股票构成，权

重见下表。

	A	B	C
1	股票	权重	收益
2	A	40％	15％
3	B	25％	22％
4	C	35％	13％

19. 金融 101 课程的期末成绩如下：

	A	B	C
1	学生	成绩	等级
2	Mary	85	
3	John	68	
4	Jennifer	72	
5	Mo	100	
6	Simon	57	
7	Noah	91	
8	Terry	78	
9	Sara	81	
10	Zvi	45	
11	George	93	

教这门课的教授打算在课程平均成绩的基础上给学生打分。评分标准如下：

分数范围	
[0～50)	F
[50～60)	D
[60～70)	C
[70～85)	B
[85～100]	A

用 VLookup 函数给学生打分。

20. 本书随附的光盘里含有道琼斯 30 工业指数（DJ30）的一些上市公司和它们在 2004 年 8 月 27 日的股价数据。下表是部分上市公司的数据。

a. 求 DJ30 股票的平均价格。

b. 求股价的中位数。

c. 用 Large 函数求股价的最大值。再用 Max 函数求一次。

d. 用 Large 函数求股价的最小值。再用 Min 函数求一次。

e. 用 Rank 函数求微软股价在 DJ30 中的排名。

	A	B
1	道琼斯30种工业指数 2004年8月27日的股票价格	
2	3M公司	81.63
3	美国铝业公司	32.99
4	美国铝业公司	49.15
5	美国联邦快递公司	50.07
6	美国英特尔集团公司	70.96
7	波音公司	52.08
8	卡特彼勒公司	73.74
9	花旗集团公司	46.75
10	杜邦公司	42.60

21. 用上一题 DJ30 的公司数据，求下列题目。

a. 用 CountA 函数求 A 列中公司的数目。

b. 用 Count 函数求 B 列中股价的数量。

c. 用 CountIf 函数求股价大于或等于 30 美元的公司数量。

第 27 章

数据表

概述

数据表是 Excel 里做敏感性分析最复杂的方法。学起来有点难，但努力学习还是值得的！

27.1 一个简单案例

假如你今天往银行账户存入 100 美元，年利率 15％，存 10 年，10 年后的价值是多少？如下表所示，答案是 404.56 美元。

	A	B	C
1		数据表的例子	
2	利率	15％	
3	初始存款	100	
4	年数	10	
5	终值	$404.56	<—＝B3＊(1＋B2)^B4

现在假设你想知道终值对利率的敏感程度。在下表的单元格 A10：A16 中我们输入的利率从 0％ 到 60％ 变化，并在单元格 B9 中输入 "＝B5"，即最初求得的终值。

	A	B	C
1	数据表的例子		
2	利率	15%	
3	初始存款	100	
4	年数	10	
5	终值	$404.56	<-- =B3*(1+B2)^B4
6			
7			
8	利率		
9		$404.56	<-- =B5
10	0%		
11	10%		
12	20%		
13	30%		
14	40%		
15	50%		
16	60%		

我们用数据表技术选中区域 A9：B16，并输入命令"数据→假设分析→数据表"。

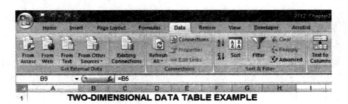

单击"数据表"，就会得到如下图中的表。

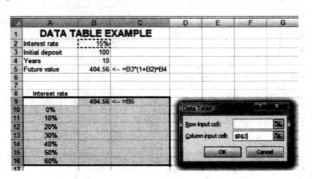

对话框询问参数是根据所选区域的行还是列变化。因为本例中，利率是在表中的 A 列变化，所以我们将鼠标从"输入引用行的单元格"（Row input cell）移到"输入引用列的单元格"（Column input cell），并将鼠标放在例子中原来利率的位置。

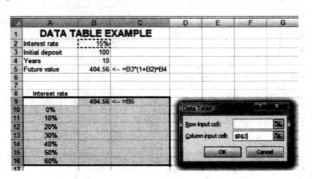

单击"确定"键就能得到结果了。

	A	B	C
1	数据表的例子		
2	利率	15%	
3	初始存款	100	
4	年数	10	
5	终值	$404.56	<-- =B3*(1+B2)^B4
6			
7			
8	利率		
9		$404.56	<-- =B5
10	0%	100	
11	10%	259.3742	
12	20%	619.1736	
13	30%	1,378.585	
14	40%	2,892.547	
15	50%	5,766.504	
16	60%	10,995.12	

27.2 概括：如何创建一维数据表

● 创建一个初始案例。
● 设置一个范围：
   ▲ 初始案例里的一些变量可能会有所变化（比如上例中的利率）。

	A	B	C	D
1	数据表的例子			
2	利率	15%		
3	初始存款	100		
4	年数	10		
5	终值	$404.56	<-- =B3*(1+B2)^B4	
6				
7			当变量在一列时单元格空白	
8	利率			
9		$404.56	<-- =B5	
10	0%			
11	5%			
12	10%			
13	15%			
14	20%			
15	25%			
16	30%			

   ▲ 初始案例的引用（如上表的"=B5"）。注意，引用边上总有一个空的单元格。注意当变量在一列时单元格空白。
  下面是变量在一行时单元格空白的情形。

	E	F	G	H	I	J	K	L
6								
7		当变量在一行时单元格空白						
8								
9		0%	5%	10%	15%	20%	25%	30%
10	$404.56							
11								
12	=B5							
13								

- 点击"数据表"命令，对话框中会显示下面信息：
  - ▲ 变量是成列的还是成行的。
  - ▲ 初始案例的变量所在的位置。

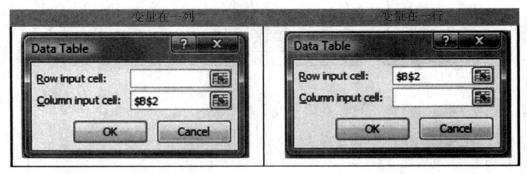

无论哪种方式，其结果都是一张敏感度表。

	A	B	C	D	E	F	G	H	I	J	K	L
1		数据表的例子										
2	利率	15%										
3	初始存款	100										
4	年数	10										
5	终值	$404.56	<-- =B3*(1+B2)^B4									
6												
7	利率		当变量在一列时单元格空白			当变量在一行时单元格空白						
8	利率											
9		$404.56	<-- =B5			0%	5%	10%	15%	20%	25%	30%
10	0%	100			$404.56	100	162.8895	259.3742	404.5558	619.1736	931.3226	1378.585
11	5%	162.8895										
12	10%	259.3742			=B5							
13	15%	404.5558										
14	20%	619.1736										
15	25%	931.3226										
16	30%	1,378.585										

27.3　数据表的一些注意事项

数据表是动态的

你既可以改变原始案例，也可以改变变量，而表也会随之调整。下面的例子，我们按意愿改变利率（和前面例子对比）。

这里还有一个例子：我们改变用于计算的函数，在单元格 B5 中输入"＝FV(B2，B4，－B3，，1)"，如第 2 章所述，该函数求的是从今天开始每年存 100 美元，存 10 年，利率

	A	B	C
1			
2		15%	
3		100	
4		10	
5		$404.56	<-- =B3*(1+B2)^B4
6			
7			
8			
9		$404.56	<-- =B5
10	0%	100	
11	10%	259.3742	
12	20%	619.1736	
13	30%	1,378.585	
14	40%	2,892.547	
15	50%	5,766.504	
16	60%	10,995.12	

为 15％，10 年后的价值。[①] 注意在单元格 A5 中，我们将"初始存款"改为"每年存款"，这反映了条件的变化。

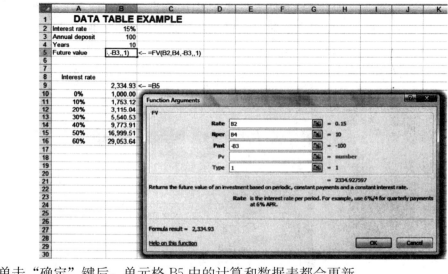

单击"确定"键后，单元格 B5 中的计算和数据表都会更新。

	A	B	C
1	数据表的例子		
2	利率	15%	
3	初始存款	100	
4	年数	10	
5	终值	$2,334.93	<-- =FV(B2,B4,-B3,,1)
6			
7			
8	利率		
9		2,334.928	<-- =B5
10	0%	1,000	
11	10%	1,753.117	
12	20%	3,115.042	
13	30%	5,540.535	
14	40%	9,773.913	
15	50%	16,999.51	
16	60%	29,053.64	

---

① 我们在第 2 章和第 26 章中说过，在单元格 B3 前加一个负号，否则在 Excel 中的终值将为负值。注意，若我们输入的是"FV(B2，B4，-B3)"，则表示 10 期存款从一年后开始，而不是今天。

用户可以删除整个表，但不能删除其中的一部分

若你试图删除数据表的一部分，就会跳出错误信息提示。

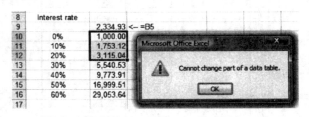

用户可以隐藏单元格标题，但不能删除单元格标题

表第二列顶端的公式（本例是单元格 B9，包括引用单元格 B5）称为"列标题"。这个公式制约着数据表的计算。通常打印表时，用户都会隐藏列标题。下例中，我们将鼠标移至单元格 B9，右击单元格，选择"设置单元格格式"（Format Cells），然后选择"数字→自定义"。在"类型"（Type）框中输入一个分号就可以隐藏该单元格。

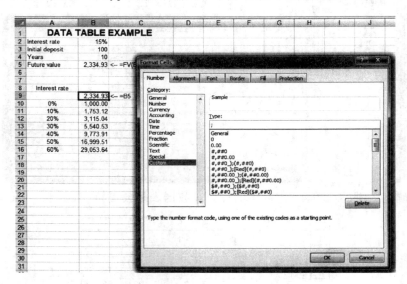

下面是结果。

	A	B	C
8	利率		
9			<—=B5
10	0%	1,000	
11	10%	1,753.117	
12	20%	3,115.042	
13	30%	5,540.535	
14	40%	9,773.913	
15	50%	16,999.51	
16	60%	29,053.64	

27.4 二维数据表

下面还是前面讨论的终值的例子。这里，我们改变原来例子中的利率和初始存款。数据表设置于单元格区域 B9：H15。

	A	B	C	D	E	F	G	H	I
1	数据表的例子								
2	利率	15%							
3	每年存款	100							
4	年数	10							
5	终值	$2,334.93	<-- =FV(B2,B4,-B3,,1)						
6									
7	二维表格，显示终值对利率和存款规模的敏感性								
8									
9		$2,334.93	0%	5%	10%	15%	20%	25%	
10		50							
11	=B5	100							
12		150							
13		200							
14		250							
15		300							

此处，我们在"数据表"命令中输入两个变量。

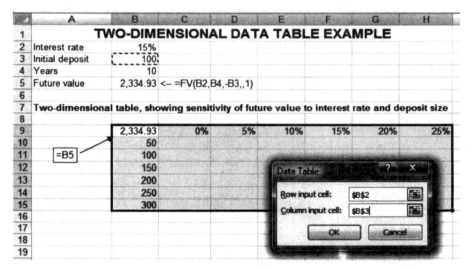

这样，就得到一个二维表。

	B	C	D	E	F	G	H
9	$2,334.93	0%	5%	10%	15%	20%	25%
10	50	500.00	660.34	876.56	1,167.46	1,557.52	2,078.31
11	100	1,000.00	1,320.68	1,753.12	2,334.93	3,115.04	4,156.61
12	150	1,500.00	1,981.02	2,629.68	3,502.39	4,672.56	6,234.92
13	200	2,000.00	2,641.36	3,506.23	4,669.86	6,230.08	8,313.23
14	250	2,500.00	3,301.70	4,382.79	5,837.32	7,787.60	10,391.53
15	300	3,000.00	3,962.04	5,259.35	7,004.78	9,345.13	12,469.84

习　题

1. 下表中是当 $x=3$ 时函数 $f(x)=x^2+3x-16$ 的值。创建如表中所示的数据表，并画出定义域为（－10，14）时的函数图。

	A	B	C	D
3	x	3		
4	$f(x)$	2	<-- =B3^2+3*B3-16	
5				
6				
7	数据表			
8		2	<-- =B4	
9	-10			
10	-8			
11	-6			
12	-4			
13	-2			
14	0			
15	2			
16	4			
17	6			
18	8			
19	10			
20	12			
21	14			

2. 下面的例子计算了一项投资的净现值和内部收益率。

a. 创建一个一维数据表，以表明一年的现金流（这里是 10,000 美元）对净现值和内部收益率的影响。每次增加 500 美元，取值范围为 9,000～12,000 美元。

b. 创建一个二维数据表，表示出净现值对一年现金流和贴现率的反应程度。现金流取值范围同上一题，贴现率每次增加 2%，从 8% 取到 20%。

	A	B	C	D	E
3	贴现率	15%			
4	成本	50,000			
5	现金流增长率	6%			
6					
7	年份	现金流			
8	0	(50,000.00)	<-- =-B4		
9	1	10,000.00			
10	2	10,600.00	<-- =B9*(1+$B$5)		
11	3	11,236.00	<-- =B10*(1+$B$5)		
12	4	11,910.16			
13	5	12,624.77			
14	6	13,382.26			
15	7	14,185.19			
16	8	15,036.30			
17	9	15,938.48			
18	10	16,894.79			
19					
20	NPV	11,925.54	<-- =NPV(B3,B9:B18)+B8		
21	IRR	20.41%	<-- =IRR(B8:B18)		

3. 项目 A 和项目 B 的现金流如下表。创建单元格 A21：C37 的数据表，并作图。注意，单元格 B21：C21 的数据表的标题被隐藏了（关于如何做到这一点，可参看 27.3 节）。

这两个数据表曲线的共同点是什么？（读者可以用数据表来解答，也可以参看第 4 章中更好的解答。）

	A	B	C	D	E	F	G	H	I
1				两项投资和它们的NPV					
2	贴现率	15%							
3									
4	年份	项目A的现金流	项目B的现金流						
5	0	-1,000	-1,000						
6	1	220	300						
7	2	220	300						
8	3	220	300						
9	4	220	300						
10	5	220	300						
11	6	220	100						
12	7	220	100						
13	8	220	100						
14	9	220	100						
15	10	220	100						
16									
17	NPV	104.13	172.31	<-- =NPV($B$2,C6:C15)+C5					
18	IRR	17.68%	20.64%	<-- =IRR(C5:C15)					
19									
20		**NPV A**	**NPV B**						
21				<-- 数据表标题被隐藏；详细说明见第27章					
22	0%	1,200.00	1,000.00						
23	2%	976.17	840.95						
24	4%	784.40	701.45						
25	6%	619.22	578.48						
26	8%	476.22	469.55						
27	10%	351.80	372.61						
28	12%	243.05	285.98						
29	14%	147.55	208.23						
30	16%	63.31	138.18						
31	18%	-11.30	74.84						
32	20%	-77.66	17.37						
33	22%	-136.90	-34.95						
34	24%	-189.99	-82.74						
35	26%	-237.74	-126.51						
36	28%	-280.84	-166.71						
37	30%	-319.86	-203.73						
38									
39									

4. 金融文本的表会给出年金的现值系数：

$$N\text{年，利率为}r\text{年金 1 美元的现值因子} = \sum_{t=1}^{N} \frac{1}{(1+r)^t}$$

如下面 Excel 表所示，PV 函数给出了这些现值因子。

	A	B	C	D	E	F	G	H	I	J	K
1					年金表						
2	r,利率	9%									
3	N,期数	5									
4	PV因子	3.8897	<-- =PV(B2,B3,-1)								
5											
6											
7	期数			N期的1美元年金的现值							
8			1%	2%	3%	4%	5%	6%	7%	8%	9%	10%
9	1										
10	2										
11	3										
12	4										
13	5										
14	6										
15	7										
16	8										
17	9										
18	10										

以上表作为模版，用数据表创建表格。

5. （若未学过第 20～23 章的期权定价理论，此题可以不做。）第 22 章中布莱科-斯科尔斯期权定价模型中，看涨期权和看跌期权的价格取决于下面 5 个参数：

- S，当前股价；
- X，期权的行权价；
- T，期权到期日；
- r，利率；
- σ，股票风险。

这些参数和看涨、看跌期权价格如下表中阴影部分所示。

	A	B	C
1	布莱克-斯科尔斯期权定价公式		
2	S	100	当前股票价格
3	X	90	执行价格
4	T	0.50000	距期权到期的时间（年）
5	r	4.00%	无风险利率
6	σ	35%	股票波动率
7			
8	d_1	0.6303	<--(LN(S/X)+(r0.5*sigma^2)*T)/(sigma*SQRT(T))
9	d_2	0.3828	<--d_1-sigma*SQRT(T)
10			
11	$N(d_1)$	0.7357	<--使用公式NormSDist（d_1）
12	$N(d_2)$	0.6491	<--使用公式NormSDist（d_2）
13			
14	看涨期权价格	16.32	<--$S*N(d_1)-X*\exp(-r*T)*N(d_2)$
15	看跌期权价格	4.53	<--$C-S+X*\mathrm{Exp}(-r*T)$:根据看跌-看涨期权平价公式

用数据表创建表格，表现出这些参数对看涨、看跌期权价格的影响。下面是一些提示。

a. 当风险分别为：$\sigma = 10\%$，15%，20%，$\cdots$，80%时看涨、看跌期权的价格。

b. 当 $T = 0.1$，0.2，0.3，$\cdots$，1 时看涨期权和看跌期权的价格。

第 28 章

使用单变量求解和规划求解

概述

单变量求解（Goal Seek）和规划求解（Solver）是 Excel 中的工具，它们可以用来求模型的目标结果（用术语来说就是"校准模型"）。如果这听起来有点难，继续阅读下去——你就会发现这两个工具很有用。

尽管规划求解比单变量求解复杂得多，但是我们很少用到该工具的高级功能。我们的目的是在较大程度上互换使用单变量求解和规划求解——这两个工具都可以求解我们想要知道的大多数金融问题，且也不难学。当读者使用这两个工具后，读者会发现 Solver 更好用，因为它能记住它的参数（现在读者也许不能理解，继续读下去就会明白）。

28.1 安装规划求解

标准的 Excel 包里都有单变量求解和规划求解，但是规划求解需要安装。如果你用的不是自己的电脑，按如下步骤操作：

● 打开 Excel。单击"导航"，选择"Excel 选项"（Excel Options），然后选择"加载项"（Add-Ins）。

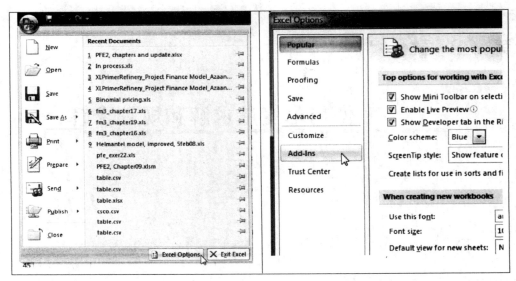

● 选了"加载项"（Add-Ins）后，从下拉菜单中选择"Excel 加载项"（Excel Add-ins）。

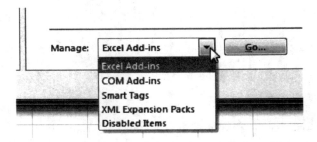

●选中"规划求解加载项"（Sover Add-ins），得到下图。

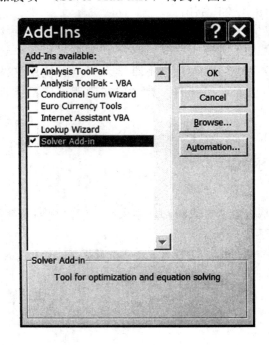

28.2 使用单变量求解和规划求解：一个简单案例

首先，我们介绍一个中学时学过的代数例子：假定我们要画出函数 $y = -x^3 + 2x^2 - 3x + 121$ 的图形。如下操作，我们可以在 Excel 中实现。

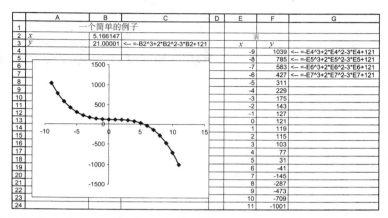

注意，我们将该函数分为两部分：在单元格 B2：B3，我们可以看到该函数的简单例子（x 和相应的 y）；在右边部分，是画图所使用的表（包含许多 x 和 y 的值）。

现在，我们要求比如当 y 等于 21 时，x 是多少。从表中可以知道，x 大约是介于 5 和 6 之间的一个值。要求解这个问题，我们可以选择"数据"（Data），然后选择"假设分析"（What-If Analysis），接着选择"单变量求解"（Goal Seek…）。

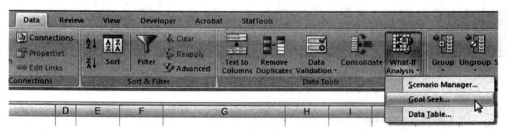

然后，跳出一个对话框，我们如下图填写。

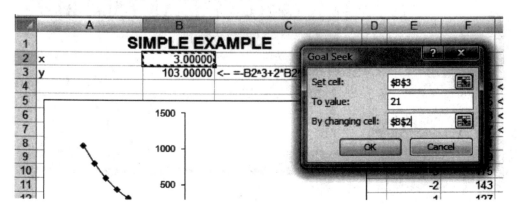

单击"确定"键，得到的结果大约为 5.166147。

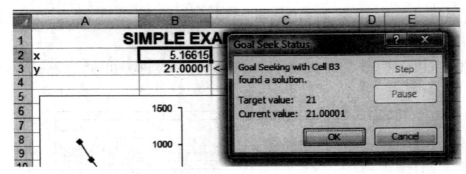

再次单击"确定"，得到如下表的答案。

	A	B	C
1		简单的例子	
2	x	5.166147	
3	y	21.00001	$<-=-B2^3+2B2^2-3*B2+121$

用规划求解再求一次

我们用规划求解可以处理同样的计算。在同样的电子表格里，我们选择"数据"（Data），然后选择"规划求解"（Solver）。

跳出一个对话框，如下图中所示填写。（注意，我们对问题稍微做了些变化——y 等于 -58 时 x 是多少？）

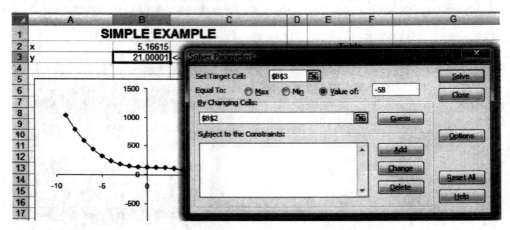

单击"求解"（Solve），得到如下结果。

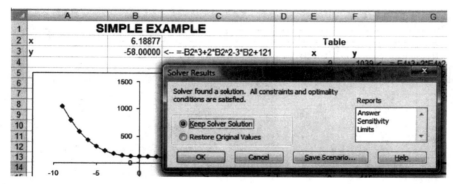

单击"确定",就得到答案了。

28.3 单变量求解和规划求解的区别是什么?

规划求解和单变量求解可以求解许多相同的问题,但它们也存在一些不同点。

规划求解具备记忆功能,而单变量求解不具备

假设你又碰到一个问题:y 等于 158 时,x 是多少?如果你用单变量求解来求解,你需要在对话框中重新输入所有的值。但是如果用规划求解求解,你会注意到它自动有前面设定的值——你只需要改变输入到对话框中的值。

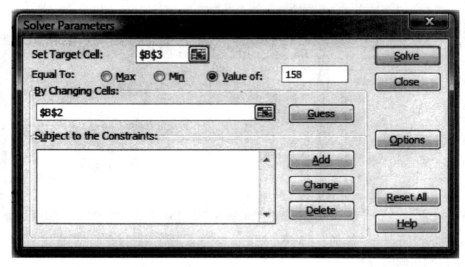

规划求解的这种"记忆"只要你保存了文件,即使关闭后重新打开仍然有。

规划求解更灵活

我们仍然用代数的例子,只不过这次用函数 $y = x^2 - 7x - 14$,该函数是一条简单的

抛物线。

	A	B	C	D	E	F
1		第二个例子				
2	x	5			表	
3	y	-24	<-- =B2^2-7*B2-14		x	y
4					-9	130
5					-8	106
6					-7	84
7					-6	64
8					-5	46
9					-4	30
10					-3	16
11					-2	4
12					-1	-6
13					0	-14
14					1	-20
15					2	-24
16					3	-26
17					4	-26
18					5	-24
19					6	-20
20					7	-14
21					8	-6
22					9	4
23					10	16
24					11	30

现在假定已知 y 等于 21，求 x。如你在上图中所见，存在两个解：一个介于 -3 和 -4 之间，另一个介于 10 和 11 之间。如果你用单变量求解，你不能加限制条件求 x。

但规划求解可以，你可以对变量添加限制条件。

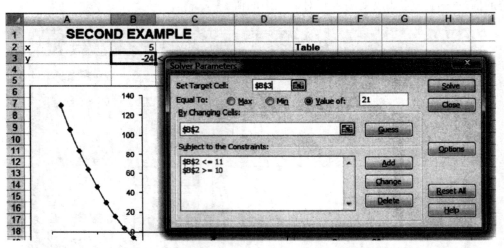

如上图，我们点击"添加"（Add）处给 x 添加了两个限制条件。单击"求解"（Solve）就能得到正确的答案了。

	A	B	C
1		第二个例子	
2	x	10.37386	
3	y	21	$<--=B2^2-7*B2-14$

660 基于 Excel 的金融学原理（第二版）

28.4　设置单变量求解和规划求解的准确性

规划求解和单变量求解都可以精确到小数点后特定位数。你可以改变 Excel 的设置，单击 Office 按钮，然后单击"Excel 选项"（Excel Options），选择"公式"（Formulas），接着选中"启用迭代计算"（Iterative Calculations），然后改变"最大误差"（Maximum Change）。

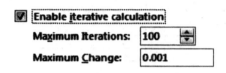

习　题

1. 考虑一项金融资产现值的计算，该金融资产的现金流如下表。用单变量求解求贴现率，该贴现率使得金融资产现金流的现值为 800 美元。

	A	B	C
1	贴现率	12.00%	
2			
3	年份	现金流	
4	1	100	
5	2	200	
6	3	300	
7	4	400	
8	5	500	
9			
10	现值	$1,000.18	<-- =NPV(B1,B4:B8)

2. 一项价值 500 美元的金融资产产生 5 期现金流。第一年的现金流为 100 美元，后续的现金流以每年 5% 的增长率增长。如下表所示，该金融资产的内部收益率为 3.32%。

用规划求解求现金流的增长率，使得该金融资产的内部收益率为 10%。

	A	B	C
1	第一年的现金流	100.00	
2	现金流增长率	5.00%	
3			
4	年份	现金流	
5	0	-500.00	
6	1	100.00	<-- =B1
7	2	105.00	<-- =B6*(1+$B$2)
8	3	110.25	<-- =B7*(1+$B$2)
9	4	115.76	
10	5	121.55	
11			
12	内部收益率	3.32%	<-- =IRR(B5:B10)

3. （本题需要第 9 章中资产组合的相关知识。）下表中是收益数据 $E(r_A)$ 和 $E(r_B)$，股票 A 和 B 的标准差 σ_A 和 σ_B。ρ 是股票 A 和 B 收益的相关系数。

对于一个由 x_A 的股票 A 和 x_B 的股票 B 构成的投资组合，组合期望收益和组合标准差由下面两式给出：

组合的期望收益，$E(r_p) = x_A E(r_A) + x_B E(r_B)$；

组合的标准差，$\sigma_p = \sqrt{x_A^2 \sigma_A^2 + x_B^2 \sigma_B^2 + 2 x_A x_B \rho \sigma_A \sigma_B}$。

因为整个组合的比重为 100%，所以 $x_B = 1 - x_A$。

下表中 B15：B16 是一个计算组合的期望收益和标准差的例子。

	A	B	C
1	股票A		
2	期望收益，$E(r_A)$	12%	
3	收益的标准差，σ_A	15%	
4			
5	股票B		
6	期望收益，$E(r_B)$	22%	
7	收益的标准差，σ_B	25%	
8			
9	A和B收益的相关系数，ρ	0.50	
10			
11	资产组合		
12	A的比重，x_A	25%	
13	B的比重，x_B	75%	<-- =1-B12
14			
15	资产组合的期望收益，$E(r_p)$	19.500%	<-- =B12*B2+B13*B6
16	资产组合的标准差，σ_p	20.88%	<-- =SQRT(B12^2*B3^2+B13^2*B7^2+2*B12*B13*B9*B3*B7)

a. 用规划求解计算拥有最小组合标准差 σ_p 的组合中的权重 x_A 和 x_B。

b. 用规划求解和限制条件求当组合收益至少为 18% 时，拥有最小组合标准差 σ_p 的组合中的权重 x_A 和 x_B。

4. a. 作函数 $y = -2x^2 - 2x + 14$ 的图，其中 x 分别为 -4.0，-3.75，-3.50，…，3.0。当 $y=0$ 时，求 x 的近似值。

b. 用单变量求解求解上一问。用单变量求解求得的两个 x 值是多少？

c. 用规划求解并加上一定的限制条件求第一问中的第二个 x 值。

第 29 章

处理 Excel 中的日期

概述

Excel 最强大的功能之一就是处理日期的能力。我们在第 15 章的债券计算和第 22 章的布莱克-斯科尔斯模型中用到了这一功能。本章是技术章节，较为简短，我们主要讲一下如何使用 Excel 中的日期。

使用的 Excel 函数

- 输入日期和时间到电子表格
- 日期和时间在多个单元格延伸
- 使单元格变为日期格式
- 函数：Now，Today，Month，XNPV，XIRR，Date，Weekday，VLookup

29.1 在电子表格中输入日期

通过阅读 Excel 帮助，读者基本上可以知道所有想知道的在电子表格中输入日期的相关知识。读者必须知道的最基本事实是，Excel 会将日期转化为一个数。如下面的例子，假定你想在单元格中输入一个日期。

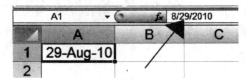

当你按下"回车"键，Excel 判断你输入的是日期。形式如下图。

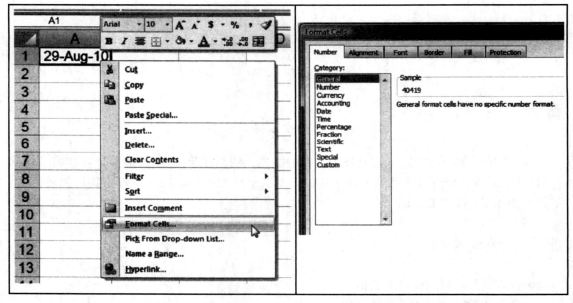

注意，在公式栏里（由上面的箭头标出来），Excel 解释输入的日期为 8/29/2010。[①]

右击单元格，选择"设置单元格格式"（Format cells），然后选择"数字"（Number），"常规"（General）。

你可以看到，Excel 解释输入的日期为数 40419，第一个数是 1900 年 1 月 1 日。

	A	B
1	40419	
2		

---

① 显示形式以及对输入内容的解释取决于 Windows 控制面板中的区域设置。本书按照美国的惯例设置。

Excel 帮助：关于日期和日期系统

微软的 Excel 将日期储存为序列号，即编号。默认情况下，1900 年 1 月 1 日为第一个数，而 2008 年 1 月 1 日为 39448，因为 2008 年 1 月 1 日是 1900 年 1 月 1 日之后第 39,448 天。Excel 中将时间储存为小数，因为时间是每天的一部分。

因为日期和时间是数，所以它们可以进行加减以及其他运算。你可以将日期看做编号，将时间看成小数部分，将含日期和时间的单元格改成常规形式。

因为 Excel 中规定的计算程序转化日期的规则比较复杂，所以你在输入日期时要尽可能具体。这就要求在日期计算中有最高的精确度水平。

电子表格的日期可做减法：下表中有两个日期，我们将其相减，得到这两个日期之间的天数。

	B	C	D	E
5		2-Dec-00		
6		8-Mar-99		
7	间隔天数	635	<—=C5-C6	

（单元格 C7 中最初显示的是一个日期，后面用"设置单元格格式→数字→常规"改为数字。）

	C	D	E
11	16-Nov-47		
12	29-Apr-48	<—=C11+165	

读者也可以通过加法运算，在一个日期上加上一个数求另一个日期。例如，1947 年 11 月 16 日后 165 天是哪一年几月几日？

日期延伸

在下面的单元格中，我们输入两个日期，然后从单元格右下角往下拉，就会得到更多的日期，这些日期的间隔时间相同。

1. 输入两个日期，选中它们。	2. 按住鼠标（前一幅图的箭头所指地方）往下拉。	3. 结果：更多的日期以相同的间隔增加（本例是 6 个月）。
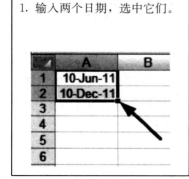		

29.2 电子表格中的时间

小时、分钟等也可以输入单元格。如下图中的单元格，我们输入 8：22。

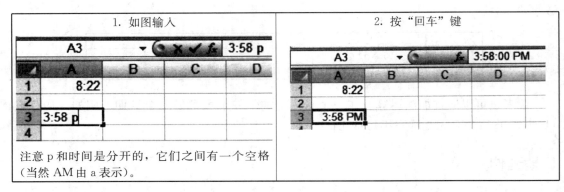

当我们按下"回车"键，Excel 会将其转化为 8：22 AM。

Excel 可以区分 24 小时制的时间，也可以区分上下午的符号，a 为 AM，p 为 PM。

1. 如图输入	2. 按"回车"键
注意 p 和时间是分开的，它们之间有一个空格（当然 AM 由 a 表示）。	

Excel 可以区分 24 小时制的时间	
如图中输入	按"回车"键

读者可以像日期计算一样做时间的减法运算；下表中单元格 B5 的 7 点 32 分，是由上面两个时间相减得到，这里表示过去了 7 小时 32 分（不用管"AM"）。

	B	C	D
3	3：48 PM		
4	8：16 AM		
5	7：32 AM		<—=B3—B4

当你通过"设置单元格格式→数字→常规"改变单元格格式，你会看到 Excel 中的时间以一天的小数表现出来。

	B	C	D
3	0.658333		
4	0.344444		
5	0.313889		<—=B3—B4

若你输入一个日期和一个时间，然后改变格式，就会得到如下图中所示的结果。

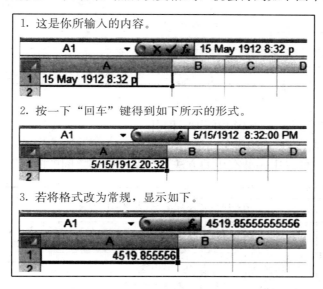

29.3 Excel 中的时间和日期函数

Excel 中有一整套的时间和日期函数。下面是几个实用的函数。注意，其中几个函数要加上空括号：

- Now() 是用来读电脑时间的，并表示日期和时间。
- Today() 是用来读电脑时间并打印日期的。
- Date(yyyy，mm，dd) 给出输入的日期。
- Weekday() 给出一周中的星期几。
- Month() 给出月份。

下表中是前三个函数的信息。

	A	B	C	D	E
2	序列表示	日期/时间格式			
3	36944.8493184028000	2/22/2001 20:23	<-- =NOW()		
4	36944	2/22/2001	<-- =TODAY()		
5	36245	3/26/1999	<-- =DATE(1999,3,26)		
6					
7	现在时间的不同格式				
8		February 22, 2001	<-- =NOW()		
9		2/22/01 8:23 PM	<-- =NOW()		
10		8:23 PM	<-- =NOW()		
11					
12	第1天是什么时候?				
13	1		<-- =DATE(1900,1,1)		

Weekday 和 Month 函数的用法不说也是可以明白的。

	A	B	C
3	3-Nov-01	7	<—=WEEKDAY（A3）
4		7	<—=WEEKDAY（"3nov2001"）
5	在 Weekday 中，1＝星期天，2＝星期一，等等		
6			
7		11	<—=MONTH（A3）
8		12	<—=MONTH（"22dec2003"）

求两个日期间的间隔——函数 DATEDIF

这个 Excel 函数可以用多种有用的方法计算两个日期之间的间隔。

	A	B	C
1	DATEDIF函数计算两个日期之间的差		
2	日期1	3-Apr-47	
3	日期2	22-Dec-02	
4			
5			解释
6	55	<-- =DATEDIF(B2,B3,"y")	日期之间的年数
7	668	<-- =DATEDIF(B2,B3,"m")	日期之间的月数
8	20352	<-- =DATEDIF(B2,B3,"d")	日期之间的天数
9	19	<-- =DATEDIF(B2,B3,"md")	超过整月数的天数
10	8	<-- =DATEDIF(B2,B3,"ym")	超过整年数的月数
11	263	<-- =DATEDIF(B2,B3,"yd")	超过整年数的天数

如果日期 1 是作者的出生日期，日期 2 是今天，那么作者今天已经 62 岁零 117 天了（单元格 A6 和 A11）。

29.4 函数 XIRR，XNPV

这两个函数是用来计算特定日期收到一系列现金流的内部收益率和净现值的。当间隔日期不一样时，这两个函数尤其有用。① 如果你电脑上没有这两个函数，可以先激活"分析

---

① Excel 的 IRR 函数假定今天产生第一笔现金流，第二笔现金流间隔一段时间，第三笔现金流间隔两段这样长的时间，依此类推。NPV 函数假定第一笔现金流发生于一段时间后，第二笔现金流发生于两段时间后，依此类推。我们称之为"间隔相同的现金流"。但如果情形不是这样的话，你就需要用 XIRR 和 XNPV 函数来求了。

工具库"。首先单击"Office 按钮 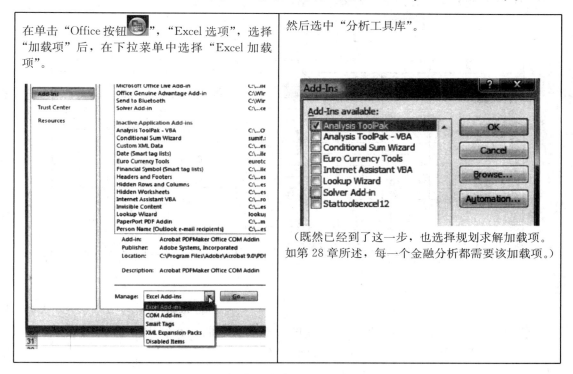"，然后单击底部的"Excel 选项"（Excel Option），然后选择"加载项"（Add-In），这样就可以激活"分析工具库"（Analysis ToolPak）了。

在单击"Office 按钮 "，"Excel 选项"，选择"加载项"后，在下拉菜单中选择"Excel 加载项"。

然后选中"分析工具库"。

（既然已经到了这一步，也选择规划求解加载项。如第 28 章所述，每一个金融分析都需要该加载项。）

XIRR

这里有一个例子：假设你于 2001 年 2 月 16 日花了 600 美元购买了一项资产，在 2001 年 4 月 5 日收到 100 美元，在 2001 年 7 月 15 日收到 100 美元，之后于 2001—2009 年间每一年的 9 月 22 日收到 100 美元。由于收到 100 美元的日期间隔不一致，因此这里就不能用 IRR 函数来求。而用 XIRR 函数（如下表中单元格 B16）可以求解年化内部收益率（如第 3 章所讲的实际年收益率（EAIR））。

	A	B	C
1		Excel函数XIRR	
2	日期	支付	
3	2001-02-16	-600	
4	2001-04-05	100	
5	2001-07-15	100	
6	2001-09-22	100	
7	2002-09-22	100	
8	2003-09-22	100	
9	2004-09-22	100	
10	2005-09-22	100	
11	2006-09-22	100	
12	2007-09-22	100	
13	2008-09-22	100	
14	2009-09-22	100	
15			
16	XIRR	21.97%	<-- =XIRR(B3:B14,A3:A14)

XIRR 函数通过对每笔现金流以日收益率贴现来求资产的价值。这个例子里，第一笔 100 美元的现金流距今天 48 天，第二笔距今天 149 天，…，XIRR 函数将 21.97％的年收益率转化为日收益率，并用日收益率作为贴现率来对现金流贴现：

$$-600 + \frac{100}{(1.2197)^{48/365}} + \frac{100}{(1.2197)^{149/365}} + \cdots + \frac{100}{(1.2197)^{3140/365}} = 0$$

	A	B	C	D	E
19			XIRR函数如何工作?		
20	日期	支付	从起始日期算起的天数	现值	
21	2001-02-16	-600		-600	
22	2001-04-05	100	48	97	<-- =B22/(1+$B$34)^(C22/365)
23	2001-07-15	100	149	92	<-- =B23/(1+$B$34)^(C23/365)
24	2001-09-22	100	218	89	
25	2002-09-22	100	583	73	
26	2003-09-22	100	948	60	
27	2004-09-22	100	1314	49	
28	2005-09-22	100	1679	40	
29	2006-09-22	100	2044	33	
30	2007-09-22	100	2409	27	
31	2008-09-22	100	2775	22	
32	2009-09-22	100	=H15-$H$4 ➞ 3140	18	
33					
34	IRR?	21.97%	<-- =XIRR(B21:B32,A21:A32)	0	<-- =SUM(D21:D32)

XNPV

该函数是用来求间隔不一致的现金流的内部收益率的。我们用上面 XIRR 函数的例子，试用 XNPV 函数求这些现金流的内部收益率。

	A	B	C
1		Excel函数XNPV	
2	日期	支付	
3	2001-02-16	-600	
4	2001-04-05	100	
5	2001-07-15	100	
6	2001-09-22	100	
7	2002-09-22	100	
8	2003-09-22	100	
9	2004-09-22	100	
10	2005-09-22	100	
11	2006-09-22	100	
12	2007-09-22	100	
13	2008-09-22	100	
14	2009-09-22	100	
15			
16	贴现率	15%	
17	XNPV	97.29	<-- =XNPV(B16,B3:B14,A3:A14)

注意，XNPV 函数与 NPV 函数有所不同，NPV 函数从第一笔现金流开始，而 XNPV 函数则要求选中所有的现金流（从第一笔现金流开始）。

XVPN 和 NPV 会得到不同的答案

XVPN 和 NPV 给出的答案可能稍微有点差异。如下例，

	A	B	C
1		XNPV函数和NPV函数	
2	贴现率	12%	
3			
4	日期	现金流	
5	2006-01-01	-1,000	
6	2007-01-01	250	
7	2008-01-01	250	
8	2009-01-01	250	
9	2010-01-01	250	
10	2011-01-01	250	
11	2012-01-01	250	
12	2013-01-01	250	
13			
14	NPV	140.94	<-- =B5+NPV(B2,B6:B12)
15	XNPV	140.68	<-- =XNPV(B2,B5:B12,A5:A12)

在单元格 B14 中是用 NPV 函数求得的内部收益率，在单元格 B15 中是用 XNPV 函数求得的内部收益率。这里，为什么结果不一样呢？XNPV 函数基于间隔日期用日收益率 $(1+12\%)^{(1/365)}-1=0.03105\%$ 来贴现。而 NPV 函数用的是函数 12% 的年收益率。因为 2008 年和 2012 年是闰年，所以 XNPV 函数求出来的值就会稍微小一些。[①]

29.5　一个较为复杂的例子——计算期权的到期日期

本节我们主要讲几种求期权到期日的 Excel 函数（参见第 20～22 章，就知道这些函数为什么重要了）。实际期权到期日为本月第三个星期五。下面的日历说明了我们的意思——它将每个月的相关日期用阴影部分标出了。

我们是如何求这个到期日的呢？首先，我们用 Excel 的 Weekday 函数。该函数将日期以文本形式呈现，并告诉读者是周几。相似地，Excel 的 Month 函数告诉读者给定日期处于几月份。下面有一些例子。

	A	B	C
1	18-Nov-10	5	<—=WEEKDAY（A1）
2		5	<—=WEEKDAY（"18nov2010"）
3	在 Weekday 中，1＝星期日，2＝星期一，等等		
4			
5		11	<—=MONTH（A1）
6		12	<—=MONTH（"22dec2016"）

---

① 同样的原因，IRR 函数和 XIRR 函数也会求出稍微有点不一样的结果。

2010

JANUARY						
S	M	T	W	T	F	S
					1	2
3	4	5	6	7	8	9
10	11	12	13	14	15	16
17	18	19	20	21	22	23
24	25	26	27	28	29	30
31						

FEBRUARY						
S	M	T	W	T	F	S
	1	2	3	4	5	6
7	8	9	10	11	12	13
14	15	16	17	18	19	20
21	22	23	24	25	26	27
28						

MARCH						
S	M	T	W	T	F	S
	1	2	3	4	5	6
7	8	9	10	11	12	13
14	15	16	17	18	19	20
21	22	23	24	25	26	27
28	29	30	31			

APRIL						
S	M	T	W	T	F	S
				1	2	3
4	5	6	7	8	9	10
11	12	13	14	15	16	17
18	19	20	21	22	23	24
25	26	27	28	29	30	

MAY						
S	M	T	W	T	F	S
						1
2	3	4	5	6	7	8
9	10	11	12	13	14	15
16	17	18	19	20	21	22
23	24	25	26	27	28	29
30	31					

JUNE						
S	M	T	W	T	F	S
		1	2	3	4	5
6	7	8	9	10	11	12
13	14	15	16	17	18	19
20	21	22	23	24	25	26
27	28	29	30			

JULY						
S	M	T	W	T	F	S
				1	2	3
4	5	6	7	8	9	10
11	12	13	14	15	16	17
18	19	20	21	22	23	24
25	26	27	28	29	30	31

AUGUST						
S	M	T	W	T	F	S
1	2	3	4	5	6	7
8	9	10	11	12	13	14
15	16	17	18	19	20	21
22	23	24	25	26	27	28
29	30	31				

SEPTEMBER						
S	M	T	W	T	F	S
			1	2	3	4
5	6	7	8	9	10	11
12	13	14	15	16	17	18
19	20	21	22	23	24	25
26	27	28	29	30		

OCTOBER						
S	M	T	W	T	F	S
					1	2
3	4	5	6	7	8	9
10	11	12	13	14	15	16
17	18	19	20	21	22	23
24	25	26	27	28	29	30
31						

NOVEMBER						
S	M	T	W	T	F	S
	1	2	3	4	5	6
7	8	9	10	11	12	13
14	15	16	17	18	19	20
21	22	23	24	25	26	27
28	29	30				

DECEMBER						
S	M	T	W	T	F	S
			1	2	3	4
5	6	7	8	9	10	11
12	13	14	15	16	17	18
19	20	21	22	23	24	25
26	27	28	29	30	31	

现在，假设我们知道年月（如下表中的单元格 B5 和 C5）。单元格 D5 中含一个文本公式，该公式结合了年和月生成"2001 年 11 月 1 日"（文本公式在第 28 章中作图部分讲述过）。

	A	B	C	D	E
1		查看期权到期日的函数 查看到期月份的第三个星期五			
2		月份	年份	月份-年份	
3		Nov	2010	1Nov2010	<-- ="1"&B3&TEXT(C3,0)
4					
5	当月第一天的星期数		2	<-- =WEEKDAY(D3)	
6	注：1=星期日，2=星期一，…，7=星期六				
7					
8	期权到期日		19	<-- =VLOOKUP(B5,B12:C18,2)	
9					
10	查看表				
11	星期几	Excel中的 Weekday 函数	相关的 星期五的 日期		
12	星期日	1	20		
13	星期一	2	19		
14	星期二	3	18		
15	星期三	4	17		
16	星期四	5	16		
17	星期五	6	15		
18	星期六	7	21		

我们用 Weekday 函数，知道单元格 B5 中的 2010 年 11 月 1 日是星期一。现在就是计数的问题了：若 11 月 1 日是星期一，那么 11 月 8 日和 15 日也是星期一。因此，该月第三个星期五为 11 月 19 日。单元格 B8 中用的是 VLookup 函数（参见第 26 章），单元格区域 B12：C18 的表给出了正确的日期。

习　　题

1. 试在 Excel 中输入一系列日期，从 2008 年 1 月 31 日开始，至 2015 年 1 月 31 日结束。最终结果要如下表所示。

	A
1	31-Jan-08
2	31-Jan-09
3	31-Jan-10
4	31-Jan-11
5	31-Jan-12
6	31-Jan-13
7	31-Jan-14
8	31-Jan-15

2. 试在 Excel 中输入一系列以小时为单位的时间，从午夜即 0 零点开始，至上午 11 时结束。最终结果要如下表所示。

	A
1	12：00 AM
2	1：00 AM
3	2：00 AM
4	3：00 AM
5	4：00 AM
6	5：00 AM
7	6：00 AM
8	7：00 AM
9	8：00 AM
10	9：00 AM
11	10：00 AM
12	11：00 AM

3. a. Smith 教授出生于 1964 年 2 月 15 日，今天是 2007 年 3 月 18 日，试用相减的办法求他的年龄，结果以天表示。

b. 将上一题的结果除以 365，将他的年龄以年表示。

c. 用 Weekday 函数求 Smith 生于星期几。

d. 用 Datedif 函数求 Smith 的年龄，以月份数表示。

4. a. 2005 年 2 月 15 日 XYZ 公司的 1 份债券售价为 923 美元。该债券于 2005 年 5 月

15 日付息 60 美元，此后每半年付一次息，直至 2008 年 11 月 15 日支付面值 1,000 美元和 60 美元的利息。用 XIRR 函数求该债券的内部收益率。

	A	B
1	日期	债券现金流
2	2005 - 02 - 15	−923
3	2005 - 05 - 15	60
4	2005 - 11 - 15	60
5	2006 - 05 - 15	60
6	2006 - 11 - 15	60
7	2007 - 05 - 15	60
8	2007 - 11 - 15	60
9	2008 - 05 - 15	60
10	2008 - 11 - 15	1,060

b. 若 2005 年 2 月 28 日该债券的价格为 951 美元，那么内部收益率又是多少？

5. 一个项目的贴现率为 13%，其现金流如下表。用 XNPV 函数求该项目的净现值。

	A	B
1	贴现率	13.00%
2		
3	日期	项目现金流
4	2003 - 11 - 01	-1000
5	2004 - 01 - 13	-523
6	2004 - 07 - 18	-1,500
7	2004 - 12 - 31	1,500
8	2005 - 05 - 17	2,200
9	2005 - 12 - 19	1,200
10	2005 - 08 - 22	-435
11	2006 - 01 - 15	2,000

6. 试验证 XNPV 是如何基于日收益率计算的。如下表，填写所有用??? 标出来的单元格，并证明单元格 E5：E10 中数值的总和与单元格 B12 中的值相同。

	A	B	C	D	E	F
1	贴现率	8%				
2	每日利率	???				
3						
4	日期	现金流		两个日期之间的天数	以从起始日期开始的天数计算的现值	
5	2022-03-15	-1,500			???	
6	2023-04-18	250		???	???	
7	2023-06-22	155		???	???	
8	2024-11-15	610		???	???	
9	2025-02-16	222		???	???	
10	2025-10-19	100		???	???	
11						
12	NPV	-380.076	<-- =XNPV(B1,B5:B10,A5:A10)		???	<-- =sum(E5:E10)

7. 试用日期间的间隔天数解释为什么单元格 B12 中计算的内部收益率和单元格 B13 中求得的内部收益率不一样。

	A	B	C
1	IRR 与 XIRR		
2	日期	现金流	
3	2006 - 01 - 06	-1,000	
4	2007 - 01 - 01	250	
5	2008 - 01 - 01	250	
6	2009 - 01 - 01	250	
7	2010 - 01 - 01	250	
8	2011 - 01 - 01	250	
9	2012 - 01 - 01	250	
10	2013 - 01 - 01	250	
11			
12	IRR	16.327%	<—=IRR（B3：B10）
13	XIRR	16.317%	<—=XIRR（B3：B10，A3：A10）

译后记

正如本书在开头所说的那样："金融学是有关金融决策制定的研究。个人和公司每天都在制定金融决策，这样做能使他们更加睿智。"金融学者们需要掌握各种各样复杂的金融理论和金融模型，但是对于公司高管以及财务人员等实务工作者来说，在进行金融决策时，只需要掌握如何根据通常的金融原理和统计工具来对金融财务数据进行计算和分析。这本书就提供了这样一个理想的工具，全面系统地介绍、分析了运用 Excel 进行金融决策的理论、方法与具体操作程序。但是，这并不是说，这本内容极其丰富的书只适合于金融实务工作者，由于其对金融理论的精彩阐述以及对金融理论与应用的无缝对接，这本书也同样是大专院校金融学教师、本科生以及研究生不可多得的教材和教学辅导书。

本书几乎包括了标准金融学著作所应该包容的所有内容，比如投资组合、资本资产定价模型、股票和债券估值、资本结构和股利政策以及期权定价理论等，因而可以当做金融学的入门课程来学习。但是，本书也详细介绍了适合于金融系学生和金融实务工作者所应用的 Excel 软件。纵观全书，很多金融概念都运用 Excel 软件进行了重新阐释和分析。最后作者提供了一个独立的部分，给出了本书中所使用的 Excel 常用函数及相关工具，如数据表、单变量求解、规划求解以及日期函数等。

本书的特点是显而易见的。首先，这本厚达 700 多页（原著）的金融学专著，其内容的丰富是不言而喻的，包括了从资本预算、投资组合分析、资本结构到资本资产定价模型、期权估值等几乎现代金融的全部内容；其次，本书虽然内容丰富，但并不芜杂，而是体系完整、清晰，循序渐进，语言深入浅出，让读者能够非常轻松地理解和掌握；最后，但或许还是最重要的，就是本书将深奥的金融理论与金融决策实践完美地结合到了一起，相信读者在读完全书后（当然不能只是简单地阅读，而应该是在阅读的同时按照本书的引导进行充分的操作实践），既能对金融学原理有一定程度的了解，更能提高运用金融学原理进行金融决策的能力。

本书作者西蒙·本尼卡（Simen Benninga）是以色列特拉维夫大学的金融学教授，同时也是美国宾夕法尼亚大学沃顿商学院的金融学访问教授。他在金融建模和金融估值的研究与教学方面有着很深的造诣。他著有多本金融学方面的英文著作，影响都很大，并且被翻译成中文、日文、俄文、意大利文和波兰文等多种语言出版。

本译本是根据《基于 Excel 的金融学原理》（*Principles of Finance with Excel*）的第二版译出的。该书第一版出版以后，受到广泛的好评。因此作者在各方要求下，对第一版进行了修订，推出了第二版。和第一版相比，第二版增加了一些新的内容，并且对结构也进行了一些合理化调整。第二版为学生们提供了能够更好地掌握"货币的时间价值和贴现"这一金融学核心内容的架构，并且更新了很多例子，大多数是来自 2008 年金融危机之后的实例。第二版从头到尾都使用的是 Microsoft Excel 2007 软件，但所有的例子和电子表格也都与以前版本的 Excel 软件兼容。

翻译这样一本大部头的金融学专业书籍，对我们来说是一种挑战。虽说是分工翻译，但我们常常定期或不定期地碰头讨论翻译中遇到的问题，有时会为一个句子或者一个词的翻译而绞尽脑汁。好在原书语言平实，作者将专业性的内容写得颇有文采，这也使我们的翻译工作比想象中的要轻松了不少，甚至可以说有时候还是一种享受。但由于我们的水平所限，译文中一定还存在着一些错漏，更为重要的是，我们无法将作者的文采用汉语表达出来，这是非常遗憾的一件事。

在本书的翻译过程中，我们也得到了很多人的帮助。首先要感谢原书作者，为我们提供了这样一本精彩的翻译底本。还要感谢倪晶晶、单丽翡、章琦、周小洲以及罗丹等，他们承担了部分章节的初译工作，并参与了我们的讨论。最后，特别要感谢的是中国人民大学出版社的编辑们，他们为本译本的面世付出了很多幕后辛劳。

译者
2014 年 6 月

	经济科学译丛					
序号	书名	作者	Author	单价	出版年份	ISBN
1	公共部门经济学	理查德·W·特里西	Richard W. Tresch	49.00	2014	978-7-300-18442-5
2	计量经济学原理(第六版)	彼得·肯尼迪	Peter Kennedy	69.80	2014	978-7-300-19342-7
3	统计学:在经济中的应用	玛格丽特·刘易斯	Margaret Lewis	45.00	2014	978-7-300-19082-2
4	产业组织:现代理论与实践(第四版)	林恩·佩波尔等	Lynne Pepall	88.00	2014	978-7-300-19166-9
5	计量经济学导论(第三版)	詹姆斯·H·斯托克等	James H. Stock	69.00	2014	978-7-300-18467-8
6	发展经济学导论(第四版)	秋山裕	秋山裕	39.80	2014	978-7-300-19127-0
7	中级微观经济学(第六版)	杰弗里·M·佩罗夫	Jeffrey M. Perloff	89.00	2014	978-7-300-18441-8
8	平狄克《微观经济学》(第八版)学习指导	乔纳森·汉密尔顿等	Jonathan Hamilton	32.00	2014	978-7-300-18970-3
9	微观银行经济学(第二版)	哈维尔·弗雷克斯等	Xavier Freixas	48.00	2014	978-7-300-18940-6
10	施米托夫论出口贸易——国际贸易法律与实务(第11版)	克利夫·M·施米托夫等	Clive M. Schmitthoff	168.00	2014	978-7-300-18425-8
11	曼昆版《宏观经济学》习题集	南希·A·加纳科波罗斯等	Nancy A. Jianakoplos	32.00	2013	978-7-300-18245-2
12	微观经济学思维	玛莎·L·奥尔尼	Martha L. Olney	29.80	2013	978-7-300-17280-4
13	宏观经济学思维	玛莎·L·奥尔尼	Martha L. Olney	39.80	2013	978-7-300-17279-8
14	计量经济学原理与实践	达摩达尔·N·古扎拉蒂	Damodar N. Gujarati	49.80	2013	978-7-300-18169-1
15	现代战略分析案例集	罗伯特·M·格兰特	Robert M. Grant	48.00	2013	978-7-300-16038-2
16	高级国际贸易:理论与实证	罗伯特·C·芬斯特拉	Robert C. Feenstra	59.00	2013	978-7-300-17157-9
17	经济学简史——处理沉闷科学的巧妙方法(第二版)	E·雷·坎特伯里	E. Ray Canterbery	58.00	2013	978-7-300-17571-3
18	微观经济学(第八版)	罗伯特·S·平狄克等	Robert S. Pindyck	79.00	2013	978-7-300-17133-3
19	克鲁格曼《微观经济学(第二版)》学习手册	伊丽莎白·索耶·凯利	Elizabeth Sawyer Kelly	58.00	2013	978-7-300-17002-2
20	克鲁格曼《宏观经济学(第二版)》学习手册	伊丽莎白·索耶·凯利	Elizabeth Sawyer Kelly	36.00	2013	978-7-300-17024-4
21	管理经济学(第四版)	方博亮等	Ivan Png	80.00	2013	978-7-300-17000-8
22	微观经济学原理(第五版)	巴德,帕金	Bade,Parkin	65.00	2013	978-7-300-16930-9
23	宏观经济学原理(第五版)	巴德,帕金	Bade,Parkin	63.00	2013	978-7-300-16929-3
24	环境经济学	彼得·伯克等	Peter Berck	55.00	2013	978-7-300-16538-7
25	高级微观经济理论	杰弗里·杰里	Geoffrey A. Jehle	69.00	2013	978-7-300-16613-1
26	多恩布什《宏观经济学(第十版)》学习指导	鲁迪格·多恩布什等	Rudiger Dornbusch	29.00	2012	978-7-300-16030-6
27	高级宏观经济学导论:增长与经济周期(第二版)	彼得·伯奇·索伦森等	Peter Birch Sørensen	95.00	2012	978-7-300-15871-6
28	宏观经济学:政策与实践	弗雷德里克·S·米什金	Frederic S. Mishkin	69.00	2012	978-7-300-16443-4
29	宏观经济学(第二版)	保罗·克鲁格曼	Paul Krugman	45.00	2012	978-7-300-15029-1
30	微观经济学(第二版)	保罗·克鲁格曼	Paul Krugman	69.80	2012	978-7-300-14835-9
31	微观经济学(第十一版)	埃德温·曼斯费尔德	Edwin Mansfield	88.00	2012	978-7-300-15050-5
32	《计量经济学基础》(第五版)学生习题解答手册	达摩达尔·N·古扎拉蒂等	Damodar N. Gujarati	23.00	2012	978-7-300-15091-8
33	国际宏观经济学	罗伯特·C·芬斯特拉等	Feenstra,Taylor	64.00	2011	978-7-300-14795-6
34	卫生经济学(第六版)	舍曼·富兰德等	Sherman Folland	79.00	2011	978-7-300-14645-4
35	宏观经济学(第七版)	安德鲁·B·亚伯等	Andrew B. Abel	78.00	2011	978-7-300-14223-4
36	现代劳动经济学:理论与公共政策(第十版)	罗纳德·G·伊兰伯格等	Ronald G. Ehrenberg	69.00	2011	978-7-300-14482-5
37	宏观经济学(第七版)	N·格里高利·曼昆	N. Gregory Mankiw	65.00	2011	978-7-300-14018-6
38	环境与自然资源经济学(第八版)	汤姆·蒂坦伯格等	Tom Tietenberg	69.00	2011	978-7-300-14810-0
39	宏观经济学:理论与政策(第九版)	理查德·T·弗罗恩	Richard T. Froyen	55.00	2011	978-7-300-14108-4
40	经济学原理(第四版)	威廉·博伊斯等	William Boyes	59.00	2011	978-7-300-13518-2
41	计量经济学基础(第五版)(上下册)	达摩达尔·N·古扎拉蒂	Damodar N. Gujarati	99.00	2011	978-7-300-13693-6
42	计量经济分析(第六版)(上下册)	威廉·H·格林	William H. Greene	128.00	2011	978-7-300-12779-8
43	国际经济学:理论与政策(第八版)(上册国际贸易部分)	保罗·R·克鲁格曼等	Paul R. Krugman	36.00	2011	978-7-300-13102-3

经济科学译丛

序号	书名	作者	Author	单价	出版年份	ISBN
44	国际经济学:理论与政策(第八版)(下册)国际金融部分	保罗·R·克鲁格曼等	Paul R. Krugman	49.00	2011	978-7-300-13101-6
45	国际贸易	罗伯特·C·芬斯特拉等	Robert C. Feenstra	49.00	2011	978-7-300-13704-9
46	经济增长(第二版)	戴维·N·韦尔	David N. Weil	63.00	2011	978-7-300-12778-1
47	投资科学	戴维·G·卢恩伯格	David G. Luenberger	58.00	2011	978-7-300-14747-5
48	宏观经济学(第十版)	鲁迪格·多恩布什等	Rudiger Dornbusch	60.00	2010	978-7-300-11528-3
49	宏观经济学(第三版)	斯蒂芬·D·威廉森	Stephen D. Williamson	65.00	2010	978-7-300-11133-9
50	计量经济学导论(第四版)	杰弗里·M·伍德里奇	Jeffrey M. Wooldridge	95.00	2010	978-7-300-12319-6
51	货币金融学(第九版)	弗雷德里克·S·米什金等	Frederic S. Mishkin	79.00	2010	978-7-300-12926-6
52	金融学(第二版)	兹维·博迪等	Zvi Bodie	59.00	2010	978-7-300-11134-6
53	国际经济学(第三版)	W·查尔斯·索耶等	W. Charles Sawyer	58.00	2010	978-7-300-12150-5
54	博弈论	朱·弗登博格等	Drew Fudenberg	68.00	2010	978-7-300-11785-0
55	投资学精要(第七版)(上下册)	兹维·博迪等	Zvi Bodie	99.00	2010	978-7-300-12417-9
56	财政学(第八版)	哈维·S·罗森等	Harvey S. Rosen	63.00	2009	978-7-300-11092-9
57	社会问题经济学(第十八版)	安塞尔·M·夏普等	Ansel M. Sharp	45.00	2009	978-7-300-10995-4

经济科学译库

序号	书名	作者	Author	单价	出版年份	ISBN
1	克鲁格曼经济学原理(第二版)	保罗·克鲁格曼等	Paul Krugman	65.00	2013	978-7-300-17409-9
2	国际经济学(第13版)	罗比特·J·凯伯等	Robert J. Carbaugh	68.00	2013	978-7-300-16931-6
3	货币政策:目标、机构、策略和工具	彼得·博芬格	Peter Bofinger	55.00	2013	978-7-300-17166-1
4	MBA微观经济学(第二版)	理查德·B·麦肯齐等	Richard B. McKenzie	55.00	2013	978-7-300-17003-9
5	激励理论:动机与信息经济学	唐纳德·E·坎贝尔	Donald E. Campbell	69.80	2013	978-7-300-17025-1
6	微观经济学:价格理论观点(第八版)	斯蒂文·E·兰德斯博格	Steven E. Landsburg	78.00	2013	978-7-300-15885-3
7	经济数学与金融数学	迈克尔·哈里森等	Michael Harrison	65.00	2012	978-7-300-16689-6
8	策略博弈(第三版)	阿维纳什·迪克西特等	Avinash Dixit	72.00	2012	978-7-300-16033-7
9	高级宏观经济学基础	本·J·海德拉等	Ben J. Heijdra	78.00	2012	978-7-300-14836-6
10	行为经济学	尼克·威尔金森	Nick Wilkinson	58.00	2012	978-7-300-16150-1
11	金融风险管理师考试手册(第六版)	菲利普·乔瑞	Philippe Jorion	168.00	2012	978-7-300-14837-3
12	服务经济学	简·欧文·詹森	Jan Owen Jansson	42.00	2012	978-7-300-15886-0
13	统计学:在经济和管理中的应用(第八版)	杰拉德·凯勒	Gerald Keller	98.00	2012	978-7-300-16609-4
14	面板数据分析(第二版)	萧政	Cheng Hsiao	45.00	2012	978-7-300-16708-4
15	中级微观经济学:理论与应用(第10版)	沃尔特·尼科尔森等	Walter Nicholson	85.00	2012	978-7-300-16400-7
16	经济学中的数学	卡尔·P·西蒙等	Carl P. Simon	65.00	2012	978-7-300-16449-6
17	社会网络分析:方法与应用	斯坦利·沃瑟曼等	Stanley Wasserman	78.00	2012	978-7-300-15030-7
18	用Stata学计量经济学	克里斯托弗·F·鲍姆	Christopher F. Baum	65.00	2012	978-7-300-16293-5
19	美国经济史(第10版)	加里·沃尔顿等	Gary M. Walton	78.00	2011	978-7-300-14529-7
20	增长经济学	菲利普·阿格因	Philippe Aghion	58.00	2011	978-7-300-14208-1
21	经济地理学:区域和国家一体化	皮埃尔-菲利普·库姆斯等	Pierre-Philippe Combes	42.00	2011	978-7-300-13702-5
22	社会与经济网络	马修·O·杰克逊	Matthew O. Jackson	58.00	2011	978-7-300-13707-0
23	环境经济学	查尔斯·D·科尔斯塔德	Charles D. Kolstad	53.00	2011	978-7-300-13173-3
24	空间经济学——城市、区域与国际贸易	保罗·克鲁格曼等	Paul Krugman	42.00	2011	978-7-300-13037-8

	经济科学译库					
序号	书名	作者	Author	单价	出版年份	ISBN
25	国际贸易理论:对偶和一般均衡方法	阿维纳什·迪克西特等	Avinash Dixit	45.00	2011	978 - 7 - 300 - 13098 - 9
26	契约经济学:理论和应用	埃里克·布鲁索等	Eric Brousseau	68.00	2011	978 - 7 - 300 - 13223 - 5
27	反垄断与管制经济学(第四版)	W·基普·维斯库斯等	W. Kip Viscusi	89.00	2010	978 - 7 - 300 - 12615 - 9
28	拍卖理论	维佳·克里斯纳等	Vijay Krishna	42.00	2010	978 - 7 - 300 - 12664 - 7
29	计量经济学指南(第五版)	皮特·肯尼迪	Peter Kennedy	65.00	2010	978 - 7 - 300 - 12333 - 2
30	管理者宏观经济学	迈克尔·K·伊万斯等	Michael K. Evans	68.00	2010	978 - 7 - 300 - 12262 - 5
31	利息与价格——货币政策理论基础	迈克尔·伍德福德	Michael Woodford	68.00	2010	978 - 7 - 300 - 11661 - 7
32	理解资本主义:竞争、统制与变革(第三版)	塞缪尔·鲍尔斯等	Samuel Bowles	66.00	2010	978 - 7 - 300 - 11596 - 2
33	递归宏观经济理论(第二版)	萨金特等	Thomas J. Sargent	79.00	2010	978 - 7 - 300 - 11595 - 5
34	剑桥美国经济史(第一卷):殖民地时期	斯坦利·L·恩格尔曼等	Stanley L. Engerman	48.00	2008	978 - 7 - 300 - 08254 - 7
35	剑桥美国经济史(第二卷):漫长的19世纪	斯坦利·L·恩格尔曼等	Stanley L. Engerman	88.00	2008	978 - 7 - 300 - 09394 - 9
36	剑桥美国经济史(第三卷):20世纪	斯坦利·L·恩格尔曼等	Stanley L. Engerman	98.00	2008	978 - 7 - 300 - 09395 - 6
37	横截面与面板数据的经济计量分析	J.M.伍德里奇	Jeffrey M. Wooldridge	68.00	2007	978 - 7 - 300 - 08090 - 1

	金融学译丛					
序号	书名	作者	Author	单价	出版年份	ISBN
1	基于Excel的金融学原理(第二版)	西蒙·本尼卡	Simon Benninga	79.00	2014	978 - 7 - 300 - 18899 - 7
2	金融工程学原理(第二版)	萨利赫·N·内夫特奇	Salih N. Neftci	88.00	2014	978 - 7 - 300 - 19348 - 9
3	投资学导论(第十版)	赫伯特·B·梅奥	Herbert B. Mayo	69.00	2014	978 - 7 - 300 - 18971 - 0
4	国际金融市场导论(第六版)	斯蒂芬·瓦尔德斯等	Stephen Valdez	59.80	2014	978 - 7 - 300 - 18896 - 6
5	金融数学:金融工程引论(第二版)	马雷克·凯宾斯基等	Marek Capinski	42.00	2014	978 - 7 - 300 - 17650 - 5
6	财务管理(第二版)	雷蒙德·布鲁克斯	Raymond Brooks	69.00	2014	978 - 7 - 300 - 19085 - 3
7	期货与期权市场导论(第七版)	约翰·C·赫尔	John C. Hull	69.00	2014	978 - 7 - 300 - 18994 - 2
8	固定收益证券手册(第七版)	弗兰克·J·法博齐	Frank J. Fabozzi	188.00	2014	978 - 7 - 300 - 17001 - 5
9	国际金融:理论与实务	皮特·塞尔居	Piet Sercu	88.00	2014	978 - 7 - 300 - 18413 - 5
10	金融市场与金融机构(第7版)	弗雷德里克·S·米什金 斯坦利·G·埃金斯	Frederic S. Mishkin Stanley G. Eakins	79.00	2013	978 - 7 - 300 - 18129 - 5
11	货币、银行和金融体系	R·格伦·哈伯德等	R. Glenn Hubbard	75.00	2013	978 - 7 - 300 - 17856 - 1
12	并购创造价值(第二版)	萨德·苏达斯纳	Sudi Sudarsanam	89.00	2013	978 - 7 - 300 - 17473 - 0
13	个人理财——理财技能培养方法(第三版)	杰克·R·卡普尔等	Jack R. Kapoor	66.00	2013	978 - 7 - 300 - 16687 - 2
14	国际财务管理	吉尔特·贝克特	Geert Bekaert	95.00	2012	978 - 7 - 300 - 16031 - 3
15	金融理论与公司政策(第四版)	托马斯·科普兰等	Thomas Copeland	69.00	2012	978 - 7 - 300 - 15822 - 8
16	应用公司财务(第三版)	阿斯沃思·达摩兰	Aswath Damodaran	88.00	2012	978 - 7 - 300 - 16034 - 4
17	资本市场:机构与工具(第四版)	弗兰克·J·法博齐	Frank J. Fabozzi	85.00	2011	978 - 7 - 300 - 13828 - 2
18	衍生品市场(第二版)	罗伯特·L·麦克唐纳	Robert L. McDonald	98.00	2011	978 - 7 - 300 - 13130 - 6
19	债券市场:分析与策略(第七版)	弗兰克·J·法博齐	Frank J. Fabozzi	89.00	2011	978 - 7 - 300 - 13081 - 1
20	跨国金融原理(第三版)	迈克尔·H·莫菲特等	Michael H. Moffett	78.00	2011	978 - 7 - 300 - 12781 - 1
21	风险管理与保险原理(第十版)	乔治·E·瑞达	George E. Rejda	95.00	2011	978 - 7 - 300 - 12739 - 2
22	兼并、收购和公司重组(第四版)	帕特里克·A·高根	Patrick A. Gaughan	69.00	2010	978 - 7 - 300 - 12465 - 0
23	个人理财(第四版)	阿瑟·J·基翁	Athur J. Keown	79.00	2010	978 - 7 - 300 - 11787 - 4
24	统计与金融	戴维·鲁珀特	David Ruppert	48.00	2010	978 - 7 - 300 - 11547 - 4
25	国际投资(第六版)	布鲁诺·索尔尼克等	Bruno Solnik	62.00	2010	978 - 7 - 300 - 11289 - 3
26	财务报表分析(第三版)	马丁·弗里德森	Martin Fridson	35.00	2010	978 - 7 - 300 - 11290 - 9

Principles of Finance with Excel，2e by Simon Benninga

Copyright ⓒ 2011 by Oxford University Press

Simplified Chinese version ⓒ 2014 by China Renmin University Press.

All Rights Reserved.

"Principles of Finance with Excel，2e" was originally published in English in 2011. This translation is published by arrangement with Oxford University Press and is for sale in the Mainland（part）of The People's Republic of China only.

《基于 Excel 的金融学原理》第二版英文版于 2011 年出版。简体中文版由牛津大学出版社授权出版，仅限中国大陆地区销售发行。

图书在版编目（CIP）数据

基于 Excel 的金融学原理：第 2 版/（美）本尼卡著；金永红等译 . —北京：中国人民大学出版社，2014.4
（金融学译丛）
ISBN 978-7-300-18899-7

Ⅰ.①基⋯　Ⅱ.①本⋯　②金⋯　Ⅲ.①表处理软件-应用-金融学　Ⅳ.①F830-39

中国版本图书馆 CIP 数据核字（2014）第 086902 号

金融学译丛

基于 Excel 的金融学原理（第二版）

西蒙·本尼卡　著

金永红　陆星忠　郭建邦　康　倩　译
Jiyu Excel de Jinrongxue Yuanli

出版发行	中国人民大学出版社	
社　　址	北京中关村大街 31 号	**邮政编码**　100080
电　　话	010 - 62511242（总编室）	010 - 62511770（质管部）
	010 - 82501766（邮购部）	010 - 62514148（门市部）
	010 - 62515195（发行公司）	010 - 62515275（盗版举报）
网　　址	http://www.crup.com.cn	
经　　销	新华书店	
印　　刷	涿州市星河印刷有限公司	
规　　格	185 mm×260 mm　16 开本	**版　　次**　2014 年 8 月第 1 版
印　　张	43.5 插页 1	**印　　次**　2022 年 6 月第 4 次印刷
字　　数	1 039 000	**定　　价**　79.00 元

版权所有　侵权必究　印装差错　负责调换